普通高等教育土木类专业“十二五”规划教材

GANGJIEGOUSHEJI YUANLI

土木

钢结构设计原理

（第二版）

主编 赵顺波

郑州大学出版社

郑州

内容提要

本书是按照高等学校土木工程专业指导委员会编制的钢结构基本原理课程教学大纲的要求组织编写的。全书共分8章,主要内容有钢结构的材料、钢结构的连接、轴心受力构件的设计、受弯构件的设计、拉弯和压弯构件的设计、结构节点设计及普通钢屋架设计等。

本书适用于土木工程专业作为课程教材,也可用于土建工程技术人员的继续教育教材。

图书在版编目(CIP)数据

钢结构设计原理/赵顺波主编.—2版.—郑州:郑州大学出版社,2013.6
(普通高等教育土木类专业"十二五"规划教材)
ISBN 978-7-5645-1140-1

Ⅰ.①钢… Ⅱ.①赵… Ⅲ.①钢结构-结构设计-高等学校-教材 Ⅳ.①TU391.04

中国版本图书馆 CIP 数据核字 (2012)第217653号

郑州大学出版社出版发行
郑州市大学路40号　　邮政编码:450052
出版人:王　锋　　发行电话:0371-66966070
全国新华书店经销
河南省天和彩彩印有限公司印制
开本:787 mm×1 092 mm　1/16
印张:25
字数:592千字
版次:2013年6月第2版　　印次:2013年6月第7次印刷

书号:ISBN 978-7-5645-1140-1　　定价:42.00元

编写指导委员会

The compilation directive committee

本书作者

Authors

主　　编　赵顺波

副 主 编　刘正保　熊瑞生

编　　委　（以姓氏笔画为序）

王　慧　刘正保　李长永

李国范　金建洲　赵顺波

胡春红　熊瑞生

再版说明

Publication introduction

2006年以来，国家实施了“高等学校本科教学质量与教学改革工程”，进一步明确提出：提高质量是高等教育发展的核心任务；提高质量的核心是大力提升人才培养水平；提高质量的关键是明确人才培养目标，加快专业改革与建设步伐，加大课程改革与建设的力度。几年来，各院校在专业建设、课程建设方面取得了丰硕的成果，而教材既是教育教学成果的直接体现，也是深化教学内容和改革教学方法的重要推动力。为此，教育部要求加强新教材和立体化教材建设，提倡和鼓励根据教学需要编写适应不同层次、不同类型院校，具有不同风格和特点的高质量教材。

为更好地贯彻落实《国家中长期教育改革和发展规划纲要(2010—2020年)》和推进高等教育改革与发展，服务高等教育事业，在前版的基础上，我们总结了各校教育教学改革成果，分专业多次召开了教育教学研讨和教材编写会议，组织学术水平高、教学经验丰富的一线教师，使用最新的规范标准编写了本版教材。

希望本版教材的出版对高等教育土木类专业教育教学改革和教学质量提高起到更大的推动作用，也希望使用本版教材的师生多提意见和建议，以便修订完善。

编写指导委员会

2011年8月

序

Preface

近年来,我国高等教育事业快速发展,取得了举世瞩目的成就。随着高等教育改革的不断深入,高等教育工作重心正在由规模发展向提高质量转移,教育部实施了高等学校教学质量与教学改革工程,进一步确立了人才培养是高等学校的根本任务,质量是高等学校的生命线,教学工作是高等学校各项工作的中心的指导思想,把深化教育教学改革,全面提高高等教育教学质量放在了更加突出的位置。

教材是体现教学内容和教学要求的知识载体,是进行教学的基本工具,是提高教学质量的重要保证。教材建设是教学质量与教学改革工程的重要组成部分。为加强教材建设,教育部提倡和鼓励学术水平高、教学经验丰富的教师,根据教学需要编写适应不同层次、不同类型院校,具有不同风格和特点的高质量教材。郑州大学出版社按照这样的要求和精神,组织土建学科专家,在全国范围内,对土木工程、建筑工程技术等专业的培养目标、规格标准、培养模式、课程体系、教学内容、教学大纲等,进行了广泛而深入的调研,在此基础上,分专业召开了教育教学研讨会、教材编写论证会、教学大纲审定会和主编人会议,确定了教材编写的指导思想、原则和要求。按照以培养目标和就业为导向,以素质教育和能力培养为根本的编写指导思想,科学性、先进性、系统性和适用性的编写原则,组织包括郑州大学在内的五十余所学校的学术水平高、教学经验丰富的一线教师,吸收了近年来土建教育教学经验和成果,编写了本、专科系列教材。

教育教学改革是一个不断深化的过程,教材建设是一个不断推陈出新、反复锤炼的过程,希望这些教材的出版对土建教育教学改革和提高教育教学质量起到积极的推动作用,也希望使用教材的师生多提意见和建议,以便及时修订、不断完善。

2006 年 7 月

前　言（第二版）

Preface

本书在2007年第一版的基础上，根据各院校在使用过程中提出的修改建议进行了修订和补充完善。修订后的版本兼顾了各院校不同的教学计划需求，适于作为土木工程专业的课程教材，也更加便于土建工程技术人员的继续学习运用。

本版教材共分8章，主要内容有钢结构的材料、钢结构的连接、轴心受力构件的设计、受弯构件的设计、拉弯和压弯构件设计、结构节点设计、普通钢屋架结构设计等。本版教材各章例题和思考练习题均作了增补修订，增强了学习运用的针对性。

本版教材由华北水利水电大学赵顺波教授担任主编并统稿，南阳理工学院刘正保教授、信阳师范学院熊瑞生教授担任副主编。各章编写分工如下：第1章由赵顺波编写；第2章由李长永编写；第3章由熊瑞生，李国范编写；第4章由胡春红编写；第5章由刘正保、李国范编写；第6章由金建洲编写；第7章、第8章由王慧编写；附录、各章思考题及习题由李长永、王慧编写。

本书编写过程中参考了国内同行的著作、教材和论文资料，在此谨致谢忱。由于编者水平有限，本教材之中不妥甚至错误之处，恳请读者批评指正。

编者

2012年7月

前　言（第一版）

Preface

本书是按照高等学校土木工程专业指导委员会编制的《高等学校土木工程专业本科教育培养目标和培养方案及课程教学大纲》(2002年11月出版)中的钢结构基本原理课程教学大纲的要求组织编写的，可作为土木工程专业教学用书，也可用于土建工程技术人员的继续教育教材。

全书共分6章，主要内容有：钢结构的材料，钢结构的连接，轴心受力构件的设计，受弯构件的设计，拉弯和压弯构件设计等。为了便于教学使用，本书各章除给出相应的例题外，还在各章后列出了反映相应重点概念和计算方法的思考题和习题。

本书由郑州大学出版社组织有多年丰富教学经验的教师编写，由赵顺波担任主编并统稿，刘正保、张慧担任副主编。各章编写分工如下：第1章(赵顺波)；第2章(赵顺波，李长永)；第3章(刘正保，熊瑞生)；第4章(谢镭，胡春红，张慧)；第5章(张慧，李国范，王慧)；第6章(金建洲，李长永，赵顺波)，各章思考练习题及附表(王慧)。

本书编写过程中参考了国内同行的著作、教材和论文资料，在此谨致谢忱。由于编者水平有限，本教材之中不妥甚至错误之处，恳请读者批评指正。

编者

2006年7月

目录 CONTENTS

第 1 章　绪　论

1.1　钢结构的特点

钢结构是采用钢板、型钢通过连接而成的结构。与其他材料的结构相比，钢结构具有如下优点。

(1)钢材强度高，材性好　与混凝土、砖石和木材等建筑材料相比，钢材强度高，钢材由钢厂生产，质量控制严格，材质均匀性好，且具有良好的塑性和韧性。钢材强度高的特性使钢材适合于建造大跨度、承载重的结构。钢材材质均匀性和塑性良好的特点，使钢结构在一般条件下不会因超载而突然破坏，可以依靠变形增大调整内力并进行重分配，为结构补强加固提供了缓冲余地。钢材韧性好的特点使钢结构适宜在动力荷载下工作，其良好的耗能能力和延性使钢结构具有优越的抗震性能，特别适宜于抗震设防强震区的各类结构。

(2)钢结构的重量轻　与混凝土、砖石和木材等建筑材料相比，钢材虽然密度较大，但其强度则高很多，材料的质量密度和强度的比值为$(1.7\sim3.7)\times10^{-4}$/m，而钢筋混凝土的比值约为$18\times10^{-4}$/m，所以建造的结构比较轻。以相同跨度的结构承受相同的荷载，钢屋架的重量为钢筋混凝土屋架的1/4～1/3，冷弯薄壁型钢屋架甚至接近于钢筋混凝土屋架的1/10。钢结构建筑的自重约为同高度混凝土结构建筑的1/2～3/5，且钢结构柱截面面积较混凝土结构柱的截面面积减少一半左右，有效增加了建筑的使用面积。钢结构重量轻，为其安装、运输提供了便利条件，同时减轻基础的负荷，降低地基、基础部分的造价。

(3)钢结构制作工业化程度高，施工工期短　钢结构所用材料均为工厂制作，由钢板和各种型材加工而成的构件一般是在金属结构厂制作，具备成批生产加工的条件，制作准确度和精密度均较高。运往施工现场后通过连接整体组装，安装简便，施工机械化程度高，周期短，可以全天候施工作业，其施工速度可提高到混凝土结构的1.5倍左右，从而降低施工管理成本。采用螺栓连接的钢结构，易于拆装搬迁，适宜于结构加固、改建和拆迁。

(4)钢结构密闭性好　钢结构的材料和焊接连接可以做到完全密封，适宜建造对气密性和水密性有一定要求的高压容器、大型油库、气柜油罐、输油或输水压力管道等。

(5)钢结构造型美观，轻盈灵巧　钢结构可以较大程度地超越结构的束缚，通过各种线形的构件组合出多种形式的空间和新奇优美的形象，其强大的造型潜力是砌体结构所难以企及的。

(6)钢结构产业符合可持续发展的需要　钢结构产业对资源和能源的利用相对合

理，对环境破坏相对较少，是一项绿色环保型建筑产业。钢材是具有很高再循环利用价值的材料，边角料都可以回收利用。对同样规模的建筑物，钢结构建造过程中有害气体的排放量只相当于混凝土结构的65%。钢结构建筑物由于很少使用砂、石、水泥等散料，从而在根本上避免了扬尘、废弃物堆积和噪声等污染问题。

但是，钢结构也存在一些缺点，主要缺点如下：

(1)失稳和变形过大造成破坏　钢结构质量轻的优点来自于其构件一般截面小而薄，受压时易受稳定承载力和刚度要求的控制，强度难以得到充分发挥。为了增强结构的稳定承载力、减小结构使用阶段的变形，设计时需要附设加劲肋或缀材，从而增加了相应连接的工作量和繁杂程度。

(2)钢结构耐腐蚀性差　钢材容易腐蚀，对钢结构特别是薄壁构件必须注意防腐保护，因此其维护费用较高。处于较强腐蚀性介质内的建筑物不宜采用钢结构。在施工过程中应避免使结构受潮、淋雨，构造上应尽量避免存在难于检查、维修的死角。

(3)钢材耐热但不耐火　钢材受热时，如温度在250 ℃以内，其主要力学性能(如屈服点和弹性模量)降低较小。当温度超过250 ℃以后，材质发生较大变化，强度逐步降低；温度达600 ℃时，钢材已不能继续承载。因此，《钢结构设计规范》(GB 50017—2003)规定钢材表面温度超过150 ℃后即需加以隔热防护，对需防火的结构，应按相关的规范采取防护和保护措施。

(4)钢结构可能发生脆性断裂　钢结构在低温和某些条件下，可能发生脆性断裂以及厚板的层状撕裂，都应引起设计者的特别注意。

1.2 钢结构的应用及发展简况

钢结构是土木工程的主要结构形式之一，随着我国国民经济的迅速发展，钢结构在土木工程各个领域得到了广泛的应用，高层和超高层建筑、多层房屋、工业厂房、体育场馆、会展中心、火车站候车大厅、飞机场航站楼、大型客机检修库、自动化高架仓库、城市桥梁和大跨度公路桥梁、粮仓以及海上采油平台等都已采用钢结构。为了克服钢结构的缺点，发挥其优势，对钢结构的材料、结构形式、结构设计计算理论等方面的研究也在不断地发展。

1.2.1 应用领域及结构形式的发展

(1)高层及超高层钢结构　国外在20世纪70年代建造了多幢高层和超高层钢结构建筑，如美国芝加哥西尔斯大厦，110层，高度443 m。毁于“9·11”事件的美国纽约世贸中心，双塔分别为110层，高度417 m。我国从20世纪80年代开始，在上海、深圳、北京等城市相继建成了十几幢高层建筑，在90年代以后又建成了以深圳地王大厦(69层，高325 m，图1.1)、上海金茂大厦(88层，高420.5 m，图1.2)、上海环球金融中心(地上101层，高492 m)等为代表的一批高层钢结构建筑，其建筑高度、结构、施工速度和施工管理水平均已进入世界先进行列。迄今为止，中国在建摩天大楼超200座，未来平均每5 d封顶1座。

高层和超高层建筑的建造,促进了钢结构与混凝土结构的复合结构、钢板与混凝土或钢筋混凝土、型钢与混凝土组成的钢—混凝土组合结构等新型式和建造技术的发展。例如,上海金茂大厦的建筑总高度为420.5 m,主楼地上88层、地下3层,为框筒结构体系,核心筒为现浇钢筋混凝土结构,外框为钢结构与混凝土结构复合成巨型框架,成为钢结构与混凝土结构复合建造超高层建筑的典范。

图1.1 深圳地王大厦

图1.2 环球金融中心和金茂大厦

在钢管内浇筑混凝土形成的钢管混凝土结构,由于管内混凝土在纵向压力作用下处于三向受压状态并抑制钢管的局部失稳,使构件的承载力和变形能力大大提高;由于钢管即为混凝土的模板,施工速度较快。例如,目前世界上最高的全钢管混凝土高层建筑——深圳赛格广场大厦,地上72层,高291.6 m。

以型钢或以型钢和钢筋焊成的骨架做筋材的钢骨混凝土结构,由于其筋材刚度大,施工时可用其来支撑模板和混凝土自重,可以简化支模工作。因此,成为20世纪90年代以来高层和超高层建筑结构的主要结构形式之一。例如,马来西亚吉隆坡城市中心的双塔大厦,为钢骨混凝土结构,88层,高450 m。

此外,压型钢板—混凝土板组合楼板、压型钢板轻型墙体、型钢与混凝土组合梁楼盖体系、外包钢混凝土柱也得到了比较广泛的应用。这些高性能新型组合结构具有充分利用材料强度、较好的适应变形能力(延性)、施工较简单等特点,大大拓宽了钢结构和钢筋混凝土结构的单独应用范围。

(2)轻型钢结构住宅　轻型钢结构住宅是以经济钢型材构件作为承重骨架,以轻型墙体材料作为维护结构所构成的居住类建筑。与传统的住宅结构相比,轻型钢结构住宅除具有一般钢结构的优点外,还具有建筑空间布置灵活、可有效增大建筑使用面积、降低建造成本等方面的优越性,在美国、日本、澳大利亚等发达国家,轻型钢结构住宅占总住宅建造面积的比例已达25%以上。我国的轻型钢结构住宅研究起步于20世纪90年代末,目前还处于研究和试点工程阶段,但发展态势非常好,试点工程主要采用了钢框架结构体系、框支结构体系、框架—剪力墙结构体系、错列桁架体系、钢—混凝土组合结构体系等

(图1.3、图1.4)。轻型钢结构住宅的发展促进了经济钢型材包括冷弯型钢、热轧或焊接H型钢、T型钢、焊接或无缝钢管及其组合构件的研发和生产,也促进了轻质墙体材料包括压型钢板及其组合板材、PC板、蒸压轻质加气混凝土板(ALC板)及稻草板等材料的开发和生产。住宅建筑量大面广,是21世纪我国发展轻型钢结构的主要领域。

图1.3 钢结构小高层住宅

图1.4 在建钢结构别墅

(3)大跨度空间钢结构 大跨度空间钢结构主要是指网架、网壳结构及其组合结构(两种或两种以上不同建筑材料组成)和杂交结构(两种或两种以上不同结构形式构成),在体育场馆、大型展览场馆、火车站候车大厅、机场机库、机场航站楼、工业厂房、大跨度屋盖或楼层结构、散料仓库、公路收费站篷等方面得到广泛应用。

首都体育馆的屋盖为正交斜放的平面桁架系网架,平面尺寸99 m×112.2 m,网架高6 m,网格4.7 m,采用16 Mn角钢以高强度螺栓连接。上海体育中心的万人体育馆和游泳馆,都采用了由圆钢管与焊接空心球节点组成的三向网架,体育馆平面为直径110 m的圆形,周边挑檐7.5 m,总尺寸为125 m;游泳馆的平面为不对称的六边形,外包尺寸为90 m×90 m。天津体育馆为直径108 m,挑檐13.5 m,总直径达135 m的球面网壳,矢高为35 m,双层网壳厚3 m(图1.5)。长春体育馆的网壳结构平面为120 m×166 m枣形,连同支架的平面为146 m×192 m。目前大型体育场的挑篷采用空间网壳结构的工程也在逐年增多,实例有:深圳体育场周围挑篷(沿环向分为12段),宽度31 m,悬挑25.5 m,采用变高度螺栓球节点双层正放四角锥网壳结构;昆明拓东体育场挑篷,宽度34 m,悬挑26 m,采用周圈连续的变厚度双层正放四角锥网壳结构。各大中城市积极兴建大型体育场馆,在结构设计、材料、施工技术和科研等领域内,为空间钢结构技术的发展提供重大机遇。

据不完全统计,从1999年至今的10多年内,60多个形态各异的大规模会展中心建筑都选用了空间结构形式,如上海国际会议中心、广州会展中心展览大厅、上海新国际博览中心和南京国际展览中心等。一些中等城市如西安、成都、郑州、兰州、乌鲁木齐、重庆等的大型展览场馆和会展中心建筑也在近年内落成(图1.6),钢结构在这个领域的市场潜力很大。此外,南京火车站、上海浦东机场航站楼、广州白云机场航站楼、深圳机场航站楼等均采用空间钢结构建造。高速公路收费站篷有约一半的比例采用各种形式的空间钢结构。

对于飞机库来说,建筑物的一边需要敞开以便设置机库大门,同时在屋盖下还要求悬挂吊车,因此采用三边支承、一边自由的网架是一种合理的结构形式。例如:北京首都机场的四机位机库,跨度为153 m双跨,进深90 m,可同时容纳四架波音747客机进行维修。网架为三层斜放四角锥式,采用圆钢管与焊接空心球节点,屋盖下设置10 t多支点悬挂吊车,整个网架有杆件18 000个、节点6 000多个,屋盖钢结构耗用钢材约5 000 t。长沙黄花机场机库屋盖,平面尺寸48 m×64 m,网架高5 m,开口边为高7.5 m的四层网架。

图1.5 天津体育馆网壳

图1.6 郑州国际会展中心

以钢筋混凝土上弦板代替钢上弦杆的组合网架结构是近十几年来发展起来的结构体系,它可充分发挥混凝土受压、钢材受拉两种不同材料的强度优势,使结构的承重和围护作用合二为一,既可用于屋盖结构,也可用于多层和高层建筑的楼层结构,其形式之多、跨度之大、应用范围之广在世界上是领先的。工程实例有:徐州夹河煤矿大食堂屋盖为平面21 m×54 m的蜂窝形三角锥组合网架,江西抚州体育馆屋盖为平面45.5 m×58 m的组合网架,新乡百货大楼加层改造(增加四层)采用35 m×35 m的组合网架楼层结构,长沙纺织大厦(地下2层,地上11层)采用柱网10 m×12 m和7 m×12 m的组合网架楼层及平面24 m×27 m的组合网架屋盖结构。

在单层钢网壳结构上敷设预制带肋混凝土面板经过连接灌缝形成整体的新型空间结构—组合网壳,大大改善了单层钢网壳的性能,克服了其设计由稳定性控制的缺点。工程实例有:山西汾西矿务局工程处食堂屋盖为18 m×24 m三向型双曲组合扁网壳,山西潞安矿务局常村矿井选煤厂倒圆锥台煤仓的顶盖为直径34.1 m的肋环型组合球面网壳。

预应力大跨度网架和网壳结构是近年发展起来的一种新型空间结构,在传统网架和网壳结构中引入现代预应力技术,可起到提高整个结构的刚度、减小结构挠度、改善内力分布、降低应力峰值的作用,从而可降低材料耗量,具有明显的技术经济效益。工程实例有:上海国际购物中心的七、八层楼,采用在下弦平面下20 cm处增设4束高强钢丝铸锚束的预应力正放四角锥组合网架,平面尺寸27 m×27 m,截去一个腰长为12 m的等腰三角形,采用预应力后节省钢材用量32%。四川攀枝花体育馆,采用八支点预应力短程线型球面网壳,平面尺寸74.8 m×74.8 m缺角八边形,对角柱跨度64.9 m,周边设八道预应力拉索,比非预应力钢网壳节省用钢量25%。广东清远市体育馆,采用六支点预应力六块组合型三向扭曲壳,平面尺寸为46.82 m的正六边形,对角柱跨度89.0 m,周边设六道预应力拉索。据不完全统计,最近10多年来,在体育场馆、机场候机大厅或机库、大型剧院、会展中心等领域，我国已建造了30余座预应力空间钢结构，使现代预应力技术与钢结构的发展形成了有机结合与快速发展的新格局，目前我国在预应力钢结构技术领域从预应力拉索体系开发、预应力张拉设备研制、预应力张拉施工方式、结构体系与分析方法等方面取得了很多成熟的经验。

(4)桥梁钢结构　交通建设是当前我国重点发展的基础设施领域，钢结构轻型高强的优点对于大跨度桥梁结构特别适合。1968年修建的公铁两用南京长江大桥，最大跨度160 m，如图1.7、图1.8所示；1994年建成的公铁两用九江长江大桥，主联跨长(180+216+180)m；1995年建成的上海杨浦大桥，采用双塔双索面斜拉桥，主跨跨长为602 m；1999年建成的江阴长江大桥，主跨采用悬索桥，跨度1 385 m。2001年建成的南京长江第二大桥南汉主桥，为双塔双索面扇形布置拉索的斜拉桥，主跨达628 m。这些成就均表明我国在现代化桥梁建设上的水平已进入世界先进行列。

图1.7　南京长江大桥全景

图1.8　南京长江大桥施工场景

同时，钢管混凝土在大跨拱桥及斜拉桥和悬索桥塔柱建造中的应用得到迅速发展，工程实例不胜枚举。代表性桥梁有：主孔跨度115 m的四川旺苍东河桥，主跨200 m的四川涪陵长江大桥，主跨238 m的浙江象山铜瓦门大桥，主跨280 m的武汉汉江三桥，主跨330 m的浙江千岛湖南浦大桥，主跨360 m的广州丫髻沙大桥，主跨420 m的四川万县长江公路桥(图1.9)。郑州黄河二桥的主桥为8孔，每孔跨度100 m(图1.10)。

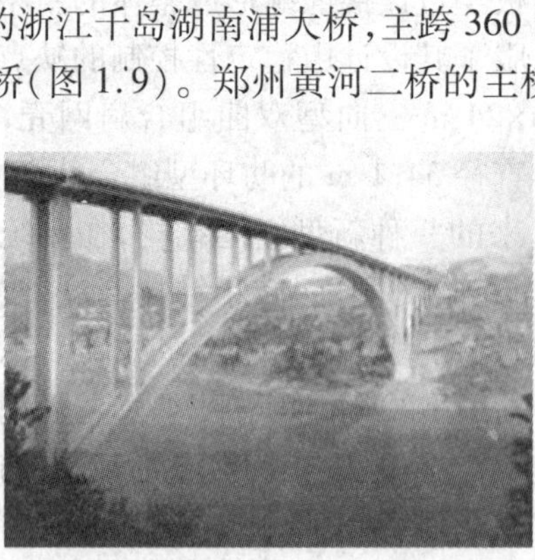
图1.9　四川万县长江大桥

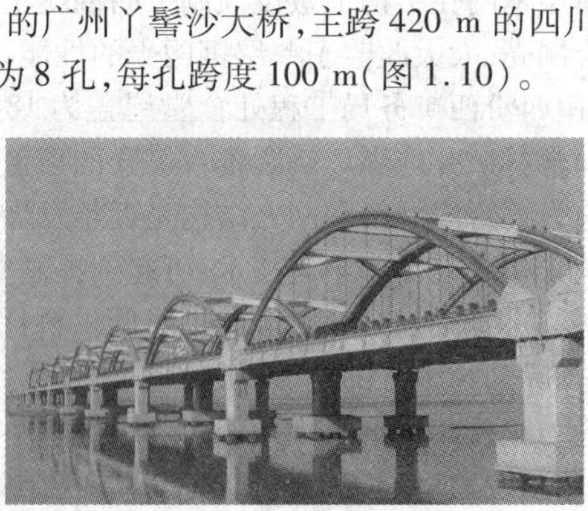
图1.10　郑州黄河二桥

(5)压力管道及容器　水工压力钢管是水电站建设高压引水管道的主要结构形式之一。伴随着“西气东输”和“西油东引”工程的建设，也大量采用了高压输气(油)管线及中转站、终点站的大容量储油(气)罐、库、塔等容器金属设备。城市污水处理厂的沼气罐也基本上采用钢结构。

(6)特种钢结构 徐州电视塔塔楼采用直径21 m单层联方型全球网壳,并采用地面组装、整体提升到99 m设计标高就位的施工安装方法。上海东方明珠电视塔,选取装饰用的单层联方型全球网壳。大连友谊广场中心采用直径25 m,镶嵌镜面的水晶球网壳。杭州市地标,采用总高度40.8 m、跨度30 m的螺栓球节点网架结构。

1.2.2 材料和焊接与防护技术方面的发展

(1)钢材 钢结构的广泛应用推动了我国钢铁产量的持续和快速发展。据统计,继1996年首次突破亿吨大关后,2010年达到了近6.3亿吨的高水平;2002年全国建筑行业用钢1.05亿吨,其中钢结构用钢830万吨左右,到2010年分别达到了3亿吨和3000多万吨。

目前,建筑钢结构用钢材的主要品种有中厚板、薄板、镀锌卷板、彩色涂层卷板、中小型钢(工字钢、槽钢、角钢)、热轧或焊接H型钢、焊管(直缝管和螺旋管)、冷弯型钢及无缝钢管等,特别是热轧H型钢的生产对钢结构发展起到推动作用。随着钢结构建筑的大量兴建,建筑钢材的需求亦多样化,发展趋势是以中厚板为主,H型钢、冷弯型钢、钢管、彩色涂层卷板需求增加,大中型角钢、工字钢、槽钢用量减少。采用控温控轧技术生产低焊接预热温度的厚钢板($t \geqslant 50$ mm)、不随厚度变化固定屈服点的钢材、超厚高强钢板、高韧性和高耐寒性能钢、高焊接性能和抗撕裂钢、耐候钢(包括抗盐腐蚀)等高性能钢材的研发和生产,是今后钢材的发展方向。如连接京九铁路的九江长江大桥,采用15MnVN高强度、高韧性钢,钢板焊接最大厚度达到56 mm;芜湖长江大桥采用了14MnNb新钢种。我国热强化钢材的品种和数量还有限,需要进一步研发。

提高钢结构耐火能力的根本方法是提高钢材的耐火能力,因此耐火钢的研发成为钢材新的发展方向。耐火钢性能的关键是高温强度,同时具有良好的焊接性能,要求其能够在350~600 ℃温度下保持1~3 h后的强度不低于室温强度的2/3。日本在20世纪80年代开始研发并在工程中得到广泛应用,我国近年来对耐火钢的研制有较快发展,宝钢、武钢等大型钢厂已有生产并初步得到工程应用。

发展薄片、美观、廉价又能与混凝土牢固结合的钢模板,将使模板可以作为结构的一部分参与受力,还可省去装修工序。

(2)焊接技术 焊接技术的发展与钢结构产业水平的提高密切相关,当前我国焊接材料产量跃居世界首位,但品种明显落后于先进国家,大部分产品集中在普通焊条等低端产品的生产上,焊丝及特种焊条、焊接成套设备等高附加值产品的市场被国外占领。因此,研究先进的高效焊接方法和焊接新能源的应用,研制新型高效优质焊接材料,研制焊接过程自动化、智能化和组装焊接一体化的焊接设备及专用工艺设备,以及焊接结构的寿命评估与延寿技术是当前钢结构产业焊接技术的重要课题。

(3)防腐涂料 在钢结构表面涂敷防腐涂料是提高钢结构抗腐蚀性能的重要技术措施。水性富锌、无机富锌和环氧富锌底漆均是长效的底漆,以高模数的硅酸钾为基数的水性无机富锌底漆和面漆是高性能防腐防污材料,具有发展潜力,其中底漆必须解决底材

“闲蚀”和耐水性差的难题,带锈防腐是目前研究的热点之一;面漆主要在保证保护性能的前提下,提高其装饰性和耐久性。此外,将纳米技术应用于防腐涂料的开发、电弧喷涂锌复合涂层体系、热喷涂金属阶梯涂层等也得到了发展。

大连振邦氟碳涂料股份有限公司采用代表国际先进水平的国外标准,自主研发出常温固化氟碳金属漆和罩面清漆,以环氧富锌底漆和环氧云铁中间漆为配套涂层组成钢结构长效氟碳金属漆配套涂料,已投入工业化生产,并在大连 30 万吨原油码头、大连世界博览广场、郑州黄河二桥得到应用,北京奥运国家主体育场鸟巢钢结构工程也选用了这种涂料。

(4)防火涂料　在钢结构表面涂敷防火涂料是提高钢结构耐火性能的重要技术措施。根据《钢结构防火涂料》(GB 14907—2002)的规定,用于提高钢结构耐火能力的防火涂料按涂层厚度可分为厚涂型[涂层厚度不大于(25±2)mm、耐火极限不低于 2 h]、薄涂型[涂层厚度不大于(5.0±0.5)mm、耐火极限不低于 1 h]和超薄涂型[涂层厚度不大于(2.00±0.20)mm、耐火极限不低于 1 h]等,其中厚涂型和薄涂型为传统的防火涂料,施工一般采用喷涂技术。厚涂型涂料一般为无机物,在火灾中涂层不膨胀,依靠材料的不燃性、低导热性或涂层中材料的吸热性,延缓钢材的升温,保护钢构件,由于这种防火涂料组分的颗粒较大,涂层外观不平整,影响建筑的整体美观,多用于耐火极限要求 2 h 以上的室内外隐蔽钢结构及多层厂房钢结构。薄涂型涂料通常是用合适的水性乳胶聚合物作基料再配以阻燃剂和添加剂等组成,受火时能膨胀发泡,以膨胀发泡所形成的耐火隔热层延缓钢材的升温,保护钢构件,一般用于耐火极限要求不超过 2 h 的钢结构,该涂料一般分为底层(隔热层)和面层(装饰层),其装饰性优于厚涂型防火材料。超薄型涂料是近几年研发的新品种,可采用喷涂、刷涂或辊涂施工,一般为溶剂型,具有优越的黏结强度,耐候耐水性好,在受火时缓慢膨胀发泡形成致密坚硬的防火隔热层,该防火层具有很强的耐火冲击性,延缓了钢材的温升,有效保护钢构件,一般用于耐火极限要求不超过 2 h 的钢结构,施工简便,装饰性更好。研制开发高耐候性、耐火性能更高、装饰性能优良的超薄型防火涂料是今后钢结构防火涂料的发展方向。目前国内外已出现了耐火性能达到或超过 2 h 的超薄型防火涂料,在各种轻钢结构、网架等工程中得到了应用,是市场上大力推广的品种。

此外,粉末防火涂料、弹性防火涂料、色彩防火涂料、多功能性防火涂料均为当前和今后一个时期的重要研发领域,纳米技术和填料表面处理技术、先进的聚合物生产技术、高自动化水平的涂料生产工艺和先进的涂料检测技术也是相关产业水平得以提高的研究课题。

目前,一项新的钢结构防火保护技术——绝热纤维喷涂材料护层得到了越来越多的应用。绝热纤维喷涂材料是一种不燃、柔软超细无机纤维与专用黏结剂的混合物,将该材料采用配套喷涂设备喷涂到钢结构表面后形成一定厚度的整体封闭绝热层,不受钢结构复杂程度和基体表面异型程度的限制,一次性施工完成即可同时具有绝热、防火、隔音、防腐、密封、抗冷凝及装饰等功能。

1.2.3 设计计算理论方面的发展

钢结构的设计理论发展,先后经历了把材料看作弹性体的容许应力古典理论阶段(结构内力和构件截面计算均套用弹性理论,采用容许应力设计方法)、考虑材料塑性的极限强度理论阶段、按极限状态设计的理论体系等三个阶段。目前在工程结构设计规范中已采用基于概率论和数理统计分析的极限状态可靠度理论。但很多数据的研究分析及理论阐述尚需进一步的完善和发展,体系的可靠度、疲劳计算的极限状态等问题还没有解决。对于板间屈曲后的强度、压弯构件的弯扭屈曲、空间结构的稳定、钢材的断裂理论、钢—混凝土组合结构的设计方法等,尚需进一步深入研究。

随着钢结构应用领域的扩大,我国及时开展了相应的科研与工程实践经验总结工作,现行的有关规范包括:国家标准《钢结构设计规范》(GB 50017—2003)、《冷弯薄壁型钢结构技术规范》(GB 50018—2002)、《钢结构工程施工质量验收规范》(GB 50205—2001)、《粮食钢板筒仓设计规范》(GB 50322—2011)、《立式圆筒形钢制焊接油罐设计规范》(GB 50341—2003)、《立式圆筒形钢制焊接储罐施工及验收规范》(GB 50128—2005);行业标准《高层民用建筑钢结构技术规程》(JGJ 99—98)、《网壳结构技术规程》(JGJ 61—2003)、《网架结构设计与施工规程》(JGJ 7—91)、《型钢混凝土组合结构技术规程》(JGJ 138—2001)、《建筑钢结构焊接技术规程》(JGJ 81—2002)、《钢结构高强度螺栓连接的设计、施工及验收规程》(JGJ 82—91)、《网架结构工程质量检验评定标准》(JGJ 78—91)等,同时制定有钢结构相关的材料规范或技术标准等。

在水利水电和桥梁工程领域,也制定有相应的钢结构行业标准,例如《水电站压力钢管》(SL 281—2003)、《水利水电工程钢闸门设计规范》(DL/T 5039—95)、《水利水电工程钢闸门制造安装及验收规范》(DL/T 5018—2004)、《公路桥涵钢结构及木结构设计规范》(JTJ 025—86)、《公路斜拉桥设计规范》(JTJ 027—96)、《公路桥涵施工技术规范》(JTJ 041—2000)等。

1.3 本课程的任务和特点

尽管钢结构的应用领域广泛,但从各种钢结构的主要形式来看,除了容器和管道类钢结构采用钢板壳体结构外,一般都由杆件系统和索组成。分析这些杆件的受力可以归纳为拉索、拉杆、压杆、受弯杆件、受拉受弯杆件(简称拉弯杆件)、受压受弯杆件(简称压弯杆件)、拱、刚架等。由于这些杆件是组成各种结构形式的最基本单元,因此成为钢结构的基本构件。

为了能够学习掌握钢结构各种结构形式的受力性能,首先必须掌握钢结构基本构件的工作性能及其设计分析的基本理论,这便是本课程的主要任务。与此同时,为了保持所学知识的完整性和连续性,本课程还安排了钢结构材料和连接的相关知识。通过本课程的学习,将为后续的钢结构专业课程和顺利地从事钢结构建筑的设计和研究奠定基础。

实际上,结构设计是一个综合性的问题,包含了结构方案、材料选择、截面形式选择、结构承载力计算和构造等各方面,需要综合考虑安全、适用、经济和施工的可行性等各方面的因素。同一构件在给定荷载作用下，可以有不同的截面，须经过分析比较，才能作出合理的选择。因此，要搞好工程结构设计，往往还须结合具体情况进行适用性、材料用量、造价、施工等项指标的综合分析，以获得良好的技术经济效益。

学习本课程需要注意以下特点：

（1）材料力学课程是本课程的重要理论基础　钢材在冶炼和轧制过程中质量可以严格控制，钢材内部组织比较均匀，材质波动性小而接近各向同性，且在一定的应力幅度内材料为弹性。因此，钢结构实际受力情况和材料力学计算结果比较符合，在计算中采用的经验公式不多，从材料力学课程学得的理论知识和分析方法将在本课程中反复应用，但由于本课程的实用性决定了不是所有钢结构构件的设计方法完全遵循材料力学课程的理想状况，必要时须结合试验或工程实践经验对理论公式加以修正。在学习时应注意它们之间的异同点，体会并灵活运用材料力学课程中分析问题的基本原理和基本思路，即由材料的物理关系、变形的几何关系和受力的平衡关系建立的理论分析方法，对学好本课程是十分有益的。

（2）学会运用设计规范至关重要　为了贯彻国家的技术经济政策，保证设计质量，达到设计方法上必要的统一化、标准化，国家制定了钢结构设计规范，对钢结构构件的设计方法和构造细节都作了具体规定。规范反映了国内外钢结构的研究成果和工程经验，是理论与实践的高度总结，体现了该学科在当前一个时期的技术水平。对于规范特别是其规定的强制性条文，设计人员一定要遵循，并能熟练应用。因此，要注意在本课程的学习中，有关基本理论的应用最终都要落实到规范的具体规定中。本课程涉及的规范标准主要有《建筑结构荷载规范》（GB 5009—2001）、《钢结构设计规范》（GB 50017—2003）和《钢结构工程施工质量验收规范》（GB 50205—2001）等。

由于受到学制和教学课程安排的限制，本课程后续的专业课程主要学习一般民用建筑或构筑物的设计方法，对于其他领域的钢结构设计以及施工和验收方法则不能一一涉及。如前所述，除了本课程涉及的规范标准以外，根据钢结构的应用领域，国家有关部门还制定有相应的行业标准，在学习本课程的过程中，应积极主动地查阅这些行业标准的相关规定，以便尽可能地扩充专业知识面。

由于科学技术水平和生产实践经验是在不断发展的，设计规范也必然要不断进行修订和补充。因此，要用发展的眼光来看待设计规范，在学习和掌握钢结构理论和设计方法的同时，要善于观察和分析，不断进行探索和创新。由于设计工作是一项创造性工作，在遇到超出规范规定范围的工程技术问题时，不应被规范束缚，而需要充分发挥主动性和创造性，经过试验研究和理论分析等可靠性论证后，积极采用先进的理论和技术。

（3）结构构造知识和构造规定具有重要地位　钢结构重量轻的优点既是以钢材高强为基础，也取决于钢结构构件截面的宽翼薄壁特点，因此钢结构的承载极限状态常常不是以材料强度控制，而是以构件变形过大或失稳破坏为控制条件。这样一来，在钢结构及其构件的设计过程中，根据结构和构件的形式和受力特点合理地进行加劲肋和各种缀材的敷设，对于钢结构的总体优化具有重要意义。因此，要充分重视对各类构件构造知识的学习。

思考题

1. 钢结构有哪些优缺点？如何克服其缺点？
2. 简述钢结构的主要应用范围和发展方向？
3. 简述钢材和焊接及保护材料的主要发展方向？
4. 钢结构设计原理课程的主要任务是什么？
5. 为什么说材料力学是钢结构设计原理的重要基础？
6. 应如何看待相关规范与本课程的关系？

第2章　钢结构的材料

2.1　钢结构对材料的要求

钢材的种类繁多,性能差别很大,适用于钢结构的钢材只是其中的一小部分。用作钢结构的钢材必须满足下列要求。

2.1.1　强度要求

用作钢结构的钢材必须具有较高的抗拉强度和屈服强度(屈服点)。钢结构设计中通常把钢材应力达到屈服点作为承载能力极限状态的标志,其值高可以减小截面,从而减轻自重,节约钢材,降低造价。而抗拉强度是钢材塑性变形很大且将破坏时的强度,其值高可以增加结构的安全保障。

2.1.2　变形能力

钢材有两种完全不同的破坏形式:塑性破坏和脆性破坏。

塑性破坏的主要特征是破坏前具有较大的塑性变形,常在钢材表面出现明显的相互垂直交错的锈迹剥落线;只有当构件中的应力达到抗拉强度后才会发生破坏,破坏后的断口呈纤维状,色泽发暗。由于塑性破坏前总有较大的塑性变形发生,且变形持续时间较长,容易被发现和抢修加固,因此不致发生严重后果。钢材塑性破坏前的较大塑性变形能力,可以实现构件和结构中的内力重分布,使结构中原先受力不等的部分应力趋于均匀,因而提高了结构的承载能力,钢结构的塑性设计就是建立在这种足够的塑性变形能力上的。

脆性破坏的主要特征是破坏前塑性变形很小,或根本没有塑性变形,而突然迅速断裂。计算应力可能小于钢材的屈服点,断裂从应力集中处开始,破坏后的断口平直,呈有光泽的晶粒状或有人字纹。由于破坏前没有任何预兆,破坏速度又极快,无法察觉和补救,而且一旦发生常引发整个结构的破坏,后果非常严重,因此在钢结构的设计、施工和使用过程中,要特别注意防止这种破坏的发生。

2.1.3　加工性能

加工性能包括冷、热加工和可焊性能。钢材应具有良好的加工性能,以保证其不但易于加工成各种形式的结构,而且不致因加工对强度、塑性及韧性带来较大的不利影响。

此外,根据结构的具体工作条件,在必要时还要求钢材具有适应低温和腐蚀性环境、抵抗冲击及疲劳荷载作用的能力。

2.2 钢材的主要性能

2.2.1 单向均匀拉伸时钢材的性能

钢材的多项性能指标可通过单向一次(也称单调)拉伸试验获得。试验一般都是在标准条件下进行的,即采用规定形式和尺寸的标准试件,其表面光滑,没有孔洞、刻槽等缺陷,在常温 20 ℃±5 ℃的条件下,荷载分级逐次增加,直到试件破坏,由于加载速度缓慢,又称静力拉伸试验。图 2.1(a)给出了相应钢材的一次拉伸应力(σ)-应变(ε)曲线。其中低碳钢和低合金高强度结构钢简化的光滑曲线示于图 2.1(b),曲线可分为 5 个阶段:弹性阶段(OPE)、弹塑性阶段(ES)、塑性阶段(SC)、应变硬化阶段(CB)和颈缩阶段(BD)。由此曲线可获得钢材的性能指标。

(1)强度　图 2.1(b)中 σ-ε 曲线的 OP 段为直线,表示钢材具有完全弹性性质,即应力与应变呈线性关系,且卸荷后变形完全恢复。这时应力可由弹性模量 E 定义,即 $\sigma = E\varepsilon$,而 E 为该直线段的斜率,P 点应力 f_p 称为比例极限。曲线 PE 段仍具有弹性,但呈非线性,即为非线性弹性阶段,E 点的应力 f_e 称为弹性极限。弹性极限和比例极限相距很近,实际上很难区分。故通常略去弹性极限的点,把 f_p 看作弹性极限。

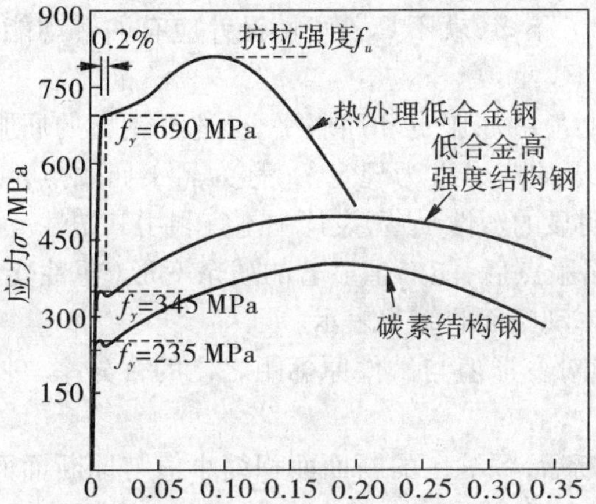

(a)

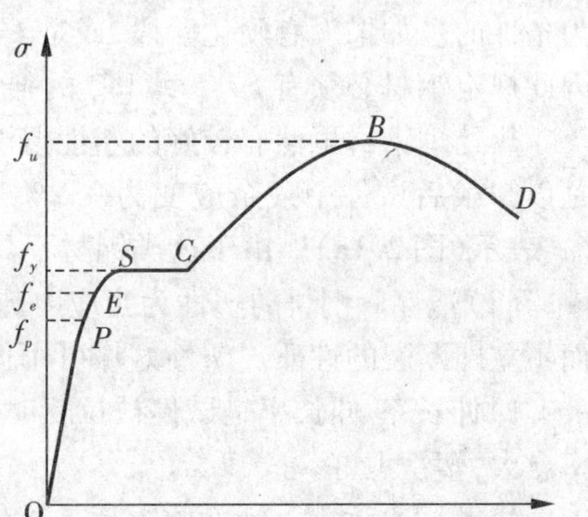

(b)

图 2.1　钢材的单调拉伸应力-应变曲线

随着荷载的增加,曲线出现 ES 段,这时表现为非弹性性质,卸荷曲线成为与 OP 平行的直线,此时钢材的变形包括卸荷后可恢复的弹性变形和不可恢复的塑性变形两部分,不可恢复的塑性变形又称为残余变形或永久变形。进入该阶段后,曲线波动较大,以后逐渐趋于平稳,其最高点和最低点分别称为上屈服点和下屈服点。下屈服点的数值对试验条件不敏感,所以计算时以下屈服点为依据(用符号 f_y 表示)。

对于低碳钢和低合金高强度结构钢,当应力达到 S 点后,将出现明显的屈服台阶 SC 段,即在应力保持不变的情况下,应变却持续增长。

钢材经屈服阶段的较大塑性变形,内部晶粒结构重新排列后,恢复重新承载的能力,曲线呈上升趋势,如图 2.1(b)所示的 CB 段。该段曲线最高点 B 的应力 f_u 称为抗拉强度或极限强度。当应力达到 B 点时,试件出现局部横向收缩变形,即发生颈缩现象,至 D 点而断裂。

对于没有缺陷和残余应力影响的试件,比例极限和屈服点比较接近,达到相应应力值时的应变也较接近,且数值很小。因此为了简化计算,通常假定屈服点前钢材为完全弹性的,而屈服点后则为完全塑性的,这样就可把钢材视为理想的弹塑性体,其应力-应变曲线表现为如图 2.2 所示的双直线。当应力达到屈服点后,将使结构产生很大的在使用上不容许的残余变形,因此设计时应取屈服点作为钢材可以达到的最大应力,而抗拉强度 f_u 则成为材料的强度储备。钢材的抗拉强度与屈服点之比称为强屈比,它是表明钢材设计强度储备的一项重要指标,该值愈小,强度储备愈小;反之,该值愈大,强度储备愈大,但强度利用率低且不经济。因此设计中要选定适当的强屈比。塑性设计虽然把钢材看做理想弹塑性体,忽略应变硬化的有利因素,却是以 f_u 高出 f_y 为条件的。如果没有硬化阶段,或是 f_u 高出 f_y 不多,就不具备塑性设计应有的转动能力。因此规定钢材必须有 $f_u/f_y \geqslant 1.2$ 的强屈比。

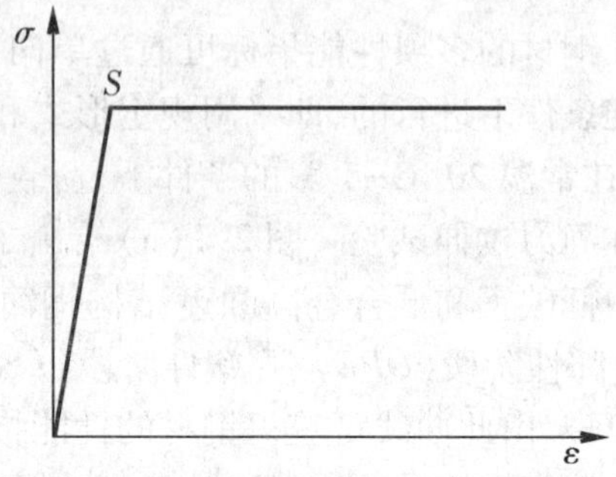

图 2.2 理想弹塑性体的应力-应变曲线

热处理钢材虽然有较好的塑性但没有明显的屈服点和屈服平台,这类钢材的屈服点是以卸载后试件中残余应变为 0.2% 所对应的应力人为规定的,称为名义屈服点,可用 $f_{0.2}$ 表示(图 2.1a)。由于这类钢材不具有明显的塑性平台,设计中不宜利用其塑性。

(2)塑性 钢材的塑性为当应力超过屈服点后,能产生显著的残余变形(塑性变形)而不立即断裂的性质。塑性好坏可用伸长率和断面收缩率表示。

1)伸长率 伸长率是试件被拉断时的绝对变形值与试件原标距之比的百分率。伸长率愈大,塑性愈好。

2)断面收缩率 断面收缩率是试件拉断后,颈缩区的断面面积缩小值与原断面面积比值的百分率。断面收缩率愈大,塑性性能愈好。

伸长率是钢材沿长度的均匀变形和颈缩区的集中变形的总和所确定的,它不能代表钢材的最大塑性变形能力,而断面收缩率是衡量钢材塑性的一个比较真实的指标,但测量时容易产生较大误差,因此一般采用伸长率作为钢材的塑性指标。

综上,屈服点、抗拉强度和伸长率是钢材的三个重要力学性能指标。钢结构中所采用的钢材都应满足钢结构设计规范对这三项力学性能指标的要求。

(3)钢材的物理性能指标 钢材在单向受压时的受力性能基本上与单向拉伸时相同,因此受压时的各强度指标取用受拉时的数值。受剪时所表现出来的应力-应变变化规律也基本上与单向拉伸时相似，只是受剪时的屈服点及抗剪强度均比受拉时小，剪变模量也低于弹性模量。

钢材和钢铸件的物理性能指标列于表 2.1。

表 2.1　钢材和钢铸件的物理性能指标

弹性模量 $E/(\mathrm{N\cdot mm^{-2}})$	剪变模量 $G/(\mathrm{N\cdot mm^{-2}})$	线性膨胀系数 α（以每 ℃计）	质量密度 $\rho/(\mathrm{kg\cdot m^{-3}})$
206×10^3	79×10^3	12×10^{-6}	7 850

2.2.2　钢材在复杂应力状态下的屈服条件

单调拉伸试验得到的屈服点是钢材在单向应力作用下的屈服条件，即应力达到屈服点，钢材便进入塑性状态。实际结构中，钢材常常受到平面或三向应力作用。在这种复杂应力状态下，钢材由弹性过渡到塑性的条件是按能量强度理论计算的折算应力与单向应力下的屈服点相等，即

$$\sigma_{zs}=\sqrt{\sigma_x^2+\sigma_y^2+\sigma_z^2-(\sigma_x\sigma_y+\sigma_y\sigma_z+\sigma_z\sigma_x)+3(\tau_{xy}^2+\tau_{yz}^2+\tau_{zx}^2)}=f_y \tag{2.1}$$

或以主应力表示为

$$\sigma_{zs}=\sqrt{\frac{1}{2}[(\sigma_1-\sigma_2)^2+(\sigma_2-\sigma_3)^2+(\sigma_3-\sigma_1)^2]}=f_y \tag{2.2}$$

$\sigma_{zs}<f_y$ 时，为弹性状态；$\sigma_{zs}\geqslant f_y$ 时，为塑性状态。

由式(2.2)可以明显看出，当 σ_1、σ_2、σ_3 为同号应力且数值接近时，即使它们各自都远大于屈服点 f_y，但由于差值不大，折算应力 σ_{zs} 仍小于 f_y，钢材就不易进入塑性状态，甚至直到破坏也没有明显的塑性变形产生，破坏表现为脆性。相反，在异号应力场下，钢材就较容易进入塑性状态，通常最大应力尚未达到 f_y 时，材料就已经进入塑性了，因此可以说异号应力场提高了钢材的塑性性能，更容易发生塑性破坏。

在平面应力状态下（如钢材厚度较薄时，厚度方向应力很小，常可忽略不计），式(2.1)成为

$$\sigma_{zs}=\sqrt{\sigma_x^2+\sigma_y^2-\sigma_x\sigma_y+3\tau_{xy}^2}=f_y \tag{2.3}$$

当只有正应力和剪应力时，变为

$$\sigma_{zs}=\sqrt{\sigma^2+3\tau^2}=f_y \tag{2.4}$$

当只有剪应力时，变为

$$\sigma_{zs}=\sqrt{3}\tau_y \tag{2.5}$$

即 $\tau_y=0.58f_y$，式中 τ_y 为钢材的屈服剪应力，或剪切屈服强度。因此《钢结构设计规范》规定钢材抗剪设计强度为抗拉设计强度的 0.58 倍。

2.2.3　冷弯性能

钢材的冷弯性能由冷弯试验确定（图 2.3）。试验时，根据钢材的牌号和不同的板厚，

按国家相关标准规定的弯心直径，在试验机上采用弯心直径为 d 的冲头加压，使试件弯曲一定角度（一般为 180°），以试件表面和侧面不出现裂纹和分层为合格。冷弯试验不仅能检验材料承受规定的弯曲变形能力和塑性性能，还能检验其内部的冶金缺陷，如硫、磷、偏析和硫化物与氧化物的掺杂情况，因此冷弯性能是判断钢材塑性变形能力和冶金质量的综合指标。焊接承重结构以及重要的非焊接承重结构采用的钢材，均应具有冷弯试验的合格保证。

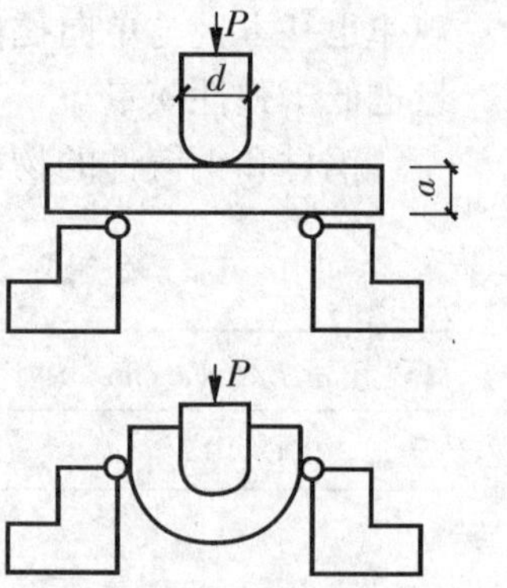

图 2.3 冷弯试验

2.2.4 冲击韧性

韧性是钢材强度和塑性性能的综合指标，用钢材断裂时所吸收的总能量（包括弹性和非弹性）来度量。钢材在一次拉伸静载作用下断裂时所吸收的能量，用单位体积吸收的能量来表示，其值等于应力-应变曲线下的面积。面积愈大，韧性值愈高。通常钢材的强度提高，韧性降低，钢材趋于脆性。由于单调拉伸试验获得的韧性没有考虑应力集中和动荷作用的影响，只能用来比较不同钢材在正常情况下的韧性好坏。因此实际工作中，不用上述方法衡量钢材的韧性，而用冲击韧性衡量钢材抗脆断的性能。

冲击韧性是评定带有缺口的钢材在冲击荷载作用下抵抗脆性破坏能力的指标，其数值随试件缺口形式和试验机型号不同而异。现行国家标准《碳素结构钢》（GB/T 700—2006）规定采用国际上通用的带有夏比 V 形缺口（Charpy V-notch）的标准试件做冲击试验，以击断试件所消耗的冲击功大小来衡量钢材抵抗脆性破坏的能力。夏比缺口韧性用 A_{kv} 或 C_v 表示，其值为试件折断所需的功，单位为 J（图 2.4）。

试验表明，钢材的冲击韧性受温度影响显著，它随温度的降低而降低，且不同牌号和质量等级钢材的降低规律又各不相同。因此，在寒冷地区承受动力作用的重要承重结构，应根据其工作温度和所用钢材牌号，对钢材提出相当温度下的冲击韧性指标的要求，以防脆性破坏发生。我国钢材标准中将冲击韧性试验分为四档，即+20 ℃时 A_{kv}、0 ℃时 A_{kv}、-20 ℃ 时 A_{kv}、-40 ℃时 A_{kv}。

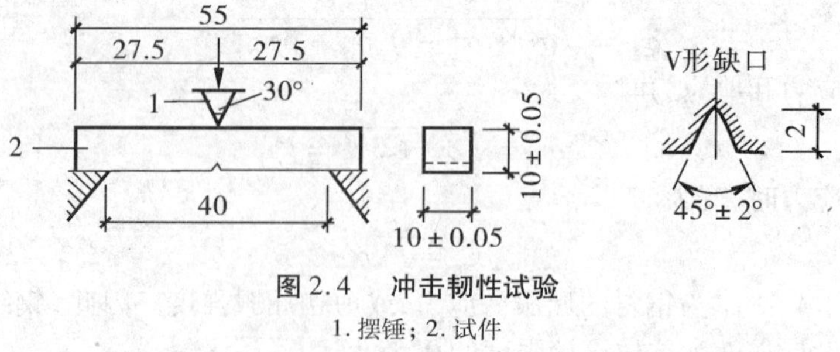

图 2.4 冲击韧性试验

1. 摆锤；2. 试件

2.2.5　可焊性

可焊性是指采用一般焊接工艺就可完成合格焊缝的性能，此性能要求在焊接过程中焊缝及焊缝附近金属不产生热裂纹或冷却收缩裂纹，在使用过程中焊缝处的冲击韧性和热影响区内塑性良好，不低于母材的力学性能。

钢材的可焊性受碳含量和合金元素含量（质量分数）的影响。当碳含量在 0.12% ~ 0.20% 时，碳素钢的焊接性能最好；碳含量超过上述范围时，焊缝及热影响区容易变脆。一般 Q235A 的碳含量较高，且碳含量不作为交货条件，因此这一牌号通常不能用于焊接构件。而 Q235B、Q235C、Q235D 的碳含量控制在上述的适宜范围之内，是适合焊接使用的普通碳素钢牌号。在低合金高强度钢中，合金元素大多对可焊性有不利影响，《建筑钢结构焊接技术规程》（JGJ 81—2002）推荐使用碳当量来衡量低合金钢的可焊性，其计算公式为

$$C_E = M_{\mathrm{C}} + \frac{M_{\mathrm{Mn}}}{6} + \frac{1}{5}(M_{\mathrm{Cr}} + M_{\mathrm{Mo}} + M_{\mathrm{V}}) + \frac{1}{15}(M_{\mathrm{Ni}} + M_{\mathrm{Cu}}) \tag{2.6}$$

其中，M_{C}、M_{Mn}、M_{Cr}、M_{Mo}、M_{V}、M_{Ni}、M_{Cu} 为碳、锰、铬、钼、钒、镍和铜的质量分数。当 C_E 不超过 0.38% 时，钢材的可焊性很好，可以不用采取措施直接施焊；当 C_E 在 0.38% ~0.45% 时，钢材呈现淬硬倾向，施焊时需要控制焊接工艺，采用预热措施并使热影响区缓慢冷却，以免发生淬硬开裂；当 C_E 大于 0.45% 时，钢材的淬硬倾向更加明显，需严格控制焊接工艺和预热温度才能获得合格的焊缝。《建筑钢结构焊接技术规程》（JGJ 81—2002）给出了常用结构钢材最低施焊温度表。厚度不超过 40 mm 的 Q235 钢和厚度不超过 25 mm 的 Q345 钢，在温度不低于 0 ℃时一般不需预热。除碳当量外，预热温度还和钢材厚度及构件变形受到约束的程度有直接关系。因此，重要结构施焊时实际采用的焊接方法最好由工艺试验确定。

由此可见，钢材可焊性的优劣是指钢材在采用一定的焊接方法、焊接材料、焊接工艺参数以及结构形式等条件下，获得合格焊缝的难易程度。可焊性稍差的钢材，要求更为严格的工艺措施。

2.3　影响钢材性能的因素

2.3.1　化学成分的影响

铁是钢的基本元素。纯铁质软，在碳素结构钢中约占 99%；碳和其他元素仅占 1%。其他元素主要包括锰（Mn）、硅（Si）、硫（S）、磷（P）、氧（O）、氮（N）等。低合金结构钢的组成，通常在此基础上加入总量不超过 5% 的合金元素，如钒（V）、铌（Nb）、钛（Ti）、铬（Cr）、镍（Ni）、铜（Cu）等。尽管碳和其他元素所占比重不大，但却左右着钢材的性能。

碳是钢中的重要元素之一，在碳素结构钢中则是铁以外的最主要元素。碳是形成钢材强度的主要成分，随着含碳量的提高，钢材的强度逐渐增高，而塑性和韧性、冷弯性能、

可焊性及抗锈蚀能力等下降。因此,不选用含碳量高的钢材,以便保持其他的优良性能。碳素钢按碳的含量(质量分数)区分,小于0.25%的为低碳钢,介于0.25%～0.6%的为中碳钢,大于0.6%的为高碳钢。碳含量超过0.3%时,钢材的抗拉强度很高,但却没有明显的屈服点,且塑性很小。碳含量超过0.2%时,钢材的焊接性能将开始恶化。因此,建筑钢结构用的钢材基本上都是低碳钢,含碳量均不超过0.22%,对于焊接结构则应严格控制在0.2%以内。

锰是有益元素,在普通碳素钢中,它是一种弱脱氧剂,可提高钢材强度,消除硫对钢的热脆影响,改善钢的冷脆倾向,含量适宜时不显著降低塑性和韧性;但锰对焊接性能不利,因此含量也不宜过多。碳素结构钢中,锰的质量分数为0.3%～0.8%。低合金高强度结构钢中,锰的质量分数可达1.0%～1.6%。

硅是有益元素,在普通碳素钢中,它是一种强脱氧剂,常与锰共同除氧,生产镇静钢。适量的硅,可以细化晶粒,提高钢的强度,而对塑性、韧性、冷弯性能和焊接性能无显著不良影响。硅的质量分数在碳素镇静钢中为0.12%～0.30%,在低合金钢中为0.2%～0.55%,过量时则会劣化可焊性和抗锈蚀性。

硫是有害元素,常以硫化铁形式夹杂于钢中。当温度达800～1 000 ℃时,硫化铁会熔化使钢材变脆,因而在进行焊接或热加工时,有可能引发热裂纹,称为热脆。硫还会降低钢材的冲击韧性、抗锈蚀性和可焊性等。此外,非金属硫化物夹杂经热轧加工后还会在厚钢板中形成局部分层现象,在采用焊接连接的节点中,沿板厚方向承受拉力时,会发生层状撕裂破坏。因而应严格限制钢材中的含硫量,随着钢材牌号和质量等级的提高,硫含量的限值由0.05%依次降至0.025%,厚度方向性能钢板(Z向钢)的含硫量要求控制在0.01%以下。

磷既是有害元素也是可以利用的合金元素。它的存在严重地降低钢的塑性、韧性、冷弯性能和可焊性,特别是在温度较低时促使钢材变脆,称为冷脆。因此,磷的含量(质量分数)要严格控制,随着钢材牌号和质量等级的提高,磷含量的限值由0.045%依次降至0.025%。但是磷可以提高钢的强度和抗锈蚀能力,当采取特殊的冶炼工艺时,磷可作为一种合金元素来制造含磷的低合金钢,此时其含量可达0.13%,这时应减少钢材中的碳含量,以保持一定的塑性和韧性。

氧和氮属于有害元素。氧与硫类似使钢热脆,氮与磷类似使钢冷脆,因此其含量均应严格控制。但当采用特殊的合金组分匹配时,氮可作为一种合金元素来提高低合金钢的强度和抗腐蚀性。如在九江长江大桥中已成功使用的15MnVN钢,就是Q420中的一种含氮钢,氮质量分数控制在0.010%～0.020%。由于氧和氮容易在冶炼过程中逸出,一般不会超过极限含量,故通常不要求做含量分析。

钒、铌、钛等元素在钢中形成微细碳化物,加入适量,能起细化晶粒的作用,作为锰以外的合金元素可以提高钢材的强度,又可保持良好的塑性和韧性。

铝是强脱氧剂,用铝进行补充脱氧,不仅能进一步减少钢中的有害氧化物,而且还能细化晶粒,可提高钢的强度和低温韧性,在要求低温冲击韧性合格保证的低合金钢中,其质量分数不小于0.015%。

铬、镍是提高钢材强度的合金元素,用于Q390及以上牌号的钢材中,但其含量应受限制,以免影响钢材的其他性能。

铜可以显著提高钢的抗腐蚀性能,也可以提高钢的强度,但对可焊性有不利影响。

2.3.2　成材过程的影响

(1)冶炼　当用生铁制钢时,必须通过氧化作用除去生铁中多余的碳和其他杂质,使它们转变为氧化物进入渣中,或呈气体逸出。这一过程需要在高温下进行,称为炼钢。钢材的冶炼方法主要有平炉炼钢法、转炉炼钢法和电炉炼钢法。

平炉炼钢是利用煤气或其他燃料供应热能,把废钢、生铁熔液或铸铁块和不同的合金元素等冶炼成各种用途的钢。平炉的原料广泛,容积大,产量高,冶炼工艺简单,化学成分易于控制,炼出的钢质量优良。但平炉炼钢周期长,效率低,成本高,现已逐渐被顶吹氧气转炉炼钢所取代。

转炉炼钢是利用高压空气或氧气使炉内生铁熔液中的碳和其他杂质氧化,在高温下使铁液变为钢液。氧气顶吹转炉冶炼的钢中有害元素和杂质少,质量和加工性能优良,且可根据需要添加不同的元素冶炼碳素钢和合金钢。由于氧气顶吹转炉可以利用高炉炼出的生铁熔液直接炼钢,生产周期短、效率高、质量好、成本低,已成为国内外发展最快的炼钢方法。而碱性侧吹转炉炼钢生产的钢材质量较差,目前已基本被淘汰。

电炉炼钢是利用电热原理,以废钢和生铁等为主要原料,在电弧炉内冶炼。由于不与空气接触、易于清除杂质和严格控制化学成分,所以炼成的钢质量好。但因耗电量大,成本高,通常只用来冶炼特种用途的钢材。电炉冶炼的钢材一般不在建筑结构中使用。

(2)脱氧和浇铸　熔炼好的钢液中通常都残留氧,这将造成钢材晶粒粗细不均匀并发生热脆现象,因此应在炼钢炉中或盛钢桶内加入脱氧剂以消除氧,从而改善钢材的质量。按脱氧方法和程度的不同,碳素结构钢可分为沸腾钢、半镇静钢、镇静钢和特殊镇静钢四类。

沸腾钢采用脱氧能力较弱的锰作脱氧剂,脱氧不完全,在将钢液浇注入钢锭模时,会有气体逸出,出现钢液的沸腾现象。沸腾钢在铸模中冷却很快,钢液中的氧化铁和碳反应生成的一氧化碳气体不能全部逸出,凝固后在钢材中留有较多的氧化铁夹杂和气孔,钢的质量较差。镇静钢采用锰和硅作脱氧剂,脱氧较完全,硅在还原氧化铁的过程中还会产生热量,使钢液冷却缓慢,使气体充分逸出,浇注时不会出现沸腾现象,这种钢质量好,但成本高。半镇静钢的脱氧程度介于上述二者之间。特殊镇静钢是在锰和硅脱氧后,再用铝补充脱氧,其脱氧程度高于镇静钢。

随着冶炼技术的不断发展,连铸法生产钢坯的工艺和设备已逐渐取代了传统的铸锭—开坯—初轧的工艺流程和设备。连铸法的特点是:钢液由钢包经过中间包连续注入被水冷却的铜制铸模中,冷却后的坯材被切割成半成品。连铸法的机械化、自动化程度高,生产的钢坯整体质量均匀,只有轻微的偏析现象,但只有镇静钢才适合连铸工艺,因此国内大钢厂已很少生产沸腾钢。若采用沸腾钢,不但质量差,而且供货困难,价格并不便宜。

钢材在冶炼及浇铸过程中不可避免地存在冶金缺陷,包括偏析、非金属夹杂、气孔、裂纹及分层等。偏析是指金属结晶后化学成分分布不匀;非金属夹杂是指钢中含有硫化物和氧化物等杂质;气孔是浇铸钢锭时,由氧化铁与碳作用生成的一氧化碳气体不能充分逸出而形成的微小空洞。这些缺陷都将影响钢材的力学性能。

(3)轧制　钢材的轧制是通过一系列轧辊,使钢坯逐渐辊轧成所需厚度的钢板或型钢,钢材的轧制使金属晶粒变细,也能使气泡、裂纹等闭合,因而改善了钢材的力学性能。薄板因辊轧次数多,其强度比厚板略高,浇铸时的非金属夹杂物在轧制后能造成钢材的分层。设计时应尽量避免拉力垂直于板面,以防层间撕裂。

(4)热处理　一般钢材以热轧状态交货,而某些特殊用途的钢材在轧制后还经常经过热处理进行调质,以改善钢材性能。热处理是将钢在固态范围内,施以不同的加热、保温和冷却措施,通过改变钢的内部组织构造而改善其性能的一种加工工艺。热处理的目的在于取得高强度的同时能够保持良好的塑性和韧性。钢材的普通热处理包括退火、正火、淬火和回火四种基本工艺。《低合金高强度结构钢》(GB/T1591—2008)规定:钢一般应以热轧、控扎、正火及正火加回火状态交货,Q420 和 Q460 的 C、D、E 级钢也可以按淬火加回火状态交货。具体交货状态由需方提出并在合同中注明,否则由供方自行决定。

退火和正火是应用非常广泛的热处理工艺,用其可以消除加工硬化、软化钢材、细化晶粒、改善组织以提高钢的机械性能,消除残余应力以防钢件的变形和开裂,为进一步的热处理做好准备。对一般低碳钢和低合金钢而言,其操作方法为:在炉中将钢材加热至 850 ~900 ℃,保温一段时间后,若随炉温冷却至 500 ℃以下,再放至空气中冷却的工艺称为完全退火;若保温后从炉中取出在空气中冷却的工艺称为正火。正火的冷却速度比退火快,正火后的钢材组织比退火细,强度和硬度有所提高。如果钢材在终止热轧时的温度正好控制在上述范围内,可得到正火的效果,称为控轧。如果热轧卷板的成卷温度正好在上述范围内,则卷板内部的钢材可得到退火的效果,钢材会变软。还有一种去应力退火,又称低温退火,主要用来消除铸件、热轧件、锻件、焊接件和冷加工件中的残余应力。去应力退火的操作是将钢件随炉缓慢加热至 500 ~600 ℃,经一段时间后,随炉缓慢冷却至 300 ~200 ℃以下出炉。钢件在去应力退火过程中并无组织变化,残余应力是在加热、保温和冷却过程中消除的。

淬火工艺是将钢件加热到 900 ℃以上,保温后快速在水中或油中冷却。该工艺增加了钢材的强度和硬度,但同时使钢材的塑性和韧性降低。回火工艺是将淬火后的钢材加热到某一温度进行保温,而后在空气中冷却。其目的是消除残余应力,调整强度和硬度,减少脆性,增加塑性和韧性。将淬火后的钢材加热至 500 ~650 ℃,保温后在空气中冷却,称为高温回火。高温回火后的钢具有强度、塑性、韧性都较好的综合机械性能。通常称淬火加高温回火的工艺为调质处理。强度较高的钢材,包括高强度螺栓的材料都要经过调质处理。

2.3.3　钢材硬化的影响

钢材的硬化有 3 种情况:冷作硬化(或应变硬化)、时效硬化和应变时效硬化。

在常温下对钢材进行加工称为冷加工。冷拉、冷弯、冲孔、机械剪切等加工使钢材产生很大塑性变形,产生塑性变形后的钢材在重新加荷时将提高屈服点,同时降低塑性和韧性的现象称为冷作硬化。由于降低了塑性和韧性性能,普通钢结构中不利用该现象所提高的强度,重要结构还把钢板因剪切而硬化的边缘部分刨去。而用作冷弯薄壁型钢结构的冷弯型钢,是由钢板或钢带经冷轧成型,也有的是经压力机模压成型或在弯板机上弯曲成型的。由于冷成型操作,实际构件截面上各点的屈服强度和抗拉强度都有不同程度的提高,其性能与原钢板已经有所不同了,故冷弯薄壁型钢设计中允许利用因局部冷加工而提高的强度。

在高温时溶于铁中的少量氮和碳,随着时间的增长逐渐由固溶体中析出,生成氮化物和碳化物,对纯铁体的塑性变形起遏制作用,从而使钢材的强度提高,塑性和韧性下降。这种现象称为时效硬化,俗称老化。产生时效硬化的过程一般较长,但在振动荷载、反复荷载及温度变化等情况下,会加速其发展。

在钢材产生一定数量的塑性变形后,铁素晶体中的固溶氮和碳将更容易析出,从而使已经冷作硬化的钢材又发生时效硬化现象,称为应变时效硬化。这种硬化在高温作用下会快速发展,人工时效就是据此提出来的,方法是:先使钢材产生 10% 左右的塑性变形,卸载后再加热至 250 ℃,保温 1 h 后在空气中冷却。用人工时效后的钢材进行冲击韧性试验,可以判断钢材的应变时效硬化倾向,确保结构具有足够的抗脆性破坏能力。

2.3.4　温度的影响

钢材的性能受温度的影响十分明显,温度升高与降低都将使钢材性能发生变化。总的趋势是当温度升高时,钢材强度降低,变形增大;反之,当温度降低时,钢材的强度会略有增加,但同时塑性和韧性的降低使钢材变脆。

随着温度的升高,在 200 ℃以内时,钢材性能没有很大变化,到 430 ~ 540 ℃时钢材强度急剧下降,到 600 ℃时钢材强度几乎为零,已不能承担荷载。但在 250 ℃左右时,抗拉强度有局部性提高,屈服点也有回升,同时塑性有所降低,出现了所谓的蓝脆现象(钢材表面氧化膜呈现蓝色)。在蓝脆区进行热加工,可能引起裂纹,因此钢材的热加工应避开这一温度区段。当温度在 260 ~ 320 ℃时,在应力持续不变的情况下,钢材以很缓慢的速度继续变形,这种现象称为徐变现象。根据 200 ℃以内钢材材性变化不大的性能,结构表面所受的辐射温度应不超过这一温度。设计时以 150 ℃规定为适宜,超过之后应对结构采取有效的防护措施。

当温度从常温开始下降,特别是在负温范围内时,随着温度的降低,钢材的强度提高,而塑性和韧性降低,逐渐变脆,称为钢材的低温冷脆。钢材的冲击韧性对温度十分敏感,图 2.5 给出了冲击韧性与温度的关系。由图可见,随着温度的降低, C_V 值迅速下降,材料将由塑性破坏转变为脆性破坏,同时可见,这一转变是在一个温度区间 $T_1 \sim T_2$ 内完成的,此温度区称为钢材的脆性转变温度区。此区内曲线的反弯点(或最陡点)对应的温度 T_0 称为转变温度。不同牌号和等级的钢材具有不同的转变温度区和转变温度,均应通过试验来确定。在结构设计中,要求避免完全脆性破坏,所以结构所处温度应大于 T_1,而不要求一定大于 T_2,因为那样虽然安全,但对材料将会造成浪费。

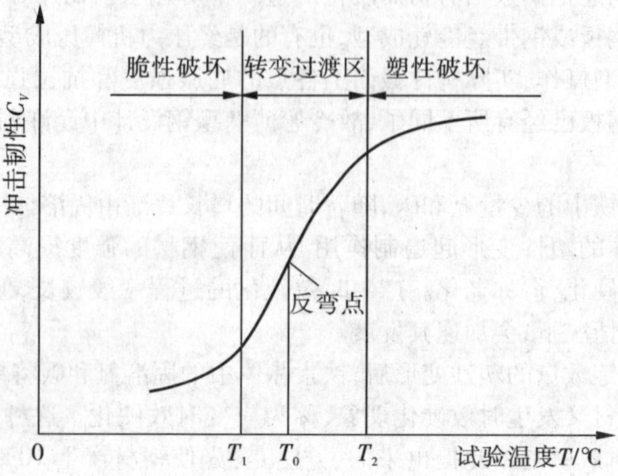

图 2.5　冲击韧性与温度的关系曲线

2.3.5　应力集中的影响

由单调拉伸试验所获得的钢材性能，只能反映钢材在标准试验条件下的性能，即应力分布均匀而且是单向的。实际结构中不可避免地存在孔洞、槽口、凹角、截面突然改变以及钢材内部缺陷等，此时截面中的应力分布不再保持均匀，而是在某些区域产生局部高峰应力，在另外一些区域则应力降低，形成所谓的应力集中现象(图 2.6)。这主要是由于主应力线在绕过孔口等缺陷时发生弯转，不仅在孔口边缘处会产生沿力作用方向的应力高峰，而且会在孔口附近产生垂直于力的作用方向的横向应力，甚至会产生三向拉应力。厚度越厚的钢板，在其缺口中心部位的三向拉应力也越大，这是因为在轴向拉力作用下，缺口中心沿板厚方向的收缩变形受到较大的限制，形成所谓平面应变状态所致。高峰区的最大应力与净截面的平均应力的比值称为应力集中系数，用于衡量应力集中的严重程度。其值愈大，钢材变脆的倾向愈严重。

研究表明，在应力高峰区域总是存在着同号的双向或三向应力，使材料处于复杂受力状态，这种同号的平面或立体应力场有使钢材变脆的趋势，而且应力集中越严重，出现的同号三向应力场的应力水平越接近，钢材越趋于脆性。具有不同缺口形状的钢材拉伸试验结果也表明，截面改变尖锐程度越大的试件，其应力集中现象就越严重，引起钢材脆性破坏的危险性就越大。

应力集中现象还可能由内应力产生。内应力的特点是力系在钢材内自相平衡，而与外力无关，其在浇注、轧制和焊接加工过程中，因不同部位钢材的冷却速度不同，或因不均匀加热和冷却而产生。其中焊接残余应力的量值往往很高，在焊缝附近的残余拉应力常达到屈服点，而且在焊缝交叉处经常出现双向，甚至三向残余拉应力场，使钢材局部变脆。当外力引起的应力与内应力处于不利组合时，会引发脆性破坏。

因此，在进行钢结构设计时，应尽量使构件和连接节点的形状和构造合理，防止截面的突然改变。在进行钢结构的焊接构造设计和施工时，应尽量减少焊接残余应力。

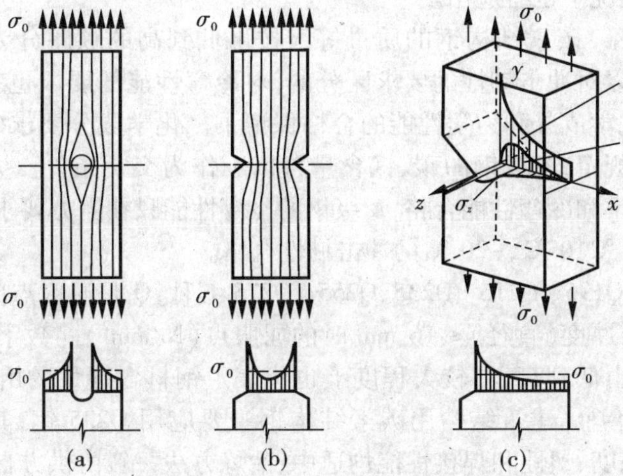

图 2.6　板件孔洞、缺口处的应力集中

(a) 薄板圆孔处的应力分布；(b) 薄板缺口处的应力分布；(c) 厚板缺口处的应力分布

2.3.6　反复荷载作用的影响

事实上，钢材总是有"缺陷"的，在直接、连续的反复荷载作用下，先在其缺陷处发生塑性变形和硬化而生成微观裂痕，此后这种微观裂痕逐渐发展成宏观裂纹，构件截面削弱并在裂纹尖端出现应力集中现象，使材料处于三向拉伸应力状态，塑性变形受到限制，钢材的微裂纹和内部缺陷将不断扩展直至断裂，钢材的强度将低于一次静力荷载作用下的拉伸试验的极限强度，表现为脆性特征的疲劳破坏。

研究证明，构件的应力水平不高或荷载反复次数不多的钢材一般不会发生疲劳破坏，计算中不必考虑疲劳的影响。但是，对于长期频繁的直接承受动力荷载的钢结构构件及其连接，在设计中必须进行钢材的疲劳计算。

2.4　钢材的种类和规格

2.4.1　钢材的种类

钢材的种类(简称钢种)按用途可分为结构钢、工具钢和特殊用途钢等，其中结构钢又分建筑用钢和机械用钢；按化学成分可分为碳素钢和合金钢；按冶炼方法可分为平炉钢、转炉钢和电炉钢等；按脱氧方法可分为沸腾钢、半镇静钢、镇静钢和特殊镇静钢；按成型方法可分为轧制钢(热轧和冷轧)、锻钢和铸钢；按硫、磷含量和质量控制分类，有高级优质钢、优质钢和普通钢等。

我国的建筑用钢主要为碳素结构钢和低合金高强度结构钢两种，优质碳素结构钢在冷拔碳素钢丝和连接用紧固件中也有应用。另外，厚度方向性能钢板、焊接结构用耐候钢、铸钢等在某些情况下也有应用。

(1)碳素结构钢　碳素结构钢的质量等级按由低到高的顺序分为A、B、C、D四级。质量的高低主要是以对冲击韧性的要求区分的,对冷弯性能的要求也有所区别。碳素结构钢交货时,应有化学成分和力学性能的合格保证书。化学成分要求碳、锰、硅、硫、磷含量符合相应级别的规定,A级钢的碳、锰含量可以不作为交货条件。力学性能要求屈服点、抗拉强度、伸长率和冷弯性能合格,A级钢的冷弯性能只在需方要求时才提供,B、C、D级钢应分别保证20 ℃,0 ℃,-20 ℃的冲击韧性合格。

碳素结构钢有Q195、Q215、Q235、Q255、Q275五种,Q是屈服点的汉语拼音的首位字母,数字代表钢材厚度(直径)≤16 mm时的屈服点(N/mm^2)。数字的由低到高,不仅代表了钢材强度的由低到高,在较大程度上也代表了钢材含碳量的由低到高和塑性、韧性、可焊性的由好变差。建筑结构用碳素结构钢主要应用Q235钢,其碳的质量分数为0.12%~0.22%,强度、塑性和焊接性能均适中,冶炼方法一般由供方自行决定,设计者不再另行提出,如需方有特殊要求时可在合同中加以注明。

碳素结构钢的牌号由代表屈服点的字母Q、屈服点数值、质量等级、脱氧方法符号等四部分按顺序组成。对Q235钢来说,A、B两级的脱氧方法可以是沸腾钢(F)、半镇静钢(b)和镇静钢(Z),C级为镇静钢(Z),D级为特殊镇静钢(TZ)。C级和D级脱氧方法符号Z和TZ在牌号中予以省略。

(2)低合金高强度结构钢　低合金高强度结构钢是在冶炼碳素结构钢时加入一种或几种适量的合金元素(锰、硅、钒等)而炼成的钢种,可提高强度、冲击韧性、耐腐蚀性又不太降低塑性。由于合金元素的总质量分数低于5%,故称为低合金高强度结构钢。根据钢材厚度(直径)≤16 mm时的屈服点(N/mm^2),分为Q295、Q345、Q390、Q420、Q460五种。其中Q345、Q390和Q420三种钢材均有较高的强度和较好的塑性、韧性和焊接性能,被《钢结构设计规范》选为承重结构用钢。

钢的牌号仍有质量等级符号,分为A、B、C、D、E五个等级,和碳素结构钢一样,不同质量等级是按对冲击韧性的要求区分的,E级主要是要求-40 ℃的冲击韧性。低合金高强度结构钢的A、B级属于镇静钢,C、D、E级属于特殊镇静钢,因此钢的牌号中不注明脱氧方法。冶炼方法也由供方自行选择。低合金高强度结构钢交货时,应有化学成分和屈服点、抗拉强度、冷弯等力学性能的合格保证书。当需要时,还应提出20 ℃,0 ℃,-20 ℃或-40 ℃的冲击韧性合格的附加交货条件。

(3)优质碳素结构钢　优质碳素结构钢与碳素结构钢的主要区别在于钢中含杂质元素较少,磷、硫等有害元素的质量分数均不大于0.035%,其他缺陷的限制也较严格,具有较好的综合性能。按照国家标准《优质碳素结构钢技术条件》(GB/T 699—1999)生产的钢材共有两大类,一类为普通含锰量的钢,另一类为较高含锰量的钢。两类的钢号均用两位数字表示,它表示钢中的平均含碳量的万分数,前者数字后不加Mn,后者数字后加Mn,如45号钢,表示平均含碳量为0.45%的优质碳素钢;45Mn号钢,则表示同样含碳量,但锰的含量也较高的优质碳素钢。可按不进行热处理或热处理(正火、淬火或高温回火)状态交货,要求热处理状态交货的应在合同中注明,未注明者按不进行热处理交货。由于价格较高,钢结构中使用较少,仅用经热处理的优质碳素结构钢冷拔高强钢丝或制作高强螺栓、自攻螺钉等。

(4)Z向钢和耐候钢　Z向钢是在某一级结构钢(母级钢)的基础上,经过特殊冶炼、处理的钢材。Z向钢在厚度方向有较好的延展性,有良好的抗层状撕裂能力,适用于高层建筑和大跨度钢结构的厚钢板结构。我国生产的Z向钢板的标记为在母级钢牌号后面加上Z向钢板等级标记,如Z15、Z25、Z35等,数字分别表示沿厚度方向的断面收缩率分别大于或等于15%、25%和35%。

耐候钢是在低碳钢或低合金结构钢中加入铜、铬、镍等合金元素冶炼成的一种耐腐蚀钢材,在大气作用下,表面自动生成一种致密的防腐薄膜,起到抗腐蚀的作用。这种钢材适用于外露环境,且对耐腐蚀有特殊要求的或在腐蚀性气体和固态介质作用下的承重结构。

2.4.2　钢材的规格

钢结构采用的型材主要为热轧成型的钢板和型钢,以及冷弯(或冷压)成型的薄壁型钢。由工厂生产供应的钢板和型钢等有成套的截面形状和一定的尺寸间隔,称为钢材规格。

(1)热轧钢板　热轧钢板包括厚钢板、薄钢板和扁钢等。厚钢板的厚度为4.5~60 mm,宽度为600~3 000 mm,长度为4~12 m,被广泛用于组成焊接构件和连接钢板。薄钢板的厚度为0.35~4 mm,宽度为500~1 500 mm,长度为0.5~4 m,是冷弯薄壁型钢的原料。扁钢的厚度为4~60 mm,宽度为12~200 mm,长度为3~9 m。

钢板的表示方法为在钢板横断面符号“-”后加“厚×宽×长”(单位为mm),如:-12×800×2100。

(2)热轧型钢　热轧型钢包括角钢、工字钢、H型钢、槽钢和钢管等(图2.7)。

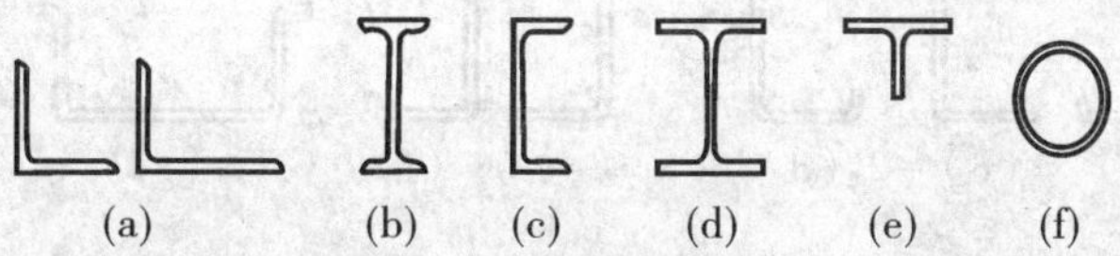

图2.7　热轧型钢截面

(a) 角钢;(b) 工字钢;(c) 槽钢;(d) H型钢;(e)T字钢;(f) 钢管

角钢分为等边和不等边两种,主要用来制作桁架等格构式结构的杆件和支撑等连接杆件。等边角钢的表示方法为在符号“L”后加“边长×厚度”,如L 125×8;不等边角钢的表示方法为在符号“L”后加“长边宽×短边宽×厚度”,如L 125×80×8,单位均为mm。角钢的长度一般为3~19 m,规格有L 20×3~ L 200×24和L 25×16×3~ L 200×125×18。

工字钢分为普通工字钢和轻型工字钢。这两种工字钢的两个主轴方向的惯性矩相差较大,不宜单独用作受压构件,而宜用作腹板平面内受弯的构件,或由工字钢与其他型钢组成的组合构件或格构式构件。普通工字钢的型号用符号“I”后加截面高度的厘米数来表示;20号以上的工字钢,又按腹板的厚度不同,同一号数分为a、b或a、b、c等类别,a类腹板较薄;如I36a表示截面高度为36 cm的a类工字钢。轻型工字钢的腹板和翼缘均比普通工字钢的薄,因而在相同重量的前提下截面回转半径较大。

H 型钢是目前使用很广泛的热轧型钢,与普通工字钢相比,其翼缘板的内外两侧平行,便于与其他构件连接。其基本类型可分为宽翼缘 H 型钢(代号 HW,翼缘宽度 b 与截面高度 h 相等)、中翼缘 H 型钢[代号 HM,$b=(1/2\sim2/3)h$]及窄翼缘 H 型钢[代号 HN,$b=(1/3\sim1/2)h$]三类。各种 H 型钢均可剖分为 T 型钢供应,代号分别为 TW、TM、TN。H 型钢和剖分 T 型钢的型号分别为代号后加“高度 h×宽度 b×腹板厚度 t_1×翼缘厚度 t_2”,例如 HW400×400×13×21 和 TW200×400×13×21 等,单位均为 mm。宽翼缘和中翼缘 H 型钢可用于钢柱等受压构件,窄翼缘 H 型钢则适用于钢梁等受弯构件。

槽钢分为普通槽钢和轻型槽钢两种,适于作檩条等双向受弯的构件,也可用其组成组合或格构式构件。普通槽钢的型号与工字钢相似,如[36a 指截面高度为 36 cm、腹板厚度为 a 类的槽钢。号码相同的轻型槽钢,其翼缘和腹板较普通槽钢宽而薄,回转半径较大,重量较轻。

钢管有热轧无缝钢管或由钢板卷焊成的焊接钢管两种。钢管截面对称,外形圆滑,受力性能良好,由于回转半径较大,常用作桁架、网架、网壳等平面和空间格构式结构的杆件,在钢管混凝土柱中也有广泛的应用。规格用符号“Φ”后加“外径×壁厚”表示,如 Φ400×16,单位为 mm。

(3)薄壁型钢　薄壁型钢是用薄钢板经模压或弯曲成型,其壁厚一般为 1.5~5 mm,截面形式和尺寸可按工程要求合理设计,通常有角钢、卷边角钢、槽钢、卷边槽钢、Z 型钢、卷边 Z 型钢、方管、圆管及各种形状的压型钢板等(图 2.8)。压型钢板是近年来开始使用的薄壁型材,是由热轧薄钢板经冷压或冷轧成型的,所用钢板厚度为 0.4~2 mm,主要用作轻型屋面及墙面等构件。

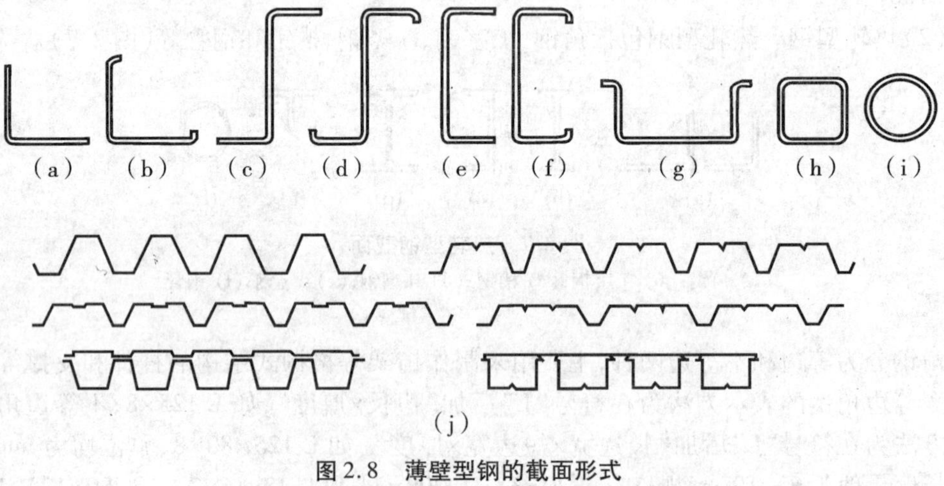

图 2.8　薄壁型钢的截面形式

(a) 等边角钢;(b) 等边卷边角钢;(c) Z 型钢;(d) 卷边 Z 型钢;(e) 槽钢;
(f) 卷边槽钢;(g) 向外卷边槽钢(帽形钢);(h) 方管;(i) 圆管;(j) 压型板

2.5 钢结构用钢材的选择

2.5.1 钢材的选用原则

钢材的选用既要确保结构物的安全可靠,又要经济合理。为了保证承重结构的承载能力,防止在一定条件下出现脆性破坏,应根据结构的重要性、荷载特征、连接方法、工作环境、应力状态和钢材厚度等因素综合考虑,选用合适牌号和质量等级的钢材。具体应满足下列要求:

(1)结构或构件的重要性 根据建筑结构的重要程度和安全等级选择相应的钢材等级。对重型工业建筑结构、大跨度结构、高层或超高层的民用建筑等重要结构,应选用质量好的钢材。

(2)荷载特性 根据荷载的性质不同选用适当的钢材,包括静力或动力、经常作用还是偶然作用、满载还是不满载等情况,并相应提出必要的质量保证措施。

(3)连接方式 钢结构的连接方式有焊接和非焊接两种。由于在焊接过程中,会产生焊接变形、焊接应力以及其他焊接缺陷,可能导致结构产生裂纹或脆性断裂,因此采用焊接连接时对材质的要求较严格。相对于非焊接连接的结构而言,焊接连接时所用钢材的碳、硫、磷及其他有害化学元素的含量应较低,塑性和韧性指标要高,焊接性能要好。

(4)结构的工作条件 钢材处于低温时容易发生冷脆,因此在低温条件下工作的结构,尤其是焊接结构,应选用具有良好抗低温脆断能力的镇静钢。露天结构易产生时效,有害介质作用的钢材易腐蚀、疲劳和断裂,也应区别选择。

(5)钢材厚度 厚度大的钢材不但强度较小,而且塑性、冲击韧性和焊接性能也较差。因此,采用厚度大的钢材的焊接结构应采用材质较好的钢材。

2.5.2 《钢结构设计规范》的基本规定

(1)承重结构的钢材宜采用Q235钢、Q345钢、Q390钢和Q420钢。当采用其他牌号的钢材时,应符合相应有关标准的规定和要求。

(2)下列情况的承重结构和构件不应采用Q235沸腾钢。

对于焊接结构:

1)直接承受动力荷载或振动荷载且需要验算疲劳的结构;

2)工作温度低于-20 ℃时的直接承受动力荷载,或振动荷载但可不验算疲劳的结构,以及承受静力荷载的受弯及受拉的重要承重结构;

3)工作温度等于或低于-30 ℃的所有承重结构。

对于非焊接结构:工作温度等于或低于-20 ℃的直接承受动力荷载且需要验算疲劳的结构。

(3)钢材质量应满足如下要求:

1)承重结构采用的钢材应具有抗拉强度、伸长率、屈服强度和硫、磷含量的合格保证,对焊接结构上应具有碳含量的合格保证。

2)焊接承重结构以及重要的非焊接承重结构采用的钢材,还应具有冷弯试验的合格保证。

3)对于需要验算疲劳的焊接结构的钢材,应具有常温冲击韧性的合格保证。当结构工作温度不高于0 ℃但高于-20 ℃时,对Q235钢和Q345钢应具有0 ℃冲击韧性的合格保证;对Q390钢和Q420钢应具有-20 ℃冲击韧性的合格保证。当结构工作温度不高于-20 ℃时,对Q235钢和Q345钢应具有-20 ℃冲击韧性的合格保证;对Q390钢和Q420钢应具有-40 ℃冲击韧性的合格保证。

对于需要验算疲劳的非焊接结构的钢材亦应具有常温冲击韧性的合格保证。当结构工作温度不高于-20 ℃时,对Q235钢和Q345钢应具有0 ℃冲击韧性的合格保证;对Q390钢和Q420钢应具有-20 ℃冲击韧性的合格保证。

思考题

1. 什么叫钢材的塑性破坏和脆性破坏?它们对钢结构设计有何影响?
2. 为什么通常取屈服点作为钢材强度的标准值,而不取抗拉强度?
3. 什么是钢材的强屈比,为什么要设定该比值?
4. 钢材有哪几项主要机械性能?各项主要指标可用来衡量钢材哪些方面的性能?
5. 什么是钢材的可焊性?影响钢材可焊性的化学元素有哪些?
6. 什么情况下钢材会产生应力集中?
7. 钢材的化学成分对机械性能有何影响?
8. 钢材中常见的冶金缺陷有哪些?
9. 什么是钢材的热处理?热处理对钢材的性能有哪些影响?
10. 什么叫冷作硬化、时效硬化和应变时效硬化?
11. 随着温度的变化,钢材的力学性能有何变化?
12. 选择钢材应考虑的因素有哪些?

习　题

1. 说明下列符号的含义:

Q235Ab　　Q345D　　Q390E　　Q235C

2. 钢材的设计强度是根据____确定的。

(A)比例极限　(B)弹性极限　(C)屈服点　(D)抗拉强度

3. 钢材的伸长率是反映材料____的性能指标。

(A)承载能力　(B)抵抗荷载冲击能力　(C)弹性变形能力　(D)塑性变形能力

4. 四种厚度不同的Q345钢,其中____钢板设计强度最高。

(A)16 mm　(B)20 mm　(C)25 mm　(D)30 mm

5. 钢材的三大力学性能指标为____。

(A) 抗拉强度、屈服点、伸长率
(B) 抗拉强度、屈服点、冷弯性能
(C) 抗拉强度、伸长率、冷弯性能
(D) 屈服点、伸长率、冷弯性能

6. 下列说法正确的是____。
(A) 冷弯性能是鉴定钢材塑性应变能力和冶金质量的综合指标。
(B) 钢材冲击韧性随温度的降低而升高。
(C) 钢材处于复杂应力状态异号应力场时，更容易发生脆性破坏。
(D) 随着含碳量的增加，钢材可焊性提高。

7. 下列因素中____与钢构件发生脆性破坏无直接关系。
(A) 钢材屈服点的大小　　(B) 钢材含碳量
(C) 负温环境　　(D) 应力集中

8. 钢结构对动力荷载适应性较强，是由于钢材具有____。
(A) 良好的塑性　　(B) 钢材冲击韧性随温度的降低而升高。
(C) 良好的韧性　　(D) 质地均匀、各向同性

第 3 章 钢结构的连接

3.1 钢结构的连接方法和特点

钢结构的连接是将型钢或钢板等组合成构件,并将各构件组装成整个结构的节点和关键部件。连接的方式及其质量优劣直接影响钢结构的工作性能,因此,在进行连接的设计时,必须遵循安全可靠、传力明确、构造简单、制造方便和节约钢材的原则。

钢结构的连接方法通常有焊缝连接、铆钉连接和螺栓连接三种,后两种又通称为紧固件连接(图 3.1)。

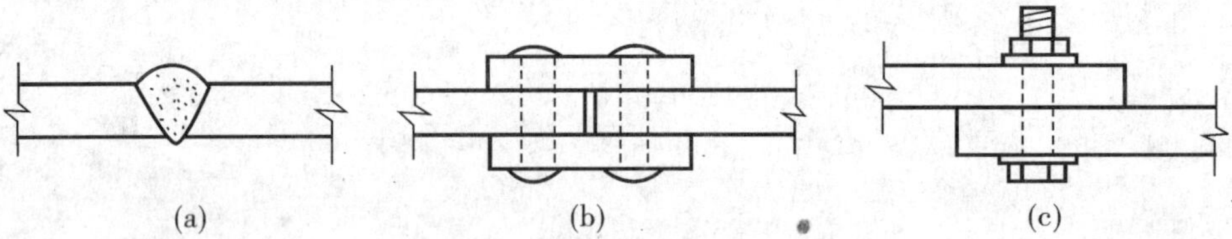

图 3.1 钢结构的连接方法

(a) 焊缝连接;(b) 铆钉连接;(c) 螺栓连接

3.1.1 焊缝连接

焊缝连接是现代钢结构最主要的连接方法。其优点是:①构造简单,对几何形体适应性强,任何形式的构件均可直接连接;②不削弱截面,省工省材;③制作加工方便,可实现自动化操作,工效高,质量可靠;④连接的密闭性好,刚度大。

焊缝连接的缺点是:①在焊缝附近的热影响区内,钢材的金相组织发生改变,导致局部材质劣化变脆;②焊接残余应力和残余变形使受压构件的承载力降低;③焊接结构对裂纹很敏感,局部裂纹一旦发生,就容易扩展到整体,低温冷脆问题较为突出;④对材质要求高,焊接程序严格,质量检验工作量大。

3.1.2 铆钉连接

铆钉连接的制造有热铆和冷铆两种方法。热铆是把加热到 900 ~ 1 000 ℃ 的钉坯插入构件的钉孔中,用铆钉枪或压铆机铆合而成。冷铆是在常温下铆合而成。在建筑钢结构中一般都采用热铆。

铆钉的材料应有良好的塑性,通常采用专用钢材 BL2 和 BL3 号钢制成。

铆钉打铆完成后,钉杆充满钉孔,钉杆由高温逐渐冷却而发生收缩,但被钉头之间的钢板阻止住,故钉杆中产生收缩拉应力,对钢板则产生压紧力,使得连接十分紧密。当构件受剪力作用时,钢板接触面上产生很大的摩擦力,因而大大提高连接的工作性能。

铆钉连接的质量和受力性能与钉孔的制作方法密切相关。钉孔的制作方法分为Ⅰ、Ⅱ两类。Ⅰ类孔是用钻模钻成,或先冲成较小的孔,装配时再扩钻而成,孔的对准精度高,内壁光滑,孔的轴线垂直于被连接板件的接触面,孔的质量好。Ⅱ类孔是冲成或不用钻模钻成,虽然制法简单,但构件拼装时钉孔不易对齐,质量较差。重要的结构应该采用Ⅰ类孔。

与焊缝连接比较,铆钉连接的钢结构的塑性和韧性好,质量易于检查,传力可靠,动力工作性能好,对主体钢材的材质要求低。但是,铆钉连接的构造复杂,制孔和打铆费工、费料,钉孔削弱主材截面。因此,除了在一些重型和直接承受动力荷载的结构中有时仍有应用外,一般建筑钢结构中已很少采用。

3.1.3 螺栓连接

螺栓连接分为普通螺栓连接和高强度螺栓连接两种。

(1)普通螺栓连接　普通螺栓分为A、B级(精制螺栓)和C级(粗制螺栓)三级。C级螺栓所用钢材的性能等级为4.6级或4.8级。小数点前的数字表示螺栓成品的抗拉强度不小于400 N/mm^2,小数点及小数点以后数字表示其屈强比为0.6或0.8。A级和B级螺栓所用钢材的性能等级为5.6级或8.8级,其抗拉强度分别不小于500 N/mm^2和800 N/mm^2,屈强比分别为0.6和0.8。

A、B级螺栓的栓杆是由毛坯在车床上经过切削加工精制而成的,其表面光滑、尺寸准确,螺杆直径与螺栓孔径相同;但螺杆直径仅允许负公差,螺栓孔直径仅允许正公差,对成孔质量要求高,需要Ⅰ类孔。由于精制螺栓有较高的精度,因而受剪性能好;但制作和安装复杂,价格较高,已很少在钢结构中采用。

C级螺栓由未经加工的圆钢压制而成,由于螺栓表面粗糙,一般采用在单个零件上一次冲成或不用钻模钻成设计孔径的孔(Ⅱ类孔)。螺栓孔的直径比螺栓杆的直径大1.5~3 mm(见表3.1)。对于C级螺栓连接,由于螺栓杆与螺栓孔之间有较大的间隙,受剪力作用时,将会产生较大的剪切滑移,连接的变形大。但安装方便,能够有效地传承拉力,故一般可用于沿螺栓杆轴向受拉的连接中,以及次要结构的抗剪连接或安装时的临时固定。

表3.1　C级螺栓孔径

螺杆公称直径 d/mm	12	16	20	(22)	24	(27)	30
螺栓孔公称直径 d_0/mm	13.5	17.5	22	(24)	26	(30)	33

(2)高强度螺栓连接　高强度螺栓按所用材料的性能等级可分为8.8S级和10.9S级两类(字母“S”表示高强度螺栓的意思,但在实际应用中常将其省略)。高强度螺栓一

般采用优质碳素钢(例如35号和45号钢)和合金钢(例如40B、35VB钢和20 MnTiB钢)加工制作而成;经热处理后,螺栓的抗拉强度应分别不低于800 N/mm^{2}和1000 N/mm^2,且屈强比分别为0.8和0.9,即前者的性能等级为8.8S级,后者的性能等级为10.9S级。

高强度螺栓根据其外形可分大六角头型(图3.2a)和扭剪型(图3.2b)两种。安装时通过特别的扳手,以较大的扭矩上紧螺帽,使螺杆产生很大的预拉力,将被连接的部件夹紧。当以部件的接触面摩擦力传递剪力时,称为高强度螺栓摩擦型连接。当同普通螺栓一样,允许接触面滑移,依靠螺栓受剪和孔壁承压来传递剪力时,称为高强度螺栓承压型连接。高强度螺栓的供货和使用,需要螺栓、螺母和垫圈(合称为高强度螺栓的连接副)配套。

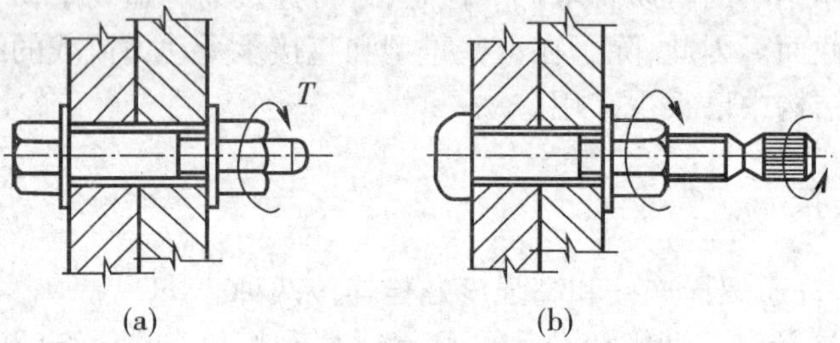

图3.2 高强度螺栓连接

摩擦型连接高强度螺栓的孔径d_0比螺栓公称直径d大1.5 mm($d \leqslant 16$ mm)、2.0 mm($d=20 \sim 24$ mm)、3.0 mm($d=27 \sim 30$ mm);承压型连接高强度螺栓的孔径比螺栓公称直径d大1.0 mm($d \leqslant 16$ mm)、1.5 mm($d=20 \sim 24$ mm)、2.0 mm($d=27 \sim 30$ mm)。摩擦型连接的优点是施工较简单,可拆换,连接的剪切变形小,动力工作性能好,耐疲劳,韧性好,包含了普通螺栓和铆钉连接的各自优点,目前已成为代替铆钉连接的优良连接形式,特别适用于承受动力荷载的结构。承压型连接的承载力一般高于摩擦型连接,但整体性、刚度均较差,剪切变形大,强度储备相对较低,故不得用于承受动力荷载的结构中。

3.2 焊接连接的形式和焊缝的质量等级

3.2.1 常用的焊接方法

钢结构常用的焊接方法有电弧焊、气体保护焊、电阻焊和气焊等,电弧焊又分为手工电弧焊、自动和半自动埋弧焊。

(1)手工电弧焊 这是最常用的一种焊接方法(图3.3)。通电后,在涂有药皮的焊条和焊件之间产生电弧。电弧提供温度可高达3 000 ℃的热源,使焊条中的焊丝熔化,滴落在焊件上被电弧所吹成的小凹槽熔池中。由焊条药皮形成的熔渣和气体覆盖着熔池,防止空气中的氧、氮等有害气体与熔化的液体金属接触,避免形成脆性易裂的化合物。焊缝金属冷却后把被连接件连成一体。

手工电弧焊的设备简单，操作灵活方便，适于任意空间位置的焊接，特别适于焊接短焊缝。但生产效率低，劳动强度大，焊接质量与焊工的技术水平和精神状态有很大关系。

手工电弧焊所用的焊条应与主体钢材相适应，例如：对 Q235 钢采用 E43 型焊条（E4300～E4328）；对 Q345 钢采用 E50 型焊条（E5010-X～E5027-X）；对 Q390 钢和 Q420 钢采用 E55 型焊条（E5500-X～E5518-X）。焊条型号中字母 E 表示焊条，前两位数字为熔敷金属的最小抗拉强度［单位为 kgf/mm^2。例如 E43 型焊条的熔敷金属的抗拉强度 $f_u \geq 43\ kgf/mm^2$（$420\ N/mm^2$）］，第三、四位数字表示适用焊接位置、电流以及药皮类型等。E50 型和 E55 型低合金钢焊条型号中短画线后面的字母 X 代表熔敷金属化学成分分类代号 A1、B1、D3、W、G 等。不同钢种的钢材相焊接时，例如 Q235 钢与 Q345 钢相焊接，可采用与低强度钢材相适应的焊条。

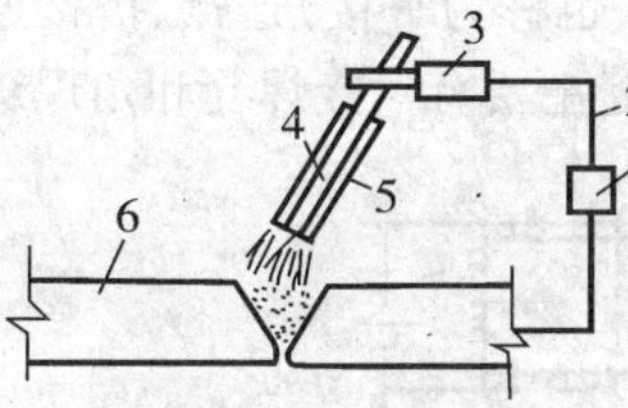

图 3.3　手工电弧焊

1-电源；2-导线；3-焊钳；4-焊条芯；5-药皮；6-焊件

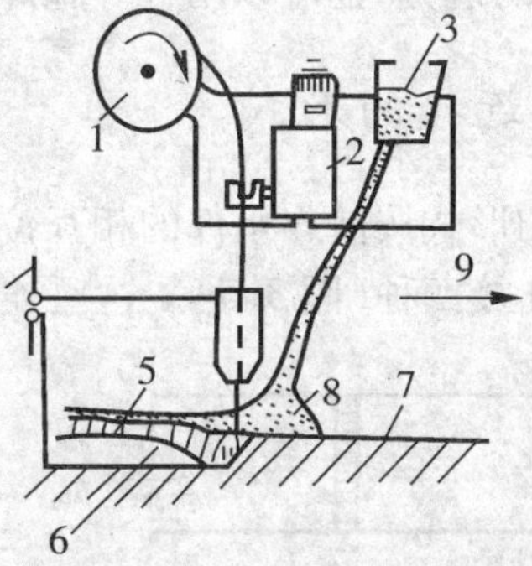

图 3.4　（半）自动埋弧焊

1-焊丝转盘；2-转动焊丝的电动机；3-焊剂漏斗；4-电源；5-熔渣；6-焊缝金属；7-焊件；8-焊剂；9-移动方向

（2）自动（或半自动）埋弧焊　埋弧焊是电弧在焊剂层下燃烧的一种电弧焊方法。焊丝送进和焊机的移动有专门机构控制的称自动埋弧焊（图 3.4）；焊丝送进有专门机构控制，而焊机的移动靠人工操作的称半自动埋弧焊。埋弧焊的焊丝不涂药皮，但施焊端被由焊剂漏头自动流下的颗粒状焊剂所覆盖，电弧完全被埋在焊剂之内，电弧热量集中，熔深大，适于厚板的焊接，具有很高的生产效率。由于采用了自动或半自动化操作，焊接时的工艺条件稳定，焊缝的化学成分均匀、质量好，焊件变形小。同时，较高的焊速也减小了热影响区的范围。但埋弧对焊件边缘的装配精度（如间隙）要求比手工焊高。

埋弧焊所用的焊丝和焊剂应与主体钢材的力学性能相适应，并应符合现行国家标准的规定。

（3）气体保护焊　气体保护焊是利用二氧化碳气体或其他惰性气体作为保护介质的一种电弧熔焊方法，直接依靠保护气体在电弧周围形成局部保护层，以防止有害气体的侵入并保证了焊接过程的稳定性。在合金钢和有色金属的焊接中，CO_2 气体保护焊应用最广泛。CO_2 气体保护焊的保护气体有纯 CO_2 和 CO_2 与 Ar 的混合气体两种类型，其中，Ar 与 20% 的 CO_2 的混合气体能获得最稳定的电弧，多在焊接较重要的结构中使用。

气体保护焊的焊缝熔化区没有熔渣，焊工能够清楚地看到焊缝成型的过程。保护气体是喷射的，有助于熔滴的过渡。由于热量集中，焊接速度快，焊件熔深大，故所形成的焊缝强度比手工电弧焊高，塑性和抗腐蚀性好，适用于全位置的焊接。但在风速较大的环境中施焊时，需搭防风棚。

(4)电阻焊　电阻焊是利用电流通过焊件接触点表面电阻所产生的热来熔化金属，再通过加压使其焊合。电阻焊只适用于板叠厚度不大于 12 mm 的焊接。对冷弯薄壁型钢构件，电阻焊可用来缀合壁厚不超过 3.5 mm 的构件，如将两个冷弯槽钢或 C 型钢组合成工字截面构件等。

(5)气焊　气焊是利用乙炔在氧气中燃烧形成的高温使焊条和焊件金属熔化形成焊缝而把被连接件连接在一起的焊接方法。气焊用于薄钢板的焊接或小型结构的连接；另外，在没有电源的地方，也可以用气焊施焊。

3.2.2　焊接连接的形式

焊接连接的形式按被连接件的相互位置可分为对接(也称为平接)连接、搭接连接、T 形连接和角接连接四种(图 3.5)。这些连接所采用的焊缝主要有对接焊缝和角焊缝。

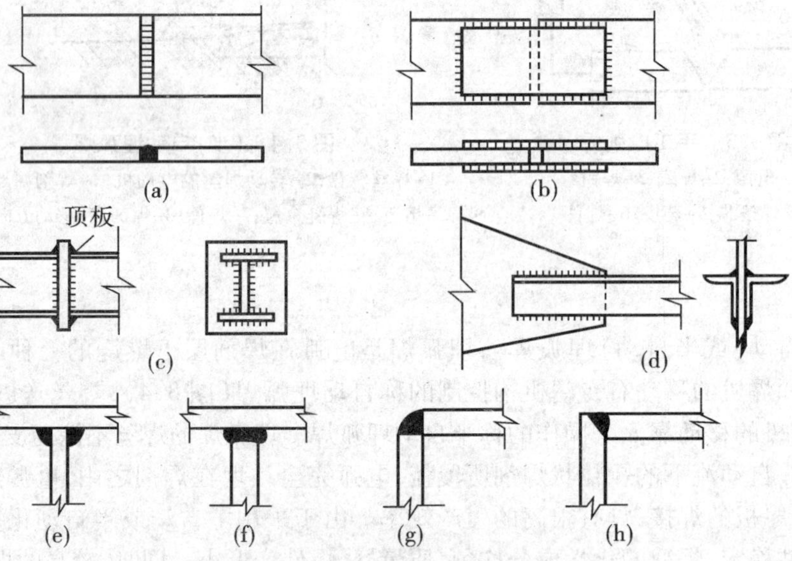

图 3.5　焊接连接的形式

(a) 对接连接；(b) 用拼接盖板的对接连接；(c) 用拼接板的对接连接；(d) 搭接连接；(e)(f) T 形连接；(g)(h) 角接连接

对接连接主要用于厚度相同或接近相同的两构件的相互连接。图 3.5(a)所示为采用对接焊缝的对接连接，由于相互连接的两构件在同一个平面内，因而传力均匀平缓，没有明显的应力集中，且用料经济，但是焊件边缘需要加工，对被连接两板的间隙和坡口尺寸有严格的要求。图 3.5(b)所示为采用双层拼接盖板和角焊缝的对接连接，这种连接传力不均匀、费料，但施工简便，所连接两板的间隙大小无须严格控制。图 3.5(c)所示为采用拼接板和角焊缝的对接连接，这种连接传力均匀，但施工复杂、费料，所连接两板需正对齐地分别与拼接板相连接。

图 3.5(d)所示为双角钢采用节点板和角焊缝的搭接连接，这种连接比较费料，但传力均匀、施工简便，广泛应用于钢桁架结构中。

T 形连接省工省料，常用于制作组合截面。当采用角焊缝连接时(图 3.5e)，焊件间存在缝隙，截面突变，应力集中现象严重，疲劳强度较低，可用于不直接承受动力荷载的结构连接。对于直接承受动力荷载的结构，如吊车梁上翼缘与腹板的连接，可采用如图 3.5(f)所示焊透的 T 形对接 K 形坡口焊缝进行连接。

角接连接(图 3.5g、h)主要用于制作箱形截面。

3.2.3 焊缝的形式

(1)对接焊缝　对接焊缝按所受力的方向可分为正对接焊缝(图 3.6a)和斜对接焊缝(图 3.6b)。对接焊缝的焊件常需加工成坡口，故又叫坡口焊缝。焊缝金属填充在坡口内，所以对接焊缝是被连接件的组成部分。

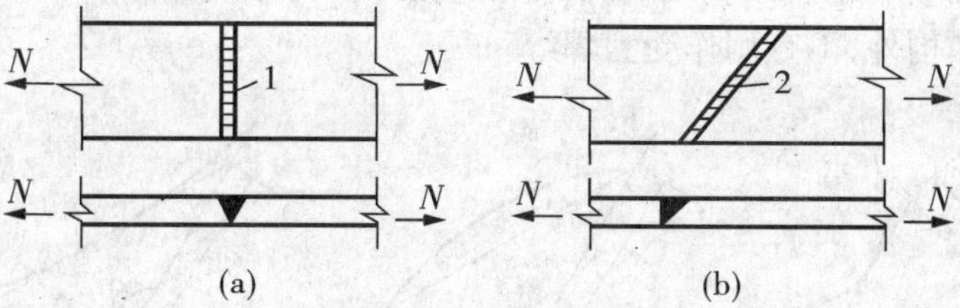

图 3.6　对接焊缝的形式

(a) 正对接焊缝；(b) 斜对接焊缝

(2)角焊缝　角焊缝按其与作用力的关系可分为：焊缝长度方向与作用力垂直的正面角焊缝、焊缝长度方向与作用力平行的侧面角焊缝和斜焊缝(图 3.7)。

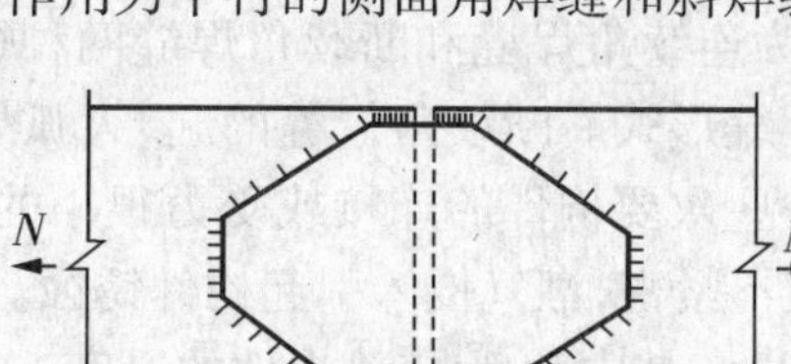

图 3.7　角焊缝的形式

角焊缝按其截面形式可分为直角角焊缝和斜角角焊缝。

两焊脚边的夹角为 90°的焊缝称为直角角焊缝，直角边边长 h_f 称为角焊缝的焊脚尺寸，$h_e=0.7h_f$为直角角焊缝的计算厚度。直角角焊缝通常做成表面微凸的等腰直角三角形截面（图3.8a）。在直接承受动力荷载的结构中，正面角焊缝的截面常采用图3.8(b)所示的坦式，侧面角焊缝的截面则做成凹面式（图3.8c）。

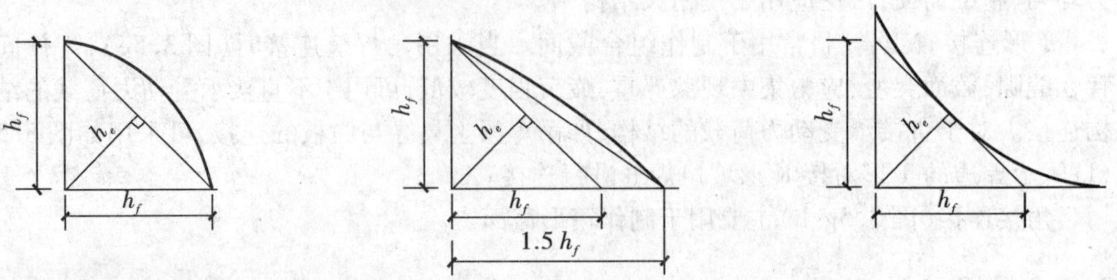

图3.8 直角角焊缝的截面

两焊脚边的夹角$\alpha>90°$或$\alpha<90°$的焊缝称为斜角角焊缝（图3.9）。斜角角焊缝常用于料仓壁板、钢漏斗和钢管结构的T形接头连接中。对于夹角$\alpha>135°$或$\alpha<60°$的斜角角焊缝，除钢管结构外，不宜用作受力焊缝。

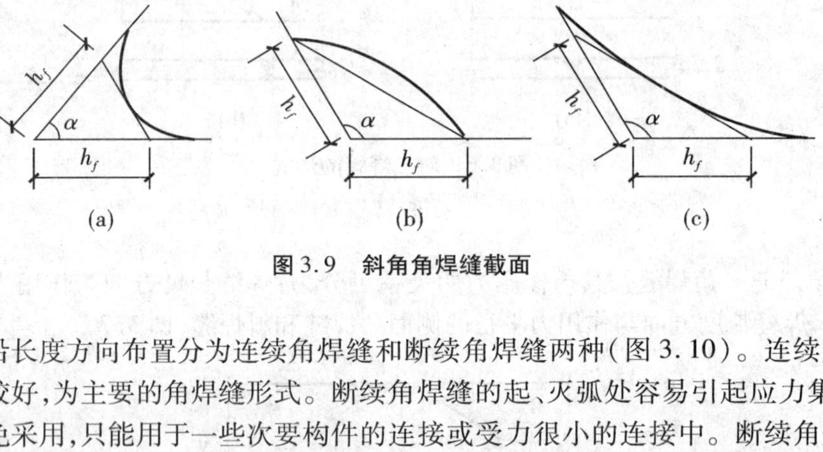

图3.9 斜角角焊缝截面

焊缝沿长度方向布置分为连续角焊缝和断续角焊缝两种（图3.10）。连续角焊缝的受力性能较好，为主要的角焊缝形式。断续角焊缝的起、灭弧处容易引起应力集中，重要构件应避免采用，只能用于一些次要构件的连接或受力很小的连接中。断续角焊缝的间断距离e不宜过长，以免连接不紧密，潮气侵入引起构件锈蚀。一般应满足在受压构件中$e\leqslant 15t$；在受拉构件中$e\leqslant 30t$，其中，t为较薄焊件的厚度。

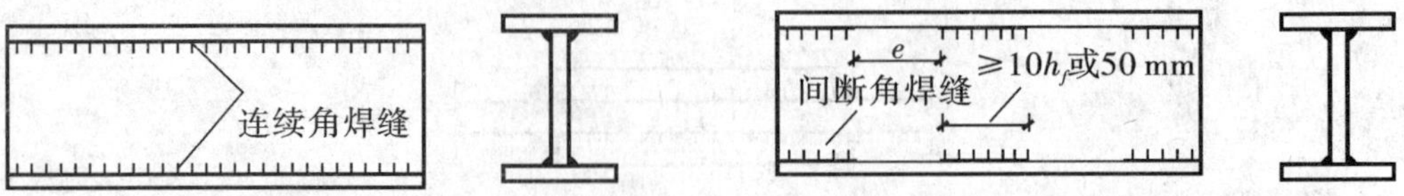

图3.10 连续角焊缝和断续角焊缝

(3)焊缝代号图例 《焊缝符号表示法》规定：焊缝代号由指引线、基本符号和辅助符号等部分组成。指引线由箭头线和两条基准线（一条为实线、另一条为虚线）组成（图

3.11)。箭头指到图形上的相应焊缝处,基准线的实线侧或虚线侧用来标注图形符号和焊缝尺寸。当指引线的箭头指向焊缝所在的一面时,应将图形符号和焊缝尺寸等标注在基准线的实线侧;当箭头指向对应焊缝所在的另一面时,则应将图形符号和焊缝尺寸标注在基准线的虚线侧。必要时,可在基准线(实线)的末端加一尾部符号作为其他说明之用。当标注对称焊缝和双面焊缝时,基准线可不加虚线。基本符号表示焊缝的基本形式,如用⊿表示角焊缝,用V表示V形坡口的对接焊缝。辅助符号表示焊缝的辅助要求,如用 ▶ 表示现场安装焊缝等。

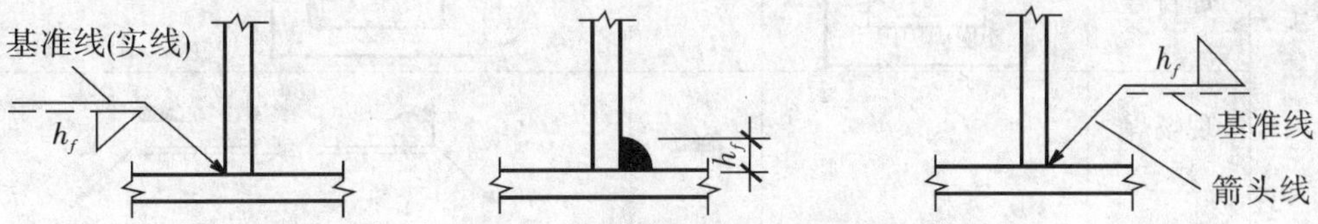

图 3.11　焊缝符号表示示例

表 3.2、表 3.3 列出了一些常用的焊缝符号,可供设计时参考。

表 3.2　常用的焊缝基本符号

名　称	封底焊缝	对　接　焊　缝					角焊缝	塞焊缝与槽焊缝	点焊缝
		I 形焊缝	V 形焊缝	单边 V 形焊缝	带钝边的 V 形焊缝	带钝边的 U 形焊缝			
符号	◡	‖	V	V	Y	Y	◺	⊓	○

注:单边 V 形与角焊缝的竖边画在符号的左边

表 3.3　焊缝符号中的辅助符号和补充符号

	名称	焊缝示意图	符号	示　例
辅助符号	平面符号		—	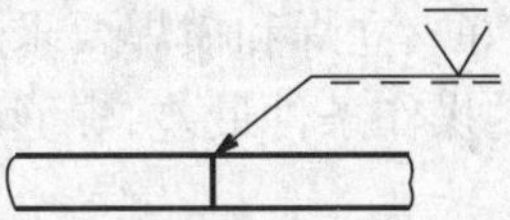
	凹面符号	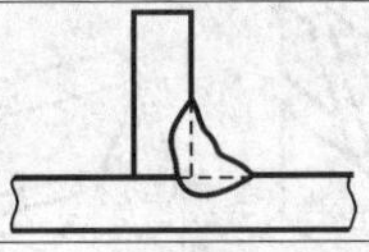	◡	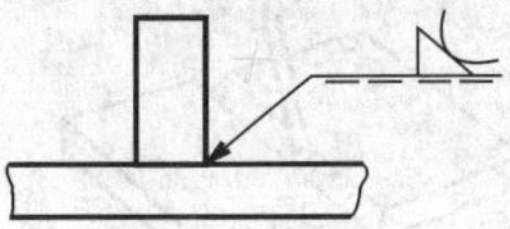

续表 3.3

	名称	焊缝示意图	符号	示　例
补充符号	三面围焊符号	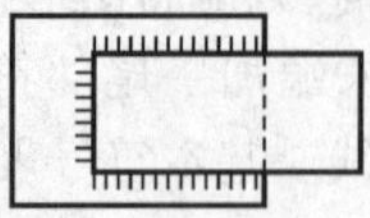		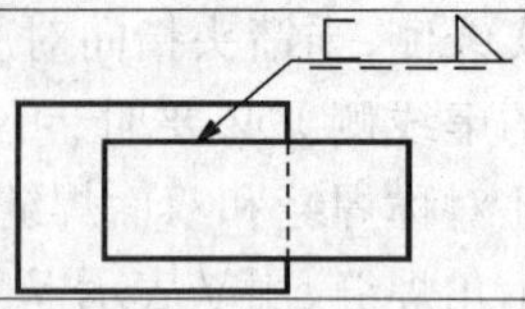
	周边围焊符号	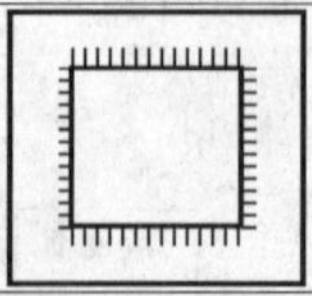		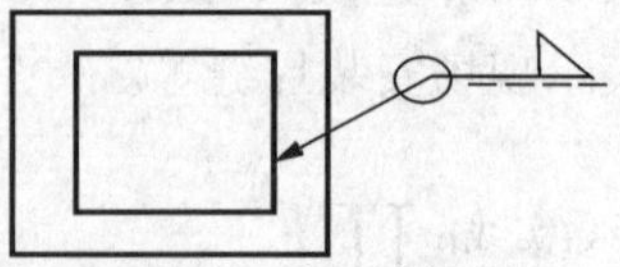
	现场焊符号			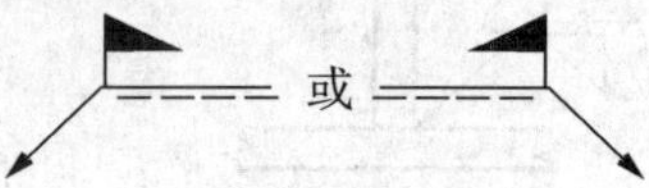
	焊缝底部有垫板的符号			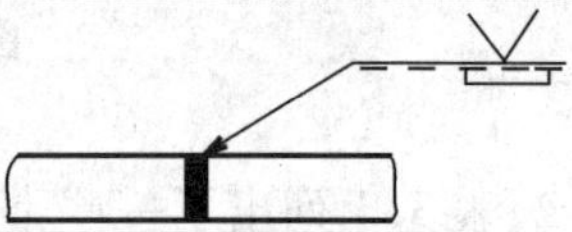

当焊缝分布比较复杂或用上述标注方法不能表达清楚时，在标注焊缝代号的同时，可在图形上加栅线表示（图 3.12）。

(a)　(b)　(c)

图 3.12　用栅线表示焊缝

(a) 正面焊缝；(b) 背面焊缝；(c) 安装焊缝

3.2.4　焊缝的施焊位置

焊缝按施焊位置分为平焊、立焊、横焊及仰焊（图 3.13）。平焊（又称俯焊）施焊方便，质量最好。立焊和横焊要求焊工的操作水平比较高，焊缝质量及生产效率比平焊差一些。仰焊的操作条件最差，焊缝质量不易保证，因此应尽量避免采用仰焊。

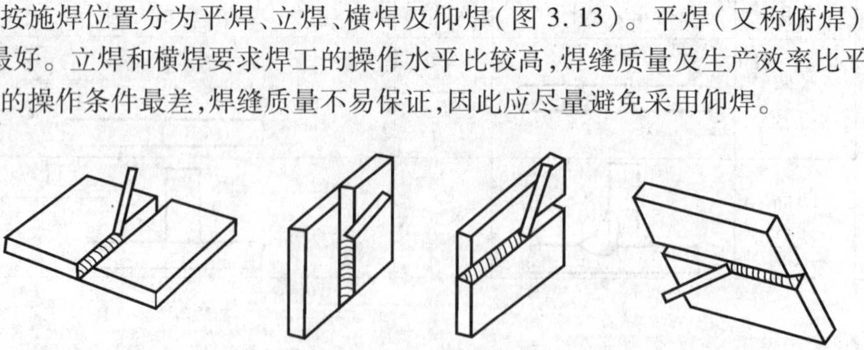

(a)　(b)　(c)　(d)

图 3.13　焊缝的施焊位置

(a) 平焊；(b) 立焊；(c) 横焊；(d) 仰焊

3.2.5　焊缝的质量等级及检验

(1)焊缝的缺陷　焊缝的缺陷是指焊接过程中产生于焊缝金属或附近热影响区钢材表面或内部的缺陷。常见的缺陷有裂纹、气孔、烧穿、夹渣、未焊透、未熔合、咬边、焊瘤等(图3.14);以及焊缝尺寸不符合要求、焊缝成形不良等。裂纹是焊缝连接中最危险的缺陷。产生裂纹的原因很多,如钢材的化学成分不当、焊接工艺条件(如电流、电压、焊速、施焊次序等)选择不合适、焊件表面油污未清除干净等。

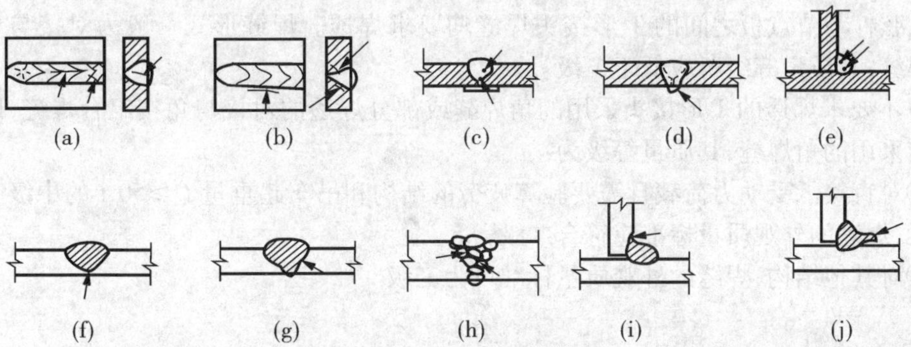

图3.14　焊缝的缺陷

(a) 热裂纹;(b) 冷裂纹;(c) 气孔;(d) 烧穿;(e) 夹渣

(f) 根部未焊透;(g) 边缘未熔合;(h) 层间未熔合;(i) 咬边;(j) 焊瘤

(2)焊缝的质量检验　焊缝缺陷的存在将削弱焊缝的受力面积,在缺陷处产生应力集中,对连接的强度、冲击韧性及冷弯性能等均有不利影响。因此,焊缝质量检验极为重要。

焊缝质量检验一般可用外观检查和无损检查,前者检查外观缺陷和几何尺寸,后者检查内部缺陷。采用超声波无损探伤,操作简单快速、灵活、经济,对内部缺陷反应灵敏,应用广泛。但厚度 $t<8$ mm 钢材的对接焊缝,用超声波探伤确定焊缝质量的等级不太可靠,应采用X射线探伤。否则,$t<8$ mm 钢材的对接焊缝的强度设计值只能按三级焊缝采用。

《钢结构工程施工质量验收规范》(GB 50205—2001)规定,焊缝按其检验方法和质量要求分为一级、二级和三级,其中三级焊缝只要求通过外观检查,即检查焊缝实际尺寸是否符合设计要求和有无看得见的裂纹、咬边等缺陷。在进行外观检查时,若存在异议,则采用渗透或磁粉探伤检查。对于重要结构或要求焊缝金属强度等于被焊金属强度的对接焊缝,必须进行一级或二级质量检验,即在外观检查的基础上再做无损检验。其中二级要求用超声波检验每条焊缝的20%长度;一级要求用超声波检验每条焊缝的全部长度,以便揭示焊缝内部缺陷;探伤总长度不应小于200 mm。当超声波探伤不能对缺陷做出判断时,应采用射线探伤,探伤比例和长度同超声波检验。

(3)焊缝的质量等级要求　《钢结构设计规范》(GB 50017—2003)规定,焊缝应根据结构的重要性、荷载特性、焊缝形式、工作环境以及应力状态等情况,按下述原则分别选用不同的质量等级。

1)在需要进行疲劳计算的构件中,凡对接焊缝均应焊透,其质量等级为:

①作用力垂直于焊缝长度方向的横向对接焊缝或T形对接与角接组合焊缝,受拉时应为一级,受压时应为二级;

②作用力平行于焊缝长度方向的纵向对接焊缝应为二级。

2)不需要计算疲劳的构件中,凡要求与母材等强的对接焊缝应予焊透,其质量等级当受拉时应不低于二级,受压时宜为二级。

3)重级工作制和起重量 $Q\geqslant 50$ t 的中级工作制吊车梁的腹板与上翼缘之间以及吊车桁架上弦杆与节点板之间的T形接头焊缝均要求焊透。焊缝形式一般为对接与角接的组合焊缝,其质量等级不应低于二级。

4)不要求焊透的T形接头采用的角焊缝或部分焊透的对接与角接组合焊缝,以及搭接连接采用的角焊缝,其质量等级为:

①对直接承受动力荷载且需要验算疲劳的结构和吊车起重量 $Q\geqslant 50$ t 的中级工作制吊车梁,焊缝的外观质量标准应符合二级;

②对其他结构,焊缝的外观质量标准可为三级。

3.3 对接焊缝的构造要求和计算

3.3.1 对接焊缝的构造要求

对接焊缝的焊件常做成坡口,坡口形式与焊件厚度有关。当焊件厚度很小(手工焊 $t\leqslant 6$mm,埋弧焊 $t\leqslant 10$mm)时,可用直边缝。对于一般厚度的焊件($t=10\sim 20$ mm)可采用具有斜坡口的单边V形或V形焊缝。斜坡口和根部间隙 c 共同组成一个焊条能够运转的施焊空间,使焊缝易于焊透;钝边 p 有托住熔化金属的作用。对于较厚的焊件($t>20$ mm),则采用U形、K形和X形坡口(图3.15)。对于V形缝和U形缝需对焊缝根部进行补焊。对接焊缝坡口形式的选用,应根据板厚和施工条件按《手工电弧焊焊接接头的基本形式与尺寸》和《埋弧焊焊接接头的基本形式与尺寸》的要求进行。

在对接焊缝的拼接处,当焊件的宽度不同或厚度在一侧相差4 mm以上时,应分别在宽度方向或厚度方向从一侧或两侧做成坡度不大于1:2.5(直接承受动力荷载且需要进行疲劳计算时不大于1:4)的斜角(图3.16),以使截面过渡平缓,减小应力集中。

在焊缝的起灭弧处,常会出现"弧坑"等缺陷,这些缺陷对承载力影响极大,故焊接时一般应设置引弧板和引出板(图3.17),焊后将它割除。对受静力荷载的结构设置引弧(出)板有困难时,允许不设置引弧(出)板,此时,可令焊缝计算长度等于实际长度减 $2t$(此处 t 为较薄焊件的厚度)。

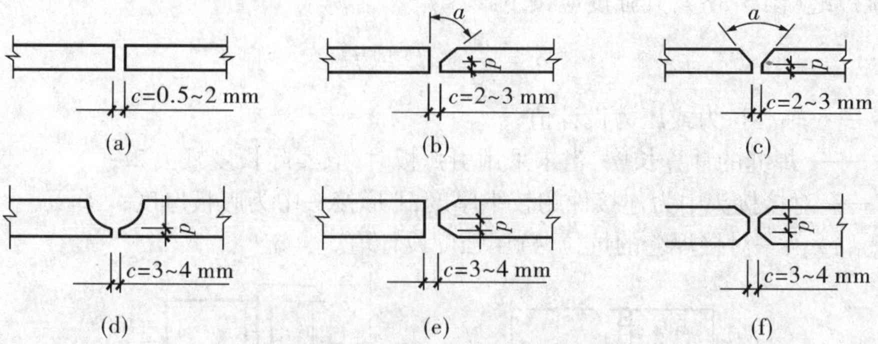

图 3.15　对接焊缝的坡口形式

(a) 直边缝;(b) 单边 V 形坡口;(c) V 形坡口;(d) U 形坡口;(e) K 形坡口;(f) X 形坡口

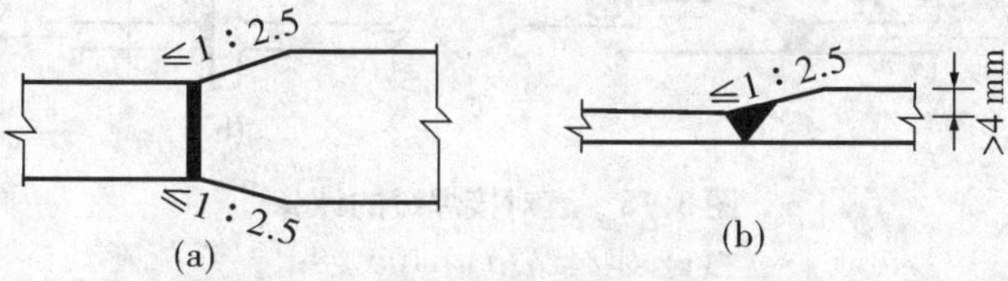

图 3.16　不等宽度或厚度钢板的拼接

(a) 钢板不等宽度;(b) 钢板不等厚度

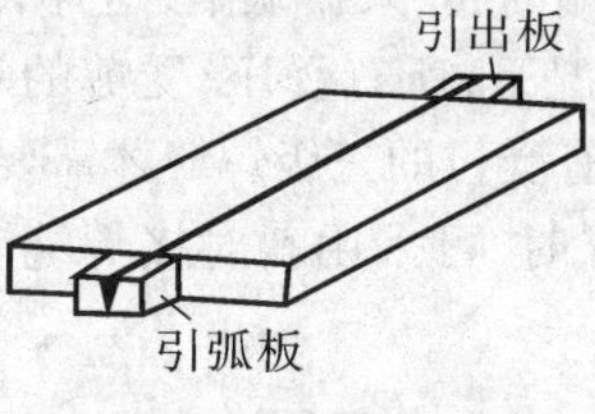

图 3.17　用引弧板焊接

3.3.2　焊透的对接焊缝的计算

焊透的对接焊缝的强度与所用钢材的牌号、焊条型号及焊缝质量的检验标准等因素有关。

如果焊缝中不存在任何缺陷,焊缝金属的强度是高于母材的。试验证明,焊接缺陷对受压、受剪的对接焊缝影响不大,故可以认为受压、受剪的对接焊缝与母材强度相等,但受拉的对接焊缝对缺陷甚为敏感。当缺陷面积与焊缝面积之比超过 5% 时,对接焊缝的抗拉强度将明显下降。由于质量等级为三级的焊缝允许存在的缺陷较多,故其抗拉强度取为母材强度的 85%,而质量等级一、二级的焊缝的抗拉强度可认为与母材强度相等。

由于对接焊缝可以看成是焊件截面的延续,焊缝中的应力分布情况基本上与焊件的情况相同,因此除考虑焊缝长度是否减少和焊缝强度要否折减外,对接焊缝的计算方法与构件的强度计算完全相同。

(1)轴心力作用的对接焊缝　在对接接头和 T 形接头中,垂直于轴心拉力或轴心压

力的对接焊缝(图3.18),其强度应按下式计算

$$\sigma = \frac{N}{l_w t} \leqslant f_t^w \text{ 或 } f_c^w \tag{3.1}$$

式中 N——轴心拉力或压力设计值;

l_w——焊缝的计算长度,当未采用引弧板时,取实际长度减去$2t$;

t——对接接头中为连接件的较小厚度,T形接头中为腹板厚度;

f_t^w、f_c^w——对接焊缝的抗拉、抗压强度设计值。

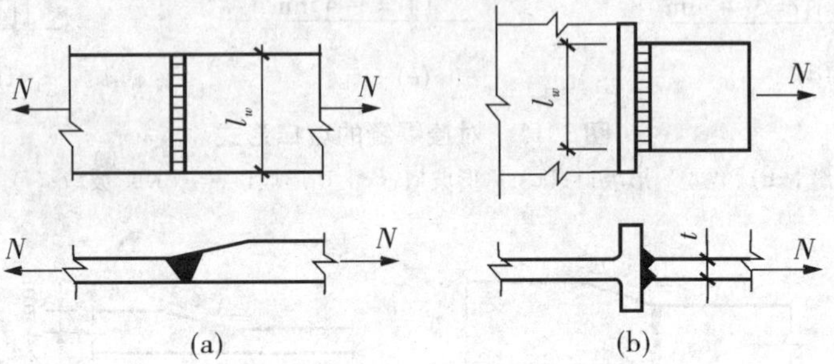

图3.18 直对接焊缝的计算

(a) 对接接头;(b) T形接头

按《钢结构工程施工质量验收规范》(GB 50205—2001)的规定,一、二级对接焊缝施焊时应加引弧板,以避免焊缝两端的起、灭弧缺陷,这样,焊缝计算长度应取为实际长度。因此,在一般加引弧板施焊的情况下,所有受压、受剪的对接焊缝以及受拉的一、二级焊缝,均与母材等强,不用计算,只有受拉的三级焊缝才需要进行计算。

当直焊缝不能满足强度要求时,可采用斜对接焊缝。图3.19所示的轴心受拉斜焊缝,可按下列公式计算

$$\sigma = \frac{N \cdot \sin\theta}{l_w t} \leqslant f_t^w \tag{3.2}$$

$$\tau = \frac{N \cdot \cos\theta}{l_w t} \leqslant f_v^w \tag{3.3}$$

式中 l_w——焊缝的计算长度,当采用引弧板时,取$l_w = b/\sin\theta$;当不采用引弧板时,取$l_w = \frac{b}{\sin\theta} - 2t$;

f_v^w——对接焊缝的抗剪强度设计值。

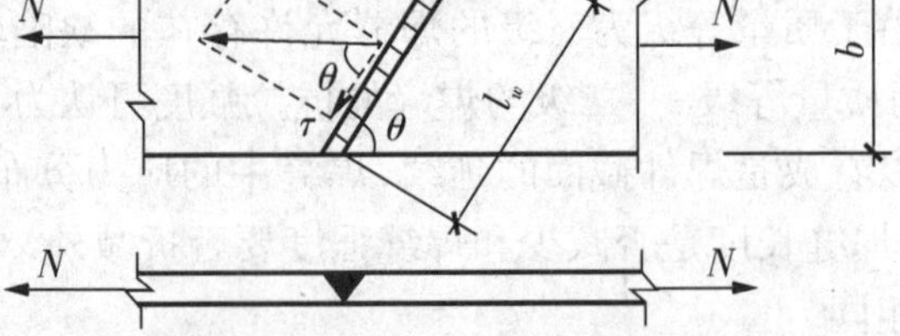

图3.19 斜对接焊缝的计算

当斜焊缝倾角$\theta \leqslant 56.3°$,即$\tan\theta \leqslant 1.5$时,可认为与母材等强,不用计算。

【例 3.1】 试验算图 3.20 所示钢板的对接焊缝的强度。图中 $b=520$ mm, $t=20$ mm,轴心力设计值为 $N=2\ 000$ kN。钢材为 Q235B,手工焊,焊条为 E43 型,焊缝质量等级三级,施焊时加引弧板。

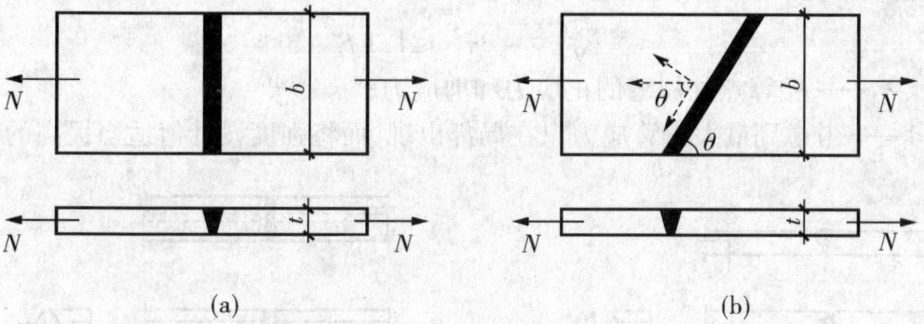

图 3.20　例 3.1 图

【解】 直缝连接的计算长度 $l_w=520$ mm。焊缝正应力为:

$$\sigma=\frac{N}{l_w t}=\frac{2\ 000\times10^3}{520\times20}=192.3\ \text{N/mm}^2>f_t^w=175\ \text{N/mm}^2$$

不满足要求,改用斜对接焊缝。

取截割斜度为 1.5∶1,即 $\theta=56.3°$,焊缝长度 $l_w=\dfrac{a}{\sin\theta}=\dfrac{520}{\sin 56.3°}=625$ mm。此时,焊缝正应力为:

$$\sigma=\frac{N\sin\theta}{l_w t}=\frac{2000\times10^3\times\sin 56.3°}{625\times20}=133.1\ \text{N/mm}^2<f_t^w=175\ \text{N/mm}^2$$

焊缝剪正应力为:

$$\tau=\frac{N\cos\theta}{l_w t}=\frac{2000\times10^3\times\cos 56.3°}{625\times20}=88.8\ \text{N/mm}^2<f_v^w=120\ \text{N/mm}^2$$

这就说明当$\tan\theta \leqslant 1.5$时,焊缝强度能够保证,可不必验算。

(2)弯矩和剪力共同作用的对接焊缝　图 3.21(a)所示对接接头受到弯矩和剪力的共同作用,由于焊缝截面是矩形,正应力与剪应力图形分别为三角形与抛物线形,其最大值应分别满足下列强度条件

$$\sigma=\frac{M}{W_w}\leqslant f_t^w \tag{3.4}$$

$$\tau=\frac{VS_w}{I_w t}\leqslant f_v^w \tag{3.5}$$

式中　W_w——焊缝有效截面的截面模量;

S_w——焊缝有效截面的截面面积矩;

I_w——焊缝有效截面的截面惯性矩。

对矩形截面的焊缝,最大正应力和最大剪应力还可以分别用下式进行计算:$\sigma=$

$\frac{6M}{l_w^2 t}$，$\tau=\frac{3}{2}\cdot\frac{V}{l_w t}$。

图3.21(b)所示工字形或H形截面梁的接头，采用对接焊缝，除应分别用式(3.4)、式(3.5)验算最大正应力和剪应力外，对于同时受有较大正应力和较大剪应力处，例如腹板与翼缘的交界处，还应按下式验算折算应力

$$\sqrt{\sigma_1^2+3\tau_1^2}\leqslant 1.1 f_t^w \tag{3.6}$$

式中 σ_1、τ_1——验算点处焊缝的正应力和剪应力；

1.1——考虑到最大折算应力只在局部出现，而将强度设计值适当提高的系数。

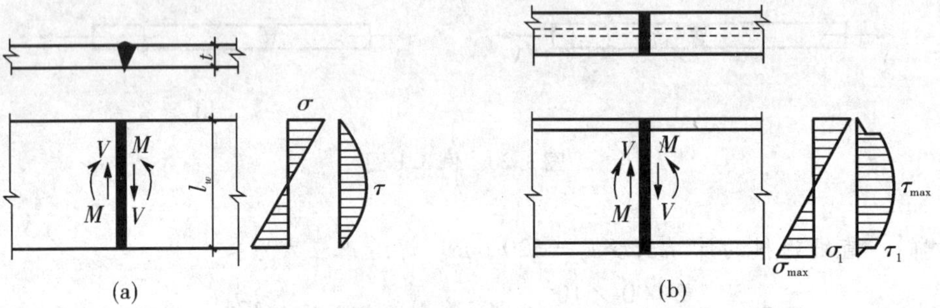

图3.21 对接焊缝受弯矩和剪力共同作用

(a) 矩形截面；(b) 工字形截面

(3)轴心力、弯矩和剪力共同作用的对接焊缝 当轴心力与弯矩、剪力共同作用时，焊缝的最大正应力应为轴心力和弯矩引起的应力之和，剪应力、折算应力仍分别按式(3.5)和式(3.6)验算。

【例3.2】 验算图3.22所示工字形截面牛腿与钢柱连接的对接焊缝强度。荷载设计值 $F=520$ kN，偏心距 $e=320$ mm。采用Q235-B钢材，E43型焊条，手工焊。焊缝质量等级为三级，使用引弧板。

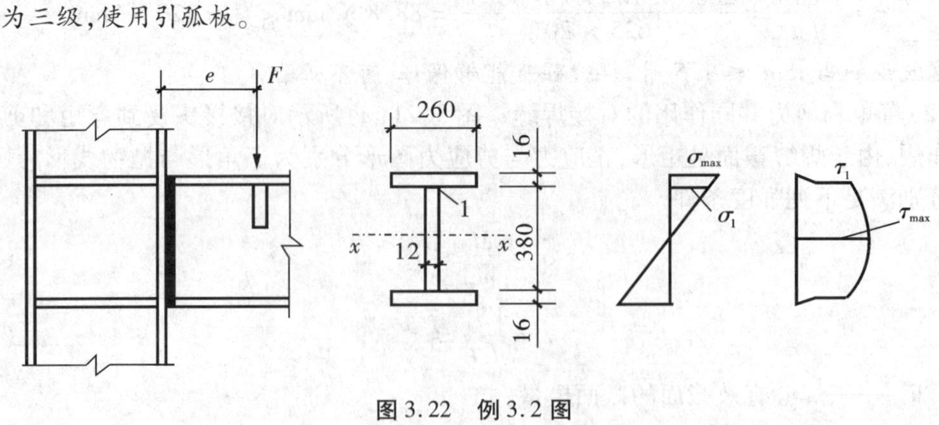

图3.22 例3.2图

【解】 焊缝受的力为

$$V=F=520\ \text{kN},\ M=F\cdot e=520\times 0.32=166.4\ \text{kN}\cdot\text{m}$$

对接焊缝的计算截面与牛腿的截面相同,因而

$$I_x = \frac{1}{12} \times 12 \times 380^3 + 2 \times 16 \times 260 \times 198^2 = 3.81 \times 10^8\ \mathrm{mm}^4$$

$$S_x = 260 \times 16 \times 198 + 190 \times 12 \times \frac{190}{2} = 1\ 040\ 280\ \mathrm{mm}^3$$

$$S_{x1} = 260 \times 16 \times 198 = 823\ 680\ \mathrm{mm}^3$$

最大正应力为

$$\sigma_{\max} = \frac{M}{I_x} \cdot \frac{h}{2} = \frac{166.4 \times 10^6}{3.81 \times 10^8} \times 206 = 90.0\ \mathrm{N/mm^2} < f_t^w = 185\ \mathrm{N/mm^2}$$

最大剪应力为

$$\tau_{\max} = \frac{VS_x}{I_x t} = \frac{520 \times 10^3 \times 1\ 040\ 280}{3.81 \times 10^8 \times 12} = 118.3\ \mathrm{N/mm^2} < f_v^w = 125\ \mathrm{N/mm^2}$$

上翼缘与腹板交界处“1”点的正应力为

$$\sigma_1 = \sigma_{\max} \cdot \frac{h_1}{h} = 90 \times \frac{380}{412} = 83\ \mathrm{N/mm^2}$$

剪应力为

$$\tau_1 = \frac{VS_{x1}}{I_x t} = \frac{520 \times 10^3 \times 823\ 680}{3.81 \times 10^8 \times 12} = 93.7\ \mathrm{N/mm^2}$$

由于“1”点同时受有较大的正应力和剪应力,其折算应力

$$\sqrt{\sigma_1^2 + 3\tau_1^2} = \sqrt{83^2 + 3 \times 93.7^2} = 182.3\ \mathrm{N/mm^2} < 1.1 f_t^w = 1.1 \times 185 = 203.5\ \mathrm{N/mm^2}$$

满足要求。

3.3.3　部分焊透的对接焊缝的计算

当受力很小,焊缝主要起联系作用;或焊缝受力虽然较大,但采用焊透的对接焊缝将使强度不能充分发挥时,可采用部分焊透的对接焊缝。部分焊透的对接焊缝常用于外部需要平整的箱形柱和 T 形连接,以及其他不需要焊透之处(图 3.23)。但在直接承受动力荷载的结构中,垂直于受力方向的焊缝不宜采用部分焊透的对接焊缝。

箱形柱的纵向焊缝通常只承受剪力,采用对接焊缝时往往不需要焊透全厚度。但在与横梁刚性连接处有可能要求焊透。

厚板和受力大的 T 形连接,当采用直角角焊缝的焊脚尺寸很大时,可将竖直板开坡口做成带坡口的角焊缝(图 3.23c,这种焊缝也称为 T 形对接与角接组合焊缝),与普通角焊缝相比,在相同的焊缝计算厚度 h_e 的情况下,可以大大节约焊条。此种焊缝国外常归入角焊缝的范畴,我国定名为不焊透的对接焊缝。

部分焊透的对接焊缝必须在设计图上注明坡口的形式和尺寸。坡口形式分为 V 形、单边 V 形、K 形、U 形和 J 形。在转角处采用单边 V 形和 J 形坡口时,宜在板的厚度上开坡口[图 3.23(b)、(e)],这样可避免焊缝收缩时在板厚度方向产生裂纹。

部分焊透的对接焊缝,在焊件之间存在缝隙,焊根处有较大的应力集中,受力性能接近于角焊缝。故部分焊透的对接焊缝(图 3.23a、b、c、d、e)的强度,应按本章第 3.4.2 节

中直角角焊缝的计算公式进行计算，在垂直于焊缝长度方向的压力作用下，取 $\beta_f = 1.22$，其他受力情况取 $\beta_f = 1.0$。

焊缝的计算厚度 h_e 一般采用坡口深度，即坡口根部至焊缝表面（不考虑余高）的最短距离 s(mm)。但对坡口角 $\alpha < 60°$ 的V形坡口焊缝（图3.23a），考虑到焊缝根部不易焊满，取 $h_e = 0.75s$；对单边V形和K形坡口（图3.23b、c），当 $\alpha = 45° \pm 5°$ 时，取 $h_e = (s-3)$ mm。

当熔合线处焊缝截面边长等于或接近于最短距离 s 时（图3.23b、c、e），应验算焊缝在熔合线上的抗剪强度，其抗剪强度设计值取0.9倍的角焊缝的强度设计值。但对于垂直于焊缝长度方向受力的不予焊透的对接焊缝，因取 $\beta_f = 1.0$，已具有一定的潜力，此种情况下不再乘0.9。

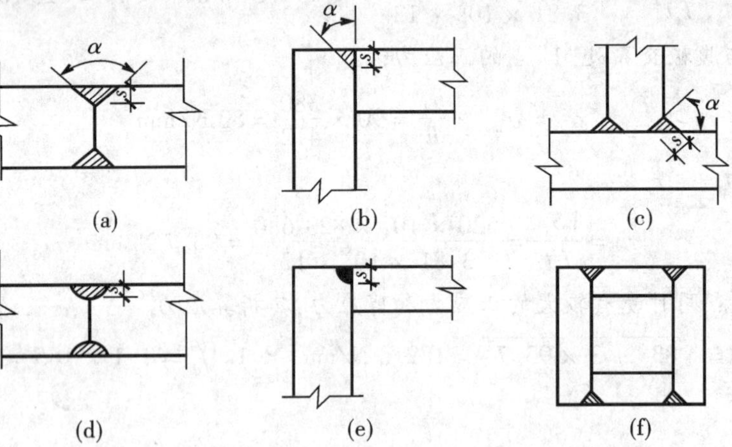

图3.23 部分焊透的对接焊缝与对接和角接组合焊缝

(a)、(b) V形坡口；(c) K形坡口；(d) U形坡口；(e) J形坡口；(f) 焊缝只起联系作用的坡口焊缝

部分焊透的对接焊缝计算厚度不得小于 $1.5\sqrt{t}$，t 为焊件的较大厚度。

3.4 角焊缝的构造要求和计算

3.4.1 角焊缝的构造要求

（1）应力分布特点　角焊缝按其与作用力的关系可分为正面角焊缝、侧面角焊缝和斜焊缝。正面角焊缝的焊缝长度方向与作用力垂直，侧面角焊缝的焊缝长度方向与作用力平行，斜焊缝的焊缝长度方向与作用力倾斜，由正面角焊缝、侧面角焊缝和斜焊缝组成的混合焊缝，通常称作围焊缝。

试验结果表明，侧面角焊缝（图3.24a）主要承受剪应力。塑性较好，弹性模量低（$E = 7\times10^4$ N/mm^2），强度也较低。传力线通过侧面角焊缝时产生弯折，应力沿焊缝长度方向的分布不均匀，呈两端大而中间小的状态。焊缝越长，应力分布的不均匀性越显著，但在进入塑性工作阶段后产生应力重分布，可使应力分布的不均匀现象渐趋缓和。

正面角焊缝（图 3.24b）受力较复杂，焊缝截面的各面上均存在正应力和剪应力，焊根处有很大的应力集中。这一方面由于力线的弯折，另一方面焊根处正好是两焊件接触间隙的端部，相当于裂缝的尖端。正面角焊缝的静力强度高于侧面角焊缝，但塑性变形能力差。试验结果表明，角焊缝的强度和外力的方向有直接关系（图 3.25），其中，侧面角焊缝的强度最低，正面角焊缝的强度最高，斜焊缝的强度介于二者之间；正面角焊缝的平均破坏强度是侧面角焊缝的 1.35 ~1.55 倍。

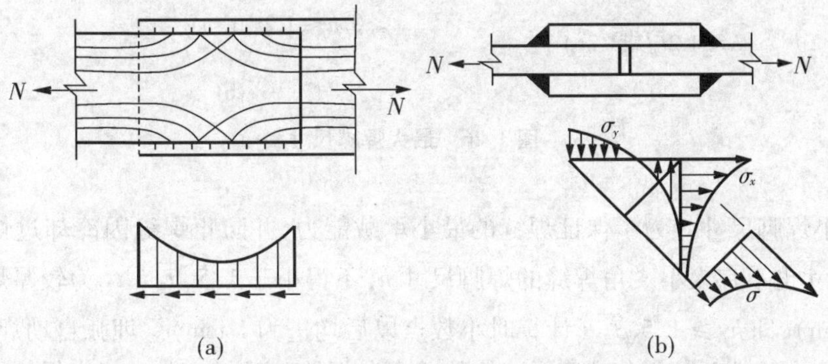

图 3.24　角焊缝的应力状态

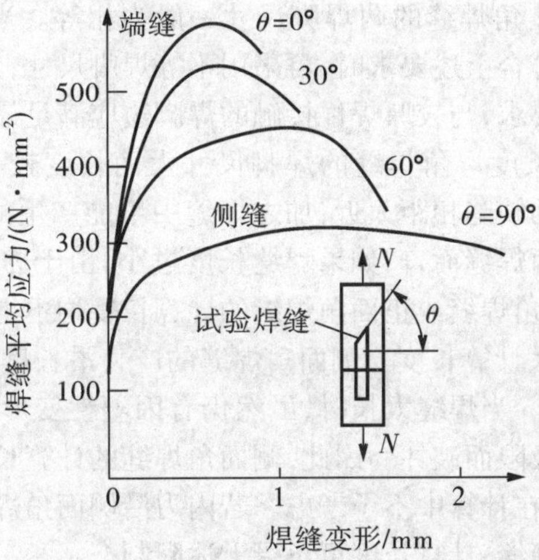

图 3.25　角焊缝的荷载与变形的关系

（2）焊缝尺寸构造要求

1）最大焊脚尺寸　为了避免烧穿较薄的焊件，减少焊接应力和焊接变形，角焊缝的焊脚尺寸不宜太大。除了直接焊接钢管结构的焊脚尺寸 h_f 不宜大于支管壁厚的 2 倍之外，h_f 不宜大于较薄焊件厚度 t_1 的 1.2 倍，即 $h_f \leqslant 1.2\, t_1$（图 3.26a）。对板件边缘的角焊缝（图 3.26b），当板件厚度 $t > 6$ mm 时，根据焊工的施焊经验，不易焊满全厚度，故取 $h_f \leqslant t-(1 \sim 2)$ mm；当 $t \leqslant 6$ mm 时，通常采用小焊条施焊，易于焊满全厚度，则取 $h_f \leqslant t$。

如果另一焊件厚度 $t' < t$ 时,还应满足 $h_f \leqslant 1.2t'$ 的要求。圆孔或槽孔内的角焊缝焊脚尺寸尚不宜大于圆孔直径或槽孔短径的1/3。

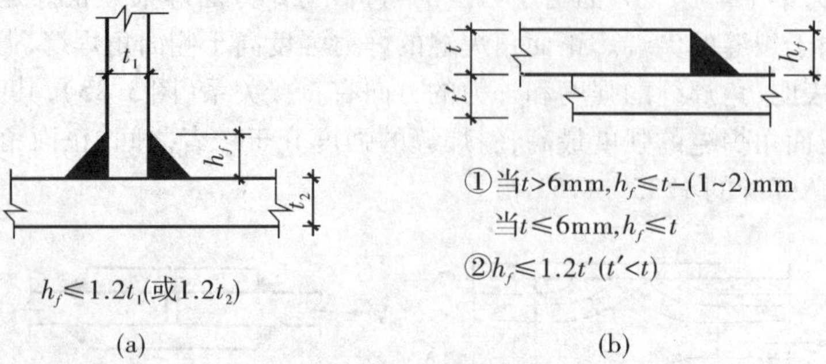

图 3.26　最大焊脚尺寸

2)最小焊脚尺寸　为了保证焊缝的最小承载能力,并防止焊缝因冷却过快而产生裂纹,焊脚尺寸也不宜太小。角焊缝的焊脚尺寸 h_f 不得小于 $1.5\sqrt{t_2}$,t_2 为较厚焊件的厚度(单位为 mm),即 $h_f \geqslant 1.5\sqrt{t_2}$(计算时小数点以后均进为 1 mm)。埋弧自动焊熔深较大,最小焊脚尺寸可减小 1 mm,对 T 形连接的单面角焊缝,应增加 1 mm。当焊件厚度小于或等于 4 mm 时,则取最小焊脚尺寸与焊件厚度相同。

3)不等焊脚的尺寸　角焊缝的两焊脚尺寸一般为相等。当焊件的厚度相差较大且采用相等焊脚尺寸不能符合上述要求时,可采用不等焊脚尺寸,与较薄焊件接触的焊脚边应满足最大焊脚尺寸的要求,与较厚焊件接触的焊脚边应满足最小焊脚尺寸的要求。

4)焊缝的最小计算长度　角焊缝的焊脚尺寸大而长度较小时,焊件的局部加热严重,焊缝起、灭弧所引起的缺陷相距太近,加之焊缝中可能产生的其他缺陷使焊缝不够可靠。对搭接连接的侧面角焊缝而言,如果焊缝长度过小,由于力线弯折大,也会造成严重的应力集中。因此,侧面角焊缝或正面角焊缝的计算长度均不得小于 $8h_f$ 和 40 mm。

5)侧面角焊缝的最大计算长度　侧面角焊缝的应力沿长度分布不均匀,两端较中间大,且焊缝越长差别越大。当焊缝太长时,虽然仍有因塑性变形产生的内力重分布,但两端应力可首先达到强度极限而破坏。因此,侧面角焊缝的计算长度不宜大于 $60h_f$,当大于上述数值时,其超过部分在计算中不予考虑。若内力沿侧面角焊缝全长分布时,比如焊接梁翼缘板与腹板的连接焊缝,计算长度可不受上述限制。

(3)其他方面的构造要求

1)搭接连接　当板件端部仅有两条侧面角焊缝连接时(图 3.27),连接的承载力与 b/l_w 有关。b 为两侧焊缝的距离,l_w 为侧焊缝长度。当 b/l_w >1 时,连接的承载力随着 b/l_w 比值的增大而明显下降。这主要是因应力传递的过分弯折使构件中应力分布不均匀造成的。为使连接强度不致过分降低,每条侧面角焊缝的长度不宜小于两侧面角焊缝之间的距离,即应使 $l_w \geqslant b$ 。同时,为避免因焊缝横向收缩而引起板件发生较大拱曲,两侧面角焊缝之间的距离 b 也不宜大于 $16t$(当 t>12 mm)或 190 mm(当 $t \leqslant$12 mm),t 为较薄焊件的厚度。

在搭接连接中,其搭接长度不得小于焊件较小厚度的 5 倍,也不得小于 25 mm

(图 3.28),以免焊缝受偏心弯矩影响太大而破坏。

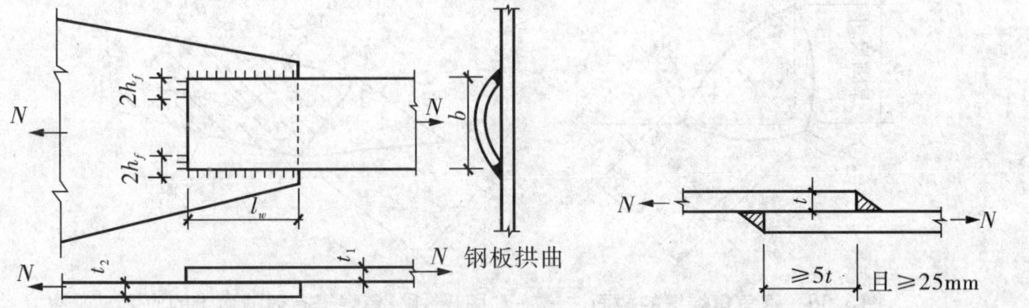

图 3.27　焊缝长度及两侧焊缝间距　　图 3.28　搭接连接

2)断续角焊缝　断续角焊缝(图 3.10)只能用于一些次要构件或次要焊缝的连接。断续角焊缝焊段的长度不得小于 $10h_f$或 50 mm;间断距离 e 不宜过长,以免连接不紧密。一般在受压构件中应满足 $e \leqslant 15t$,在受拉构件中应满足 $e \leqslant 30\ t$, t 为较薄焊件的厚度。

3)围焊和绕角焊　杆件端部搭接采用三面围焊时,在转角处截面突变会产生应力集中,如在此处起灭弧,可能出现弧坑或咬边等缺陷,从而加大应力集中的影响。故所有围焊的转角处必须连续施焊。对于非围焊情况,当角焊缝的端部在构件转角处时,可连续地作长度为 $2h_f$的绕角焊(图 3.27)。

杆件与节点板的连接焊缝宜采用两面侧焊,也可用三面围焊,对角钢杆件可采用 L 形围焊(图 3.29),所有围焊的转角处必须连续施焊。

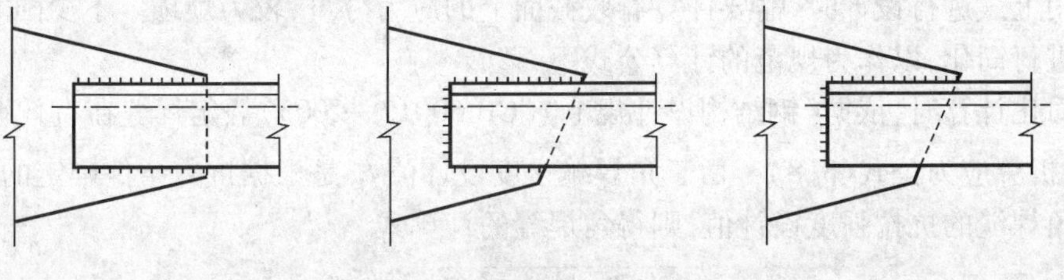

图 3.29　杆件与节点板的焊缝连接

(a)两面侧焊;(b)三面围焊;(c)L 形围焊

3.4.2　直角角焊缝的计算

3.4.2.1　强度计算的基本公式

试验表明,直角角焊缝的破坏通常发生在 45°方向的最小截面,因此该截面被作为有效截面,它是焊缝计算厚度与焊缝计算长度的乘积。计算厚度 $h_e = 0.7h_f$ 为不考虑熔深和凸度的焊缝横截面的内接等腰三角形的最短距离(图 3.30)。

作用于焊缝有效截面上的应力如图 3.31 所示,包括垂直于焊缝有效截面的正应力 $\sigma_{\perp}$ 、垂直于焊缝长度方向的剪应力 $\tau_{\perp}$ 、沿焊缝长度方向的剪应力 $\tau_{//}$ 。

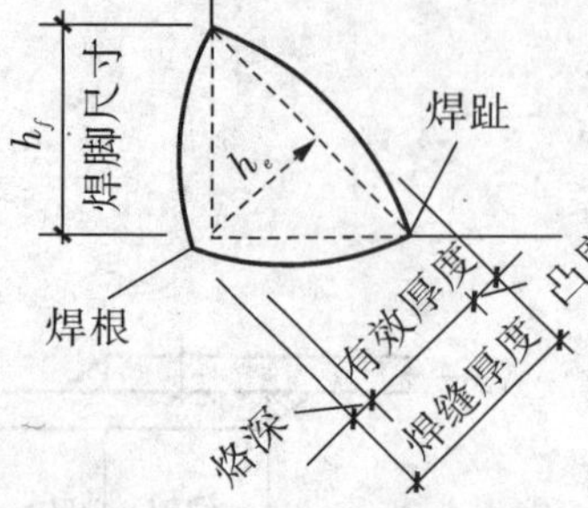

图 3.30　直角角焊缝的截面

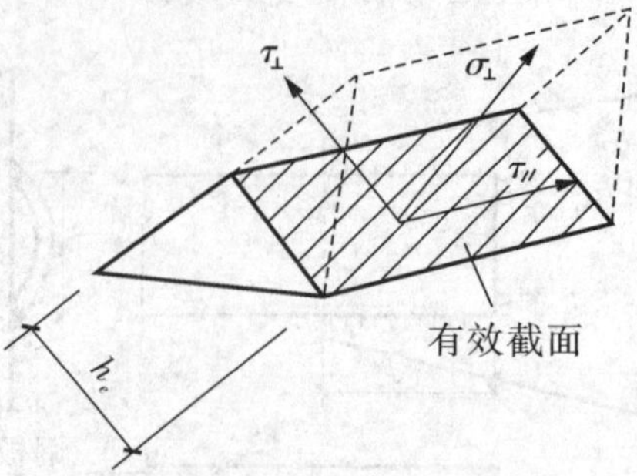

图 3.31　角焊缝有效截面上的应力

为了弄清正应力 $\sigma_\perp$、剪应力 $\tau_\perp$ 及 $\tau_{//}$ 对角焊缝强度的影响，许多国家对角焊缝进行了大量不同应力状态下的试验。根据试验结果，国际标准化组织（ISO）推荐用式（3.7）来确定角焊缝的极限强度

$$\sqrt{\sigma_\perp^2 + 1.8(\tau_\perp^2 + \tau_{//}^2)} = f_u^w \tag{3.7}$$

上式是根据 ST37 钢（相当于国产的 Q235 钢）提出的，式中 f_u^w 为焊缝金属的抗拉强度。对于其他钢种，公式左边的系数不是 1.8，而是在 1.7～3.0 之间变化。为使公式能够适用于较多的钢材，同时也为了与母材的能量强度理论的折算应力公式一致，欧洲钢结构协会（ECCS）将式（3.7）中的系数 1.8 偏于安全地改为 3，即

$$\sqrt{\sigma_\perp^2 + 3(\tau_\perp^2 + \tau_{//}^2)} = f_u^w \tag{3.8}$$

应用上式进行设计时，需要计算有效截面上的应力分量，较为烦琐。不少国家均在此基础上进行简化，以作为规范的计算公式。

在简化计算时，依据《钢结构设计规范》（GB 50017—2003）假定焊缝在有效截面处破坏，采用折算应力公式（3.8）。由于角焊缝强度设计值 f_f^w 是根据抗剪条件确定的，而 $\sqrt{3}f_f^w$ 相当于角焊缝的抗拉强度设计值，则得角焊缝的计算式

$$\sqrt{\sigma_\perp^2 + 3(\tau_\perp^2 + \tau_{//}^2)} \leqslant \sqrt{3}f_f^w \tag{3.9}$$

现以图 3.32（a）所示承受互相垂直的 N_x 和 N_y 两个轴心力作用的直角角焊缝为例，说明角焊缝基本公式的推导。垂直于焊缝长度方向的轴心力 N_y 在焊缝有效截面上产生垂直于焊缝一个直角边的应力 σ_f，该应力对焊缝有效截面既不是正应力，也不是剪应力，而是 $\sigma_\perp$ 和 $\tau_\perp$ 的合应力。

$$\sigma_f = \frac{N_y}{h_e l_w} \tag{3.10}$$

式中　h_e ——直角角焊缝的计算厚度，$h_e = 0.7h_f$；

l_w ——焊缝的计算长度，考虑起灭弧缺陷，按各条焊缝的实际长度减去 2 h_f 计算。

由图 3.32（b）可知，对直角角焊缝

$$\sigma_\perp = \tau_\perp = \sigma_f / \sqrt{2}$$

沿焊缝长度方向的轴心力 N_x 在焊缝有效截面上引起平行于焊缝长度方向的剪应力

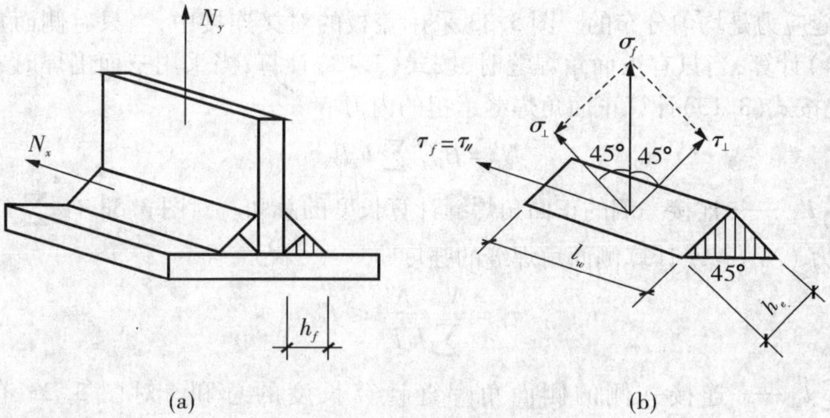

(a) (b)

图 3.32 直角角焊缝的计算

$$\tau_f = \tau_{//} = \frac{N_x}{h_e l_w} \tag{3.11}$$

则得直角角焊缝在各种力综合作用下，σ_f 和 τ_f 共同作用处的计算公式为

$$\sqrt{4\left(\frac{\sigma_f}{\sqrt{2}}\right)^2 + 3\tau_f^2} \leqslant \sqrt{3}f_f^w$$

或

$$\sqrt{\left(\frac{\sigma_f}{\beta_f}\right)^2 + \tau_f^2} \leqslant f_f^w \tag{3.12}$$

式中 β_f——正面角焊缝的强度增大系数，$\beta_f = \sqrt{3/2} = 1.22$。

对正面角焊缝，此时 $\tau_f = 0$，得

$$\sigma_f = \frac{N_y}{h_e l_w} \leqslant \beta_f f_f^w \tag{3.13}$$

对侧面角焊缝，此时 $\sigma_f = 0$，得

$$\tau_f = \frac{N_x}{h_e l_w} \leqslant f_f^w \tag{3.14}$$

式(3.12)～式(3.14)即为角焊缝的基本计算公式。只要将焊缝应力分解为垂直于焊缝长度方向的应力 σ_f 和平行于焊缝长度方向的应力 τ_f，上述基本公式可适用于任何受力状态。

对于直接承受动力荷载结构中的角焊缝，由于正面角焊缝的刚度大，韧性差，应将其强度降低使用，取 $\beta_f = 1.0$；相当于按 σ_f 和 τ_f 的合应力进行计算，即 $\sqrt{\sigma_f^2 + \tau_f^2} \leqslant f_f^w$。

角焊缝的强度与熔深有关。埋弧自动焊熔深较大，若在确定焊缝计算厚度时考虑熔深对焊缝强度的影响，可带来较大的经济效益，如美国、前苏联等均予以考虑。我国规范不分手工焊和埋弧焊，均统一取焊缝计算厚度 $h_e = 0.7h_f$，对埋弧自动焊来说是偏于保守的。

3.4.2.2 轴心力作用的角焊缝连接计算

(1)采用盖板的对接连接 当焊件承受轴心力作用，且轴心力通过连接焊缝中心时，

可认为焊缝应力是均匀分布的。图 3.33 采用盖板的对接连接中，当只有侧面角焊缝时，按式(3.14)计算；当只有正面角焊缝时，按式(3.13)计算；当采用三面围焊时，对矩形拼接板，可先按式(3.13)计算正面角焊缝承担的内力 N'

$$N' = \beta_f f_f^w \sum h_e l'_w \tag{3.15}$$

式中　$\sum l'_w$——连接一侧的正面角焊缝计算长度的总和。对图 3.33 有 $\sum l'_w = 2b$。

再由力 $(N - N')$ 计算侧面角焊缝的强度

$$\tau_f = \frac{N - N'}{\sum h_e l_w} \leqslant f_f^w \tag{3.16}$$

式中　$\sum l_w$——连接一侧的侧面角焊缝计算长度的总和。对图 3.33 有 $\sum l_w = 4(l - h_f)$（考虑了弧坑缺陷）。

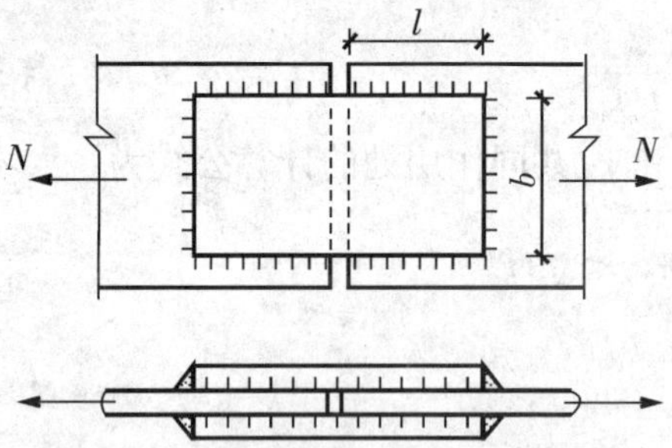

图 3.33　承受轴心力的盖板连接

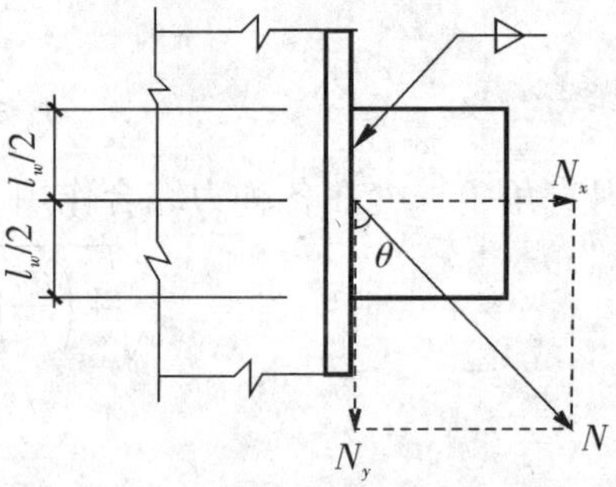

图 3.34　承受斜向轴心力的角焊缝

(2)承受斜向轴心力的角焊缝　图 3.34 所示为受斜向轴心力的角焊缝连接，将力 N 分解为垂直于焊缝长度的分力 $N_x = N\sin\theta$ 和平行于焊缝长度的分力 $N_y = N\cos\theta$，则

$$\begin{cases} \sigma_f = \dfrac{N\sin\theta}{\sum h_e l_w} \\ \tau_f = \dfrac{N\cos\theta}{\sum h_e l_w} \end{cases} \tag{3.17}$$

代入式(3.12)中，得

$$\sqrt{\left(\frac{N\sin\theta}{\beta_f \sum h_e l_w}\right)^2 + \left(\frac{N\cos\theta}{\sum h_e l_w}\right)^2} \leqslant f_f^w$$

取 $\beta_f^2 = 1.22^2 \approx 1.5$，得

$$\frac{N}{\sum h_e l_w}\sqrt{\frac{\sin^2\theta}{1.5} + \cos^2\theta} = \frac{N}{\sum h_e l_w}\sqrt{1 - \frac{\sin^2\theta}{3}} \leqslant f_f^w$$

令 $\beta_{f\theta} = \dfrac{1}{\sqrt{1 - \sin^2\theta/3}}$，则斜焊缝的计算式为

$$\frac{N}{\sum h_e l_w} \leqslant \beta_{f\theta} f_f^w \tag{3.18}$$

式中　θ——作用力(或焊缝应力)与焊缝长度方向的夹角;

$\beta_{f\theta}$——斜焊缝的强度增大系数,其值介于1.0~1.22之间。对直接承受动力荷载结构中的焊缝,取$\beta_{f\theta}=1.0$。

(3)承受轴心力的角钢与节点板的角焊缝连接　钢桁架中角钢腹杆与节点板的连接焊缝一般采用两面侧焊或三面围焊,特殊情况也可采用L形围焊(图3.35)。腹杆受轴心力作用,为了避免焊缝偏心受力,焊缝所传递的合力作用线应与角钢杆件的轴线重合。

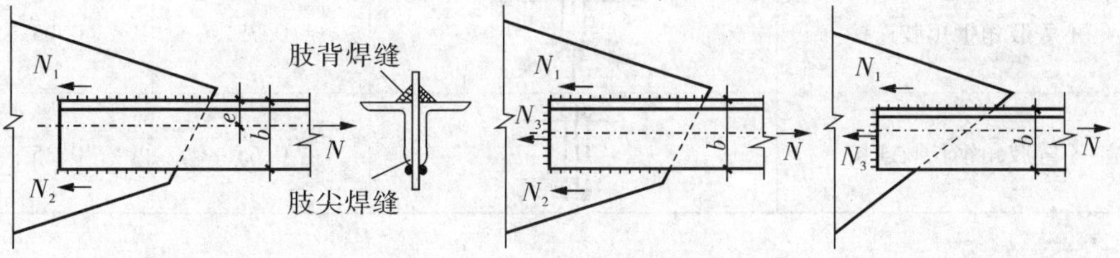

图3.35　角钢腹杆与节点板的连接

对于三面围焊(图3.35b),可先假定正面角焊缝的焊脚尺寸h_{f3},求出正面角焊缝所分担的轴心力N_3。当腹杆为双角钢组成的T形截面,且肢宽为b时,则

$$N_3=2\times0.7h_{f3}b\beta_f f_f^w \tag{3.19}$$

由平衡条件$\sum M=0$可得

$$N_1=\frac{N(b-e)}{b}-\frac{N_3}{2}=k_1N-\frac{N_3}{2} \tag{3.20}$$

$$N_2=\frac{Ne}{b}-\frac{N_3}{2}=k_2N-\frac{N_3}{2} \tag{3.21}$$

式中　N_1、N_2——角钢肢背和肢尖上的侧面角焊缝所承受的轴力;

e——角钢的形心距;

k_1、k_2——角钢肢背和肢尖焊缝的内力分配系数,可按表3.4查用。

对于两面侧焊(图3.35a),因$N_3=0$,得

$$N_1=k_1N \tag{3.22}$$

$$N_2=k_2N \tag{3.23}$$

求得各条焊缝所受的内力后,按角焊缝的尺寸构造要求选取肢背和肢尖焊缝的焊脚尺寸,即可求出焊缝的计算长度。例如对双角钢截面

$$l_{w1}=\frac{N_1}{2\times0.7h_{f1}f_f^w} \tag{3.24}$$

$$l_{w2}=\frac{N_2}{2\times0.7h_{f2}f_f^w} \tag{3.25}$$

式中　h_{f1}、l_{w1}——一个角钢肢背上的侧面角焊缝的焊脚尺寸及计算长度;

h_{f2}、l_{w2}——一个角钢肢尖上的侧面角焊缝的焊脚尺寸及计算长度。

表 3.4 角钢焊缝的内力分配系数

连接情况	连接形式	分配系数	
		k_1	k_2
等肢角钢一肢连接	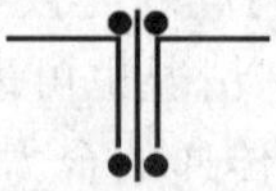	0.7	0.3
不等肢角钢短肢连接	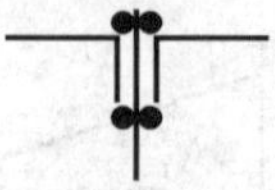	0.75	0.25
不等肢角钢长肢连接		0.65	0.35

考虑到每条焊缝两端的起灭弧坑缺陷，实际的焊缝长度应为计算长度加上弧坑对长度的影响（每个弧坑的影响长度取 h_f）。对于三面围焊，肢背（肢尖）焊缝的实际长度为计算长度加 h_f；对于采用绕角焊的侧面角焊缝的实际长度等于计算长度加 h_f（绕角焊缝长度 $2h_f$ 不计入计算）。

当杆件受力很小时，也可采用 L 形围焊（图 3.35c）。由于只有正面角焊缝和肢背侧面角焊缝，令式（3.21）中的 $N_2=0$，得

$$N_3 = 2k_2N \tag{3.26}$$

$$N_1 = N - N_3 \tag{3.27}$$

角钢肢背上的侧面角焊缝计算长度可按式（3.24）计算，角钢端部正面角焊缝的长度已知，可按下式计算其焊脚尺寸

$$h_{f3} = \frac{N_3}{2 \times 0.7 l_{w3} \beta_f f_f^w} \tag{3.28}$$

式中 $l_{w3} = b - h_{f3}$。

【例 3.3】 试设计采用拼接盖板的对接连接（图 3.36、图 3.37）。已知钢板宽 $B=270$ mm，厚度 $t_1=28$ mm，拼接盖板厚度 $t_2=16$ mm。该连接承受轴心力设计值 $N=1\ 400$ kN，钢材为 Q235-B，手工焊，焊条为 E43 型。

【解】 设计拼接盖板的对接连接有两种方法。一种方法是假定焊脚尺寸求得焊缝长度，再由焊缝长度确定拼接盖板的尺寸；另一方法是先假定焊脚尺寸和拼接盖板的尺寸，然后验算焊缝的承载力。如果假定的焊缝尺寸不能满足承载力要求时，则应调整焊脚尺寸，再进行验算，直到满足承载力要求为止。

角焊缝的焊脚尺寸 h_f 应根据板件厚度由构造要求确定：

由于此处的焊缝在板件边缘施焊，且拼接盖板厚度 $t_2=16$ mm>6 mm，$t_2 < t_1$，则：

$h_{f\max} = t - (1 \sim 2) = 16 - (1 \sim 2) = 14 \sim 15$ mm

$h_{f\min} = 1.5\sqrt{t} = 1.5\sqrt{28} = 7.9$ mm

取 $h_f = 10$ mm。查附表 1.2 得角焊缝强度设计值 $f_f^w = 160$ N/mm²

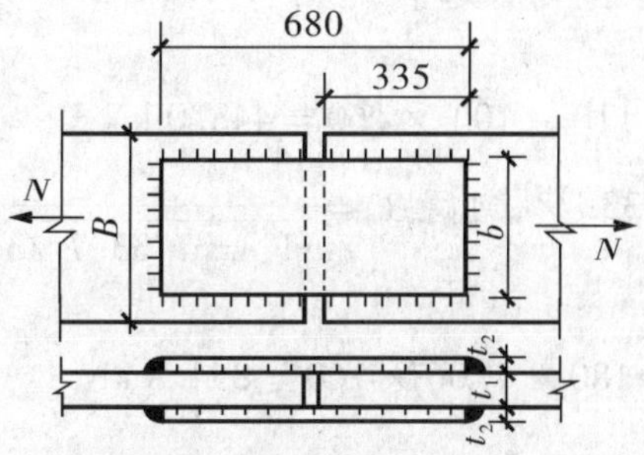

图3.36 例3.3图一

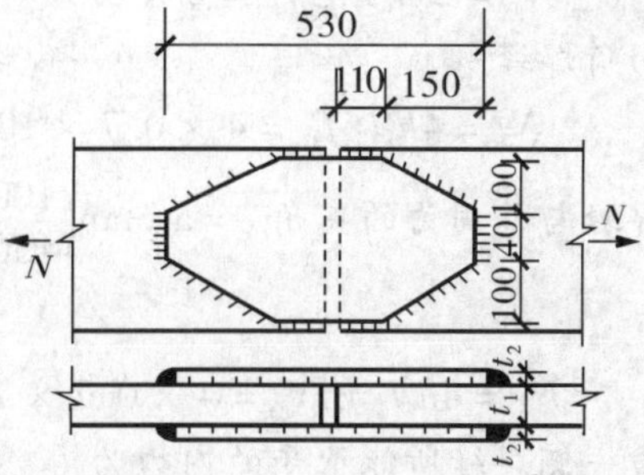

图3.37 例3.3图二

(1)采用两面侧焊缝时(图3.36)

1)布置盖板　按等强度设计原则,拼接盖板的强度应不小于被连接钢板的强度。查附表1.1知:拼接盖板的强度设计值$f=215\ \mathrm{N/mm^2}$($t_2=16$ mm),而被连接钢板厚度$t_1=28$ mm,其强度设计值$f=205\ \mathrm{N/mm^2}$,则拼接盖板的宽度b为

$$b \geqslant \frac{Bt_1f_1}{2t_2f_2}=\frac{270\times 28\times 205}{2\times 16\times 215}=225.2\ \mathrm{mm}$$

因取$h_f=10$ mm,所以盖板边缘到构件边缘的施焊空间每边留≥15 mm就可以了,例如取20 mm,则盖板的宽度$b=270-2\times 20=230$ mm>225.2 mm。

因为$b=230\ \mathrm{mm}<16t=16\times 16=256\ \mathrm{mm}$,所以可以采用两面侧焊的形式连接。

那么,连接一侧一条侧焊缝所需的计算长度,可按式(3.14)计算:

$$l_w \geqslant \frac{N}{h_e f_f^w}=\frac{1400\times 10^3}{4\times 0.7\times 10\times 160}=312.5\ \mathrm{mm},\ 取\ l_w=313\ \mathrm{mm}$$

2)检验所取l_w是否符合构造要求:

因为　$40\ \mathrm{mm}<8h_f=80\ \mathrm{mm}<l_w=313\ \mathrm{mm}<60h_f=600\ \mathrm{mm}$

所以　所取l_w满足计算长度的构造要求。

则连接一侧一条侧焊缝的实际长度应为

$l \geqslant l_w+2h_f=313+2\times 10=333$ mm,取$l=335$ mm

因为　$l=335\ \mathrm{mm}>b=230\ \mathrm{mm}$

所以,满足该方面的构造要求。

3)确定盖板的长度　所需拼接盖板长度为

$$L=2l+10=2\times 335+10=680\ \mathrm{mm}$$

式中的10 mm为两块被连接钢板间的间隙。故选定拼接盖板为:2 — 16×230×680 mm。

(2)采用菱形拼接盖板时(图3.37)

当拼接板宽度较大时,采用菱形拼接盖板可减小角部的应力集中,从而使连接的工作性能得以改善。菱形拼接盖板的连接焊缝由正面角焊缝、侧面角焊缝和斜焊缝等组成。设计时,一般先假定拼接盖板的尺寸再进行验算。拼接盖板的尺寸如图3.37所示,仍取$h_f=10$ mm,则各部分焊缝的承载力分别为:

正面角焊缝

$$N_1 = 2h_e l_{w1}\beta_f f_f^w = 2 \times 0.7 \times 10 \times 40 \times 1.22 \times 160 = 109.3\ \text{kN}$$

侧面角焊缝

$$N_2 = 4h_e l_{w2} f_f^w = 4 \times 0.7 \times 10 \times (110 - 10) \times 160 = 448.0\ \text{kN}$$

斜焊缝与作用力的夹角 $\theta = \arctan\left(\frac{100}{150}\right) = 33.7°$，可得 $\beta_{f\theta} = \frac{1}{\sqrt{1 - \sin^2 33.7°/3}} = 1.06$，则有

$$N_3 = 4h_e l_{w3}\beta_{f\theta} f_f^w = 4 \times 0.7 \times 10 \times 180 \times 1.06 \times 160 = 854.8\ \text{kN}$$

连接一侧焊缝所能承受的内力为

$$N' = N_1 + N_2 + N_3 = 109.3 + 448.0 + 854.8 = 1412\ \text{kN} > N = 1\ 400\ \text{kN}$$

满足要求。

【例 3.4】 试确定图 3.38 所示承受轴心力的三面围焊连接的承载力及肢尖焊缝的长度。已知角钢 2∟125×10，与厚度 t=8 mm 的节点板连接，其搭接长度为 300 mm，焊脚尺寸 h_f =8 mm，钢材为 Q235-B，手工焊，焊条为 E43 型。

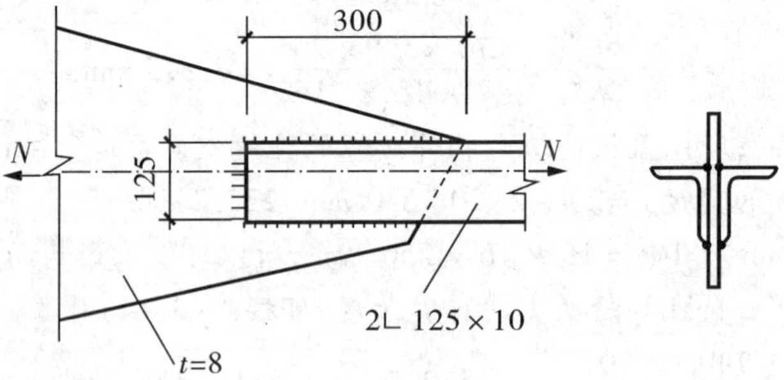

图 3.38 例 3.4 图

【解】 由附表 1.2 查得角焊缝强度设计值 f_f^w =160 N/mm²。由表 3.4 查得焊缝内力分配系数 $k_1 = 0.70$，$k_2 = 0.30$。正面角焊缝的长度等于相连角钢肢的宽度，即 $l_{w3} = b$ = 125 mm，则正面角焊缝所能承受的内力 N_3 为：

$$N_3 = 2h_e l_{w3}\beta_f f_f^w = 2 \times 0.7 \times 8 \times 125 \times 1.22 \times 160 \times 10^{-3} = 273.3\ \text{kN}$$

肢背角焊缝所能承受的内力 N_1 为：

$$N_1 = 2h_e l_{w1} f_f^w = 2 \times 0.7 \times 8 \times (300 - 8) \times 160 \times 10^{-3} = 523.3\ \text{kN}$$

由式(3.20)知：

$$N_1 = k_1 N - \frac{N_3}{2} = 0.70N - \frac{273.3}{2} = 523.3\ \text{kN}$$

则得该连接的承载力：

$$N = \frac{523.3 + 273.3/2}{0.70} = 942.8\ \text{kN}$$

由式(3.21)计算肢尖角焊缝所承受的内力 N_2 为：

$$N_2 = k_2 N - \frac{N_3}{2} = 0.30 \times 942.8 - \frac{273.3}{2} = 146.2\ \text{kN}$$

由此可算出肢尖角焊缝所要求的实际长度为：

$$l_2 = \frac{N_2}{2h_e f_f^w} + h_f = \frac{146.2 \times 10^3}{2 \times 0.7 \times 8 \times 160} + 8 = 89.6 \text{ mm}，取 90 \text{ mm}。$$

3.4.2.3　弯矩作用的角焊缝连接计算

图 3.39 所示受到弯矩 M 作用的角焊缝连接，由于焊缝计算截面为两个矩形，应力图形为三角形分布，其最大值应满足

$$\sigma_f = \frac{M}{W_e} \leqslant \beta_f f_f^w \tag{3.29}$$

式中　W_e ——角焊缝有效截面的截面模量，对图 3.39，$W_e = 2 \times \frac{h_e l_w^2}{6}$。

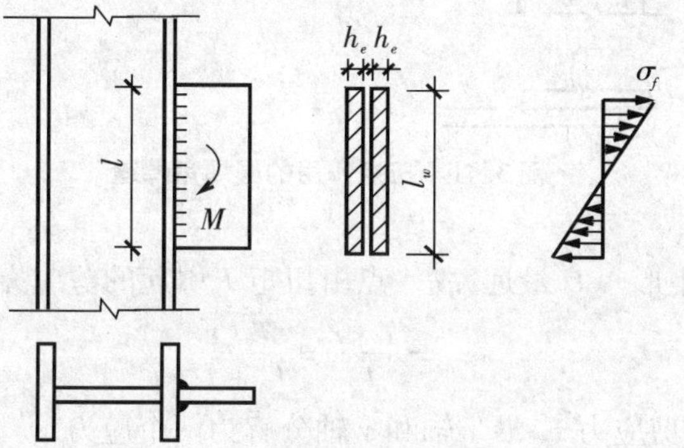

图 3.39　弯矩作用的角焊缝应力

3.4.2.4　扭矩作用的角焊缝连接计算

(1)环形角焊缝承受扭矩作用　图 3.40 所示环形角焊缝承受扭矩 T 作用，由于焊缝计算厚度 h_e 比圆环直径 D 小得多，通常 $h_e < 0.1D$，因此，可视为薄壁圆环的受扭问题。在有效截面的任一点上所受切线方向的剪应力 τ_f，应按下式计算

$$\tau_f = \frac{T \cdot D}{2I_p} \leqslant f_f^w \tag{3.30}$$

式中　I_p ——焊缝有效截面的极惯性矩，对于薄壁圆环可取 $I_p \approx \pi h_e D^3/4$。

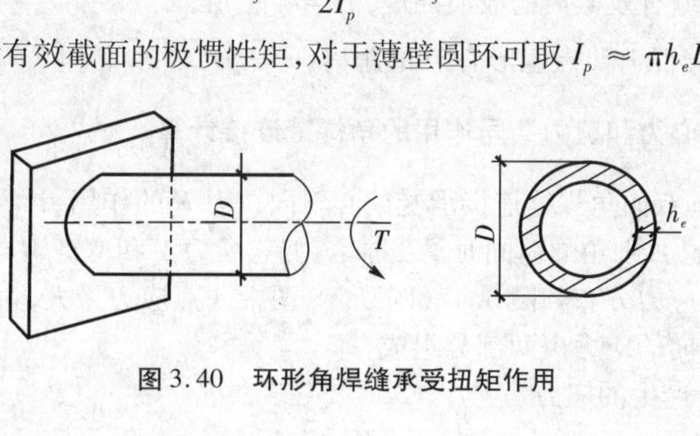

图 3.40　环形角焊缝承受扭矩作用

(2)承受扭矩作用围焊角焊缝的连接计算　图 3.41 所示为三面围焊角焊缝承受扭

矩 T 的作用;计算时按弹性理论假定:

1)被连接件是绝对刚性的,它有绕焊缝形心 O 旋转的趋势,而角焊缝是弹性的;

2)角焊缝群上任一点的应力方向垂直于该点与形心 O 的连线,且应力大小与连线长度 r 的大小成正比。

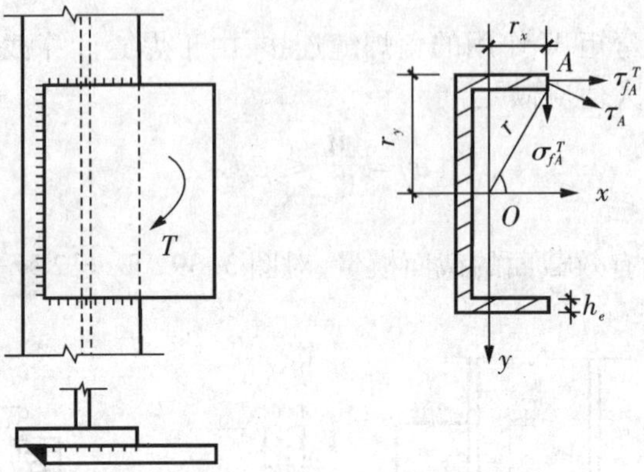

图 3.41 扭矩作用的围焊角焊缝

图 3.41 中 A 点距形心 O 最远,故 A 点由扭矩 T 引起的剪应力 τ_A 最大,即

$$\tau_A = \frac{T \cdot r}{I_p} = \frac{T \cdot r}{I_x + I_y} \tag{3.31}$$

将扭矩 T 引起的剪应力 τ_A 沿 x 轴和 y 轴分解为两个应力

$$\tau_{fA}^T = \tau_A \cdot \sin\theta = \frac{T \cdot r}{I_p} \cdot \frac{r_y}{r} = \frac{T \cdot r_y}{I_p} \tag{3.32}$$

$$\sigma_{fA}^T = \tau_A \cdot \cos\theta = \frac{T \cdot r}{I_p} \cdot \frac{r_x}{r} = \frac{T \cdot r_x}{I_p} \tag{3.33}$$

则 A 点的应力满足的强度条件为

$$\sqrt{\left(\frac{\sigma_{fA}^T}{\beta_f}\right)^2 + (\tau_{fA}^T)^2} \leqslant f_f^w \tag{3.34}$$

式中 I_p ——角焊缝有效截面的极惯性矩,$I_p = I_x + I_y$;

r ——角焊缝群上 A 点至形心 O 的距离,$r = \sqrt{r_x^2 + r_y^2}$。

3.4.2.5 弯矩、轴心力和剪力共同作用的角焊缝连接计算

图 3.42 所示的双面角焊缝连接承受偏心斜向拉力 F 的作用,计算时,将作用力 F 分解为 N 和 V 两个分力;则角焊缝同时承受轴心力 N、剪力 V 和弯矩 $M = N \cdot e$ 的共同作用。焊缝有效截面上的应力分布如图 3.42(b)所示,图中 A 点应力最大,为控制设计点。此处垂直于焊缝长度方向的应力由两部分组成,即

由轴心拉力 N 产生的应力

$$\sigma_f^N = \frac{M}{A_e} = \frac{N}{2h_e l_w} \tag{3.35}$$

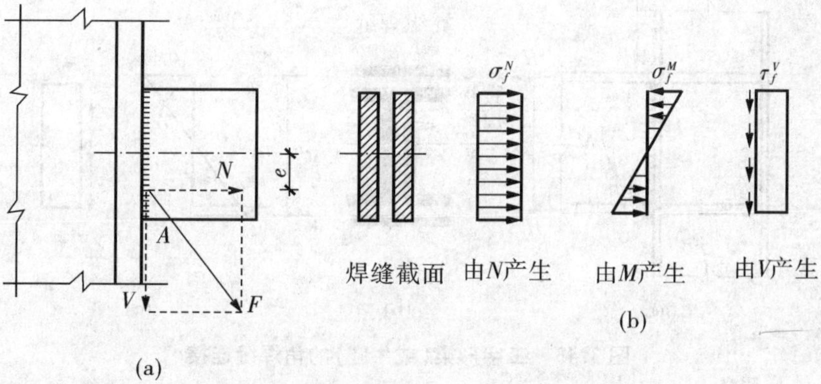

图 3.42 承受偏心斜向拉力的角焊缝

由弯矩 M 产生的应力

$$\sigma_f^N = \frac{M}{W_e} = \frac{6M}{2h_e l_w^2} \tag{3.36}$$

这两部分应力在 A 点处的方向相同,可直接叠加,故 A 点垂直于焊缝长度方向的应力为

$$\sigma_f = \sigma_f^N + \sigma_f^M = \frac{N}{2h_e l_w} + \frac{6M}{2h_e l_w^2} \tag{3.37}$$

剪力 V 在 A 点处产生平行于焊缝长度方向的应力

$$\tau_f = \tau_f^V = \frac{V}{A_e} = \frac{V}{2h_e l_w} \tag{3.38}$$

则焊缝的强度计算式为

$$\sqrt{\left(\frac{\sigma_f}{\beta_f}\right)^2 + \tau_f^2} \leqslant f_f^w \tag{3.39}$$

对于工字梁(或牛腿)与钢柱翼缘的角焊缝连接(图 3.43),通常只承受弯矩 M 和剪力 V 的共同作用。由于翼缘的竖向刚度较差,在剪力作用下,如果没有腹板焊缝存在,翼缘将发生明显挠曲。这就说明,翼缘板的抗剪能力很差。因此,计算时通常假设腹板焊缝承受全部剪力,而弯矩则由全部焊缝承受。

为了使焊缝分布较合理,宜在每个翼缘的上下两侧均匀布置焊缝。弯曲应力沿梁高度呈三角形分布,最大应力发生在翼缘焊缝的最外边沿纤维处,由于翼缘焊缝只承受垂直于焊缝长度方向的弯曲应力,为了保证此焊缝的正常工作,应使翼缘焊缝最外边沿纤维处的应力满足角焊缝的强度条件,即

$$\sigma_{f1} = \frac{M}{I_w} \cdot \frac{h}{2} \leqslant \beta_f f_f^w \tag{3.40}$$

式中 M ——全部焊缝所承受的弯矩;

I_w ——全部焊缝有效截面对中和轴的惯性矩;

h ——上下翼缘焊缝有效截面最外边沿纤维之间的距离。

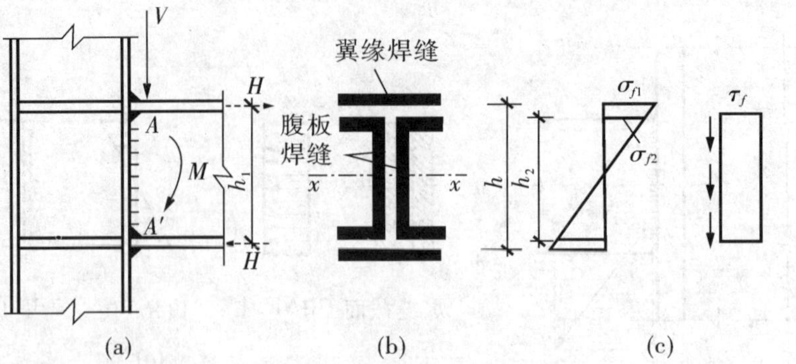

图 3.43 工字形梁(或牛腿)的角焊缝连接

腹板焊缝承受两种应力的共同作用，即垂直于焊缝长度方向、且沿梁高度呈三角形分布的弯曲应力和平行于焊缝长度方向、且沿焊缝截面均匀分布的剪应力的作用，设计控制点为翼缘焊缝与腹板焊缝的交点处 A ，此处的弯曲应力和剪应力分别按下式计算

$$\sigma_{f2} = \frac{M}{I_w} \cdot \frac{h_2}{2} \tag{3.41}$$

$$\tau_f = \frac{V}{\sum (h_{e2} l_{w2})} \tag{3.42}$$

式中 $\sum (h_{e2} l_{w2})$ ——腹板焊缝有效截面积之和；

h_2——腹板焊缝的实际长度。

则腹板焊缝在 A 点的强度验算式为

$$\sqrt{\left(\frac{\sigma_{f2}}{\beta_f}\right)^2 + \tau_f^2} \leqslant f_f^w \tag{3.43}$$

工字梁(或牛腿)与钢柱翼缘角焊缝的连接的另一种计算方法是使焊缝传递应力与母材所承受应力相协调，即假设腹板焊缝只承受剪力；翼缘焊缝承担全部弯矩，并将弯矩 M 化为一对水平力(见图 3.43) $H = M/h_1$。则

翼缘焊缝的强度计算式为

$$\sigma_f = \frac{H}{\sum (h_{e1} l_{w1})} \leqslant \beta_f f_f^w \tag{3.44}$$

腹板焊缝的强度计算式为

$$\tau_f = \frac{V}{2h_{e2} l_{w2}} \leqslant f_f^w \tag{3.45}$$

式中 $\sum (h_{e1} l_{w1})$ ——一个翼缘上角焊缝的有效截面积之和；

$2h_{e2} l_{w2}$ ——两条腹板焊缝的有效截面积。

3.4.2.6 扭矩、轴心力和剪力共同作用的角焊缝连接计算

图 3.44 所示为采用三面围焊的搭接连接。该连接角焊缝承受轴心力 N 、竖向剪力

$V=F$ 和扭矩 $T=F\cdot(e+a)$ 的共同作用。图 3.44 中 A 点距形心 O 点最远，故 A 点由扭矩 T 引起的剪应力 τ_A 最大，由剪力 V、轴心力 N 在焊缝群引起的应力为均匀分布，因此，A 点为设计控制点。

在扭矩 T 作用下，A 点的应力按式(3.31)～式(3.33)计算。

在剪力 V 作用下，在 A 点引起的应力为

$$\sigma_{fA}^{V}=\frac{V}{\sum h_e l_w} \tag{3.46}$$

在轴心力 N 作用下，在 A 点引起的应力为

$$\tau_{fA}^{N}=\frac{N}{\sum h_e l_w} \tag{3.47}$$

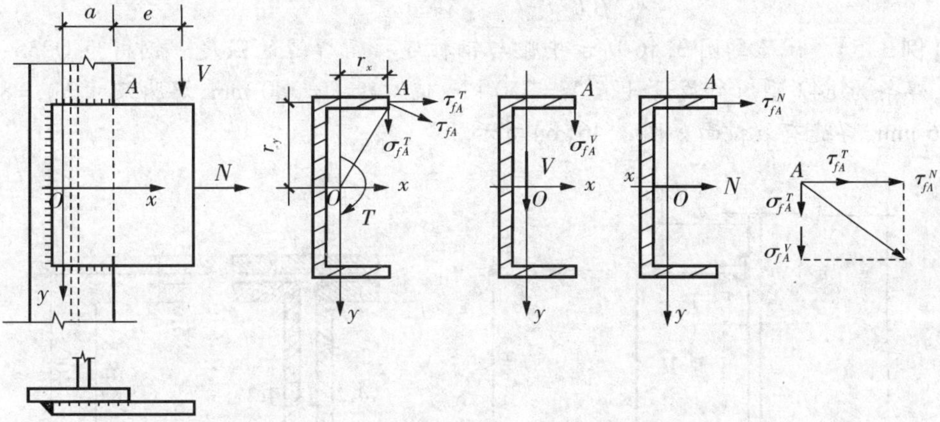

图 3.44　受扭矩、剪力和轴心力作用的角焊缝

则 A 点受到垂直于焊缝长度方向的应力 σ_f、平行于焊缝长度方向的应力 τ_f 分别为

$$\sigma_f=\sigma_{fA}^{T}+\sigma_{fA}^{V}\ ,\ \tau_f=\tau_{fA}^{T}+\tau_{fA}^{N} \tag{3.48}$$

故 A 点的合应力满足的强度条件为

$$\sqrt{\left(\frac{\sigma_{fA}^{T}+\sigma_{fA}^{V}}{\beta_f}\right)^2+(\tau_{fA}^{T}+\tau_{fA}^{N})^2}\leqslant f_f^w \tag{3.49}$$

承受竖向偏心力作用的三面围焊角焊缝(图 3.45)也可采用近似方法计算，即将偏心力移至竖直焊缝处，则产生的扭矩为

$$T'=F\cdot(e+a) \tag{3.50}$$

两水平焊缝所承担的扭矩为

$$T_1=H\cdot h=h_{e1}l_{w1}f_f^w h \tag{3.51}$$

式中　H——一条水平焊缝所传递的水平剪力；

$h_{e1}l_{w1}$——一条水平焊缝的有效

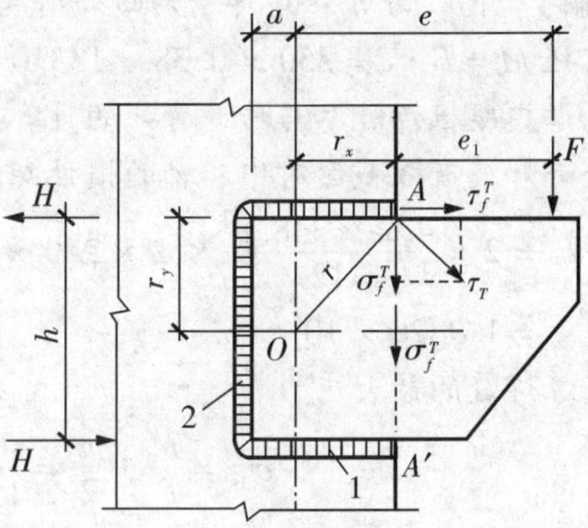

图 3.45　承受竖向偏心力作用的三面围焊角焊缝

截面积；

h——两水平焊缝之间的距离。

当 $T_2 = T' - T_1 \leqslant 0$ 时，表示水平焊缝已足以承担全部扭矩。竖直焊缝只承担竖向力 F，按下式计算

$$\frac{F}{h_{e2}l_{w2}} \leqslant f_f^w \tag{3.52}$$

式中 $h_{e2}l_{w2}$——竖直焊缝的有效截面积。

当 $T_2 = T' - T_1 > 0$ 时，表示水平焊缝不足以承担全部扭矩。此不足部分应由竖直焊缝承担，按下式计算

$$\sqrt{\left(\frac{6T_2}{\beta_f h_{e2} l_{w2}^2}\right)^2 + \left(\frac{F}{h_{e2}l_{w2}}\right)^2} \leqslant f_f^w \tag{3.53}$$

【例 3.5】 试验算图 3.46 所示牛腿与钢柱连接角焊缝的强度。钢材为 Q235-B，手工焊，焊条为 E43 型。荷载设计值 $N = 350$ kN，偏心距 $e = 380$ mm，焊脚尺寸 $h_{f1} = 8$ mm，$h_{f2} = 6$ mm，焊缝有效截面如图 3.46(b)所示。

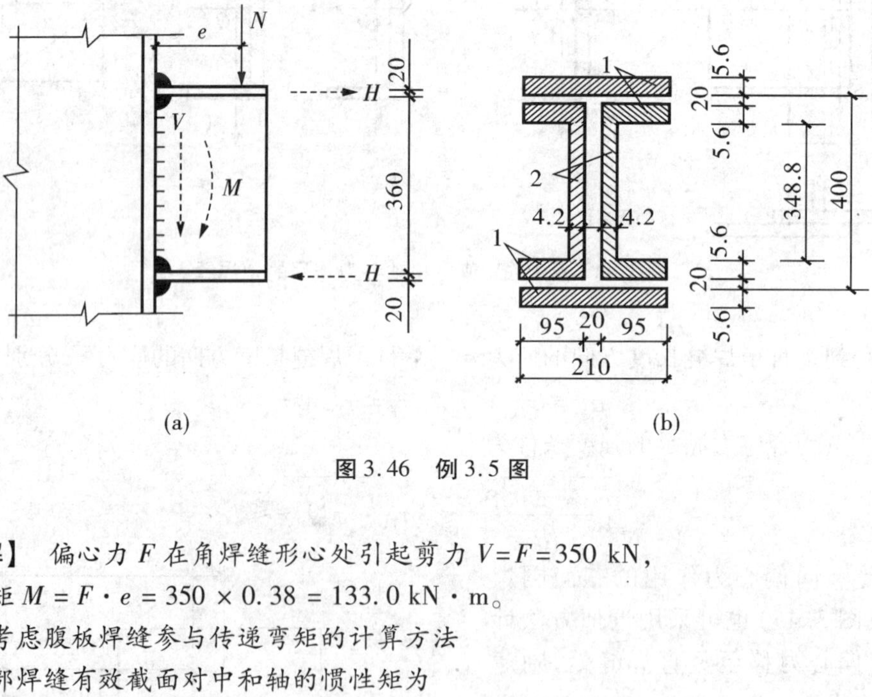

图 3.46 例 3.5 图

【解】 偏心力 F 在角焊缝形心处引起剪力 $V = F = 350$ kN，

弯矩 $M = F \cdot e = 350 \times 0.38 = 133.0$ kN·m。

①考虑腹板焊缝参与传递弯矩的计算方法

全部焊缝有效截面对中和轴的惯性矩为

$$I_w = 2 \times \frac{4.2 \times 348.8^3}{12} + 2 \times 210 \times 5.6 \times 202.8^2 + 4 \times 95 \times 5.6 \times 177.2^2$$

$$= 1.9326 \times 10^8 \text{ mm}^4$$

翼缘焊缝的最大应力

$$\sigma_{f1} = \frac{M}{I_w} \cdot \frac{h}{2} = \frac{133.0 \times 10^6}{1.9326 \times 10^8} \times 205.6$$

$$= 141.5 \text{ N/mm}^2 < \beta_f f_f^w = 1.22 \times 160 = 195.2 \text{ N/mm}^2$$

腹板焊缝中由于弯矩 M 引起的最大应力

$$\sigma_{f2} = 141.5 \times \frac{174.4}{205.6} = 120.0\ \text{N/mm}^2$$

由于剪力 V 在腹板焊缝中产生的平均剪应力

$$\tau_f = \frac{V}{\sum(h_{e2} l_{w2})} = \frac{350 \times 10^3}{2 \times 0.7 \times 6 \times 348.8} = 119.5\ \text{N/mm}^2$$

则腹板焊缝的强度（A 点为设计控制点）

$$\sqrt{\left(\frac{\sigma_{f2}}{\beta_f}\right)^2 + \tau_f^2} = \sqrt{\left(\frac{120.0}{1.22}\right)^2 + 119.5^2} = 154.8\ \text{N/mm}^2 < f_f^w = 160\ \text{N/mm}^2$$

满足强度要求。

(2)不考虑腹板焊缝传递弯矩的计算方法

翼缘焊缝所承受的水平力

$$H = \frac{M}{h} = \frac{133.0 \times 10^3}{380} = 350\ \text{kN}\text{（}h\text{ 值近似取为翼缘中线间的距离）}$$

翼缘焊缝的强度

$$\sigma_f = \frac{H}{h_{e1} l_{w1}} = \frac{350 \times 10^3}{0.7 \times 8 \times (210 + 2 \times 95)} = 156.25\ \text{N/mm}^2 < \beta_f f_f^w$$

$$= 1.22 \times 160 = 195.2\ \text{N/mm}^2$$

腹板焊缝的强度

$$\tau_f = \frac{V}{2h_{e2} l_{w2}} = \frac{350 \times 10^3}{2 \times 0.7 \times 6 \times 348.8} = 119.5\ \text{N/mm}^2 < f_f^w = 160\ \text{N/mm}^2$$

满足强度要求。

【例3.6】　试验算图3.47(a)所示钢管柱与钢底板的连接角焊缝强度。图中内力均为设计值，其中 $N = 260$ kN，$M = 18$ kN · m，$V = 180$ kN。焊脚尺寸 $h_f = 8$ mm，钢材为Q235-B，手工焊，焊条为E43型。

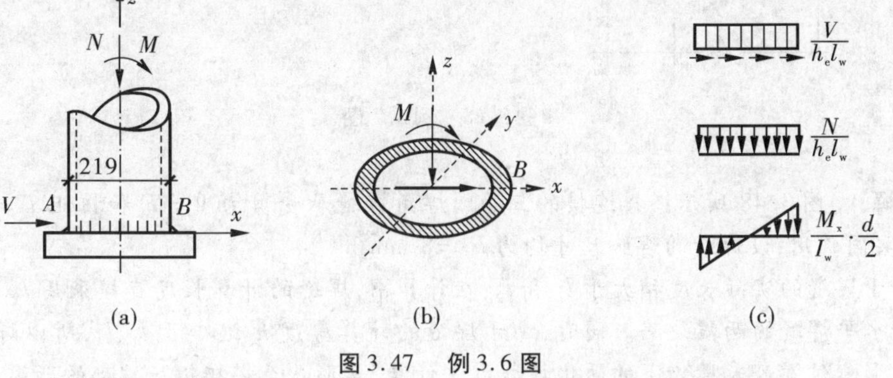

图3.47　例3.6图

【解】　在图3.47中钢管柱与钢底板的连接角焊缝承受轴心力 N、弯矩 M 和剪力 V 的共同作用，显然 B 点为最危险点。在焊缝的有效截面上，轴心力 N 和弯矩 M 产生垂直于焊缝一个直角边方向的应力 σ_{fz}，而剪力 V 产生垂直于焊缝另一个直角边方向的应力 σ_{fx}。此种受力状态较为少见，可偏于安全地取 $\beta_f = 1.0$，按各方向应力的合应力计算。

环形焊缝有效截面的惯性矩(可偏于安全地取环形焊缝直径与钢管柱直径相同)

$$I_w \approx \frac{1}{8}\pi h_e d^3 = \frac{1}{8} \times \pi \times 0.7 \times 8 \times 219^3 = 2.31 \times 10^7\ \text{mm}^4$$

B 点所受的应力为

$$\sigma_{fx} = \sigma_f^V = \frac{V}{h_e l_w} = \frac{180 \times 10^3}{0.7 \times 8 \times \pi \times 219} = 46.7\ \text{N/mm}^2$$

$$\sigma_{fz} = \sigma_f^N + \sigma_f^M = \frac{N}{h_e l_w} + \frac{M}{I_w} \cdot \frac{d}{2} = \frac{260 \times 10^3}{0.7 \times 8 \times \pi \times 219} + \frac{18 \times 10^6}{2.31 \times 10^7} \times \frac{219}{2} = 152.8\ \text{N/mm}^2$$

B 点处的连接角焊缝强度按应力 σ_{fz} 与 σ_{fx} 的合应力计算，即

$$\sqrt{\sigma_{fx}^2 + \sigma_{fz}^2} = \sqrt{46.7^2 + 152.8^2} = 159.8\ \text{N/mm}^2 < f_f^w = 160\ \text{N/mm}^2$$

所以，满足强度要求。

【例 3.7】 图 3.48 所示搭接连接的三面围焊角焊缝，钢板长度 $l_1 = 400$ mm，搭接长度 $l_2 = 300$ mm，荷载设计值 $F = 220$ kN，至柱边缘的偏心距 $e_1 = 300$ mm，钢材为 Q235-B，手工焊，焊条为 E43 型。试确定该焊缝的焊脚尺寸 h_f，并验算该焊缝的强度。

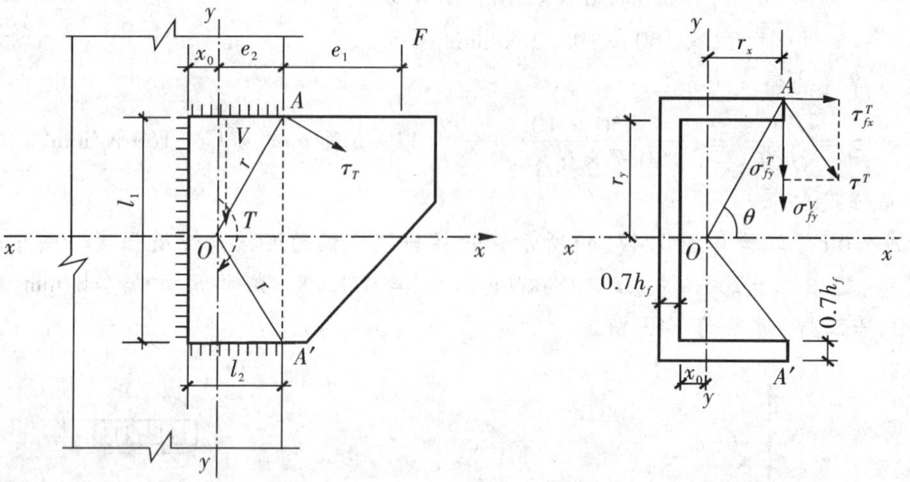

图 3.48 例 3.7 图

【解】 图 3.48 所示搭接连接的三面围焊角焊缝承受剪力 $V = F$ 和扭矩 $T = F(e_1 + e_2)$ 的共同作用，设焊缝的焊脚尺寸均为 $h_f = 8$ mm。

由于焊缝的实际长度稍大于 l_1 和 l_2，在计算中，焊缝的计算长度直接采用 l_1 和 l_2，不再扣除水平焊缝的两端缺陷。同时，由于焊缝的计算厚度 h_e 远小于 l_1、l_2，所以焊缝计算截面的形心位置可采用如下的简化计算方法计算，其形心至搭接钢板端部的距离为

$$x_0 = \frac{2l_2 \cdot l_2/2}{l_1 + 2l_2} = \frac{2 \times 300 \times 300/2}{400 + 2 \times 300} = 90\ \text{mm}$$

焊缝计算截面的惯性矩为

$$I_x=\frac{0.7\times8\times400^3}{12}+2\times0.7\times8\times300\times200^2=1.64\times10^8\ \mathrm{mm}^4$$

$$I_y=2\times\frac{0.7\times8\times300^3}{12}+2\times0.7\times8\times300\times(150-90)^2+0.7\times8\times400\times90^2=0.55\times10^8\ \mathrm{mm}^4$$

焊缝计算截面的极惯性矩为

$$I_p=I_x+I_y=1.64\times10^8+0.55\times10^8=2.19\times10^8\ \mathrm{mm}^4$$

由于 $e_2=l_2-x_0=300-90=210\ \mathrm{mm}$，$A$ 点处 $r_x=e_2=210\ \mathrm{mm}$，$r_y=l_1/2+h_e=205.6\ \mathrm{mm}$

剪力 $V=F=220\ \mathrm{kN}$

扭矩 $T=F(e_1+e_2)=220\times(300+210)\times10^{-3}=112.2\ \mathrm{kN\cdot m}$

扭矩 T 在 A 点处产生的应力为

$$\tau_{fx}^T=\frac{T\cdot r_y}{I_p}=\frac{112.2\times205.6\times10^6}{2.19\times10^8}=105.3\ \mathrm{N/mm^2}$$

$$\sigma_{fy}^T=\frac{T\cdot r_x}{I_p}=\frac{112.2\times210\times10^6}{2.19\times10^8}=107.6\ \mathrm{N/mm^2}$$

剪力 V 在 A 点处产生的应力为

$$\sigma_{fy}^V=\frac{V}{\sum h_e l_w}=\frac{220\times10^3}{0.7\times8\times(400+2\times300)}=39.3\ \mathrm{N/mm^2}$$

在 A 点处 σ_{fy}^T 和 σ_{fy}^V 垂直于焊缝长度方向，τ_{fx}^T 平行于焊缝长度方向，则

$$\sigma_f=\sigma_{fy}^T+\sigma_{fy}^V=107.6+39.3=146.9\ \mathrm{N/mm^2},\ \tau_f=\tau_{fx}^T=105.3\ \mathrm{N/mm^2}$$

故 $\sqrt{\left(\frac{\sigma_f}{\beta_f}\right)^2+\tau_f^2}=\sqrt{\left(\frac{146.9}{1.22}\right)^2+105.3^2}=160.0\ \mathrm{N/mm^2}=f_f^w=160\ \mathrm{N/mm^2}$

所以，取焊脚尺寸 $h_f=8$ mm 的三面围焊角焊缝连接满足强度要求。

3.4.3 斜角角焊缝的计算

斜角角焊缝的计算方法与直角焊缝相同，应按式(3.12)~式(3.14)计算，但应注意：

(1)不考虑应力方向，任何情况都取 β_f(或 $\beta_{f\theta}$)$=1.0$。这是因为目前对斜角角焊缝研究很少。而且规范的计算公式也是根据直角角焊缝简化而成，不能用于斜角角焊缝。

(2)在确定斜角角焊缝的计算厚度时(图 3.49)，假定焊缝在其所成夹角的最小截面上发生破坏。因此，当两焊脚边夹角 $60°\leqslant\alpha_2\leqslant90°$ 或 $90°\leqslant\alpha_1\leqslant135°$，且根部间隙($b$、$b_1$ 或 b_2)不大于 1.5 mm 时，焊缝计算厚度取为

$$h_e=h_f\cos\frac{\alpha}{2}\tag{3.54}$$

当根部间隙(b、b_1 或 b_2)大于 1.5 mm 时，焊缝计算厚度取为

$$h_e=\left[h_f-\frac{\text{根部间隙}(b、b_1\text{ 或 }b_2)}{\sin\alpha}\right]\cos\frac{\alpha}{2}\tag{3.55}$$

任何根部间隙(b、b_1 或 b_2)不得大于 5 mm。当图 3.49(a)中的 $b_1>5$mm 时，可将板端切割成图 3.49(b)的形式。

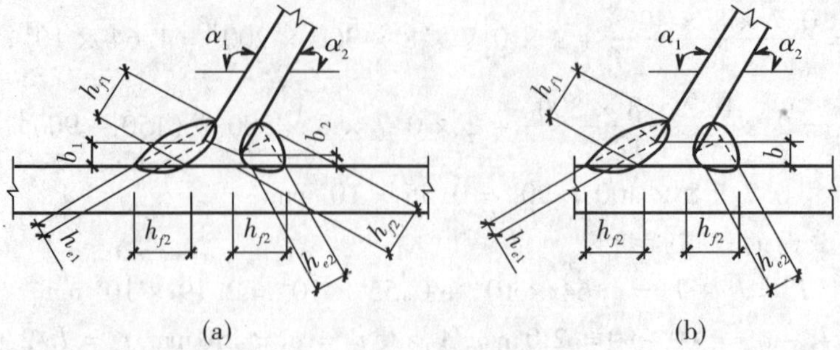

图 3.49 斜角角焊缝的根部间隙和计算厚度

3.5 焊接残余应力和焊接残余变形

3.5.1 焊接残余应力的分类和产生的原因

焊接残余应力简称焊接应力，有沿焊缝长度方向的纵向焊接应力 σ_x 、垂直于焊缝长度方向的横向焊接应力 σ_y 和沿厚度方向的焊接应力 σ_z 。

(1)纵向焊接应力 σ_x　焊接过程是一个不均匀加热和冷却的过程。在施焊时，焊件上产生不均匀的温度场，焊缝及其附近温度最高，可达 1 600 ℃以上，而邻近区域温度则急剧下降(图 3.50)。不均匀的温度场产生不均匀的膨胀。温度高的钢材膨胀大，但受到两侧温度较低、膨胀量较小的钢材所限制，产生了热塑性压缩。焊缝冷却时，被塑性压缩的焊缝区趋向于缩短，但受到两侧钢材限制而产生纵向拉应力。在低碳钢和低合金钢中，这种拉应力经常达到钢材的屈服强度。焊接应力是一种无荷载作用下的内应力，因此会在焊件内部自相平衡，这就必然在距焊缝稍远区段内产生压应力(图 3.50c)。

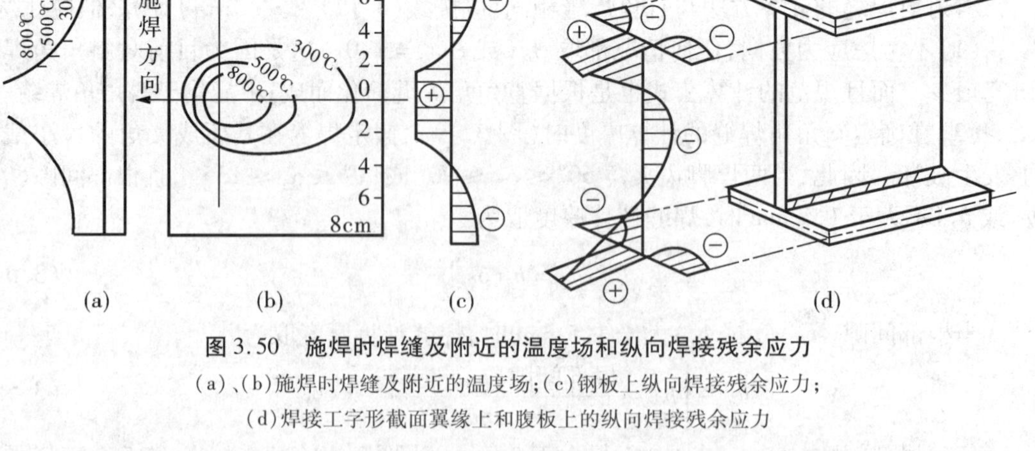

图 3.50 施焊时焊缝及附近的温度场和纵向焊接残余应力

(a)、(b)施焊时焊缝及附近的温度场；(c)钢板上纵向焊接残余应力；

(d)焊接工字形截面翼缘上和腹板上的纵向焊接残余应力

(2)横向焊接应力 σ_y　横向焊接应力产生的原因有二：一是由于焊缝纵向收缩，使两块钢板趋向于形成反方向的弯曲变形,但实际上焊缝将两块钢板连成整体,不能分开,于是两块板的中间产生横向拉应力,而两端则产生压应力(图3.51b)。二是由于先焊的焊缝已经凝固,会阻止后焊焊缝在横向自由膨胀,使其发生横向塑性压缩变形。当焊缝冷却时,后焊焊缝的收缩受到已凝固的焊缝限制而产生横向拉应力,而先焊部分则产生横向压应力,由于残余应力自相平衡,在最后施焊的末端焊缝中必然产生拉应力(图3.51c、d、e)。焊缝的横向残余应力是上述两种原因产生的应力合成的结果(图3.51f)。实际上,焊接残余应力的分布与大小,还与焊缝长度、焊接速度、冷却方法等因素有关,具有一定的复杂性。

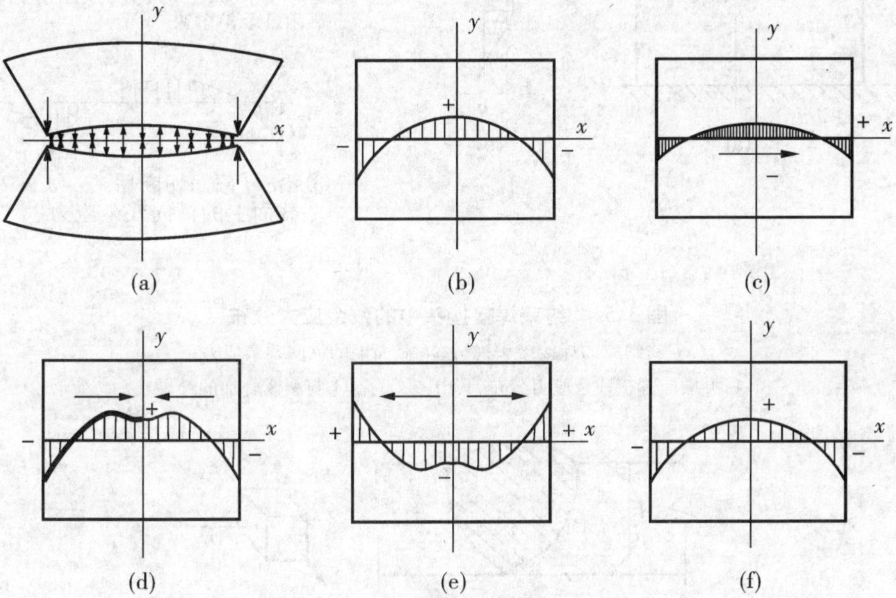

图3.51　焊缝的横向焊接残余应力

(a) 由于焊缝纵向收缩产生的变形趋势;(b) 由于焊缝纵向收缩产生的横向焊接残余应力;
(c)、(d)、(e) 由于不同的施焊方向,横向收缩产生的横向焊接残余应力;
(f) 焊缝的横向焊接残余应力,即(b)与(c)应力合成的结果

图3.52所示为一种当焊接接头受到约束时的残余应力分布。

(3)厚度方向的焊接应力 σ_z　在厚钢板的焊缝连接中,焊缝需要多层施焊。因此,除有纵向焊接应力 σ_x 和横向焊接应力 σ_y 外,还存在着沿钢板厚度方向的焊接应力 σ_z(图3.53)。在最后冷却的焊缝中部,这三种应力形成同号三向拉应力,将大大降低连接的塑性。

3.5.2　焊接残余应力对结构工作性能的影响

(1)对结构静力强度的影响　对在常温下工作并具有一定塑性的钢材,在静荷载作用下,焊接应力是不会影响结构强度的。设轴心受拉构件在受荷前截面上就存在纵向焊接应力,并假设其分布如图3.54(a)所示。在轴心力 N 作用下,截面 bt 部分的焊接拉应力已达屈服点 f_y,应力不再增加,如果钢材具有一定的塑性,拉力 N 就仅由受压的弹性区承担。两侧受压区应力由原来受压逐渐变为受拉,最后应力也达到屈服点 f_y,这时,全截面应力都达到f_y（图3.54b）。

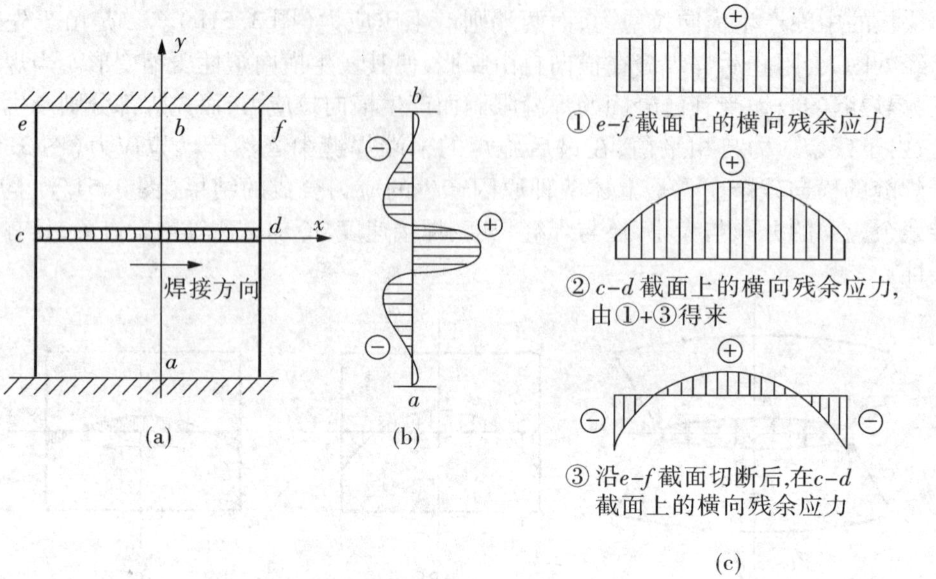

图3.52　约束焊接接头中的残余应力分布

（a）受约束的焊接接头；（b）ab截面上的纵向残余应力；

（c）横向焊接残余应力分布，其中图②为图①与图③叠加的结果

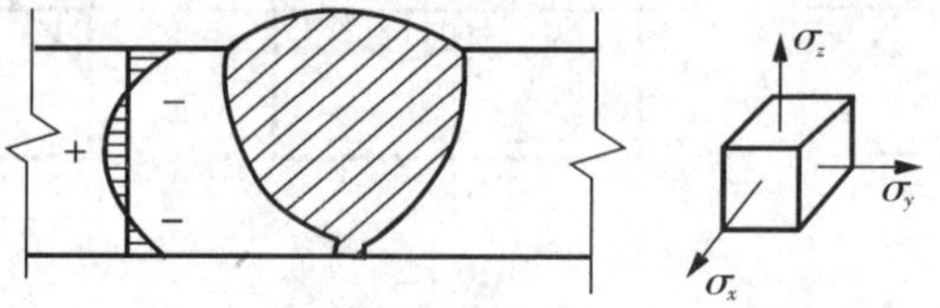

图3.53　厚板中的焊接残余应力

由于焊接应力自相平衡，故受拉区应力面积A_t（总残余拉力）必然与受压区应力面积A_c（总残余压力）相等，即$A_t = A_c = btf_y$。则构件全截面达到屈服点f_y时所承受的外力$N_y = A_c + (B - b)tf_y = Btf_y$，而$Btf_y$就是无焊接应力且无应力集中现象的轴心受拉构件全截面应力均达到屈服点f_y时所承受的外力。由此可知，有焊接应力构件的承载力与无焊接应力者完全相同，即焊接应力不会影响结构的静力强度。

（2）对结构刚度的影响　构件上的焊接应力会降低结构的刚度。仍以轴心受拉构件为例（图3.54），由于截面bt部分的拉应力已达f_y，所以这部分的抗拉刚度为零；那么，图3.54（a）所示有残余应力的拉杆的抗拉刚度为$E(B - b)t$，当其承受轴心拉力N作用时，其应变增量为$\Delta\varepsilon_1 = N/[E \cdot (B - b)t]$。而无残余应力的相同截面的拉杆的抗拉刚度为$EBt$，应变增量为$\Delta\varepsilon_2 = N/[E \cdot Bt]$。显然$EBt > E(B - b)t$，$\Delta\varepsilon_1 > \Delta\varepsilon_2$，即焊接残余应力的存在降低了结构的刚度，增大了结构的变形，对结构的工作不利。

（3）对受压构件稳定承载力的影响　对于轴心受压构件，残余应力的存在使其挠曲刚度减小，因而降低压杆的稳定承载力，有关内容参见第4章4.3。

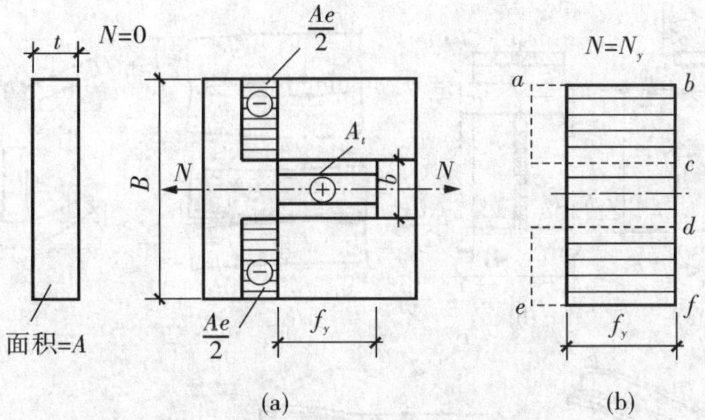

图 3.54　具有焊接残余应力的轴心受拉构件的受荷过程

(4)对低温冷脆的影响　焊接残余应力对低温冷脆的影响经常是决定性的，必须引起足够的重视。在厚板和具有严重缺陷的焊缝中，以及在交叉焊缝(图 3.55)的情况下，产生了阻碍塑性变形的三轴拉应力，使裂纹容易发生和发展。

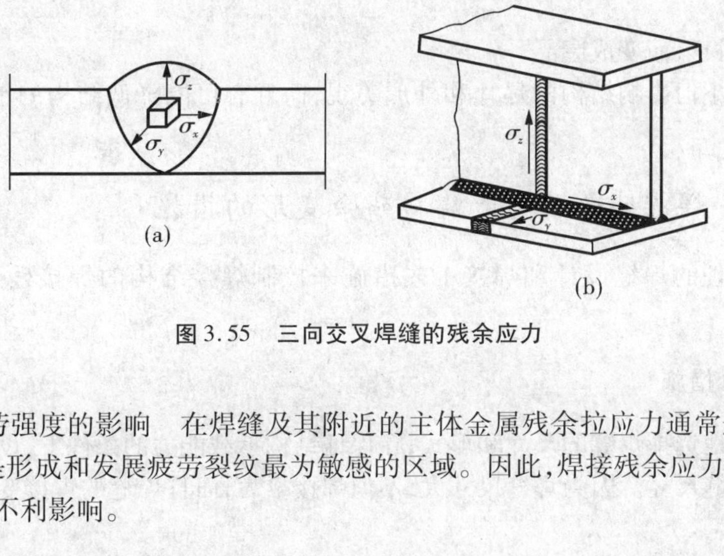

图 3.55　三向交叉焊缝的残余应力

(5)对疲劳强度的影响　在焊缝及其附近的主体金属残余拉应力通常达到钢材屈服点，此部位正是形成和发展疲劳裂纹最为敏感的区域。因此，焊接残余应力对结构的疲劳强度有明显的不利影响。

3.5.3　焊接残余变形

在焊接过程中，由于不均匀的加热，在焊接区局部产生了热塑性压缩变形，当冷却时焊接区要在纵向和横向收缩，势必导致构件产生局部鼓曲、弯曲和扭转等。焊接残余变形包括纵向和横向收缩、弯曲变形、角变形和扭曲变形等(图 3.56)，且通常是几种变形的组合。任一焊接变形超过《钢结构工程施工质量验收规范》(GB 50205—2001)的规定时，必须进行校正，以免影响构件在正常使用条件下的承载能力。

焊接变形是焊接结构中经常出现的问题。焊接构件出现了变形，就需要花许多工时去矫正。比较复杂的变形，矫正的工作量可能比焊接的工作量还要大。有时甚至会因变

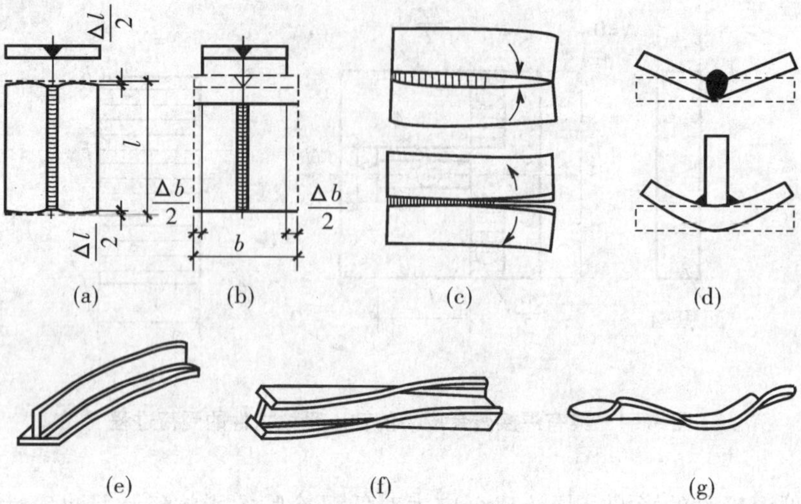

图 3.56 焊接残余变形类别示意图

(a)、(b) 纵、横向收缩；(c) 面内弯曲变形；(d) 角变形；
(e) 弯曲变形；(f) 扭曲变形；(g) 薄板翘曲波浪变形

形太大，无法矫正，而变成废品。

焊接变形不但影响结构的尺寸和外形美观，而且有可能降低结构的承载能力，引起事故。

3.5.4 减小焊接残余应力和焊接残余变形的措施

可通过合理的焊缝设计和焊接工艺措施来控制焊接结构的焊接残余应力和残余变形。

3.5.4.1 设计措施

(1) 合理地选择焊缝的尺寸和形式，在保证结构承载能力的条件下，设计时应该尽量采用较小的焊缝尺寸。因为焊缝尺寸大，不但焊接量大，而且焊缝的焊接变形和焊接应力也大。

(2) 尽可能减少不必要的焊缝。在设计焊接结构时，常常采用加劲肋来提高板结构的稳定性和刚度。但是为了减轻自重采用薄板，不适当地大量采用加劲肋，反而不经济。这样做不但增加了装配和焊接的工作量，而且易引起较大的焊接变形，增加校正工时。

(3) 合理地安排焊缝的位置。只要结构上允许，安排焊缝时尽可能对称于截面形心轴，或者使焊缝接近形心轴，以减小构件的焊接变形，如图 3.57(a)、(c)所示；而图 3.57(b)、(d)是不正确的。

(4) 尽量避免焊缝的过分集中和交叉。如几块钢板交汇一处进行连接时，应采用图 3.57(e)的方式，避免采用图 3.57(*f*)的方式，以免热量集中，引起过大的焊接变形和应力，恶化母材的组织构造。又如图 3.57(g)中，为了让腹板与翼缘的纵向连接焊缝连续通过，加劲肋进行切角，其与翼缘和腹板的连接焊缝均在切角处中断，避免了三条焊缝的交叉。

(5) 尽量避免在母材厚度方向的收缩应力。如图3.57(h)的构造措施是正确的，而图3.57(i)的构造常引起厚板的层状撕裂(由约束收缩焊接应力引起的)。

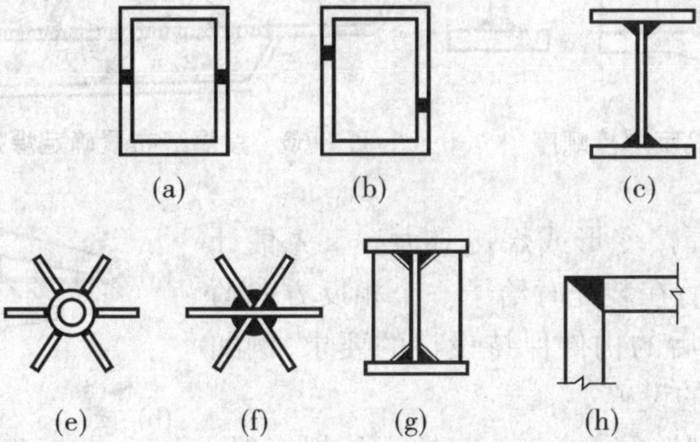

图3.57 焊缝布置示例

3.5.4.2 工艺措施

(1) 采用合理的焊接顺序和方向。尽量使焊缝能自由收缩，先焊工作时受力较大的焊缝或收缩量较大的焊缝。如钢板对接时采用分段退焊，厚焊缝采用分层焊，工字形截面采用对角跳焊，钢板分块拼接等(图3.58)。在工地焊接工字梁的接头时(图3.59)，应留出一段翼缘角焊缝3最后焊接，先焊受力最大的翼缘对接焊缝1，再焊腹板对接缝2。如图3.60所示拼接板的施焊顺序：先焊短焊缝1、2，最后焊长焊缝3，可使各长条板自由收缩后再连成整体。上述措施均可有效地降低焊接应力。

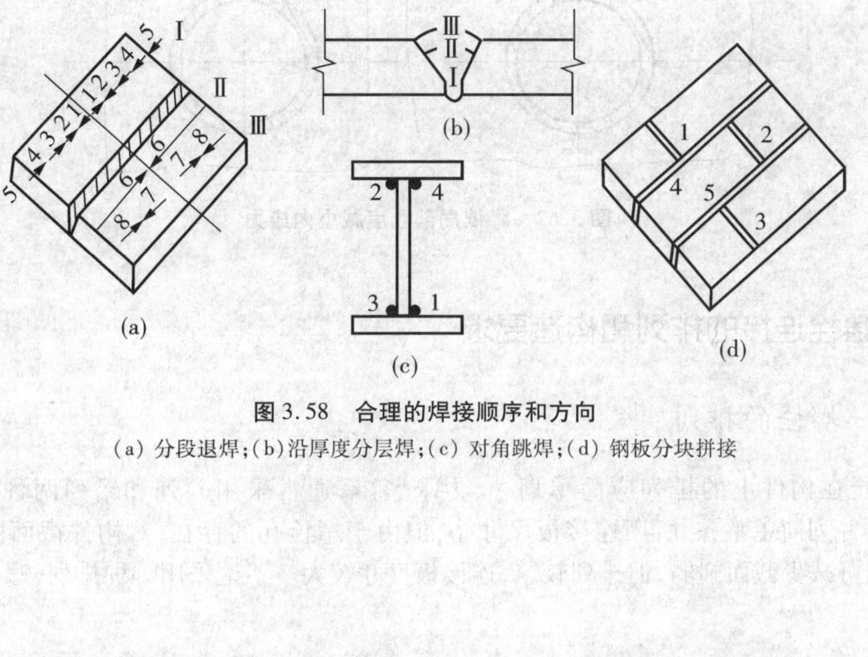

图3.58 合理的焊接顺序和方向

(a) 分段退焊；(b)沿厚度分层焊；(c) 对角跳焊；(d) 钢板分块拼接

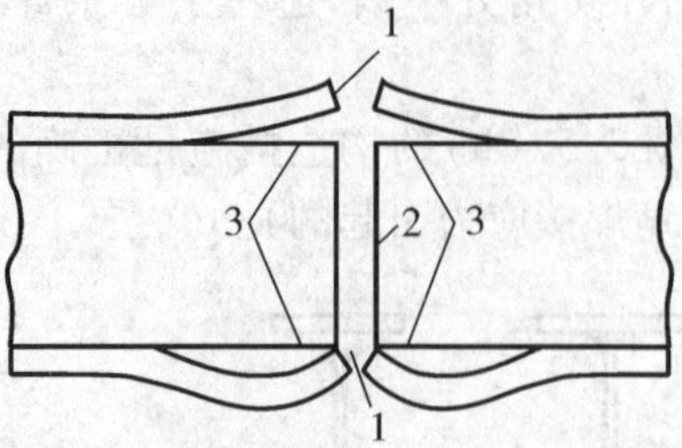

图 3.59 按受力大小确定焊接顺序

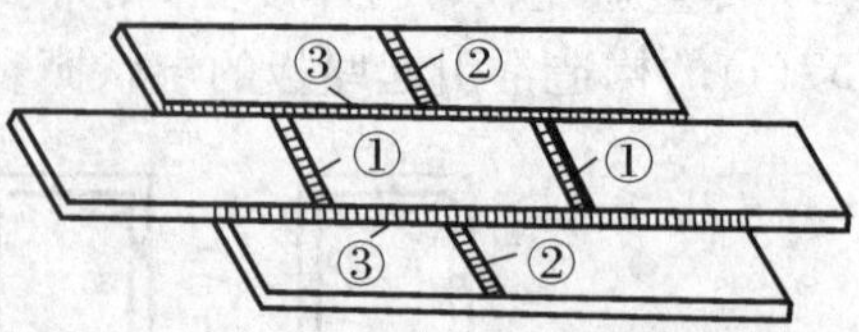

图 3.60 按焊缝布置确定焊接顺序

(2) 采用反变形法减小焊接变形或焊接应力。事先估计好结构变形的大小和方向,然后在装配时给予一个相反方向的变形与焊接变形相抵消,使焊后的构件保持设计的要求,例如图 3.61 所示为焊接前反变形的设置。

图 3.61 焊接前反变形

在焊接封闭焊缝或其他刚性较大,自由度较小的焊缝时,可以采用反变形法来增加焊缝的自由度,减小焊接应力,如图 3.62 所示。

(3) 锤击或辗压焊缝,使焊缝得到延伸,从而降低焊接应力。锤击或辗压焊缝均应在刚焊完时进行。锤击应保持均匀、适度,避免锤击过分,产生裂纹。

(4) 对于小尺寸焊件,焊前预热,或焊后回火加热至 600 ℃左右,然后缓慢冷却,可以消除焊接应力和焊接变形。也可采用刚性固定法将构件加以固定来限制焊接变形,但却会增大焊接残余应力。

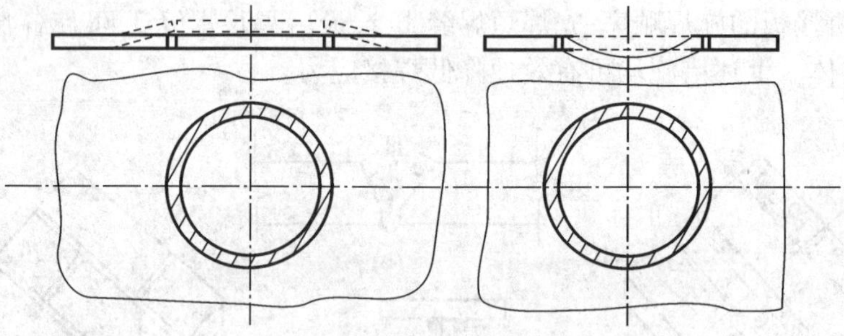

图 3.62 降低局部刚度减小内应力

3.6 螺栓连接的排列和构造要求

3.6.1 螺栓的排列

螺栓在构件上的排列应简单划一、力求紧凑,通常采用并列和错列两种形式(图 3.63)。并列简单整齐,所用连接板尺寸小,但由于螺栓孔的存在,对构件截面的削弱较大;错列可减少截面削弱,但排列较繁,连接板尺寸较大。不论采用哪种排列,螺栓在构件上的中距、端距和边距都须满足以下要求：

(1)受力要求　螺栓中距不应过小、否则会使构件截面削弱过多。当构件承受压力作用时，顺压力方向的中距不宜太大，否则在被连接板件间易产生鼓曲。为防止构件端部钢板被剪开，沿内力方向最外一排螺栓应有足够的端距。

(2)构造要求　螺栓的中距不应过大，否则钢板不能紧密贴合。外排螺栓的中距、边距和端距更不应过大，否则接触面不够紧密，以致潮气侵入引起锈蚀。

(3)施工要求　螺栓间应保持足够距离，以便于转动扳手，拧紧螺帽。

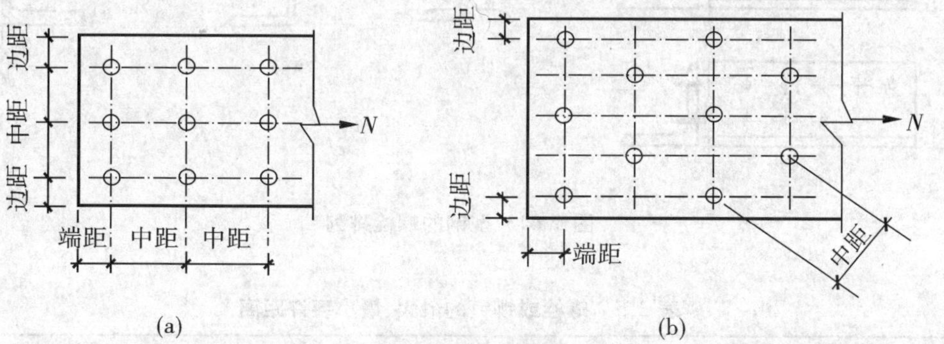

图3.63　钢板的螺栓群排列

(a) 并列；(b) 错列

根据上述要求，《钢结构设计规范》(GB 50017—2003)规定的钢板上螺栓的最大、最小容许距离详见图3.64及表3.5。螺栓在型钢(工字钢、槽钢、角钢)上的排列除应满足表3.5的最大、最小容许距离外，还应符合各自的线距和最大孔径 d_{0max} 要求(图3.64，表3.6～表3.8)。在H型钢上排列螺栓的线距：腹板上的 c 值可参照普通工字钢，翼缘上的 e 值或 e_1、e_2 的值可根据其外伸宽度参照角钢。

螺栓连接除了要满足上述螺栓排列的容许距离外，根据不同情况尚应满足下列要求：

(1)为了使连接可靠，每一杆件在节点上以及拼接接头的一端，永久螺栓的数量不宜少于两个。但对于格构式构件的缀条，其端部连接可采用一个螺栓。

(2)对直接承受动力荷载的普通螺栓连接应采用双螺帽或其他防止螺帽松动的措施；例如采用弹簧垫圈，或将螺帽和螺杆焊死等方法。

(3)由于C级螺栓与孔壁有较大间隙，只宜用于沿杆轴方向受拉的连接。承受静力荷载结构的次要连接、可拆卸结构的连接和临时固定构件用的安装连接中，也可用C级螺栓受剪。但在重要的连接中，例如：制动梁或吊车梁上翼缘与柱的连接，由于传递制动梁的水平支承反力并受到反复动力荷载作用，不得采用C级螺栓。在柱间支撑处吊车梁下翼缘与柱的连接，柱间支撑与柱的连接等承受较大剪力的部位均不得用C级螺栓。制动梁与吊车梁上翼缘的连接，承受着反复的水平制动力和卡轨力，应优先采用高强度螺栓，其次是采用低氢型焊条的焊接，不得采用C级螺栓。

(4)当型钢构件的拼接采用高强度螺栓连接时，由于型钢的刚度大，不能保证摩擦面接触紧密，故不宜用型钢作为拼接件，而应采用钢板。

（5）在高强度螺栓连接范围内，在施工图中应注明构件接触面的处理方法。

（6）高强度螺栓承压型连接不应用于直接承受动力荷载的结构。

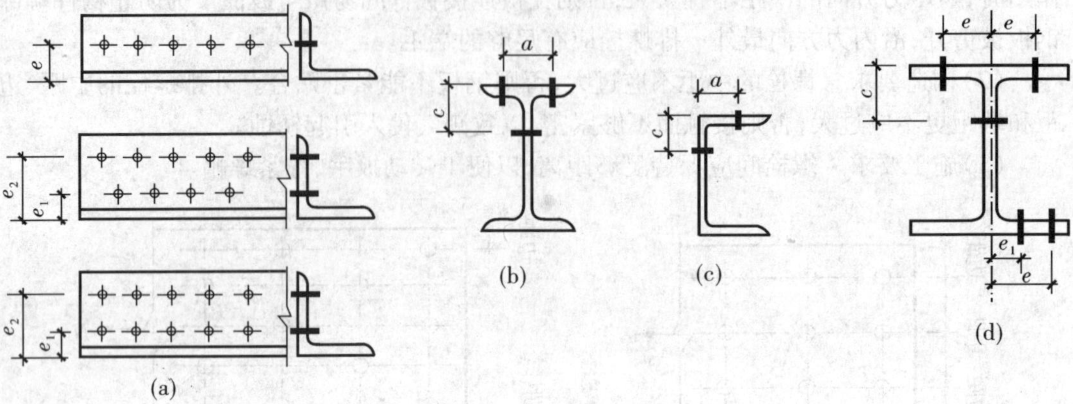

图 3.64 型钢的螺栓排列

表 3.5 螺栓或铆钉的最大、最小容许距离

<table>
<tr><th>名称</th><th colspan="3">位置和方向</th><th>最大容许距离
（取两者的较小值）</th><th>最小容许
距离</th></tr>
<tr><td rowspan="5">中心间距</td><td colspan="3">外排（垂直内力方向或顺内力方向）</td><td>$8d_0$或$12t$</td><td rowspan="5">$3d_0$</td></tr>
<tr><td rowspan="3">中间排</td><td colspan="2">垂直内力方向</td><td>$16d_0$或$24t$</td></tr>
<tr><td rowspan="2">顺内力方向</td><td>压力</td><td>$12d_0$或$18t$</td></tr>
<tr><td>拉力</td><td>$16d_0$或$24t$</td></tr>
<tr><td colspan="3">沿对角线方向</td><td></td></tr>
<tr><td rowspan="4">中心至构件边缘距离</td><td colspan="3">顺内力方向</td><td rowspan="4">$4d_0$或$8t$</td><td>$2d_0$</td></tr>
<tr><td rowspan="3">垂直内力方向</td><td colspan="2">剪切边或手工气割边</td><td rowspan="2">$1.5d_0$</td></tr>
<tr><td rowspan="2">轧制边、自动精密气割或锯割边</td><td>高强度螺栓</td></tr>
<tr><td>其他螺栓或铆钉</td><td>$1.2d_0$</td></tr>
</table>

注：1 d_0 为螺栓的孔径，t 为外层较薄板件的厚度；

2 钢板边缘与刚性构件（如角钢、槽钢等）相连的螺栓或铆钉的最大间距，可按中间排的数值采用

表 3.6 工字钢和槽钢腹板上螺栓的最小容许线距 mm

工字钢型号	12	14	16	18	20	22	25	28	32	36	40	45	50	56	63
线距 c	40	45	45	45	50	50	55	60	60	65	70	75	75	75	75
槽钢型号	12	14	16	18	20	22	25	28	32	36	40				
线距 c	40	45	50	50	55	55	55	60	65	70	75				

表 3.7　工字钢和槽钢翼缘上螺栓的最小容许线距　mm

工字钢型号	12	14	16	18	20	22	25	28	32	36	40	45	50	56	63
线距 a	40	40	50	55	60	65	65	70	75	80	80	85	90	95	95
槽钢型号	12	14	16	18	20	22	25	28	32	36	40				
线距 a	30	35	35	40	40	45	45	45	50	56	60				

表 3.8　角钢上螺栓的最小容许线距和最大孔径　mm

<table>
<tr><td rowspan="3">单行排列</td><td>角钢肢宽</td><td>40</td><td>45</td><td>50</td><td>56</td><td>63</td><td>70</td><td>75</td><td>80</td><td>90</td><td>100</td><td>110</td><td>125</td></tr>
<tr><td>线距 e</td><td>25</td><td>25</td><td>30</td><td>30</td><td>35</td><td>40</td><td>40</td><td>45</td><td>50</td><td>55</td><td>60</td><td>70</td></tr>
<tr><td>最大孔径 $d_{0\max}$</td><td>11.5</td><td>13.5</td><td>13.5</td><td>15.5</td><td>17.5</td><td>20</td><td>22</td><td>22</td><td>24</td><td>24</td><td>26</td><td>26</td></tr>
<tr><td rowspan="4">双行错列</td><td>角钢肢宽</td><td>125</td><td>140</td><td>160</td><td>180</td><td>200</td><td rowspan="4">双行并列</td><td>角钢肢宽</td><td>160</td><td>180</td><td>200</td><td></td><td></td></tr>
<tr><td>线距 e_1</td><td>55</td><td>60</td><td>70</td><td>70</td><td>80</td><td>线距 e_1</td><td>60</td><td>70</td><td>80</td><td></td><td></td></tr>
<tr><td>线距 e_2</td><td>90</td><td>100</td><td>120</td><td>140</td><td>160</td><td>线距 e_2</td><td>130</td><td>140</td><td>160</td><td></td><td></td></tr>
<tr><td>最大孔径 $d_{0\max}$</td><td>24</td><td>24</td><td>26</td><td>26</td><td>26</td><td>最大孔径 $d_{0\max}$</td><td>24</td><td>24</td><td>26</td><td></td><td></td></tr>
</table>

3.6.2　螺栓、螺栓孔图例

螺栓及螺栓孔图例见表3.9，在钢结构施工图上需要将螺栓及其孔眼的施工要求用图形表示清楚，以免引起混淆。

表 3.9　螺栓、螺栓孔图例

名　称	永久螺栓	高强度螺栓	安装螺栓	圆形螺栓孔	长圆形螺栓孔
图　例					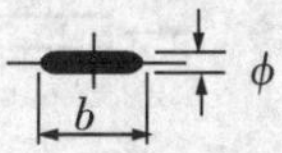

3.7　普通螺栓连接的工作性能和计算

3.7.1　普通螺栓连接的工作性能

普通螺栓连接按螺栓传力方式可分为受剪螺栓连接、受拉螺栓连接和拉剪螺栓连接三种。受剪螺栓连接是靠栓杆受剪和孔壁承压传力，受拉螺栓连接是靠沿杆轴方向受拉传力，拉剪螺栓连接则是同时兼有上述两种传力方式。

3.7.1.1 受剪螺栓连接

(1)受力性能　图3.65中曲线1所示为单个普通螺栓受剪连接的荷载-变形曲线。起始为一不太长的上升直线段,表示连接处在弹性工作阶段,靠板件间的摩擦力传力。但是普通螺栓的预拉力很小,故很快即出现表示钢板相对滑移的水平直线段,直至螺栓栓杆和孔壁靠紧,曲线上升,连接进入弹性工作阶段;外力继续增加,连接进入弹塑性工作阶段,此时栓杆除受剪力外,还受有弯曲和轴向拉伸的作用,而孔壁则承受挤压。随着外力的进一步增加,连接变形迅速增大,曲线趋于平坦,连接亦随之达到破坏。

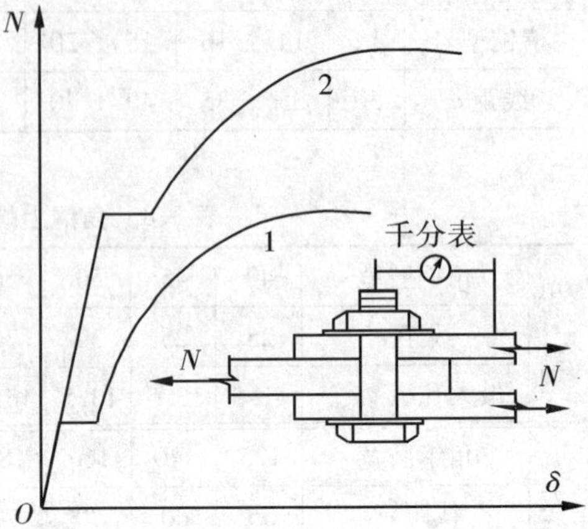

图3.65　单个受剪螺栓的受力性能曲线

1-C级普通螺栓;2-高强度螺栓

(2)破坏形式 受剪螺栓连接的破坏可能有如下五种形式:

1)栓杆被剪断(图3.66a)——当栓杆直径较细而板件相对较厚时可能发生;

2)孔壁挤压破坏(图3.66b)——当栓杆直径较粗而板件相对较薄时可能发生;

3)钢板被拉断(图3.66c)——当板件因螺栓孔削弱过多时,可能沿开孔截面发生破断;

4)端部钢板被剪开(图3.66d)——当顺受力方向的端距过小时可能发生;

5)栓杆受弯破坏(图3.66e)——当栓杆过长时可能发生。

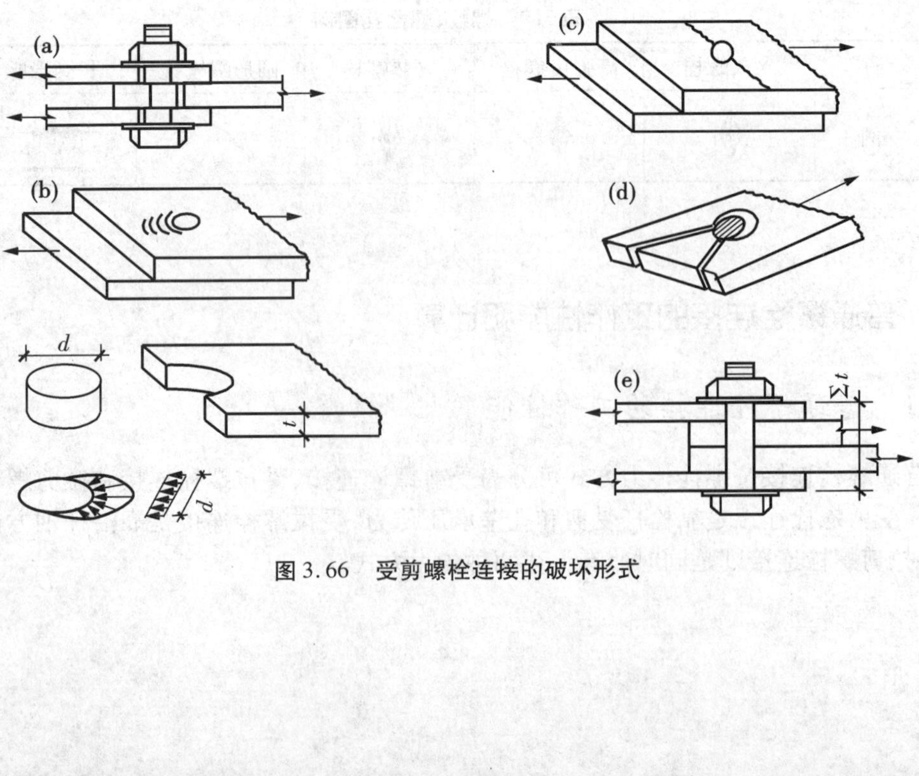

图3.66　受剪螺栓连接的破坏形式

上述五种破坏形式中的后两种，可采取构造措施加以防止，如规定端距$\geqslant 2d_0$；螺栓的夹紧长度$\sum t \leqslant (4\sim6)d$（普通螺栓），或$\sum t \leqslant (5\sim7)d$（高强度螺栓）；式中 d 为螺栓的直径。但对于其他三种形式的破坏，则需通过计算来防止。

3.7.1.2　受拉螺栓连接

（1）受力性能　图 3.67 所示为受拉螺栓连接，在外力作用下，构件相互间有分离的趋势，因此使螺栓沿杆轴方向受拉。

（2）破坏形式　栓杆被拉断，其部位多在被螺纹削弱的截面处。

3.7.1.3　拉剪螺栓连接

（1）受力性能　图 3.68 所示为拉剪螺栓连接，在外力作用下，构件相互间既有分离的趋势，也有滑动的可能，因此使栓杆受剪，孔壁承压，并使螺栓沿杆轴方向受拉。

（2）破坏形式　栓杆被剪断，或孔壁挤压破坏，或栓杆被拉断。

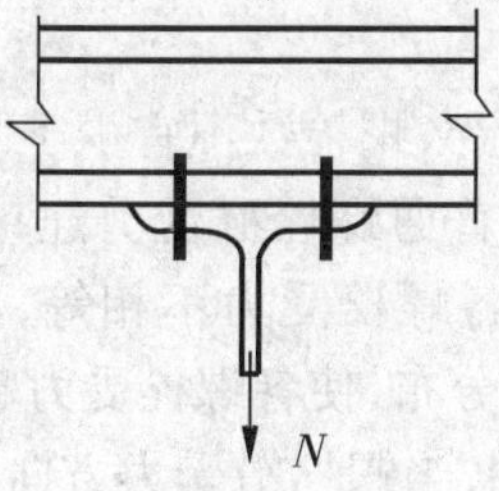

图 3.67　受拉螺栓连接

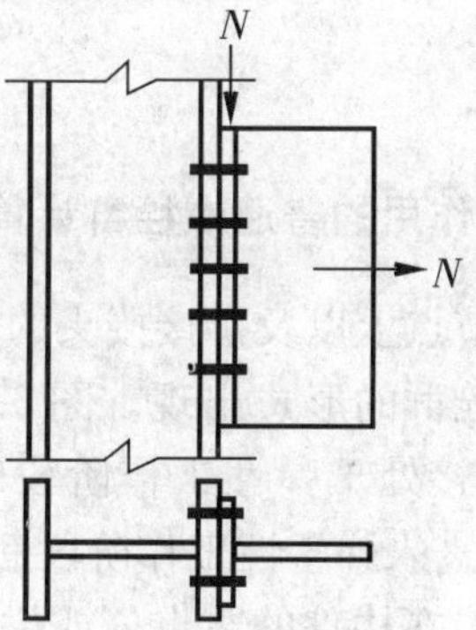

图 3.68　拉剪螺栓连接

3.7.2　普通螺栓的抗剪承载力

3.7.2.1　一个普通螺栓的抗剪承载力

普通螺栓的抗剪承载力应考虑螺栓杆受剪和孔壁承压两种情况。

（1）抗剪承载力设计值　假定螺栓受剪面上的剪应力是均匀分布的，则单个螺栓的抗剪承载力设计值为：

$$N_v^b = n_v \frac{\pi d^2}{4} f_v^b \tag{3.56}$$

式中　n_v——受剪面数，单剪 $n_v=1$、双剪 $n_v=2$、四剪 $n_v=4$（图 3.69）；

d——螺栓杆公称直径；

f_v^b——螺栓的抗剪强度设计值，按附表 1.3 选用。

（2）承压承载力设计值　螺栓的实际挤压应力很不均匀，为计算简便，假定承压应力沿螺栓直径投影面均匀分布（图 3.66b），则单个螺栓的承压承载力设计值为

$$N_c^b = d\sum tf_c^b \tag{3.57}$$

式中　$\sum t$——在同一受力方向的承压构件的较小总厚度(如图 3.69 中的四剪连接,$\sum t$ 取 $t_1+t_2+t_3$ 或 t_4+t_5 中的较小值);

f_c^b——螺栓(孔壁)的承压强度设计值,按附表 1.3 选用。

(3)单个受剪螺栓的承载力设计值　显然,应取 N_v^b 和 N_c^b 的较小者,以 $N_{\min}^b$ 表示。

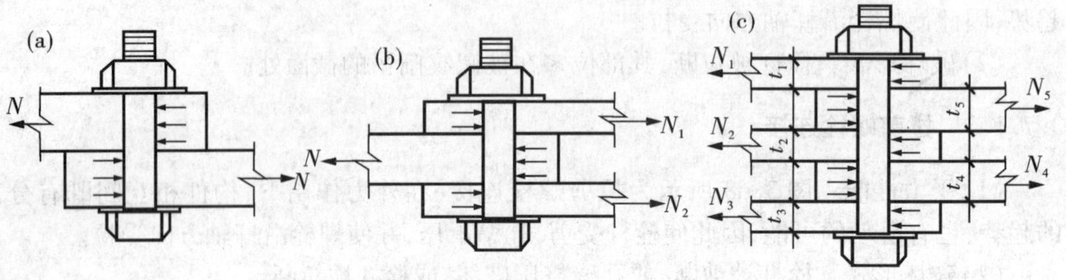

图 3.69 受剪螺栓的计算

(a) 单剪;(b) 双剪;(c) 四剪

3.7.2.2　剪力作用的普通螺栓群计算

钢构件在节点上以及拼接接头的一端,按规定永久螺栓数不宜少于两个,因此螺栓连接一般都以螺栓群的形式出现。图 3.70 所示为一普通螺栓群受剪连接受轴心力作用。试验表明,当连接处于弹性工作阶段时,螺栓群中各螺栓受力不相等,两端大而中间小(图 3.70a);但进入弹塑性工作阶段后,由于内力重分布,使各螺栓受力趋于均匀,故可按平均受力计算。在构件的节点处或拼接接头的一端,当螺栓沿受力方向的连接长度 l_1 过大时,各螺栓的受力将很不均匀,端部螺栓受力最大,往往首先破坏,然后依次向内逐个破坏。因此,当 l_1 所处范围不同时,应将螺栓的承载力设计值乘以相应的折减系数 β,具体取值如下

$$\beta = \begin{cases} 1.0 & l_1 \leqslant 15d_0 \\ 1.1 - \dfrac{l_1}{150d_0} & 15d_0 < l_1 < 60d_0 \\ 0.7 & l_1 \geqslant 60d_0 \end{cases} \tag{3.58}$$

这样,在设计时,当外力通过螺栓群的中心时,可以认为所有螺栓受力相同。那么,连接一侧需要的螺栓数目为

$$n = \frac{N}{\beta N_{\min}^b} \tag{3.59}$$

式中　β 按式(3.58)计算。

由于螺栓孔削弱了板件的截面,为防止板件在净截面上被拉断,需验算净截面的强度。

$$\sigma_n = N/A_n \leqslant f \tag{3.60}$$

式中　f——钢材的强度设计值，按附表 1.1 选用；

N——构件的 1-1 截面、两块盖板的 5.5 截面上所传递的力；

A_n——净截面面积，其计算方法如下：

图 3.70 所示的并列螺栓排列，构件的危险截面（受力最大）为 1-1 截面，而两块盖板的危险截面为 5-5 截面。其净截面面积分别为 $A_{n1}=t(b-n_1d_0)$ 和 $A_{n5}=2t_1(b-n_5d_0)$，n_1、n_5分别为截面 1-1 和截面 5-5 上的螺栓数，d_0为螺栓孔径。

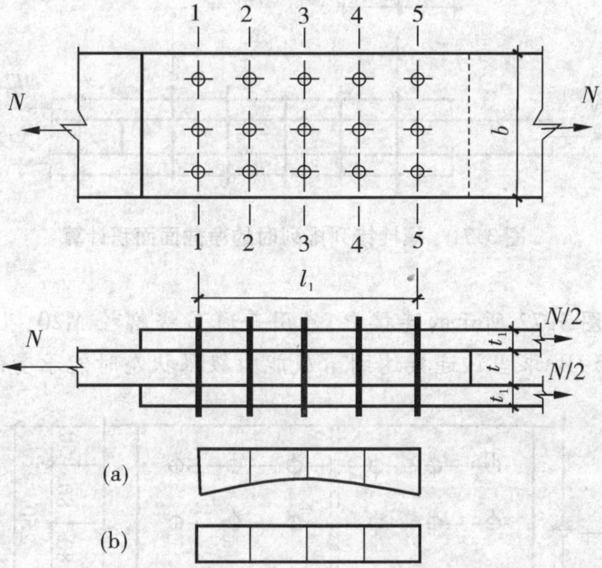

图 3.70　螺栓群的不均匀受力状态

（a）弹性阶段受力状态；（b）塑性阶段受力状态

图 3.71 所示的错列螺栓排列，对于构件不仅要考虑沿垂直截面 1-1（正交截面）破坏的可能，还需要考虑沿折线截面 2-2（锯齿截面）破坏的可能，因为 2-2 截面虽然较长，但 2-2 截面的螺栓孔较多，此时 $A_{n2}=t[2e_2+(n_2-1)\sqrt{e_1^2+e_4^2}-n_2d_0]$，式中 n_2为折线截面上的螺栓数。对于盖板净截面面积的计算，方法同构件，但计算部位应在盖板受力最大处。

当一个构件借助填板或其他中间板件与另一个构件连接的螺栓（摩擦型连接的高强度螺栓除外）的数目应按计算增加 10%。

当采用搭接或拼接板的单面连接传递轴心力，因偏心引起连接部位发生弯曲时，螺栓（摩擦型连接的高强度螺栓除外）数目应按计算增加 10%。

在构件的端部连接中，当利用短角钢连接型钢（角钢或槽钢）的外伸肢以缩短连接长度时，在短角钢两肢中的一肢上，所用螺栓数目应按计算增加 50%。

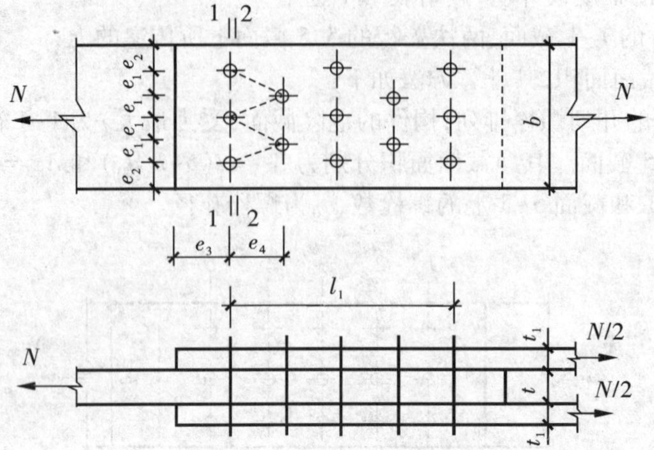

图 3.71 螺栓错列排列时的净截面面积计算

【例 3.8】 如图 3.72 所示的连接中，采用普通 C 级螺栓 M20，孔径 $d_0=22$ mm，连接所用的钢材为 Q235-B，求当该连接达到承载能力极限状态时能承受的最大拉力设计值。

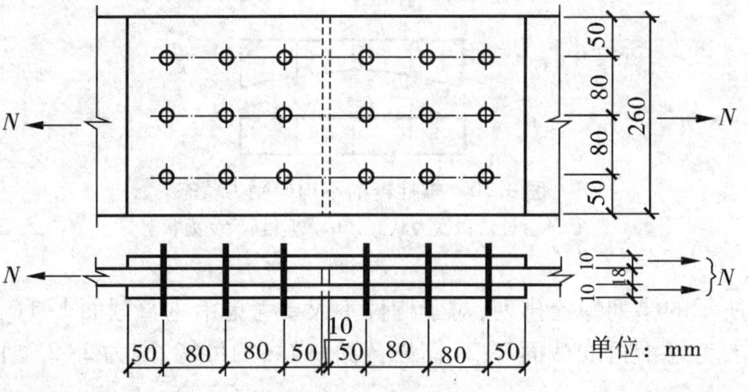

图 3.72 例 3.8 图

【解】 (1)按螺栓连接强度确定承载力设计值

单个螺栓的受剪承载力设计值为：

$$N_V^b = n_v \frac{\pi d^2}{4} f_v^b = 2 \times \frac{3.14 \times 20^2}{4} \times 140 \times 10^{-3} = 87.9 \text{ kN}$$

单个螺栓的承压承载力设计值

$$N_c^b = d \sum t f_c^b = 20 \times 20 \times 305 \times 10^{-3} = 122 \text{ kN}$$

一个受剪螺栓的承载力设计值

$$N_{\min}^b = 87.9 \text{ kN}$$

$$l_1 = 160 \text{ mm} < 15d_0 = 15 \times 22 = 330 \text{ mm}，故 \beta = 1.0$$

连接一侧 9 个螺栓的总承载力设计值为：

$$N_1=\beta nN_{\min}^b=9\times1.0\times87.9=791.1\ \text{kN}$$

(2)按钢板截面强度确定承载力设计值

因主钢板厚度 18 mm<两盖板厚度之和 20 mm,故按主钢板计算。

①按主钢板净截面强度计算:

$$A_{n1}=(b-nd_0)t_1=(50\times2+80\times2-3\times22)\times18=3\ 492\ \text{mm}^2$$

$$N_2=A_{n1}f=3\ 492\times205=715\ 860\ \text{N}=715.9\ \text{kN}$$

②按两盖板净截面强度计算:

$$A_{n2}=(b-nd_0)2t_2=(50\times2+80\times2-3\times22)\times20=3\ 880\ \text{mm}^2$$

$$N_3=A_{n2}f=3\ 880\times215=834\ 200\ \text{N}=834.2\ \text{kN}$$

(3)最大拉力设计值 $N_{\max}=\min\{N_1,N_2,N_3\}=715.9\ \text{kN}$

【例 3.9】 设计两角钢用 C 级普通螺栓的拼接。已知角钢型号为∟125×8,承受的轴心拉力设计值为 N=400 kN,拼接角钢的型号与构件相同,钢材 Q345-B,螺栓直径 d=20 mm,孔径 d_0=22 mm。

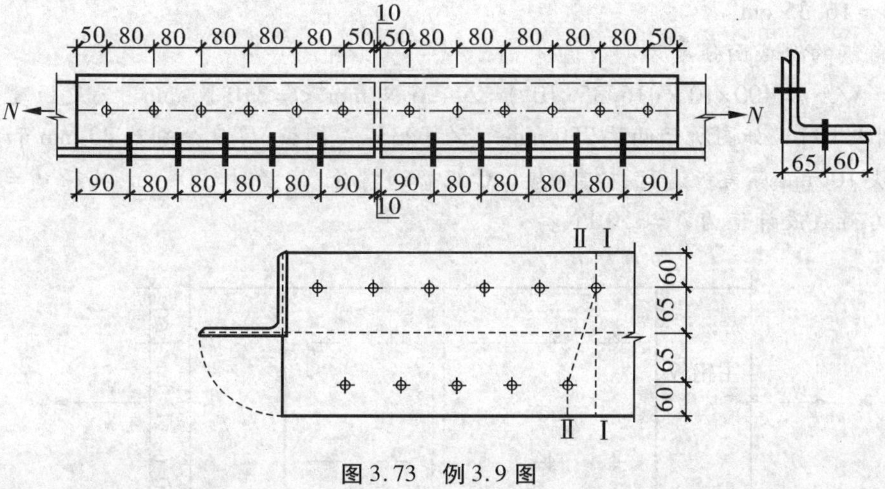

图 3.73　例 3.9 图

【解】 ①计算螺栓的数目

一个螺栓的受剪承载力设计值

$$N_v^b=n_v\frac{\pi d^2}{4}f_v^b=1\times\frac{3.14\times20^2}{4}\times140\times10^{-3}$$
$$=44.0\ \text{kN}$$

一个螺栓的承压承载力设计值

$$N_c^b=d\sum tf_c^b=20\times8\times305\times10^{-3}$$
$$=48.8\ \text{kN}$$

一个螺栓的承载力设计值

$$N_{\min}^b=44.0\ \text{kN}$$

连接一侧需要的螺栓数目

$$n = N/N^b_{\min} = 460/44.0 = 10.45 \text{ 个}$$

取 11 个,连接构造如图 3.72(满足表 3.6 和表 3.8 的要求)。

因 $l_1 = 400\ \text{mm} > 15d_0 = 15 \times 22 = 330\ \text{mm}$,所以 $N^b_{\min}$ 需折减:

$$\beta = 1.1 - 400/(150 \times 22) = 0.88 \geqslant 0.7$$

那么,$N^b_{\min}$ 折减后需要的螺栓数目 $n = N/(\beta N^b_{\min}) = 400/(0.88 \times 44.0) = 10.33 < 11$ 故 11 个螺栓的承载力满足要求。

②构件净截面强度验算

角钢的毛截面面积(查附表 6-4)$A = 19.75\ \text{cm}^2$;将角钢按中线展开,如图 3.73 所示。截面Ⅰ-Ⅰ(正交截面)的净面积为

$$A_{n1} = A - n_1 d_0 t = 19.75 - 1 \times 2.2 \times 0.8 = 17.99\ \text{cm}^2$$

截面Ⅱ-Ⅱ(折线截面)的净面积为

$$A_{n2} = t\left[2e_2 + (n_2 - 1)\sqrt{e_1^2 + e_4^2} - n_2 d_0\right]$$
$$= 0.8 \times \left[2 \times 6.0 + (2-1)\sqrt{4^2 + (2 \times 6.1)^2} - 2 \times 2.2\right]$$
$$= 16.35\ \text{cm}^2$$

故角钢的净截面强度为

$\sigma_n = N/A_{n2} = 400 \times 10^3/(16.35 \times 10^2) = 244.6\ \text{N/mm}^2 < f = 310\ \text{N/mm}^2$,满足强度要求。

【例 3.10】 如图所示两块 250 mm 宽的 Q235-A 钢板,厚度分别为 20 mm 和 14 mm,使用两块 10 mm 厚盖板进行拼接连接。C 级普通螺栓,直径 $d = 20$ mm,孔径 $d_0 = 22$ mm。承受静力荷载设计值为 $N = 350$ kN。

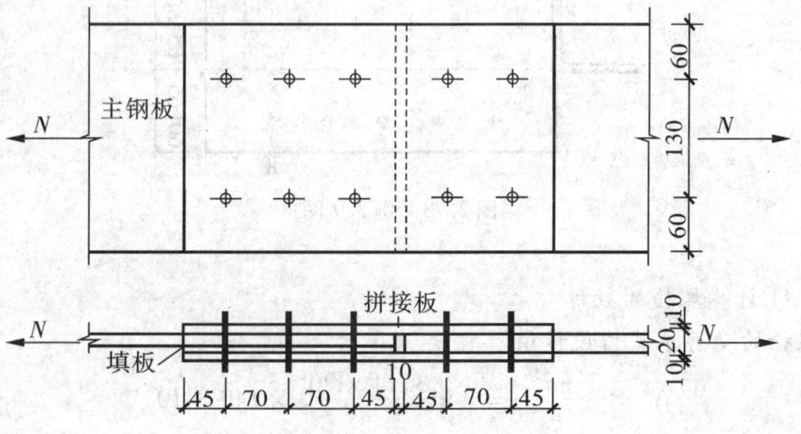

图 3.74 例 3.10 图

【解】 厚度不同的钢板进行对接,必须采用厚度为 $t = 20 - 14 = 6$ mm 的填板,该填板不传力,只是提供一个"厚度"使接缝两侧等厚。

①计算螺栓的数目

一个螺栓的受剪承载力设计值

$$N_v^b = n_v \frac{\pi d^2}{4} f_v^b = 2 \times \frac{3.14 \times 20^2}{4} \times 140 \times 10^{-3}$$

$= 87.96\ \text{kN}$

一个螺栓的承压承载力设计值

当 $\sum t = 14$ mm 时，

$$N_c^b = d\sum tf_c^b = 20 \times 14 \times 305 \times 10^{-3} = 85.4\ \text{kN}$$

当 $\sum t = 20$ mm 时，

$$N_c^b = d\sum tf_c^b = 20 \times 20 \times 305 \times 10^{-3} = 122\ \text{kN}$$

则在拼接板右侧(板厚20 mm处)

一个螺栓的承载力设计值 $N_{\min}^b = 87.96$ kN

所需螺栓数目为：$n = N/N_{\min}^b = 350/87.96 = 3.98$ 个，采用4个。

而在拼接板左侧(板厚14 mm处)，一个螺栓的承载力设计值 $N_{\min}^b = 85.4$ kN。

由于栓杆在此种情况下易发生弯曲变形，所需螺栓数目为：

$n = 1.1 \times N/N_{\min}^b = 1.1 \times 350/85.4 = 4.51$ 个，采用6个。

连接构造如图3.74(满足表3.6和表3.8的要求)。

因 $l_1 = 140\ \text{mm} < 15d_0 = 15\times22 = 330$ mm，所以 $N_{\min}^b$ 不需折减，故6个螺栓的承载力满足要求。

② 构件净截面强度验算

取14 mm厚钢板进行净截面强度验算。钢板毛截面面积 $A = 35\ \text{cm}^2$，扣除螺栓孔后的净截面面积为 $A_{n1} = A - n_1 d_0 t = 35 - 2\times2.2\times1.4 = 28.84\ \text{cm}^2$

故净截面强度为

$\sigma_n = N/A_{n1} = 350\times10^3/(28.84\times10^2) = 121.36\ \text{N/mm}^2 < f = 215\ \text{N/mm}^2$，满足强度要求。

3.7.2.3 扭矩作用的普通螺栓群计算

承受扭矩的普通螺栓连接，一般都是先布置好螺栓，再计算受力最大螺栓所承受的剪力和一个受剪螺栓的承载力设计值 $N_{\min}^b$ 进行比较。计算时假定被连接件是刚性的，而螺栓则是弹性体；在扭矩作用下，所有螺栓有绕螺栓群的形心 O 旋转的趋势(图3.75)，因此，每个螺栓受力的方向垂直于该螺栓与形心的连线，其大小与螺栓到形心的距离成正比，故1号螺栓受力最大。

图3.75所示的连接，螺栓群承受扭矩 T 而使每个螺栓受剪。设各螺栓到其形心的距离分别为 r_1、r_2、…、r_i、…、r_n，所承受的剪力分别为 N_1^T、N_2^T、N_3^T、…、N_n^T，一个螺栓的截面积为 A_b，则1号螺栓受的力：

$$N_1^T = A_b\tau_{1T} = A_b\frac{T\cdot r_1}{I_p} = A_b\frac{T\cdot r_1}{A_b(r_1^2 + r_2^2 + \cdots + r_i^2 + \cdots + r_n^2)} = \frac{T\cdot r_1}{\sum r_i^2} = \frac{T\cdot r_1}{\sum(x_i^2 + y_i^2)} \tag{3.61}$$

式中 τ_{1T}——螺栓1栓杆横截面上的平均剪应力；

I_p——螺栓群截面对形心 O 的极惯性矩；

x_i、y_i——分别为第 i 个螺栓到形心的距离。

当螺栓布置成狭长带($y_1>3x_1$)时,r_1趋于y_1,$\sum x_i^2$ 与 $\sum y_i^2$ 比较可以忽略不计。因此,式(3.61)可简化为

$$N_1^T \approx N_{1x}^T = T \cdot y_1 / \sum y_i^2 \tag{3.62}$$

设计时,求出受力最大的一个螺栓所承受的剪力设计值 N_1^T,使 N_1^T 不大于螺栓的抗剪承载力设计值 $N_{\min}^b$ 即可,即

$$N_1^T \leqslant N_{\min}^b \tag{3.63}$$

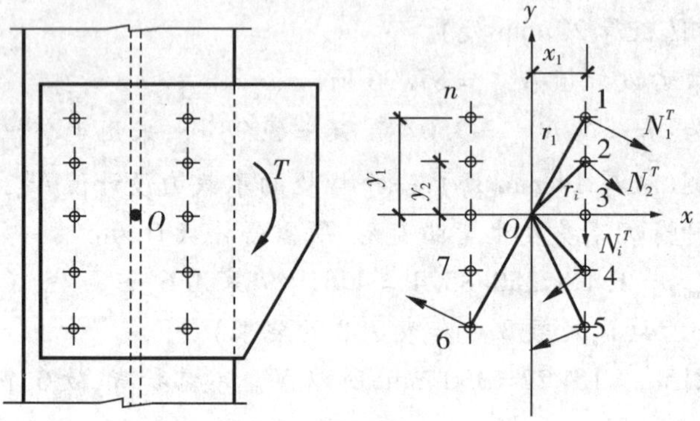

图 3.75 螺栓群受扭矩作用

3.7.2.4 扭矩、轴心力和剪力共同作用下的普通螺栓群计算

图 3.76 所示的螺栓群承受扭矩 T、剪力 V、和轴心力 N 的共同作用。设计时,先布置好螺栓,再进行验算。

在扭矩 T 的作用下,螺栓 1、5、6、10 受力最大为 N_1^T,其在 x,y 两方向上的分力分别为

$$N_{1x}^T = N_1^T \cdot y_1 / \sum r_i^2 = T \cdot y_1 / (\sum x_i^2 + \sum y_i^2)$$

$$N_{1y}^T = N_1^T \cdot x_1 / \sum r_i^2 = T \cdot x_1 / (\sum x_i^2 + \sum y_i^2).$$

在剪力 V 和轴心力 N 的作用下,螺栓均匀受力,每个螺栓受力分别为:

$$N_{1y}^V = \frac{V}{n}, \ N_{1x}^N = \frac{N}{n}$$

那么,在 T、N 和 V 的共同作用下,1 号螺栓受力最大,其承受的合力(剪力)N_1应满足下式:

$$N_1 = \sqrt{(N_{1x}^T + N_{1x}^N)^2 + (N_{1y}^T + N_{1y}^V)^2} \leqslant N_{\min}^b \tag{3.64}$$

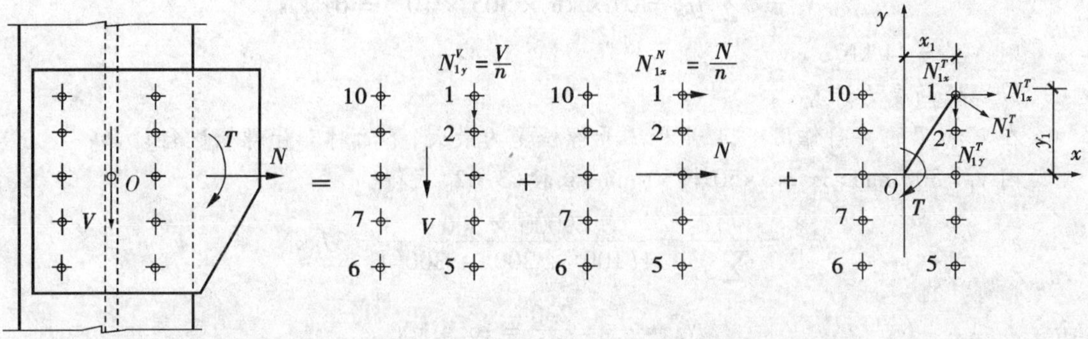

图3.76　螺栓群受扭矩、轴心力和剪力共同作用计算

【例3.11】　试设计一C级螺栓的搭接接头(图3.77a)。作用力设计值 $F=230$ kN,偏心距 $e=300$ mm,材料Q235。

【解】　①试选M 20螺栓,取 $d_0=22$ mm。

②布置螺栓:采用纵向排列,为减小连接板的尺寸、增大力臂,在容许的螺栓距离范围内,水平距离取较小值,竖向距离取较大值,螺栓排列如图3.77(a)所示。

③将偏心力 F 向螺栓群的形心等效,则螺栓群受剪力 V 和扭矩 T 的共同作用(图3.77b)。其中 $V=F=230$ kN, $T=Fe=230\times300=69\ 000$ kN·mm

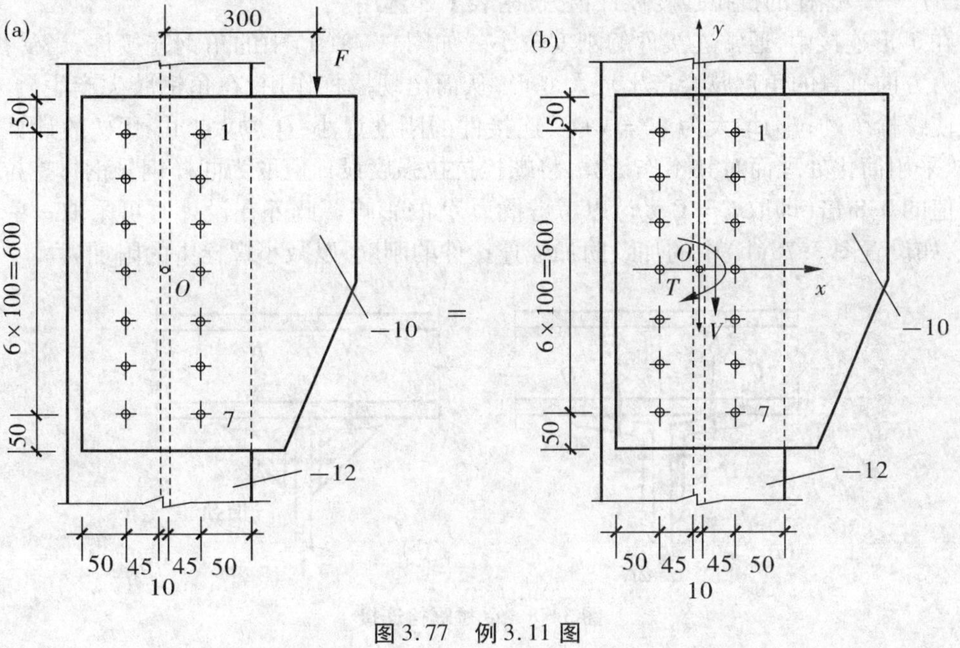

图3.77　例3.11图

④单个螺栓的承载力设计值

$$N_v^b=n_v\frac{\pi d^2}{4}f_v^b=1\times\frac{3.14\times20^2}{4}\times140\times10^{-3}=44.0\ \text{kN}$$

$$N_c^b = d\sum tf_c^b = 20 \times 10 \times 305 \times 10^{-3} = 61\ \text{kN}$$

则 $N_{\min}^b = 44\ \text{kN}$

⑤螺栓的受力计算

在 V 和 T 的共同作用下，1 号和 7 号螺栓受力最大，下面对 1 号螺栓进行计算：

因 $y_1 = 300\ \text{mm} > 3x_1 = 3\times50 = 150\ \text{mm}$，故按(3.62)式得

$$N_{1x}^T = \frac{Ty_1}{\sum y_i^2} = \frac{69000 \times 300}{4(100^2 + 200^2 + 300^2)} = 37\ \text{kN}$$

而
$$N_{1y}^V = \frac{V}{n} = \frac{230}{14} = 16.4\ \text{kN}$$

则
$$N_1 = \sqrt{(N_{1x}^T)^2 + (N_{1y}^V)^2} = \sqrt{37^2 + 16.4^2} = 40.5\ \text{kN} < N_{\min}^b = 44\ \text{kN}$$

所以，这样选择和布置的螺栓满足要求。

3.7.3 普通螺栓的抗拉承载力

(1)一个普通螺栓的抗拉承载力　如前所述，普通螺栓抗拉时的破坏形式是栓杆被拉断，其部位多在被螺纹削弱的截面处。所以单个螺栓的抗拉承载力设计值为

$$N_t^b = A_e f_t^b \tag{3.65}$$

式中　A_e——普通螺栓螺纹处的有效截面积，按附表 7 选用；

f_t^b——螺栓的抗拉强度设计值，按附表 1.3 选用。

在 T 形连接中，通常连接件的刚度较小。如图 3.78(a)中的角钢连接件，当受拉时，与拉力方向垂直的角钢肢会产生较大变形，从而出现撬杠作用，在角钢肢尖产生撬力 Q，因而使螺栓受的拉力增大为 $N_t = N+Q$；连接件的刚度愈小，Q 愈大。由于 Q 的计算较复杂，故采用简化处理而对其不作计算，将螺栓抗拉强度设计值取为同样钢号钢材抗拉强度设计值的 0.8 倍(即取 $f_t^b = 0.8f$)以考虑撬力 Q 的影响。此外在设计时可采取一些构造措施，如设置图 3.78(b)中的加劲肋加强连接件的刚度，以减小螺栓中的附加力。

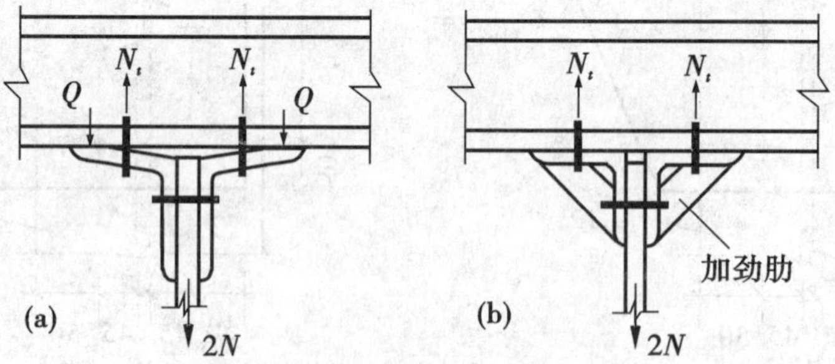

图 3.78　受拉螺栓连接

(2)轴心拉力作用的普通螺栓群计算　当轴心拉力 N 通过螺栓的形心时，假定每个螺栓均匀受力，则连接所需螺栓数目为：

$$n = N/N_t^b \tag{3.66}$$

(3)弯矩作用的普通螺栓群计算　图 3.78 所示为普通螺栓在弯矩作用下的受拉连接。在弯矩 M 的作用下,上部螺栓受拉。与螺栓拉力相平衡的压力产生于牛腿与柱的接触面上,精确确定中和轴的位置的计算较复杂,通常近似假定在弯矩指向一侧最外排(图 3.79 中为最下一排)螺栓的轴线上,并且忽略压力提供的力矩(因力臂很小)。在弹性阶段,螺栓所受的拉力与螺栓到中和轴的距离成正比;螺栓所受拉力对中和轴的力矩之和,等于外力矩 M,即

$$N_1^M/y_1 = N_2^M/y_2 = \cdots = N_i^M/y_i = \cdots = N_n^M/y_n \tag{a}$$

$$M = N_1^M y_1 + N_2^M y_2 + \cdots + N_i^M y_i + \cdots + N_n^M y_n \tag{b}$$

由(a)式得

$$N_1^M = N_i^M \cdot y_1/y_i, N_2^M = N_i^M \cdot y_2/y_i, \cdots, N_n^M = N_i^M \cdot y_n/y_i \tag{c}$$

将(c)式带入(b)式得螺栓 i 在 M 作用下的拉力为

$$N_i^M = M \cdot y_i / \sum y_i^2 \tag{3.67}$$

设计时要求受力最大的最外排螺栓的拉力不超过一个螺栓的抗拉承载力设计值

$$N_1^M = M \cdot y_1 / \sum y_i^2 \leqslant N_t^b \tag{3.68}$$

(4)弯矩和拉力共同作用的普通螺栓群计算　图 3.79(a)所示为普通螺栓偏心受拉连接。将偏心力 F 向栓群的形心 O 等效后,则栓群承受轴心拉力 N 和弯矩 M 的共同作用(图 3.79b)。该连接根据偏心距的大小,可能出现小偏心受拉和大偏心受拉两种情况。

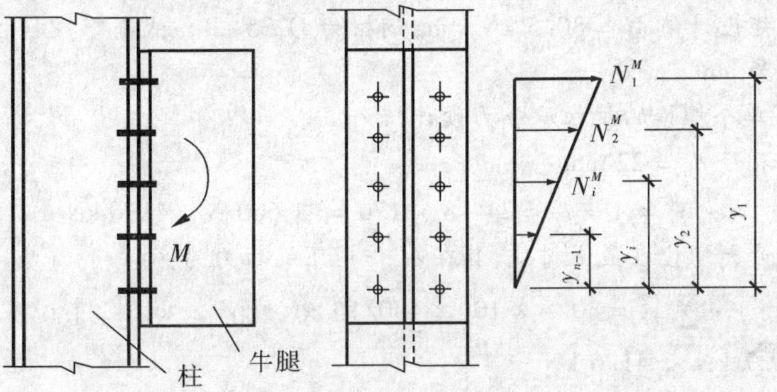

图 3.79　弯矩作用下的抗拉螺栓群计算

1)小偏心受拉　当偏心距 e 较小,弯矩 M 不大时,连接以承受轴心拉力为主。在此种情况下,螺栓群将全部受拉。此时,中和轴位于栓群的形心轴线上(图 3.80c),轴心拉力 N 由螺栓群均匀承受。因此,受力最大和最小的螺栓所承受的拉力需要满足下列公式(式中的各 y 值均自 O 点算起):

$$\begin{cases} N_{\min} = \dfrac{N}{n} - Ney_1 / \sum y_i^2 \geqslant 0 & (3.69\text{a}) \\[2ex] N_{\max} = \dfrac{N}{n} + Ney_1 / \sum y_i^2 \leqslant N_t^b & (3.69\text{b}) \end{cases}$$

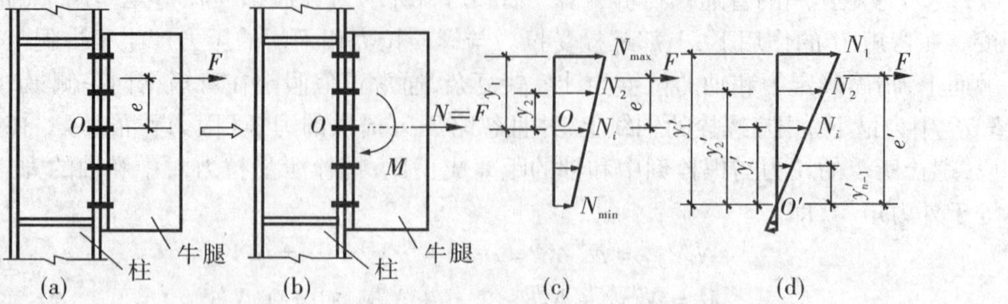

图 3.80 弯矩和拉力共同作用下的抗拉螺栓群计算

式(3.69a)是判断连接为小偏心受拉的依据，当此式满足时，则表示全部螺栓都受拉，不存在受压区，此时，最大受力螺栓所承受的拉力应满足式(3.69b)的要求。

2)大偏心受拉　当偏心距 e 较大，弯矩 M 较大时，将有 $N_{min}<0$，此时端板下部将出现受压区(图 3.80d)。仿照式(3.67)近似并偏安全地取中和轴位于最下排螺栓 O' 处，按相似步骤写出对 O' 处水平轴的弯矩平衡方程，可得(e' 和 y' 自 O' 点算起，最上排螺栓的拉力最大)：

$$N_1 = Ne'y'_1/\sum y'^2_i \leqslant N_t^b \quad (N_i = Ne'y'_i/\sum y'^2_i) \tag{3.70}$$

【例 3.12】 如图 3.81 所示的梁与柱的连接节点，采用普通 C 级螺栓 M20 连接。已知节点处的弯矩设计值 $M = 30.5$ kN · m，钢材为 Q235-B。试判断该螺栓群是否安全。图中长度单位为 mm。

【解】 ①单个螺栓的抗拉承载力设计值

M20 螺栓孔径 $d_0 = 22$ mm

$$N_t^b = A_e \cdot f_t^b = 244.8 \times 170 = 41\ 600\ \text{N} = 41.6\ \text{kN}$$

②受拉力最大螺栓在最上排处，其在 M 作用下的拉力为：

$$N_{1max} = M \cdot y_1/\sum y_i^2 = 30.5 \times 10^3 \times 400/[2 \times (400^2 + 320^2 + 160^2 + 80^2)]$$

$$= 20.7\ \text{kN} < 41.6\ \text{kN}$$

故该受拉螺栓群是安全的。

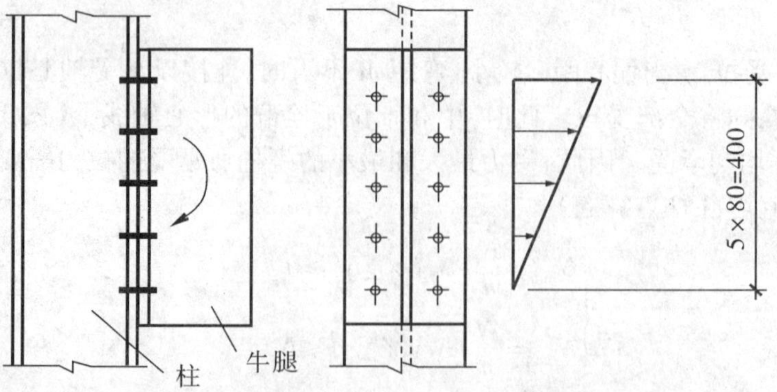

图 3.81 例 3.12 图

【例 3.13】　图 3.82 为一刚接屋架支座节点，竖向力 250 kN 由承托板承受，螺栓为 C 级普通螺栓，只承受偏心拉力 $F=420-200=220$ kN 的作用。钢材 Q235，设计该连接。如果偏心距为 40 mm，试验算该连接是否合适。

【解】

①初选 12 个 M 20C 级螺栓，$d_0=22$ mm。并按图示尺寸排列，中距比最小容许距离 $3d_0$ 稍大。

②单个螺栓的抗拉承载力设计值

$$N_t^b = A_e f_t^b = 244.8 \times 170 = 41\ 600 \text{ N} = 41.6 \text{ kN}$$

③判断大、小偏心情况（此处取 $e=12$ cm）

$$N_{\min} = \frac{N}{n} - Ney_1 / \sum y_i^2 = 220/12 - 220 \times 12 \times 20/[2 \times 2 \times (4^2 + 12^2 + 20^2)]$$

$$= -5.3 \text{ kN} < 0$$

所以，连接为大偏心情况。

④连接的承载能力判断

因连接为大偏心受拉，应按式（3.70）计算，即假定中和轴位于最上排螺栓轴线处，$e'=32$ cm。

$$N_{1\max} = Ne'y'_1 / \sum y'^2_i = 220 \times 32 \times 40/[2 \times (8^2 + 16^2 + 24^2 + 32^2 + 40^2)]$$

$$= 40 \text{ kN} \leqslant 41.6 \text{ kN}$$

所以，这样选择和布置的螺栓满足要求。

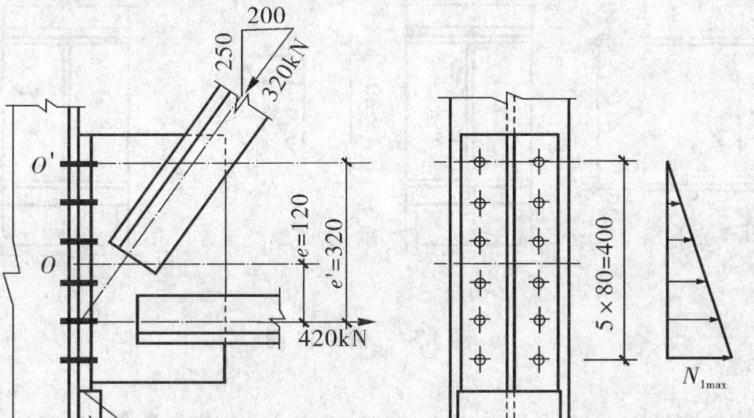

图 3.82　例 3.13 图

当偏心距为 4 cm 时，判断大、小偏心情况（此处取 $e=4$ cm）

$$N_{\min} = \frac{N}{n} - Ney_1 / \sum y_i^2 = 220/12 - 220 \times 4 \times 20/[2 \times 2 \times (4^2 + 12^2 + 20^2)]$$

$$= 10.48 \text{ kN} > 0$$

因连接为小偏心受拉，应按式（3.69b）计算，

$$N_{1\max} = \frac{N}{n} + Ney_1 / \sum y_i^2 = 220/12 + 220 \times 12 \times 20/[2 \times 2 \times (4^2 + 12^2 + 20^2)]$$
$$= 41.9\ \text{kN} \approx 41.6\ \text{kN}$$

计算表明在偏心距为 4 cm 的情况下该连接同样适用。

3.7.4 普通螺栓在剪力和拉力共同作用下的承载力

同时承受拉力和剪力的栓杆，其工作性能近似满足图 3.83 所示的圆曲线方程；同时为防止当板件较薄时，孔壁挤压破坏，则拉剪螺栓连接应满足的承载力计算公式为：

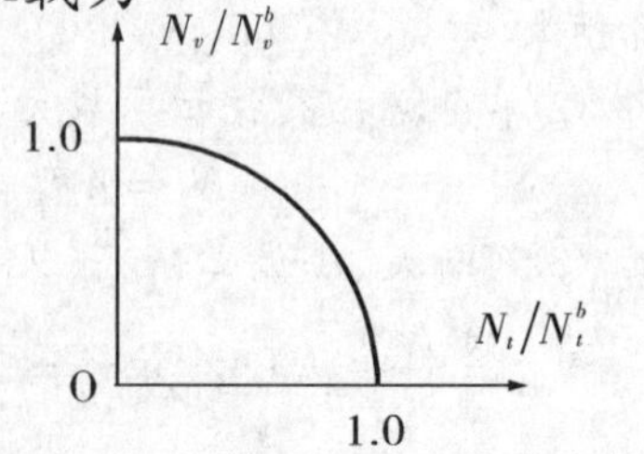

图 3.83 拉剪螺栓的相关曲线

$$\sqrt{\left(\frac{N_v}{N_v^b}\right)^2 + \left(\frac{N_t}{N_t^b}\right)^2} \leqslant 1 \qquad (3.71)$$

$$N_v \leqslant N_c^b \qquad (3.72)$$

式中 N_v^b、N_c^b、N_t^b——单个普通螺栓的抗剪、承压和抗拉承载力设计值；

N_v、N_t——一个螺栓承受的剪力和拉力。

【例 3.14】 图 3.84 为梁与柱翼缘的普通螺栓连接，已知连接节点处的剪力设计值 V=258 kN，弯矩设计值 M=38.7 kN·m，梁端竖板下设承托。钢材 Q235-B，螺栓 M20、C 级。试分别按承托板不传递剪力和承托板传递全部剪力两种情况设计此连接。

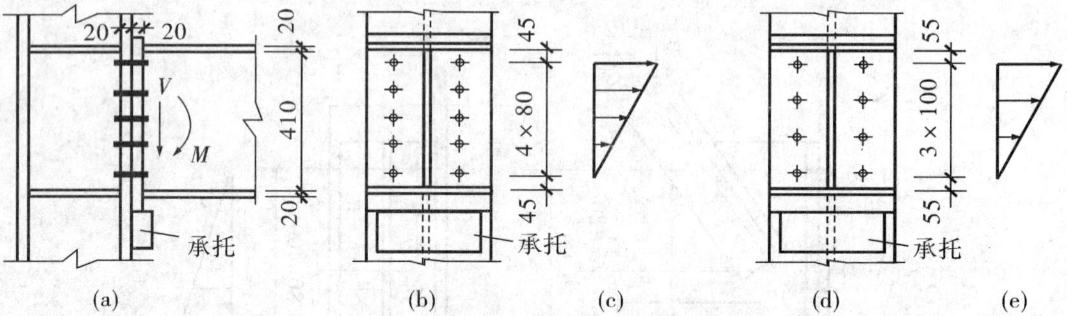

图 3.84 例 3.14 图

【解】 ①假定承托板只在安装时起作用，承托板不传递剪力，则螺栓同时承受拉力和剪力。初选 10 螺栓，螺栓排列如图 3.84(a)和(b)所示。螺栓群有绕最下一排螺栓转动的趋势，螺栓在弯矩作用下的受力分布如图 3.84(c)所示；剪力由 10 个螺栓平均分担。

一个螺栓的承载力设计值：

$$N_v^b = n_v \frac{\pi d^2}{4} f_v^b = 1 \times \frac{3.1416 \times 20^2}{4} \times 140 \times 10^{-3} = 44.0\ \text{kN}$$

$$N_c^b = d \sum t f_c^b = 20 \times 20 \times 305 \times 10^{-3} = 122\ \text{kN}$$

$$N_t^b = A_e f_t^b = 244.8 \times 170 \times 10^{-3} = 41.6\ \text{kN}$$

受拉力最大的螺栓所承受的拉力：

$$N_t = My_1/\sum y_i^2 = 38.7 \times 10^3 \times 320/[2 \times (80^2 + 160^2 + 240^2 + 320^2)] = 32.25\ \text{kN}$$

一个螺栓所承受的剪力：

$$N_v = V/n = 258/10 = 25.8\ \text{kN}$$

剪力和拉力共同作用下：

$$\sqrt{\left(\frac{N_v}{N_v^b}\right)^2 + \left(\frac{N_t}{N_t^b}\right)^2} = \sqrt{\left(\frac{25.8}{44}\right)^2 + \left(\frac{32.25}{41.6}\right)^2} = 0.943 < 1$$

$$N_v = 25.8\ \text{kN} < N_c^b = 122\ \text{kN}$$

故连接满足要求。

②假设承托板承受全部剪力，则螺栓只承受弯矩的作用，那么螺栓的数目可以减少一些，试选 8 个螺栓，螺栓排列如图 3.84(d) 所示。螺栓群有绕最下一排螺栓转动的趋势，螺栓在弯矩作用下的受力分布如图 3.84(e) 所示。那么：

$$N_t = My_1/\sum y_i^2 = 38.7 \times 10^3 \times 300/[2 \times (100^2 + 200^2 + 300^2)] = 41.46\ \text{kN} < 41.6\ \text{kN}$$

所以，连接满足要求。

由计算看出，利用承托板承受剪力，可以减少螺栓的数目，同时承托板还可以加快安装施工速度。

3.8　高强度螺栓连接的工作性能和计算

3.8.1　高强度螺栓的工作性能

3.8.1.1　高强度螺栓的预拉力

高强强螺栓的预拉力是通过拧紧螺帽实现的。

(1)高强度螺栓的紧固方法　大六角头高强度螺栓（图 3.2a）的紧固方法有两种：

1)扭矩法　一般采用可直接显示扭矩的指针式扭力（测力）扳手或预值式扭力（定力）扳手，目前多采用电动扭矩扳手。扭矩法是通过控制终拧扭矩值来实现预拉力的控制。终拧扭矩值可根据由实验预先测定的扭矩和预拉力（增加 5% ~10%）之间的关系确定，施拧时偏差不得大于±10%。在安装大六角头高强度螺栓时，先用普通扳手初拧（不小于终拧扭矩值的 50%），使板叠靠拢，基本消除板件之间的间隙，然后用终拧扭矩值进行终拧；对大型节点在初拧之后，还应按初拧力矩进行复拧，然后再进行终拧，以提高施工控制预拉力的准确度。扭矩法的优点是操作简单、易实施、费用少，但此法往往由于螺纹条件、螺帽下的表面情况，以及润滑情况等因素的变化，使扭矩和拉力间的关系变化幅度较大且分散。

2)转角法　先用普通扳手进行初拧，使被连接件相互紧密贴合，再以初拧位置为起点，作出标记线，用长扳手或风动扳手旋转螺帽，拧至终拧角度时，螺栓的拉力即达到了施工控制的预拉力。

扭剪型高强度螺栓（图 3.2b）与大六角头高强度螺栓不同，螺纹端部有一个承受拧紧反力矩的十二角体和一个能在规定力矩下剪断的断颈槽(称之为梅花卡头)。在施工时以拧掉螺栓尾部的梅花卡头来控制预拉力的数值。它具有强度高、安装简便和质量易于保证、可以单面施拧、对操作人员没有特殊要求等优点。

扭剪型高强度螺栓在安装时用特制的电动扳手,该扳手有大小两个套筒,大套筒套在螺帽六角体上,小套筒套在螺栓的十二角体上。拧紧时,对螺帽施加顺时针的力矩,对螺栓十二角体施加大小相等的逆时针力矩(即大套筒正转、小套筒反转),使螺栓断颈部分承受扭剪;其初拧力矩为终拧力矩的50%,复拧力矩等于初拧力矩,终拧力矩为梅花卡头剪断时的力矩。这种螺栓施加预拉力简便、准确,所得预拉力的值能够得到保证,且便于检查螺栓是否存在漏拧,故在钢结构的连接中得到了广泛的应用。

(3)预拉力的确定　高强度螺栓的设计预拉力 P 由下式确定:

$$P=\frac{0.9\times 0.9\times 0.9}{1.2}A_e f_u \tag{3.73}$$

式中　A_e——螺栓螺纹处的有效截面积;

f_u——螺栓材料经热处理后的最低抗拉强度。对 8.8 级螺栓,$f_u=830\ \mathrm{N/mm^2}$;对 10.9 级螺栓 $f_u=1040\ \mathrm{N/mm^2}$。

式(3.73)中的系数考虑了如下几个因素:

1)拧紧螺栓时,除使螺栓产生拉应力外,还产生剪应力。在正常施工条件下,即螺母的螺纹和下支承面涂黄油润滑剂的条件下,或在供货状态原润滑剂未干的情况下拧紧螺栓时,实验表明可考虑对应力的影响系数为1.2。

2)施工时为了补偿螺栓预拉力的松弛,一般超张拉5% ~10%,为此采用一个超张拉系数0.9。

3)考虑材质的不均匀性,引进一个折减系数0.9。

4)由于以螺栓的抗拉强度 f_u 为准,而不是屈服强度 f_y,为安全起见再引入一个附加安全系数0.9。

各种规格高强度螺栓的设计预拉力 P 见表3.10,表中的数据是按式(3.73)计算,并取5 kN 的整倍数确定的。

表3.10　一个高强度螺栓的设计预拉力 P　　kN

螺栓的性能等级	螺栓的公称直径/mm					
	M16	M20	M22	M24	M27	M30
8.8 级	80	125	150	175	230	280
10.9 级	100	155	190	225	290	355

3.8.1.2　抗滑移系数

摩擦型高强度螺栓连接完全依靠被连接件间的摩擦阻力传力,而摩擦阻力的大小除与螺栓的预拉力有关外,还与被连接构件的材料及其接触面的表面处理所确定的摩擦面抗滑移系数μ有关。试验表明，此系数值有随被连接构件接触面间的压紧力减小而降低的现象，故与物理学中的摩擦系数有区别。

《钢结构设计规范》(GB 50017—2003)规定的摩擦面抗滑移系数μ值如表 3.11。钢材表面经喷砂除锈处理后，表面看起来光滑平整，实际上金属表面尚存在着微观的凸凹不平，被连接构件表面在很高的压紧力作用下相互啮合，钢材的强度和硬度越高，使这种啮合的面产生相对滑移的力就愈大，所以μ值与钢种有关。

试验表明，摩擦面涂红丹后，抗滑移系数很低($\mu<0.15$)，经处理后仍然较低，故严禁在摩擦面上涂刷红丹。另外，在潮湿或淋雨条件下进行拼装，也会降低μ值，故应采取有效措施保证连接处表面的干燥。

高强度螺栓的排列和普通螺栓相同，应符合图 3.63、图 3.64 及表 3.5 ~ 表 3.8 的要求，当它沿受力方向的连接长度 $l_1 > 15d_0$ 时，亦应考虑对设计承载力的不利影响。

表 3.11　摩擦面的抗滑移系数μ

在连接处构件接触面的处理方法	构件的钢号		
	Q235 钢	Q345 钢、Q390 钢	Q420 钢
喷砂(丸)	0.45	0.50	0.50
喷砂(丸)后涂无机富锌漆	0.35	0.40	0.40
喷砂(丸)后生赤锈	0.45	0.50	0.50
钢丝刷清除浮锈或未经处理的干净轧制表面	0.30	0.35	0.40

3.8.2　摩擦型连接高强度螺栓的承载力计算

摩擦型连接是依靠被连接件接触面之间的摩擦力传力，以荷载设计值引起的剪力等于其摩擦阻力为其承载力极限状态。

3.8.2.1　高强度螺栓的抗剪承载力

(1)一个高强度螺栓的抗剪承载力　构件接触面摩擦力的大小取决于螺栓的预拉力和摩擦面的抗滑移系数以及连接的传力摩擦面数。因此，一个摩擦型连接的高强度螺栓的抗剪承载力设计值为：

$$N_v^b = 0.9 n_f \mu P \tag{3.74}$$

式中　n_f——传力摩擦面数：单剪时 $n_f=1$，双剪时 $n_f=2$，…；

P——一个高强度螺栓的设计预拉力，按表 3.10 选用；

μ——摩擦面抗滑移系数，按表 3.11 选用。

试验表明，低温对摩擦型连接高强度螺栓的抗剪承载力没有明显的影响，但当温度为 100 ~ 150 ℃时，螺栓的预拉力将产生温度损失，故应将摩擦型高强度螺栓的抗剪承载力设计值降低 10%；当温度大于 150 ℃时，应采取隔热措施，使连接温度在 150 ℃或 100 ℃

以下。

(2)高强度螺栓群的抗剪计算

1)轴心受剪时,连接所需的螺栓数目仍按式(3.59)计算,其中 N_{min}^b 按式(3.74)计算。

构件净截面强度的计算:由于摩擦型连接的高强度螺栓是依靠板件之间的摩擦力传力,而摩擦力一般可以认为均匀地分布于螺栓的周围,故孔前接触面传力占螺栓传力的50%,如图3.85所示。

$$\Delta N = 0.5\frac{n_1}{n}N$$

$$N' = N - \Delta N = \left(1 - 0.5\frac{n_1}{n}\right)N \tag{3.75}$$

式中 N'——图3.85中1-1截面处的净截面传力;

n_1——计算截面1-1截面上的螺栓数;

n——连接一侧的螺栓总数。

求出 N' 后,构件的净截面强度仍按式(3.60)进行计算。

构件毛截面强度计算:尽管构件毛截面的面积比净截面的面积大,但毛截面却承受了全部的 N 力,故可能比开孔处截面还危险,因此还应按下式对其进行强度计算:

$$\sigma = N/A \leqslant f \tag{3.76}$$

式中 A——构件或连接板的毛截面面积。

2)扭矩作用时,以及扭矩、剪力和轴心力共同作用时,抗剪高强度螺栓的计算方法与普通螺栓相同,只是用高强度螺栓的承载力设计值。

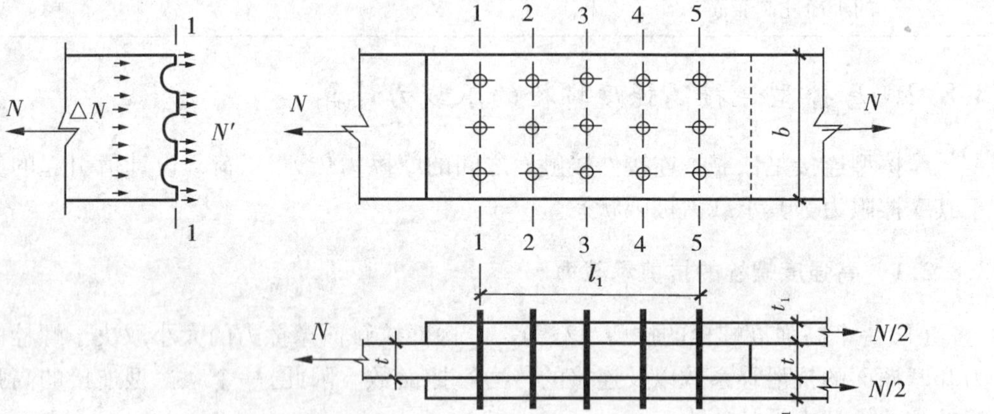

图3.85 摩擦型连接高强度螺栓的孔前传力

【例3.15】 设计用摩擦型高强度螺栓的双盖板连接(图3.86)。已知承受的轴心拉力设计值为 N=1530 kN,钢板截面为20 mm×340 mm,钢材Q345,螺栓采用8.8级M22高强度螺栓,连接处构件接触面采用喷砂处理。

【解】 ①计算螺栓的数目:一个螺栓的抗剪承载力设计值

$$N_v^b = 0.9n_f\mu P = 0.9 \times 2 \times 0.5 \times 150 = 135\ \text{kN}$$

所需螺栓数目为

$$n = N/N_v^b = 1530/135 = 11.3 \text{ 个，取 } 12 \text{ 个。}$$

②布置螺栓　螺栓布置如图3.86所示。

③螺栓承载力检验　因计算需要11.3个螺栓，实际取12个，又因为图3.86布置的螺栓的 $l_1 = 160\ \text{mm} < 15d_0 = 15\times24 = 360\ \text{mm}$，所以螺栓的承载力设计值不降低。因而，螺栓的承载力满足要求。

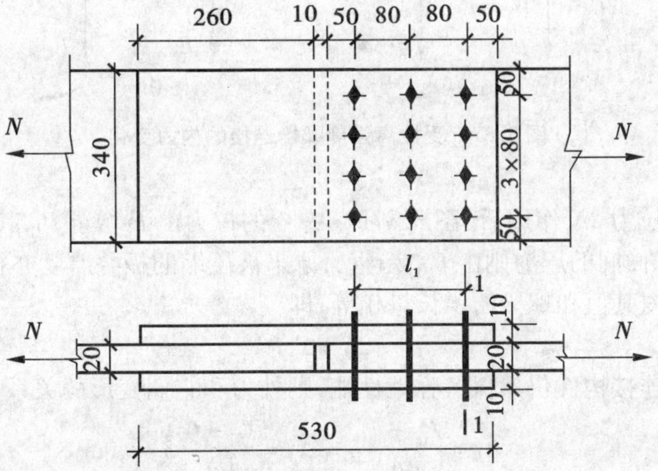

图3.86　例3.15图

④净截面强度验算　构件的1-1截面为危险截面。取 $d_0 = 24$ mm。

$$N' = \left(1 - 0.5\frac{n_1}{n}\right)N = \left(1 - 0.5 \times \frac{4}{12}\right) \times 1530 = 1\ 275\ \text{kN}$$

$$A_n = (b - n_1 d_0)t = (340 - 4 \times 24) \times 20 = 4880\ \text{mm}^2$$

$$\sigma_n = N'/A_n = 1\ 275 \times 10^3/4\ 880 = 261.3\ \text{N/mm}^2 < f = 295\ \text{N/mm}^2$$

所以，满足强度要求。

⑤毛截面强度验算 构件的毛截面面积 $A = 340\times20 = 6\ 800\ \text{mm}^2$

$$\sigma = N/A = 1\ 530\times10^3/6\ 800 = 225\ \text{N/mm}^2 < f = 295\ \text{N/mm}^2$$

所以，满足强度要求。

3.8.2.2　高强度螺栓的抗拉承载力

(1)抗拉高强度螺栓的工作性能　高强度螺栓的特点是靠其本身强大的预拉力使被连接件压紧，以达到传力的目的(承压型高强度的螺栓也部分地利用了这个特点)。因此，高强度螺栓连接在承受外拉力作用之前，栓杆中已经有了很高的预拉力。

下面根据图3.87所示受拉高强度螺栓连接加以分析。图3.87(a)为连接未受外拉力之前的受力状态，预拉力 P 和构件接触面间的压力 C 平衡，即 $C=P$。

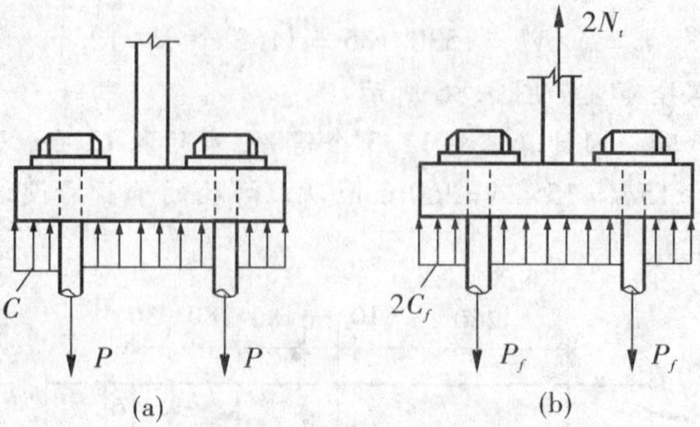

图 3.87 受拉高强度螺栓连接的内力变化

当连接受外拉力 $2N_t$ 作用后(图 3.87b),螺栓的拉力由 P 增至 P_f,其长度亦随之增加 Δ_b,同时构件接触面间的压力则由 C 减至 C_f,原来被压缩的板叠厚度亦相应地回弹 Δ_p,且在板叠厚 δ 范围内其值和螺栓的增长量相等,即

$$\Delta_b = \Delta_p$$

若螺栓和被连接构件仍然保持弹性性能,则外力和它们变形的关系为:

$$\Delta_b = \frac{P_f - P}{EA_b}\delta = \Delta_p = \frac{C - C_f}{EA_p}\delta$$

又因为 $P_f = N_t + C_f$,连同 $C = P$ 代入上式得

$$P_f = P + N_t / \left(\frac{A_p}{A_b} + 1\right) \tag{3.77}$$

式中 A_b——螺栓的截面面积;

A_p——构件的挤压面积。

通常螺孔周围构件的压紧面积一般均远大于螺栓的截面面积(一般可达垫圈直径的 1.5 倍以上),如取 $A_p/A_b = 10$,代入(3.77)式,则得

$$P_f = P + 0.09N_t$$

由此看出,当外拉力 $N_t = P$ 时,螺栓杆中的拉力 $P_f = 1.09P$;也就是说当外拉力为螺栓的预拉力 P 时,螺栓杆的拉力增量很小,约为其预拉力的 9%。但试验表明,当外拉力大于螺栓的预拉力时,连接产生松弛现象,板件之间的压紧力减小,这将影响连接的受力性能(尤其影响拉剪高强度螺栓连接的受剪能力)。因此《钢结构设计规范》(GB 50017—2003)偏安全地规定 N_t 不得大于 $0.8P$。若以 $N_t = 0.8P$ 代入(3.77)式,则得 $P_f = 1.07P$。这样,拉力增量最多为 7%,显然变化不大,可以认为螺栓杆内的原预拉力基本不变。

(2)一个受拉高强度螺栓的抗拉承载力设计值 如前所述,在杆轴方向受拉的高强度螺栓摩擦型连接中,单个高强度螺栓的抗拉承载力设计值为

$$N_t^b = 0.8P \tag{3.78}$$

对于刚度较小的 T 形连接,同普通螺栓(图 3.78a)一样,也须注意受拉后翼缘弯曲变形后产生的撬力 Q 问题。图 3.88 所示为研究撬力对受拉高强度螺栓连接的承载力影响的试验曲线。研究表明,当外拉力 $N_t < 0.5P$ 时,不出现撬力,撬力 Q 大约在 N_t 达到 $0.5P$

时开始出现，起初增加缓慢，以后逐渐加快，到临近破坏时，因螺栓开始屈服而又有所下降。

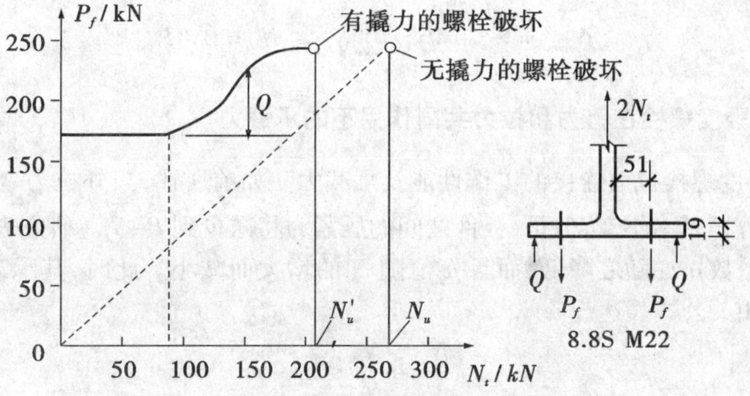

图3.88　高强度螺栓的撬力影响

可以看出，撬力 Q 对螺栓的破坏拉力没有影响，但外拉力的极限值却由 N_u 降低到了 N_u'。因此，若在设计时不计算撬力 Q，应使 $N_t \leqslant 0.5P$；或者增大T形连接件翼缘板的刚度。研究表明，当翼缘板的厚度不小于螺栓直径的2倍时，螺栓中可完全不产生撬力，但这一条件实际上很难满足，因而需在构造上采用增加加劲肋的方法（图3.78b），以增加连接的刚度。

在直接承受动力荷载的结构中，因高强度螺栓受拉时的疲劳强度较低，因此每个高强度螺栓的外拉力不宜超过 $0.6P$。当需要考虑撬力的影响时，外拉力还要降低。

（3）高强度螺栓群的抗拉计算

1）轴心受拉时，连接所需的螺栓数目仍按式（3.66）计算，其中 N_t^b 按式（3.78）计算。

2）弯矩 M 作用时，如图3.89所示，由于高强度螺栓的预拉力很大，在弯矩 M 作用下，只要螺栓受到的拉力 $\leqslant N_t^b$，则被连接构件的接触面就一直保持紧密贴合；因此，可以认为中和轴在螺栓群的形心轴线上，最上（外）排螺栓受力最大，即按小偏心受拉计算。因此，最外排螺栓应满足如下公式

$$N_1^M = My_1 / \sum y_i^2 \leqslant N_t^b = 0.8P \tag{3.79}$$

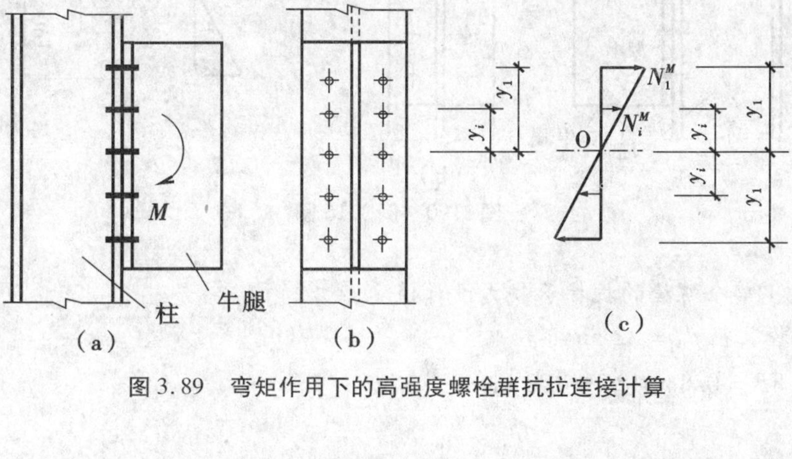

图3.89　弯矩作用下的高强度螺栓群抗拉连接计算

3)弯矩 M 和轴心拉力 N 同时作用时，只要受拉力最大的螺栓满足抗拉承载力的要求，就能保证板件之间紧密贴合，因此，仍按小偏心受拉计算，则

$$N_{max} = \frac{N}{n} + My_1 / \sum y_i^2 \leqslant N_t^b = 0.8P \tag{3.80}$$

3.8.2.3 高强度螺栓在剪力和拉力共同作用下的承载力

(1)高强度螺栓拉剪连接的工作性能及承载力　如前所述，当外拉力 $N_t \leqslant P$ 时，螺栓杆中的预拉力 P 基本不变，但是，板件之间的压紧力将减少到 $P-N_t$。研究表明，这时接触面的抗滑移系数 μ 亦随之降低，而且 μ 值随 N_t 的增大而减小。此时，其承载力可以采用下列的直线相关公式表达

$$\frac{N_v}{N_v^b} + \frac{N_t}{N_t^b} \leqslant 1 \tag{3.81}$$

式中 N_v——一个高强度螺栓承受的剪力；

N_t——一个高强度螺栓承受的外拉力；

N_v^b——一个高强度螺栓的抗剪承载力设计值，按式(3.74)计算；

N_t^b——一个高强度螺栓的抗拉承载力设计值，按式(3.78)计算。

(2)高强度螺栓群的拉剪连接计算　图 3.88 所示为摩擦型高强度螺栓连接承受拉力、剪力和弯矩共同作用，在弯矩 M、拉力 N 的共同作用下，只要受拉力最大的螺栓受到的拉力不大于其抗拉承载力，则连接仍可保持紧密贴合，因而，可按小偏心受拉情况计算其螺栓承受的拉力 N_t；按螺栓均匀受剪计算其承受的剪力 N_v，然后代入式(3.81)计算即可。

【例 3.16】　如图 3.90 所示高强螺栓摩擦型连接，其布置情况如图所示。螺栓为 8.8 级 M20，接触面喷砂处理。节点处的弯矩设计值 $M = 65\ \text{kN}\cdot\text{m}$，钢材为 Q235-B。试判断该螺栓群是否安全。图中长度单位为 mm。

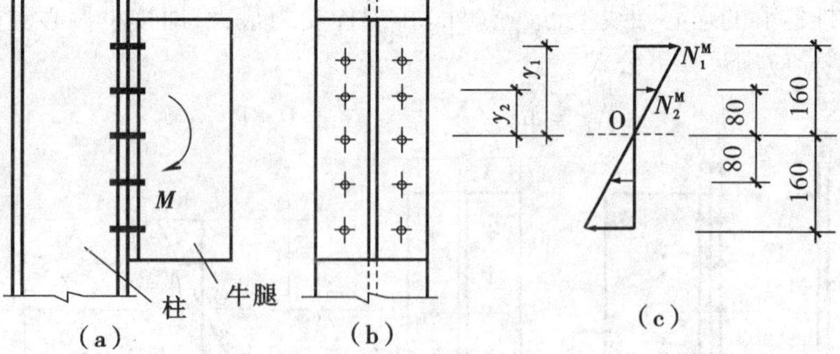

图 3.90　例 3.16 图

【解】　①单个螺栓的抗拉承载力设计值

M20 螺栓孔径 $d_0 = 22$ mm

$N_t^b = 0.8P = 0.8 \times 125 = 100$ kN

②受拉力最大螺栓在最上排处，其在 M 作用下的拉力为：

$$N_{1\max} = M \cdot y_1 / \sum y_i^2 = 65 \times 10^3 \times 160 / [4 \times (160^2 + 80^2)] = 81.3\ \text{kN} < 100\ \text{kN}$$

故该螺栓群是安全的。

【例3.17】　图3.91所示为高强度螺栓摩擦型连接，其受力设计值如图所示。螺栓为10.9级、M20，接触面喷砂处理。钢材Q235-B。试验算此连接的承载力。

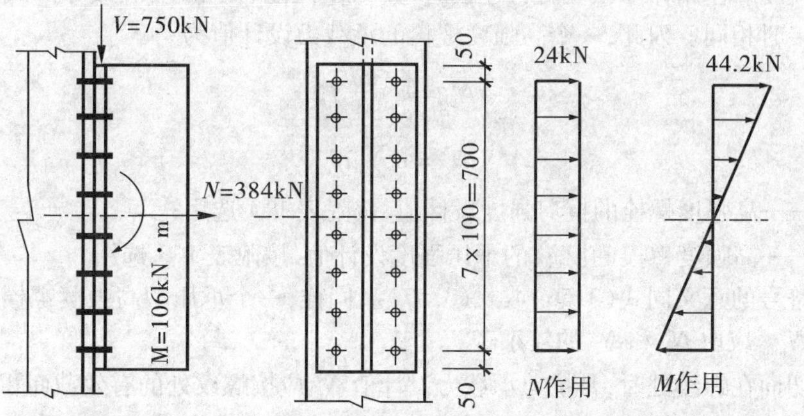

图3.91　例3.17图

【解】　查表3.10和3.11得，$P=155$ kN，$\mu=0.45$

一个螺栓的承载力

$$N_v^b = 0.9 n_f \mu P = 0.9 \times 1 \times 0.45 \times 155 = 62.8\ \text{kN}$$

$$N_t^b = 0.8P = 0.8 \times 155 = 124\ \text{kN}$$

受力最大的螺栓为最上排螺栓，承受的拉力为

$$N_v = V/n = 750/16 = 46.9\ \text{kN}$$

$$N_t = \frac{N}{n} + My_1 / \sum y_i^2 = 384/16 + 106 \times 10^2 \times 35 / [2 \times 2 \times (35^2 + 25^2 + 15^2 + 5^2)]$$

$$= 24 + 44.2 = 68.2\ \text{kN}$$

$$\frac{N_v}{N_v^b} + \frac{N_t}{N_t^b} = \frac{46.9}{62.8} + \frac{68.2}{124} = 1.3 > 1$$

误差为30%>5%，所以，连接不满足要求。因此，需要重新选择螺栓或重新布置螺栓。

3.8.3　承压型连接高强度螺栓的承载力计算

承压型高强度螺栓连接的传力特征是剪力超过摩擦力时，构件间发生相对滑移，螺栓杆身与孔壁接触，开始受剪并和孔壁挤压。但是，另一方面，摩擦力随外力的继续增大而逐渐减弱，连接达到极限状态时，由于螺栓杆伸长，板件之间的挤压力几乎全部消失，剪力全由杆身承担。承压型高强度螺栓的连接以螺栓或钢板的破坏为承载力的极限状态，可能的破坏形式与普通螺栓相同。

(1)承压型连接高强度螺栓的抗剪承载力　高强度螺栓受剪时的受力性能曲线如图3.65的曲线2所示。高强度螺栓所用材料的强度很高,在拧紧螺帽时可以施加很大的预拉力,使被连接件的接触面之间产生很大的挤压力,因而垂直于螺栓杆的方向上有很大的摩擦力。这种挤压力和摩擦力对外力的传递有很大的影响。预拉力、抗滑移系数(类似于摩擦系数)和钢材的种类都直接影响到高强度螺栓连接的承载力。

当高强度螺栓用作承压型受剪连接时,其工作性能、传力途径、破坏形式均与普通螺栓受剪连接时相同。因此,一个高强度螺栓的承载力设计值为:

$$N_v^b = n_v \frac{\pi d^2}{4} f_v^b \tag{3.82}$$

$$N_c^b = d \sum t f_c^b \tag{3.83}$$

式中　f_v^b——高强度螺栓的抗剪强度设计值,按附表1.3选用;

f_c^b——高强度螺栓(孔壁)的承压强度设计值,按附表1.3选用。

其余符号的意义同式(3.56)或式(3.57)。同样,一个承压型高强度螺栓的实际承载力设计值 $N_{\min}^b$ 应取 N_v^b 和 N_c^b 的较小者。

当剪切面在螺纹处时,其抗剪承载力设计值 N_v^b 应按螺纹处的有效截面积计算。

(2)承压型连接高强度螺栓的抗拉承载力　当承压型高强度螺栓沿杆轴方向受拉时,其抗拉承载力设计值的计算公式与普通螺栓相同,即

$$N_t^b = A_e f_t^b \tag{3.84}$$

式中　f_t^b——高强度螺栓的抗拉强度设计值,按附表1.3选用。

式(3.84)也适用于未施加预拉力的高强度螺栓沿杆轴方向受拉连接的计算。

弯矩 M 和轴心拉力 N 同时作用时,为能保证板件之间紧密贴合,螺栓的最大拉力也不得超过0.8P。因此,其计算公式同摩擦型连接。

(3)承压型连接高强度螺栓在剪力和拉力共同作用下的承载力　同时承受剪力和杆轴方向拉力的承压型连接的高强度螺栓,应符合下列公式的要求

$$\sqrt{\left(\frac{N_v}{N_v^b}\right)^2 + \left(\frac{N_t}{N_t^b}\right)^2} \leqslant 1 \tag{3.85}$$

$$N_v \leqslant N_c^b / 1.2 \tag{3.86}$$

式中　N_v、N_t——某个高强度螺栓所承受的剪力和拉力;

N_v^b、N_t^b、N_c^b——一个高强度螺栓的抗剪、抗拉和承压承载力设计值。

在只承受剪力的连接中,高强度螺栓对板层间有强大的压紧作用,当外力克服板件间的摩擦力而产生滑动使栓杆与孔壁相互挤压时,板件孔前区形成三向压应力场,因而其承压强度设计值比普通螺栓的要高得多。但对受有沿杆轴方向拉力的高强度螺栓,板件之间的压紧力随外拉力的增加而减小,因而承压强度设计值也随之降低。承压型高强度螺栓的承压强度设计值是随外拉力的变化而变化的。为计算简便,《钢结构设计规范》(GB 50017—2003)规定,只要有外拉力存在,就将其承压强度设计值除以1.2予以降低,以考虑外拉力对其承压强度设计值的不利影响,而在计算 N_c^b 时仍用式(3.83)。

高强度螺栓承压型连接时,连接处构件接触面应清除油污及浮锈,除此之外不再做其

他处理。高强度螺栓承压型连接的剪切变形较大，所以只适于承受静力荷载或间接承受动力荷载的结构中。另外，高强度螺栓承压型连接在荷载设计值作用下将产生滑移，故也不宜用于承受反向内力的连接。

【例 3.18】　若例 3.16 改为高强螺栓承压型连接，其余条件同（图 3.92）。试判断该螺栓群是否安全。

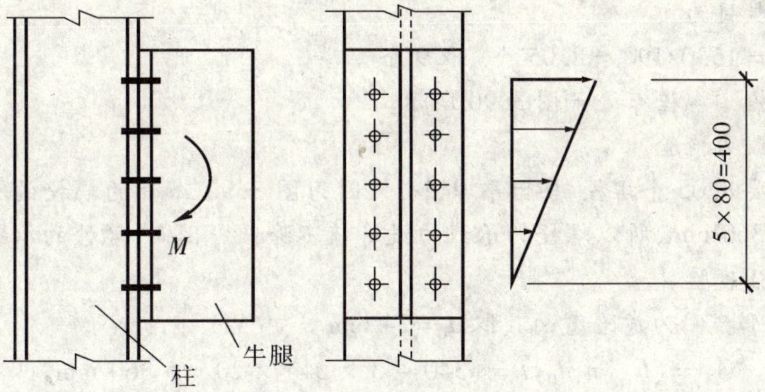

图 3.92　例 3.18 图

【解】　①单个螺栓的抗拉承载力设计值

M20 螺栓孔径 $d_0 = 22$ mm

$$N_t^b = A_e \cdot f_t^b = 244.8 \times 400 = 97920\ \text{N} = 97.9\ \text{kN}$$

②受拉力最大螺栓在最上排处，其在 M 作用下的拉力为

$$N_{1\max} = M \cdot y_1 / \sum y_i^2 = 65 \times 10^3 \times 400/[2 \times (400^2 + 320^2 + 160^2 + 80^2)]$$

$$= 44.2\ \text{kN} < 97.9\ \text{kN}$$

故该受拉螺栓群是安全的。

【例 3.19】　将例 3.15 中的螺栓改为承压型高强度螺栓，接触面清除浮锈和油污；其余条件不变（图 3.93）。试重新设计该连接。

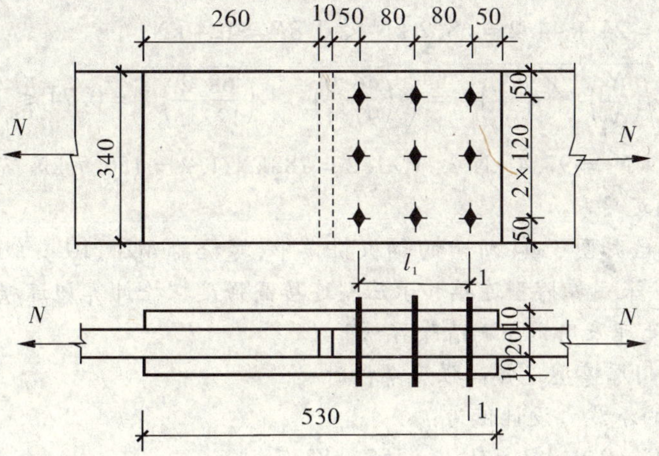

图 3.93　例 3.19 图

【解】 ①计算螺栓的数目

一个螺栓的承载力设计值

$$N_v^b = n_v \frac{\pi d^2}{4} f_v^b = 2 \times \frac{3.1416 \times 22^2}{4} \times 250 \times 10^{-3} = 190 \text{ kN}$$

$$N_c^b = d \sum t f_c^b = 22 \times 20 \times 590 \times 10^{-3} = 259.6 \text{ kN}$$

所需螺栓数目为

$n = N/N_v^b = 1530/190 = 8.05$ 个，取 9 个

②布置螺栓　螺栓布置如图 3.90 所示。

③螺栓承载力检验

因计算需要 8.05 个螺栓，实际取 9 个，又因为图 3.90 布置的螺栓的 $l_1 = 160 \text{ mm} < 15d_0 = 15 \times 24 = 360 \text{ mm}$，所以螺栓的承载力设计值不降低。因而，螺栓的承载力满足要求。

④净截面强度验算

构件的 1-1 截面为危险截面。取 $d_0 = 24$ mm。

$$A_n = (b - n_1 d_0)t = (340 - 3 \times 24) \times 20 = 5\,360 \text{ mm}^2$$

$\sigma_n = N/A_n = 1530 \times 10^3 / 5\,360 = 285.4 \text{ N/mm}^2 < f = 295 \text{ N/mm}^2$，满足强度要求。

【例 3.20】 将例 3.17 中的螺栓改为承压型高强度螺栓，接触面清除浮锈和油污，柱子的翼缘和连接钢板的厚度均为 20 mm，其他条件不变。试重新验算此连接的承载力。

【解】 一个螺栓的承载力设计值

$$N_v^b = n_v \frac{\pi d^2}{4} f_v^b = 1 \times \frac{3.14 \times 20^2}{4} \times 310 \times 10^{-3} = 97.4 \text{ kN}$$

$$N_c^b = d \sum t f_c^b = 20 \times 20 \times 470 \times 10^{-3} = 188 \text{ kN}$$

$$N_t^b = A_e f_t^b = 245 \times 500 \times 10^{-3} = 122.5 \text{ kN}$$

受力最大的螺栓为最上排螺栓，其受的力为

$$N_v = V/n = 750/16 = 46.9 \text{ kN}$$

$$N_t = \frac{N}{n} + \frac{My_1}{\sum y_i^2} = \frac{384}{16} + \frac{106 \times 10^3 \times 35}{[2 \times 2 \times (35^2 + 25^2 + 15^2 + 5^2)]}$$

$$= 24 + 44.2 = 68.2 \text{ kN} < 0.8P = 124 \text{ kN}$$

$$\sqrt{\left(\frac{N_v}{N_v^b}\right)^2 + \left(\frac{N_t}{N_t^b}\right)^2} = \sqrt{\left(\frac{46.9}{97.4}\right)^2 + \left(\frac{68.2}{122.5}\right)^2} = 0.74 \leqslant 1$$

$$\text{N}_v = 97.4 \text{ kN} < N_c^b/1.2 = 188\text{kN}/1.2 = 156.7 \text{ kN}$$

所以，连接满足要求。

【例 3.21】 已知图 3.94 所示的钢板拼接中，螺栓为 M20、10.9 级，钢材 Q235，$d_0 = 22$ mm。试分别按采用摩擦型连接和承压型连接高强度螺栓计算该连接所能承受的最大轴心力。接触面处理采用钢丝刷清除浮锈。

【解】 1）采用摩擦型连接高强度螺栓时

①单个螺栓的承载力设计值为：

$N_v^b = 0.9 n_f \mu P = 0.9 \times 2 \times 0.3 \times 155 = 83.7 \text{ kN}$

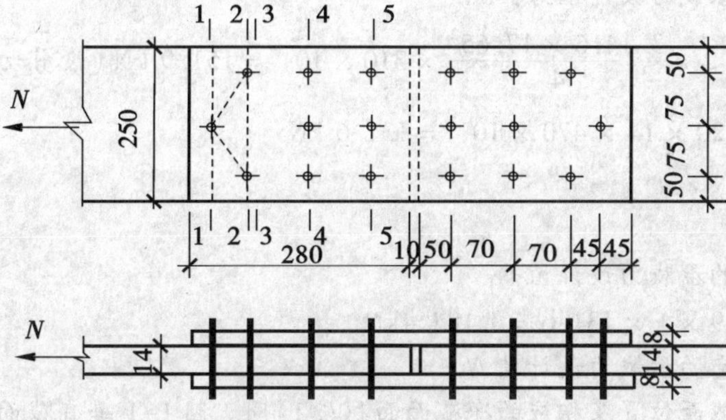

图 3.94　例 3.21 图

②由螺栓确定的承载力设计值 N_1

$l_1 = 185\ \text{mm} < 15d_0 = 15 \times 22 = 330\ \text{mm}$，所以 $\beta = 1.0$

$N_1 \leqslant n\beta N_v^b = 9 \times 1 \times 83.7 = 753.3\ \text{kN}$

③由毛截面确定的承载力设计值 N_2

$N_2 \leqslant A \cdot f = 250 \times 14 \times 215 \times 10^{-3} = 752.5\ \text{kN}$

④由净截面确定的承载力设计值 N_3

构件可能沿 1-1 垂直截面、2-2 锯齿截面破坏，也可能沿 3-3 垂直截面、4-4 截面破坏，盖板可能沿 5-5 截面破坏。各截面的净截面面积分别为：

1-1 垂直截面：$A_{1n} = (b - n_1)t = (250 - 1 \times 22) \times 14 = 3\ 192\ \text{mm}^2$

2-2 锯齿截面：$A_{2n} = [2 \times 50 + 2 \times \sqrt{75^2 + 45^2} - 3 \times 22] \times 14 = 2\ 925\ \text{mm}^2$

3-3 垂直截面：$A_{3n} = (b - n_3 d_0)t = (250 - 2 \times 21.5) \times 14 = 2\ 884\ \text{mm}^2$

4-4 垂直截面：$A_{4n} = (b - n_4 d_0)t = (250 - 3 \times 21.5) \times 14 = 2\ 576\ \text{mm}^2$

5-5 垂直截面：$A_{5n} = (b - n_5 d_0)2t_1 = (250 - 3 \times 21.5) \times 2 \times 8 = 2\ 944\ \text{mm}^2$

由各净截面承载力确定的连接的承载力设计值分别为：

$N_{3-1} \leqslant A_{1n}f/(1 - 0.5n_1/n) = 3\ 192 \times 215 \times 10^{-3}/(1 - 0.5 \times 1/9) = 726.6\ \text{kN}$

$N_{3-2,} \leqslant A_{2n}f/(1 - 0.5n_2/n) = 2\ 925 \times 215 \times 10^{-3}/(1 - 0.5 \times 3/9) = 754.7\ \text{kN}$

$N_{3-3} \leqslant A_{3n}f/(1 - n_1/n - 0.5n_3/n)$

$\quad = 2\ 884 \times 215 \times 10^{-3}/(1 - 1/9 - 0.5 \times 2/9) = 797.2\ \text{kN}$

$N_{3-4} \leqslant A_{4n}f/(1 - n_2/n - 0.5n_4/n)$

$\quad = 2\ 576 \times 215 \times 10^{-3}/(1 - 3/9 - 0.5 \times 3/9) = 1\ 107.7\ \text{kN}$

$N_{3-5} \leqslant A_{5n}f/(1 - 0.5n_5/n) = 2944 \times 215 \times 10^{-3}/(1 - 0.5 \times 3/9) = 757.0\ \text{kN}$

所以取 $N_3 \leqslant 726.6\ \text{kN}$

⑤连接的承载力设计值为

$N = \{N_1, N_2, N_3\}_{\min} = 726.6\ \text{kN}$

2)采用承压型连接高强度螺栓时

①单个螺栓的承载力设计值为：

$N_v^b = n_v \dfrac{\pi d_e^2}{4} f_v^b = 2 \times \dfrac{3.1416 \times 17.65^2}{4} \times 310 \times 10^{-3} = 151.9$ kN（设剪切面在螺纹处）

$N_c^b = d \sum t f_c^b = 20 \times 14 \times 470 \times 10^{-3} = 131.6$ kN

$N_{\min}^b = 131.6$ kN

同1)，$\beta=1.0$

②由螺栓确定的承载力设计值 N_1

$N_1 \leqslant n\beta N_{\min}^b = 9 \times 1 \times 131.6 = 1\,184.4$kN

③由净截面确定的承载力设计值 N_2

各可能破坏的截面位置及相应的净截面面积与1)同。因1-1垂直截面、2-2锯齿截面及5-5垂直截面受力相同，均为 N，而 A_{2n} 最小，所以由此3个截面确定的承载力设计值为

$N'_2 \leqslant A_{2n} f = 2\,925 \times 215 \times 10^{-3} = 628.9$ kN

由3-3垂直截面确定的承载力设计值为

$N''_2 \leqslant A_{3n} f/(1 - n_1/n) = 2884 \times 215 \times 10^{-3}/(1 - 1/9) = 697.6$ kN

由4-4垂直截面确定的承载力设计值为

$N'''_2 \leqslant A_{4n} f/(1 - n_2/n) = 2576 \times 215 \times 10^{-3}/(1 - 3/9) = 830.7$ kN

所以 $N_2 \leqslant 628.9$ kN

④连接的承载力设计值为

$N = \{N_1, N_2\}_{\min} = 628.9$ kN

从以上的计算结果看出，当连接的承载力设计值由净截面控制时，高强度螺栓用作承压型连接时的连接的承载力并不比用作摩擦型连接时的高，甚至也不比用C级螺栓连接时的承载力高。

3.9 混合连接

通常钢结构在一处连接中只用一种连接方法，即要么用焊接，要么用螺栓连接，或者用铆钉连接。但有时也把两种连接方法混合使用，例如高强度螺栓和焊缝混合连接，或者高强度螺栓和铆钉混合连接。这种混合连接有两种形式：

第一种形式是不同连接方法分别用于同一节点的两个不同受力面。图3.95所示为高层钢结构中梁与柱的刚接连接，其中梁的上、下翼缘分别采用焊缝连接，而腹板则采用高强度螺栓连接。这种构造方式受力合理，施工方便。腹板上的螺栓孔，在安装时可以设置临时性的定位螺栓（采用普通螺栓），以便于梁在焊前进行就位和调整，待梁翼缘焊

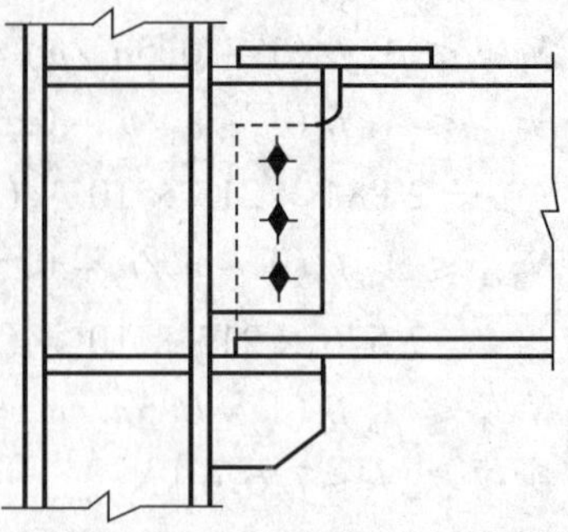

图3.95　第一种形式的栓-焊混合连接

接完成后，再将腹板上的临时螺栓换成高强度螺栓，形成永久螺栓。这种混合连接形式，焊缝和高强度螺栓各自的传力路线明确，可按各自的计算方法分别进行计算，不必考虑相互协调传力问题。

第二种形式是将不同的连接方法用于同一受力面上。图3.96所示为高强度螺栓和角焊缝的混合连接，在同一受剪面上螺栓和焊缝共同受力。使用这种混合连接或是对已有结构进行加固，在已有连接强度不足的情况下再加一种连接进行补强；或是在新设计的连接中同时使用两种方法以减小连接的几何尺寸。两种连接方式共同传力，必须考虑能够协同工作。

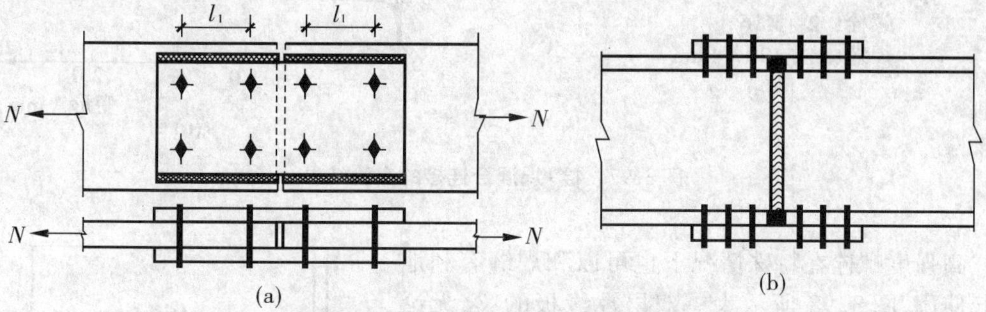

图3.96　第二种形式的栓-焊混合连接

本节所讨论的是第二种形式的混合连接。

3.9.1　栓-焊混合连接

栓-焊混合连接是指摩擦型连接高强度螺栓与侧面角焊缝或对接焊缝混合连接。由于普通螺栓抗滑移能力极低，不能提高连接的承载力，故不宜采用。承压型连接高强度螺栓只有在栓杆和栓孔之间配合十分紧密时，栓杆才能在加载之初就与孔壁直接接触而与焊缝共同传力，但这种接头的制作费用高，施工也极为不便，故实际工程中一般不用。正面角焊缝刚度较大，不能很好地与高强度螺栓协同工作，故也不宜采用。

两种连接方法在同一受剪面上能否协同工作及协同工作能够达到什么程度，承载力能否叠加，是混合连接能否应用的关键，需要从它们的荷载-变形关系来考察。

(1)摩擦型连接高强度螺栓与侧面角焊缝的混合连接　图3.97(b)为摩擦型连接的高强度螺栓与侧面角焊缝混合连接的承载力的实验曲线。该混合连接的极限承载力(按焊缝端部出现裂缝，也相当于高强度螺栓连接产生滑移时)近似等于焊缝承载力与螺栓的抗滑移阻力之和。

焊缝和高强度螺栓在承受静力荷载时能够较好地协同工作，但在承受产生疲劳作用的重复荷载时却并不如此。试验表明：栓-焊混合连接在焊缝端部的焊趾处常会先出现疲劳裂纹，并向内逐渐发展；疲劳寿命和仅有焊缝的连接差不多，设计时应按仅有焊缝考虑。所以在直接承受动力荷载作用的构件中，用图3.97(a)所示的焊缝来加强已有的高强度螺栓连接，将会事与愿违，疲劳强度不但不能提高，甚至还会降低。但是，如果所加焊缝局限在图示的 l_1 范围内时情况会有不同，因为那里的焊缝应力低，不至于先破坏。

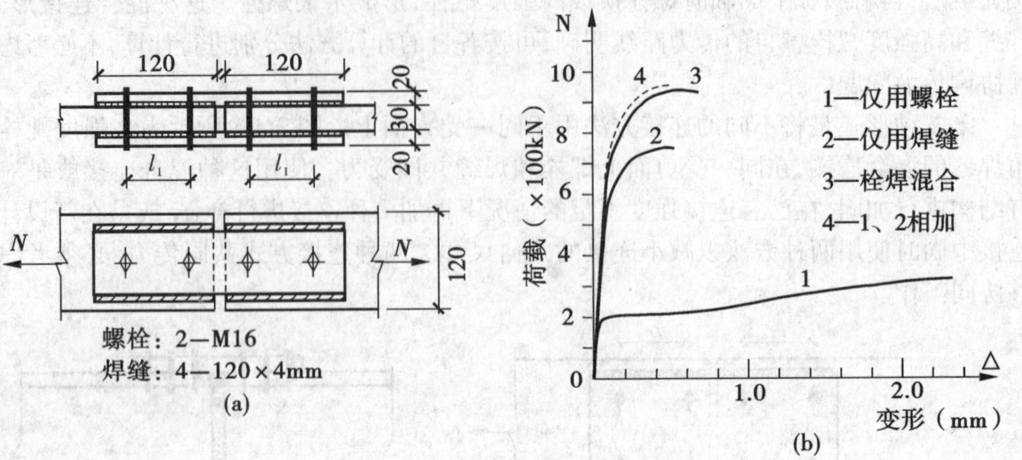

图 3.97 栓-焊混合连接的实验结果

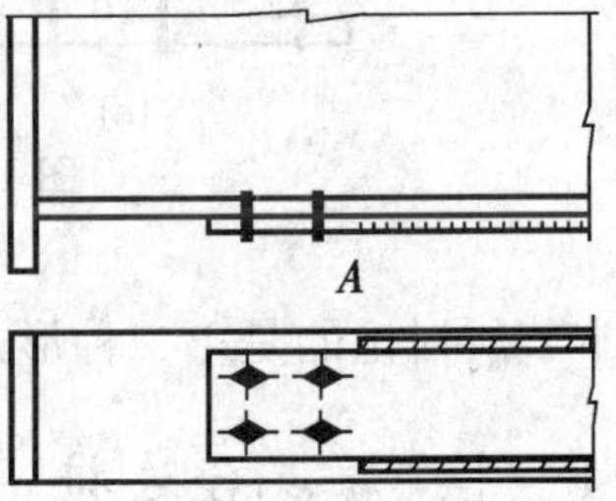

图 3.98 梁外层翼缘板的切断与连接

高强度螺栓在特殊情况下也可以和焊缝有利地一起使用，图 3.98 所示为一双层翼缘板的梁，无论是只用纵向角焊缝或兼用正面角焊缝，在外层板切断处总有焊缝引起的严重应力集中。为了改善梁的疲劳性能，可以采用如下的方案：焊缝在外层翼缘板的端部理论切断点（A 点）处停止，将外层翼缘板向外多延伸一些（延伸长度不少于由静力计算所要求的切断点所确定的长度），改用摩擦型高强度螺栓来传递板的内力。这样可以大大提高梁的抗疲劳破坏的能力，因为摩擦型高强度螺栓抗剪连接具有很高的疲劳强度。已有的试验表明，有外层翼缘板的宽翼缘工字梁，当板端部改用螺栓后，疲劳强度提高一倍多。螺栓数量应足以传递翼缘板的全部内力，施工时可以先在梁翼缘和外层板上钻孔，把二者的接触面清理干净后，先用定位焊缝固定，然后安置和扭紧高强度螺栓，最后焊外层板边缘的纵向角焊缝。

（2）摩擦型连接高强度螺栓与对接焊缝的混合连接　图 3.97（b）所示为高强度螺栓与对接焊缝的混合连接。实际工程中，如果原对接焊缝的质量达不到设计要求，或者因房屋改变使用目的而使得焊缝强度不满足要求时，则可用摩擦型连接高强度螺栓来进行加固。只要将翼缘焊缝的突出部分磨去，并将接触面按规定处理，则这种混合连接能够共同受力，且不降低连接的疲劳强度。

栓-焊混合连接在具体应用时应注意以下问题：

1）混合连接中螺栓和焊缝的数量应搭配适当，不能相差过大，即要考虑二者能够协同受力。一般应使焊缝的承载力略大于高强度螺栓的抗滑移承载力（宜取 1 ~3 倍）。

2）混合连接的施工顺序以先栓（或先用普通螺栓临时固定）后焊为好，这样可保持摩擦面贴合紧密。若采用先焊后栓，则应采取防止焊件变形、摩擦面贴合不紧的措施。对混合连接用于已有焊接结构的加固应慎重考虑。若被连接板叠较严密，刚度（或厚度）又较小,则可考虑采用,并宜尽量选用较大直径的螺栓和较小的间距排列;必要时可将螺栓承载力设计值适当降低。若板叠缝隙过大,板又较厚,则不宜采用。

3)混合连接若采用先栓后焊,则应考虑焊接对高强度螺栓预拉力的影响。试验证明,焊接时螺栓温度虽有一定的升高,但持续时间比较短,故对预拉力的影响并不大。然而,在焊缝冷却时,若构件的收缩量较大,从而使连接的滑移量也较大,则预拉力将有较大程度的下降,靠近焊缝处可能达到10%以上。因此,施工时应根据情况在焊后对高强度螺栓加以补拧。

3.9.2　高强度螺栓与铆钉的混合连接

高强度螺栓和铆钉并用,一般出现在用高强度螺栓替换一部分铆钉时。比较多的情况是厂房中吊车梁和制动梁连接中铆钉有一部分因疲劳而断裂,以及桥梁中某一节点有部分铆钉断裂。

图3.99所示为铆钉和高强度螺栓混合连接的荷载-变形曲线,由图可见连接接头的极限承载力很接近于两者单独受力时的极限承载力之和。在加固工程中,实践证明只要用与铆钉直径相同的高强度螺栓代替铆钉,完全有相同的承载力(通常原有铆钉连接接头板件之间不会有严重锈蚀),在动力荷载下,其疲劳强度也有所提高。尤其在长接头中,由于高强度螺栓的夹紧力高于铆钉,且摩擦型高强度螺栓的疲劳强度高于铆钉,若在受力较大的接头端部用高强度螺栓代替铆钉,则可提高连接的疲劳强度。

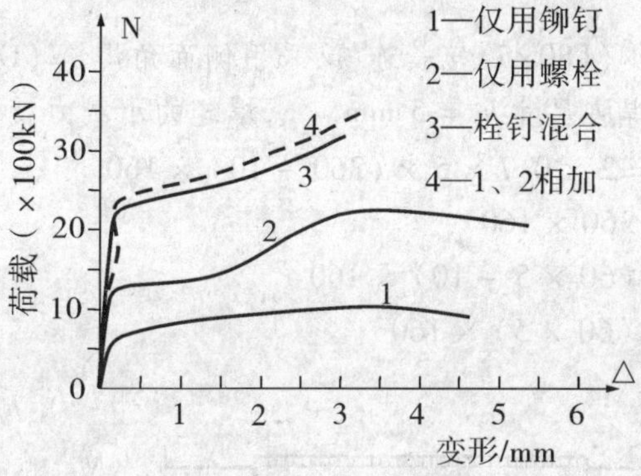

图3.99　栓-钉混合连接的实验结果

思考题

1. 简述钢结构连接的类型及特点。
2. 简要说明常用的焊接方法和各自的优缺点。
3. 对接焊缝图(a)与角焊缝图(b)受相同的斜向力,其计算有何异同?

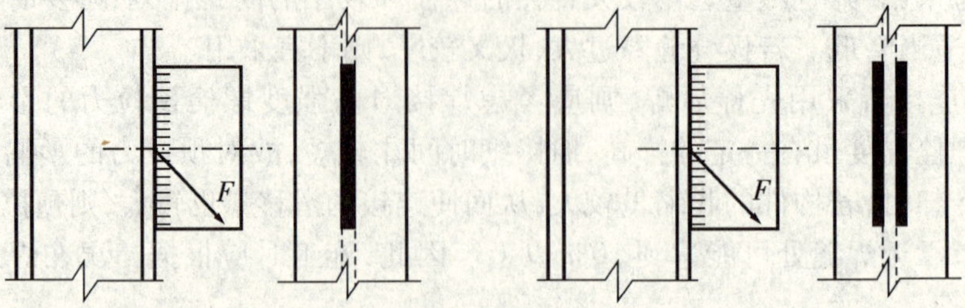

思考题3图

4 简述焊接残余应力的类型和产生焊接残余应力的原因？

5 焊接残余应力对结构工作性能有何影响？

6 螺栓排列时应考虑哪些因素的影响？具体的规定有哪些？

7 普通螺栓和高强度螺栓受力性能有何不同？

8 高强度螺栓摩擦型连接和承压型连接的传力机制有何不同？

9 高强度螺栓连接的预拉力是如何确定的？

10 栓-焊混合连接能否有效地提高混合连接的强度？

习 题

1. 如图所示某单角钢(L80×5)接长连接，采用侧面角焊缝（Q235 钢 和 E43 型焊条，$f_f^w = 160\ \mathrm{N/mm^2}$)，焊脚尺寸 $h_f = 5\ \mathrm{mm}$ 。求焊缝的承载力设计值 =________。

(A) $n \times 0.7 h_f l_w f_f^w = 2 \times 0.7 \times 5 \times (360 - 10) \times 160$

(B) $2 \times 0.7 \times 5 \times 360 \times 160$

(C) $2 \times 0.7 \times 5 \times (60 \times 5 - 10) \times 160$

(D) $2 \times 0.7 \times 5 \times (60 \times 5) \times 160$

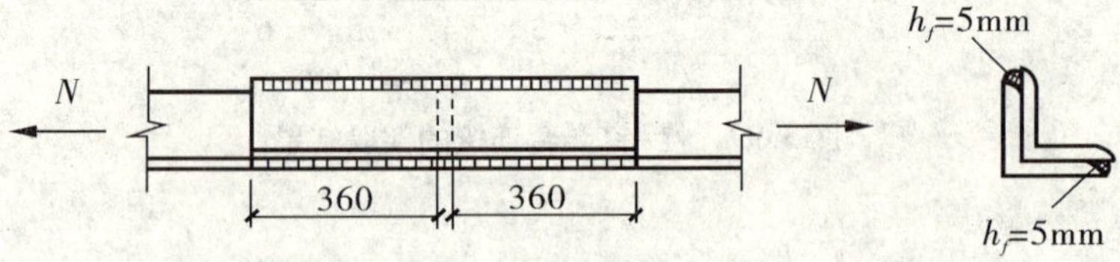

习题1图

2. 在如图所示的 T 形连接中，$t_1 = 6\ \mathrm{mm}$ ，$t_2 = 12\ \mathrm{mm}$ ，若采用角焊缝连接，按照构造要求，焊脚尺寸 h_f 最小取____。

3. 在满足强度的条件下，如图所示 a 焊缝和 b 焊缝合理的 h_f 应分别是____。

(A)4 mm 4 mm；(B) 6 mm 8 mm； (C) 8 mm 8 mm； (D) 6 mm 6 mm。

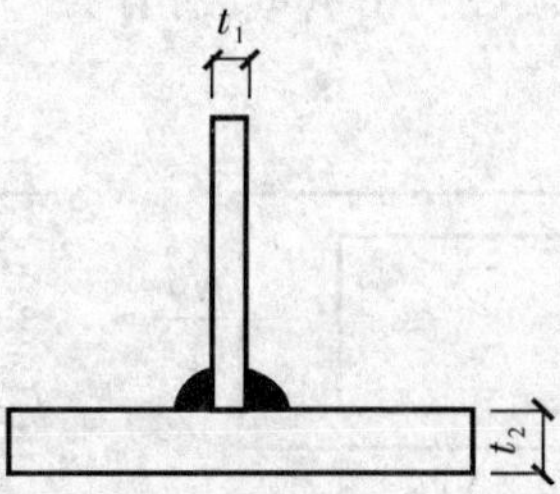

习题 2 图

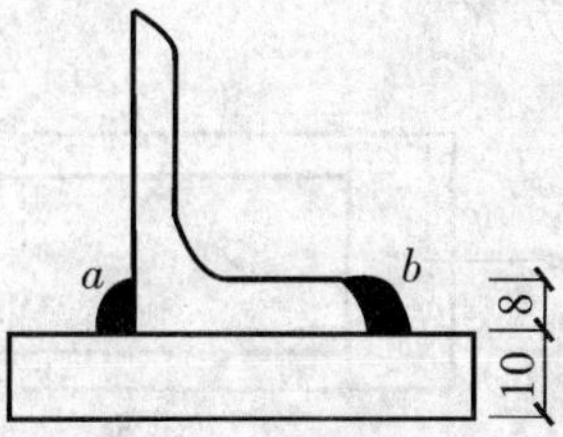

习题 3 图

4. 普通螺栓受剪连接主要有五种破坏形式,即①栓杆剪断;②孔壁挤压破坏;③钢板拉断;④端部钢板被剪开;⑤栓杆受弯破坏。在设计时应按下述________形式进行计算。

(A) ①、②;　(B) ①、②、④;(C) ①、②、③;(D) ①、②、⑤。

5. 如图所示的角焊缝在 P 的作用下,最危险点是________。

(A) a、b 点;　(B) b、d 点;　(C) c、d 点;　(D) a、c 点。

6. 试验算图中牛腿与柱连接的对接焊缝的强度。静力荷载设计值 $F = 180$ kN。钢材用 Q235B, E43 手工焊,无引弧板,焊缝质量三级(假定剪力全部由腹板上的焊缝承受。$f_t^w = 185\ \text{N/mm}^2$, $f_c^w = 215\ \text{N/mm}^2$, $f_v^w = 125\ \text{N/mm}^2$)。

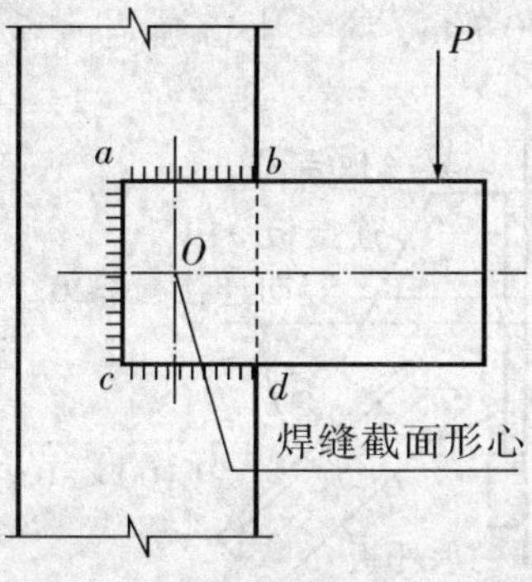

习题 5 图

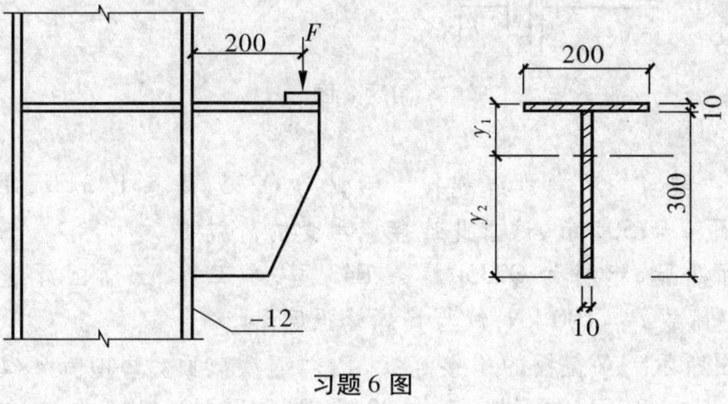

习题 6 图

7. 如图所示焊接连接采用三面围焊，焊脚尺寸为 8 mm，钢材为 Q235，试计算此连接所能承受的最大拉力 N？

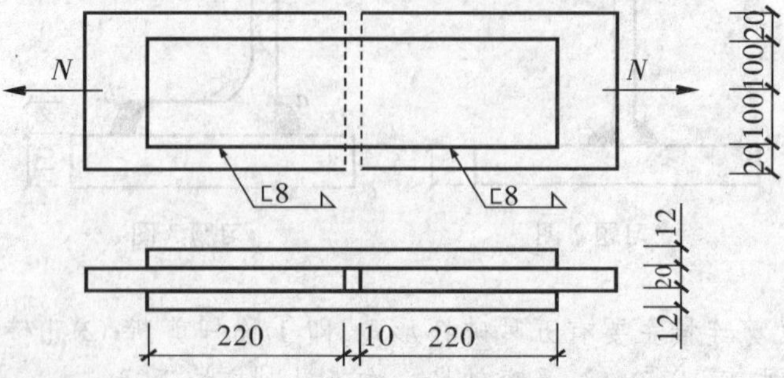

习题 7 图

8. 如图所示连接中，2L100×80×10（长肢相并）通过 14 mm 厚的连接板和 20 mm 厚的端板连接于柱的翼缘，钢材用 Q235-B，焊条为 E43 系列，采用手工焊，使用引弧板，所承受的静力荷载设计值 N=500 kN。

①要求确定角钢和连接板间的焊缝尺寸。

②取 $d_1=d_2=170$ mm，确定连接板和端板间焊缝的焊脚尺寸？

③改取 $d_1=150$ mm，$d_2=190$ mm，验算上面确定的焊脚尺寸是否满足要求？

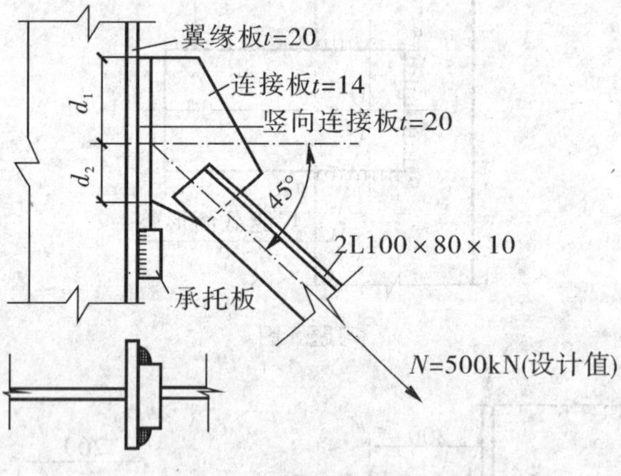

习题 8 图

9. 如图所示牛腿与柱用角焊缝连接。钢材为 Q235，焊条 E43 型，手工焊，焊脚尺寸 h_f = 8 mm，偏心距 e = 150 mm，试求此连接能承受的荷载 F。

10. 如图所示牛腿，钢材为 Q235，焊条 E43 型，手工焊，三面围焊缝，焊脚尺寸 h_f = 10 mm，承受静力荷载 P = 100 kN，试验算焊缝强度。

11. 设计如图所示一双盖板的平接连接，已知钢板截面为 340 mm×20 mm，盖板采用两块截面为 340 mm×10 mm 的钢板，钢材 Q345-B，采用 M24 的 C 级螺栓。连接承受的轴心拉力设计值 N=1600 kN。

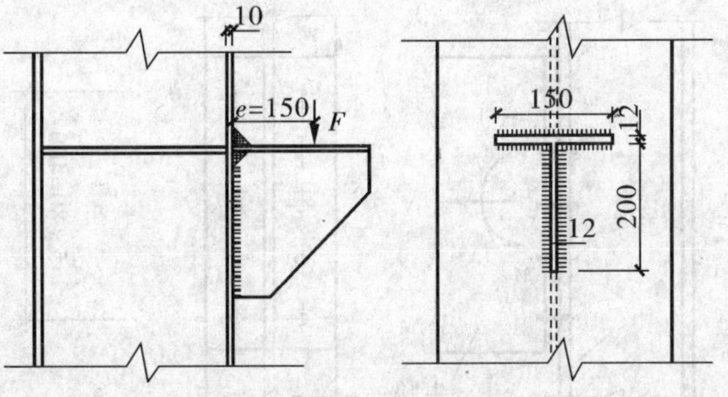

习题9图

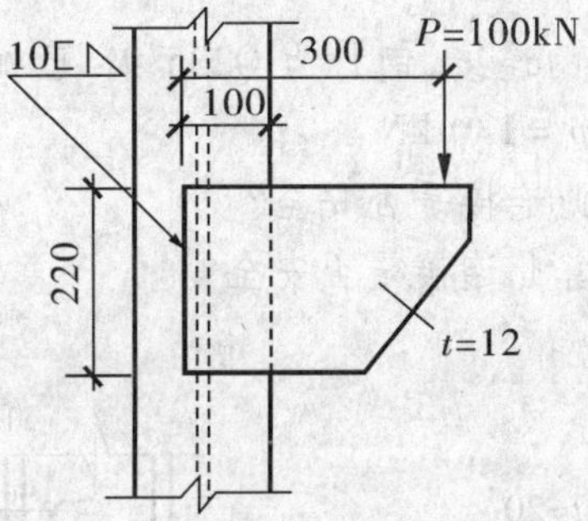

习题10图

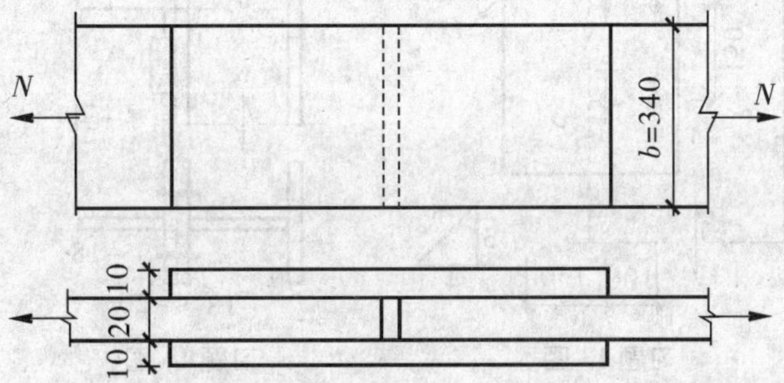

习题11图

12. 如图所示为一普通螺栓连接节点，采用普通C级螺栓M20连接。已知节点处的弯矩设计值$M=70.5\ \mathrm{kN\cdot m}$，轴力设计值$N=56\ \mathrm{kN}$，钢材为Q235-B。试判断该螺栓群布置是否满足要求。

13. 试验算图中一受斜向拉力$F=35\ \mathrm{kN}$（设计值）作用的C级螺栓的强度。螺栓M20，钢材Q235-A。

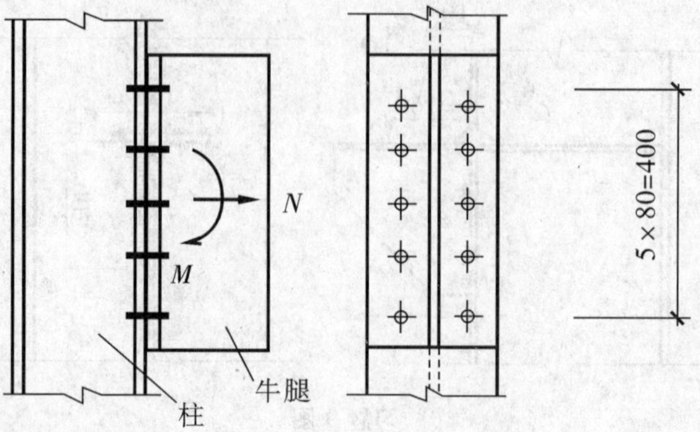

习题 12 图

14. 如图所示为 C 级螺栓的连接，钢材为 Q235 钢，已知 $d=20$ mm，$d_e=17.65$ mm，$d_0=21.5$ mm，承受设计荷载 $p=130$ kN。

①假定支托承力，试验算此连接是否安全？

②假定支托不承力，试验算此连接是否安全？

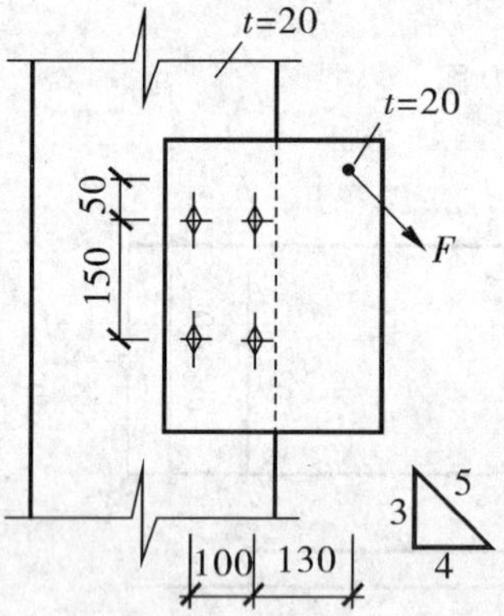

习题 13 图

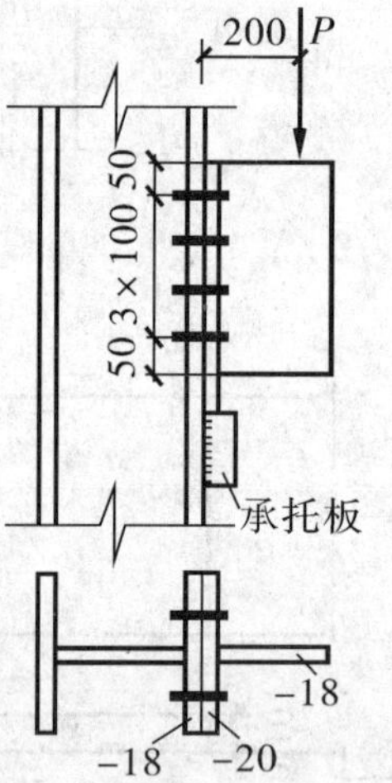

习题 14 图

15. 如图所示的螺栓双盖板连接，构件钢材为 Q235 钢，承受轴心拉力，螺栓为 10.9 级高强度螺栓摩擦型连接，接触面喷砂处理，螺栓直径 $d=20$ mm，孔径 $d_o=21.5$ mm，试计算此连接最大承载力 N？

16. 若将习题 12 中普通螺栓换为 8.8 级高强螺栓摩擦型连接，接触面喷砂处理，判断该螺栓群布置是否满足要求。若为高强螺栓承压型连接，其余条件同，螺栓群布置是否合理。

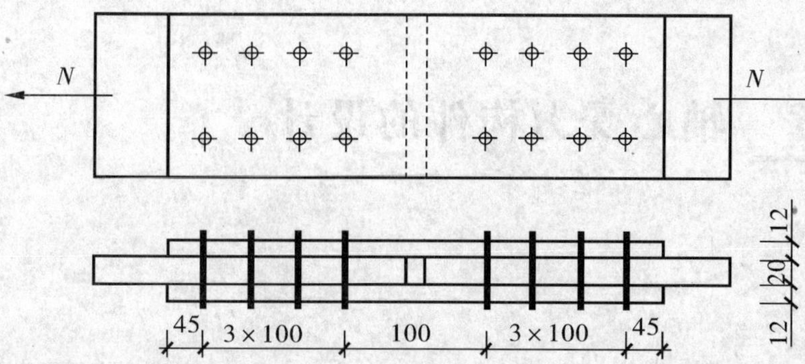

习题 15 图

17. 分别按 4.8 级 M22 螺栓和 8.8S 级 M22 高强度螺栓摩擦型连接（板件接触面喷砂后涂无机富锌漆）设计习题 8 中所示连接（取消承托板）。

计算：① 角钢与连接板的螺栓连接；② 竖向连接板与柱的翼缘板的螺栓连接。

18. 如图所示，牛腿用连接角钢 2∟100×20（由大角钢截得）及 M22、10.9S 级摩擦型连接高强度螺栓和柱相连，偏心力设计值 F=200 kN，构件钢材 Q345，接触面喷砂处理，确定连接角钢两肢上的螺栓数目。

19. 如图所示用 M22 C 级螺栓的钢板连接，钢材 Q345-B。试计算此连接能承受的最大轴心力设计值 N。

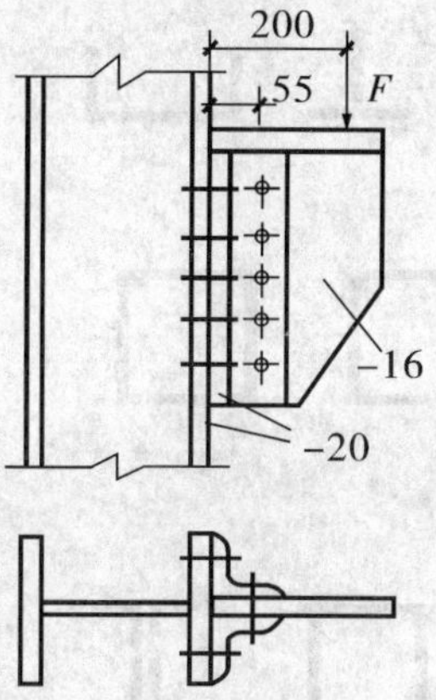

习题 18 图

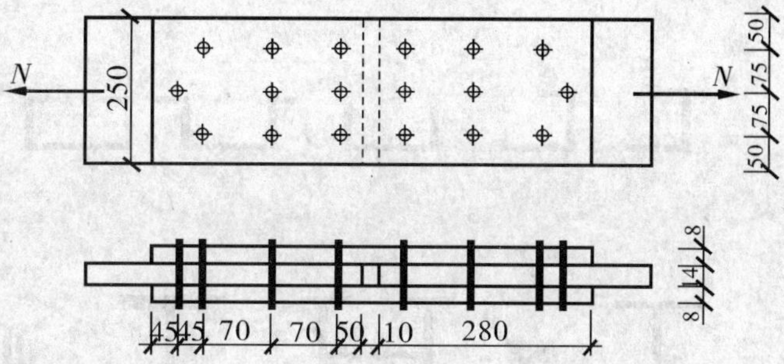

习题 19 图

第 4 章　轴心受力构件的设计

4.1　概述

轴心受力构件只承受通过构件截面形心的轴向力作用,分为轴心受拉构件和轴心受压构件。它们广泛地用于主要承重的钢结构,如桁架和网架等,还常常用于操作平台和其他结构的支柱,对于一些非主要承重构件和支撑,也常常由许多轴心受力构件组成。

轴心受拉构件和轴心受压构件的截面形式有如图 4.1 所示的三种。第一种是热轧型钢截面,包括圆钢、圆管、角钢、工字钢、槽钢、T 形钢和 H 形钢,如图 4.1(a)所示;第二种是冷弯薄壁型钢截面,包括带卷边或不带卷边的角形截面或槽形和方管截面等,如图 4.1(b)所示;第三种是用型钢和钢板连接而成的组合截面,包括实腹式组合截面和格构式组合截面,如图 4.1(c)和图 4.1(d)所示。

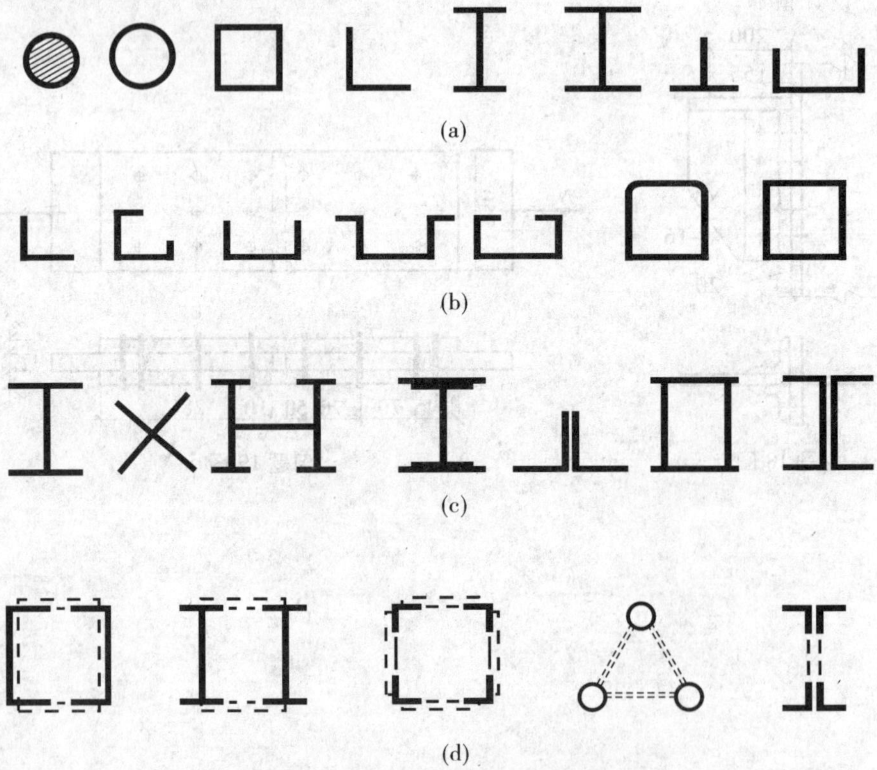

图 4.1　轴心受压构件的截面形式

对轴心受力构件截面形式的共同要求是：

(1)能提供强度所需要的截面积；

(2)制作比较简便；

(3)便于和相邻的构件连接；

(4)截面宽大而壁厚较薄(宽肢薄壁)，以满足刚度的要求。对于轴心受压构件，宽肢薄壁具有重要意义，因为构件的稳定性能直接取决于它的整体刚度，整体刚度大则构件的稳定性好，用料比较经济。当然，对截面的两个主轴都应如此要求。根据以上情况，轴心压杆除经常采用双角钢和宽翼缘工字钢截面外，有时要采用实腹式或格构式组合截面。轮廓尺寸宽大的四肢或三肢格构式组合截面可以用于轴心压力不甚大但比较长的构件，以便节省钢材。

4.2　轴心受拉构件的受力性能和计算

4.2.1　轴心受拉构件的强度

从第2章所述钢材的应力应变关系可知，轴心受拉构件的极限承载能力是截面的平均应力达到钢材的抗拉强度 f_u。但是以此为拉杆强度极限的依据时要防止构件突然断裂，设计拉杆时应有较多安全储备。当构件毛截面的平均应力超过钢材的屈服点 f_y 时，由于构件塑性变形的发展，会使实际结构的变形过大以致不符合继续承载的要求。因此，拉杆毛截面上的平均应力以不超过屈服点 f_y 为准则。对无孔洞削弱的轴心受拉构件，在强度计算中，要求构件截面的应力不应超过钢材抗拉强度设计值 f，即

$$\sigma = N/A \leqslant f \tag{4.1}$$

式中　N——轴心拉力的设计值；

A——构件的毛截面面积；

f——钢材的抗拉强度设计值。

对于有孔洞的受拉构件，在孔洞附近有如图4.2(a)所示的应力集中现象。在弹性阶段，孔壁边缘的应力 σ_{max} 可能达到拉杆毛截面平均应力 σ_a 的三倍，当孔壁边缘的最大应力达到屈服点以后，不再继续增加应力而发展塑性变形。此后，由于应力重分布，净截面的应力可以均匀地达到屈服点，如图4.2(b)。如果拉力仍继续增加，不仅构件的变形会发展过大，而且孔壁附近因塑性应变过分扩展而有首先被拉裂的可能性。因此，《钢结构设计规范》(GB 50017—2003)对轴心受力构件的强度计算，规定净截面的平均应力不应超过钢材的抗拉强度设计值，计算公式为：

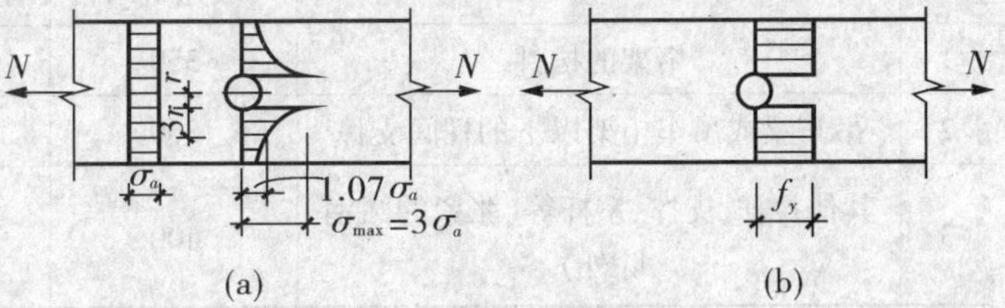

图4.2　孔洞处截面应力分布

(a)弹性状态应力；(b)极限状态应力

$$\sigma = N/A_n \leqslant f \tag{4.2}$$

式中 N——轴心拉力的设计值；

A_n——构件的净截面面积；

f——钢材的抗拉强度设计值。

4.2.2 轴心受拉构件的刚度

按照结构的使用要求，轴心拉杆应具有必要刚度，保证构件不会因过分柔弱而产生过度变形。轴心受拉构件的刚度通常是用长细比来衡量的。它是杆件计算长度 l_0 与截面相应回转半径 i 的比值，即 $\lambda = l_0/i$。λ 愈小，表示构件刚度愈大，反之则刚度愈小。

长细比过大易使构件在使用过程中由于自重发生挠曲，在运输或安装构件的过程中也易于产生弯曲。如果结构直接承受动力荷载，刚度很弱的轴心受拉构件会导致结构剧烈晃动。因此，根据结构是否直接承受动力荷载以及动力荷载工作的繁重程度，设计时应使构件的长细比不超过规定的容许长细比[λ]如表 4.1 所列。

计算构件长细比时，应分别考虑绕截面两个主轴即 x 轴和 y 轴的长细比 λ_x 和 λ_y，都不超过规定的容许长细比[λ]：

$$\left.\begin{aligned} \lambda_x = l_{ox}/i_x \leqslant [\lambda] \\ \lambda_y = l_{oy}/i_y \leqslant [\lambda] \end{aligned}\right\} \tag{4.3}$$

式中 l_{ox}、l_{oy}——绕截面两个主轴即 x 轴和 y 轴的构件计算长度；

i_x、i_y——绕截面两个主轴即 x 轴和 y 轴的截面回转半径；

[λ]——容许长细比，取值参照表 4.1。

表 4.1 受拉构件的容许长细比

项次	构件名称	承受静力荷载或间接承受动力荷载的结构		直接承受动力荷载的结构
		一般建筑结构	有重级工作制吊车的厂房	
1	桁架的构件	350	250	250
2	吊车梁或吊车桁架以下的柱间支撑	300	200	—
3	其他拉杆、支撑、系杆等(张紧的圆钢除外)	400	350	—

注：(1)承受静力荷载的结构，可仅计算受拉构件在竖向平面内的长细比。

(2)在直接或间接承受动力荷载的结构中，计算单角钢受拉构件的长细比时，应采用角钢的最小回转半径，但计算在交叉点相互连接的交叉构件平面外的长细比时，可采用与角钢肢边平行轴的回转半径。

(3)中、重级工作制吊车桁架下弦杆的长细比不应超过 200。

(4)在设有夹钳或刚性料耙等硬钩吊车的厂房中，支撑(表中第 2 项除外)的长细比不宜超过 300。

(5)受拉构件在永久荷载与风荷载组合作用下受压时，其长细比不宜超过 250。

(6)跨度等于或大于 60 m 的桁架，其受拉弦杆和腹杆的长细比不宜超过 300(承受静力荷载或间接承受动力荷载)或 250(直接承受动力荷载)

【例4.1】　某轻钢屋架的下弦杆是用Q235钢的圆钢制作的。在杆的中央采用花篮螺丝张紧，杆的轴心拉力为$N=85$ kN。试设计此杆。

【解】　估计圆钢直径大于16 mm，查附表1.1取$f=205$ N/mm^2

圆钢所需的净截面面积$A_n=\dfrac{N}{f}=\dfrac{85\times10^3}{205}=414.6$ mm^2$=4.15$ cm^2

由附表7可知，直径为27 mm的圆钢加工螺纹后，其有效直径只有24.19 mm，净截面面积$A_n=4.59>4.15$ cm^2。为了节省钢材，避免整个拉杆都用较粗的圆钢，可在没有螺纹的范围内采用直径为24 mm的圆钢，它的截面积为4.52 cm^2，大于需要的4.15 cm^2。在杆中央有螺纹的范围内可焊一段直径为27 mm的圆钢或采用局部镦粗的办法解决，如图4.3所示。

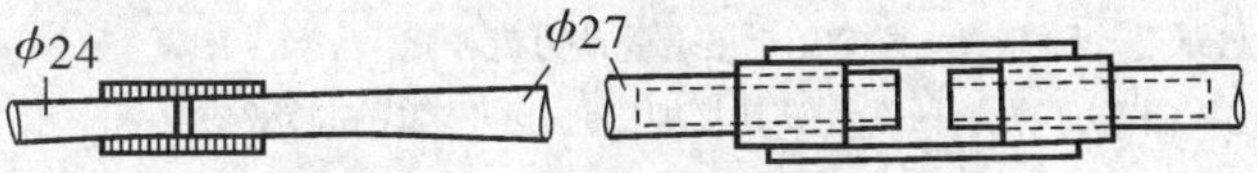

图4.3　例4.1图

【例4.2】　冷弯薄壁型钢结构的拉杆，其容许长细比为$[\lambda]=400$，如果用方管截面100 mm×2.5 mm，其回转半径为$i_x=i_y=3.98$ cm。试确定这种拉杆的最大计算长度。

【解】　计算长度$l_0=[\lambda]\ i=400\times3.98=1592$ cm。

因为拉杆的容许长细比很大，冷弯薄壁方管截面的回转半径又较大，所以易于满足刚度要求。

4.3　轴心受压构件的计算

4.3.1　轴心受压构件的强度

根据《钢结构设计规范》(GB 50017—2003)，轴心受压构件的强度计算方法与轴心受拉构件相同。

无孔洞削弱的轴心受压构件的强度计算可按式(4.1)进行计算。

有孔洞削弱的轴心受压构件的强度计算可按式(4.2)进行计算。

4.3.2　轴心受压构件的刚度

轴心受压构件的刚度仍然用长细比来衡量。对于受压构件，长细比更为重要。长细比过大，会使其稳定承载力降低太多，在较小荷载下就会丧失整体稳定，因而其容许长细比$[\lambda]$限值应更严。

仍采用式(4.3)计算受压构件的长细比。《钢结构设计规范》(GB 50017—2003)规定的轴心受压构件的容许长细比列入表4.2。

表 4.2 受压构件的容许长细比

项次	构件名称	容许长细比
1	柱、桁架和天窗架中的杆件	150
	柱的缀条、吊车梁或吊车桁架以下的柱间支撑	
2	支撑(吊车梁或吊车桁架以下的柱间支撑除外)	200
	用以减小受压构件长细比的构件	

注:(1)桁架(包括空间桁架)的受压腹杆,当其内力等于或小于承载能力的50%时,容许长细比可取200。

(2)计算单角钢受压构件的长细比时,应采用角钢的最小回转半径,但计算在交叉点相互连接的交叉构件平面外的长细比时,可采用与角钢肢边平行轴的回转半径。

(3)跨度等于或大于60 m的桁架,其受压弦杆和端压杆的容许长细比值宜取100,其他受压腹杆可取150(承受静力荷载或间接承受动力荷载)或120(直接承受动力荷载)。

(4)由容许长细比控制截面的构件,在计算其长细比时,可不考虑扭转效应

4.3.3 轴心受压构件的整体稳定

对轴心受压构件,除了有些较短的构件因局部有孔洞削弱,净截面的平均应力有可能达到屈服点而需要计算其强度外,一般其承载能力是由稳定条件决定的。它应该满足整体稳定和局部稳定的要求。

4.3.3.1 理想的轴心受压构件

理想的轴心受压构件就是假设构件完全挺直,荷载沿构件形心轴作用,在承受荷载之前构件无初始应力、初弯曲和初偏心等缺陷,截面沿构件是均匀的。当轴心压力达到某临界值时,理想轴心受压构件可能发生三种形式的屈曲变形。

(1)弯曲屈曲　构件的截面只绕一个主轴旋转,构件的纵轴由直线变为曲线,这是双轴对称截面构件最常见的屈曲形式。如图4.4(a)所示就是两端铰接工字形截面构件发生的绕弱轴的弯曲屈曲。

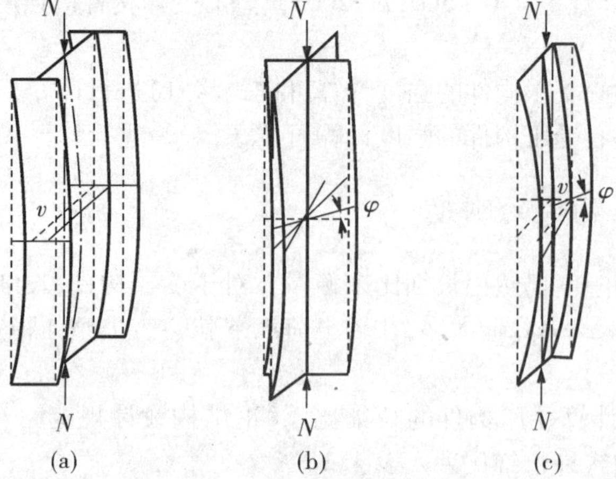

图4.4 轴心受压构件的屈曲形式

(a)弯曲屈曲;(b)扭转屈曲;(c)弯扭屈曲

(2)扭转屈曲 失稳时,构件除支撑端外的各截面均绕纵轴扭转。图4.4(b)为长度较小的十字形截面构件可能发生的扭转屈曲。

(3)弯扭屈曲 单轴对称截面构件绕对称轴屈曲时,发生弯曲变形的同时必然伴随着扭转。图4.4(c)即T形截面构件发生的弯扭屈曲。

1)弯曲屈曲的临界力

①弹性弯曲屈曲的临界力 对于理想的等截面细长直杆,杆端铰接,根据图4.5所示的计算简图由内力、外力矩的平衡条件得

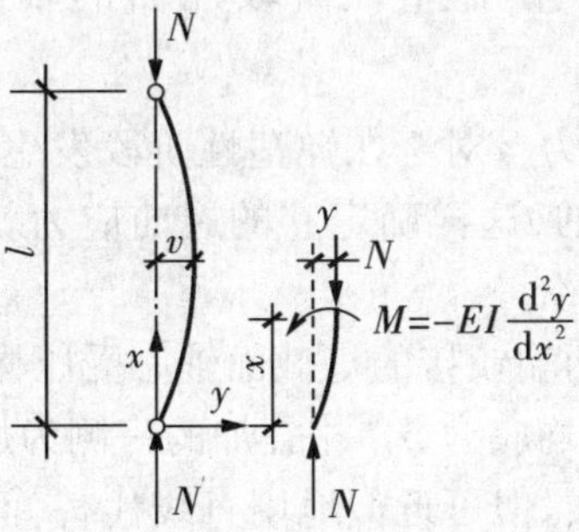

图4.5 轴心压杆弯曲屈曲

$$M = Ny \tag{4.4}$$

压杆弯曲变形后的曲率为

$$\frac{\mathrm{d}^2 y}{\mathrm{d}x^2} = -\frac{M}{EI} \tag{4.5}$$

则可建立压杆有微小弯曲变形时力的平衡微分方程

$$EI\frac{\mathrm{d}^2 y}{\mathrm{d}x^2} + Ny = 0 \tag{4.6}$$

解此方程后可以得到两端铰接轴心压杆的弯曲屈曲力,杆在此力的作用下将达到由直变弯的临界状态。当外力 N 小于 N_{cr} 时,杆在直线平衡状态,当 N 等于 N_{cr} 时,杆开始不能维持直线平衡而处于曲线平衡状态,这种有平衡分岔的屈曲现象,通常称为分岔屈曲失稳,相应的临界力称为欧拉临界力

$$N_{cr} = \frac{\pi^2 EI}{l^2} \tag{4.7}$$

式中 E——材料的弹性模量;

I——杆弯曲时截面绕屈曲轴的惯性矩;

l——杆的长度。

EI 代表杆段的弯曲刚度,而 EI/l^2 则代表杆的整体刚度。截面的平均应力 σ_{cr} 称为欧拉临界应力,令 $I=Ai^2$,得到

$$\sigma_{cr} = \frac{N_{cr}}{A} = \frac{\pi^2 E}{(l/i)^2} = \frac{\pi^2 E}{\lambda^2} \tag{4.8}$$

式中 $i = \sqrt{I/A}$ ——截面对屈曲轴的回转半径;

λ——与回转半径 i 相应的压杆的长细比。

杆截面对两个主轴的回转半径常常并不相同。轴心压杆是在较大长细比的那个平面内发生弯曲屈曲的，这时杆的临界应力最小。从式(4.8)可知，截面的回转半径愈大愈能提高杆的承载能力，可以获得更好的经济效果。因而宽大的截面可以获得较大的抗弯刚度，从而提高其承载能力。

式(4.7)和式(4.8)只适用于确定两端铰接弹性状态屈曲的直杆轴心抗压的承载能力。对于截面应力超过了钢材比例极限 f_p 的杆，E 不再是常量，杆在弹塑性阶段屈曲，式(4.7)和(4.8)就不再适用。在弹塑性阶段屈曲的轴心压杆，其长细比大于 $\lambda_p = \pi\sqrt{E/f_p}$。

②弹塑性弯曲屈曲的临界力　对于在弹塑性阶段发生弯曲屈曲的轴心受压构件，截面的应力-应变关系是非线性的，这样确定它的屈曲应力就变得比较复杂和困难。对于这个问题有两种有代表性的理论。

一种是双模量理论，认为两端铰接的等截面轴心受压构件，在它发生微小弯曲时产生的弯曲压应力 $d\sigma_2$ 和截面的平均应力 σ_{cr} 相叠加的一侧为加载区，如图4.6(c)中 O 点的右侧，该区的应力分布应为曲线，但可近似地用直线代替，而形成三角形应力图，应力-应变关系遵循图4.6(b)所示的钢材切线模量 E_t 的变化规律；在弯曲拉应力 $d\sigma_1$ 和截面平均应力 σ_{cr} 相叠加的一侧为卸载区，如图4.6(c)中 O 点的左侧，卸载区的应力-应变关系仍遵循图4.6(b)中钢材的弹性模量 E 的变化规律。这样，轴心受压构件的弯曲屈曲临界力为：

$$N_{crr} = \frac{\pi^2(EI_1 + E_t I_2)}{l^2} \tag{4.9}$$

式中　I_1——卸载区截面对通过 O 点的轴的惯性矩；

I_2——加载区截面对通过 O 点的轴的惯性矩。

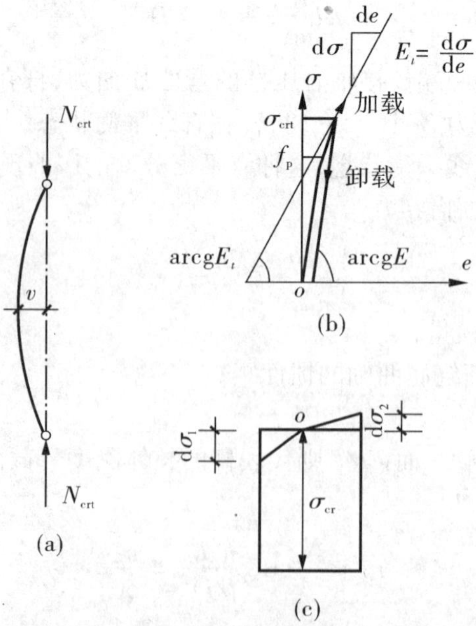

图4.6　双模量理论

由式(4.9)确定的 N_{crr} 与两个变形模量有关,故称为双模量临界力。试验研究表明,弹塑性临界力总是低于双模量理论得出的临界力值。

另一种是切线模量理论,这个理论认为轴心受压构件在加载过程中有微小弯曲时,压力增加了 ΔN_{cr} ,此值虽然是微小的,但是所增加的平均应力 $\Delta\sigma_{cr}$ 却不小于因杆有微小弯曲产生的应力 $d\sigma_1$,见图4.7(b)。因此,屈曲时结构的整个截面都处在加载的过程中,应力-应变关系假定遵循同一个切线模量 E_t。这时轴心受压构件的屈曲临界力 N_{crt} 称为切线模量屈曲临界力,其值为:

$$N_{crt} = \frac{\pi^2 E_t I}{l^2} \tag{4.10}$$

与 N_{crt} 相应的临界应力为:

$$\sigma_{crt} = \frac{\pi^2 E_t}{\lambda^2} \tag{4.11}$$

研究表明,由式(4.9)得到的双模量临界力 N_{crr} 是杆的弹塑性临界力的上限值,而由式(4.10)得到的切线模量临界力 N crt是它的下限值。切线模量理论确定的临界力能较好地反映轴心受压构件在弹塑性阶段屈曲时的承载能力,并偏于安全。图4.8是按两种计算理论得到的轴心压杆的临界应力曲线的比较,杆截面是轧制宽翼缘工字钢,它的屈服点和比例极限分别是255 N/mm² 和200 N/mm²。在长细比小于40的范围内屈曲应力 σ_{cr} 超过了钢材的屈服点 f_y,这是由于材料变硬化而提高了压杆的承载能力。

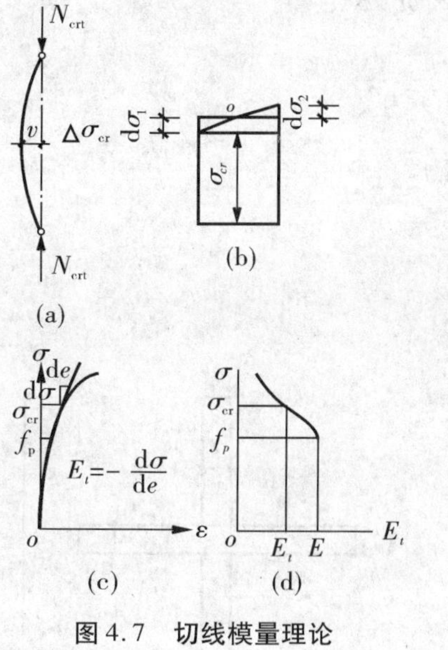

图4.7　切线模量理论

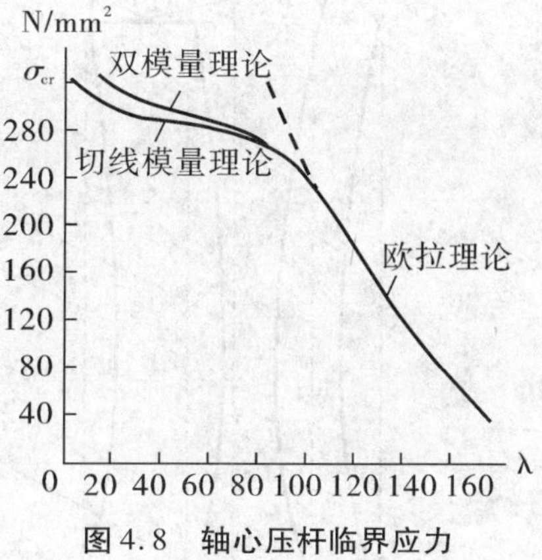

图4.8　轴心压杆临界应力

2)扭转屈曲的临界力　图4.9所示为一双轴对称截面构件,在轴心压力 N 作用下,除可能沿 x 轴或 y 轴弯曲屈曲外,还可能绕 z 轴发生扭转屈曲,扭转屈曲的临界力为

$$N_z = \left(\frac{\pi^2 EI_\omega}{l_\omega^2} + GI_t\right)\frac{1}{i_0^2} \tag{4.12}$$

在轴心受压构件扭转屈曲的计算中，可以采用扭转屈曲临界力与欧拉临界力相等得到换算长细比 λ_z。

由

$$N_z = \left(\frac{\pi^2 EI_\omega}{l_\omega^2} + GI_t\right)\frac{1}{i_0^2} = \frac{\pi^2 E}{\lambda_z^2}A \tag{4.13}$$

得

$$\lambda_z = \sqrt{\frac{Ai_0^2}{(I_\omega/l_\omega^2) + GI_t/(\pi^2 E)}} = \sqrt{\frac{Ai_0^2}{(I_\omega/l_\omega^2) + (I_t/25.7)}} \tag{4.14}$$

式中 i_0——截面对剪心的极回转半径（对双轴对称截面 $i_0^2 = i_x^2 + i_y^2$）；

l_ω——扭转屈曲的计算长度（对两端铰接、端部截面可以自由翘曲或两端嵌固、端部截面翘曲受到完全约束的构件，取 $l_\omega = l_{oy}$）；

I_t——毛截面的抗扭惯性矩；

I_ω——毛截面的扇形惯性矩（对轧制、双板焊接、双角钢组合T形截面，十字形截面和角形截面可近似取 $I_\omega = 0$）；

A——毛截面面积。

对常用的十字形双轴对称截面构件（图4.10），式(4.14)中的 I_ω/l_ω^2 项影响很小，通常可忽略不计，则

$$\lambda_z = \sqrt{\frac{25.7Ai_0^2}{I_t}} = \sqrt{\frac{25.7(I_x + I_y)}{4 \times bt^3/3}} = 5.07b/t \tag{4.15}$$

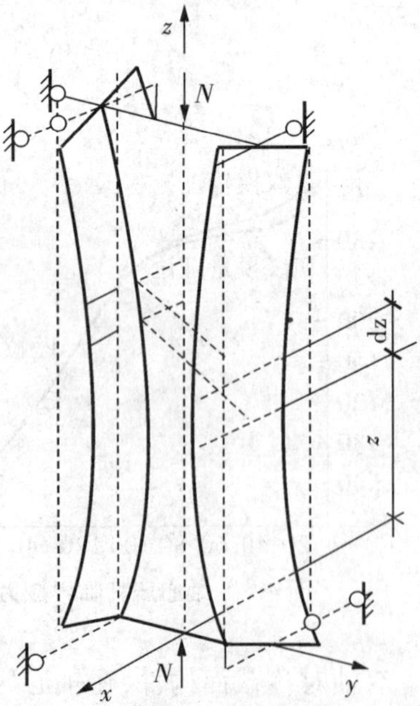

图4.9 双轴对称截面的扭转屈曲

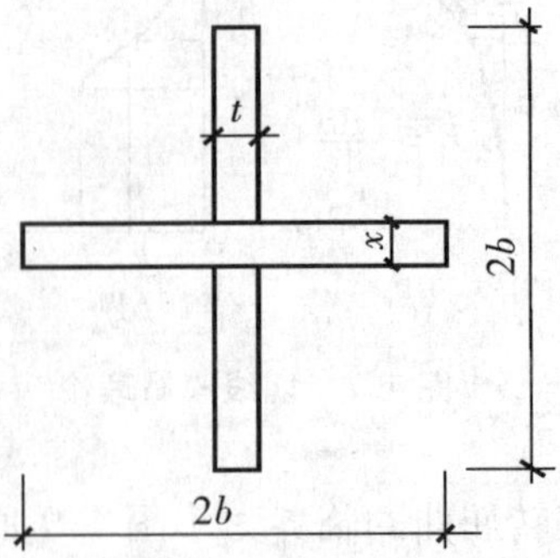

图4.10 十字形截面

式中　b/t 为悬伸板件的宽厚比。因此，只要 λ_x、$\lambda_y > \lambda_z$，就不会由扭转屈曲控制设计。《钢结构设计规范》(GB 50017—2003)规定双轴对称十字形截面杆件，λ_x 或 λ_y 的取值不得小于 $5.07b/t$，以免发生扭转屈曲。

3)弯扭屈曲的临界力　如图 4.11 所示的单轴对称截面构件，当绕非对称轴(x 轴)屈曲时，截面上的剪应力的合力必然通过剪切中心，所以只有平移没有扭转，即发生弯曲屈曲。当截面绕 y 轴(对称轴)发生弯曲变形时，横截面产生剪力(作用于形心 C)与内剪力流的合力(作用于剪心 S)不重合，必然伴随着扭转，这种现象称为弯扭屈曲。此时，绕对称轴的换算长细比为

$$\lambda_{yz}=\frac{1}{\sqrt{2}}\left[(\lambda_y^2+\lambda_z^2)+\sqrt{(\lambda_y^2+\lambda_z^2)^2-4\left(1-\frac{e_0^2}{i_0^2}\right)\lambda_y^2\lambda_z^2}\right]^{1/2} \tag{4.16}$$

式中　λ_y——绕对称轴的弯曲屈曲长细比；

λ_z——扭转屈曲换算长细比；

e_0——截面形心至剪心的距离；

i_0——截面对剪心的极回转半径，这里，$i_0^2=e_0^2+i_x^2+i_y^2$。

4.3.3.2　实际轴心受压构件的极限承载力

在钢结构中，实际的轴心受压构件和上述理想直杆的受力性能之间有很大差别，主要受到截面中的残余应力、杆轴的初弯曲、荷载作用点的初偏心以及杆端的约束条件等因素的影响，其中残余应力、初弯曲和初偏心都是不利的因素，并被看作是轴心受压构件的缺陷；而杆端约束对铰接端构件是有利因素，能提高构件的轴心受压稳定承载能力。

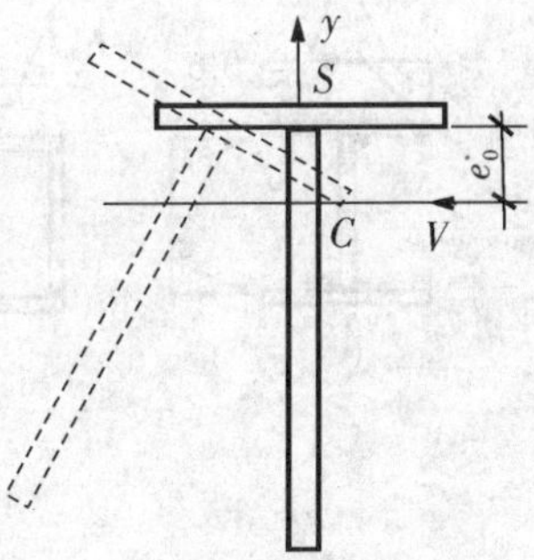

图 4.11　单轴对称截面构件

(1)残余应力的影响　如前所述，构件在焊接后或经火焰切割、冷校正等加工后，都会在构件中产生残余应力。为了考察残余应力对轴心受压构件承载能力的影响，图 4.12 列举了几种典型截面的残余应力分布。其数值都是经过实测数据整理后确定的。应力都是与杆轴线方向一致的纵向应力，压应力取负值，拉应力取正值。图 4.12(a)是轧制普通工字钢，翼缘的厚度比腹板的厚度大很多，腹板在型钢热轧以后首先冷却，翼缘在冷却的过程中受到与其连接的腹板的牵制作用，因此翼缘产生拉应力，而腹板的中部受到压缩产生压应力。图 4.12(b)是轧制宽翼缘工字钢的残余应力，由于翼缘的尖端先冷却而具有较高的残余压应力。图 4.12(c)是翼缘具有轧制边，或火焰切割以后又经过刨边的焊接工字形截面，其残余应力与宽翼缘工字钢类似，只是翼缘与腹板连接处的残余拉应力可能达到屈服点。图 4.12(d)是具有火焰切割翼缘的焊接工字形截面，翼缘切割时的温度场和焊缝施焊时类似，因此边缘产生拉应力，翼缘与腹板连接处的残余拉应力经常达到屈服点。图 4.12(e)是用很厚的翼缘板组成的焊接工字形截面，沿翼缘的厚度残余应力也有很大变化，图中板的外表面具有残余压应力；板端的应力很高可达屈服点，而板的内表面在与腹板连接处具有很高的残余拉应力。图 4.12(f)是焊接箱形截面，在连接焊缝处具有高达屈服点的残余拉应力，而在截面的中部残余压应力随板件的宽厚比和焊缝的大小而变化，当宽厚比放大到 40 时残余压应力只有 $0.2f_y$ 左右。图

4.12(g)是等边角钢的残余应力,其峰值与角钢边的长度有关。图4.12(h)是轧制钢管沿壁厚变化的残余应力,它的内表面在冷却时因受到先已冷却的外表面的约束只有残余拉应力,而外表面具有残余压应力。

残余应力使构件的刚度降低,对压杆的承载能力有不利影响,残余应力的分布情况不同,影响的程度也不同。此外,残余应力对两端铰接的等截面直杆的影响和对有初弯曲杆的影响也是不同的。杆的长度不同,残余应力的影响也不相同。

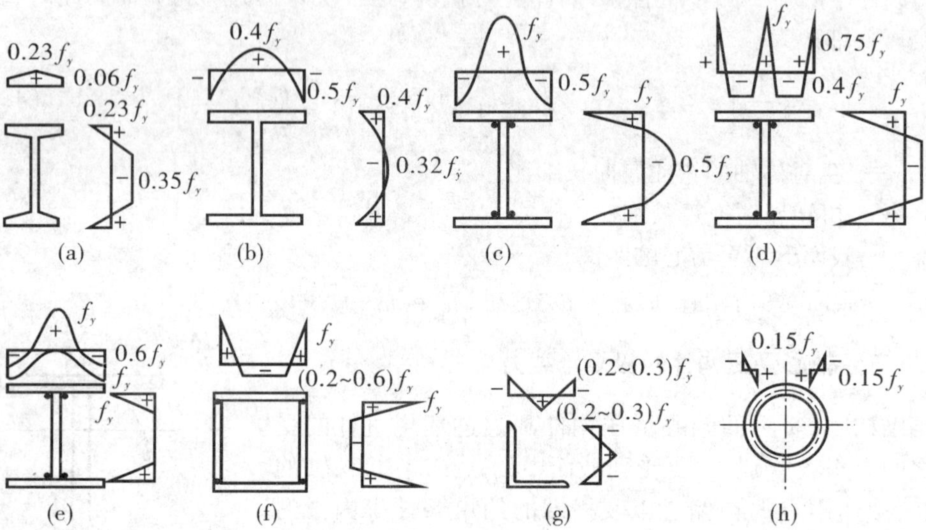

图4.12 典型截面的残余应力

在切线模量理论计算轴心受压构件弹塑性屈曲时,是根据用短柱试验测定的构件材料$\sigma-\varepsilon$曲线,这种曲线包括了构件残余应力对其$\sigma-\varepsilon$关系的影响。图4.13(a)是一个双轴对称的工字形截面。为了避免柱在全截面屈服之前发生屈曲,选取长细比不大于10的短柱考察其应力-应变关系,翼缘的残余应力取如图4.13(b)所示的三角形分布,具有相同的残余压应力和残余拉应力峰值,即$\sigma_c=\sigma_t=0.4f_y$。为了便于说明问题,对短柱性能影响不大的腹板部分和其残余应力都忽略不计。短柱的材料假定是理想的弹塑性体。在轴向压力N作用下,当截面的平均应力小于图4.13(c)中的$(f_y-\sigma_c)=0.6f_y$时,截面的应力-应变变化呈直线关系,如图4.13(f)的OA段,其弹性模量为常数E。当$\sigma\geqslant(f_y-\sigma_c)$时如图4.13(d),翼缘的外侧先开始屈服,在图4.13(f)曲线上的A点可以看作是短柱截面平均应力的比例极限f_p。此后外力的继续增加使翼缘的屈服区不断向内扩展,而弹性区如图4.13(d)中的kb范围不断缩小,至$\sigma=f_y$时全截面都屈服如图4.13(e),图4.13(f)中的曲线AB即为短柱的弹塑性应力-应变曲线。曲线AB段增加的轴心压力dN只能由截面的弹性区面积A_e负担。图4.13(f)中在AB曲线上侧由两条虚线组成的应力-应变关系是属于无残余应力的短柱的。经比较后可知,残余应力使柱受力提前进入了弹塑性受力状态,因而必将降低轴心受压柱的承载能力。

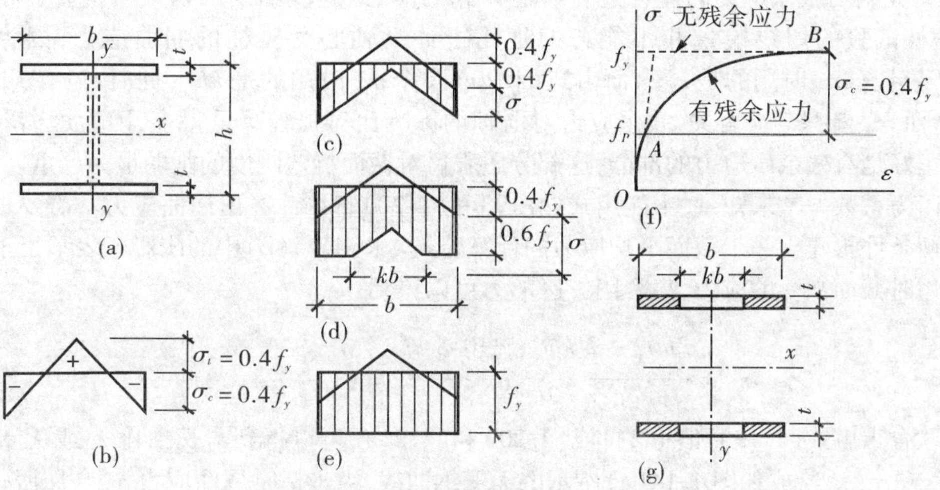

图 4.13　残余应力对短柱段的影响

对于两端铰接的等截面轴心受压柱，当截面的平均应力 σ 小于 $(f_y-\sigma_c)$ 时，柱在弹性阶段屈曲，其弯曲屈曲力仍由式(4.7)确定，即为欧拉临界力。但是当 σ 大于 $(f_y-\sigma_c)$ 时，按照切线模量理论的基本假定，认为柱屈曲时不出现卸载区，这时截面外侧的屈服区，即图 4.13(g)中的阴影部分，在不增加压应力的情况下继续发展塑性变形，而柱发生微小弯曲时只能由截面的弹性区来抵抗弯矩，它的抗弯刚度应是 EI_e，也就是说，有了残余应力时柱的抗弯刚度降低了。柱发生微小弯曲的力的平衡微分方程(4.6)中，全截面惯性矩 I 应该用弹性区截面的惯性矩 I_e 来代替。这样，得到的临界力：

$$N_{cr} = \frac{\pi^2 EI_e}{l^2} = \frac{\pi^2 EI}{l^2} \cdot \frac{I_e}{I} \tag{4.17}$$

相应的临界应力：

$$\sigma_{cr} = \frac{\pi^2 E}{\lambda^2} \cdot \frac{I_e}{I} \tag{4.18}$$

仍以图 4.13(a)所示工字形截面柱为例，这种弯曲型的轴心受压柱有产生两种弯曲变形的可能性，一种是对截面抗弯刚度小的弱轴，即 y-y 轴，另一种是对截面抗弯刚度大的强轴，即 x-x 轴。绕不同轴屈曲时，不仅临界应力不同，残余应力对临界应力的影响程度也不相同。

对 y-y 轴屈曲时

$$\sigma_{cry} = \frac{\pi^2 E}{\lambda_y^2} \cdot \frac{I_{ey}}{I_y} = \frac{\pi^2 E}{\lambda_y^2} \cdot \frac{2t\,(kb)^3/12}{2tb^3/12} = \frac{\pi^2 E}{\lambda_y^2}k^3 \tag{4.19}$$

对 x-x 轴屈曲时

$$\sigma_{crx} = \frac{\pi^2 E}{\lambda_x^2} \cdot \frac{I_{ex}}{I_x} = \frac{\pi^2 E}{\lambda_x^2} \cdot \frac{2t(kb)h^2/4}{2tbh^2/4} = \frac{\pi^2 E}{\lambda_x^2}k \tag{4.20}$$

式(4.19)和(4.20)中的系数 k 实际上是弹性区截面面积 A_e 和全截面面积 A 的比值，

kE 正好是对有残余应力的短柱进行试验得到的应力-应变曲线的切线模量 E_t。由此可知,短柱试验的切线模量并不能普遍地用于计算轴心受压柱的屈曲应力,因为由式(4.19)计算 σ_{cry} 时用的是 k^3E,而由式(4.20)计算 σ_{crx} 时用的是 kE。同时可见,σ_{cry} 与 k^3 有关,而 σ_{crx} 却只与 k 有关,残余应力对弱轴的影响比对强轴严重得多,因为远离弱轴的部分正好是有残余压应力的部分,这部分屈服后对截面抗弯刚度的削弱最为严重。

因为系数 k 是未知量,不能用式(4.19)和(4.20)直接计算出屈曲应力。需要根据力的平衡条件再建立一个截面平均应力的计算公式。图 4.14(b)中的阴影区表示了轴线压力作用时截面承受的应力,集合阴影区的力可以得到:

$$\sigma_{cr} = \frac{2btf_y - 2\ kbt \times \frac{1}{2} 0.8\ kf_y}{2bt} = (1 - 0.4\ k^2) f_y \tag{4.21}$$

联合求解式(4.19)和(4.21)或(4.20)和(4.21),可以得到与长细比 λ_x 或 λ_y 相对应的 σ_{crx} 或 σ_{cry}。绘成如图 4.14(c)所示的无量纲曲线,纵坐标是屈曲应力 σ_{cr} 与屈服强度 f_y 的比值 $\overline{\sigma_{cr}}$,横坐标是正则化长细比 $\overline{\lambda} = \frac{\lambda}{\pi}\sqrt{f_y/E}$。采用这一横坐标,曲线可以通用于不同钢号的构件。在图中还绘出了无残余应力影响的柱的 $\overline{\sigma}_{cr} - \overline{\lambda}$ 曲线,如虚线所示。从图 4.14(c)可知,在 $\overline{\lambda} = 1.0$ 处残余应力对直杆的轴心受压影响最大,对 σ_{cry} 降低了 31.2%,对 σ_{crx} 降低 23.4%。

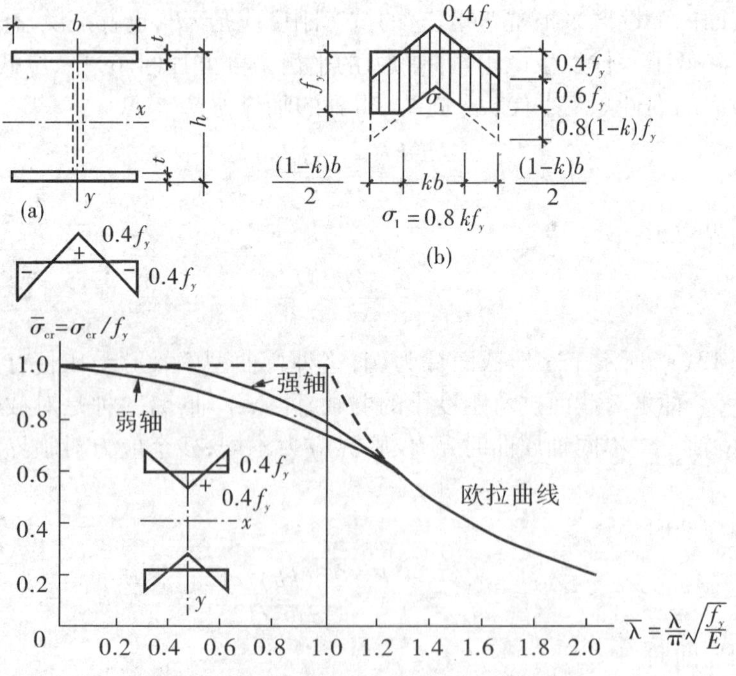

图 4.14 轴心受压柱 $\overline{\sigma}_{cr} - \overline{\lambda}$ 无量纲曲线

2)构件初弯曲的影响 实际的轴心受压构件在加工制造和运输安装的过程中,不可避免地会存在微小弯曲,弯曲的形式也可能是多种多样的。根据已有统计资料,两端铰接的压杆的中点处初弯曲的挠度 v_0 为杆长的1/2000~1/500。

有初弯曲的构件在未受力前就呈弯曲状态,计算简图如图4.15所示,其中 y_0 为任意点处的初挠度。当构件承受轴心压力 N 作用时,挠度将增长为 y_0+y,并同时存在附加弯矩 $N(y_0+y)$,附加弯矩又将使挠度进一步增加。

这里先讨论两端铰接、具有微小初弯曲、等截面轴心受压构件,在弹性稳定状态时挠度随轴心应力逐渐增长的情况。为了分析方便,假定构件初弯曲 y_0 呈半波正弦曲线分布,即 $y_0 = v_0 \sin \dfrac{\pi x}{l}$,设构件在轴心压力 N 作用下产生挠度为 y,则杆件的平衡微分方程为:

$$EI \frac{d^2 y}{dx^2} + N(y + y_0) = 0 \tag{4.22}$$

解此方程可以得到杆的弹性挠曲线,挠度的总值是

$$Y = y_0 + y = \frac{v_0}{1 - \alpha} \sin \frac{\pi x}{l} \tag{4.23}$$

式中 比值 $\alpha = N/N_E = \dfrac{N}{\pi^2 EI/l^2}$

则杆中央总挠度为

$$v_m = v_0 + v = \frac{v_0}{1 - \alpha} = \frac{v_0}{1 - \dfrac{N}{N_E}} \tag{4.24}$$

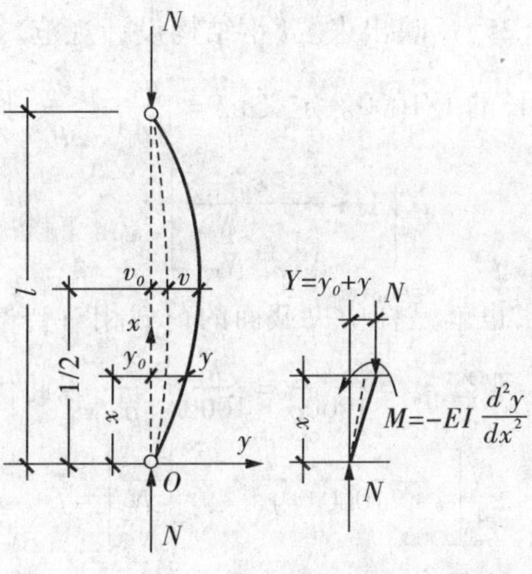

图4.15 具有初弯曲的轴心受压构件

由式(4.24)可知杆的总挠度 v_m 不是随着压力 N 按比例增加的,当 v_0 一定时,挠度 v 和总挠度 v_m 随 N 的增加而加速增大。图4.16是 $v_0=0.1$ 和0.3 cm的两种轴心压杆的 N/N_E-v_m 曲线,可看出,有初弯曲的轴心受压构件,其承载力总是低于欧拉临界力值 N_E,

只有当总挠度 v_m 趋于无穷大时，压力 N 才可能接近或到达 N_E。这两条曲线都是建立在材料是弹性体基础上的。因此从曲线本身还不好判断初弯曲对压杆承载能力的影响程度。

但实际上压杆的受力情况并非如此，如果把钢材看作理想的弹塑性体，在轴心压力 N 和弯矩 $\dfrac{Nv_o}{1-\dfrac{N}{N_E}}$ 的共同作用下，截面边缘纤维开始屈服，杆即进入了弹塑性阶段，从而降低了杆的承载能力。对于无残余应力的轴心压杆，截面开始屈服的条件是：

$$\frac{N}{A}+\frac{Nv_0}{W\left(1-\dfrac{N}{N_E}\right)}=f_y \qquad (4.25)$$

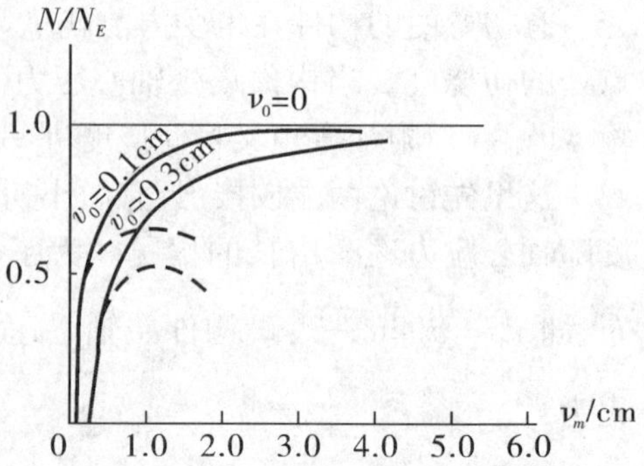

图 4.16　有初弯曲压杆的压力挠度曲线

式中　W——由受压最大纤维确定的毛截面抵抗矩。

在有初弯曲的格构式轴心压杆绕虚轴弯曲时和冷弯薄壁型钢截面的轴心压杆，截面受压最大的纤维开始屈服后塑性发展的潜力不大，很快就会发生失稳破坏。所以，式(4.25)是确定这类轴心压杆承载能力的准则。

有初弯曲的非薄壁型钢截面的实腹式轴心压杆，在杆的中央截面边缘纤维开始屈服并进入弹塑性发展阶段后，荷载还可以有一定幅度的增加，图 4.16 中的虚线部分即表示弹塑性阶段杆的压力挠度曲线。

确定有初弯曲的压杆的弹塑性阶段的承载力 N_u 是比较复杂的，但是初弯曲对轴心压杆的影响还是可以从式(4.25)反映出来。《钢结构设计规范》(GB 50017—2003)对压杆初弯曲的取值规定 v_0 为杆长的 1/1000。定义 $\varepsilon_0=\dfrac{v_0}{W/A}=\dfrac{v_0}{\rho}$，则由式(4.25)得到

$$\frac{N}{A}\left[1+\frac{\varepsilon_0}{\left(1-\dfrac{N}{N_E}\right)}\right]=f_y \qquad (4.26)$$

式中的 ε_0 称为相对初弯曲，也就是杆中央截面的荷载相对初偏心率，$\rho=W/A$ 是截面的核心距。如果 v_0 取 $l/1000$，那么 $\varepsilon_0=\dfrac{l}{1000\rho}=\dfrac{\lambda}{1000}\cdot\dfrac{i}{\rho}$，以此代入上式得到

$$\frac{N}{A}\left[1+\frac{\lambda}{1000}\cdot\frac{i}{\rho}\cdot\frac{1}{1-\dfrac{N}{N_E}}\right]=f_y \qquad (4.27)$$

虽然式(4.27)不能反映有塑性发展的轴心压杆的承载力，但仍可反映当压杆的长细比相同时初弯曲对不同截面形式杆的承载力的影响，因为不同截面形式的比值 i/ρ 是不同的，有时差别很大。i/ρ 值愈大，则截面边缘纤维愈早屈服，因此初弯曲对承载力的影响也愈大。表 4.3 列举了几种钢压杆截面 i/ρ 的近似值。当杆的长细比相同时，对于短杆因初弯曲值很小，而 N_E 值又很大，所以初弯曲的影响很小，对于中等长度的杆由于初弯

曲使截面提前屈服,对承载能力的影响最大。

表 4.3　截面回转半径与核心距的比值

截面形式				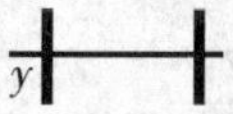		
i/ρ	1.41	1.22	1.25	2.50	1.16	2.10
截面形式		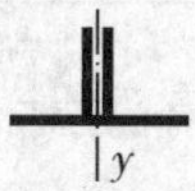	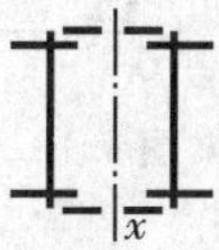			
i/ρ	2.30	2.25	1.14	2.00	1.73	1.73

以欧拉临界力 $N_E=\dfrac{\pi^2 E}{\lambda^2}A$ 和正则化长细比 $\bar{\lambda}=\dfrac{\lambda}{\pi}\sqrt{f_y/E}$ 代入式(4.26)后,可以解出截面的边缘纤维开始屈服时平均应力 σ 与屈服强度 f_y 的比值 $\bar{\sigma}$ 。

$$\bar{\sigma}=\frac{N}{Af_y}=\frac{1}{2}[1+(1+\varepsilon_0)/\bar{\lambda}^2]-\sqrt{\frac{1}{4}[1+(1+\varepsilon_0)/\bar{\lambda}^2]^2-1/\bar{\lambda}^2} \tag{4.28}$$

(3)初偏心的影响　由于构造上的原因和构件截面积尺寸的变异,作用在杆端的轴压力实际上不可避免地会偏离截面的形心而形成初偏心 e_0。

图 4.17 是有初偏心压杆的计算简图,在弹性工作阶段,力的平衡微分方程是

$$EI\frac{d^2y}{dx^2}+N(y+e_0)=0 \tag{4.29}$$

由式(4.29)可以得到杆轴的挠曲线为

$$y=e_0\left(\cos kx+\frac{1-\cos kl}{\sin kl}\sin kx-1\right) \tag{4.30}$$

式中　$k^2=N/EI$。

杆中央的最大挠度为

$$\upsilon=e_0\left[\sec\frac{\pi}{2}\sqrt{N/N_E}-1\right] \tag{4.31}$$

由式(4.31)可知,挠度 υ 也不是随着压力 N 成比例增加的。和初弯曲一样,当压力达到欧拉值 N_E时,不同初偏心的轴心压杆的挠度 υ 均达到无限大。图 4.18 是 e_0=0.1 cm 和 0.3 cm 的两种轴心压杆的 $N/N_E-\upsilon$ 曲线,图中虚线表示杆的弹塑性阶段压力挠度曲线。初偏心对压杆的影响本质上和初弯曲是相同的,但影响的程度有差别。因为初偏心的数值很小,除了对短杆稍有影响外,对长杆的影响远不如初弯曲大,有时为了简单可合并采用一种缺陷代表两种缺陷的影响。

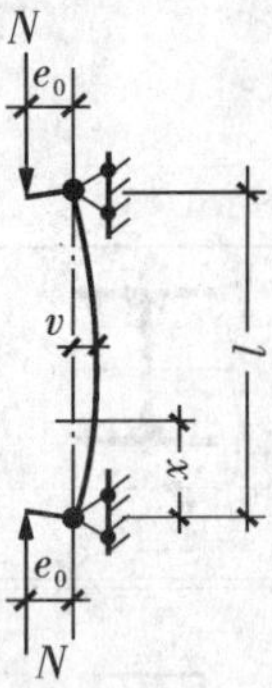

图 4.17　有初偏心的轴心受压构件

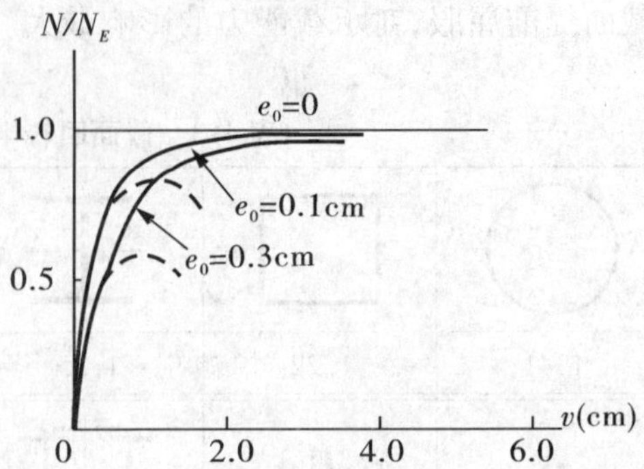

图 4.18　有初偏心压杆的压力挠度曲线

(4)杆端约束的影响　在实际结构中两端铰接的压杆很少,完全固定的也不多。轴心压杆因与其他杆件相连接而受到端部约束,端部约束对杆的承载能力有相当程度影响。按照弹性理论,可以根据杆端的约束条件用等效的计算长度 l_0 来代替杆的几何长度 l,即取 $l_0=\mu l$,从而把两端有约束的杆化为等效的两端铰接的杆。μ 称为计算长度系数,这样有约束的轴心压杆的临界力均可表示为

$$N_{cr}=\frac{\pi^2 EI}{l_0^2}=\frac{\pi^2 EI}{(\mu l)^2} \tag{4.32}$$

表 4.4 列举了几种具有理想端部条件轴心受压构件计算长度系数 μ。考虑到理想条件难于完全实现,表中还给出了用于实际设计的建议值。对于铰接端部条件的杆,因连接而存在的约束所带来的有利影响目前在设计规范中还没有考虑,而对于无转动的端部条件,因实际上很难完全实现,所以 μ 的建议值有所增加。

表 4.4　轴心受压柱计算长度系数 μ

图中虚线表示柱的屈曲形式	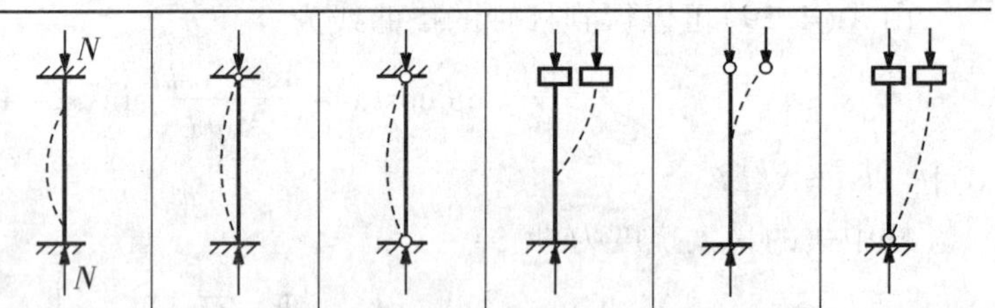					
μ 的理论值	0.5	0.70	1.0	1.0	2.0	2.0
μ 的建议值	0.65	0.80	1.0	1.2	2.1	2.0
端部条件符号	无转动、无侧移 自由转动、无侧移			无转动、自由侧移 自由转动、自由侧移		

(5)实际轴心受压构件的极限承载力　理想的轴心受压构件不论发生弹性弯曲屈曲(如图 4.19 中的曲线 a,屈曲力为欧拉临界力 N_E),还是发生弹塑性弯曲屈曲(如图 4.19 中的曲线 b,屈曲力为切线模量屈曲力 N_{crt}),都是杆件屈曲时才产生挠度。但是实际的轴

心受压构件，因不可避免地存在几何缺陷和残余应力，一经压力作用就产生挠度。图4.19中的曲线(c)是具有初弯曲的矢高为v_0的轴心受压构件的压力挠度曲线。在曲线的A点表示压杆截面的边缘纤维屈服，边缘屈服准则就是以A点所对应的压力为最大承载力。但从极限状态设计来说，压力还可以增加，只是压力超过A点后，构件进入弹塑性阶段，随着塑性区的不断扩展，挠度v增加得很快，到达C点后，压杆的抵抗能力开始小于外力的作用，不能维持平衡，曲线的最高点C处的压力N_u才是具有初弯曲压杆真正的极限承载力，以此为准则计算压杆的稳定承载力，称为“最大强度准则”。具体用以求N_u的数值分析方法是逆算单位长度法。

根据概率统计理论，影响柱承载力的几个不利因素，其最大值同时出现的可能性是极小的。理论分析表明，考虑初弯曲和残余应力两个最主要的不利因素比较合理，初偏心不必另行考虑。初弯曲的矢高取构件长度的1/1000，而残余应力则根据柱的加工条件确定。图4.20是翼缘经火焰切割后再刨边的焊接工字形截面轴压构件按极限强度理论确定的承载力曲线，纵坐标是构件的截面平均应力σ_u与屈服点f_y的值$\bar{\sigma}=\sigma_u/f_y=N_u/(Af_y)$，可以用符号$\varphi$表示，称为轴心受压构件稳定系数，横坐标为构件的正则化长细比$\bar{\lambda}$。为了比较，在图中绘出了有初弯曲与不计初弯曲的两组曲线。从图4.20可知，初弯曲对绕弱轴屈曲的影响比对绕强轴屈曲的影响大。但在弹塑性阶段，残余应力对轴心受压构件承载力的影响则远比初弯曲的影响大。

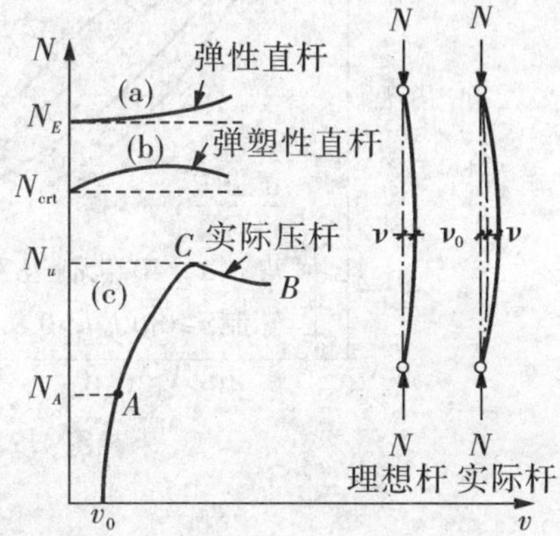

图 4.19　轴心受压构件压力挠度曲线

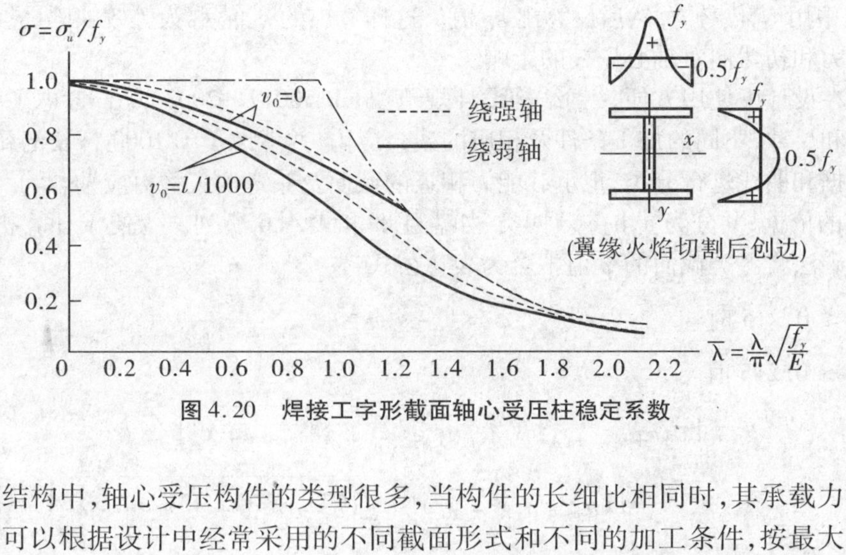

图 4.20　焊接工字形截面轴心受压柱稳定系数

在钢结构中，轴心受压构件的类型很多，当构件的长细比相同时，其承载力往往有很大差别。可以根据设计中经常采用的不同截面形式和不同的加工条件，按最大强度理论得到考虑初弯曲和残余应力影响的一系列曲线，即无量纲化$\varphi-\bar{\lambda}$曲线。在图4.21中以两条虚线表示这一系列曲线变动范围的上限和下限。实际轴心受压构件的稳定系数基本上都在这两条虚线之间。由于不同条件轴心受压构件的 φ 值差别很大，以 $\bar{\lambda}=1.0$ 时的 φ 值为例，上限值可达下限值的 1.4 倍，因此，用一根曲线代表诸多曲线用于设计是不经济合理的。

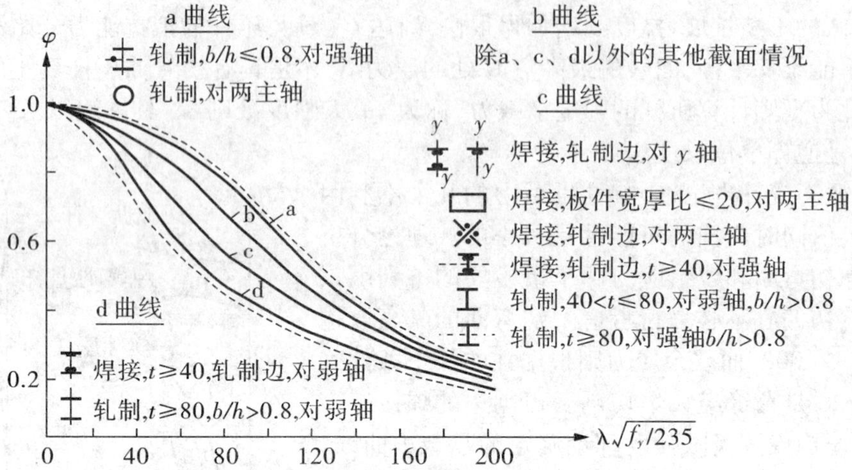

图 4.21 轴心受压构件稳定系数曲线

如前所述，当以截面受压最大的纤维应力达到屈服作为失稳准则时，轴心压杆的承载能力是由式(4.25)确定的，由此式可得到以式(4.28)来表达的稳定系数。按照式(4.28)的本意，ε_0 表示压杆初弯曲的相对值。但是，如果把 ε_0 的含义加以改变后，此式可以用来计算既考虑初弯曲，又考虑残余应力影响的轴心压杆的稳定系数 φ 值。这时 φ 值不再以截面的边缘纤维屈服为准则，而是先按极限理论确定杆的承载力 N_u，令 $\varphi=N_u/(Af_y)$，在式(4.28)中用 N_u 代替 N，然后反算出 ε_0 值。这样算出的 ε_0 值称为等效缺陷，它综合考虑了残余应力和初弯曲对轴心压杆的影响。

为了在设计中使用方便，《钢结构设计规范》(GB 50017—2003)综合考虑了截面的不同的形式和尺寸，不同的加工条件及相应的残余应力，并考虑了 1/1000 杆长的初弯曲，对大量的数据和曲线进行分类，把承载能力相近的截面及其弯曲失稳对应轴合为一类，作为确定 φ 值的依据，共分为 a，b，c，d 四类，如表 4.5 和表 4.6 所列。为便于计算机计算，采用最小二乘法将各类截面的 φ 值拟合为表达公式：

当 $\bar{\lambda}\leqslant 0.215$ 时
$$\varphi=1-a_1\bar{\lambda}^2 \tag{4.33}$$

当 $\bar{\lambda}>0.215$ 时
$$\begin{aligned}\varphi&=\left[(1+\varepsilon_0+\bar{\lambda}^2)-\sqrt{(1+\varepsilon_0+\bar{\lambda}^2)^2-4\bar{\lambda}^2}\right]/2\bar{\lambda}^2\\&=\left[(a_2+a_3\bar{\lambda}+\bar{\lambda}^2)-\sqrt{(a_2+a_3\bar{\lambda}+\bar{\lambda}^2)^2-4\bar{\lambda}^2}\right]/2\bar{\lambda}^2\end{aligned} \tag{4.34}$$

式中 $\bar{\lambda}=\dfrac{\lambda}{\pi}\sqrt{\dfrac{f_y}{E}}$ ——构件的相对(或正则化)长细比，等于构件长细比 λ 与欧拉临界应

力 σ_E 为 f_y 时的长细比（$=\sqrt{\pi^2 E/f_y}=\pi\sqrt{E/f_y}$）的比值；

$\varepsilon_0 = a_2 + a_3\bar{\lambda} - 1$——等效初弯曲率，代表初弯曲、初偏心、残余应力等综合初始缺陷的等效初弯曲率；

a_1、a_2、a_3——系数，按表 4.7 查用。

表 4.5　轴心受压构件的截面分类（板厚 t<40 mm）

截面形式		对 x 轴	对 y 轴
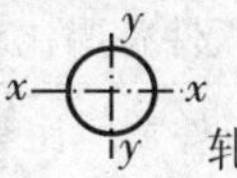 轧制		a类	a类
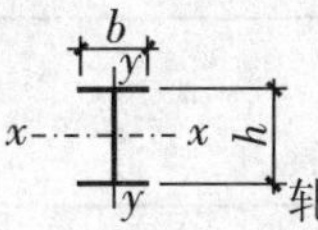 轧制，$b/h\leqslant0.8$		a类	b类
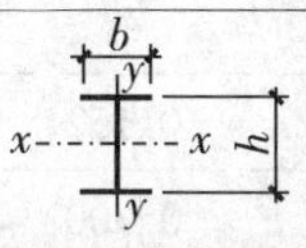 轧制 b/h>0.8；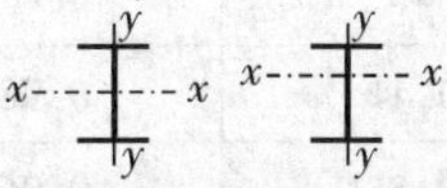 焊接，翼缘为焰切边	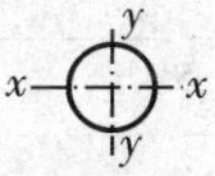 焊接	b类	b类
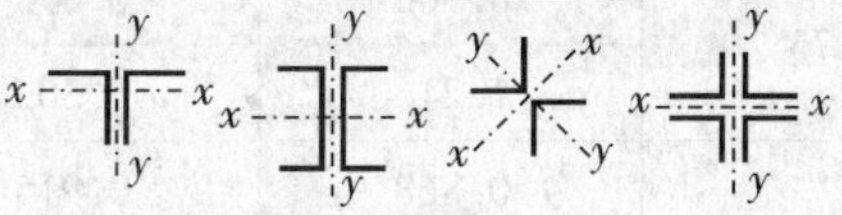 轧制	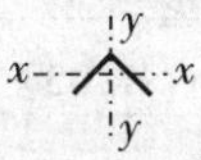 轧制等边角钢		
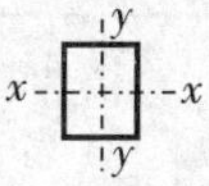 轧制、焊接（板件宽厚比>20）	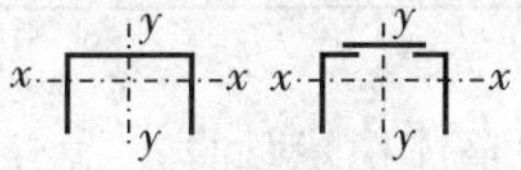 轧制或焊接		
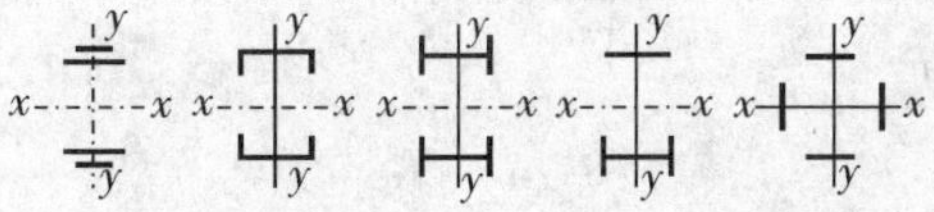 焊接	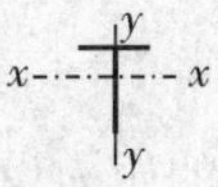 轧制截面和翼缘为焰切边的焊接截面		
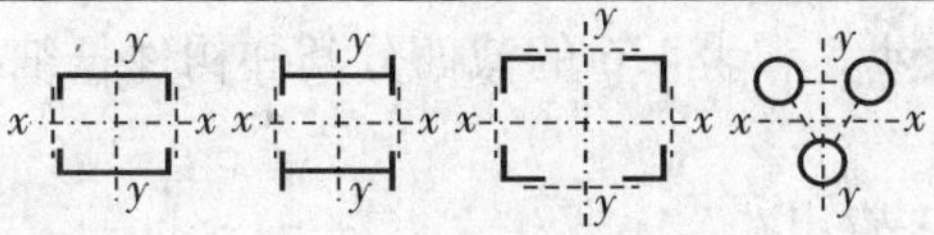 格构式	 焊接，板件边缘焰切		
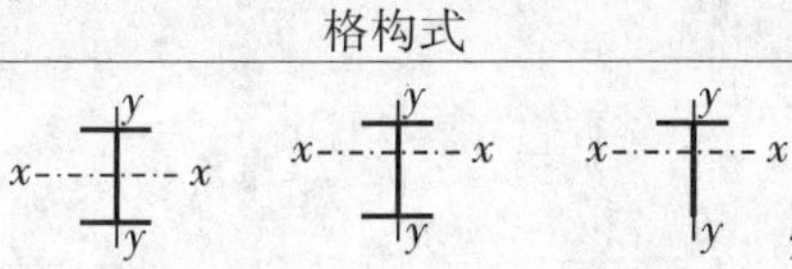 焊接，翼缘为轧制或剪切边		b类	c类
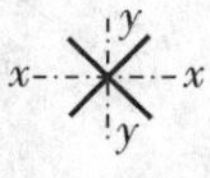 焊接，板件边缘轧制或剪切	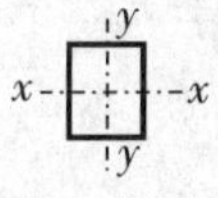 焊接，板件宽厚比≤20	c类	c类

表 4.6　轴心受压构件的截面分类(板厚 $t\geqslant 40$ mm)

截 面 形 式		对 x 轴	对 y 轴
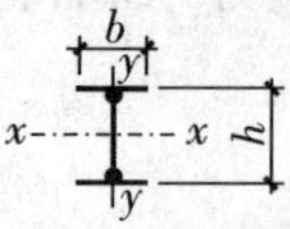 轧制工字形或 H 形截面	$t<80$ mm	b 类	c 类
	$t\geqslant 80$ mm	c 类	d 类
 焊接工字形截面	翼缘为焰切边	b 类	b 类
	翼缘为轧制或剪切边	c 类	d 类
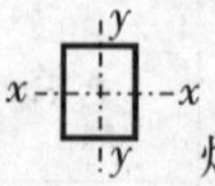 焊接箱形截面	板件宽厚比>20	b 类	b 类
	板件宽厚比≤20	c 类	c 类

表 4.7　系数 a_1、a_2、a_3 值

截面类别		a_1	a_2	a_3
a 类		0.41	0.986	0.152
b 类		0.65	0.965	0.300
c 类	$\bar{\lambda}\leqslant 1.05$	0.73	0.906	0.595
	$\bar{\lambda}>1.05$		1.216	0.302
d 类	$\bar{\lambda}\leqslant 1.05$	1.35	0.868	0.915
	$\bar{\lambda}>1.05$		1.375	0.432

(3)轴心受压构件的整体稳定计算

1)计算公式　轴心受压构件的整体稳定计算公式为

$$\frac{N}{\varphi A}\leqslant f \tag{4.35}$$

式中　N——轴心受压构件的压力设计值;

A——构件的毛截面面积;

φ——轴心受压构件的稳定系数,根据表 4.5 和表 4.6 的截面分类和构件长细比,由附表 4.1 ~ 附表 4.4 查出;

f——钢材的抗压强度设计值,由附表 1.1 查出。

2)构件的长细比

①截面为双轴对称或极对称的构件

$$\lambda_x=\frac{l_{0x}}{i_x} \tag{4.36}$$

$$\lambda_y=\frac{l_{0y}}{i_y} \tag{4.37}$$

式中　l_{0x},l_{0y}——构件对主轴 x 轴和 y 轴的计算长度;

i_x, i_y——构件对主轴 x 轴和 y 轴的回转半径。

对双轴对称十字形的截面构件，λ_x 或 λ_y 取值不得小于 $5.07b/t$。

②截面单轴对称的构件　单角钢截面和双角钢组合 T 形截面绕对称轴的换算长细比可以采用下列简化方法确定。

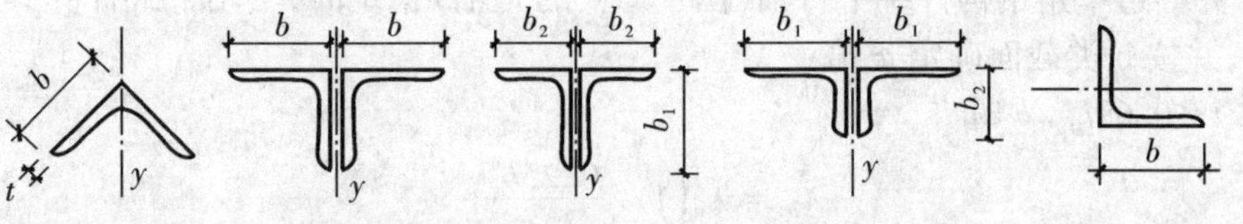

图 4.22　单角钢截面和双角钢组合 T 形截面

等边单角钢截面（图 4.22a）

当 $b/t \leqslant 0.54 l_{0y}/b$ 时

$$\lambda_{yz} = \lambda_y \left(1 + \frac{0.85b^4}{l_{0y}^2 t^2}\right) \tag{4.38}$$

当 $b/t > 0.54 l_{0y}/b$ 时

$$\lambda_{yz} = 4.78 \frac{b}{t}\left(1 + \frac{l_{0y}^2 t^2}{13.5b^4}\right) \tag{4.39}$$

式中　b, t——角钢肢宽度和厚度。

等边双角钢截面（图 4.22b）

当 $b/t \leqslant 0.58 l_{0y}/b$ 时

$$\lambda_{yz} = \lambda_y \left(1 + \frac{0.475b^4}{l_{0y}^2 t^2}\right) \tag{4.40}$$

当 $b/t > 0.58 l_{0y}/b$ 时

$$\lambda_{yz} = 3.9 \frac{b}{t}\left(1 + \frac{l_{0y}^2 t^2}{18.6b^4}\right) \tag{4.41}$$

长肢相拼的不等边双角钢截面（图 4.22 c）

当 $b_2/t \leqslant 0.48 l_{0y}/b_2$ 时

$$\lambda_{yz} = \lambda_y \left(1 + \frac{1.09b_2^4}{l_{0y}^2 t^2}\right) \tag{4.42}$$

当 $b_2/t > 0.48 l_{0y}/b_2$ 时

$$\lambda_{yz} = 5.1 \frac{b_2}{t}\left(1 + \frac{l_{0y}^2 t^2}{17.4b_2^4}\right) \tag{4.43}$$

短肢相拼的不等边双角钢截面（图 4.22d）

当 $b_1/t \leqslant 0.56 l_{0y}/b_1$ 时

$$\lambda_{yz} = \lambda_y \tag{4.44}$$

其他情况

$$\lambda_{yz} = 3.7\frac{b_1}{t}\left(1 + \frac{l_{0y}^2 t^2}{52.7 b_1^4}\right) \tag{4.45}$$

单轴对称的轴心压杆在绕非对称主轴以外的任一轴失稳时,应按照弯扭屈曲计算其稳定性。

当计算等边单角钢构件绕平行轴(图4.22e的u轴)稳定时,可用下式计算其换算长细比λ_{uz},并按b类截面确定φ值:

当$b/t \leqslant 0.69 l_{0u}/b$时

$$\lambda_{uz} = \lambda_u\left(1 + \frac{0.25 b^4}{l_{0u}^2 t^2}\right) \tag{4.46}$$

当$b/t > 0.69 l_{0u}/b$时

$$\lambda_{uz} = 5.4 b/t \tag{4.47}$$

其中

$$\lambda_u = l_{0u}/i_u \tag{4.48}$$

式中 l_{0u}——构件对u轴的计算长度;

i_u——构件截面对u轴的回转半径。

另外还要注意以下几个问题:

无任何对称轴且又非极对称的截面(单面连接的不等边单角钢除外)不宜用作轴心受压构件。

对单面连接的单角钢轴心受压的构件,考虑强度设计值折减系数后,可以不考虑弯扭效应。

【例4.3】 验算如图4.23所示结构中两端铰接的轴心受压柱AB的整体稳定。柱所承受的压力设计值N=1 000 kN,柱的长度为4.2 m。在柱截面的强轴平面内有支撑系统以阻止柱的中点在$ABCD$的平面内产生侧向位移。柱截面为焊接工字形,具有轧制边翼缘,其尺寸为翼缘2-10×220,腹板1-6×200。由Q235钢制作。

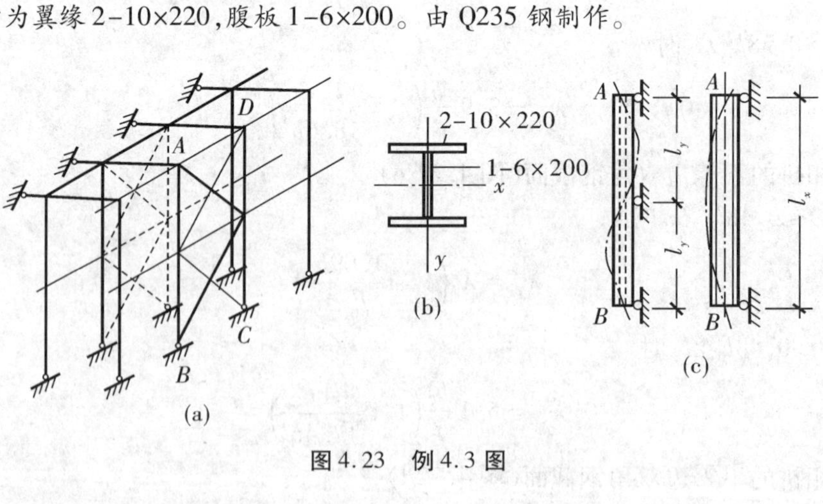

图4.23 例4.3图

【解】 已知N=1 000 kN,由支撑体系知对截面强轴弯曲的计算长度l_{0x}=420 cm,对弱轴的计算长度l_{0y}=0.5×420=210 cm。抗压强度设计值f=215 N/mm²。

①计算截面特性

毛截面面积 $A=2\times22\times1+20\times0.6=56\ \text{cm}^2$

截面惯性矩 $I_x=\dfrac{0.6\times20^3}{12}+2\times22\times10.5^2=5251\ \text{cm}^4$，$I_y=2\times\dfrac{1}{2}\times22^3=10\ 648\ \text{cm}^4$

截面回转半径 $i_x=\sqrt{I_x/A}=\sqrt{5251/56}=9.68\ \text{cm}$，

$$i_y=\sqrt{I_y/A}=\sqrt{10\ 648/56}=13.79\ \text{cm}$$

②柱的长细比和刚度验算

$\lambda_x=l_{0x}/i_x=420/9.68=43.4<[\lambda]=150$

$\lambda_y=l_{0y}/i_y=210/13.79=15.2<[\lambda]=150$

③整体稳定验算

从截面分类表4.5可知，此柱对截面的强轴屈曲时属于b类截面由附表4.2得到 $\varphi_x=0.885$，对弱轴屈曲时属于c类截面，由附表4.3得到 $\varphi_y=0.980$；那么 $\varphi_{\min}=\varphi_x=0.885$。

$$\frac{N}{\varphi_{\min}A}=\frac{1000\times10^3}{0.885\times56\times10^2}=201.8<f=215\ \text{N/mm}^2$$

经验算截面后可知，此柱满足整体稳定和刚度要求。同时 φ_x 和 φ_y 值比较接近，说明材料在截面上的分布比较合理。对具有 $\varphi_x=\varphi_y$ 的构件，可以称为两个主轴等稳定的轴心压杆；这种杆的材料消耗最少。

【例4.4】　由型钢组成格构式轴心受压柱截面如图4.24所示，钢材为Q235钢。考虑初弯曲和残余应力后取等效缺陷 ε_{0x} 为 $l/(500\rho_x)$。试按式(4.34)对虚轴计算稳定系数 φ_x，并与附表4.2中b类截面的 φ 值作比较。

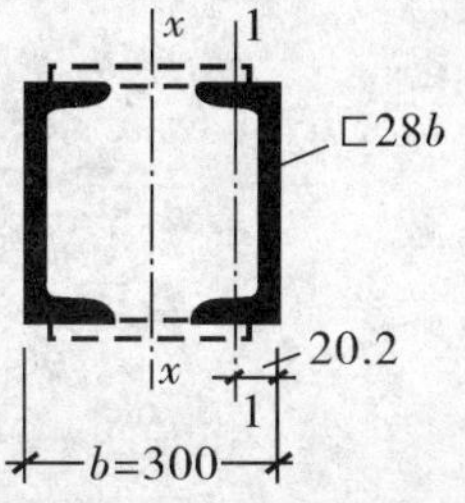

图4.24　例4.4图

【解】　先对虚轴计算截面特性。由附表6.3查得一个槽钢的截面面积 $A_1=45.6\ \text{cm}^2$，形心距 $z_1=2.02\ \text{cm}$，对本身轴1-1的惯性矩 $I_1=242\ \text{cm}^2$。

截面对虚轴的惯性矩 $I_x=2(242+45.6\times12.98^2)=15\ 849\ \text{cm}^4$，

回转半径 $i_x=\sqrt{I_x/A}=\sqrt{15\ 849/91.2}=13.2\ \text{cm}$，

抵抗矩 $W_x=2I_x/b=2\times15\ 849/30=1\ 056.6\ \text{cm}^3$，

$\rho_x=W_x/A=1056.6/91.2=11.59\ \text{cm}$。比值 $i_x/\rho_x=13.2/11.59=1.139$，可近似地取1.14。

等效缺陷　$\varepsilon_{0x}=\dfrac{l}{500\rho_x}=\dfrac{\lambda_x}{500}\cdot\dfrac{i_x}{\rho_x}=0.023\lambda_x$

将 ε_{0x} 之值代入式(4.34)后得到与长细比 λ_x 相对应的 φ_x 值见表4.8。与附表4.2的 φ 值比较可知，b类截面 φ_x 值用于计算这种格构式轴心压杆偏于安全（$\lambda=20$ 的情况除外）。

表4.8　例题4.5轴心受压格构柱的 φ_x 值

λ	0	20	40	60	80	100	120	140	160	180	200	220
φ_x	1.000	0.954	0.901	0.826	0.718	0.584	0.459	0.361	0.287	0.233	0.192	0.161
b类截面 φ_x	1.000	0.970	0.899	0.807	0.688	0.555	0.437	0.345	0.276	0.225	0.188	0.156

4.3.4　轴心受压构件的局部稳定

轴心受压构件的截面设计除考虑强度、刚度和整体稳定外,还应考虑局部稳定。例如,实腹式轴心受压构件一般由翼缘和腹板等板件组成,在轴心压力作用下,板件都承受压力。如果这些板件的平面尺寸很大,而厚度又相对很薄时,就可能在构件丧失整体稳定或强度破坏之前,各自先发生屈曲,即板件偏离其原来的平面位置而发生波状鼓曲,如图4.25所示。因为板件失稳是发生在整体构件的局部部位,所以称为轴心受压构件丧失局部稳定或局部屈曲。由于部分板件因局部屈曲退出受力将使其他板件受力增大,有可能使对称工字形截面变成不对称的,局部屈曲有可能导致构件较早丧失承载能力。另外,格构式轴心受压构件由两个或两个以上的分肢组成,每个分肢又由一些板件组成。各个分肢的板件在轴心压力的作用下有可能在构件丧失整体稳定之前各自发生屈曲,即丧失局部稳定。

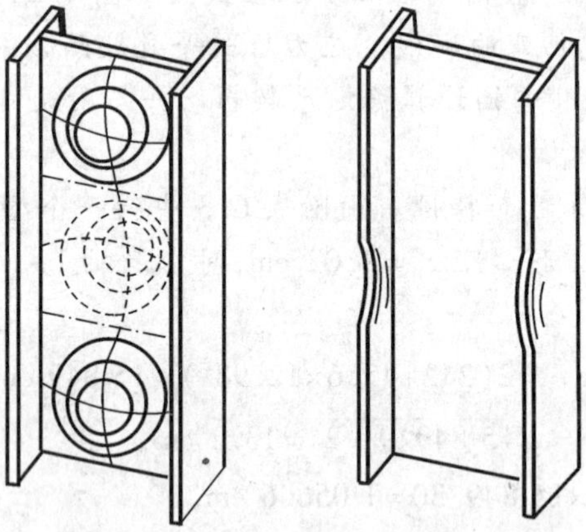

(a)　　　　　　(b)

图4.25　轴心受压构件局部屈曲

(a)腹板屈曲;(b)翼缘屈曲

4.3.4.1　均匀受压板件的屈曲

图4.26绘出了一根双轴对称工字形截面轴心受压柱的腹板和一块翼缘在均匀压应力作用下板件屈曲后的变形状态。当板端的压应力到达其临界值时,图4.26(a)所示的腹板由屈曲前的平面状态变形为曲面状态,板的中轴线 AG 由直线变为 $ABCDEFG_0$。变

形后的板件形成两个向前的凸曲面和一个向后的凹曲面。这块腹板在纵向出现 ABC、CDE 和 EFG 三个屈曲半波。对于更长的板件，屈曲可能使它出现 m 个半波。在板件的横向，每个波段都只出现一个半波。对于图 4.26(b)所示的翼缘，它的支承边是直线 OP，如果这是简支边，在板件屈曲以后在纵向只会出现一个半波；如果支承边有一定约束作用，也可能会出现 m 个半波。

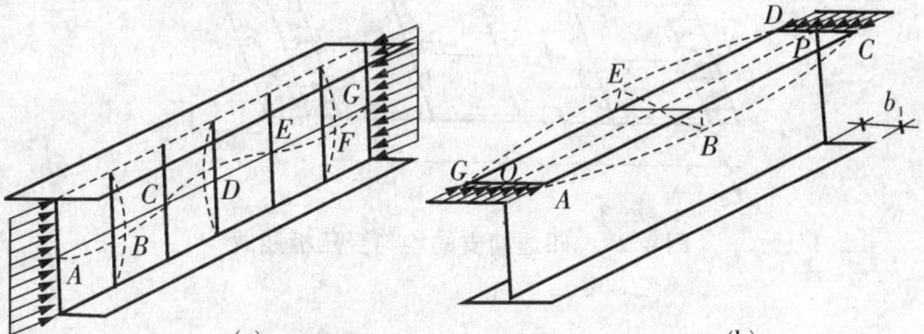

图 4.26　轴心受压柱局部屈曲变形

(1)板件的弹性屈曲应力　在图 4.27 中，虚线表示一块四边简支的均匀受压平板的屈曲变形。在弹性状态屈曲时，单位宽度板的力平衡方程应该是

$$D\left(\frac{\partial^4 w}{\partial x^4} + 2\frac{\partial^4 w}{\partial x^2 \partial y^2} + \frac{\partial^2 w}{\partial y^4}\right) + N_x \frac{\partial^2 w}{\partial x^2} = 0 \tag{4.49}$$

式中　w——板件屈曲以后任一点的挠度；

N_x——单位宽度板所承受的压力；

D——板的柱面刚度，$D = \dfrac{Et^3}{12(1 - \nu^2)}$，其中 t 为板的厚度，ν 为钢材的泊松比。

对于四边简支的板，其边界条件是板边缘的挠度和弯矩均为零，板的挠度可以用下列二重三角级数表示

$$w = \sum_{m=1}^{\infty}\sum_{n=1}^{\infty} A_{mn} \sin\frac{m\pi x}{a} \sin\frac{n\pi y}{b} \tag{4.50}$$

把式(4.50)代入式(4.49)后可以得到板的屈曲力为

$$N_{crx} = \pi^2 D\left(\frac{m}{a} + \frac{a}{m}\cdot\frac{n^2}{b^2}\right)^2 \tag{4.51}$$

式中　a、b——受压方向板的长度和宽度；

m、n——板屈曲后纵向和横向的半波数；

当 $n=1$ 时，可以得到 N_{crx} 的最小值。用 $n=1$ 代入式(4.51)后把它写成 N_{crx} 的下列两种表达式，每一种表达式都有其特定的物理意义：

$$N_{crx} = \frac{\pi^2 D}{a^2}\left(m + \frac{1}{m}\frac{a^2}{b^2}\right)^2 \tag{4.52}$$

$$N_{crx} = \frac{\pi^2 D}{b^2}\left(\frac{mb}{a} + \frac{a}{mb}\right)^2 = k\frac{\pi^2 D}{b^2} \tag{4.53}$$

式(4.52)中的 N_{crx} 把平方展开后由三项组成,前一项和推导两端铰接的轴心压杆的临界力时所得到的结果是一致的。而后两项则表示板的两侧边支承对板变形的约束作用提高了板的临界力。比值 b/a 愈小,则侧边支承对窄板条的约束作用愈大,N_{crx} 提高得也愈多。

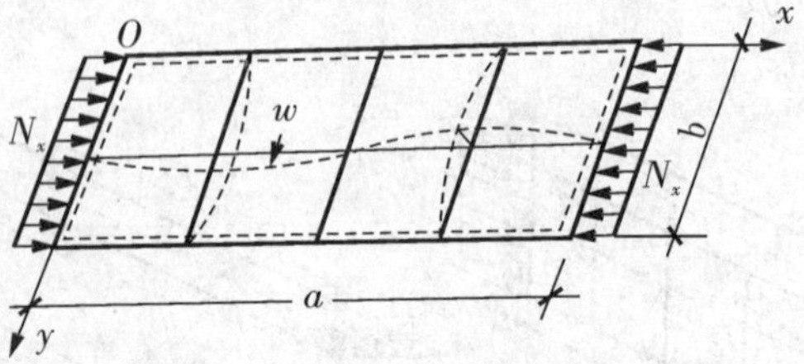

图 4.27　四边简支的均匀受压板屈曲

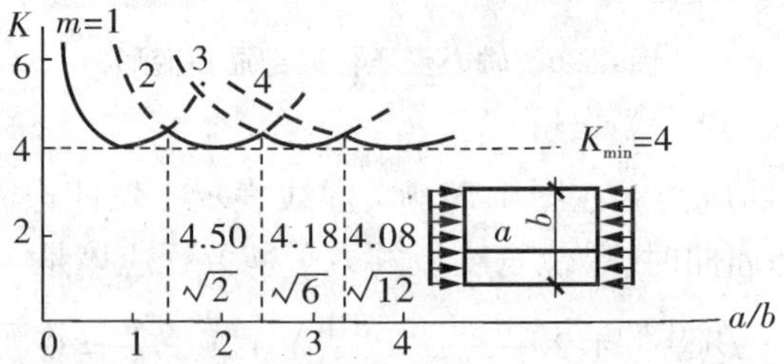

图 4.28　四边简支均匀受压板的屈曲系数

式(4.53)中的系数 k 称为板的屈曲系数。$k=(\frac{mb}{a}+\frac{a}{mb})^2$,可以按照 $m=1$、2、3、4 等等画成一组如图 4.28 所示的曲线。各条曲线都在 $m=\frac{a}{b}$ 为整数值处出现最低点。k 的最小值 $k_{min}=4$。几条曲线的较低部分组成了图中的实线,表示在 $a/b=1$ 以后屈曲系数虽略有变化,但变化的幅度不大。通常板的长度 a 比宽度 b 大得多,因此可以认为当 $a/b>1$ 以后 k 值为一常数 4。所以一般情况减小板的长度并不能提高板的临界力,这和轴心压杆是不同的。但是,如果减小板的宽度则能十分明显地提高板的临界力。

从式(4.53)可以得到板的弹性屈曲应力为:

$$\sigma_{crx}=\frac{N_{crx}}{t}=\frac{k\pi^2 E}{12(1-\nu^2)}\left(\frac{t}{b}\right)^2 \tag{4.54}$$

对于其他支承条件的板,用相同的方法也可以得到和式(4.54)相同的表达式,只是屈曲系数 k 不相同。对于工字形截面翼缘,与作用压力平行的外侧即图 4.26(b)中 AC 边为自由边,而其他三条边 OP、OA 和 PC 为简支边。这时屈曲系数为

$$k=\left(0.425+\frac{b_1^2}{a^2}\right) \tag{4.55}$$

通常翼缘板的长度 a 比它的外伸宽度 b_1 大很多倍,因此可取最小值 $k_{min}=0.425$。

轴心受压构件总是几块板件连接而成的。这样,板件与板件之间常常不能像简支板

那样可以自由转动而是强者对弱者起约束作用。这种受到约束的板边缘称为弹性嵌固边缘。弹性嵌固板的屈曲应力比简支板的高。可以用大于 1 的弹性嵌固系数 χ 对式(4.54)进行修正,则板的弹性屈曲应力为:

$$\sigma_{crx}=\frac{\chi k\pi^2 E}{12(1-\upsilon^2)}\left(\frac{t}{b}\right)^2 \tag{4.56}$$

弹性嵌固的程度取决于相互连接的板件的刚度。对于图 4.26(b)中工字形截面的轴心压杆,一个翼缘的面积可能接近于腹板面积的 2 倍,翼缘的厚度也比腹板大得多,因此常常是翼缘对腹板有嵌固作用,计算腹板的屈曲应力时考虑了残余应力的影响后可用嵌固系数 $\chi=1.3$。相反,腹板对翼缘常常没有嵌固作用,计算翼缘时不能引进大于 1.0 的嵌固系数。图 4.29(a)为均匀受压的方管或矩形管,管的壁厚是相同的。由于图 4.29(b)所示方管在均匀受压时四块板的屈曲条件都是相同的。因此,板件之间并无约束作用,板的边缘都是简支的。图 4.29(c)所示矩形管则有所不同,矩形板的两块宽板 AB 和 CD,其厚度与宽度之比为 t/b_2,而两块窄板 AC 与 BD,其厚度与宽度之比为 t/b_1。按式(4.54)所得,宽板的屈曲应力低于窄板。但是宽板屈曲时窄板对它有一定约束作用,宽板两边可以看作是弹性嵌固边,使板的屈曲应力有所提高。

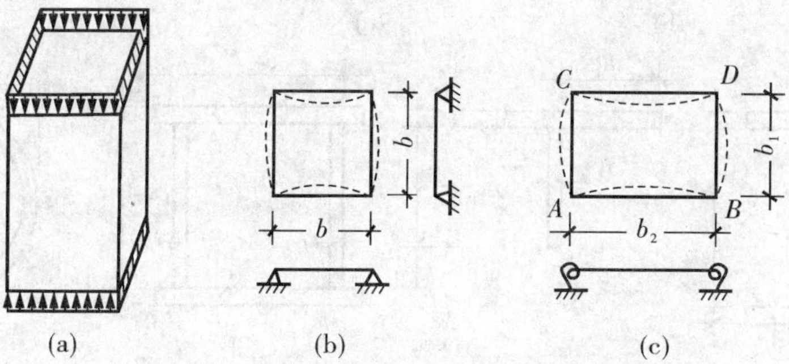

图 4.29　管截面构件中板边缘的支承条件

(2)板件的弹塑性屈曲应力　对于截面没有残余应力的板件,当板屈曲前压应力 σ_x 超过了钢材的比例极限而进入弹塑性状态时,板件受力方向的变形应遵循切线模量 E_t 的变化规律,而 $E_t=\eta E$。但是,在与压应力相垂直的方向,材料的弹性性质没有变化,因此仍用弹性模量 E。这样,在弹塑性状态受力的板属于正交异性板,它的屈曲应力可以用下式确定:

$$\sigma_{crx}=\frac{\chi\sqrt{\eta}k\pi^2 E}{12(1-\upsilon^2)}\left(\frac{t}{b}\right)^2 \tag{4.57}$$

根据一系列轴心压杆的试验资料统计,可以得到弹性模量修正系数 η,但 $\eta\leqslant 1.0$

$$\eta=0.1013\lambda^2\left(1-\frac{0.0248\lambda^2 f_y}{E}\right)\frac{f_y}{E} \tag{4.58}$$

4.3.4.2　板件的宽厚比

(1)工字形截面　为了保证一般钢结构(薄壁型钢、角钢另行考虑)轴心受压构件的局部稳定,通常是采用限制其板件宽厚比的办法来实现,即限制板件宽度与厚度之比不要过大,否则临界应力 σ_{crx} 会很低,会过早发生局部屈曲。对于板件的宽厚比有两种考虑方法:一种是不允许板件的屈曲先于构件的整体屈曲,《钢结构设计规范》(GB 50017—2003)就是据此来限制板件的宽厚比;另一种是允许板件的屈曲先于整体屈曲,虽然板件屈曲会降低构件的承载能力,但由于构件的截面较宽,整体刚度好,从节省钢材来说反而经济,冷弯薄壁型钢结构的设计就是这样考虑的。有时对于一般结构的部分板件,如大尺寸的焊接组合工字形截面的腹板,也允许其先有局部屈曲。本节对板件宽厚比的规定是基于前一种方法,根据板件的临界应力和构件的临界应力相等的原则即可确定板件的宽厚比。也即由式(4.56)或式(4.57)得到 σ_{crx} 应该等于构件的 $\varphi_{min}f_y$。

1)翼缘的宽厚比　在弹性工作范围内如不考虑缺陷对板件和构件的影响,根据前述等稳定的原则可以得到:

$$\frac{k\pi^2E}{12(1-\upsilon^2)}\left(\frac{t}{b_1}\right)^2=\frac{\pi^2E}{\lambda^2} \tag{4.59}$$

式中　b_1 为翼缘的外伸宽度,t 为其厚度,如图 4.30(a)所示;$k=0.425$,$\upsilon=0.3$,这样

$$b_1/t=0.2\lambda \tag{4.60}$$

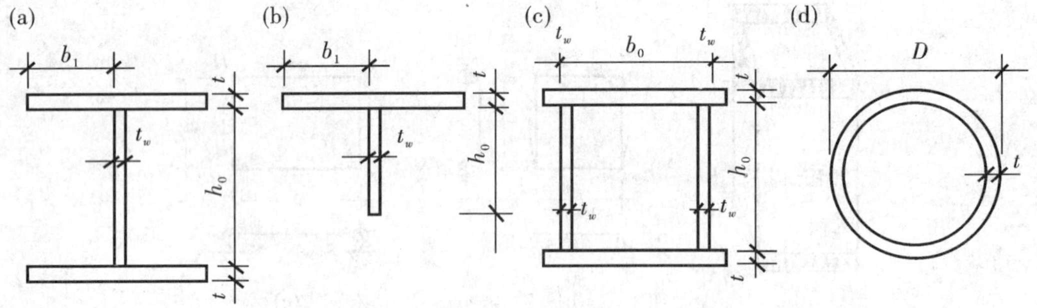

图 4.30　板件尺寸

对于常用的杆,当 $\lambda=75$ 时,由上式得到 $b_1/t=15$。但实际上轴心压杆是在弹塑性阶段屈曲的,因此最好由下式确定 b_1/t 之值。

$$\frac{\sqrt{\eta}\times0.425\pi^2E}{12(1-\upsilon^2)}\left(\frac{t}{b_1}\right)^2=\varphi_{min}f_y \tag{4.61}$$

以式(4.58)中的 η 值和《钢结构设计规范》(GB 50017—2003)中 b 类截面的 φ 值代入上式后可以得到如图 4.31 中虚线所示的 b_1/t 与 λ 的关系曲线。为使用方便可以用三段直线代替,如图中实线所示。规范采用:

$$b_1/t\leqslant(10+0.1\lambda)\sqrt{\frac{235}{f_y}} \tag{4.62}$$

式中　λ 取构件两个方向长细比的较大者,当 $\lambda<30$ 时取 $\lambda=30$,当 $\lambda\geqslant100$ 时取 $\lambda=100$。f_y 的单位为 N/mm^2。

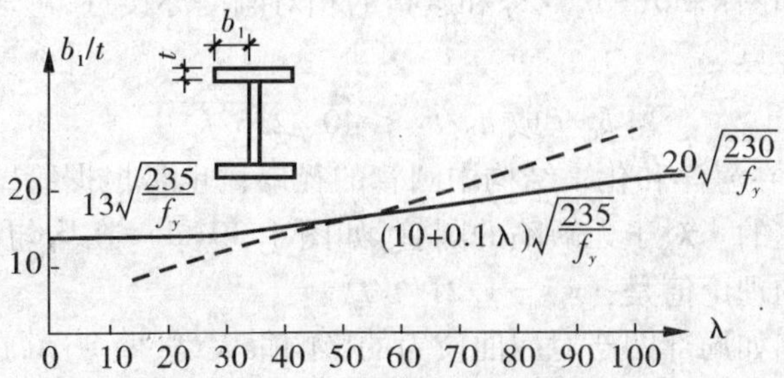

图 4.31　翼缘板的宽厚比

2) 腹板的高厚比　根据构件在弹塑性阶段工作确定腹板的高厚比

$$\frac{1.3\sqrt{\eta}\times 4\pi^2 E}{12(1-\upsilon^2)}\left(\frac{t_w}{h_0}\right)^2=\varphi_{\min}f_y \tag{4.63}$$

式中　腹板的高度 h_0 与厚度 t_w 如图 4.30 所示。由式(4.63)得到的 h_0/t_w 与 λ 的关系曲线见图 4.32 中的虚线，规范采用了下列直线式

$$h_0/t_w\leqslant(25+0.5\lambda)\sqrt{\frac{235}{f_y}} \tag{4.64}$$

式中　λ 取构件中长细比之较大者，当 $\lambda<30$ 时取 $\lambda=30$，当 $\lambda>100$ 时取 $\lambda=100$。

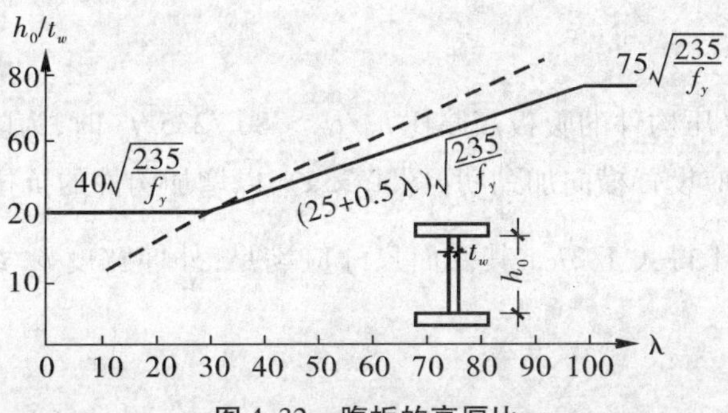

图 4.32　腹板的高厚比

(2) T 形截面　如图 4.30(b)，截面的翼缘板自由外伸宽度 b_1 与厚度 t 之比和工字形截面一样，其 b_1/t 限值按式(4.62)计算。

T 形截面的腹板因其悬伸宽厚比通常比翼缘大得多，轴心受压时局部屈曲受到翼缘的约束，但考虑到 T 形截面几何缺陷和残余应力的影响，《钢结构设计规范》(GB 50017—2003)规定，其腹板计算高度与厚度之比 h_0/t_w 的限值按式(4.65)计算。

热轧剖分 T 型钢
$$\frac{h_0}{t_w}\leqslant(15+0.2\lambda)\sqrt{\frac{235}{f_y}} \tag{4.65a}$$

焊接 T 型钢
$$\frac{h_0}{t_w}\leqslant(15+0.17\lambda)\sqrt{\frac{235}{f_y}} \tag{4.65b}$$

式中 λ 的取值同式(4.64)的规定

(3) 箱形截面　双腹壁箱形截面轴心受压构件的翼缘和腹板在受力条件上并无区

别，均为四边支撑，如图4.30(c)，翼缘和腹板的相对刚度亦接近，可取$\chi=1$。规范规定的宽厚比限值按下式计算

$$b_0/t \text{ 或 } h_0/t_w \leqslant 40\sqrt{235/f_y} \tag{4.66}$$

(4)圆管截面　在海洋和化工结构中圆管的径厚比也是根据管壁的局部屈曲不大于构件的整体屈曲确定的。对于无缺陷的圆管，如图4.30(d)，在均匀的轴线压力作用下，管壁弹性屈曲应力的理论值是：$\sigma_{cr}=1.21Et/D$。

但是管壁的缺陷如局部凹凸对屈曲应力的影响很大，管壁愈薄，这种影响愈大。根据理论分析和试验研究，因径厚比D/t不同，弹性屈曲应力要乘以折减系数0.3至0.6，而且一般圆管都按在弹塑性状态下工作设计。因此，要求圆管的径厚比不大于由下式算出的比值。

$$D/t \leqslant 100(235/f_y) \tag{4.67}$$

式中　D——管径；

t——壁厚；

f_y——单位 N/mm^2。

4.4 实腹式轴心受压构件的截面设计

4.4.1 构造要求

当实腹式轴心受压构件的腹板高厚比$h_0/t_w>80\sqrt{235/f_y}$时，为防止腹板在施工和运输过程中发生变形，应设置横向加劲肋(图4.33a)，以增加构件的抗扭刚度。横向加劲肋一般双侧布置，间距不得大于$3h_0$，其截面尺寸应满足：外伸宽度$b_s\geqslant\dfrac{h_0}{30}+40$ mm；厚度$t_s\geqslant\dfrac{1}{15}b_s$。

此外，为了保证大型实腹式受压构件(工字形或箱形)截面几何形状不变，提高构件抗扭刚度，在受有较大水平集中力作用处和每个运输单元的两端应设置横隔(外伸宽度加宽至翼缘边的横向加劲肋)，构件较长时应设置中间横隔，横隔的间距不得大于构件截面较大宽度的9倍或8 m。

横隔用钢板做成。工字形截面实腹式构件的横隔与横向加劲肋的区别在于与翼缘同宽(图4.33b)，而横向加劲肋则通常较窄。箱形截面实腹式构件的横隔，有一边或两边不能预先焊接，可先焊两边或三边(图4.33c)。

实腹式轴心受压构件板件间(翼缘与腹板间)的纵向连接焊缝受力很小，不必计算，可按构造要求确定焊脚尺寸。

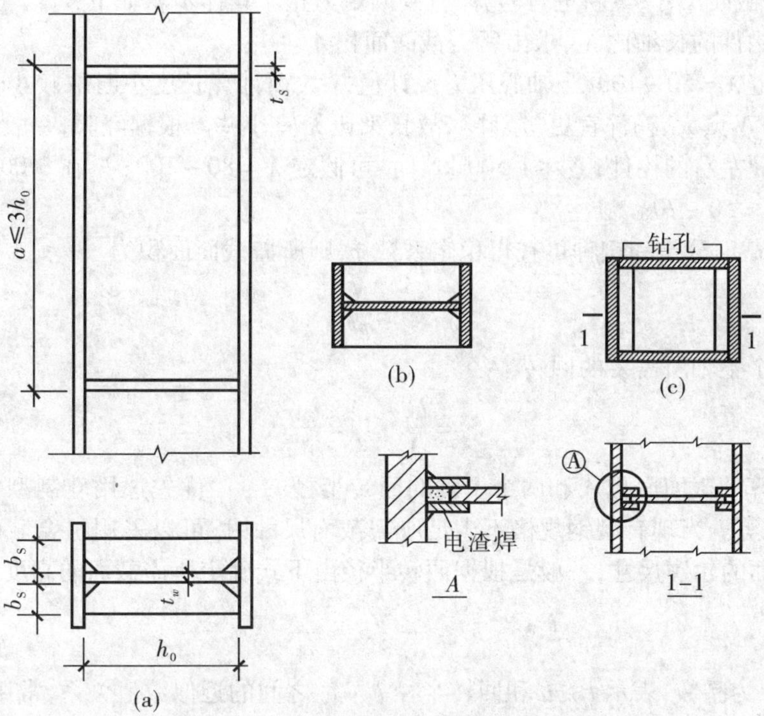

图4.33　实腹式柱的横向加劲肋

4.4.2　截面设计计算

（1）截面设计原则　实腹式轴心受压构件进行截面选择时一般应根据内力大小，两主轴方向上的计算长度以及制造加工、材料供应等情况进行综合考虑。设计原则如下：

1）等稳定性　使构件在两个主轴方向的稳定性相同，以充分发挥其承载能力。因此，尽可能使其两主轴方向的稳定系数或长细比相等，即 $\varphi_x \approx \varphi_y$ 或 $\lambda_x \approx \lambda_y$；

2）宽肢薄壁　在满足板件宽厚比限值的条件下使截面面积分布尽量远离形心轴，以增大截面的惯性矩和回转半径，提高构件的截面刚度和整体稳定性，达到用料合理；

3）制造省工　应使构造简单，充分利用现代化的制造能力和减少制造工作量，从而降低材料造价；

4）连接简便　便于与其他构件连接。

单根轧制普通工字钢由于对 y 轴的回转半径远小于对 x 轴的回转半径，故只适用于计算长度 $l_{0x} \geqslant 3l_{0y}$ 的情况。热轧宽翼缘H型钢制造省工，腹板较薄，翼缘较宽，可以做到与截面的高度相同，因而具有很好的截面特性。采用三块钢板焊接的工字形及十字形截面组合灵活，易使截面分布合理，制造也不复杂。

（2）截面设计　在设计过程中，首先应根据轴心压力的设计值和两主轴方向的计算长度选定合适的截面形式，再按整体稳定要求初选截面尺寸，然后验算所选截面是否满足长细比、整体稳定、局部稳定和刚度要求。如有截面削弱，还应验算截面强度，如果不满足

要求,则调整截面尺寸,重新进行验算,直到满足为止。具体步骤如下:

1)假定构件的长细比 λ ,求出所需截面面积 A 。

一般假定 $\lambda=50\sim100$,当轴心压力设计值 N 大而计算长度小时取较小值,反之取较大值,即压力 N 愈大,构件宜更“矮胖”,故长细比 λ 宜小些。根据经验,一般情况下,对计算长度在 6 m 左右的构件, $N\leqslant1\ 500$ kN 时,可假定 $\lambda=80\sim100$; N 在 3 000 ~3 500 kN 时,可假定 $\lambda=50\sim70$。

根据 λ,截面分类和钢种可查得稳定系数 φ,则所需截面面积为

$$A=\frac{N}{\varphi f}$$

2)求两个主轴所需要的回转半径

$$i_x=\frac{l_{0x}}{\lambda}\ ;\ i_y=\frac{l_{0y}}{\lambda}$$

3)由计算的截面面积 A 和两个主轴的回转半径 i_x 、i_y 优先选用轧制型钢,如普通工字钢、H 型钢等。当现有型钢规格不满足所需截面尺寸时,可以采用组合截面,这时需先初步定出截面的轮廓尺寸,一般是根据回转半径由下式确定所需截面的高度 h 和宽度 b :

$$h\approx\frac{i_x}{\alpha_1}\ ;\ b\approx\frac{i_y}{\alpha_2}\tag{4.68}$$

式中, α_1、α_2 为系数,表示 h 、b 和回转半径 i_x 、i_y 之间的近似数值关系,常用截面可由附表5 查得。

4)由所需的 A 、h 、b 等,再考虑构造要求、局部稳定及钢材规格等,初步选定截面尺寸。

5)对初选截面进行强度、稳定和刚度验算

①当截面有削弱时,需进行强度验算

$$\sigma=\frac{N}{A_n}\leqslant f$$

②整体稳定验算

$$\frac{N}{\varphi A}\leqslant f$$

③局部稳定验算。局部稳定以限制组成板件的宽厚比来保证。对于热轧型钢截面,由于其板件的宽厚比较小,一般能满足要求,可不验算。对于组合截面,则应根据本章第三节的相关规定对板件的宽厚比进行验算。

④刚度验算。实腹式轴心受压构件的长细比应符合规定的容许长细比要求。事实上,在进行整体稳定验算时,构件的长细比 λ 已预先求出,以确定整体稳定系数 φ,因而刚度验算可与整体稳定验算同时进行。

6)如果截面验算后,证明不满足要求,此时可直接修改截面或重新假定 λ ,重复上述步骤,直到满足为止。

【例4.5】 如图4.34 所示,支柱 AB 承受轴心压力设计值 $N=1\ 800$ kN,柱两端铰接,钢材为 Q235,截面无孔眼削弱。试按要求设计此柱的截面:①用普通轧制工字钢;②用热轧 H 型钢;③用焊接工字形截面,翼缘板为焰切边。

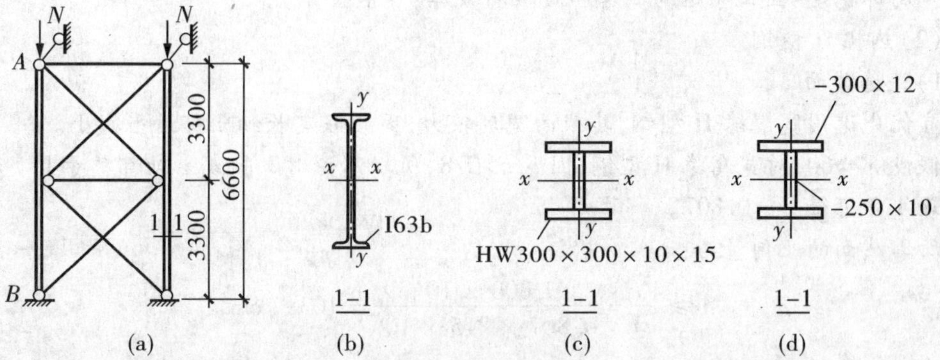

图4.34 例4.5图

【解】 由于AB柱两方向的几何长度不相等,故取如图4.34(b)、(c)、(d)所示的截面朝向,将强轴顺x轴方向。由已知条件AB柱为两端铰接,柱在两个方向的计算长度分别为:

$$l_{0x}=660\ \text{cm},\ l_{0y}=330\ \text{cm}$$

(1)普通轧制工字钢

1)试选截面

假定$\lambda=90$,根据轴心受压构件的截面分类(表4.5)知:对于工字钢,当绕x轴失稳时属于a类截面,由附表4.1查得$\varphi_x=0.714$;绕y轴失稳时属于b类截面,由附表4.2查得$\varphi_y=0.621$。

所需截面的几何量为:

$$A \geqslant \frac{N}{\varphi_{\min}f}=\frac{1\ 800\times 10^3}{0.621\times 215\times 10^2}=134.8\ \text{cm}^2$$

$$i_x=\frac{l_{0x}}{\lambda}=\frac{660}{90}=7.33\ \text{cm}$$

$$i_y=\frac{l_{0y}}{\lambda}=\frac{330}{90}=3.67\ \text{cm}$$

由附表6.1中不可能选出同时满足A、i_x、i_y的工字钢型号,可在A和i_y两值之间选择适当型号。现试选I63b(图4.34b),$A=167\ \text{cm}^2$,$i_x=24.2\ \text{cm}$,$i_y=3.25\ \text{cm}$。

2)截面验算

①强度:因截面无削弱,可不验算强度。

②刚度: $\lambda_x=\frac{l_{0x}}{i_x}=\frac{660}{24.2}=27.3<[\lambda]=150$(满足要求)

$$\lambda_y=\frac{l_{0y}}{i_y}=\frac{330}{3.25}=101.5<[\lambda]=150\ (\text{满足要求})$$

③整体稳定:由于λ_y远大于λ_x,故由λ_y查附表4.2可得$\varphi=0.546$。

$$\frac{N}{\varphi A}=\frac{1\ 800\times 10^3}{0.546\times 167\times 10^2}=197.4\ \text{N/mm}^2<f=205\ \text{N/mm}^2(\text{满足要求})$$

④局部稳定:因工字钢的翼缘和腹板均较厚,可不验算。

(2)热轧 H 型钢

1)试选截面

宜优先选用宽翼缘 H 型钢,其截面宽度较大,因此假定长细比可适当减小。

假设 $\lambda=60$,对宽翼缘 H 型钢,因 $b/h>0.8$,所以不论对 x 轴或 y 轴都属于 b 类截面,查附表 4.2 可得 $\varphi=0.807$。

所需截面的几何量为:

$$A \geqslant \frac{N}{\varphi f}=\frac{1\ 800\times10^3}{0.807\times215\times10^2}=103.7\ \text{cm}^2$$

$$i_x=\frac{l_{0x}}{\lambda}=\frac{660}{60}=11.0\ \text{cm}$$

$$i_y=\frac{l_{0y}}{\lambda}=\frac{330}{60}=5.5\ \text{cm}$$

由附表 6.2 中试选 HW300×300×10×15(图 4.34 c),$A=120.4\ \text{cm}^2$,$i_x=13.1\ \text{cm}$,$i_y=7.49\ \text{cm}$,$b/h=1>0.8$。

2)截面验算

①强度:因截面无削弱,可不验算强度。

②刚度: $$\lambda_x=\frac{l_{0x}}{i_x}=\frac{660}{13.1}=50.4<[\lambda]=150\ (\text{满足要求})$$

$$\lambda_y=\frac{l_{0y}}{i_y}=\frac{330}{7.49}=44.1<[\lambda]=150\ (\text{满足要求})$$

③整体稳定:因对 x 轴和 y 轴都属于 b 类截面,故由长细比较大值 $\lambda_x=50.4$ 查附表 4.2 得 $\varphi=0.854$。

$$\frac{N}{\varphi A}=\frac{1\ 800\times10^3}{0.854\times120.4\times10^2}=175.1\ \text{N/mm}^2<f=215\ \text{N/mm}^2(\text{满足要求})$$

④局部稳定:因工字钢的翼缘和腹板均较厚,可不验算。

(3)焊接工字形

1)试选截面

假设 $\lambda=60$,对焊接工字形、翼缘为焰切边的截面,对 x 轴或 y 轴都属于 b 类截面,查附表 4.2 可得 $\varphi=0.807$。

所需截面的几何量为:

$$A \geqslant \frac{N}{\varphi f}=\frac{1\ 800\times10^3}{0.807\times215\times10^2}=103.7\ \text{cm}^2$$

$$i_x=\frac{l_{0x}}{\lambda}=\frac{660}{60}=11.0\ \text{cm}$$

$$i_y=\frac{l_{0y}}{\lambda}=\frac{330}{60}=5.5\ \text{cm}$$

选用如图 4.34(d)所示尺寸:翼缘 2-300×12;腹板 1-250×10。

截面几何量:

$$A = 2\times30\times1.2+25\times1.0 = 97\ \text{cm}^2$$

$$I_x = \frac{1}{12}\times1.0\times25^3+2\times30\times1.2\times13.1^2 = 13\,658\ \text{cm}^4$$

$$I_y = 2\times\frac{1}{12}\times1.2\times30^3 = 5\,400\ \text{cm}^4$$

$$i_x = \sqrt{\frac{I_x}{A}} = \sqrt{\frac{13\,658}{97}} = 11.87\ \text{cm}$$

$$i_y = \sqrt{\frac{I_y}{A}} = \sqrt{\frac{5\,400}{97}} = 7.46\ \text{cm}$$

2)截面验算

①强度:因截面无削弱,可不验算强度。

②刚度: $\lambda_x = \frac{l_{0x}}{i_x} = \frac{660}{11.86} = 55.6 < [\lambda] = 150$(满足要求)

$$\lambda_y = \frac{l_{0y}}{i_y} = \frac{330}{7.46} = 44.2 < [\lambda] = 150\text{(满足要求)}$$

③整体稳定:因对 x 轴和 y 轴都属于 b 类截面,故由长细比较大值 $\lambda_x = 55.6$ 查附表 4.2 得 $\varphi = 0.830$。

$$\frac{N}{\varphi A} = \frac{1\,800\times10^3}{0.830\times97\times10^2} = 223.6\ \text{N/mm}^2 \approx f = 215\ \text{N/mm}^2,$$

误差 $\Delta = 4\% < 5\%$(满足要求)

④局部稳定:取长细比的较大值 λ_x 进行计算。

翼缘 $\frac{b_1}{t} = \frac{145}{12} = 12.08 < (10+0.1\lambda)\sqrt{\frac{235}{f_y}} = 15.6$(满足要求)

腹板 $\frac{h_0}{t_w} = \frac{25}{1.0} = 25 < (25+0.5\lambda)\sqrt{\frac{235}{f_y}} = 52.8$(满足要求)

4.5 格构式轴心受压构件的截面设计

格构式轴心受压构件一般采用双轴对称截面,如用两根槽钢(图 4.35a、b)或 H 型钢(图4.35c)作为肢件,两肢间用缀条(图4.36a)或缀板(图4.36b)连成整体。这种格构式构件便于调整两分肢间的距离,易实现对两个主轴的等稳定性。槽钢肢件的翼缘可以向内(图4.35a),也可以向外(图 4.35b),前者外观平整优于后者,应用比较普遍。

在受压构件的横截面上穿过肢件腹板的轴线为实轴(图 4.36 中的 y 轴),穿过两肢间缀材面的轴线称为虚轴(图 4.36 中的 x 轴)。

受力较小、长度较大的轴心受压构件也可采用四根角钢组成的截面(图 4.35d),四面均用缀件相连,两主轴都为虚轴,此类截面可用较小的截面面积获得较大的刚度,但制造费工。另外,也可用由三根圆管作肢件组成的截面(图 4.35e),三面用缀材相连,其截面是几何不变的三角形,受力性能较好,两个主轴也都为虚轴。这两种截面的缀材一般采用缀条而不用缀板。

缀条一般用单根角钢做成，而缀板常用钢板做成。

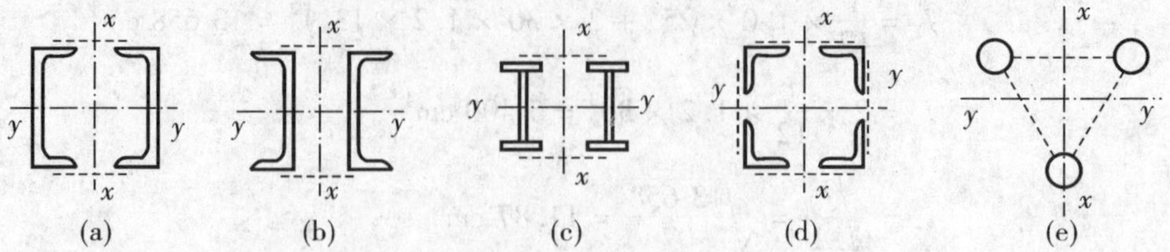

图 4.35 格构式构件的常用截面形式

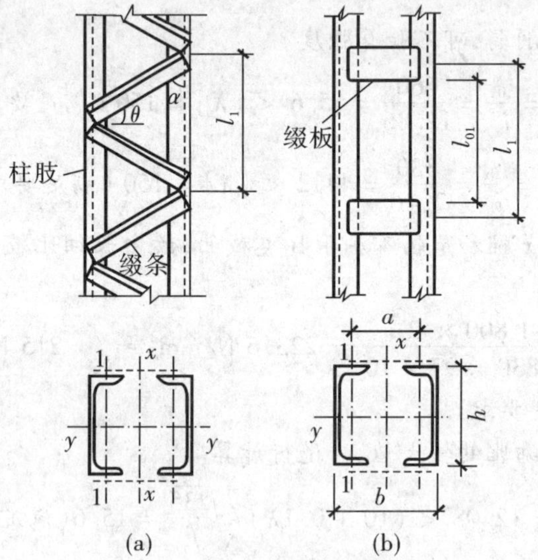

图 4.36 格构式构件的缀材布置

(a)缀条；(b)缀板

4.5.1 格构式轴心受压构件绕虚轴的换算长细比

格构式轴心受压构件的截面通常具有对称轴，当柱的分肢采用槽钢和工字钢时，柱丧失整体稳定时往往是绕截面主轴弯曲屈曲，不大可能发生扭转屈曲和弯扭屈曲。因此在设计这类构件的过程中，计算整体稳定时只需计算绕截面实轴和虚轴抵抗弯曲屈曲的能力。

格构式轴心受压构件绕实轴的弯曲情况与实腹式轴心受压构件相同，因此整体稳定计算也相同，可采用本章 4.4 节中介绍的公式进行计算。

格构式轴心受压构件绕虚轴弯曲时，其绕虚轴的整体稳定临界力比相同长细比的实腹式构件低。轴心受压构件整体弯曲后，沿杆长各截面上将存在弯矩和剪力。对实腹式构件，剪力引起的附加变形很小，对临界力的影响只占 3/1000 左右。因此，在确定实腹式轴心受压构件整体稳定的临界力时，仅仅考虑了由弯矩作用所产生的变形，而忽略了剪力所产生的变形。对于格构式构件，当绕虚轴失稳时，情况有所不同，由于两个分肢不是实体相连，连接两分肢的缀件的抗剪刚度比实腹式构件的腹板弱，故构件的剪切变形较大，剪力造成的附加挠曲影响就不能忽略。因此，如果格构式轴心受压构件绕虚轴的长细比为 λ_x ，则其临界力将低于长细比相同的实腹式轴心受压构件，而仅相当于长细比为 λ_{0x} ($\lambda_{0x} > \lambda_x$)的实腹式构件。经放大的等效长细比 λ_{0x} 称为格构式构件绕虚轴的换算长细比。如果能求得 λ_{0x} ，用以代替原始长细比 λ_x ，则格构式轴心受压构件绕虚轴的整体稳定计算与实腹式构件相同。

(1)双肢格构式构件的换算长细比

1)双肢缀条式格构式构件的换算长细比　根据弹性稳定理论，当考虑剪力的影响后，其临界力表达式为

$$N_{cr} = \frac{\pi^2 EA}{\lambda_x^2} \frac{1}{1 + \frac{\pi^2 EA}{\lambda_x^2}\gamma_1} = \frac{\pi^2 EA}{\lambda_x^2 + \pi^2 EA\gamma_1} = \frac{\pi^2 EA}{\lambda_{0x}^2} \tag{4.69}$$

式中　λ_{0x} ——格构式轴心受压构件绕虚轴临界力换算为实腹式构件临界力的换算长细比。

$$\lambda_{0x} = \sqrt{\lambda_x^2 + \pi^2 EA\gamma_1} \tag{4.70}$$

式中　γ_1——单位剪力作用下的轴线转角。

由上式可知，只要知道单位剪切角 γ_1，即可求出 λ_{0x} 。图4.37(a)所示为两分肢用缀条相连的格构式轴心受压构件的受力和变形情况。斜缀条与构件轴线间夹角为 α ，单位剪切角变 γ_1 取一个缀条节间(长度为 l_1)进行计算。如图4.37(b)所示，设一个节间内两侧斜缀条的面积之和为 A_{1x} [下标 x 表示垂直于 x 轴(虚轴)缀条平面内的斜缀条]，两侧斜缀条内力总和为 N_d 。

在单位剪力作用下，即 $V = 1$ 时，$N_d = 1/\sin\alpha$ ；斜缀条长度 $l_d = l_1/\cos\alpha$ ，则斜缀条的伸长量为

$$\Delta_d = \frac{N_d l_d}{EA_{1x}} = \frac{l_1}{EA_{1x}\sin\alpha\cos\alpha}$$

则由 Δ_d 引起的水平变位 Δ 为

$$\Delta = \frac{\Delta_d}{\sin\alpha} = \frac{l_1}{EA_{1x}\sin^2\alpha\cos\alpha}$$

故剪切角变 γ_1 为

$$\gamma_1 = \frac{\Delta}{l_1} = \frac{1}{EA_{1x}\sin^2\alpha\cos\alpha} \tag{4.71}$$

将式(4.71)代入式(4.70)，可得

$$\lambda_{0x} = \sqrt{\lambda_x^2 + \frac{\pi^2}{\sin^2\alpha\cos\alpha} \cdot \frac{A}{A_{1x}}} \tag{4.72}$$

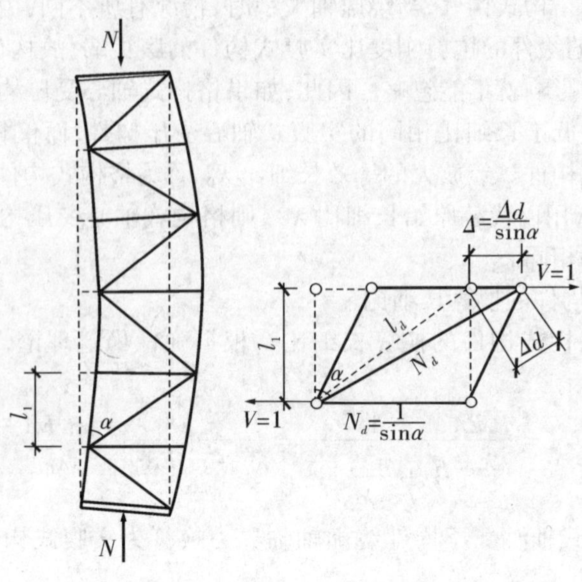

图 4.37 缀条式格构构件有受力和变形

一般斜缀条与构件轴线间的夹角在 40°~70°的范围内,则 $\pi^2/(\sin^2\alpha\cos\alpha)=25.6\sim32.7$,为了简便,《钢结构设计规范》(GB 50017—2003)规定统一取为 27,由此得双肢缀条式格构式构件的换算长细比简化公式

$$\lambda_{0x}=\sqrt{\lambda_x^2+27\frac{A}{A_{1x}}} \tag{4.73}$$

式中 λ_x ——构件对虚轴的长细比;

A ——构件的毛截面面积。

需注意的是,当斜缀条与构件轴线间的夹角不在 40°~70°的范围内时,式(4.73)误差较大,偏于不安全,此时宜采用式(4.72)。另外,推导公式(4.72)时,仅考虑了斜缀条由于剪力作用的轴向伸长产生的节间相对侧移,而未考虑横缀条轴向缩短对相对侧移的影响。因此,式(4.72)和式(4.73)仅适用于不设横缀条或设横缀条但横缀条不参加传递剪力的缀条布置。

2)双肢缀板式格构构件的换算长细比　图 4.38(a)表示缀板式格构轴心受压构件的弯曲变形(包括弯曲和剪切变形)情况,内力和变形可按单跨多层刚架进行分析,并假定反弯点在每层分肢和每个缀板(横梁)的中点。

研究单位剪力 $V=1$ 产生的剪切角变时,取出多层刚架相邻两组反弯点间的一层,在其上下反弯点处施加单位剪力 $V=1$(每个分肢为 $V/2=1/2$),这时该层的变形情况如图 4.38(b)所示。设 l_1 为相邻两缀板间中心距,a 为两分肢轴线间距。

每层分肢水平位移 Δ 包括由于缀板弯曲变形引起的分肢变位 Δ_1 和分肢自身弯曲变形时的变位 Δ_2 两部分的 2 倍(图 4.38b),可分别求算。

缀板与分肢相交节点的转角 θ_1 可按缀板端部作用有端弯矩 $Vl_1/2=l_1/2$ 的简支梁

求得：

$$\theta_1 = \frac{\frac{1}{2}l_1 \cdot \frac{a}{2}}{3EI_b} = \frac{l_1 a}{12EI_b}$$

式中　I_b ——两侧缀板的截面惯性矩之和。

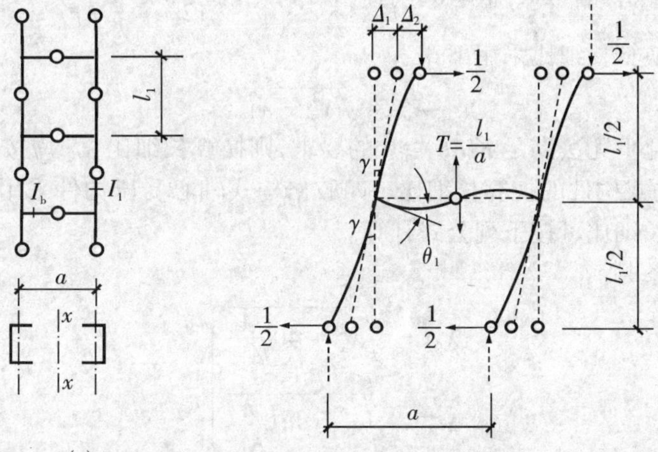

图 4.38　缀板式格构构件的受力和变形

由 θ_1 可求出 Δ_1 为：

$$\Delta_1 = \frac{l_1}{2}\theta_1 = \frac{l_1}{2} \cdot \frac{l_1 a}{12EI_b} = \frac{l_1^2 a}{24EI_b}$$

Δ_2 可按悬臂构件求得：

$$\Delta_2 = \frac{1}{2}\left(\frac{l_1}{2}\right)^3 \cdot \frac{1}{3EI_1} = \frac{l_1^3}{48EI_1}$$

式中　I_1——每个分肢绕其平行于虚轴方向形心轴的惯性矩。

则　　$\Delta = 2(\Delta_1 + \Delta_2) = 2\left(\frac{l_1^2 a}{24EI_b} + \frac{l_1^3}{48EI_1}\right) = \frac{l_1^3}{24EI_1}\left(1 + 2\frac{I_1/l_1}{I_b/a}\right)$

剪切角变 γ_1 为：

$$\gamma_1 = \frac{\Delta}{l_1} = \frac{l_1^2}{24EI_1}\left(1 + 2\frac{I_1/l_1}{I_b/a}\right)$$

将此 γ_1 值代入式(4.70)，并令 $K_1 = I_1/l_1$，$K_b = I_b/a$，得换算长细比 λ_{0x} 为：

$$\lambda_{0x} = \sqrt{\lambda_x^2 + \frac{\pi^2 A l_1^2}{24I_1}\left(1 + 2\frac{K_1}{K_b}\right)}$$

假设分肢截面面积 $A_1 = 0.5A$，令 $A_1 l_1^2/I_1 = \lambda_1^2$，则：

$$\lambda_{0x} = \sqrt{\lambda_x^2 + \frac{\pi^2}{12}\left(1 + 2\frac{K_1}{K_b}\right)\lambda_1^2} \tag{4.74}$$

式中　$\lambda_1 = l_{01}/i_1$——分肢的长细比；i_1 为分肢绕其平行于虚轴方向形心轴的回转半径，

l_{01} 为相邻两缀板间净距(图4.38b)；

$K_1 = I_1/l_1$——一个分肢的线刚度；

$K_b = I_b/a$——两侧缀板线刚度之和。

《钢结构设计规范》(GB 50017—2003)规定,缀板线刚度之和 K_b 应大于6倍的分肢线刚度,即 $K_b/K_1 \geqslant 6$。若取 $K_b/K_1 = 6$,则式(4.74)中的 $\frac{\pi^2}{12}(1+2\frac{K_1}{K_b}) \approx 1$。因此,双肢缀板式格构式构件的换算长细比采用下式:

$$\lambda_{0x} = \sqrt{\lambda_x^2 + \lambda_1^2} \tag{4.75}$$

若在某些情况下无法满足 $K_b/K_1 \geqslant 6$ 的要求,则换算长细比 λ_{0x} 应按式(4.74)计算。

(2)四肢格构式构件的换算长细比　四肢格构式轴心受压构件采用缀条或缀板相连时绕虚轴的换算长细比可按下列公式计算。

当缀件为缀条时:

$$\left.\begin{aligned} \lambda_{0x} &= \sqrt{\lambda_x^2 + 40\frac{A}{A_{1x}}} \\ \lambda_{0y} &= \sqrt{\lambda_y^2 + 40\frac{A}{A_{1y}}} \end{aligned}\right\} \tag{4.76}$$

当缀件为缀板时:

$$\left.\begin{aligned} \lambda_{0x} &= \sqrt{\lambda_x^2 + \lambda_1^2} \\ \lambda_{0y} &= \sqrt{\lambda_y^2 + \lambda_1^2} \end{aligned}\right\} \tag{4.77}$$

以上分析考虑的是整体稳定的情况。对于格构式轴心受压构件,其分肢可看作单独的实腹式轴心受压构件,因此应保证它不先于整体构件失去承载能力。计算时不能简单地采用 $\lambda_1 < \lambda_{0x}$(或 λ_y),这是因为由于初弯曲等缺陷的影响,可能使构件受力时呈弯曲状态,从而产生附加弯矩和剪力。附加弯矩使两分肢的内力不等,而附加剪力还使缀板构件的分肢产生弯矩。另外,分肢截面的分类还可能比整体的(b类)低。这些都使分肢的稳定承载能力降低,所以《钢结构设计规范》(GB 50017—2003)规定:

缀条构件: $\lambda_1 < 0.7\lambda_{max}$ (4.78)

缀板构件: $\lambda_1 \leqslant 0.5\lambda_{max}$,且不应大于40;当 $\lambda_{max} < 50$ 时,取 $\lambda_{max} = 50$ (4.79)

式中　λ_{max}——构件两方向长细比(对虚轴取换算长细比)的较大值;

λ_1——同式(4.74)的规定。但对缀条构件,l_{01} 为相邻两节点间中心距。

对于三肢组成的格构式轴心受压构件的换算长细比详见《钢结构设计规范》(GB 50017—2003)。

4.5.2 格构式轴心受压构件的缀材设计

(1)格构式轴心受压构件的横向剪力　格构式轴心受压构件绕虚轴失稳发生弯曲时,缀材要承受横向剪力的作用。因此,需要首先计算出横向剪力的数值,然后才能进行缀材的设计。

如图4.39所示,两端铰支的格构式轴心受压构件绕虚轴弯曲时,假定最终的挠曲线

为正弦曲线,高度中点的最大挠度为 v_0,则沿杆件任一点的挠度为:

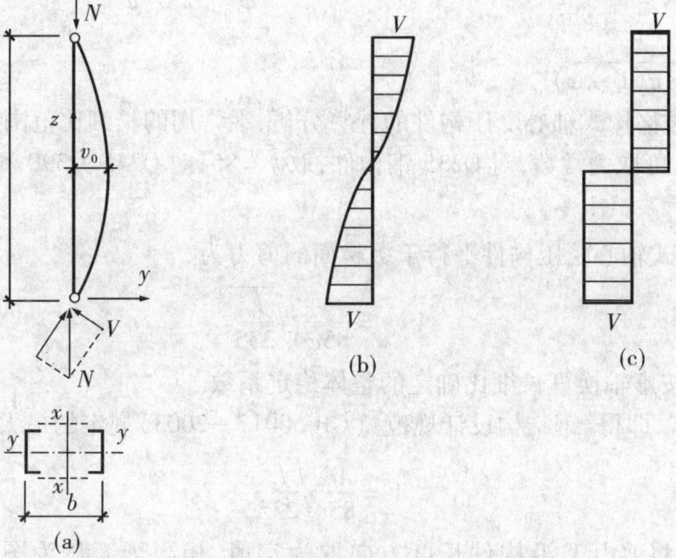

图 4.39　格构式轴心受压构件的剪力计算简图

$$y = v_0 \sin \frac{\pi z}{l}$$

任一点的弯矩为

$$M = N \cdot y = N v_0 \sin \frac{\pi z}{l}$$

任一点的剪力为

$$V = \frac{\mathrm{d}M}{\mathrm{d}z} = N \frac{\pi v_0}{l} \cos \frac{\pi z}{l}$$

即剪力按余弦曲线分布(图 4.39b),最大值在杆件的两端,为

$$V_{\max} = \frac{N\pi}{l} \cdot v_0 \tag{4.80}$$

高度中点的挠度 v_0 可由边缘纤维屈服准则导出。当截面边缘最大应力达到屈服点时,有

$$\frac{N}{A} + \frac{N v_0}{I_x} \cdot \frac{b}{2} = f_y$$

即

$$\frac{N}{A f_y}\left(1 + \frac{v_0}{i_x^2} \cdot \frac{b}{2}\right) = 1$$

上式中令 $\frac{N}{Af_y} = \varphi$,并取 $b \approx i_x/0.44$,得

$$v_0 = 0.88 i_x (1 - \varphi) \frac{1}{\varphi} \tag{4.81}$$

将式(4.81)代入式(4.80),可得

$$V_{max}=\frac{0.88\pi(1-\varphi)}{\lambda_x}\cdot\frac{N}{\varphi}=\frac{1}{k}\cdot\frac{N}{\varphi}$$

式中 $k=\frac{\lambda_x}{0.88\pi(1-\varphi)}$。

经过对双肢格构式轴心受压构件的计算分析,在常用的长细比范围内,k 值与长细比 λ_x 的关系不大,可取为常数,对 Q235 钢构件,取 $k=85$;对 Q345、Q390 和 Q420 钢构件,取 $k\approx 85\sqrt{235/f_y}$。

因此,格构式轴心受压构件平行于缀材面的剪力为

$$V_{max}=\frac{N}{85\varphi}\sqrt{\frac{f_y}{235}}$$

式中 φ——按虚轴换算长细比确定的整体稳定系数。

令 $N=\varphi Af$,即得《钢结构设计规范》(GB 50017—2003)规定的最大剪力的计算式

$$V=\frac{Af}{85}\sqrt{\frac{f_y}{235}} \tag{4.82}$$

在设计中,将剪力 V 沿构件长度方向取为定值,相当于简化为图 4.39(c)的分布图形。

(2)缀条的设计 缀条的布置一般采用单系缀条(图 4.40a),也可采用交叉缀条(图 4.40b)。缀条可视为以构件分肢为弦杆的平行弦桁架的腹杆,内力与桁架腹杆的计算方法相同。在横向剪力作用下,一个斜缀条的轴心力为

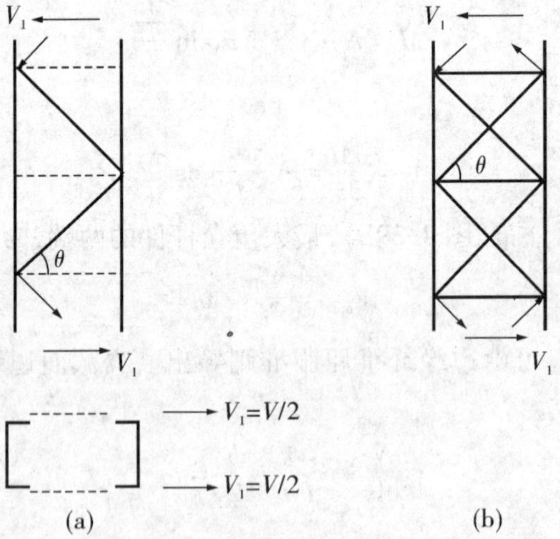

图 4.40 缀条的内力

$$N_1=\frac{V_1}{n\cos\theta} \tag{4.83}$$

式中 V_1——分配到一个缀材面上的剪力,对双肢构件,此剪力由双侧缀材面平均,即各

分担 $V_1 = V/2$；

n ——承受剪力 V_1 的斜缀条条数，单系缀条时，$n=1$；交叉缀条时，$n=2$；

θ ——缀条的倾角。

由于剪力的方向不定，斜缀条可能受拉也可能受压，应按轴心压杆选择截面。

缀条一般采用单角钢，与构件单面连接，考虑到受力时的偏心和受压时的弯扭，当按轴心受力构件设计（不考虑扭转效应）时，应按钢材强度设计值乘以附表 1.4 的折减系数。

交叉缀条体系（图 4.40b）的横缀条按受压力 $N = V_1$ 计算。为了减小分肢的计算长度，单系缀条也可加横缀条，其截面尺寸一般与斜缀条相同，也可按容许长细比为 150 确定。

（3）缀板的设计　缀板构件可视为一多层框架（肢件视为框架立柱，缀板视为横梁）。当它整体挠曲时，假定各层分肢中点和缀板中点为反弯点（图 4.41a）。从构件中取出如图 4.41（b）所示脱离体，可得缀板内力为：

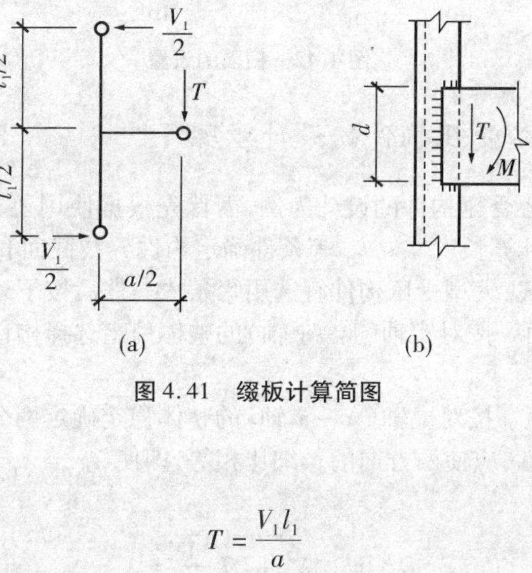

图 4.41　缀板计算简图

剪力

$$T = \frac{V_1 l_1}{a} \tag{4.84}$$

弯矩

$$M = T \cdot \frac{a}{2} = \frac{V_1 l_1}{2} \tag{4.85}$$

式中　l_1——缀板中心线间的距离；

a ——肢件轴线间的距离。

缀板与肢体间用角焊缝相连，角焊缝承受剪力和弯矩的共同作用。由于角焊缝的强度设计值小于钢材的强度设计值，故只需用上述 M 和 T 验算缀板与肢件间的连接焊缝。

缀板应有一定的刚度。同一截面处两侧缀板线刚度之和不得小于一个分肢线刚度的 6 倍。一般取宽度 $d \geqslant 2a/3$（图 4.41b），厚度 $t \geqslant a/40$，并不小于 6 mm。端缀板宜适当加宽，取 $d = a$。

4.5.3 格构式轴心受压构件的构造要求

格构式轴心受压构件的横截面为中部空心的矩形,抗扭刚度较差。为了提高格构式构件的抗扭刚度,保证构件在运输和安装过程中的截面形状不变,应每隔一段距离设置横隔。横隔的间距不得大于构件较大宽度的9倍或8 m,且每个运送单元的端部均应设置横隔。

当构件某处受有较大水平集中力作用时,也应在该处设置横隔,以免构件肢体局部受弯。横隔可用钢板(图4.42a)或交叉角钢(图4.42b)做成。

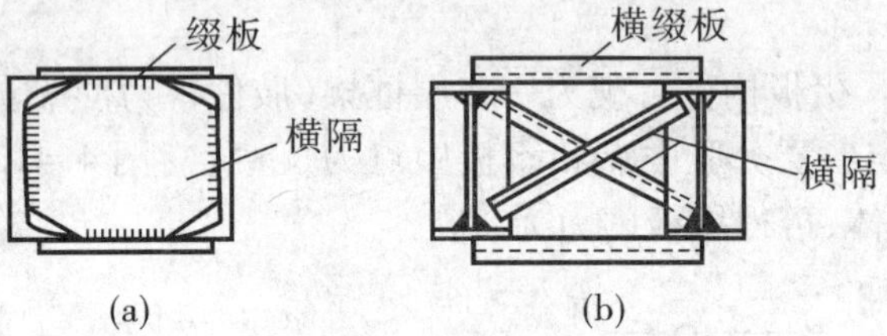

图4.42 横隔的设置

4.5.4 格构式轴心受压构件的设计步骤

以双肢格构式轴心受压构件的设计为例,需首先根据使用要求、材料供应、轴心压力N的大小和两方向的计算长度l_{0x}、l_{0y}等条件确定构件分肢截面和缀材的形式,中小型构件可用缀板式或缀条式,大型受压构件宜选用缀条式。然后按下列步骤进行设计:

(1)试选分肢截面　按对实轴($y-y$轴)的整体稳定选择构件分肢的截面,方法与实腹式构件的计算相同。

(2)确定两肢间距　按对虚轴($x-x$轴)的整体稳定确定两分肢的距离。

为了获得等稳定性,应使两方向的长细比相等,即使$\lambda_{0x}=\lambda_y$。

缀条式构件(双肢)

$$\lambda_{0x}=\sqrt{\lambda_x^2+27\frac{A}{A_{1x}}}=\lambda_y$$

即

$$\lambda_x=\sqrt{\lambda_y^2-27\frac{A}{A_{1x}}} \tag{4.86}$$

缀板式构件(双肢)

$$\lambda_{0x}=\sqrt{\lambda_x^2+\lambda_1^2}=\lambda_y$$

即

$$\lambda_x=\sqrt{\lambda_y^2-\lambda_1^2} \tag{4.87}$$

对缀条式构件应预先确定斜缀条的截面A_{1x},可大约按$A_{1x}/2\approx0.05A$预选斜缀条的角钢型号,并以其面积代入公式计算,以后再按其所受内力进行验算;对缀板式构件应先假定分肢长细比λ_1,可先按$\lambda_1<0.5\lambda_y$且不大于40代入公式计算,以后即按$l_{01}\leqslant\lambda_1 i_1$的

缀板净距布置缀板，或者先布置缀板计算 λ_1 亦可。

按式(4.86)或(4.87)计算得出 λ_x 后，即可得对虚轴的回转半径：

$$i_x = l_{0x}/\lambda_x$$

根据附表5，可得构件在缀材方向的宽度 $b \approx i_x/\alpha_1$，也可由已知截面的几何量直接算出构件的宽度 b，一般取 b 为 10 mm 的倍数，且两肢净距宜大于 100 mm，以便内部油漆。

(3)截面验算　对试选的截面作如下的几方面验算。

1)强度：截面无削弱时，可不验算；

2)刚度：注意对虚轴应用换算长细比；

3)整体稳定：式中 φ 值由 λ_{0x} 和 λ_y 中的较大值查表；

4)分肢稳定：按式(4.78)和式(4.79)计算。

(4)设计缀条或缀板(包括它们与分肢的连接)。

进行以上计算时应注意：构件对实轴的长细比 λ_y 和对虚轴的换算长细比 λ_{0x} 均不得超过容许长细比 $[\lambda]$。

【例4.6】　例4.5中的轴心压力设计值 N=1 000 kN，试将支柱 AB 设计成缀条柱，材料Q345钢。如图4.43所示。

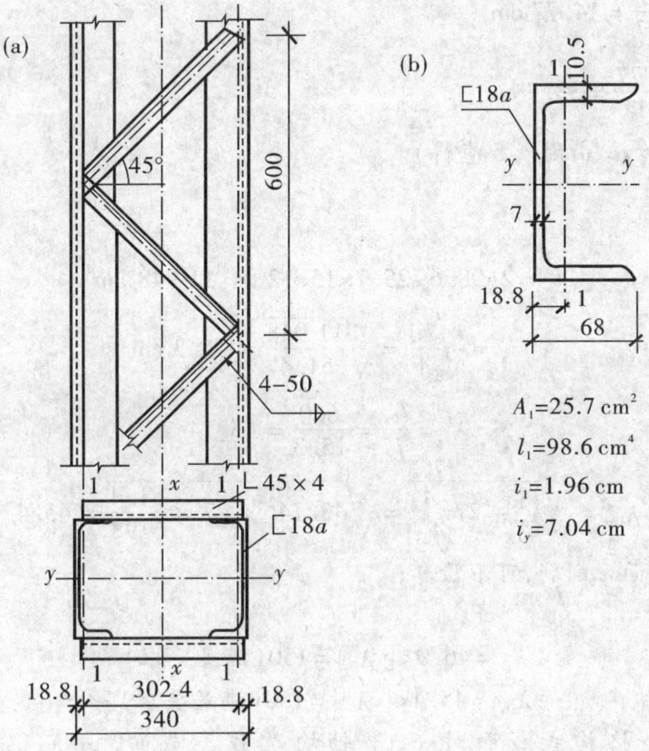

图4.43　例4.6图

【解】　1)试选分肢截面(对实轴 $y-y$ 计算)

假定 $\lambda_y=60$，由 $\lambda_y\sqrt{f_y/235}=60\sqrt{345/235}=72.7$ 查附表4.2(b类截面)得 $\varphi_y=$

0.734，需要的截面面积为：

$$A=\frac{N}{\varphi_y f}=\frac{1000\times10^3}{0.734\times310\times10^2}=43.9\ \mathrm{cm^2}$$

所需回转半径：

$$i_y=\frac{l_{0y}}{\lambda_y}=\frac{330}{60}=5.5\ \mathrm{cm}$$

由附表6.3选用2[18a，$A=2\times25.7=51.4\ \mathrm{cm^2}$，$i_y=7.04\ \mathrm{cm}$，$I_1=98.6\ \mathrm{cm^4}$，$i_1=1.96\ \mathrm{cm}$，$z_0=18.8\ \mathrm{mm}$。

(2)确定两肢间距(对虚轴 $x-x$ 计算)：

$$\lambda_y=\frac{l_{0y}}{i_y}=\frac{330}{7.04}=46.9$$

$$\lambda_x=\sqrt{\lambda_y^2-27\frac{A}{A_{1x}}}=\sqrt{46.9^2-27\frac{51.4}{6.98}}=44.7$$

式中斜缀条角钢系根据 $A_{1x}/2\approx0.05A=0.05\times51.4=2.57\ \mathrm{cm^2}$ 预选，并按构造取最小角钢，查附表6.4，选角钢L45×4，则 $A_{1x}=2\times3.49=6.98\ \mathrm{cm^2}$。

$$i_x=\frac{l_{0x}}{\lambda_x}=\frac{660}{44.7}=14.77\ \mathrm{cm}$$

$$b\approx\frac{i_x}{\alpha_2}=\frac{14.77}{0.44}=33.7\ \mathrm{cm}$$

取 $b=34\ \mathrm{cm}$(α_2 由附表5查得)。

3)截面验算

截面特性：

$$I_x=2(98.6+25.7\times15.12^2)=11\ 948\ \mathrm{cm^4}$$

$$i_x=\sqrt{\frac{I_x}{A}}=\sqrt{\frac{11\ 948}{51.4}}=15.3\ \mathrm{cm}$$

$$\lambda_x=\frac{l_{0x}}{i_x}=\frac{660}{15.3}=43.14$$

$$\lambda_{0x}=\sqrt{\lambda_x^2+27\frac{A}{A_{1x}}}=\sqrt{43.14^2+27\times\frac{51.4}{6.98}}=45.4$$

①强度：因截面无削弱，可不验算；

②刚度：

$$\lambda_y=46.9<[\lambda]=150\text{(满足要求)}$$

$$\lambda_{0x}=45.4<[\lambda]=150\text{(满足要求)}$$

③整体稳定：格构式截面对 x、y 轴均属b类截面，由 $\lambda_{max}=\lambda_y=46.9$(按 $46.9\sqrt{f_y/235}=56.8$)查附表4.2，得 $\varphi=0.824$，则：

$$\frac{N}{\varphi A}=\frac{1\ 000\times10^3}{0.824\times51.4\times10^2}=236\ \mathrm{N/mm^2}<f=310\ \mathrm{N/mm^2}\text{(满足要求)}$$

④分肢稳定：按式(4.78)，缀条按45°布置。

$\lambda_1 = \dfrac{l_{01}}{i_1} = \dfrac{60}{1.96} = 30.6 < 0.7\lambda_{max} = 0.7 \times 46.9 = 32.8$（满足要求）

(4)缀条计算：

由式(4.82)，缀件面剪力：

$$V_1 = \frac{1}{2}\left(\frac{Af}{85}\sqrt{\frac{f_y}{235}}\right) = \frac{1}{2} \times \frac{51.4 \times 10^2 \times 310}{85}\sqrt{\frac{345}{235}} = 11\ 357\ \text{N}$$

由式(4.83)，斜缀条内力：$N_1 = \dfrac{V_1}{n\cos\theta} = \dfrac{11\ 357}{\cos45°} = 16\ 064\ \text{N}$

斜缀条角钢∟ 45×4（Q235 钢），$A = 3.49\ \text{cm}^2$，$i_{y_0} = 0.89\ \text{cm}$。

$\lambda = \dfrac{l_0}{i_{y_0}} = \dfrac{30.24}{\cos45° \times 0.89} = 48 < [\lambda] = 150$（满足刚度要求）

轧制等边角钢截面对 x、y 轴均属 b 类截面，查附表 4.2，$\varphi = 0.865$，单面连接等边角钢按轴心受压计算稳定时，强度设计值折减系数 $\eta = 0.6 + 0.0015\lambda = 0.6 + 0.0015 \times 48 = 0.672$，则：

$\dfrac{N_1}{\varphi A} = \dfrac{16\ 064}{0.865 \times 3.49 \times 10^2} = 53.2\ \text{N/mm}^2 < \eta f = 0.672 \times 215 = 144.5\ \text{N/mm}^2$（满足要求）

(5)缀条连接焊缝

采用两面侧焊，取 $h_f = 4$ mm，焊条 E43 型。

肢背焊缝需要的计算长度　$l_{w1} = \dfrac{k_1 N_1}{0.7h_f \times \eta f_f^w} = \dfrac{0.7 \times 16\ 064}{0.7 \times 4 \times 0.85 \times 160} \approx 30$ mm

肢尖焊缝需要的计算长度　$l_{w2} = \dfrac{k_2 N_1}{0.7h_f \times \eta f_f^w} = \dfrac{0.3 \times 16\ 064}{0.7 \times 4 \times 0.85 \times 160} \approx 13$ mm

因为 $l_{w,min} = \{8h_f, 40\ \text{mm}\}_{max} = 40$ mm

所以取 $l_{w1} = l_{w2} \geq 40$ mm。那么，焊缝的实际长度 $l = l_w + 2h_f \geq 40 + 2 \times 4 = 48$ mm

所以，按最小长度，取 $l_1 = l_2 = 50$ mm。

(6)横隔

柱截面最大宽度为 340 mm，横隔间距≤9×0.34＝3.06 m 和 8 m。柱高 6.6 m，上下两端有柱头柱脚，中间三分点处设两道钢板横隔，并与斜缀条节点配合设置。

思考题

1. 理想轴心压杆与实际轴心压杆有何区别？
2. 残余应力对压杆的稳定性有何影响？
3. 轴心受压构件的稳定系数 φ 为什么要按截面形式和对称轴分类？
4. 轴心受压格构式构件对虚轴的稳定性为什么要采用换算长细比？
5. 试述轴心受压实腹式与格构式构件的截面设计步骤。
6. 对轴心受力构件的截面形式有什么共同要求？
7. 对轴心受力构件进行强度计算时，所取截面积是净截面面积还是毛截面面积？

8. 轴心受力构件的刚度是用长细比来衡量的吗？如何使构件满足刚度要求？长细比对轴压构件更为重要吗？为什么？

9. 轴心拉杆和轴心压杆分别需做哪几方面的验算？它们的承载能力分别由什么条件决定？

10. 理想轴心受压构件可能发生哪几种形式的屈曲变形？双轴对称截面构件常见的屈曲形式是什么？

11. 实际轴心受压构件的初始缺陷有哪些？

12. 何为轴心受压构件丧失局部稳定或局部屈曲？如何保证一般轴心受压构件的局部稳定？

13. 实腹式轴心受压构件须作哪几方面的验算？计算公式分别是什么？

14. 格构式轴心受压构件所用缀材有哪两种？如何布置？

15. 格构式构件的实轴与虚轴分别指什么？

习 题

1. 一两端铰接的热轧型钢 I20a 轴心受压柱，截面如图所示，杆长为 6 m，设计荷载 $N=380$ kN，钢材为 Q235 钢，试验算该柱的强度是否满足？

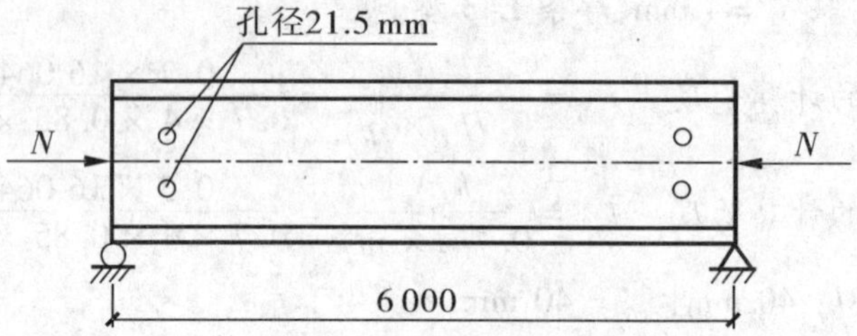

习题 1 图

2. 试按切线模量理论画出轴心压杆的临界应力和长细比的关系曲线。杆件由屈服强度 $f_y = 235\ \text{N/mm}^2$ 的钢材制成，材料的应力应变曲线近似地由图所示的三段直线组成，假定不计残余应力。$E = 206 \times 10^3\ \text{N/mm}^2$（由于材料的应力应变曲线是分段变化的，而每段的变形模量是常数，所以画出的 $\sigma_{cr} - \lambda$ 曲线将是不连续的）。

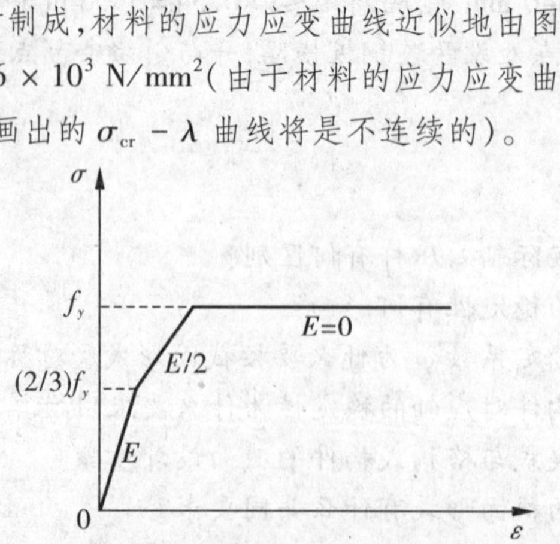

习题 2 图

3. 一轴心受压工字形截面构件，两翼缘截面均为 $b \times t$，翼缘板上残余应力按二次抛物线分布，残余应力峰值 $\sigma_{rc} = 0.3f_y$，如图所示。腹板截面较小，略去不计。钢材为理想弹塑性体，屈服点为 f_y。试求考虑残余应力影响此轴心受压构件绕截面弱轴 $y-y$ 轴的柱子曲线，即 $\bar{\sigma}_{cr} - \bar{\lambda}$ 曲线（$\bar{\sigma}_{cr} = \dfrac{\sigma_{cr}}{f_y}, \bar{\lambda} = \dfrac{\lambda}{\pi}\sqrt{\dfrac{f_y}{E}}$），并求当 $\bar{\lambda} = 1$ 时，$\bar{\sigma}_{cr}$ 较不考虑残余应力影响时降低多少（提示：截面上的残余应力应满足静力平衡条件，由此可求出 σ_{rt}）？

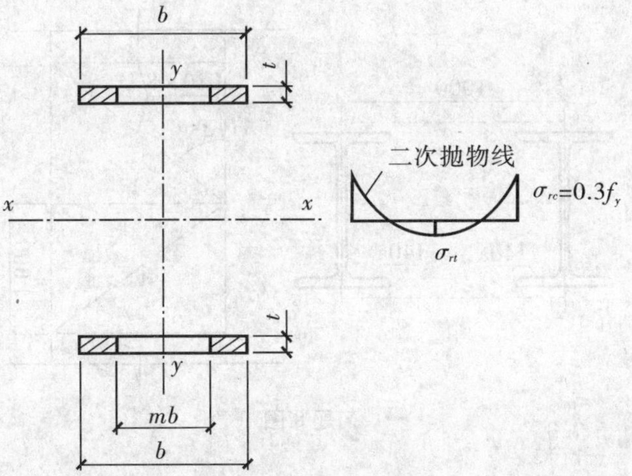

习题3图

4. 某车间工作平台柱高 2.4 m，按两端铰接的轴心受压柱考虑。如果柱采用 I16，试计算：

(1) 钢材采用 Q235 时，设计承载力为多少？

(2) 改用 Q345 钢时，设计承载力是否显著提高？

(3) 如果轴心压力设计值为 500 kN，I16 能否满足要求？如不满足，从构造上采取什么措施可满足要求？

5. 如图所示两种截面（焰切边缘）的工字形钢截面积相等，钢材均为 Q345。当用作长度为 10 m 的两端铰接轴心受压柱时，是否能安全承受设计荷载 3 000 kN？

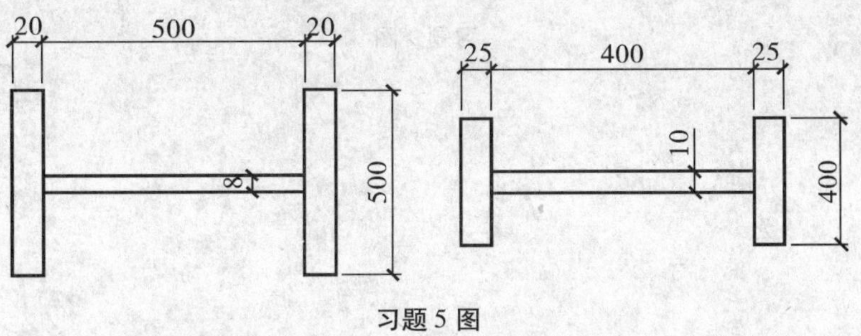

习题5图

6. 一根上端铰接、下端固定的轴心受压柱，承受的压力设计值为 $N = 850$ kN，柱的计算长度为 4.8 m,钢材标号为 Q235。要求选择柱的截面。如果柱的长度改为 6.5 m,试算出原截面能承受多大设计力。

7. 设计由两槽钢组成的缀条柱,柱长 5.5 m,两端铰接,设计轴心压力为 1300 kN,钢材为 Q235-B,截面无削弱。若将缀条换为缀板,试设计该柱。

8. 一轴心受压缀条柱,柱肢采用工字型钢,如图所示。求轴心压力设计值。计算长度 $l_{0x}=24$ m, $l_{0y}=12$ m(x 轴为虚轴),材料为 Q345。

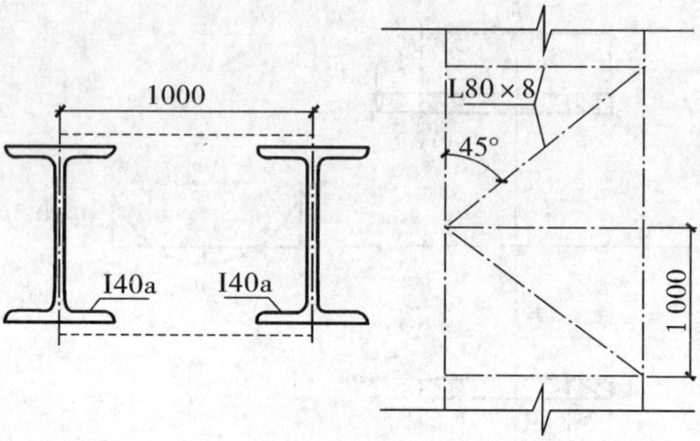

习题 8 图

9. 设计一轴心受压缀板柱。柱肢采用工字型钢,如图所示。已知轴心压力设计值 $N=1\ 800$ kN(包括自重),计算长度 $l_{0x}=18$ m, $l_{0y}=9$ m(x 轴为虚轴),材料为 Q235。

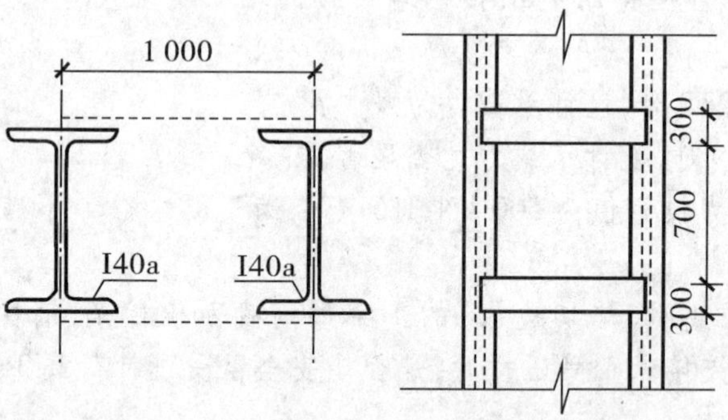

习题 9 图

第 5 章　受弯构件的设计

5.1　梁的类型

钢结构中主要承受横向荷载的实腹式受弯构件(格构式为桁架)称为钢梁,主要内力为弯矩与剪力。钢梁是一种在房屋建筑和桥梁工程中应用较广的基本构件。在房屋建筑领域内,钢梁主要用于多层和高层房屋中的楼盖梁、工业建筑中的工作平台梁、吊车梁、墙架梁以及屋盖体系中的檩条等;在桥梁领域中主要用于梁式桥、大跨斜拉桥、悬索桥中的桥面梁等。

钢梁按制作方法的不同可以分为型钢梁和组合梁两大类。型钢梁又可分为热轧型钢梁和冷弯薄壁型钢梁两种,热轧型钢梁常用热轧工字钢、槽钢、H 型钢制作(图 5.1a、b、c),对受荷较小、跨度不大的梁用带有卷边的冷弯薄壁 Z 型钢或槽钢(图 5.1d、e)制作。型钢梁加工方便,制造简单,成本较低,可优先采用,但型钢往往受到一定规格的限制,当荷载和跨度较大,其承载力和刚度不能满足工程要求时,则应采用组合梁。组合梁由钢板和型钢通过焊缝、铆钉、螺栓连接而成,组合梁的截面组成比较灵活,更重要的是可使材料在截面上分布更为合理,其截面形式可分为工字形、槽形、Z 形、箱形梁(图 5.2)等。其中用三块板焊接而成的工字形截面组合梁应用最为广泛,当荷载较大且梁的截面高度受到限制或梁的抗扭性能要求较高时,可采用箱形截面梁。

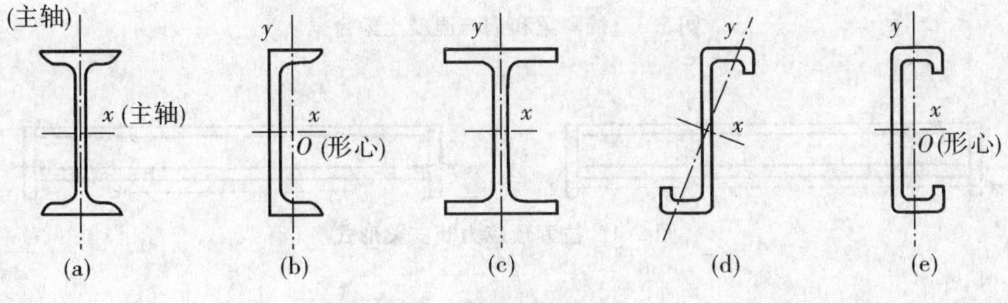

图 5.1　型钢截面形式

除了上述广泛应用的型钢梁和组合梁之外,还有一些特殊形式的钢梁:如异种钢组合梁、蜂窝梁、预应力钢梁、钢与混凝土组合梁等。为了充分利用钢材的强度,在组合梁中对受力较大的翼缘板采用强度等级较高的钢材,而对受力较小的腹板则采用强度较低的钢材,形成异种钢组合梁;为了增加梁的高度,使钢梁有较大的截面惯性矩,可将型钢梁按锯齿形割开,然后把上、下两个半工字形左右错动,并焊接成为腹板上有一系列六角形孔的空腹梁，称为蜂窝梁(图5.3a)；利用钢筋混凝土楼板兼作梁的受压翼缘，用支撑混凝土板的钢梁作为梁的受拉翼缘，发挥混凝土结构良好的抗压性能和钢结构优良的抗拉性能，可制成钢与混凝土组合梁(图5.3b)；利用与荷载应力符号相反的预应力，使钢梁的受力由普通的从零应力开始受力方式改变为从 $-f$ 开始受力(图5.4)，将大大提高结构的弹性受力范围和承载能力，成为预应力钢结构(图5.5)。

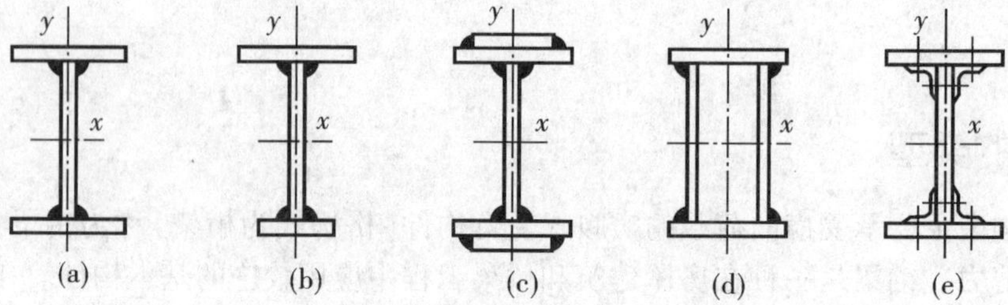

图5.2 组合梁截面形式

(a)双轴对称焊接工字形梁；(b)加强受压翼缘的焊接工字形梁；
(c)双层翼缘板焊接梁；(d)焊接箱形梁；(e)螺栓连接的工字形梁

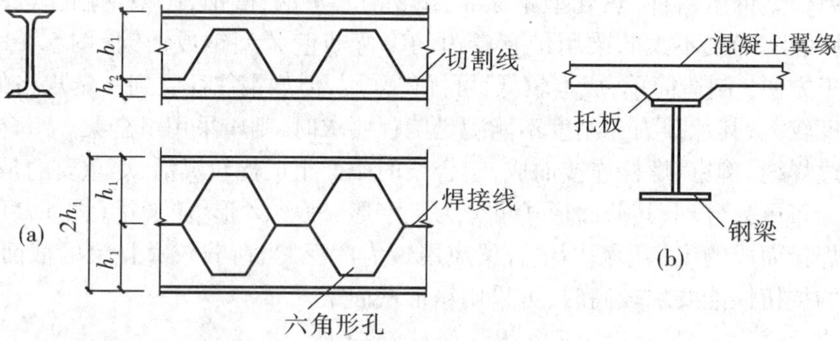

图5.3 蜂窝梁和钢与混凝土组合梁

图5.4 拉索预应力简支梁形式

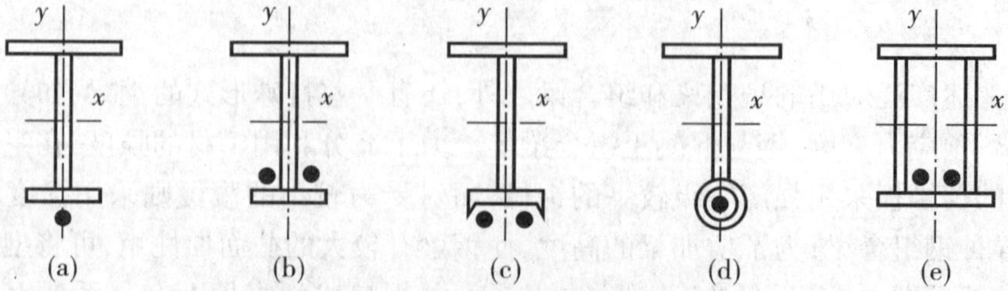

图5.5 拉索预应力实腹梁截面形式

钢梁除吊车梁、墙梁可单独布置外,通常是由许多纵横交叉的梁连接组成梁格(图5.6),梁格上铺放直接承受荷载的钢或钢筋混凝土楼板,构成如楼(屋)盖、工作平台等。

梁格形式主要有:简式梁格(仅有主梁)、普通梁格(分主、次梁)及复式梁格(分主梁及横、纵次梁)。简式梁格(图5.6a)只有主梁,楼板直接放在主梁上,适用于主梁跨度小和建筑布局简单的情况;普通梁格(图5.6b)在主梁上另设若干次梁,次梁上再支撑楼板,此梁格形式应用广泛;复式梁格(图5.6c)是在普通梁格的次梁上再设若干次梁,荷载传递层次多,构造复杂,一般只用于主梁跨度大和建筑布局复杂的情况。

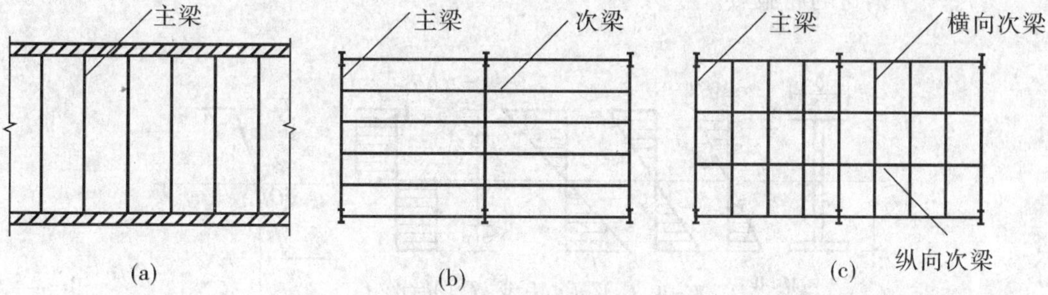

图5.6 交叉梁梁格

(a)简单梁格;(b)普通梁格;(c)复式梁格

由梁格的形式可看到,梁按支承和约束情况等可分为:简支梁、连续梁、悬臂梁、框架梁等;梁上的荷载也有多种形式,有均布荷载、集中力、梯形荷载、三角形荷载等等,故其内力(弯矩和剪力)在梁上的分布变化也极其多样。另外,钢梁承受荷载一般情况下为一个平面内受弯的单向弯曲梁,也有在两个主平面内受弯的双向弯曲梁,如屋面檩条、吊车梁等是双向弯曲梁。

与轴心受压构件相同,钢梁设计应考虑强度、刚度、整体稳定和局部稳定四个方面,其中强度、整体稳定及局部稳定承载力为梁的承载能力极限状态;而梁的刚度为正常使用极限状态,通过控制梁的挠曲变形满足要求。此外,钢梁设计还包括梁的拼接、梁与梁的连接、梁与柱的连接以及组合梁翼缘板与腹板的连接计算等。

5.2 梁的强度

梁在荷载作用下将产生弯曲正应力、剪应力,在集中荷载作用处还有局部承压应力,故梁的强度计算包括:抗弯强度、抗剪强度、局部承压强度,在弯曲正应力、剪应力及局部压应力共同作用处还应验算复合应力(又称折算应力)作用下的强度。

5.2.1 梁的抗弯强度

(1)梁在弯矩作用下的工作阶段 弯矩作用下梁截面将产生弯曲正应力。弯曲正应力 σ 与应变 ε 的关系曲线和单向受拉、受压时相似,一般假定为理想弹塑性材料如图5.7(f) 所示。根据平截面假定,横截面上各点的正应力分布如图5.7(b) ~(e)所示,随着荷载的增加可大致分为三个工作阶段：

1）弹性工作阶段　当荷载较小时，横截面上各点的正应力均低于屈服点（图5.7b），应力呈直线分布，梁属于弹性工作阶段；荷载继续增加，至边缘屈服达到弹性工作阶段的最大承载力（图5.7c）。根据材料力学公式可知，弹性工作阶段时的最大弯矩（或称屈服弯矩）为：

$$M_{yu} = W_{nx}f_y \tag{5.1}$$

式中　W_{nx}——梁净截面弹性抵抗矩；对矩形截面 $W_{nx} = bh^2/6$；

f_y——钢材的屈服点。

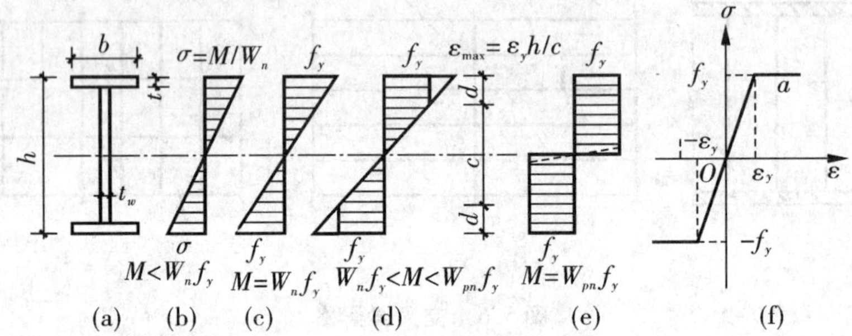

图5.7　梁的弯曲应力

2）弹塑性工作阶段　当荷载继续增加，则截面边缘向内扩展塑性区，此时的截面内核部分处于弹性，边缘部分进入塑性（图5.7d），此时梁处于弹塑性工作阶段。在设计中为了充分利用材料强度，容许截面发展一部分塑性，但必须限制其发展，即要在充分使用截面强度的同时控制梁的刚度的减小程度，以保证梁的挠度满足使用要求。根据截面形式决定塑性发展程度，一般发展深度 d 为

$$d = (1/8 \sim 1/4)\,h$$

弹塑性工作阶段可作为一般梁的强度极限状态。

3）塑性工作阶段　荷载再继续增加，截面的塑性区继续向内发展，直到弹性核心接近消失，整个截面进入塑性（图5.7e），截面形成塑性铰，截面各处应力均为 f_y，此时梁达到承载力的极限状态。其最大弯矩为

$$M_{pu} = W_{pnx}f_y \tag{5.2}$$

式中　W_{pnx}——梁净截面塑性抵抗矩；$W_{pnx} = S_{1n} + S_{2n}$，$S_{1n}$、$S_{2n}$ 分别为中和轴以上和以下净截面面积对中和轴的面积矩；矩形截面时 $W_{nx} = Ah/4 = bh^2/4$。

根据以上工作阶段可见，梁可承受的弯矩以梁截面的边缘弯矩 M_{yu} 为最小，全截面塑性弯矩 M_{pu} 为最大，而 $M_{yu} < M < M_{pu}$ 为弹塑性阶段。不同的截面形式，弹塑性区间大小不同，即由弹性到塑性的塑性发展能力不同，可用 M_{pu} 与 M_{yu} 的比值为参数进行分析。

由式（5.1）和式（5.2）可得

$$M_{pu}/M_{yu} = W_{pnx}f_y/W_{nx}f_y = W_{pnx}/W_{nx}$$

可见，梁的塑性最大弯矩与弹性最大弯矩的比值仅与截面的几何性质有关，而与材料的强度无关。一般将毛截面的 W_p/W 称为截面的形状系数，计为 F。对于矩形截面，$F =$

1.5；圆形截面 $F=1.7$；圆管截面的 $F=1.27$；工字形截面对 x 轴 $F=1.10\sim1.17$。截面的形状系数越小，说明该截面形式在弹性阶段的材料强度利用率高，但其塑性发展的潜能较小。

(2)梁的抗弯强度计算公式　《钢结构设计规范》(GB 50017—2003)针对结构体系荷载情况、梁的截面形式以及使用状态等因素，采用相应的设计方法：

1)采用弹性工作阶段的梁

①对直接承受动力荷载的梁：对需要计算疲劳的梁，不考虑截面塑性发展；

②采用冷弯薄壁型钢的梁或为格构式截面的梁绕虚轴弯曲时：由于截面几乎完全没有塑性发展潜力，故按弹性工作阶段计算；

③受压翼缘外伸宽度与其厚度之比 b_1/t 在 $13\sqrt{235/f_y}\sim15\sqrt{235/f_y}$ 的梁：这种较薄翼缘在塑性高应力下易于局部失稳，为保证受压翼缘局部稳定，故梁的抗弯强度也应按弹性工作阶段计算。

2)采用塑性设计法(本书不做详细讨论)的结构体系中，在某些特定的截面处可采用塑性工作阶段。在一些超静定钢结构体系中，可利用钢梁的这种塑性特性，在某些特定的截面处设计成塑性铰，使结构体系内力分布趋于均匀，达到节约材料的经济目的。

3)除以上两种情况外，一般梁可采用弹塑性工作阶段进行设计。但实际设计中为了避免梁产生过大的非弹性变形，仅允许截面有一定程度的塑性发展，采用塑性发展系数 γ_x 和 γ_y，即 $M_x=\gamma_x M_{yu,x}$ 和 $M_y=\gamma_y M_{yu,y}$。考虑到各截面形式塑性发展的潜能，对不同的截面 γ_x 和 γ_y 均应有差异。

《钢结构设计规范》(GB 50017—2003)采用以下通式，其包含了弹性和弹塑性两种阶段，即梁的正应力计算公式为

单向弯曲时
$$\sigma=\frac{M_x}{\gamma_x W_{nx}}\leqslant f \tag{5.3}$$

双向弯曲时
$$\sigma=\frac{M_x}{\gamma_x W_{nx}}+\frac{M_y}{\gamma_y W_{ny}}\leqslant f \tag{5.4}$$

式中　M_x, M_y——计算截面处绕 x 轴和 y 轴的弯矩设计值；

W_{nx}, W_{ny}——对 x 轴和 y 轴的净截面抵抗矩；

f——钢材的抗弯强度设计值。

γ_x, γ_y——截面塑性发展系数：当受压翼缘尺寸满足 $b_1/t\leqslant13\sqrt{235/f_y}$ 时，对工字形截面，$\gamma_x=1.05$，$\gamma_y=1.20$；对箱形截面，$\gamma_x=\gamma_y=1.05$；对其他截面，可按表5.1采用；对需要计算疲劳、采用冷弯薄壁型钢、格构式截面绕虚轴弯曲、受压翼缘外伸宽度与其厚度之比 b_1/t 在 $13\sqrt{235/f_y}\sim15\sqrt{235/f_y}$ 的梁，均应取 $\gamma_x=\gamma_y=1.0$。

表 5.1　截面塑性发展系数

截面形式	γ_x	γ_y	截面形式	γ_x	γ_y
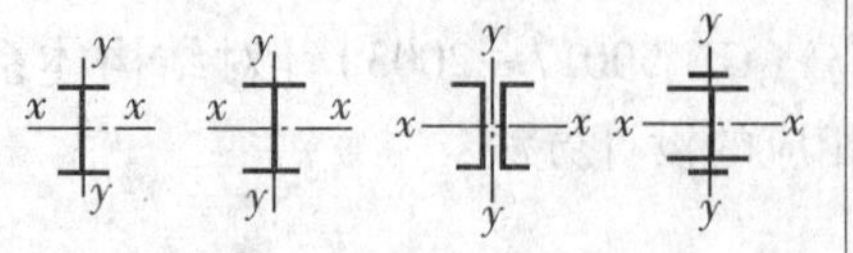	1.05	1.2	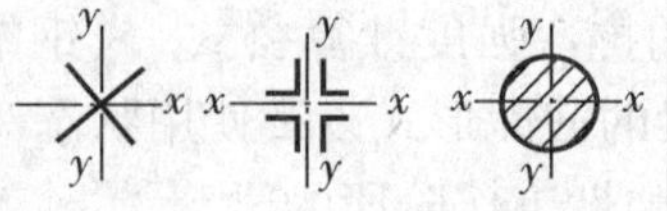	1.2	1.2
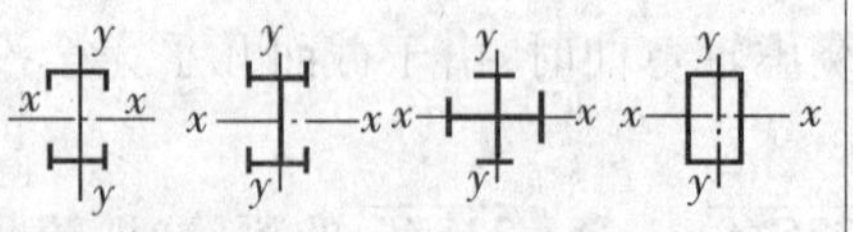		1.05	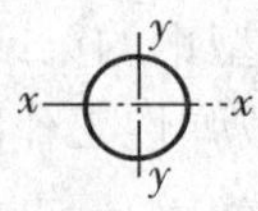	1.15	1.15
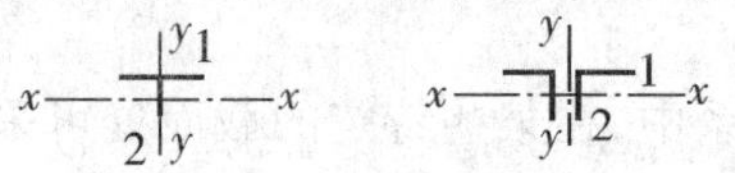	$\gamma_{x1}=1.05$	1.2	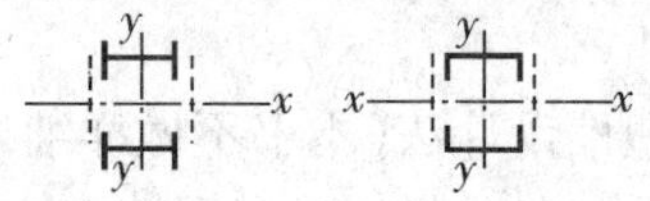	1.0	1.05
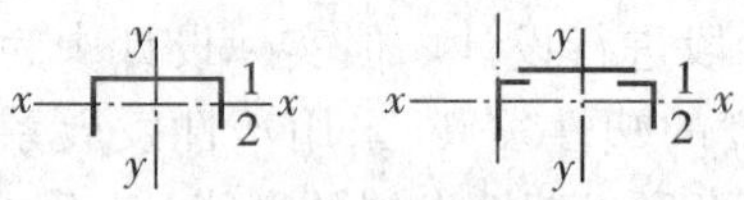	$\gamma_{x2}=1.2$	1.05	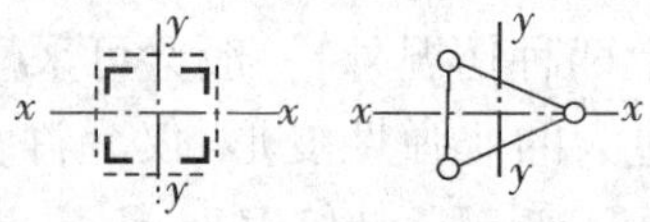		1.0

5.2.2　梁的抗剪强度

钢梁的截面常为工字形、箱形或槽形。这些截面由于其板件的高厚比和宽厚比较大，可视为薄壁截面。薄壁截面上弯曲剪应力的分布可用剪力流来描述，即假定剪应力大小沿壁厚均匀分布，剪应力的方向与各板件中心线相一致，形成剪力流，在图 5.8(c)(d)中分别绘出了工字形截面和槽形截面在竖向剪力 V 作用下剪力流变化的分布；在截面上自由端剪应力为零，最大剪应力均发生在腹板中点。

根据开口薄壁构件理论，受弯构件腹板的剪应力与材料力学所推导适用于矩形截面的公式完全相同(但翼缘不同)。则受弯构件腹板抗剪强度计算公式为

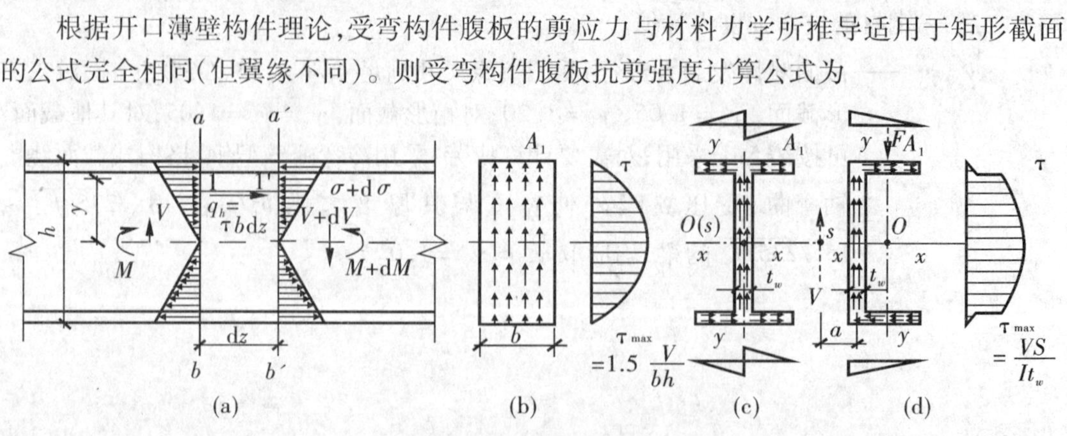

图 5.8　梁的剪应力

$$\tau=\frac{V_y\cdot S_x}{I_x\cdot t_w}\leqslant f_v \tag{5.5}$$

式中　V_y ——计算截面沿腹板平面作用的剪力设计值；

S_x ——计算剪应力处以上毛截面对中和轴的面积矩；

I_x ——毛截面惯性矩；

t_w ——计算点处腹板厚度；

f_v ——钢材的抗剪强度设计值。

对于双轴对称截面梁(如图 5.8c 中的工字形截面梁)，当横向荷载作用在形心轴上时，剪力流以形心轴对称，梁只产生弯曲，不产生扭转。对于单轴对称截面，当荷载作用在非对称轴的形心轴上时(如图 5.8d 所示槽形截面梁)，剪力流以形心轴非对称，梁除产生弯曲外，还伴随有扭转。当横向荷载 F 不通过截面的某一特定点 S 时，梁将产生弯曲并同时有扭转变形，若荷载逐渐平行地向腹板一侧移动到通过 S 点时，梁将只产生平面弯曲而不产生扭转，则 S 点是梁弯曲产生的剪力流的合力作用线通过点。因此，S 点称为截面的剪切中心，也称弯曲中心。

剪切中心 S 的位置可根据截面内力的平衡可求得，常用截面的值可见表 5.2。其位置有一些简单规律：①有对称轴的截面，S 在对称轴上；②双轴对称截面和点对称截面(如 Z 形截面，十字形截面)，S 与截面形心重合；③由矩形薄板相交于一点组成的截面，S 在交点处(图 5.9)，这是由于该种截面受弯时的全部剪力流都通过此交点，故总合力也必通过此交点。

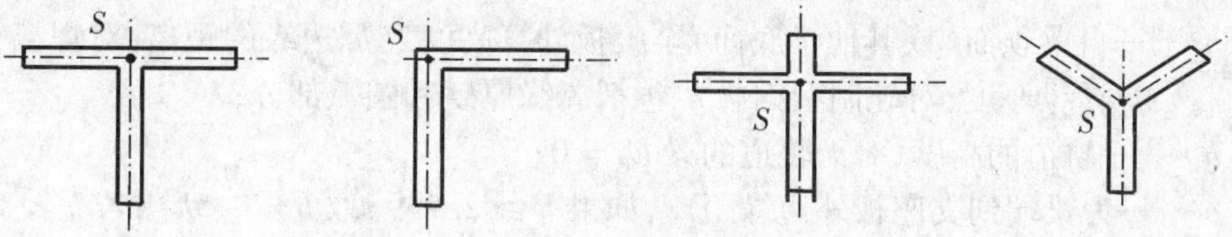

图 5.9　相交板件截面的剪切中心

5.2.3　梁的局部承压强度

当梁在承受移动荷载或梁承受固定集中荷载且该荷载作用处又未设置支承加劲肋时，荷载通过翼缘传至腹板，使之受压。腹板边缘在压力 F 作用点处产生的压应力最大，向两侧边则逐渐减小，其压应力的实际分布并不均匀，其分布应按弹性地基梁计算。在计算中假定压力 F 均匀分布在一段较短的范围 l_z 之内。《钢结构设计规范》(GB 50017—2003)规定，腹板计算高度上边缘处应验算局部压应力，按下式计算：

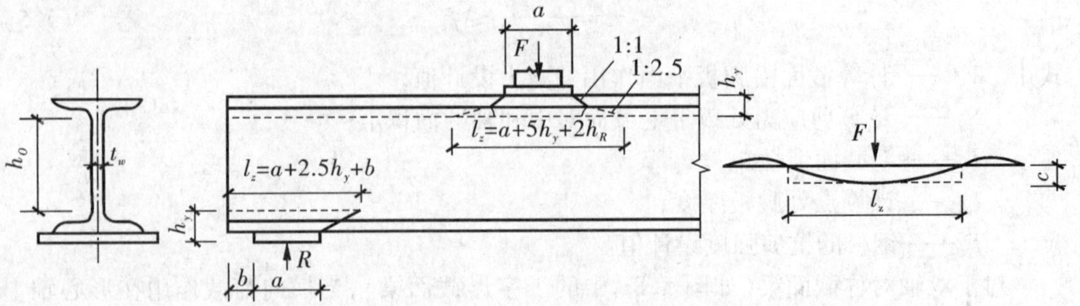

图 5.10 梁的局部压应力

$$\sigma_c = \frac{\psi F}{t_w l_z} \leqslant f \tag{5.6}$$

式中 F——集中力设计值,对动力荷载应考虑动力系数;

Ψ——动力荷载增大系数:对重级工作制吊车梁,$\Psi = 1.35$;对于其他梁:$\Psi = 1.0$;

l_z——集中荷载在腹板计算高度上边缘的假定分布长度,按下式计算:

$$l_z = a + 5h_y + 2h_R \tag{5.7a}$$

$$l_z = a + 2.5h_y + b \tag{5.7b}$$

式中 a——集中荷载沿梁跨度方向的支承长度,对次梁为次梁宽,对吊车梁可取为 50 mm;

h_y——自梁顶面(或其他梁底面)至腹板计算高度上 h_0 边缘的距离,对焊接梁 h_y 为翼缘厚度,对轧制型钢梁 h_y 包括翼缘厚度和圆弧部分;

h_R——轨道的高度,对无轨道的梁 $h_R = 0$;

b——为梁端到支座板外边缘距离,如果 $b \geqslant 2.5h_y$,取 $b = 2.5h_y$;若 $b < 2.5h_y$,取实际尺寸;

h_0——腹板的计算高度,对轧制型钢梁,为腹板与上、下翼缘相接处两内弧起点间的距离;对焊接组合梁,为腹板高度;对铆接(或高强度螺栓连接)组合梁,为上、下翼缘与腹板连接的铆钉(或高强度螺栓)线间最近距离(图 5.10)。

在梁的支座处,当不设置支承加劲肋时,也应按公式(5.6)计算腹板的计算高度下边缘的局部压应力,但 ψ 取 1.0。支座集中反力的假定分布长度,应根据支座具体尺寸按公式(5.7b)计算。

若验算不满足,对于固定集中荷载可设置支撑加劲肋,对于移动集中荷载则需要重选腹板厚度。对于翼缘上承受均布荷载的梁,因腹板上边缘局部压应力不大,不需要进行局部压应力的验算。

5.2.4 折算应力

在组合梁的腹板计算高度边缘处,若同时受有较大的正应力、剪应力和局部压应力(如图 5.11 中 A-A 截面处),或同时受有较大的正应力、剪应力(如连续梁支座处或梁的翼缘截面改变处等)，在这些部位尽管正应力、剪应力都不是最大，但在它们同时作用下该处可能更危险。在设计时要对这些部位进行验算，根据第四强度理论，在复杂应力状态下，其折算应力应按下式计算：

$$\sigma_{zs} = \sqrt{\sigma^2 + \sigma_c^2 - \sigma\sigma_c + 3\tau^2} \leqslant \beta_1 \cdot f \tag{5.8}$$

式中 σ、τ、σ_c——腹板计算高度边缘同一点上同时产生的正应力、剪应力和局部压应力，σ 和 σ_c 应带各自符号，以拉应力为正值，压应力为负值。τ 和 σ_c 应按公式(5.5)和公式(5.6)计算，σ 应按下式计算：

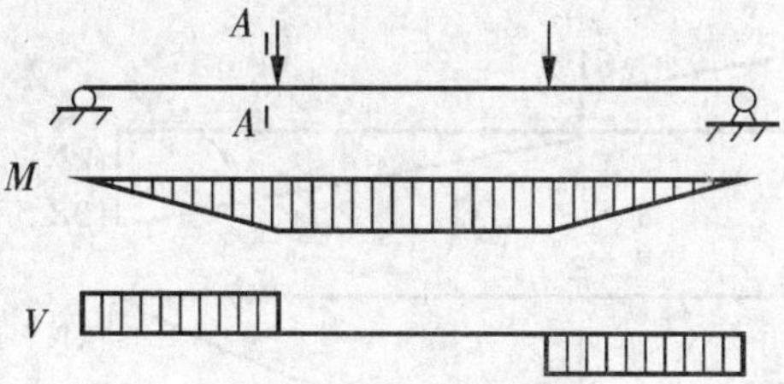

图5.11 组合梁的内力分布

$$\sigma = \frac{M \cdot y_1}{I_{nx}} \tag{5.9}$$

式中 I_{nx}——净截面惯性矩；

y_1——计算点至中和轴距离；

β_1——计算折算应力的强度设计值增大系数：当 σ 与 σ_c 异号时，取 $\beta_1 = 1.2$；当 σ 与 σ_c 同号或 $\sigma_c = 0$ 时，取 $\beta_1 = 1.1$。

对折算应力的强度设计值加以增大的原因：一是只有局部某点达到塑性，相邻材料都还处于弹性阶段，不至妨碍梁继续承受更大的荷载；二是异号应力场有利于塑性发展，从而提高设计强度。

当梁的横向荷载不通过截面剪心时，σ 应和约束扭转翘曲正应力加在一起，而 τ 应和自由扭转剪应力及约束扭转剪应力相结合。

【例5.1】 某简支梁，梁跨7.5 m，采用焊接工字形截面，如图5.12。梁上作用有均布荷载设计值30 kN/m(含钢梁自重)，距梁端3 m处，作用有集中荷载设计值65 kN，支承长度200 mm。钢材为Q235-B。试验算钢梁截面是否满足强度要求。

【解】 (1)截面特性

$A = 414 \times 12 + (150 \times 18) \times 2 = 10\ 368\ \text{mm}^2$

$I_x = 3.23 \times 10^8\ \text{mm}^4$, $W_{nx} = 1.44 \times 10^6\ \text{mm}^3$

1点处的面积矩 $S_1 = 150 \times 18 \times 216 = 5.83 \times 10^5\ \text{mm}^3$

2点处的面积矩 $S_2 = 150 \times 18 \times 216 + \dfrac{12 \times 207^2}{2} = 8.40 \times 10^5\ \text{mm}^3$

(2)内力

$M_{x\max} = 319.5\ \text{kN} \cdot \text{m}$, $V_{\max} = 61.5\ \text{kN}$

(3)验算截面强度

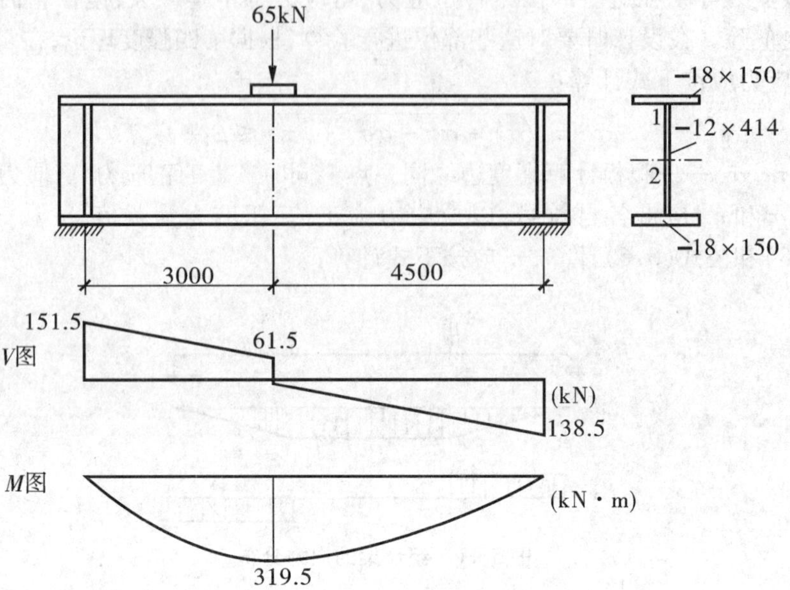

图 5.12　例 5.1 图

①抗弯强度

$$\sigma_{max} = \frac{M_{xmax}}{\gamma_x W_{nx}} = \frac{319.5 \times 10^3}{1.05 \times 1.44 \times 10^6} = 211.3\ \text{N/mm}^2 < 215\ \text{N/mm}^2$$,满足要求。

②抗剪强度

$$\tau_{max} = \frac{V_{max} S_2}{I_x t_w} = \frac{151.5 \times 10^3 \times 8.40 \times 10^5}{3.23 \times 10^8 \times 12} = 32.8\ \text{N/mm}^2 < 125\ \text{N/mm}^2$$,满足要求。

③局部承压强度

$l_z = a + 5h_y = 200 + 5 \times 18 = 290\ \text{mm}$

$$\sigma_c = \frac{\varphi F}{t_w l_z} = \frac{1.0 \times 65}{12 \times 290} = 20.7\ \text{N/mm}^2 < 215\ \text{N/mm}^2$$,满足要求。

④折算应力

计算点取在腹板与翼缘的交界点 1 处

正应力:$\sigma_1 = \frac{M_{xB}}{I_x} \times 207 = \frac{319.5 \times 10^3}{3.23 \times 10^8} \times 207 = 204.7\ \text{N/mm}^2$

剪应力:$\tau_1 = \frac{V_B S_1}{I_x t_w} = \frac{61.5 \times 10^3 \times 5.83 \times 10^5}{3.23 \times 10^8 \times 12} = 9.25\ \text{N/mm}^2$

局部压应力:$\sigma_c = 20.7\ \text{N/mm}^2$

折算应力:

$$\sqrt{\sigma_1{}^2 + \sigma_c{}^2 - \sigma_1 \sigma_c + 3\tau_1{}^2} = \sqrt{204.7^2 + 20.7^2 - 204.7 \times 20.7 + 3 \times 9.25^2}$$
$$= 195.8\ \text{N/mm}^2 < 1.1 \times 215 = 236.5\ \text{N/mm}^2,$$

满足要求。

5.3　梁的刚度

梁的刚度指梁在使用荷载作用下的挠度，属正常使用极限状态。在荷载标准值的作用下，梁的挠度不应超过规范允许值，即：

$$v \leqslant [v_T] \text{或} [v_Q] \tag{5.10}$$

式中　v——由荷载标准值（不考虑动力荷载系数）按力学方法求得的梁弹性状态时毛截面的最大挠度值；

$[v_T]$、$[v_Q]$——梁的容许挠度，见附录 2。

5.4　梁的整体稳定

5.4.1　梁的整体失稳现象

钢梁的一般截面形式高而窄，两个主轴的惯性矩相差较大，即 $I_x > I_y$（设 x 轴为其强轴，y 轴为其弱轴）。在最大刚度平面内承受弯曲作用的理想弹性梁，如图 5.13 所示，在侧向没有足够的支撑时其侧向刚度很小。当梁上荷载较小时，梁仅在其最大刚度平面内产生弯曲变形 ω，但当荷载达到一定数值后，弯矩 M 达到某一限值 M_{cr} 时，梁产生突然侧向弯曲变形 u 和扭转角 φ，最后很快地使梁丧失继续承载的能力，此现象称为梁的整体失稳或称梁的弯扭失稳。

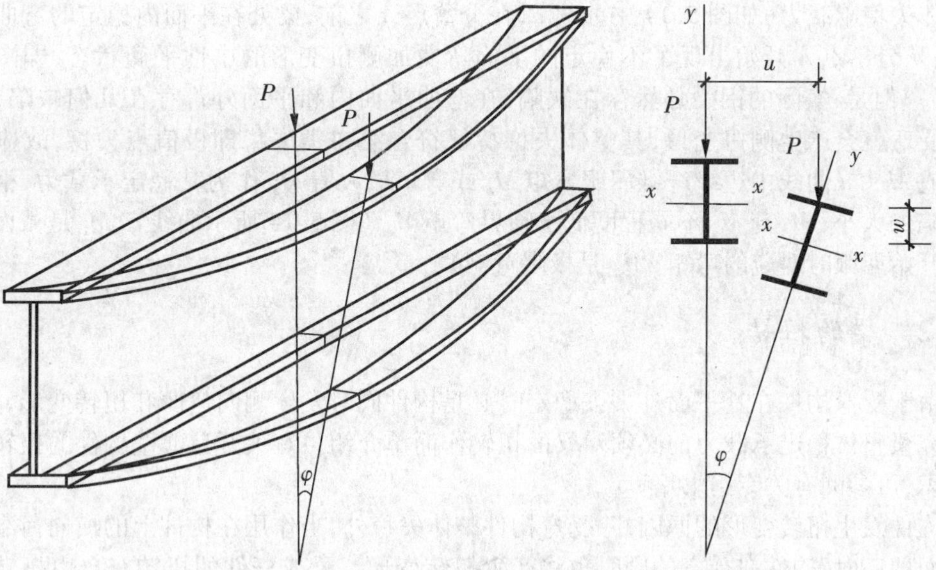

图 5.13　梁的整体失稳

梁之所以会出现侧扭屈曲,可以这样理解:把梁的受压翼缘和部分与其相连的受压腹板看作一根轴心压杆,当梁侧向刚度不足、小于主平面刚度时,则弯曲压力加大到一定数值就会发生梁的侧向弯曲失稳变形;又由于拉力的原因,梁的受拉翼缘产生的侧向变形较小,因而对侧向弯曲产生牵制,使梁截面从上至下侧向变形量不等,就形成截面的扭转变形,故梁的失稳必然是侧向弯扭失稳形式。

从以上失稳机制来看,梁的整体失稳是弯曲压应力引起的,而且梁丧失整体稳定时的承载力往往低于其抗弯强度确定的承载能力,因此,对于侧向没有足够的支撑且侧向刚度较小的梁,其承载力往往由整体稳定所控制。

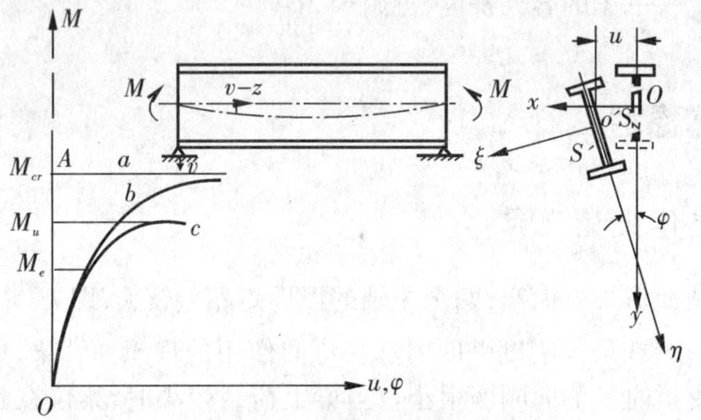

图 5.14 梁的弯矩-位移曲线

理想梁(不计其缺陷时)的失稳特征属于第一类稳定问题,即分岔失稳或分支点失稳,与理想轴心压杆整体失稳承载力采用临界压力 N_{cr} 一样,可将其临界弯矩 M_{cr} 作为梁的整体失稳承载力(如图 5.14 中曲线 a,在分岔点 A 之前,梁处在平面内稳定的弯曲平衡状态;从分岔点 A 开始出现了不稳定的平面弯曲加侧扭变形的中性平衡状态,即图中水平线)。但是,实际的钢梁必然存在缺陷,在弯曲平面内和平面外都存在几何缺陷,构件一旦受弯就会产生侧扭变形,其整体失稳特征符合第二类失稳即极值点失稳,故应采用 M-φ或 $M-u$ 曲线中边缘纤维屈服弯矩 M_e 或弯矩最大值 M_u 作为其稳定承载力,根据具体缺陷的大小,M_e 与 M_u 不同程度低于临界弯矩 M_{cr}(图 5.14 所示曲线 c,M_e 是截面边缘纤维开始屈服时对应的弯矩,M_u 是极限弯矩)。

5.4.2 梁的扭转

由于受弯构件在其平面外失去稳定时必是构件同时发生侧向弯曲和扭转变形,为此,在研究梁整体稳定承载力前必须对梁的扭转作简单介绍。有关开口薄壁构件的扭转的更多知识,可参阅有关专门书籍。

构件发生扭转变形的原因,除受弯构件整体失稳外,当作用在构件上的横向荷载不通过截面剪心时,构件在受弯的同时也将产生扭转变形。梁或杆件的扭转有自由扭转和约束扭转两种形式,取决于支承条件和荷载情况等。

(1)自由扭转　自由扭转是指杆件在扭矩作用下产生扭转变形时,截面不受任何约束，能够自由产生翘曲变形的扭转。这里所说的翘曲变形是指杆件在扭转作用下，截面上各点沿杆轴方向所产生的位移。自由扭转有以下特点：

1）沿杆件全长扭矩 M_s 相等，并在各截面内引起相同的扭转剪应力分布；

2）扭转时各截面有相同翘曲，各纵向纤维无伸长或缩短变形；在扭转作用下截面上只产生剪应力，无轴向正应力；

3）纵向纤维保持直线，沿杆件全长各截面将有完全相同的翘曲情况，如图5.15所示。

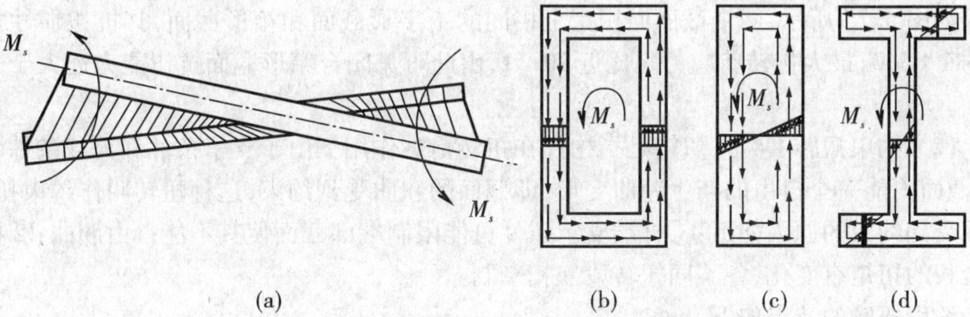

图5.15　闭口与开口截面的自由扭转变形及剪应力分布图

（a）自由扭转变形；（b）箱形截面；（c）矩形截面；（d）工字形截面

构件发生自由扭转时，根据材料力学分析，可得到下列两个重要公式：

①扭矩 M_s 与扭转率 θ（即单位长度的扭转角）间有下列关系

$$M_s = GI_t\theta \tag{5.11}$$

式中　$\theta = d\varphi/dz$，φ 为扭转角，自由扭转中 θ 为一常量，即 $\theta=\varphi/l$ 与纵坐标 z 无关。GI_t 为构件的扭转刚度，其中 G 为钢材的剪切模量，I_t 为截面的抗扭惯性矩（也称为扭转常数）。

②截面上剪应力计算公式

$$\tau_{\max} = \frac{M_s t}{I_t} = Gt\theta \tag{5.12}$$

式中　I_t——抗扭惯性矩，与截面上的剪应力分布有关，如图5.15所示。

当为狭长矩形截面（$b/t \geqslant 10$）时，其抗扭惯性矩为

$$I_t = \frac{1}{3}bt^3 \tag{5.13}$$

对由狭长矩形截面组成的截面如工字形和T形等，根据理论和实验，可以看作由几个狭长矩形截面所组成，其剪应力分布如图5.15（d）所示。其抗扭惯性矩为

$$I_t = \eta\frac{1}{3}\sum_{i=1}^{n} b_i t_i^{\ 3} \tag{5.13a}$$

式中　η——由截面形状而定的极惯性矩修正系数，对于热轧型钢截面，考虑板间交接处的圆角使厚度局部增大，截面的抗扭惯性矩提高的系数，组合截面 $\eta=1.0$，角钢 $\eta=1.0$，槽钢 $\eta=1.12$，工字形钢 $\eta=1.29$。

薄板组成的闭合截面如箱形截面的极惯性矩和开口截面有很大的区别。在扭矩作用下其截面内部将形成沿板件中线方向的闭合形剪力流，如图5.15（b）所示，剪应力可视为

沿壁厚均匀分布。其抗扭惯性矩的一般公式为

$$I_t = \frac{4A^2}{\int_s \frac{ds}{t}} \tag{5.13b}$$

式中　A ——闭合截面板件中线所围成的面积，即 $A = bh$ ；

$\int \frac{\mathrm{d}s}{t}$ 的积分号表示沿壁板中线一周的积分，图中截面 $\int \frac{\mathrm{d}s}{t} = 2\left(\frac{b}{t_1} + \frac{h}{t_2}\right)$ 。

如图5.15所示，两个截面面积完全相同的工字形截面和箱形截面，其抗扭惯性矩之比约1∶500，最大扭转剪应力之比近30∶1，由此可见闭合箱形截面抗扭能力远大于开口截面。

（2）约束扭转　约束扭转是指构件在扭转荷载作用下由于支承条件和荷载条件的不同，截面不能完全自由的产生翘曲变形，即截面的翘曲受到约束，这种扭转叫作约束扭转。翘曲受到约束的原因如下：①杆端支承条件可能限制端部截面使其不能自由翘曲；②杆件沿全长的扭矩有变化，各不同扭转段互相牵制。

约束扭转的特点如下：

1）各截面有不同的翘曲变形，即两相邻截面间构件的纵向纤维因有伸长或缩短变形而有正应变，因而截面上将产生正应力。因而构件的纵向纤维必有弯曲变形，因而约束扭转又名弯曲扭转。这种正应力称为翘曲正应力或扇形正应力。

2）由于各截面上有大小不同的翘曲正应力，为了与之平衡，截面上将产生剪应力，这种剪应力称为翘曲剪应力或扇形剪应力。这与受弯构件中各截面上有不同弯曲正应力时截面上必有弯曲剪应力的理由相同。

3）约束扭转时为抵抗两相邻截面的相互转动，截面上也必然存在与自由扭转中相同的自由扭转剪应力。这样，约束扭转时，构件的截面上有自由扭转剪应力和翘曲剪应力两种剪应力。前者组成自由扭转扭矩 M_s ，后者组成翘曲扭转扭矩 M_w ，两者合成一总扭矩 M_z ，即约束扭转时内外扭矩的平衡方程式为

$$M_z = M_s + M_w \tag{5.14}$$

已知自由扭转时

$$M_s = GI_t\theta = \varphi'$$

如再求得翘曲扭转扭矩 M_w 与扭转角 θ 的导数关系，即可得扭矩的平衡方程式。下面拟通过图5.15所示双轴对称工字形截面悬臂梁自由端加一集中扭矩这个特例进行推导。

在扭矩 M_z 作用下，距固定端为 z 处的截面有扭矩角 φ 。M_z 中的自由扭转扭矩 M_s 只会使梁截面中产生如图5.14所示剪应力，如前所述。M_z 中的翘曲扭转扭矩 M_w 可看作图5.16所示的一力偶 $V_f h$ ，此处 h 为梁截面上、下翼缘中心间的距离，V_f 为作用在每个翼缘中的水平剪力。以上翼缘为例，由于截面的扭矩角 φ ，上翼缘各点产生水平位移为

$$u = \frac{h}{2}\varphi \tag{5.15}$$

式中　扭矩角 φ ，在约束扭转中是坐标 z 的函数。

翼缘弯曲的曲率是

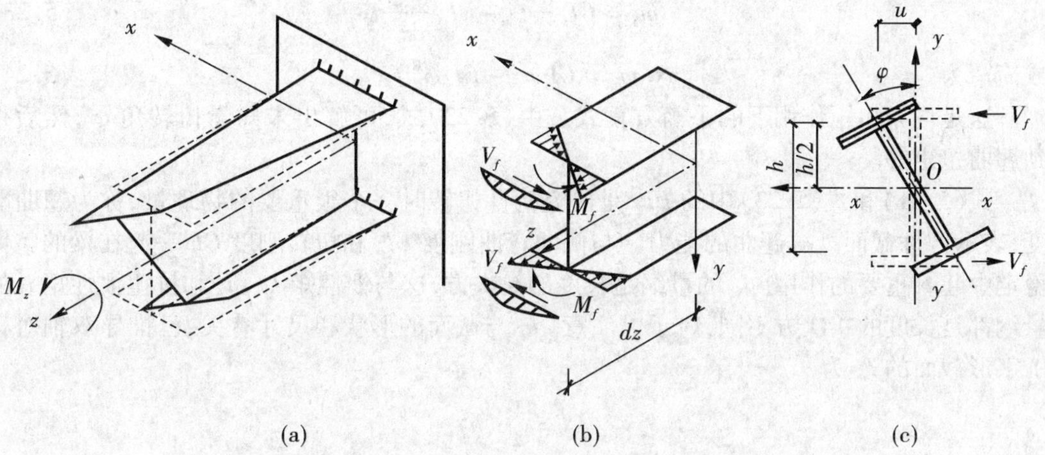

图 5.16　双轴对称工字形悬臂梁自由端在集中扭矩作用下的变形

$$\frac{d^2u}{dz^2}=\frac{h}{2}\frac{d^2\varphi}{dz^2} \tag{5.16}$$

若取图 5.16 所示的弯矩方向为正，依弯矩与曲率间关系，则一个翼缘的侧向弯矩 M_f 可写为

$$M_f=-EI_f\frac{d^2u}{dz^2}=-EI_f\frac{h}{2}\frac{d^2\varphi}{dz^2} \tag{5.17}$$

式中　I_f —— 一个翼缘板对 y 轴的惯性矩，$I_f=I_y/2$。

此弯矩 M_f 将在工字形截面翼缘板中产生正应力（称为翘曲正应力或扇形正应力）。

上翼缘中的剪力，依图 5.16 所示内力的平衡关系，可得

$$V_f=\frac{dM_f}{dz}=-EI_f\frac{h}{2}\frac{d^3\varphi}{dz^3} \tag{5.18}$$

此剪力使翼缘板中产生剪应力（翘曲剪应力或扇形剪应力），假定沿板厚为均布，于是得翘曲扭矩为

$$M_w=V_fh=-EI_f\frac{h^2}{2}\frac{d^3\varphi}{dz^3} \tag{5.19}$$

如令

$$I_w=I_f\frac{h^2}{2}=\frac{1}{4}I_yh^2 \tag{5.20}$$

I_w 称为翘曲惯性矩或扇形惯性矩，则

$$M_w=-EI_w\frac{d^3\varphi}{dz^3} \tag{5.21}$$

最后得

$$M_z=M_s+M_w=GI_t\frac{d\varphi}{dz}-EI_w\frac{d^3\varphi}{dz^3} \tag{5.22}$$

这就是集中扭矩作用下的扭矩平衡方程式。

由(5.22)式，对坐标 z 求一阶导数，得

$$m_z = GI_t \frac{d^2\varphi}{dz^2} - EI_w \frac{d^4\varphi}{dz^4} \tag{5.23}$$

或简写为

$$m_z = GI_t\varphi'' - EI_w\varphi^{IV} \tag{5.24}$$

这是均布扭矩作用下的平衡方程式。由(5.23)式,可解出未知量扭转角 φ,然后得到翘曲扭矩等。

式(5.21)和式(5.23)中的 EI_w 是研究构件扭转时一个很重要的物理量,称为翘曲刚度,表示构件截面抵抗翘曲的能力。与侧向弯曲刚度 EI_y 和扭转刚度 GI_t 一起在梁的整体稳定中起着重要的作用。I_w 的量纲是长度的6次方,这与惯性矩 I_x、I_y 和抗扭惯性矩 I_t 的量纲都是长度的4次方不同,应予以注意。I_w 与截面的形状和尺寸有关,已推导双轴对称工字形截面的 I_w 为

$$I_w = \frac{1}{4}I_y h^2$$

常用开口薄壁截面的扇形惯性矩见表5.2。对于单轴对称工字形截面的 I_w,可简化为

$$I_w = \frac{I_1 I_2}{I_y}h^2 \tag{5.25}$$

式中 I_1 和 I_2 为工字形截面两个翼缘各自对截面弱轴 y 的惯性矩,因而 $I_y = I_1 + I_2$。可见工字形截面的高度 h 愈大,则其 I_w 也愈大,抵抗翘曲的能力也愈强。

表5.2 常用开口薄壁截面的扇形惯性矩 I_ω 计算公式和剪切中心 S 位置

截面形式	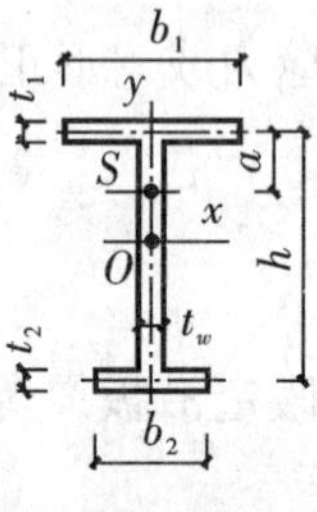	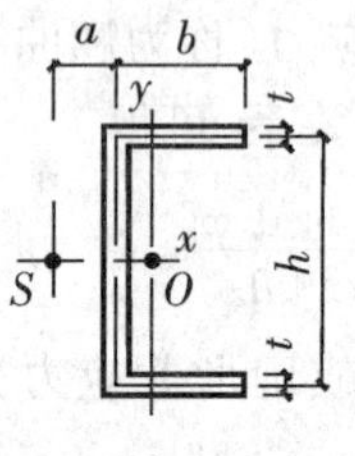	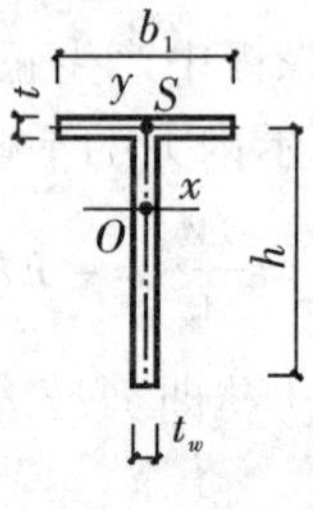	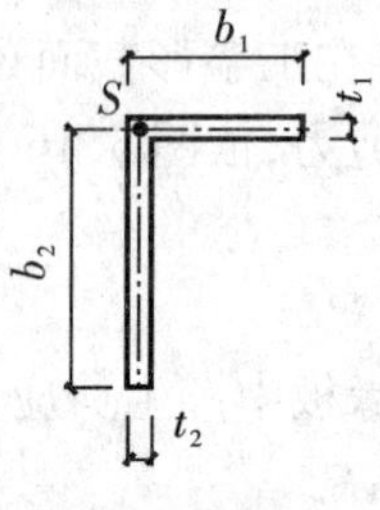	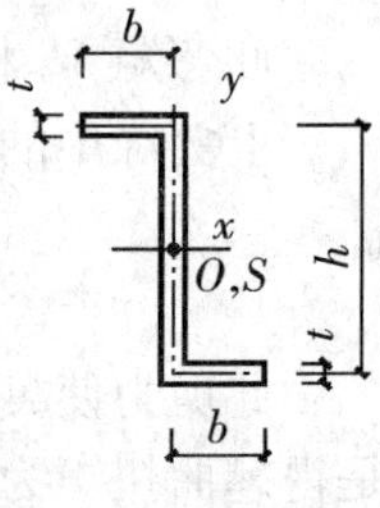
剪切中心 S 位置	$a=\frac{b_2^3t_2}{b_1^3t_1+b_2^3t_2}h$	$a=\frac{3b^2t}{6bt+ht_w}h$	翼缘腹板交点	角点	形心点
扇形惯性矩 I_w	$\frac{h^3}{12}\left(\frac{b_1^3t_1b_2^3t_2}{b_1^3t_1+b_2^3t_2}\right)$	$\frac{b^3h^2t}{12}\left(\frac{3bt+2ht_w}{6bt+ht_w}\right)$	$\frac{1}{36}\left(\frac{b^3t^3}{4}+h^3t_w^3\right)$ ≈ 0	$\frac{1}{36}(b_1^3t_1^3+b_2^3t_2^3)$ ≈ 0	$\frac{b^3h^2t}{12}\left(\frac{bt+2ht_w}{2bt+ht_w}\right)$

5.4.3 梁的整体稳定计算

要保证钢梁在横向荷载作用下不至于丧失整体稳定,只要使梁上产生的最大弯矩不大于梁整体失稳时的临界弯矩 M_{cr} 或边缘纤维屈服弯矩 M_e 或弯矩最大值 M_u 即可,即

$$M_{max} \leqslant M_{cr} \text{ 或 } M_e 、M_u$$

下面对理想构件弹性阶段的临界弯矩 M_{cr} 进行分析。

(1)梁的整体稳定临界弯矩 本节通过分析一种简单梁——理想平直双轴对称等截面单向均匀受弯简支梁的弹性整体稳定问题,阐述受弯构件整体稳定的基本理论和公式;然后再分析不同的荷载类型、支承条件以及截面形式时受弯构件整体稳定的情况。

1)焊接双轴对称工字形等截面纯弯简支梁 图5.17所示双轴对称工字形截面纯弯简支梁,夹支座(只能绕 x 轴和 y 轴转动,不能绕 z 轴转动,即只能自由挠曲,不能扭转)。采用 xyz 为固定坐标,梁发生弯扭屈曲时,任意截面 C 的形心将发生变化,其坐标系方向均已改变,分别由 $x'y'z'$ 表示,由于为双轴对称工字形截面,其截面的形心 O 和剪心 S 在弱轴 y 上并且重合,剪心距 $y_0=0$。当弯矩 M 较小时,梁处于稳定平衡状态,截面 C 只产生对 x 轴的竖向弯曲(沿 y 轴方向的竖向位移 v,图5.17b);当弯矩 M 达到临界弯矩 M_{cr} 时,在 yz 平面内作用着绕强轴 x 的均匀弯矩 M_x,当产生平面外微小的侧扭变形时,任意截面 C 的受力和变形如图5.17(b)所示,该截面同时发生对 y 轴的侧向弯曲(沿 x 轴方向的侧向水平位移 u,图5.17c)和截面扭转(扭转角 φ,图5.17d)。

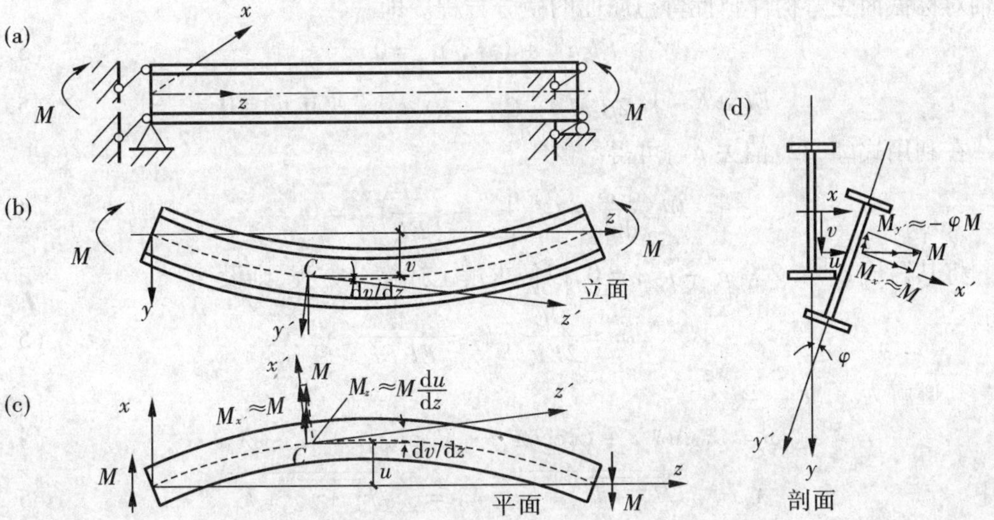

图5.17 简支钢梁丧失整体稳定时的变形和力矩分解

分析时采用如下假定:

①构件为理想平直无缺陷,且为弹性体;

②弯曲和扭转时,构件截面的形状不变;

③构件的侧扭变形是微小的,梁变形后,力偶矩与原来的方向平行;

④构件为等截面且无缺陷;

⑤在弯矩作用平面内的刚度很大,屈曲前变形对弯扭屈曲的影响忽略不计。

梁原来的弯矩 M 是绕 x 轴的,即 $M_x = M =$ 常数,$M_y = M_z = 0$;截面发生移动和转动后,$M_x = M$ 可分解为 M_x'、M_y'、M_z' 三个力矩,M_x' 是绕强轴弯矩,M_y' 是绕弱轴弯矩,M_z' 是扭矩。当变形很小时,有

$$M_x{}' \approx M\cos\left(\frac{\mathrm{d}u}{\mathrm{d}z}\right)\cos\varphi \approx M \tag{5.26}$$

$$M_y{}' \approx -M\cos\left(\frac{\mathrm{d}u}{\mathrm{d}z}\right)\sin\varphi \approx -\varphi M \tag{5.27}$$

$$M_z{}' \approx M\sin\left(\frac{\mathrm{d}u}{\mathrm{d}z}\right) \approx M\frac{\mathrm{d}u}{\mathrm{d}z} \tag{5.28}$$

根据材料力学弯矩-曲率关系和开口薄壁杆件约束扭转的计算公式有

$$EI_x\frac{\mathrm{d}^2v}{\mathrm{d}z^2} = M_{x'} = -M \tag{5.29}$$

$$EI_y\frac{\mathrm{d}^2u}{\mathrm{d}z^2} = M_{y'} = -M\varphi \tag{5.30}$$

$$GI_t\frac{\mathrm{d}\varphi}{\mathrm{d}z} - EI_w\frac{\mathrm{d}^3\varphi}{\mathrm{d}z^3} = M_{z'} = M\frac{\mathrm{d}u}{\mathrm{d}z} \tag{5.31}$$

方程(5.27)是解耦的，可以独立求解；而方程(5.30)与方程(5.31)是耦联的，必须联立求解。对方程(5.30)微分两次，对方程(5.31)微分一次后，可得到一般受力条件下的双轴对称截面受弯构件弹性弯扭屈曲的微分方程。即

$$EI_yu^{IV} + (M_x\varphi)'' = 0 \tag{5.32}$$

$$EI_w\varphi^{IV} - [(2\beta_yM_x + GI_t - \bar{R})\varphi']' + M_xu'' = 0 \tag{5.33}$$

在利用式(5.32)消去 u''，可得

$$EI_w\frac{\mathrm{d}^4\varphi}{\mathrm{d}z^4} - GI_t\frac{\mathrm{d}^2\varphi}{\mathrm{d}z^2} - \left(\frac{M^2}{EI_y}\right)\varphi = 0 \tag{5.34}$$

将其写成 $\varphi^{IV} - 2k_1\varphi'' - k_2\varphi = 0$，以便求解上述微分方程，则设

$$k_1 = \frac{GI_t}{2EI_w},\ k_2 = \frac{M}{EI_yEI_w} \tag{5.35}$$

其通解为

$$\varphi = C_1\sin\lambda_1z + C_2\cos\lambda_2z + C_3\sin\lambda_1z + C_4\cos\lambda_2z \tag{5.36}$$

式中

$$\lambda_1 = \sqrt{\sqrt{k_1^2 + k_2} - k_1},\ \lambda_2 = \sqrt{\sqrt{k_1^2 + k_2} + k_1} \tag{5.37}$$

$C_1 \sim C_4$ 为积分常数，有边界条件确定。

梁端截面不能扭转翘曲，则边界条件为：当 $z=0$ 和 $z=l$ 时，$\varphi' = \varphi'' = 0$，从而可得下列齐次线性方程组，即

$$C_2 + C_4 = 0 \tag{5.38}$$

$$-C_2\lambda_1^2 + C_4\lambda_2^2 = 0 \tag{5.38a}$$

$$C_1\sin\lambda_1l + C_2\cos\lambda_2l + C_3\sin\lambda_1l + C_4\cos\lambda_2l = 0 \tag{5.38b}$$

$$-C_1\lambda_1^2\sin\lambda_1l - C_2\lambda_1^2\cos\lambda_1l + C_3\sin\lambda_1l + C_4\cos\lambda_2l = 0 \tag{5.38c}$$

解得

$$C_2 = C_3 = C_4 = 0 \text{ 和 } C_1\sin\lambda_1l = 0 \tag{5.38d}$$

其非零解为

$$\sin\lambda_1l = 0$$

由此得 λ_1 的最小解为 $\lambda_1 = \pi/l$

将 k_1、k_2 代入，整理后得

$$M_{cr} = \frac{\pi^2 EI_y}{l^2}\sqrt{\frac{I_\omega}{l_y} + \frac{l^2 GI_t}{\pi^2 EI_y}} \tag{5.39}$$

此式即所求纯弯曲时双轴对称工字形截面简支梁整体稳定的临界弯矩。

2)焊接单轴对称工字形等截面单跨梁　单轴对称工字形截面的剪切中心 S 与形心 O 不相重合,承受横向荷载时梁的平衡状态微分方程不是常系数,因而不可能有准确的解析解,只能有数值解和近似解。为了便于讨论,下面给出用能量法求出的临界弯矩近似解,考虑不同边界条件,不同荷载情况后得到受弯构件弯扭屈曲临界弯矩的通式

$$M_{cr} = \beta_1 \frac{\pi^2 EI_y}{l_y^2}\left[\beta_2 a + \beta_3\beta_y + \sqrt{(\beta_2 a + \beta_3\beta_y)^2 + \frac{I_\omega}{I_y}\left(1 + \frac{GI_t l_y^2}{\pi^2 EI_\omega}\right)}\right] \tag{5.40}$$

式中　l_y——梁受压翼缘的自由长度,对跨中无侧向支承点的梁为其跨度,对跨中有侧向支承点的梁为受压翼缘侧向支承点间的距离(梁的支座处视为有侧向支承);

a——荷载作用点 P 至剪切中心 S 的距离,荷载向下时,P 在 S 下方取正,P 在 S 上方取负;

β_y——单轴对称截面的一种几何特性,坐标原点取截面形心 O,纵坐标指向受拉翼缘为正,$\beta_y = \frac{1}{2I_x}\int_A y(x^2 + y^2)\,dA - y_0$;当截面为双轴对称时,$\beta_y = 0$;当为加强受压翼缘工字形截面时,$\beta_y$ 为正值;当为加强受拉翼缘工字形截面时,β_y 为负值;

I_t——截面抗扭刚度,$I_t = \frac{\eta}{3}\sum b_i t_i^3$;

I_ω——截面扇形惯性矩,$I_\omega = \frac{I_1 I_2}{I_y}h^2$;

I_1、I_2、I_y——分别是受压翼缘和受拉翼缘对 y 轴的惯性矩,$I_y = I_1 + I_2$;

y_0——剪切中心 S 至形心 O 的距离,$y_0 = \frac{I_2 h_2 - I_1 h_1}{I_y}$;当双轴对称截面时,$y_0 = 0$;当为单轴对称工字形截面时,得正值时,剪力中心在形心之下,得负值时,在形心之上;h_1、h_2 分别为受压翼缘和受拉翼缘形心至整个截面形心的距离;

β_1、β_2、β_3——随作用于受弯构件上荷载的形式、荷载作用点位置及支座情况而异的系数,具体取值见表 5.3。

表 5.3　工字形截面简支梁整体稳定的 β_1、β_2、β_3

荷载情况	β_1	β_2	β_3
纯弯曲	1.00	0	1.00
全跨均布荷载	1.13	0.46	0.53
跨度中点集中荷载	1.35	0.55	0.40

(2)影响因素　通过简支梁整体临界弯矩公式可以看到影响稳定承载力大小的因素如下：

1)荷载种类　由于引起梁整体失稳的原因是梁在弯矩作用下产生了压应力,梁在三种典型荷载作用下如纯弯矩、均布线荷载和跨中一个集中荷载的弯矩分布如图5.18,可见梁受压翼缘和腹板的压应力随弯矩图为矩形、抛物线与三角形锐减。由于梁的侧向变形总是在压应力最大处开始的,其他压应力小的截面将对压应力最大的截面的侧向变形产生约束,因此,纯弯曲对梁的整体稳定最不利,均布荷载次之,而跨中一个集中荷载较为有利。若沿梁跨分布有多个集中荷载,其影响将大于跨中一个集中荷载而接近于均布荷载的情况,故其抵抗弯扭屈曲能力按纯弯曲→均布荷载→跨中一个集中力的顺序增大。

2)荷载作用位置　如图5.18所示,当荷载作用在梁的受压翼缘时,荷载对梁截面的扭矩有加大作用,因而降低了梁的整体稳定性能;当荷载作用在梁的受拉翼缘时,荷载对梁截面的扭矩有减小作用,因而提高了梁的整体稳定性能。

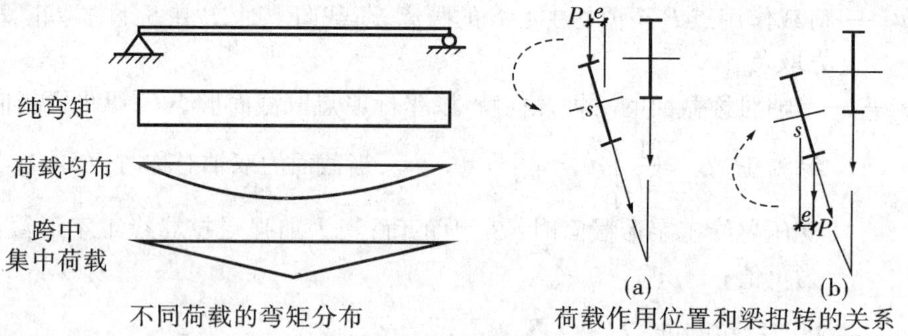

图5.18　荷载种类和作用点位置对梁稳定的影响

3)梁的截面形式　从前面的分析可知,在最大刚度平面内受弯的钢梁,其整体失稳是以弯扭变形的形式出现的。因此,梁的侧向抗弯刚度 EI_y 和抗扭刚度 EI_t 较强的截面将有利于提高其整体稳定性。另外,由图5.19可见,对于同一种截面形式,加强受压翼缘时比加强受拉翼缘有利:加强受压翼缘时截面的剪心位于截面形心之上,减小了截面上荷载作用点至剪心距离即扭矩的力臂,从而减小了扭矩,提高了构件的整体稳定承载力。

4)侧向支承点间距 l_1　由于梁的整体失稳变形包括侧向弯曲和扭转,因此,沿梁的长度方向设置一定数量的侧向支承点就可以有效地提高梁的整体稳定性。侧向支承点的位置对提高梁的整体稳定性也有很大影响。如果只在梁的剪切中心 S 处设置支承,只能阻止梁的 S 点发生侧向移动,而不能有效地阻止截面扭转,效果不理想。如果在梁的受压翼缘设置支承,效果就好得多,因为梁整体失稳的起因在于受压翼缘的侧向变形,因此,阻止该翼缘侧移,扭转也就不会发生。如果在梁的受拉翼缘设置支承,效果最差,因为它既不能有效地阻止侧移,也不能有效地阻止扭转。

5)梁的支承情况　两端支承条件不同,其抵抗弯扭屈曲的能力也不同,约束程度越强则抵抗弯扭屈曲能力越强,故其整体稳定承载力按固端梁→简支梁→悬臂梁的顺序减小。

要达到提高梁整体稳定性的目的,关键措施是增强梁受压翼缘的抗侧移及扭转刚度,当满足一定条件时,就可以保证在梁强度破坏之前不会发生梁的整体失稳,可以不必验算梁的整体稳定。从概念出发,采用加侧向支承减小侧向支承点间距 l_1,或增大截面受压翼缘的宽度 b_1(同时也是提高侧向抗弯刚度的有效措施),可减小 l_1/b_1 值而有效地提高整体稳定承载力。采用抗扭刚度较大的截面形式如闭口薄壁截面,或对开口薄壁截面增大 b_1,可有效提高梁的抗扭转刚度。

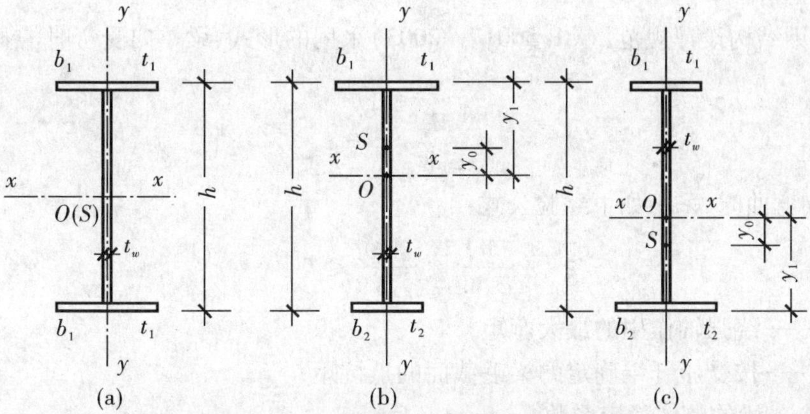

图 5.19　梁的截面形式对梁稳定的影响

符合下列情况之一时,可不计算梁的整体稳定性:

①有铺板(各种钢筋混凝土板和钢板)密铺在梁的受压翼缘上并与其牢固相连、能阻止梁受压翼缘的侧向位移时。

②工字形截面简支梁受压翼缘的自由长度 l_l 与其宽度 b_1 之比不超过表 5.4 所规定的数值时。

表 5.4　工字形截面不需验算整体稳定的 l_1/b_1 值

钢号	跨中无侧向支承点		跨中有侧向支承点,不管荷载在何处
	荷载作用在上翼缘	荷载作用在下翼缘	
Q235	13.0	20.0	16.0
Q345	10.5	16.5	13.0
Q390	10.0	15.5	12.5
Q420	9.5	15.0	12.0

③箱型截面梁,一般不易弯扭屈曲,当满足以下条件时,不必验算梁的整体稳定:

$$\frac{h}{b_0} \leqslant 6 \quad \text{且}\ l_1/b_0 \leqslant \begin{cases} 95 & \text{Q235} \\ 65 & \text{Q345} \\ 57 & \text{Q390} \end{cases}$$

(3)梁的整体稳定计算　钢结构设计中,为了保证梁不发生弯扭失稳,要求

$$M_{\max} \leqslant M_{cr}$$

也可写成应力形式，即要求钢梁在横向荷载作用下产生的最大应力 σ 不大于产生整体失稳时的临界应力 σ_{cr}，考虑抗力分项系数 γ_R，即

$$\sigma_{\max} = \frac{M_{\max}}{W_x} \leqslant \frac{\sigma_{cr}}{f_y} \times \frac{f_y}{\gamma_R} = \varphi_b f$$

式中　$\varphi_b = \dfrac{\sigma_{cr}}{f_y} = \dfrac{M_{cr}}{W_x f_y}$ 称为梁的整体稳定系数。

写成《钢结构设计规范》(GB 50017—2003)采用的形式，梁单向受弯时的整体稳定计算公式为

$$\frac{M_x}{\varphi_b W_x} \leqslant f \tag{5.41}$$

当双向弯曲时，采用如下经验公式：

$$\frac{M_x}{\varphi_b W_x} + \frac{M_y}{\gamma_y W_y} \leqslant f \tag{5.41a}$$

式中　M_x ——绕强轴作用的最大弯矩；

W_x ——按受压纤维确定的梁毛截面的抵抗矩；

φ_b ——梁的整体稳定系数，$\varphi_b = \sigma_{cr}/f_y$。

关于式(5.41a)的说明：

①双向弯曲临界力比单向弯曲临界力低；

② γ_y 为适当降低第二项的影响，而不是绕 y 轴允许发展塑性；

③此表达式在形式上与压弯构件相协调。

以下讨论我国规范采用的不同截面形式的整体稳定系数 φ_b。

1）焊接工字形等截面简支梁　常用的焊接工字形等截面梁的截面形式主要有如图 5.19 所示的双轴对称工字形截面、加强受压翼缘工字形截面及加强受拉翼缘工字形截面三种，其整体稳定临界弯矩按式(5.39)和式(5.40)，则其整体稳定系数 φ_b 分别为

$$\varphi_{b0} = \frac{\sigma_{cr}}{f_y} = \frac{M_{cr}}{W_x f_y} = \frac{\pi^2 EI_y}{l^2 W_x f_y}\sqrt{\frac{I_w}{I_y} + \frac{l^2 GI_t}{\pi^2 EI_y}} \tag{5.42}$$

$$\varphi_b = \frac{\sigma_{cr}}{f_y} = \frac{M_{cr}}{W_x f_y} = \beta_1 \frac{\pi^2 EI_y}{l_y^2 W_x f_y}\left[\beta_2 a + \beta_3 \beta_y + \sqrt{(\beta_2 a + \beta_3 \beta_y)^2 + \frac{I_w}{I_y}\left(1 + \frac{GI_t l_y^2}{\pi^2 EI_w}\right)}\right] \tag{5.42a}$$

由于上述两式尤其式(5.42a)的计算工作量很大，《钢结构设计规范》(GB 50017—2003)对其进行了简化，方法如下：

将式(5.42)的 φ_{b0} 作为近似 φ_b 的基本公式，而把其他荷载和约束情况下的 φ_b 等效为 φ_{b0}，即将 φ_b 与纯弯简支梁 φ_{b0} 的比值记为 $\beta_b = \dfrac{\varphi_b}{\varphi_{b0}}$，则可以写成一个通用表达式

$$\varphi_b = \beta_b \varphi_{b0} \tag{5.43}$$

式中　β_b 为等效弯矩系数，取值见附表 3.1。

①简化式(5.42a)中的β_y $\beta_y=-\frac{1}{2I_x}\int_A y(x^2+y^2)\,dA-y_0$中包括$y_0$项和积分项,通常两项均为正(加强受压翼缘)或均为负(加强受拉翼缘)或为零(双轴对称截面),积分项一般比y_0小得多,可取$\beta_y\approx y_0$。

引入两个系数α_b、η_b,其中α_b是受压上翼缘b_1t_1沿y轴的惯性矩I_1与全截面的惯性矩$I_y=I_1+I_2$的比值,即$\alpha_b=I_1/I_y$;η_b为截面的不对称影响系数:

对双轴对称的工字形截面: $\eta_b=0$

对单轴对称的工字形截面:加强受压翼缘(图5.19b) $\eta_b=0.8(2\alpha_b-1)$

加强受拉翼缘(图5.19c) $\eta_b=2\alpha_b-1$

则
$$\beta_y\approx y_0=-\frac{I_2h_2-I_1h_1}{I_y}=\frac{I_1(h_1+h_2)-h_2(I_1+I_2)}{I_y}=a_bh-h_2=\frac{\eta_bh}{2} \tag{5.44}$$

②截面的自由扭转惯性矩简化为$I_k=\frac{1}{3}At_1^2$;

③翘曲惯性矩$I_\omega=\frac{I_1I_2}{I_y}h^2=\alpha_b(1-\alpha_b)I_yh^2$;

④$I_y/l^2=A/\lambda_y^2$, $E=2.06\times10^5\ \mathrm{N/mm^2}$, $E/G=2.6$, $f_y=235\ \mathrm{N/mm^2}$。

将以上公式及数据代入式(5.42a)后可得到焊接工形等截面简支梁的整体稳定系数计算公式

$$\varphi_b=\beta_b\frac{4320}{\lambda_y^2}\cdot\frac{Ah}{W_x}\left[\sqrt{1+\left(\frac{\lambda_yt_1}{4.4h}\right)^2}+\eta_b\right]\frac{235}{f_y} \tag{5.45}$$

上述整体稳定系数φ_b是按弹性稳定理论推导的,只适用于梁在弹性受力阶段失稳,即$\sigma_{\max}=M_{\max}/W_x\leqslant f_p$($f_p$为钢材的弹性极限)或$\varphi_b=\sigma_{cr}/f_y\leqslant f_p/f_y$。当$\sigma_{\max}\geqslant f_p$或$\varphi_b\geqslant f_p/f_y$时,约相当于在$\varphi_b>0.6$。失稳时钢材已进入弹塑性受力阶段,这时的临界弯矩、临界应力以及整体稳定系数均比弹性稳定理论计算的值显著降低。因此,当求得$\varphi_b>0.6$时,即为弹塑性阶段失稳。根据理论分析和试验,考虑初弯曲、初偏心及残余应力的影响,得弹塑性稳定公式应采用φ'_b代替φ_b值

$$\varphi'_b=1.07-\frac{0.282}{\varphi_b}\leqslant1.0 \tag{5.46}$$

2)轧制普通工字型钢简支梁 轧制普通工字型钢简支梁由于其翼缘有斜坡,且在与腹板交接处为圆角,因此其截面特性不能按焊接组合工字形截面计算。考虑到工字钢为国家标准,规格统一,因此可将其整体稳定系数φ_b进行适当的归并后制成表格以方便使用,φ_b见附表3.2。

查表时,当求得$\varphi_b>0.6$时,应采用φ'_b代替φ_b。

3)轧制槽型简支梁 轧制槽型简支梁是单轴对称截面,其理论的整体稳定系数计算复杂,可采用近似简化方法,偏于安全地不分荷载形式和荷载作用点在截面高度上的作用位置,均可按下式计算,当算得的$\varphi_b>0.6$时,仍应采用φ'_b代替φ_b

$$\varphi_b=\frac{570b\cdot t}{l_1h}\cdot\frac{235}{f_y} \tag{5.47}$$

式中　h、b、t——分别为槽钢截面的高度、翼缘宽度和平均厚度。

4)纯弯曲受弯构件整体稳定系数 φ_b 的近似计算(适用于 $\lambda_y \leqslant 120\sqrt{235/f_y}$)　对于受均布弯矩(纯弯曲)作用的构件,当 λ_y 较小时,受弯构件均在弹塑性阶段屈曲,大多数构件 $\varphi_b > 0.7$,其整体稳定系数 φ_b 可按下列近似公式计算:

①工字形截面

双轴对称时

$$\varphi_b = 1.07 - \frac{\lambda_y^2}{44000} \cdot \frac{f_y}{235} \tag{5.48}$$

单轴对称时

$$\varphi_b = 1.07 - \frac{W_{1x}}{(2\alpha_b + 0.1)Ah} \cdot \frac{\lambda_y^2}{14000} \cdot \frac{f_y}{235} \tag{5.49}$$

式中　W_{1x}——截面最大受压纤维的毛截面模量。

②T 形截面(弯矩作用在对称轴平面,绕 x 轴):

弯矩使翼缘受压时,双角钢 T 形截面

$$\varphi_b = 1 - 0.0017\lambda_y\sqrt{\frac{f_y}{235}} \tag{5.50}$$

部分 T 型钢和两板组成的 T 形截面:

$$\varphi_b = 1 - 0.0022\lambda_y\sqrt{\frac{f_y}{235}} \tag{5.51}$$

弯矩使翼缘受拉且腹板宽度比不大于 $18\sqrt{\frac{f_y}{235}}$ 时:

$$\varphi_b = 1 - 0.0005\lambda_y\sqrt{f_y/235} \tag{5.52}$$

③箱形截面

$$\varphi_b = 1.0 \tag{5.53}$$

式(5.48)~式(5.52)中的 φ_b 值已经考虑了非弹性屈曲问题。因此当算得的 $\varphi_b > 0.6$ 时,不必再进行修正;当 $\varphi_b > 1$ 时,取 $\varphi_b = 1$。

在工程设计中,梁的整体稳定常由铺板或支承来保证,需要验算的情况并不很多。式(5.48)~式(5.52)主要用于压弯构件在弯矩作用平面外的稳定性计算中。

另外,必须注意,所有上述整体稳定系数的计算公式均是根据梁的端部截面不产生扭转变形(扭转角等于零)。因此,在梁端处必须采用构造措施(图 5.20)提高抗扭刚度,以防止端部截面扭转,否则梁的整体稳定性能将会降低。

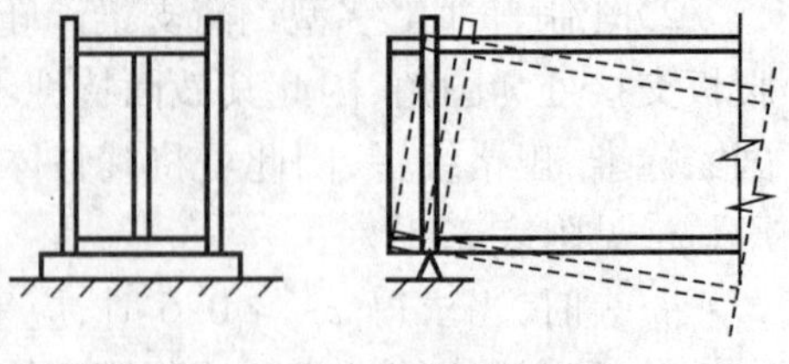

图 5.20　夹支的梁支座

【例 5.2】　一简支钢梁,跨度 7.5 m,跨度中间无侧向支承。上翼缘承受满跨的均布荷载,跨中最大弯矩设计值为 160 kN·m。钢材为 Q235-B,钢梁截面尺寸如图 5.21。试验算此梁的整体稳定性。

【解】　由于钢梁上翼缘没有侧向支撑，且 $\frac{l_1}{b_1}=\frac{7\,500}{400}=18.75>13$，故须计算梁的整体稳定性。

(1)截面特性

$A=400\times16+1\,000\times10+250\times14=19\,900\ \mathrm{mm}^2$

形心轴位置

$y_1=\frac{16}{2}+\frac{10\,000\times508+3\,500\times1015}{19\,900}=442\ \mathrm{mm}$

$y_2=1\,030-442=588\ \mathrm{mm}$

$I_x=3.17\times10^9\ \mathrm{mm}^4$，$I_y=I_1+I_2=10.35\times10^7\ \mathrm{mm}^4$

$W_{1x}=\frac{I_x}{y_1}=\frac{3.17\times10^9}{442}=7.17\times10^6\ \mathrm{mm}^3$

$W_{2x}=\frac{I_x}{y_2}=\frac{3.17\times10^9}{588}=5.39\times10^6\ \mathrm{mm}^3$

$i_y=\sqrt{\frac{I_y}{A}}=\sqrt{\frac{10.35\times10^7}{19\,900}}=72.1\ \mathrm{mm}$

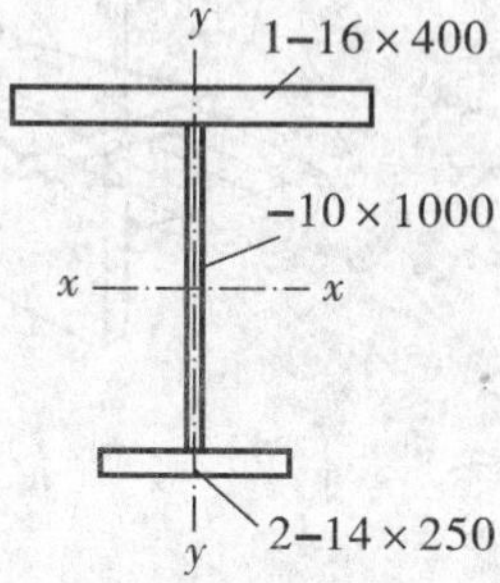

图 5.21　例 5.2 图

$\lambda_y=\frac{l_1}{i_y}=\frac{7\,500}{72.1}=104.2$

(2)稳定系数

$\alpha_b=\frac{I_1}{I_1+I_2}=0.824>0.8$ $\xi=\frac{l_1t_1}{b_1h}=\frac{7500\times16}{400\times1030}=0.291<1.0$，查附表 3.1，$\beta_b=0.95(0.69+0.13\times0.291)=0.691$

截面不对称影响系数 $\eta_b=0.8(2\alpha_b-1)=0.8(2\times0.824-1)=0.52$

则 $\varphi_b=0.691\times\frac{4320}{104.2^2}\times\frac{1.99\times10^4\times1030}{7.17\times10^6}\left[\sqrt{1+\left(\frac{104.2\times16}{4.4\times1030}\right)^2}+0.52\right]\frac{235}{235}$

$=1.246>0.6$

故 $\varphi_b{}'=1.07-\frac{0.282}{1.246}=0.844$

(3)整体稳定性验算

$\frac{M_x}{\varphi'_bW_{1x}}=\frac{1600\times10^6}{0.844\times7.17\times10^6}=264.4\ \mathrm{N/mm^2}>215\ \mathrm{N/mm^2}$，故整体稳定性不能满足要求，可考虑在受压翼缘设置中间侧向支承点。

5.5　梁的局部稳定

组合梁一般由翼缘和腹板等板件组成，为提高梁的刚度、强度及整体稳定承载力，应遵循“肢宽壁薄”的设计原则，常采用高而薄的腹板和宽而薄的翼缘。如果这些板件减薄加宽的不恰当，板中压应力或剪应力达到某一数值后，腹板或受压翼缘有可能偏离其平面位置，出现波形鼓曲(图 5.22)，这种现象称为梁局部失稳。与轴心受压构件相仿，翼缘或腹板发生局部失稳，虽不会使梁立即失去承载力，但是板的局部屈曲部位退出工作后，将使构件的刚度减小，改变截面形状，从而导致梁的强度和整体稳定承载力减低。因此，在进行组合梁的设计时，必须包括局部稳定计算问题。

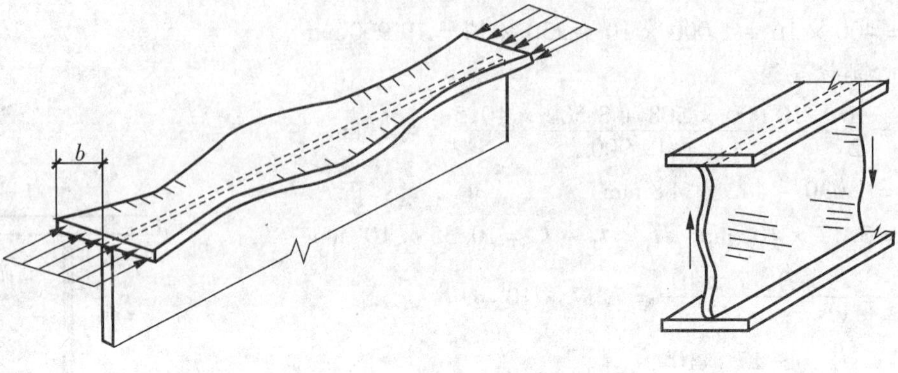

(a) (b)

图 5.22 梁局部失稳

热轧型钢由于其板件宽厚比较小，都能满足局部稳定要求，不需要验算。对冷弯薄壁型钢梁的板件，当板件受拉或受压而其宽厚比不超过规定限制时，认为板件全部有效，当受压而其宽厚比超过规定限制时，则只考虑其一部分宽度为有效——称为有效宽度，应按《冷弯薄壁型钢结构技术规范》(GB 50018—2002)计算。

对于组合梁的翼缘和腹板的局部稳定性，考虑用材的经济性并兼顾构件承载力及刚度，目前《钢结构设计规范》(GB 50017—2003)采用以下三种方式：

(1)对于翼缘板，采用一定厚度的钢板保证翼缘板不发生失稳。由于翼缘主要受弯曲压应力 σ 作用而受力简单，同时梁的翼缘板远离截面的形心，强度一般能够得到比较充分的利用，若翼缘板发生局部屈曲，会很快导致梁丧失继续承载的能力。因此，常采用限制翼缘宽厚比的方法，亦即保证必要的厚度的办法，来防止其局部失稳。

(2)对于腹板，由于其受力复杂，常在弯曲正应力 σ、剪应力 τ 和局压应力 σ_c 的共同作用下，且各种应力在腹板各区段的分布和大小也不相同，加之其面积又相对较大，如果用同样限制腹板高厚比的方法来保证其局部稳定，将大大增加组合梁的用钢量，一般采用下列方法：

①对直接承受动力荷载的吊车梁或其他不考虑腹板屈曲后强度的组合梁，可在腹板上配置一些加劲肋，将腹板分隔成若干小尺寸的矩形板段，各板段的四周由翼缘和加劲肋构成支承。这样，增加少量的加劲肋，就有效地提高了腹板的局部稳定性。

②对承受静力荷载和间接承受动力荷载的组合梁，容许腹板局部失稳，考虑腹板的屈曲后强度，计算腹板局部屈曲后梁截面的抗弯和抗剪承载力(详见本章 5.8 节)。

梁的局部稳定问题，其实质是组成梁的矩形薄板在应力 σ、τ、σ_c 的作用下的屈曲问题(图 5.23)，板在各种应力作用下保持稳定所能承受的最大应力称为临界应力。矩形截面薄板在各种应力单独作用下失稳的临界应力 σ_{cr}、τ_{cr} 或 $\sigma_{c,cr}$，均可采用在第 4 章 4.3

节中得到的矩形薄板的弹性稳定临界应力公式,即通用计算公式为

$$\sigma_{cr}\text{(或}\tau_{cr}\text{、}\sigma_{c,cr}\text{)}=\chi k\frac{\pi^2\sqrt{\eta}E}{12(1-\nu^2)}\left(\frac{t}{b}\right)^2 \tag{5.54}$$

式中 E、ν——钢材的弹性模量与泊松比;

t、b——板的厚度、宽度或板的高度(见表5.5);

k——板的屈曲系数,它与板的应力状态及支撑情况有关,各种情况下的 k 值见表5.4;

η——弹性模量修正系数(考虑薄板处于弹塑性状态时,板材降低为切线模量,且为正交异性板),当为弹性屈曲时 $\eta=1$;

$$\eta=E_t/E \tag{5.55}$$

χ——支承边的弹性约束系数,考虑板件不是同时屈曲,板件之间存在的相互约束作用,具体取值在梁翼缘和腹板的屈曲计算中讨论。

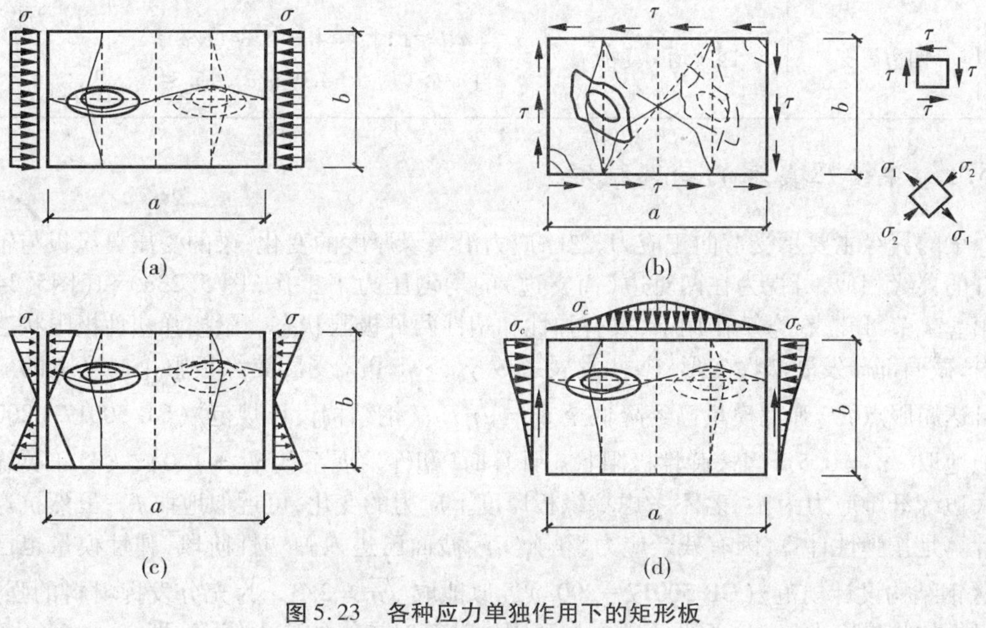

图5.23 各种应力单独作用下的矩形板

(a)受纵向均匀正应力作用;(b)受剪应力作用;

(c)受弯曲正应力作用;(d) 横向非均匀局部压应力作用

将 $E=206\times10^3\ \text{N/mm}^2$、$\nu=0.3$ 代入公式(5.54)中,得

$$\sigma_{cr}\text{(或}\tau_{cr}\text{、}\sigma_{c,cr}\text{)}=18.6\chi\sqrt{\eta}k\left(\frac{100\,t}{b}\right)^2\ \text{N/mm}^2 \tag{5.56}$$

由式(5.56)及表5.4的屈曲系数 k 可见,矩形薄板的屈曲临界应力除与其所受应力、支撑情况和板的长宽比(a/b)有关外,还与板的宽厚比(b/t)的平方成正比;但与钢材强度无关,采用高强度钢材并不能提高板的局部稳定性能。

表 5.5　板的屈曲系数 k

	支撑情况	应力状态	屈曲系数 k	说明
1	四边简支	两平行边均匀受压	$k_{min}=4$	
2	三边简支 一边自由	两平行简支边均匀受力	$k=0.425+(b/a)^2$	a、b 为板边长，a 为自由边长
3	四边简支	两平行边受弯	$k_{\min}=23.9$	
4	两平行边简支 另两边固定	两平行简支边受弯	$k_{\min}=39.6$	
5	四边简支	一边局部受压	当 $a/b\leqslant 1.5$ 时，$k=\left(4.5\dfrac{b}{a}+7.4\right)\dfrac{b}{a}$ 当 $a/b>1.5$ 时，$k=\left(11-0.9\dfrac{b}{a}\right)\dfrac{b}{a}$	a、b 为板边长，a 与压应力方向垂直
6	四边简支	四边均匀受剪	当 $a/b\leqslant 1$ 时，$k=4.0+5.34(b/a)^2$ 当 $a/b>1$ 时，$k=4.0(b/a)^2+5.34$	a、b 为板边长，b 为短边长

5.5.1　梁受压翼缘的局部稳定

梁的翼缘主要承受弯曲正应力，忽略应力沿翼缘厚度的变化，梁的受压翼缘板与轴心压杆的翼缘相似，可视为在两对边（简支边）的均匀压力下工作（图 5.23a）和（图5.24）。由第 5.2 节可知，在弯矩作用下，梁有弹性和塑性两种极限状态。梁按弹塑性极限状态计算时，截面部分发展塑性变形（塑性发展系数 $\gamma_x > 1.0$），受压翼缘板整个厚度上的应力均可达屈服点 f_y，弹性模量已经降低至 $E_t=\sqrt{\eta}E$，《钢结构设计规范》(GB 50017—2003）近似地取 $\sqrt{\eta}=0.5$。当按弹性极限状态计算时（塑性发展系数 $\gamma_x=1.0$），梁受压翼缘的最大边缘纤维应力为 f_y，若不考虑翼缘板厚度上应力的变化，可近似地取 f_y；虽然抗弯强度计算是按弹性计算，因有残余应力影响，实际截面已进入弹塑性阶段，弹性模量也已降低，《钢结构设计规范》(GB 50017—2003）近似地取 $\sqrt{\eta}=2/3$。为充分发挥材料的强度，翼缘板的临界应力 σ_{cr} 应不低于梁在抗弯强度计算时翼缘的应力值 f_y，即 $\sigma_{cr}\geqslant f_y$（等强原则），从而保证翼缘不丧失稳定。

对工字形截面翼缘板，可视为三边简支、一边自由的薄板，其屈曲系数为 $k_{\min}=0.425$（取 $b/a\to 0$）；由于支承翼缘板的腹板一般较薄，对翼缘板没有什么约束作用，因此取弹性约束系数 $\chi=1.0$。

则当梁在抗弯强度计算按弹塑性极限状态时，由 $\sigma_{cr}\geqslant f_y$ 可得

$$\sigma_{cr}=18.6\times 0.425\times 0.5\times\left(\frac{100\,t}{b_1}\right)^2\times\frac{235}{235}\geqslant f_y \tag{5.57}$$

可得

$$\frac{b_1}{t}\leqslant 13\sqrt{\frac{235}{f_y}} \tag{5.58}$$

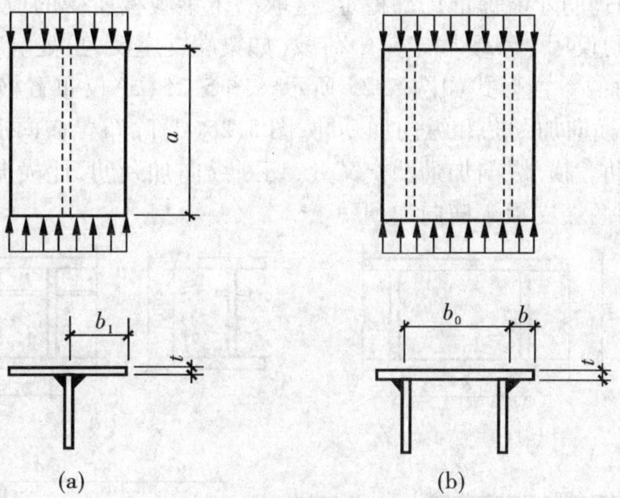

图5.24　梁的受压翼缘板

则当梁在抗弯强度计算按弹性极限状态时，由 $\sigma_{cr} \geqslant f_y$ 可得

$$\sigma_{cr} = 18.6 \times 0.425 \times \frac{2}{3} \times \left(\frac{100\ t}{b_1}\right)^2 \times \frac{235}{235} \geqslant f_y \tag{5.59}$$

可得

$$\frac{b_1}{t} \leqslant 15\sqrt{\frac{235}{f_y}} \tag{5.58a}$$

由此可得保证翼缘局部稳定的要求为：①当受弯强度按弹塑性计算即 $\gamma_x > 1.0$ 时，翼缘悬伸宽厚比也应严格一些，应满足式(5.58)；②当受弯强度按弹性计算即 $\gamma_x = 1.0$ 时，应满足下式

$$13\sqrt{\frac{235}{f_y}} \leqslant \frac{b_1}{t} \leqslant 15\sqrt{\frac{235}{f_y}} \tag{5.58b}$$

箱形截面梁在两腹板之间的受压翼缘板(图5.24b 宽度为 b_0，厚度为 t)，相当于四边简支单向均匀受压板，屈曲系数 $k = 4.0$。在式(5.56)中，令弹性约束系数 $\chi = 1.0$，偏安全地取 $\eta = 0.5$(即不论弹性还是部分截面发展塑性，均按截面发展塑性对待)，由条件 $\sigma_{cr} \geqslant f_y$ 得

$$\frac{b_0}{t} \leqslant 40\sqrt{\frac{235}{f_y}} \tag{5.59}$$

5.5.2　梁腹板的局部稳定

如前所述，组合梁翼缘的局部稳定是按其主要承受弯曲压应力而采用限制宽厚比的方法来保证的。《钢结构设计规范》(GB 500017—2003)对于不考虑腹板屈曲后强度的组合梁，其腹板的局部稳定就是采用配置加劲肋的方法来保证的。

加劲肋有支承加劲肋、横向加劲肋、纵向加劲肋和短加劲肋等四种形式，腹板应该配置哪一种形式的加劲肋才能保证局部稳定，这取决于梁腹板所受的应力状态和腹板的高厚比，但支承加劲肋仅用于承受固定集中荷载（如梁端支座反力）处。

梁腹板加劲肋的布置形式如图 5.25 所示。图 5.25（a）仅布置横向加劲肋，图 5.25（b）、（c）同时布置横向加劲肋和纵向加劲肋，图 5.25（d）除布置横向加劲肋、纵向加劲肋外，还设置短加劲肋。横、纵向加劲肋交叉处，切断纵向加劲肋，让横向加劲肋贯通，并尽可能使纵向加劲肋两端支承于横向加劲肋上。

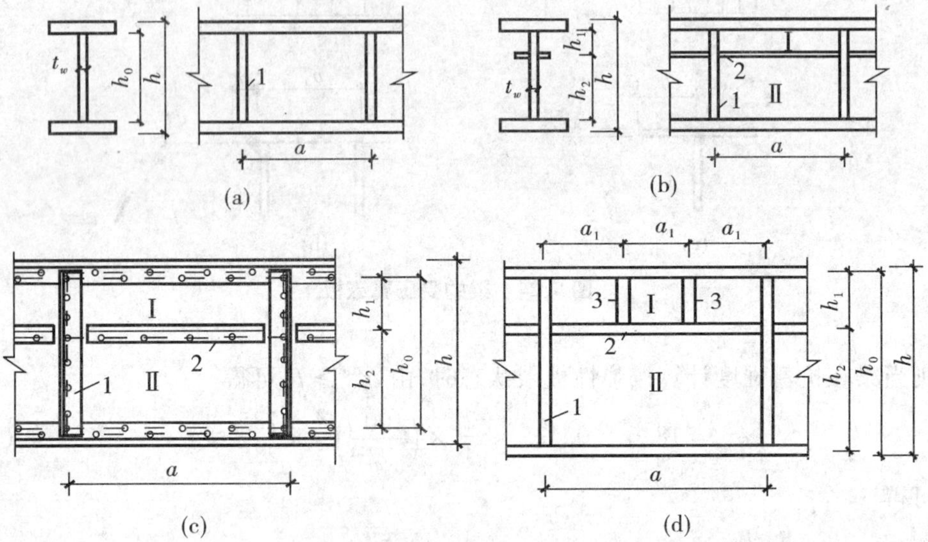

图 5.25　腹板加劲肋的布置

1-横向加劲肋；2-纵向加劲肋；3-短加劲肋

为了验算各腹板区格的局部稳定性，应先讨论梁腹板在剪应力、弯曲正应力和局部压应力单独作用下的临界应力，然后利用各种应力同时作用下的临界条件验算各区格的局部稳定性。

（1）梁腹板在剪应力、弯曲正应力和局部压应力单独作用下的临界应力　与梁的整体稳定一样，在纵向弯曲应力、局部横向应力或剪应力作用下，板件有弹性阶段、弹塑性阶段和塑性阶段屈曲三种情形，因此，应区分板件的屈曲状态，以便确定相应的局部稳定临界应力。

为了简捷直观并考虑非弹性工作和初始缺陷的影响，国际工程界通行的方式是引入一个参数——通用高厚比，来区分板件的屈曲状态，并用其表达板件相应的临界应力。《钢结构设计规范》（GB 50017—2003）也采用了这种方法。通用高厚比用符号 λ 表示，其定义为：板件在各种应力作用下的通用高厚比的平方等于各种作用应力对应的材料屈曲强度与板件在相应应力单独作用下的弹性屈曲临界应力的比值。

1）腹板在纯弯曲应力作用下的临界应力　当腹板简支于翼缘时，即为四边简支板，其屈曲系数 $k_{\min} = 23.9$。实际上，梁腹板和受拉翼缘相连接的边缘转动受到很大约束，基本上属于完全固定；而受压翼缘对腹板的约束作用除与受压翼缘本身的刚度有关外，还和是否有能够阻止它扭转的构件有关。当连有刚性铺板或焊有钢轨时，上翼缘不能扭转，腹板上边缘近于固定。无刚性构件连接时则介于固定和铰支之间。翼缘对腹板的约束作用由嵌固系数来考虑，亦即把四边简支板的临界应力乘以 χ。《钢结构设计规范》(GB 50017—2003)对翼缘扭转受到约束和未受约束两种情况分别取 $\chi = 1.66$ 和 $\chi = 1.23$，前者相当于上下固定约束，将嵌固系数 χ 和屈曲系数代入临界应力通式(5.56)，得腹板在纯弯曲应力作用下的弹性临界应力($\eta = 1$)

$$\sigma_{cr} = 739\left(\frac{100\ t_w}{h_0}\right)^2 \text{ 和 } \sigma_{cr} = 547\left(\frac{100\ t_w}{h_0}\right)^2 \tag{5.60}$$

由上式可看出，在纯弯曲应力作用下的弹性临界应力，仅与板的高厚比(h_0/t_w)的平方成正比而与板长无关，故当设置加劲肋时，纵向加劲肋是提高 σ_{cr} 的有效手段，而横向加劲肋无效。

①弯矩作用下的通用高厚比　由通用高厚比定义可知受弯计算用的通用高厚比 λ_b 为

$$\lambda_b = \sqrt{f_y/\sigma_{cr}} \tag{5.61}$$

在上式中，分别代入临界应力式(5.60)，可得如下的通用高厚比

当梁受压翼缘扭转受到约束时：$\lambda_b = \dfrac{2h_c/t_w}{177}\sqrt{\dfrac{f_y}{235}}$　(5.61a)

当梁受压翼缘扭转未受到约束时：$\lambda_b = \dfrac{2h_c/t_w}{153}\sqrt{\dfrac{f_y}{235}}$　(5.61b)

上式中 h_c 为腹板弯曲受压区高度，双轴对称截面取 $2h_c = h_0$。

②腹板在纯弯曲应力作用下的弹性临界应力　《钢结构设计规范》(GB 50017—2003)用 $1.1f$ 代替 f_y，则弹性临界应力可由通用高厚比 λ_b 表达为

$$\sigma_{cr} = 1.1f/\lambda_b^2 \tag{5.62}$$

此式用 $1.1f$ 代替 f_y 的原因：一是弹性临界应力取决于弹性模量 E，它的变异性不如屈服强度大；二是板件在弹性范围屈曲后，还有承载潜力。

由于钢材是弹塑性体，对于理想的弹塑性板，临界应力由塑性与弹塑性的分界点为 f_y，即 $\lambda_b = 1$，弹塑性与弹性界限的分界点为 $0.6f_y$（钢材的弹性极限强度），即 $\lambda_b = (1/0.6)^{1/2} = 1.29$。考虑到存在有残余应力和几何缺陷，把塑性范围缩小，$\lambda_b \leqslant 0.85$，弹性范围则推迟到 $\lambda_b = 1.25$ 开始，则 $0.85 < \lambda_b \leqslant 1.25$ 属于弹塑性过渡范围，其间的临界应力由两界点间直线式表达，图5.26的实线表示三个计算公式，虚线则属于理想弹塑性板，则 σ_{cr} 分别按下列方法计算：

当 $\lambda_b \leqslant 0.85$ 时　$\sigma_{cr} = f$　(5.63a)

当 $0.85 < \lambda_b \leqslant 1.25$ 时　$\sigma_{cr} = [1 - 0.75(\lambda_b - 0.85)]f$　(5.63b)

当 $\lambda_b > 1.25$ 时　$\sigma_{cr} = 1.1f/\lambda_b^2$　(5.63 c)

③临界应力不低于钢材的屈服强度 f_y 时的高厚比

由

$$\sigma_{cr} = 737\left(\frac{100\ t_w}{h_0}\right)^2 \geqslant f_y \text{ 和 } \sigma_{cr} = 547\left(\frac{100\ t_w}{h_0}\right)^2 \geqslant f_y \tag{5.64}$$

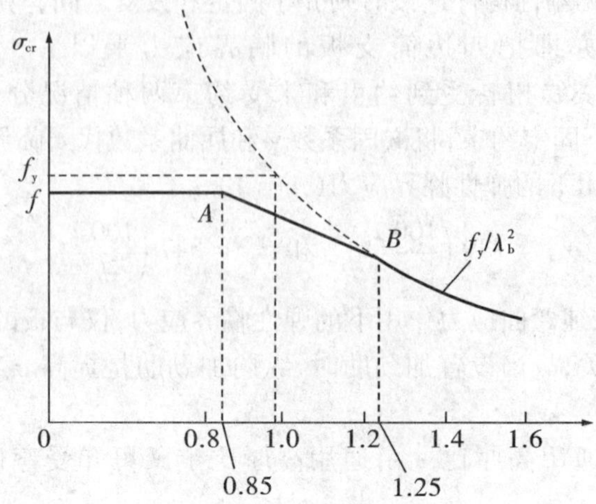

图5.26 临界应力的三个公式

则得到,保证腹板在边缘屈服前不发生屈曲的高厚比分别为

$$\frac{h_0}{t_w} \leqslant 177\sqrt{\frac{235}{f_y}} \text{ 和 } \frac{h_0}{t_w} \leqslant 153\sqrt{\frac{235}{f_y}} \tag{5.65}$$

当腹板高厚比不满足上式时,应设置纵向加劲肋。

2)腹板在剪应力作用下的临界应力　当腹板四周只受均布剪应力 τ 作用时,板内呈45°斜方向的主应力,并在主压应力作用下屈曲,故屈曲时呈大约45°斜向的波形凹凸(图5.23b)。

翼缘对腹板有一定的约束作用,其程度与应力状态及腹板和翼缘的刚度比有关。根据实验分析,承受剪应力的腹板,可取嵌固系数 $\chi = 1.23$,其屈曲系数 k 见表5.5中的第6项。将其一并代入临界应力通式(5.56),得腹板在剪应力作用下弹性临界应力 τ_{cr} 为

当 $\dfrac{a}{h_0} \leqslant 1$ 时

$$\tau_{cr} = \left[93 + \frac{123}{(a/h_0)^2}\right]\left(\frac{100\,t_w}{h_0}\right)^2 \tag{5.66}$$

当 $\dfrac{a}{h_0} > 1$ 时

$$\tau_{cr} = \left[123 + \frac{93}{(a/h_0)^2}\right]\left(\frac{100\,t_w}{h_0}\right)^2 \tag{5.67}$$

式中　a 、b ——腹板区段的长度与宽度(腹板计算高度)。

由上式可看出,在纯剪应力作用下的弹性临界应力不仅与板的长高比(a/h_0)有关,还与板的高厚比(h_0/t_w)的平方成正比。因此当设置加劲肋时,可看出横向加劲肋是提高 τ_{cr} 的有效手段,当设纵向加劲肋时,τ_{cr} 将随 h_0 的改变而改变。

①抗剪计算用的通用高厚比　由通用高厚比定义可知抗剪计算用的通用高厚比 λ_s 为

$$\lambda_s = \sqrt{f_{vy}/\tau_{cr}} \tag{5.68}$$

式中　$f_{vy}=f_y/\sqrt{3}$ 。

则当 $a/h_0 \leqslant 1.0$ 时　$\lambda_s=\dfrac{h_0/t_w}{41\sqrt{4+5.34(h_0/a)^2}}\sqrt{\dfrac{f_y}{235}}$　(5.69a)

当 $a/h_0 > 1.0$ 时　$\lambda_s=\dfrac{h_0/t_w}{41\sqrt{5.34+4(h_0/a)^2}}\sqrt{\dfrac{f_y}{235}}$　(5.69b)

②腹板在纯剪应力作用下的弹性临界应力　《钢结构设计规范》(GB 50017—2003)用 $1.1f_v$ 代替 f_{vy}，则弹性临界应力可表达为

$$\tau_{cr}=1.1f_v/\lambda_s^2 \tag{5.70}$$

与弯曲应力类似，剪切临界应力 τ_{cr} 有三个公式计算，分别用于塑性、弹塑性和弹性范围。则 τ_{cr} 分别按下列方法计算

当 $\lambda_s \leqslant 0.8$ 时　$\tau_{cr}=f_v$　(5.71a)

当 $0.8<\lambda_s \leqslant 1.2$ 时　$\tau_{cr}=[1-0.59(\lambda_s-0.8)]f_v$　(5.71b)

当 $\lambda_s>1.2$ 时　$\tau_{cr}=1.1f_v/\lambda_s^2$　(5.71 c)

③临界应力不低于钢材的屈服点 f_y 时的高厚比　当腹板不设加劲肋时，即 $a\to\infty$，则 $k=5.34$，$\tau_{cr}\geqslant f_{vy}$ 时为

$$\tau_{cr}=123\left(\frac{100\,t_w}{h_0}\right)^2 \geqslant f_{vy}=\frac{f_y}{\sqrt{3}}\times\frac{235}{235} \tag{5.72}$$

则得到，保证腹板在边缘屈服前不发生屈曲的高厚比分别为

$$\frac{h_0}{t_w}\leqslant 95\sqrt{\frac{235}{f_y}} \tag{5.73}$$

满足上式时，腹板即使不设加劲肋也不致因受纯剪而局部屈曲，但上式是按弹性分析且取临界应力为剪切屈服点而导出的。实际上，腹板此时已超过了剪切比例极限 τ_p 而在弹塑性阶段工作，故应属于弹塑性屈曲。根据实验研究，板受纯剪弹塑性屈曲时的临界应力为

$$\tau_{cr,ep}=\sqrt{\tau_{cr}\tau_p} \tag{5.74}$$

式中　τ_p ——剪切比例极限，取 $\tau_p=0.8f_{vy}=0.8f_y/\sqrt{3}$ ；

如令 $\tau_{cr,ep}\geqslant f_{vy}$，则有

$$\tau_{cr,ep}=\sqrt{\tau_{cr}\tau_p}=\sqrt{\left[123+\frac{93}{(a/h_0)^2}\right]\left(\frac{100\,t_w}{h_0}\right)^2\frac{0.8f_y}{\sqrt{3}}}\geqslant f_{vy}=\frac{f_y}{\sqrt{3}}\frac{235}{235} \tag{5.75}$$

当腹板不配置横向加劲肋时，即 $a\to\infty$ 时，有

$$\frac{h_0}{t_w}\leqslant 85\sqrt{\frac{235}{f_y}} \tag{5.76}$$

考虑到区格平均剪应力一般低于 f_y，规定限值为 $80\sqrt{235/f_y}$，当腹板高厚比不满足上式时，应设置横向加劲肋。

若腹板按构造要求配置横向加劲肋，按规定其最大间距为 $a=2h_0$（因 $a/h_0>2$ 时其作用甚微），则可推得腹板相应的纯剪局部屈曲的高厚比限制为

$$\frac{h_0}{t_w} \leqslant 93\sqrt{\frac{235}{f_y}} \tag{5.77}$$

3)腹板在局部压力作用下的临界应力　当梁上有比较大的集中荷载而无支承加劲肋时,腹板边缘所受的局部压应力见图 5.23(d)所示,板可能因此而产生屈曲。其约束系数为

$$\chi = 1.81 - (0.255h_0/a) \tag{5.78}$$

其屈曲系数见表 5.5,屈曲系数和嵌固系数的乘积 $\sqrt{\chi k}$ 极其繁复,为了简化公式,采用了函数的相互拟和,《钢结构设计规范》(GB 50017—2003)规定简化为

$$\chi k = \begin{cases} 10.9 + 13.4\left(1.83 - \dfrac{a}{h_0}\right)^3 & (0.5 \leqslant a/h_0 < 1.5) \\ 18.9 - 5\dfrac{a}{h_0} & (1.5 \leqslant a/h_0 < 2.0) \end{cases} \tag{5.79}$$

把 χk 值代入公式(5.54)即可计算局部均匀压应力作用下的临界应力。

由上式可看出,在局部压应力作用下一定要设置横向加劲肋,其间距为 $0.5 \leqslant a/h_0 \leqslant 2.0$。当不满足局稳要求设置加劲肋时,纵向加劲肋是提高 $\sigma_{c,\mathrm{cr}}$ 的有效手段,一般设置在距受压翼缘 $h_0/4 \sim h_0/5$ 处。

①局部压应力计算用的通用高厚比为

$$\lambda_c = \sqrt{f_y/\sigma_{c,\mathrm{cr}}} = \frac{h_0/t_w}{28.1\sqrt{\chi k}}\sqrt{\frac{f_y}{235}} \tag{5.80}$$

则当 $0.5 \leqslant a/h_0 \leqslant 1.5$ 时　$$\lambda_c = \frac{h_0/t_w}{28\sqrt{10.9 + 13.4\left(1.83 - \dfrac{a}{h_0}\right)^3}}\sqrt{\frac{f_y}{235}} \tag{5.80a}$$

当 $1.5 < a/h_0 \leqslant 2.0$ 时　$$\lambda_c = \frac{h_0/t_w}{28\sqrt{18.9 - 5\dfrac{a}{h_0}}}\sqrt{\frac{f_y}{235}} \tag{5.80b}$$

②腹板在纯剪应力作用下的弹性临界应力　《钢结构设计规范》(GB 50017—2003)采用的临界应力 $\sigma_{c,\mathrm{cr}}$ 与 σ_{cr}、τ_{cr} 相似,也分为三段,即

当 $\lambda_c \leqslant 0.9$ 时　$$\sigma_{c,\mathrm{cr}} = f \tag{5.81}$$

当 $0.9 < \lambda_c \leqslant 1.2$ 时　$$\sigma_{c,\mathrm{cr}} = [1 - 0.79(\lambda_c - 0.9)]f \tag{5.81a}$$

当 $\lambda_c > 1.2$ 时　$$\sigma_{c,\mathrm{cr}} = 1.1f/\lambda_c^2 \tag{5.81b}$$

③不设纵向加劲肋的高厚比　当 $a/h_0 \geqslant 2.0$ 时,$\sigma_{c,\mathrm{cr}}$ 具有最小值,若此值大于 f_y,则腹板不会先于强度破坏而产生局部压应力作用下的局部屈曲,即

$$166\left(\frac{100\,t_w}{h_0}\right)^2 \geqslant f_y \times \frac{235}{235} \tag{5.82}$$

可得

$$\frac{h_0}{t_w} \leqslant 84\sqrt{\frac{235}{f_y}} \tag{5.83}$$

根据以上分析可知,当腹板的高厚比满足上式时,腹板在剪应力、弯曲正应力和局部压应力单独作用下均不会发生局部屈曲。

(2)梁的矩形薄板在应力 σ 、τ 、σ_c 共同作用下的屈曲问题　实际腹板中常同时存在应力 σ 、τ ,有时还有 σ_c ,因此必须考虑它们对腹板屈曲的联合效应,其稳定计算要采用综合考虑三种应力共同作用的近似经验稳定相关公式。腹板的局部稳定设计方法为:首先根据规范,按构造要求布置加劲肋,然后计算各区格板的各种应力和相应的临界应力,使其满足稳定条件。

1)组合梁腹板加劲肋布置　综上所述,横向加劲肋对提高梁腹板在支座附近剪力较大板段的临界应力是有效的,并可作为纵向加劲肋的支承。纵向加劲肋对提高梁腹板在跨中弯矩较大板段的临界应力特别有效,短加劲肋常用于局部压应力较大的情况。

经过以上分析,对直接承受动力荷载的吊车梁及类似构件,或其他不考虑屈曲强度的组合梁,为保证组合梁腹板的局部稳定性,应按下列原则布置腹板加劲肋:

①当 $h_0/t_w \leqslant 80\sqrt{235/f_y}$ 时,对有局部压应力($\sigma_c \neq 0$)的梁,应按构造配置横向加劲肋;但对于无局部压应力($\sigma_c = 0$)的梁,可不配置加劲肋。

②当 $h_0/t_w > 80\sqrt{235/f_y}$ 时,应配置横向加劲肋。其中,当 $h_0/t_w > 170\sqrt{235/f_y}$(受压翼缘受到约束,如连有刚性铺板、制动板或有钢轨时)或 $h_0/t_w > 150\sqrt{235/f_y}$(受压翼缘未受到约束时),或按计算需要时,应在弯曲应力较大区格的受压区增配纵向加劲肋。局部压应力很大的梁,必要时尚应在受压区配置短加劲肋。

任何情况下, h_0/t_w 均不应超过 $250\sqrt{235/f_y}$,这是为了避免腹板过薄,产生过大的焊接翘曲变形。因而此限制与钢材的种类无关。

此处 h_0 为腹板的计算高度(对单轴对称梁,当确定是否要配置纵向加劲肋时,h_0 应取腹板受压区高度 h_c 的 2 倍)。

③梁的支座处和上翼缘受有较大固定集中荷载处,亦设置支承加劲肋。

一般横向加劲肋经济合理间距为 $0.5h_0 \leqslant a \leqslant 2h_0$,对无局部压应力的梁,当 $h_0/h_w \leqslant 100\sqrt{\frac{235}{f_w}}$ 时可采用 $2.5h_0$;纵向加劲肋应设在弯曲压应力较大部位,一般 $h_1 \approx h_0/4 \sim h_0/5$ 处;当采用短加劲肋时,短加劲肋的最小间距为 $0.75h_1$。

2)组合梁腹板局部稳定验算　在加劲肋三种布置形式中,各区格的应力各不相同,如图 5.27 所示,则局部稳定验算也均不相同。

①只配置横向加劲肋的腹板时的局部稳定验算　在弯曲正应力 σ 、剪应力 τ 和横向压应力 σ_c 联合作用下(图 5.27a),矩形薄板屈曲的临界应力为下面相关公式

$$\left(\frac{\sigma}{\sigma_{cr}}\right)^2 + \left(\frac{\tau}{\tau_{cr}}\right)^2 + \frac{\sigma_c}{\sigma_{c,cr}} \leqslant 1 \tag{5.84}$$

式中　σ ——所计算腹板区格内由平均弯矩产生的腹板计算高度边缘的弯曲压应力;

τ ——所计算腹板区格内由平均剪力产生的平均剪应力,应按 $\tau = V/(h_w t_w)$ 计算,h_w 为腹板的高度;

σ_c ——腹板计算高度边缘的局部压应力,应按 $\sigma_c = F/(t_w l_z)$ 计算。

σ_{cr} , τ_{cr} 和 $\sigma_{c,cr}$ 为 σ 、τ 和 σ_c 单独作用下腹板区格的临界应力,分别按前述式(5.62)、式(5.71)和式(5.81)计算。

②同时配置横向和纵向加劲肋的腹板区格局部稳定的验算　由图 5.27(b)和图 5.27(c)同时配置横向和纵向加劲肋的腹板区格及其受力图,腹板被纵向加劲肋分成上、下两个区格Ⅰ和Ⅱ,其高度各为 h_1 和 h_2, $h_1+h_2=h_0$。

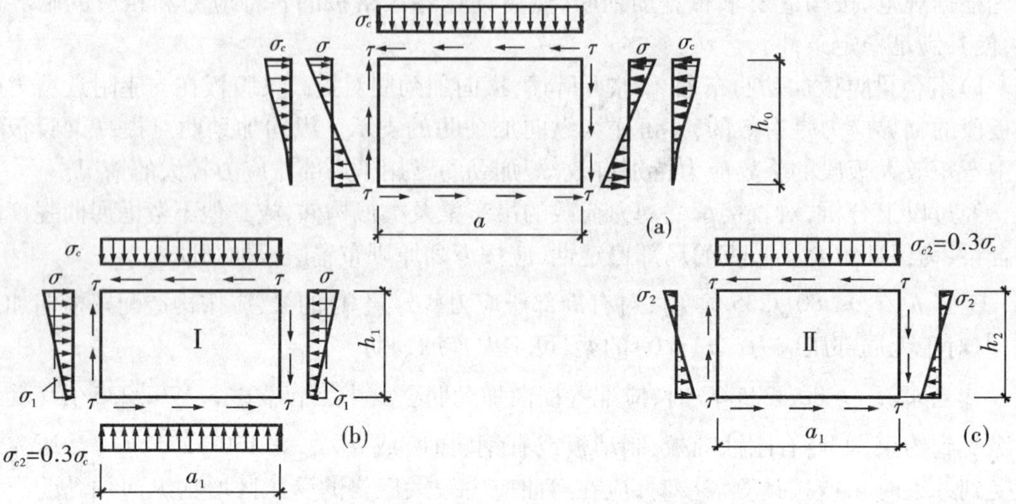

图 5.27　设置加劲肋时腹板各区格的应力

(a)仅用横向加劲肋加强的腹板区格;(b)设置纵向加劲肋时的上板段(区格Ⅰ)

(c)设置纵向加劲肋时的下板段(区格Ⅱ)

区格Ⅰ:受压翼缘与纵向加劲肋间区格的局部稳定验算　该区格靠近受压翼缘,故可近似地视为以承受弯曲压应力 σ 为主的均匀受压板。另外,该区格还可能受有均布剪应力 τ 和上、下两边缘的横向压应力 σ_c 及 $\sigma_{c2}=0.3\sigma_c$。因此,其屈曲临界条件用下面形式的相关公式计算

$$\frac{\sigma}{\sigma_{\text{cr1}}}+\left(\frac{\tau}{\tau_{\text{cr1}}}\right)^2+\left(\frac{\sigma_c}{\sigma_{c,\text{cr1}}}\right)^2\leqslant 1 \tag{5.85}$$

式中　σ、τ 和 σ_c——分别为腹板区格Ⅰ所受弯曲压应力、均布剪应力和局部承压应力;

σ_{cr1}——按前述式(5.62)计算,但式中的 λ_b 改用下列 λ_{b1} 代替:

假设 $h_1=0.225h_0$,通常情况下,纵向加劲肋设置在距腹板计算高度受压边缘 $h_c/2.5\sim h_c/2.0$ 范围内,h_c 为受压区腹板高度,当为双轴对称时,$h_1=(0.2\sim0.25)h_0$,考虑区格Ⅰ在纵向为非均匀受压,相应的屈曲系数 $k=5.2$,约束系数分别取 $\chi=1.4$ 和 $\chi=1.0$,代入公式(5.56)中得 λ_{b1}

$$\lambda_{b1}=\sqrt{\frac{f_y}{\sigma_{\text{cr1}}}}=\frac{h_1/t_w}{28.1\sqrt{\chi k}} \tag{5.86}$$

当受压翼缘扭转受到约束时

$$\lambda_{b1}=\frac{h_1/t_w}{75}\sqrt{\frac{f_y}{235}} \tag{5.86a}$$

当受压翼缘扭转未受到约束时

$$\lambda_{b1}=\frac{h_1/t_w}{64}\sqrt{\frac{f_y}{235}} \tag{5.86b}$$

τ_{cr1} ——仍按式(5.71)计算，但 λ_s 中的 h_0 用 h_1 替代。

$\sigma_{c,cr1}$ ——由于纵向加劲肋的分隔，区格Ⅰ腹板在局部压应力作用下受力为上下受压与 σ_{cr1} 的左右受压相似，因此其临界应力也可近似采用式(5.62)计算，但公式中的 λ_b 应改用下列 λ_{c1} 代替：

当受压翼缘扭转受到约束时

$$\lambda_{c1}=\frac{h_1/t_w}{56}\sqrt{\frac{f_y}{235}} \tag{5.87a}$$

当受压翼缘扭转未受到约束时

$$\lambda_{c1}=\frac{h_1/t_w}{40}\sqrt{\frac{f_y}{235}} \tag{5.87b}$$

区格Ⅱ：受拉翼缘与纵向加劲肋间区格的局部稳定性验算　与只配置横向加劲肋的腹板所受应力类型相同(图 5.27c)，只是区格尺寸与应力数值 σ 和 σ_c 不同，而且 σ_{cr}，τ_{cr} 和 $\sigma_{c,cr}$ 应由 σ_{cr2}、τ_{cr2} 和 $\sigma_{c,cr2}$ 代替，因此，其屈曲临界条件用下面形式的相关公式计算

$$\left(\frac{\sigma_2}{\sigma_{cr2}}\right)^2+\left(\frac{\tau}{\tau_{cr2}}\right)^2+\frac{\sigma_{c2}}{\sigma_{c,cr2}}\leqslant 1 \tag{5.88}$$

式中　σ_2——为所计算区格由平均弯矩产生的腹板在纵向加劲肋处的弯曲压应力；

τ ——所计算腹板区格内由平均剪力产生的平均剪应力，应按 $\tau=V/(h_w t_w)$ 计算，h_w 为腹板的高度；

σ_{c2} ——腹板在纵向加劲肋处的横向压应力，取为 $\sigma_{c2}=0.3\sigma_c$；

σ_{cr2} ——按式(5.62)计算，但式中的 λ_b 改用下列 λ_{b2} 代替(约束系数应为 $\chi=1.0$，屈曲系数 $k=42.5$)：

$$\lambda_{b2}=\frac{h_2/t_w}{194}\sqrt{\frac{f_y}{235}} \tag{5.89}$$

τ_{cr2} ——按式(5.71)计算，但 λ_s 中的 h_1 应该为 h_2。

$\sigma_{c,cr2}$ ——按式(5.81)计算，但式中的 h_0 改为 h_2，当 $a/h_2>2$ 时，取 $a/h_2=2$。

③在受压翼缘与纵向加劲肋之间设有短加劲肋的区格局部稳定验算　图 5.25(d)示同时用横向加劲肋、纵向加劲肋和短加劲肋的腹板区格受力图。区格Ⅱ的稳定计算与上述同时配置横向和纵向加劲肋的腹板区格Ⅱ完全相同，这里只需对图 5.25(d)中的区格Ⅰ的稳定计算作出说明：其验算稳定的条件见式(5.85)，式中的 σ_{cr1} 仍按式(5.62)计算；τ_{cr1} 按式(5.71)计算，但将 h_0 和 a 改为 h_1 和 a_1，a_1 为短加劲肋的间距；$\sigma_{c,cr1}$ 按式(5.62)计算，但式中的 λ_b 改用下列 λ_{c1} 代替：

对 $a_1/h_1\leqslant 1.2$ 的区格

当受压翼缘扭转受到约束时

$$\lambda_{c1}=\frac{a_1/t_w}{87}\sqrt{\frac{f_y}{235}} \tag{5.90a}$$

当受压翼缘扭转未受到约束时

$$\lambda_{c1} = \frac{a_1/t_w}{73}\sqrt{\frac{f_y}{235}} \tag{5.90b}$$

当 $a_1/h_1 > 1.2$ 时，仍用上述式(5.90)，但其右边应乘以 $1/\sqrt{0.4 + 0.5\dfrac{a_1}{h_1}}$。

5.5.3 加劲肋的构造和截面设计

加劲肋有两种形式，一种为以上所述的专为加强腹板局部稳定性而设的横向加劲肋、纵向加劲肋和短向加劲肋；还有一种，在板梁承受较大的固定集中荷载处以及梁的支座处，为传递此集中荷载至梁的腹板，满足局压应力，常需设置的支承加劲肋。加劲肋的截面尺寸，必须具有足够的弯曲刚度以满足腹板屈曲时加劲肋作为腹板支承的要求；而支承加劲肋必然应具有加强腹板局部稳定性的作用，同时还要满足集中力作用下的强度和稳定要求。

(1)加劲肋的构造要求　加劲肋可以成对布置于腹板两侧，也可以单侧布置，支承加劲肋及重级工作制吊车梁必须两侧对称布置。截面多数采用钢板，也可用角钢等型钢，见图 5.28。钢材常采用 Q235，高强度钢用于此处并不经济。

1)横向加劲肋的截面　在腹板两侧成对配置的钢板横向加劲肋，如图 5.28 所示，其截面尺寸应符合下列公式要求：

外伸宽度

$$b_s \geqslant \frac{h_0}{30} + 40\ \text{mm} \tag{5.91}$$

厚度

$$t_s \geqslant \frac{b_s}{15} \tag{5.92}$$

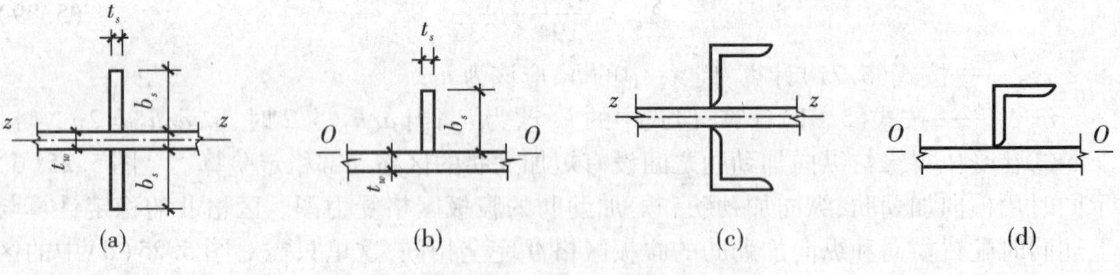

图 5.28　横向加劲肋

在腹板一侧配置的钢板横向加劲肋，其外伸宽度应大于按公式(5.91)算得的 1.2 倍，厚度不大于其外伸宽度的 1/15。

焊接梁的横向加劲肋翼缘板相接处应切角(图 5.29)，避免多向焊缝相交，产生复杂应力场。当切成斜角时，其宽约为 $b_s/3$(但不大于 40 mm)，高约为 $b_s/2$(但不大于 60 mm)。

如图5.29所示,横向加劲肋的端部与板梁受压翼缘须用角焊缝连接,以增加加劲肋的稳定性,同时还可增加对板梁受压翼缘的转动约束。与板梁受拉翼缘一般可不相焊接,且容许横向加劲肋在受拉翼缘处提前切断,特别是在承受动力荷载的梁中,以防止受拉翼缘处的应力集中和增加疲劳强度。

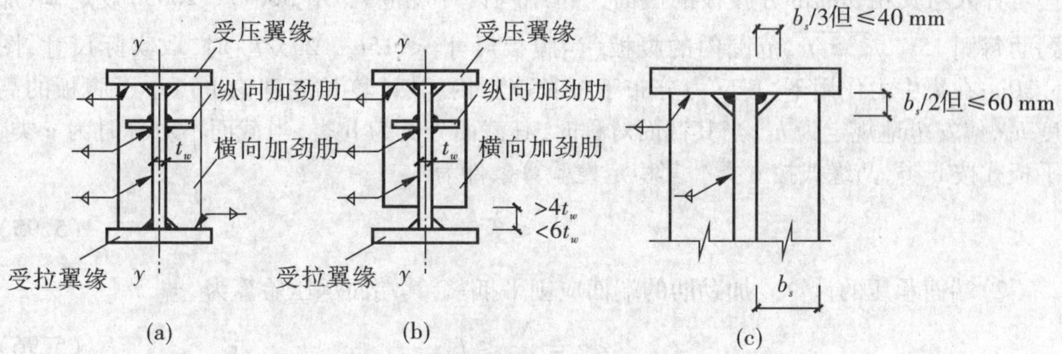

图5.29　焊接梁的横向加劲肋翼缘板相接处的切角

2)同时采用横向加劲肋和纵向加劲肋时,横向加劲肋贯通,纵向加劲肋断开。纵向加劲肋视作支承在横向加劲肋上。因此,横向加劲肋的尺寸除满足上述式(5.91)和式(5.92)要求外,还应满足下述惯性矩要求:

横向加劲肋的截面尺寸除应符合上述规定外,其截面惯性矩 I_z 尚应符合下式要求:

$$I_z \geqslant 3h_0 t_w^3 \tag{5.93}$$

纵向加劲肋的截面惯性矩 I_y,应符合下列公式要求:

当 $\dfrac{a}{h_0} \leqslant 0.85$ 时,

$$I_y \geqslant 1.5h_0 t_w^3 \tag{5.94a}$$

当 $\dfrac{a}{h_0} > 0.85$ 时,

$$I_y \geqslant \left(2.5 - 0.45\frac{a}{h_0}\right)\left(\frac{a}{h_0}\right)^2 h_0 t_w^3 \tag{5.94b}$$

3)短加劲肋外伸宽度应取为横向加劲肋外伸宽度的0.7~1.0倍,厚度不应小于短加劲肋外伸宽度的1/15。

用型钢(工字钢、槽钢、肢尖焊于腹板的角钢)做成的加劲肋,其截面惯性矩不得小于相应钢板加劲肋的惯性矩。在腹板两侧成对配置的加劲肋,其截面惯性矩应按梁腹板中心线为轴线进行计算。在腹板一侧配置的加劲肋,其截面惯性矩应按与加劲肋相连的腹板边缘为轴线进行计算。

(2)支承加劲肋构造与计算　在梁支座处及较大集中荷载作用处,应布置支承加劲肋,支承加劲肋实际上就是加大的横向加劲肋,支承加劲肋分梁腹板两侧成对布置的平板式及凸缘式两种(图5.30)。

其作用除保证腹板的局部稳定外,还应承受集中力作用,故除满足横向加劲肋的有关尺寸及构造要求外，尚满足如下所述几方面承载力的要求，其计算内容如下。

1）按轴心受压构件计算腹板平面外的稳定性　支承加劲肋为承受梁支座反力或固定集中荷载作用下的轴心受压构件。当计算其在腹板平面外的稳定性，支承加劲肋在腹板平面外屈曲时，必带动部分腹板一起屈曲。因而支承加劲肋的截面除加劲肋本身之外还可计入与其相邻的部分腹板的截面，《钢结构设计规范》（GB 50017—2003）规定，取加劲肋每侧 $15t_w\sqrt{235/f_y}$ 范围内的腹板（当腹板尺寸 $<15t_w\sqrt{235/f_y}$ 时，取实际尺寸，图5.30）；在集中力作用下，其反力分布于杆长范围内，其计算长度理论上可小于腹板的高度 h_0，偏安全地规定为 h_0；当其截面对称时，其截面分类为 b 类，当截面不对称时为 c 类，平板式按 b 类，凸缘式按 c 类。其稳定性验算条件为

$$\frac{N}{\varphi A}\leqslant f \tag{5.95}$$

2）端面承压的计算　加劲肋的端面应刨平抵紧，其端面承压验算为

$$\sigma_{ce}=\frac{N}{A_{ce}}\leqslant f \tag{5.96}$$

在计算加劲肋端面承压面积 A_{ce} 时，要考虑加劲肋断面的切角（图5.29c），钢材的端面承压强度设计值 f_{ce} 见附表1.1。

3）端面焊接时以及支承肋与腹板的焊缝强度　按第3章方法验算焊缝强度，计算公式为

$$\frac{N}{0.7h_f\sum l_w}\leqslant f_f^w \tag{5.97}$$

在确定每条焊缝长度 l_w 时，要扣除加劲肋端部的切角长度；且由于焊缝所受内力可看作沿焊缝全长均布，故不必考虑 l_w 是否大于 60 h_f。

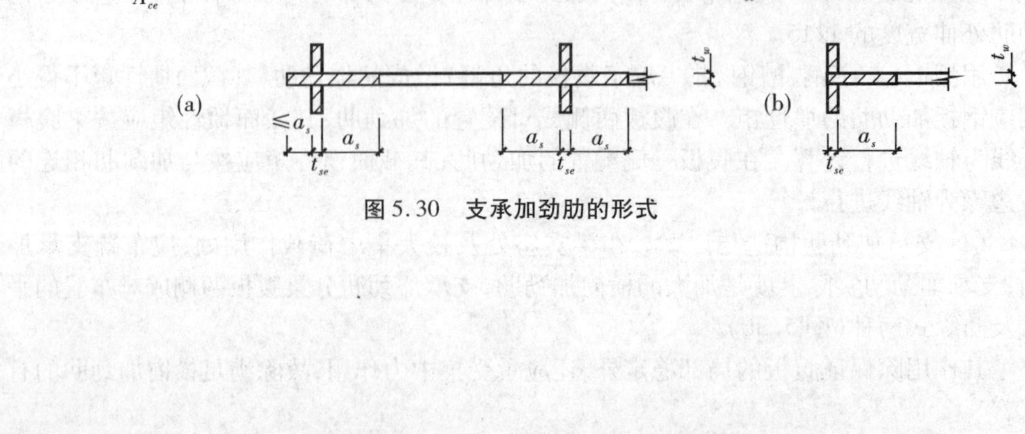

图5.30　支承加劲肋的形式

5.6 型钢梁的设计

5.6.1 单向弯曲的型钢梁

型钢梁的设计包括截面选择和验算两个内容,可按下列步骤进行:

(1)根据梁的荷载、跨度和支承情况,计算梁的最大弯矩设计值 M_{max},并按所选的钢号确定抗弯强度设计值 f。

(2)按抗弯强度或整体稳定性要求计算型钢需要的净截面模量(公式中 φ_b 可预估):

$$W_{nx}=\frac{M_{max}}{\gamma_x f} \text{ 或 } W_x=\frac{M_{max}}{\varphi_b f}$$

然后由 W_{nx} 或 W_x 查型钢表,选择与其相近的型钢(尽量选用 a 类)。

(3)截面强度验算

1)抗弯强度——按式 $\sigma=\frac{M_x}{\gamma_x W_{nx}}\leqslant f$ 计算,式中 M_x 应加上自重产生的弯矩,W_{nx} 为所选用型钢的实际截面模量。

2)抗剪强度——按式 $\tau=\frac{VS}{It_w}\leqslant f$ 计算,式中 V 应加上自重产生的剪力。

3)局部承压强度——按式 $\sigma_c=\frac{\psi F}{t_w l_z}\leqslant f$ 计算。

4)折算应力——按式 $\sigma_{zs}=\sqrt{\sigma^2+\sigma_c^2-\sigma\sigma_c+3\tau^2}\leqslant\beta_1 f$ 计算。

由于型钢梁的腹板较厚,故一般均能满足抗剪强度和局部承压强度的要求。因此,若在最大剪力处截面无太大削弱,一般均可不作验算。折算应力亦可不作验算。

(4)整体稳定验算　若没有能足够阻止梁受压翼缘侧向位移的密铺铺板和支承时,应按式 $\frac{M_x}{\varphi_b W_x}\leqslant f$ 计算整体稳定性。

(5)刚度验算　按式 $v\leqslant[v_T]$、$[v_Q]$ 或式 $\frac{v}{l}\leqslant\frac{[v_T]}{l}$、$\frac{[v_Q]}{l}$ 计算,其中 $[v_Q]$ 见附表2。

【例5.3】 某工作平台的布置如图5.31所示。平台板为预制钢筋混凝土板,焊接于次梁。已知平台永久荷载标准值(包括平台板自重)$q_{Gk}=4\ \mathrm{kN/m^2}$,平台可变荷载标准值 $q_{Qk}=8\ \mathrm{kN/m^2}$(为静力荷载)。钢材为Q235-B。试设计此工作平台次梁。

【解】 次梁(跨度 $l=6$ m 的两端简支梁)设计

①荷载及内力(暂不计次梁自重)

荷载标准值

$$q_k=(q_{Gk}+q_{Qk})\times a=(4+8)\times 3=36\ (\mathrm{kN/m})$$

荷载设计值

$$q=(1.2q_{Gk}+1.3q_{Qk})\times a=(1.2\times 4+1.3\times 8)\times 3=45.6\ (\mathrm{kN/m})$$

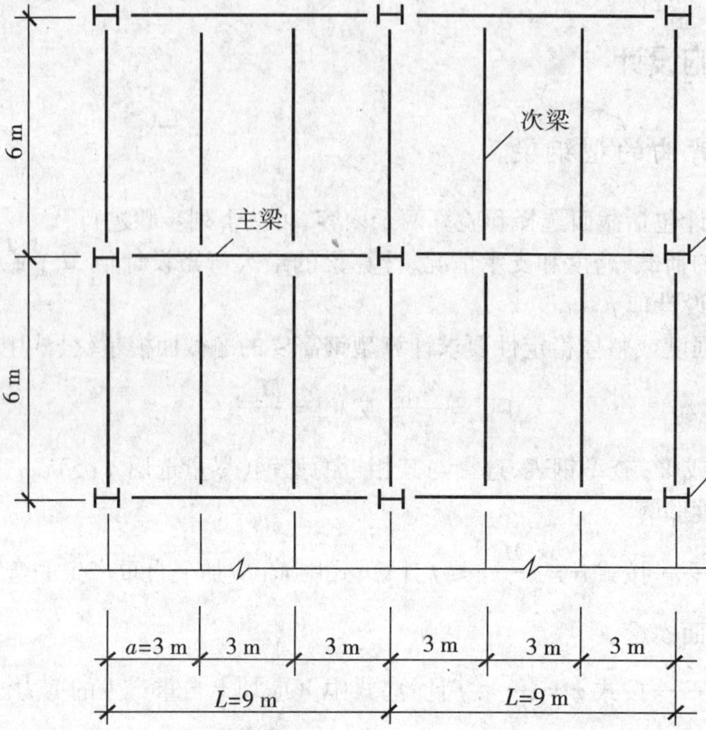

图 5.31 工作平台的布置

最大弯矩标准值

$$M_{xk} = \frac{1}{8}q_k l^2 = \frac{1}{8} \times 36 \times 6^2 = 162\ (\text{kN} \cdot \text{m})$$

最大弯矩设计值

$$M_x = \frac{1}{8}ql^2 = \frac{1}{8} \times 45.6 \times 6^2 = 205.2\ (\text{kN} \cdot \text{m})$$

最大剪力设计值

$$V = \frac{1}{2}ql = \frac{1}{2} \times 45.6 \times 6 = 136.8\ (\text{kN})$$

②试选截面

次梁上铺钢筋混凝土平台板并与之相焊接,故对次梁不必计算整体稳定性。截面将由抗弯强度确定,需要的截面模量为

$$W_x \geqslant \frac{M_x}{\gamma_x f} = \frac{205.2 \times 10^6}{1.05 \times 215} \times 10^{-3} = 909\ (\text{cm}^3)$$

次梁截面常采用热轧普通工字钢,按需要的 W_x 查附表 6.1,得热轧普通工字钢为 I40a,截面特性为:

$$W_x = 1\,086\ \text{cm}^3 \qquad I_x = 21\,714\ \text{cm}^4$$

$$S_x = 636\ \text{cm}^3 \qquad t_w = 10.5\ \text{mm} \quad t = 16.5\ \text{mm}$$

自重　　　　$g=67.60\times 9.81=663(\text{N/m})=0.663(\text{kN/m})$

③截面验算(计入次梁自重)

弯矩设计值　　$M_x = 205.2 + \frac{1}{8}(1.2 \times 0.663) \times 6^2 = 208.8(\text{kN} \cdot \text{m})$

剪力设计值　　$V = 136.8 + \frac{1}{2}(1.2 \times 0.663) \times 6 = 139.2(\text{kN})$

抗弯强度

$$\frac{M_x}{\gamma_x W_x} = \frac{208.8 \times 10^6}{1.05 \times 1090 \times 10^3} = 182.4(\text{N/mm}^2) < f = 205(\text{N/mm}^2)$$

抗剪强度

$$\tau = \frac{VS_x}{I_x t_w} = \frac{139.2 \times 10^3 \times 636 \times 10^3}{21714 \times 10^4 \times 10.5} = 38.8\ \text{N/mm}^2 < f_v = 125\ \text{N/mm}^2$$

说明在型钢梁的设计中,抗剪强度可不计算。

挠度

$$v_T = \frac{5}{384}\frac{q_k l^4}{EI_x} = \frac{5 \times (36 + 0.663) \times 6000^4}{384 \times 2.06 \times 10^5 \times 21714 \times 10^4} = 13.8\ \text{mm} \leqslant [\ v_T\ ] = \frac{l}{250} = 24\ \text{mm}$$

(附表 2)

上述计算中因所选普通工字钢翼缘厚度 $t>16$ mm,故取 $f=205\ \text{N/mm}^2$。因腹板厚 $t_w<16$ mm,故取 $f_v=125\ \text{N/mm}^2$。

5.6.2　双向弯曲的型钢梁

双向弯曲型钢梁承受两个主平面方向的荷载,设计方法与单向弯曲型钢梁相同,应考虑抗弯强度、整体稳定、挠度等的计算,而剪应力和局部稳定一般不必计算,局部压应力只有在有较大集中荷载或支座反力的情况下,必要时才验算。一般檩条和墙梁均为双向弯曲型钢梁。檩条是由于荷载作用方向与梁的两主轴有夹角,沿两主轴方向均有荷载分量,成为双向受弯;而墙梁因兼受墙体材料的重力和墙面传来的水平风荷载,故也是双向受弯梁。现以檩条为例,对双向弯曲型钢梁加以论述。

(1)截面选择　设计时应尽量满足不需计算整体稳定的条件,这样可按抗弯强度条件选择型钢截面,由式(5.4)可得:

$$W_{nx} = \left(M_X + \frac{\gamma_x}{\gamma_y}\frac{W_{nx}}{W_{ny}}M_y\right)\frac{1}{\gamma_x f} = \frac{M_x + \alpha M_y}{\gamma_x f} \tag{5.98}$$

对小型号的型钢,可近似取 $\alpha=6$(窄翼缘 H 型钢和工字钢)或 $\alpha=5$(槽钢)。

(2)截面验算

1)强度验算　双向弯曲梁的抗弯强度按式(5.4)计算。

2)整体稳定　当檩条有拉条时,一般可不计算整体稳定。当无拉条时,且屋面刚性较弱(如石棉瓦、瓦楞铁等),构造上不能阻止受压翼缘侧向位移时,才需按式(5.41a)验算其整体稳定。

3)刚度　有拉条时,檩条一般只计算垂直于屋面方向的最大挠度不超过挠度容许

值,以保证屋面的平整,即

$$v = \frac{5}{384} \cdot \frac{q_{ky} l^4}{EI_x} \tag{5.99}$$

式中 q_{ky} ——檩条沿 y 方向的线荷载标准值;

$[v]$ ——檩条的挠度容许值,按附表2选用。

无拉条时,应计算总挠度不超过容许值,即

$$\sqrt{v_x^2 + v_y^2} \leqslant [v] \tag{5.100}$$

式中 v_x、v_y ——x 方向和 y 方向的分挠度。

双向弯曲型钢梁最常用于檩条,其截面一般为H型钢(檩条跨度较大时)、槽钢(跨度较小时)和冷弯薄壁Z型钢(跨度不大且为轻型屋面时)等。角钢檩条只在跨度和荷载均较小时采用。这些型钢的腹板垂直于屋面放置,因而竖向线荷载 q 可分解为垂直于截面两个主轴 $x-x$ 和 $y-y$ 的分荷载 $q_x = q\cos\varphi$ 和 $q_y = q\sin\varphi$(图5.32),从而引起双向弯曲。φ 为荷载 q 与主轴 $y-y$ 的夹角;对于H型钢和槽钢 φ 角等于屋面坡角 α;对Z形截面 $\varphi = |\alpha - \theta|$,$\theta$ 为主轴 $x-x$ 与平行于屋面轴 $x_1 - x_1$ 的夹角。

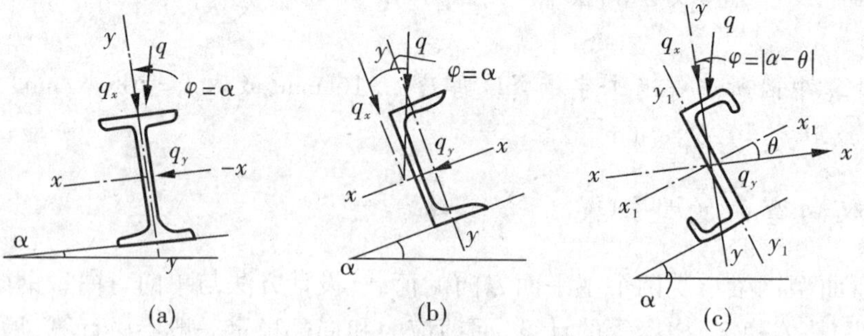

图5.32 檩条的计算简图

槽钢和Z型钢檩条通常用于屋面坡度较大的情况,为了减少其侧向弯矩,提高檩条的承载能力,一般在跨中平行于屋面设置1~2道拉条(图5.33),把侧向变为跨度缩至1/2~1/3的连续梁。通常是跨度 $l \leqslant 6$ m时,设置一道拉条;$l > 6$ m时设置二道拉条。拉条一般用 $\varphi 16$ 圆钢(最小 $\varphi 12$)。

拉条把檩条平行于屋面的反力向上传递,直到屋脊上左右坡面的力互相平衡(图5.33a)。为使传力更好,常在顶部区格(或天窗两侧区格)设置斜拉条和撑杆,将坡向力传至屋架(图5.33b~f)。Z形檩条的主轴倾斜角 θ 可能接近或超过屋面坡角,拉力是向上还是向下,并不十分确定,故除在屋脊处(或天窗架两侧)用上述方法固定外,还应在檐檩处设置斜拉条和撑杆(图5.33e),将拉条连于刚度较大的承重天沟或圈梁上(5.33f),防止Z形檩条向上倾覆。

拉条应设置于檩条顶部下30~40 mm处(图5.33g)。拉条不但减少檩条的侧向弯矩,且大大增强檩条的整体稳定性,可以认为:设置拉条的檩条不必计算整体稳定。另外屋面板刚度较大且与檩条连接牢固时,也不必计算整体稳定。

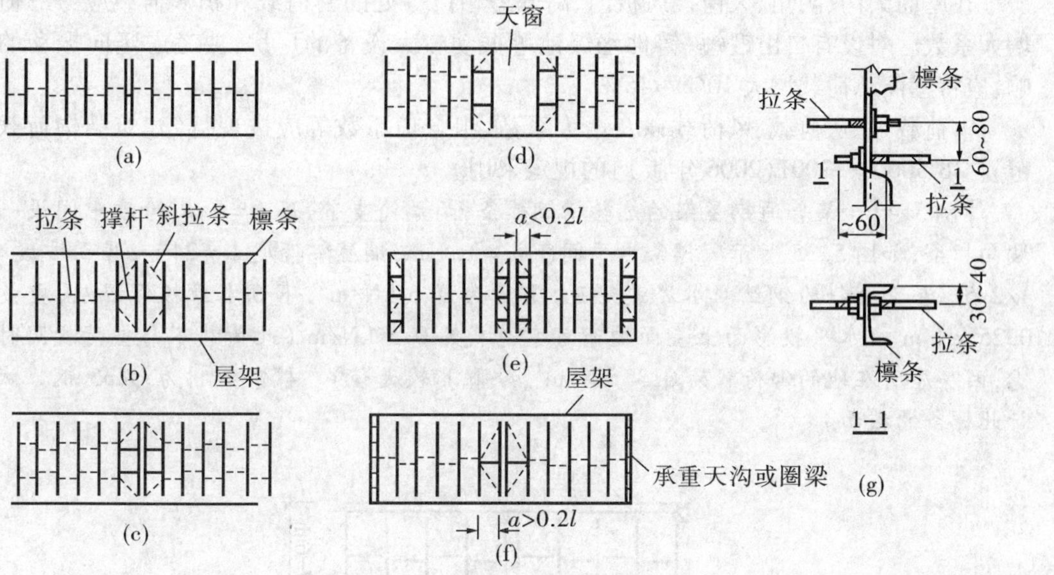

图 5.33　檩间拉条的布置

檩条的支座处应有足够的侧向约束，一般每端用两个螺栓连于预先焊在屋架上弦的短角钢上(图 5.34)。H 型钢檩条宜在连接处将下翼缘切去一半，以便于与支承短角钢相连(图 5.34a)；H 型钢的翼缘宽度较大时，可直接用螺栓连于屋架上，但宜设置支座加劲肋，以加强檩条端部的抗扭能力。短角钢的垂直高度不宜小于檩条截面高度的 3/4。

设计檩条时，按水平投影面积计算的屋面活荷载标准值取 0.5 kN/m^2(当受荷水平投影面积超过 60 m^2时，可取为 0.3 kN/m^2)，此荷载不与雪荷载同时考虑，取两者较大值。积灰荷载应与屋面均布荷载或雪荷载同时考虑。

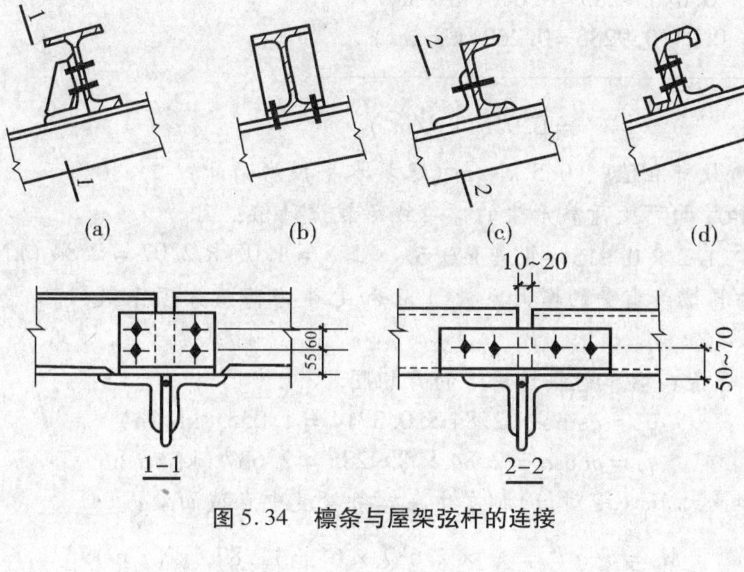

图 5.34　檩条与屋架弦杆的连接

在屋面天沟、阴角、天窗挡风板内、高低跨相接等处的雪荷载和积灰荷载应考虑荷载增大系数。对设有自由锻锤、铸件水爆池等振动较大设备的厂房，要考虑竖向振动的影响，应将屋面总荷载增大10% ~15%。

雪荷载、积灰荷载、风荷载以及增大系数、组合值系数等应按现行《建筑结构荷载规范》[GB 50009—2001(2006 年版)]的规定采用。

【例5.4】 某普通钢屋架的热轧槽钢檩条，两端简支，跨度 $l=6$ m，跨度中间设一道坡向拉条，如图5.35所示。檩条水平间距 $a=1.5$ m，钢屋架跨度 $L=24$ m，屋面坡度 $i=1/2.5$。屋面材料为钢丝网水泥波形瓦，重量为 0.6 kN/m^2，下铺木丝板保温层，重量为 0.25 kN/m^2。水平投影面上屋面均布可变荷载为 0.5 kN/m^2(此荷载不与雪荷载同时考虑，因房屋所在地的雪荷载为 0.35 kN/m^2，今取其较大值)。檩条钢材为 Q235 钢。试设计此檩条的截面。

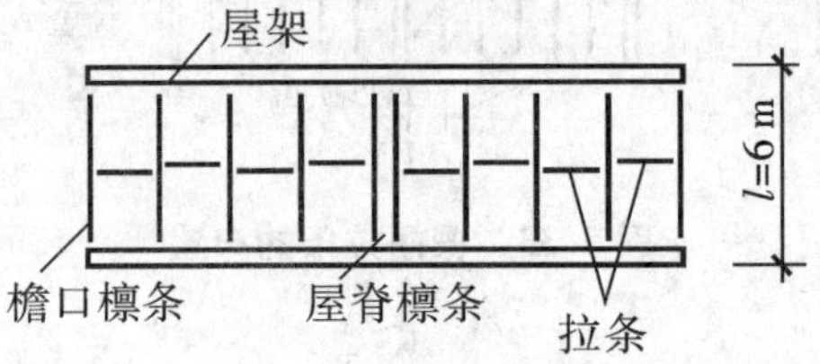

图5.35 例题5.4图

【解】 屋面倾角 $$\alpha = \arctan \frac{1}{2.5} = 21.8^\circ$$

$$\cos\alpha = 0.9285 \qquad \sin\alpha = 0.3714$$

①荷载及内力计算

屋面材料重量按水平投影面积的标准值：

波形瓦 0.6/0.9285 = 0.646(kN/m^2)

木丝板 0.25/0.9285 = 0.269(kN/m^2)

$\sum$ = 0.915(kN/m^2)

屋面可变荷载标准值： 0.5 kN/m^2(已按水平投影面计)

屋面重量和屋面可变荷载产生的檩条线荷载设计值：

$$q = 1.05(1.2 \times 0.915 + 1.4 \times 0.5) \times 1.5 = 1.05 \times 2.07 = 2.84\ (\text{kN/m})$$

式中，1.05是估算檩条重量的增大系数，1.2和1.4为荷载分项系数，1.5是檩条的水平间距。

图5.36为檩条在均布荷载作用下的弯矩图。

$$q_x = q\sin\alpha = 2.84 \times 0.3714 = 1.055\ (\text{kN/m})$$

$$q_y = q\cos\alpha = 2.84 \times 0.9285 = 2.637\ (\text{kN/m})$$

最大 M_x 和最大 M_y (绝对值)都发生在檩条跨度中点截面处：

$$M_x = \frac{1}{8}q_y l^2 = \frac{1}{8} \times 2.637 \times 6^2 = 11.87\ (\text{kN}\cdot\text{m})$$

$$M_y = -\frac{1}{8}q_x l_1^2 = -\frac{1}{8} \times 1.055 \times 3^2 = -1.187\ (\mathrm{kN \cdot m})$$

在 M_x 和最大 M_y 作用下跨中截面上受力最大的是图5.36(b)中的点4。

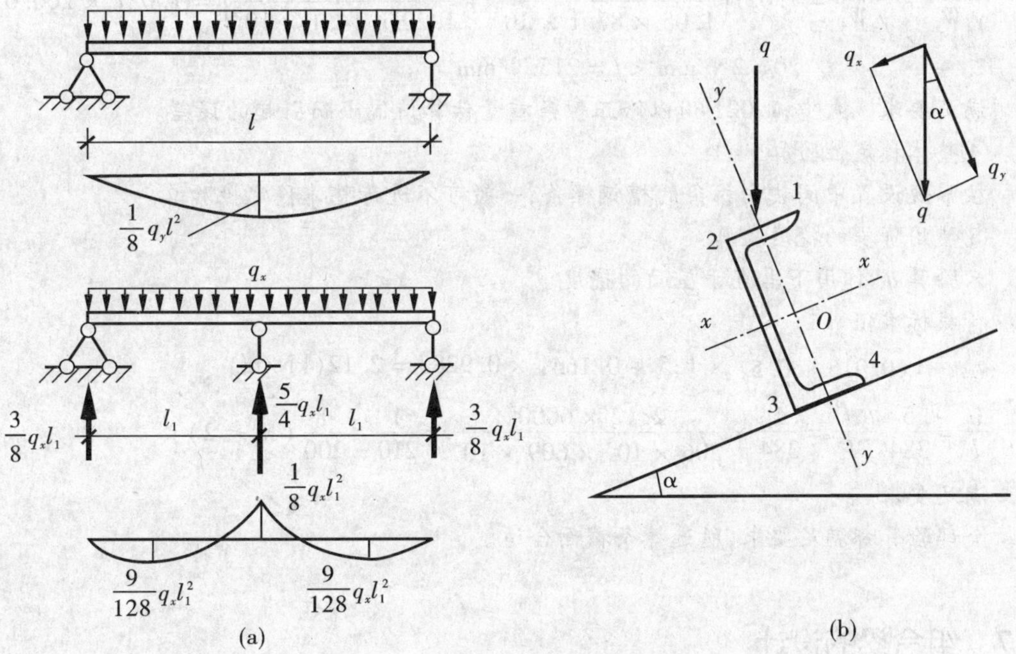

图5.36　檩条受力计算图

②试选槽钢截面

验算抗弯强度的条件是式(5.4)，按此验算条件求出需要的槽钢截面弹性截面模量 W_x。由表5.1查得：　$\gamma_x = 1.05$，$\gamma_y = 1.20$。

$$M_x = \frac{1}{8}(q\cos\alpha)\ l^2$$

$$M_y = \frac{1}{8}(q\sin\alpha)\ l_1^2 = \frac{1}{32}(q\sin\alpha)\ l^2$$

6 m跨度槽钢檩条的常见截面是[10～[16。由附表6.3可查得其截面模量的比值 $\frac{W_{y\min}}{W_x} = \frac{1}{5} \sim \frac{1}{7}$，取 $\frac{W_{y\min}}{W_x} = \frac{1}{7}$，代入式(5.4)可得所需 W_x 近似值为：

$$W_x \geqslant \left(\frac{M_x}{\gamma_x} + \frac{7M_y}{\gamma_y}\right)/f = \left(\frac{11.87 \times 10^6}{1.05} + \frac{7 \times 1.187 \times 10^6}{1.20}\right)/215 = 84.78\ \mathrm{cm^3}$$

由此查附表6.3，选用最轻截面为[14*b*：

$W_x = 87.1\ \mathrm{cm^3}$，$W_{y\min} = 14.1\ \mathrm{cm^3}$，$W_{y\max} = 36.6\ \mathrm{cm^3}$

$I_x = 609\ \mathrm{cm^4}$，$i_x = 5.35\ \mathrm{cm}$，$i_y = 1.69\ \mathrm{cm}$

自重　　　　$16.733 \times 9.81 \times 10^{-3} = 0.164(\mathrm{kN/m})$

自重设计值　　$1.2 \times 0.164 = 0.197(\mathrm{kN/m})$

实际均布线荷载 $q = 2.70 + 0.197 \approx 2.90(\mathrm{kN/m})$

为前面采用值的 2.90/2.84 = 1.021 倍。

③截面抗弯强度验算

$$\frac{M_x}{\gamma_x W_x} + \frac{M_y}{\gamma_y W_y} = 1.021\left(\frac{11.87 \times 10^6}{1.05 \times 87.1 \times 10^3} + \frac{1.187 \times 10^6}{1.20 \times 14.1 \times 10^3}\right) = 1.021 \times 200.0 =$$

$$204.2\,\mathrm{N/mm^2} < f = 215\ \mathrm{N/mm^2}$$

满足要求。式中,1.021 用以修正檩条重量估算值偏小而引起的误差。

④整体稳定性验算

按常规设置中间坡向拉条的槽钢檩条,一般可不进行整体稳定性验算。

⑤使用阶段的挠度验算

只验算 q_y 作用下垂直于屋面的挠度

荷载标准值

$$q_{yk} = [(0.915 + 0.5) \times 1.5 + 0.164] \times 0.9285 = 2.12(\mathrm{kN/m})$$

$$\frac{v}{l} = \frac{5}{384}\frac{q_{yk} l^3}{EI_x} = \frac{5}{384} \times \frac{2.12 \times 6000^3}{206 \times 10^3 \times 609 \times 10^4} = \frac{1}{210} < \frac{1}{200}\ (\text{附表 2})$$

满足要求。

全部验算都满足要求,所选檩条截面合适。

5.7 组合梁的设计

5.7.1 截面选择

选择组合梁的截面时,首先要初步估算梁的截面高度、腹板厚度和翼缘尺寸。下面介绍焊接组合梁试选截面的方法。

(1)截面高度　确定梁的高度应考虑建筑要求、梁的刚度和经济条件。梁的建筑高度要求决定了梁的最大高度 $h_{\max}$,而建筑要求取决于使用要求。梁的刚度要求决定了梁的最小高度 $h_{\min}$。在组成截面时,为了满足需要的截面模量,可以有多种方案。梁既可以是高而窄,也可以是低而宽。前者翼缘用钢量少,而腹板用钢量多,后者则相反,合理方案是使总用钢量最少。根据这一原则确定的梁高叫经济高度 h_e。合理梁高是介于最大高度与最小高度之间,尽可能接近经济高度。

下面以承受均布荷载的简支梁为例说明 $h_{\min}$ 的计算方法。该梁的最大挠度应符合式 $v \leqslant [v]$ 的要求:

$$v_{\max} = \frac{5 q_k l^4}{384 EI_x} = \frac{5 l^2}{48 EI_x} \cdot \frac{q_k l^2}{8} = \frac{5 M_{k\max} l^2}{48 EI_x} = \frac{5}{48} \cdot \frac{M_{k\max} l^2}{EW_x (h/2)} = \frac{5 \sigma_{k\max} l^2}{24 Eh} \leqslant [v] \tag{5.101}$$

式中　$v_{\max}$——按标准值算得的梁中最大挠度;

l——梁的跨度;

q_k ——均布荷载标准值；

I_x 、W_x ——梁截面的惯性矩与截面模量；

$M_{k\max}$ ——由荷载标准值产生的梁跨中最大弯矩；

$\sigma_{k\max}$ ——梁中最大弯矩处截面正应力，$\sigma_{k\max}=\dfrac{M_{k\max}}{W_x}$。

由式(5.101)可见，梁的刚度和高度有直接关系，为了使梁能充分发挥强度又能保证刚度，取 $\sigma_{\max}=f/1.3$(1.3 为永久荷载和活荷载分项系数的平均值)。由此得

$$h_{\min}=\frac{5fl}{31.2E}\left[\frac{l}{v}\right] \tag{5.102}$$

经济高度可采用如下经验公式计算

$$h_e=7\sqrt[3]{W_x}-30\ \text{cm} \tag{5.103}$$

(2)腹板尺寸　梁高确定后腹板高也就确定了，腹板高为梁高减两个翼缘的厚度，在取腹板高时要考虑钢板的规格尺寸，一般使腹板高度为 50 mm 的模数。从经济角度出发，腹板薄一些比较省钢，但腹板厚度的确定要考虑腹板的抗剪强度，腹板的局部稳定和构造要求。从抗剪强度角度来看，应满足下式

$$\tau_{\max}=1.2\frac{V_{\max}}{h_w t_w}\leqslant f_v \tag{5.104}$$

式中　假定腹板最大剪力为平均剪应力的 1.2 倍，$V_{\max}$ 为梁的最大剪力。

由式(5.104)得腹板厚度应满足：

$$t_w\geqslant\frac{1.2V_{\max}}{h_w f_v} \tag{5.105}$$

由上式算得的 t_w 值一般较小，为满足局部稳定和构造要求，常按下列经验公式估算：

$$t_w\geqslant\frac{\sqrt{h_w}}{3.5} \tag{5.106}$$

由以上两式即可确定腹板的厚度。腹板厚度的选取要符合钢板的规格。腹板厚度薄固然省钢，但是为了保证局部稳定需配置加劲肋，使构造复杂。同时厚度太小容易因锈蚀而降低承载力，在制造过程也易发生较大的变形。厚度太大除了不经济外，制造上也困难，因此选取腹板厚度要综合考虑以上因素。一般来说，腹板厚度最好在 8 ~ 22 mm 范围内，对个别跨度梁，腹板最小厚度可采用 6 mm。

(3)翼缘尺寸　由式 $W_{nx}=\dfrac{M_x}{\gamma_x f}$ 求得需要的净截面模量，则整个截面需要的惯性矩为

$$I_x=W_{nx}\cdot\frac{h}{2} \tag{5.107}$$

由于腹板尺寸已确定，其惯性矩为

$$I_w=\frac{1}{12}t_w h_0^3 \tag{5.108}$$

则翼缘需要的惯性矩为

$$I_t=I_x-I_w\approx 2bt(h_0/2)^2 \tag{5.109}$$

由式(5.109)得

$$bt = \frac{2(I_x - I_w)}{h_0^2} \tag{5.110}$$

翼缘宽度 b 或厚度 t 只要定出一个,就能确定另一个。b 通常取(1/3 ~ 1/5) h ,且常为 10 mm 的倍数; t 取 2 mm 的倍数,且不小于 8 mm,防止板件过薄发生翘曲变形。为保证局部稳定,要求受压翼缘宽厚比 $b_1/t \leqslant 15\sqrt{235/f_y}$,如果截面考虑发展部分塑性则 $b_1/t \leqslant 13\sqrt{235/f_y}$, $b_1 = (b - t_w)/2$,为受压翼缘自由外伸宽度。

5.7.2 截面验算

根据试选的截面尺寸,求出截面的各种几何数据,如惯性矩、截面模量等,然后进行验算。梁的截面验算包括强度、刚度、整体稳定和局部稳定几个方面。其中,腹板的局部稳定通常是采用配置加劲肋来保证的。

5.7.3 焊接组合梁翼缘与腹板焊缝的计算

如图 5.37 所示,焊接组合工字形截面,翼缘与腹板常以角焊缝相连,据微元体应力平衡原理,此焊缝纵向任一位置所受的纵向水平剪应力等于该位置处竖向剪应力,故沿梁全长角焊缝所受最大剪应力可按式(5.111)计算。

$$\tau_1 = \frac{V_{\max} S_1}{I_x t_w} \tag{5.111}$$

式中 S_1 为翼缘毛截面对梁中和轴的面积矩。

在此剪力作用下,采用双面角焊缝需要的焊角尺寸为

$$h_f \geqslant \frac{1}{1.4 f_f^w} \cdot \frac{V_{\max} S_1}{I_x} \tag{5.112}$$

如果梁上作用有固定集中荷载,而荷载作用处又未设置支承加劲肋,或梁上有移动的集中荷载(如吊车梁轮压),则焊缝不仅受水平剪力 V_h,还受竖向荷载 F 引起的压力作用。

单位长度焊缝所受竖向压力为

$$P = \sigma_c t_w = \frac{\psi F}{t_w l_z} \cdot t_w = \frac{\psi F}{l_z} \tag{5.113}$$

ψ 为集中荷载增大系数,对重级工作制吊车梁取 1.35;对其他梁取 1.0。l_z 为沿腹板纵向荷载假定分布长度。这时焊角尺寸应满足

$$h_f \geqslant \frac{1}{1.4 f_f^w} \sqrt{\left(\frac{P}{\beta_t}\right)^2 + (V_h)^2} \tag{5.114}$$

当腹板与翼缘的连接焊缝采用焊透的 T 形对接与角接组合焊缝时,其强度可与主体金属等强,不必计算。

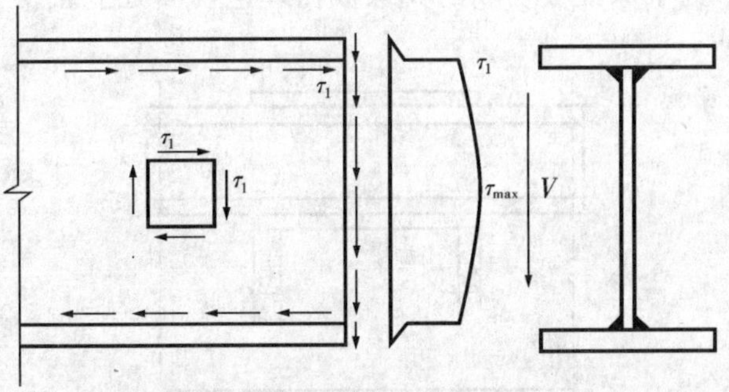

图 5.37　翼缘焊缝的水平剪力

5.7.4　组合梁截面沿长度的改变

梁的弯矩是沿梁的长度变化的，因此，梁的截面如能随弯矩变化而变化，可节约钢材。

对跨度较小的梁，截面改变经济效果不大，或者改变截面节约的钢材不能抵消构造复杂带来的加工困难时，不宜改变截面。

单层翼缘板的焊接梁改变截面时，宜改变翼缘板的宽度（图 5.38）而不改变其厚度。因改变厚度时，该处应力集中严重，且使梁顶部不平，有时使梁支承其他构件不便。

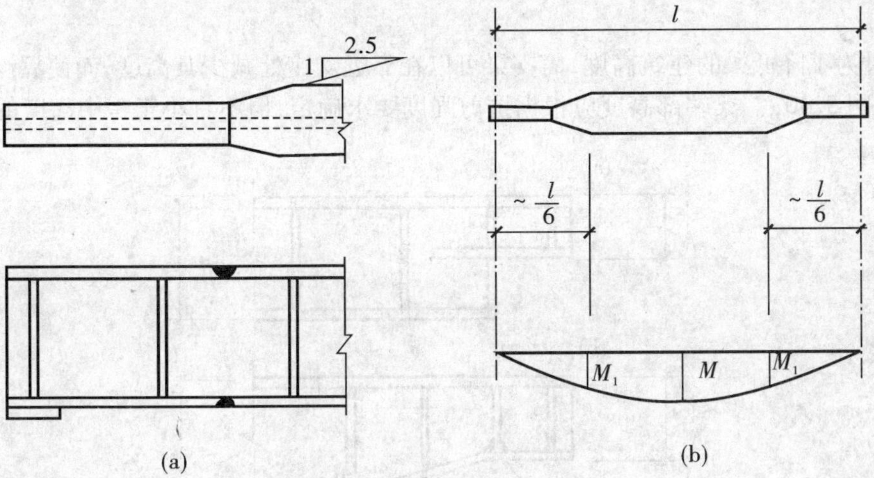

图 5.38　梁翼缘宽度的改变

分析表明，截面改变一次可节约钢材 10% ~20%；改变两次，最多只能再节约 3% ~4%，经济效果往往并不显著。为了便于制造，一般只改变一次截面。

对承受均布荷载的梁，截面改变位置在距支座 $l/6$ 处（图 5.38b）最有利。较窄翼缘板宽度 b'_f 应由截面开始改变处的弯矩 M_1 确定。为了减少应力集中，宽板应从截面开始改变处向弯矩减小的一方以不大于 1：2.5 的斜度切斜延长，然后与窄板对接。

多层翼缘板的梁，可用切断外层板的办法来改变梁的截面（图 5.39）。理论切断点的位置可由计算确定。为了保证被切断的翼缘板在理论切断处能正常参加工作，其外伸长度 l_1 应满足下列要求：

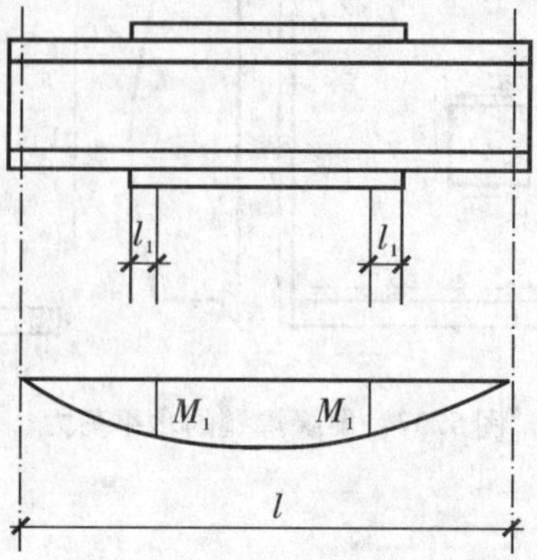

图 5.39 翼缘板的切断

端部有正面角焊缝：

当 $h_f \geq 0.75t_1$ 时　　　$l_1 \geq b_1$

当 $h_f < 0.75t_1$ 时　　　$l_1 \geq 1.5b_1$

端部无正面角焊缝：　　　$l_1 \geq 2b_1$

b_1 和 t_1 分别为被切断翼缘板的宽度和厚度，h_f 为侧面角焊缝和正面角焊缝的焊脚尺寸。

有时为了降低梁的建筑高度，简支梁可以在靠近支座处减少其高度，而使翼缘截面保持不变（图 5.40）。梁端部高度应根据抗剪强度要求确定，但不宜小于跨中高度的 1/2。

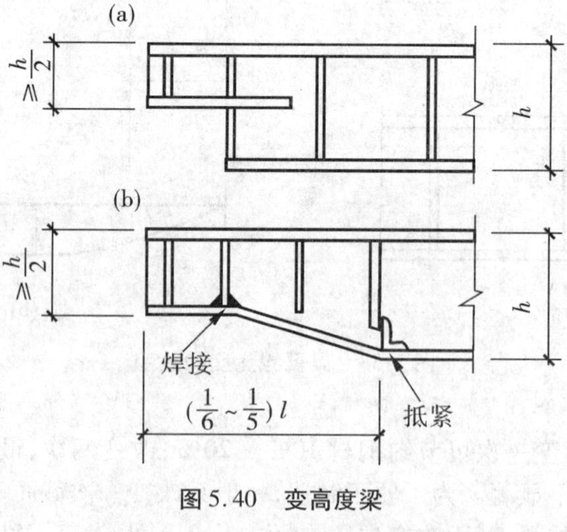

图 5.40 变高度梁

【例 5.5】 某跨度 6 m 的简支梁承受均布荷载作用（作用在梁的上翼缘），其中永久荷载标准值为 20 kN/m，可变荷载标准值为 25 kN/m。该梁拟采用 Q235-B 级钢制成的焊接组合工字形截面，试设计该梁并计算梁翼缘与腹板的连接焊缝。

【解】 ①截面尺寸

标准荷载：　$q_k = 20\ \text{kN/m} + 25\ \text{kN/m} = 45\ \text{kN/m}$

设计荷载：　$q = 1.2 \times 20\ \text{kN/m} + 1.4 \times 25\ \text{kN/m} = 59\ \text{kN/m}$

梁跨中最大弯矩：　$M_{\max} = 59\text{kN/m} \times 6^2\text{m}^2/8 = 265.5\ \text{kN} \cdot \text{m}$

由附表 2 查得 $[v_T]$ 为 $l/400$，由公式 $h_{\min} = \dfrac{5fl}{31.2E}\left[\dfrac{l}{v}\right]$ 得梁的最小高度为：

$$h_{\min} = \frac{5fl}{31.2E}\left[\frac{l}{v_T}\right] = \frac{5 \times 215\ \text{N/mm}^2 \times 6 \times 10^3\ \text{mm}}{31.2 \times 2.06 \times 10^5\text{N/mm}^2}\left[\frac{6 \times 10^3\ \text{mm}}{6 \times 10^3\ \text{mm}/400}\right] = 401.4\ \text{mm}$$

需要的净截面模量为：

$$W_{nx} = \frac{M_{\max}}{\gamma_x \cdot f} = \frac{265.5 \times 10^6}{1.05 \times 215} = 1.18 \times 10^6\ \text{mm}^3 = 1.18 \times 10^3\ \text{cm}^3$$

由公式 $h_e = 7\sqrt[3]{W_x} - 30\text{cm}$ 得梁的经济高度为：

$h_e = 7\sqrt[3]{W_x} - 30\text{cm} = 44\ \text{cm}$

因此取梁腹板高 450 mm。

支座处最大剪力为：

$V_{\max} = 59\text{kN/m} \times 6\ \text{m}/2 = 177\ \text{kN}$

由公式 $t_w \geqslant \dfrac{1.2V_{\max}}{h_w f_v}$ 得：$t_w \geqslant \dfrac{1.2V_{\max}}{h_w f_v} = \dfrac{1.2 \times 177 \times 10^3\ \text{N}}{450\ \text{mm} \times 125\ \text{N/mm}^2} = 3.8\ \text{mm}$

由公式 $t_w = \dfrac{\sqrt{h_w}}{3.5}$ 得：$t_w = \dfrac{\sqrt{h_w}}{3.5} = \dfrac{\sqrt{450}}{3.5} = 6.1\ \text{mm}$

取腹板厚度为：$t_w = 8$ mm，故腹板采用 -450×8 的钢板。

假设梁高为 500 mm，需要的净截面惯性矩为：

$$I_{nx} = W_{nx}\frac{h}{2} = 1.18 \times 10^6\ \text{mm}^3 \times 500\ \text{mm}/2 = 2.95 \times 10^8\ \text{mm}^4 = 2.95 \times 10^4\text{cm}^4$$

腹板惯性矩为：　$I_w = t_w h_0^3/12 = 0.8\text{cm} \times 45^3\ \text{cm}^3/12 = 6\,075\ \text{cm}^4$

由公式 $bt = \dfrac{2(I_x - I_w)}{h_0^2}$ 得：

$$bt = \frac{2(I_x - I_w)}{h_0^2} = \frac{2(2.95 \times 10^4\ \text{cm}^4 - 6\,075\ \text{cm}^4)}{45^2\ \text{cm}^2} = 23.1\ \text{cm}^2$$

取 $b = 150\ \text{mm} = h_0/3$，$t = 23.1\ \text{cm}^2/15\ \text{cm} = 1.54\ \text{cm}$，取 $t = 18$ mm 。

$t > b/26 = 5.8$ mm，翼缘选用 -150×18。所选截面尺寸如图 5.41 所示。截面惯性矩为：

$$I_x = t_w h_0^3/12 + 2bt\left[\frac{1}{2}(h_0 + t)\right]^2$$

$$= 0.8\ \text{cm} \times 45^3\ \text{cm}^3/12 + 2 \times 15\ \text{cm} \times 1.8\ \text{cm}\left[\frac{1}{2}(45\ \text{cm} + 1.8\ \text{cm})\right]^2$$

$$= 35\,643\ \text{cm}^4$$

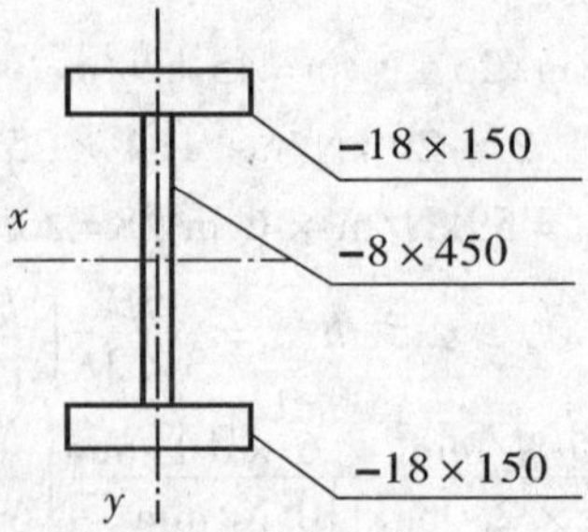

图5.41 例5.5图

$$W_x = \frac{I_x}{h/2} = \frac{35\,643\ \text{cm}^4}{(45\text{cm} + 3.6\ \text{cm})/2} = 1\,467\ \text{cm}^3$$

$$A = 2bt + t_w h_0 = 2 \times 15\ \text{cm} \times 1.8\ \text{cm} + 0.8\ \text{cm} \times 45\ \text{cm} = 90\ \text{cm}^2$$

②强度验算：

梁自重：$g = A\gamma = 0.009\ \text{m}^2 \times 7.85 \times 9.8\ \text{kN/m}^3 = 0.69\ \text{kN/m}$

设计荷载：$q = 1.2 \times (0.69\ \text{kN/m} + 20\ \text{kN/m}) + 1.4 \times 25\ \text{kN/m} = 59.83\ \text{kN/m}$

$$M_{\max} = ql^2/8 = 59.83\ \text{kN/m} \times 6^2\ \text{m}^2/8 = 269.2\ \text{kN} \cdot \text{m}$$

$$\sigma = \frac{M_{\max}}{\gamma_x W_{nx}} = \frac{269.2 \times 10^6\ \text{N} \cdot \text{mm}}{1.05 \times 1467 \times 10^3 \text{mm}^3} = 174.8\ \text{N/mm}^2 < f = 205\ \text{N/mm}^2$$

剪应力、刚度不需要验算，因为选用腹板尺寸和梁高时已得到满足。

支座处如不设支承加劲肋，则应验算局部压应力，但一般主梁均设置支座加加劲肋，需要按第五节设计加劲肋。

③整体稳定验算：

$I_y = 2 \times 1.8\ \text{cm} \times 15^3\ \text{cm}^3/12 = 1012.5\ \text{cm}^4$， $i_y = \sqrt{\frac{I_y}{A}} = \sqrt{\frac{1012.5\ \text{cm}^4}{90\ \text{cm}^2}} = 3.35\ \text{cm}$

$\lambda_y = l_1/i_y = 600\ \text{cm}/3.35\ \text{cm} = 179$

$\xi = \frac{l_1 t_1}{b_1 h} = \frac{6\ \text{m} \times 0.018\ \text{m}}{0.15\ \text{m} \times 0.486\ \text{m}} = 1.481$，由附表3.1查得：

$\beta_b = 0.69 + 0.13\xi = 0.69 + 0.13 \times 1.481 = 0.883$

$$\varphi_b = \beta_b \frac{4\,320}{\lambda_y^2} \cdot \frac{Ah}{W_x}\left[\sqrt{1 + \left(\frac{\lambda_y t_1}{4.4h}\right)^2} + \eta_b\right]$$

$$= 0.883 \times \frac{4\,320}{179^2} \times \frac{90\ \text{cm}^2 \times 48.6\ \text{cm}}{1\,467\ \text{cm}^3}\sqrt{1 + \left(\frac{179 \times 1.8\ \text{cm}}{4.4 \times 48.6\ \text{cm}}\right)^2} = 0.642$$

$\varphi_b > 0.6$ 时，应用如下 φ_b' 代替 φ_b：

$\varphi_b' = 1.07 - \frac{0.282}{\varphi_b} = 0.631$

$\varphi_b f = 0.631 \times 205\ \text{N/mm}^2 = 129.4\ \text{N/mm}^2$

$$\sigma = \frac{M_{\max}}{W_x} = \frac{269.2 \times 10^6\ \text{N} \cdot \text{mm}}{1467 \times 10^3} = 183.5\ \text{N/mm}^2 > \varphi_b f = 129.4\ \text{N/mm}^2$$

不满足要求。

在跨中设置一道侧向支承点,则

$\varphi_b = 2.314$

$$\varphi_b' = 1.07 - \frac{0.282}{2.314} = 0.948$$

$\varphi_b f = 0.948 \times 205 = 194.3\ \text{N/mm}^2$

$\sigma = 183.5\ \text{N/mm}^2 < \varphi_b f = 194.3\ \text{N/mm}^2$

满足要求。

④局部稳定验算:

翼缘板:　$b/t \approx 8.3 < 26$

腹板:$h_0/t_w = \dfrac{450\ \text{mm}}{8\ \text{mm}} \approx 56 < 80$,满足局部稳定要求。

⑤梁翼缘与腹板的连接焊缝计算:

$S_1 = 15\text{cm} \times 1.8\ \text{cm} \times (45\ \text{cm} + 1.8\ \text{cm})/2 = 631.8\ \text{cm}^3$

$$h_f \geqslant \frac{1}{1.4 f_f^w}\frac{V_{\max} S_1}{I_s} = \frac{1}{1.4 \times 160\ \text{N/mm}^2} \times \frac{179.5 \times 10^3\ \text{N} \times 631.8 \times 10^3\ \text{mm}^3}{35634 \times 10^4} = 1.4\ \text{mm}$$

$h_{f\min} = 1.5\sqrt{t_{\max}} = 1.5\sqrt{18} = 6.4\ \text{mm}$

故取 $h_f = 8\ \text{mm}$。

5.8　考虑腹板屈曲后强度的组合梁承载力计算

一般梁的腹板都做得薄而高,并采取配置横向加劲肋加强,因此和相对较厚的翼缘一起对腹板形成四边支承。故当腹板屈曲后产生挠度较大的出平面变形时,将对腹板牵制形成薄膜效应,产生薄膜拉应力,且使梁的内力重分布,使梁能承受更大的荷载。如腹板在剪力作用下屈曲产生波形变形时,在顺波向即主压应力方向不再能承受压力的作用,但在主拉应力方向却未达到屈服强度,还可以承受更大的拉力,即存在通称的张力场作用。它可和翼缘及加劲肋一起,使梁屈曲后形同一个桁架工作(图5.42)。上、下翼缘类似于桁架的上、下弦杆,加劲肋类似于桁架竖腹杆(压杆),而腹板的张力场带则类似于桁架的斜拉杆。因此腹板还有着较高的屈曲后强度。

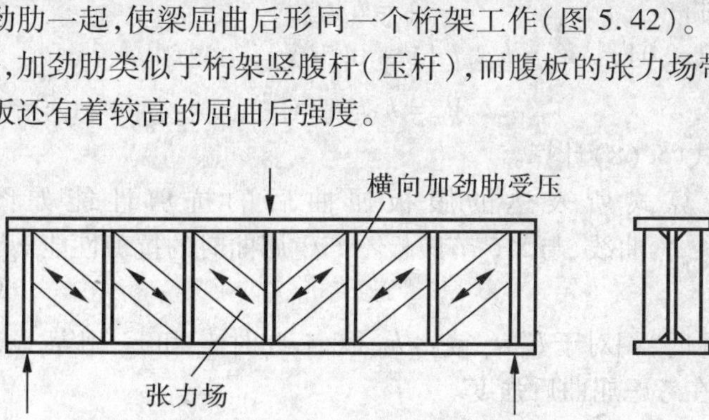

图5.42　腹板中的张力场作用

利用腹板屈曲后强度的梁,其腹板高厚比可放宽至250,都不需设置纵向加劲肋,则对大型组合梁有着较好的经济效益。因此,《钢结构设计规范》(GB 50017—2003)推荐将其用于承受静力荷载或间接承受动力荷载的组合梁。对吊车梁等直接承受动力荷载的梁,由于腹板反复屈曲可能引起腹板边缘产生疲劳裂纹,且有关资料还不充分,故暂不采用,即仍需按5.5节内容配置腹板加劲肋并验算局部稳定。

5.8.1 组合梁的抗剪承载力计算

(1)梁的抗剪承载力理论计算公式 由于张力场的作用提高了腹板屈曲后的抗剪强度,其能承担的极限剪力 V_u 可用屈曲时临界剪力 V_{cr} 和张力场剪力 V_t 之和来表达,即

$$V_u = V_{cr} + V_t \tag{5.115}$$

屈曲剪力可用 $V_{cr}=h_w t_w \tau_{cr}$ 计算,其中 τ_{cr} 为由式 σ_{cr}(或 τ_{cr})$=k\chi\dfrac{\pi^2 E}{12(1-\nu^2)}\left(\dfrac{t}{b}\right)^2$ 计算的临界剪应力。

张力场剪力 V_t 的计算是假定翼缘的刚度不大,不能承担斜张力场产生的垂直分力作用,张力场只产生在加劲肋上,即只传力至加劲肋,从而简化计算得出

$$V_t = \frac{\sqrt{3}}{2}h_w t_w \frac{f_{vy}-\tau_{cr}}{\sqrt{1+(a/h_0)^2}} \tag{5.116}$$

将 V_t 和 V_{cr} 代入式(5.115),并引入抗力分项系数 γ_R,可得

$$V_u = h_w t_w\left[\tau_{cr}+\frac{f_{vy}-\tau_{cr}}{1.15\sqrt{1+(a/h_0)^2}}\right] \tag{5.117}$$

由上式可见,区格板的几何尺寸即高厚比(h_w/t_w)和宽高比(a/h_0)与 V_u 有着密切关系,它们直接影响 V_u(包括 τ_{cr} 和张力场剪力)值的大小,故计算 V_u 时亦应和计算腹板局部稳定的 τ_{cr} 一样,引入与其关联的参数腹板通用高厚比 λ_s。

(2)《钢结构设计规范》实用计算公式 根据 V_u 的理论计算式并结合实验研究,《钢结构设计规范》(GB 50017—2003)采用下列三段公式计算:

当 $\lambda_s \leqslant 0.8$ 时, $V_u = h_w t_w f_v$ (5.118a)

当 $0.8<\lambda_s\leqslant 1.2$ 时, $V_u = h_w t_w f_v[1-0.5(\lambda_s-0.8)]$ (5.118b)

当 $\lambda_s>1.2$ 时, $V_u = h_w t_w f_v/\lambda_s^{1.2}$. (5.118c)

上式中 λ_s 按式(5.68)计算。

现对上述计算式所表达的腹板屈曲后的抗剪性能如图5.43所示的 $\tau_u-\lambda_s(\tau_u=V_u/h_w t_w)$ 曲线,与5.5节腹板不产生屈曲时的抗剪性能 τ_{cr}(式5.71)对比分析如下:

1)当 $\lambda_s\leqslant 0.8$ 时,相对于 h_0/t_w 或 a/h_0 很小,此时 τ_u 和 τ_{cr} 相等,均等于 f_v,即腹板不会屈曲,故也不存在考虑屈曲后强度。

2)当 $0.8<\lambda_s\leqslant 1.2$ 时,τ_u 随 λ_s 增大呈线性关系减小,但比 τ_{cr} 减小的少。如 $\lambda_s=1.2$ 时,$\tau_u=0.8f_v$,而 $\tau_{cr}=0.765f_v$。这表明屈曲后的抗剪承载力因张力场的作用较屈曲时的大,但因在此范围的 h_0/t_w 或 a/h_0 还较小,故增大幅度还不是很大。

3)当 $\lambda_s>1.2$ 时，τ_u 和 τ_{cr} 的差值随 λ_s 的增大而显著增加。如 $\lambda_s=2$ 时，$\tau_u=0.435f_v$，$\tau_{cr}=0.275f_v$，增加达58%。这表明张力场的作用随着 h_0/t_w 或 a/h_0 的增加而愈明显。

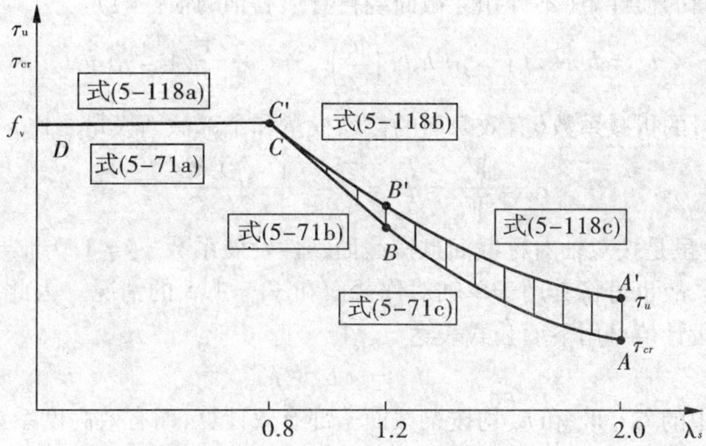

图 5.43　τ_u 与 τ_{cr} 曲线

5.8.2　组合梁的抗弯承载力计算

如前所述，腹板高厚比较大的梁如果考虑屈曲后张力场的作用，其抗剪承载力会有一定的增加，然而抗弯承载力却会有所降低(一般约 5% 以内)。这是因为未设置纵向加劲肋，故在弯矩作用下，腹板受压区可能屈曲，从而使部分截面产生凹凸变形退出工作。

腹板屈曲后梁的抗弯承载力 M_{eu} 可采用有效截面概念进行计算，腹板屈曲前后的应力分布如图 5.44(b)所示，梁在腹板屈曲后仍可继续承受更大的弯矩，但是腹板受压区的应力不再像屈曲前后呈线性分布，而是呈非线性分布。计算时，可取腹板边缘屈曲，其正应力达到 $\sigma=f_y$ 作为承载力的极限状态，并假定此时腹板受压区的部分截面无效，受压区高度 h_c 只剩下有效高度 ρh_c（ρ 为腹板受压区有效高度系数），受拉截面则全部有效，故梁的有效截面如图 5.44(c)所示，中和轴略有下降。

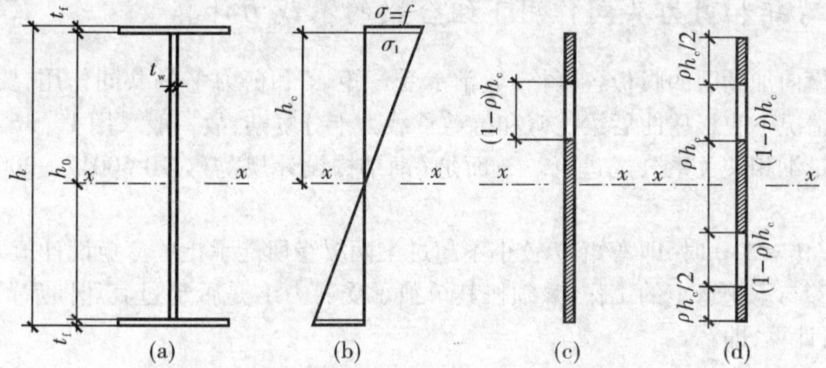

图 5.44　梁截面模量折减系数简化计算简图

为了便于计算有效截面的几何特性,现将有效高度的位置分布作图 5.44(d)所示的简化,即假定腹板受压区的有效高度 ρh_c 等分于受压区的两边,并将受拉区作相同处理,也在中部扣除 $(1-\rho)h_c$ 高度,以保持中和轴位置不变。从而可得:

梁有效截面的惯性矩(不计扣除截面绕自身形心轴的惯性矩)

$$I_{xe}=I_x-2(1-\rho)h_c t_w\left(\frac{h_c}{2}\right)^2=I_x-\frac{1}{2}(1-\rho)h_c^3 t_w$$

梁截面模量的折减系数(有效截面的截面模量和全部截面模量之比)

$$\alpha_e=\frac{W_{xe}}{W_x}=\frac{I_{xe}}{I_x}=1-\frac{(1-\rho)h_c^3 t_w}{2I_x} \tag{5.119}$$

式(5.119)虽是按双轴对称截面且按截面塑性发展系数 $\gamma_x=1.0$ 推导而得的近似公式,但偏于安全,故也可将其用于单轴对称截面和 $\gamma_x=1.5$ 的情况。因此,腹板屈曲后梁的抗弯承载力设计值可用下面公式表达

$$M_{eu}=\gamma_x\alpha_e W_x f \tag{5.120}$$

以上两式中的 I_x 、W_x 和 h_c 均按梁截面全部有效计算,而有效高度系数 ρ 因和腹板受弯曲压应力作用时的临界应力 σ_{cr} 有关,故同样与腹板的高厚比 h_0/t_w 有着密切关系,因此也须引入与其相关联的参数,即按式(5.63)计算的腹板通用高厚比 λ_b ,分成三段式计算:

当 $\lambda_b\leqslant0.85$ 时 $\rho=1.0$ (5.121 *a*)

当 $0.85<\lambda_b\leqslant1.25$ 时 $\rho=1-0.82(\lambda_b-0.85)$ (5.121 *b*)

当 $\lambda_b>1.25$ 时 $\rho=(1-0.2/\lambda_b)/\lambda_b$ (5.121 *c*)

综合式(5.119)~式(5.121)进行分析,从中可以看出梁的抗弯承载力有如下特点:

①当 $\lambda_b\leqslant0.85$ 时,相对于 h_0/t_w 很小。此时 $\rho=1.0$,即 $\sigma_e=1$,表明截面全部有效,腹板不会屈曲,故梁的抗弯承载力不会降低,等于受弯屈服时的承载力 $M_{eu}=\gamma_x W_x f$ 。

②当 $\lambda_b>0.85$ 以后,腹板屈曲,且 ρ 随 λ_b 递增(相当于 h_0/t_w 递增)而递减,截面模量折减系数 α_e 则相应递增,故梁的抗弯承载力也随之降低,但较屈曲时的降低不多。

③由式(5.119)可见,α_e 除随 ρ 减小(λ_b 或 h_0/t_w 增大)而增大外,还随腹板截面在整个梁截面所占的几何比例有关,比例越大,则屈曲后梁的抗弯承载力降低越多。

5.8.3 弯矩和剪力共同作用下组合梁的承载力计算

配置横向加劲肋的腹板各区格,通常承受弯矩 M 和剪力 V 的共同作用,要精确计算这种受力情况下腹板屈曲后梁抗弯和抗剪承载力十分复杂,故一般采用 V 、M 和 V_u 、M_{eu} 匹配的无量纲相关关系公式进行。下面是《钢结构设计规范》(GB 50017—2003)采用的公式:

当 $M/M_f\leqslant1.0$ 时,即弯矩 M 较小不超过梁两翼缘所能承担的弯矩设计值 M_f时,认为腹板不用参与承担弯矩的工作,只须按其单独承受剪力 V 是否超过其屈曲后的抗剪承载力 V_u 进行计算,即

$$V\leqslant V_u \tag{5.122a}$$

当 $V/V_u \leqslant 0.5$ 时，只须计算弯矩 M 是否超过腹板屈曲后梁的抗弯承载力 M_{eu}。原因是求解 M_{eu} 是以腹板边缘正应力 σ 达到屈服点 f_y 作为极限状态，此时腹板不仅承受正应力，而且还可以承受剪力约 $0.6V_u$，因此可偏安全地取为腹板能承受 $0.5V_u$ 剪力，仅计算抗弯承载力，即

$$M \leqslant M_{eu} \tag{5.122b}$$

其他情况时，在 M、V 共同作用下应满足

$$\left(\frac{V}{0.5V_u} - 1\right)^2 + \frac{M - M_f}{M_{eu} - M_f} \leqslant 1.0 \tag{5.122c}$$

式中 M、V——所计算区格内同一截面处梁的弯矩和剪力设计值；计算时，当 $V<0.5V_u$，取 $V = 0.5V_u$；当 $M < M_f$，取 $M = M_f$；

M_f——梁两翼缘所承担的弯矩设计值，对双轴对称工字形截面，$M_f = A_f h_f f$，此处 A_f 为一个翼缘截面面积，h_f 为上、下翼缘形心间的距离；对单轴对称工字形截面按下式计算：

$$M_f = \left(A_{f1}\frac{h_1^2}{h_2^2} + A_{f2}h_2\right)f \tag{5.123}$$

式中 A_{f1}、h_1——较大翼缘的截面面积及其形心至梁中和轴的距离；

A_{f2}、h_2——较小翼缘的截面面积及其形心至梁中和轴的距离。

由于式(5.122)是梁的强度计算公式，故应取所计算区格同一截面处的 M 和 V，不能像计算腹板稳定时取计算区格内 M 和 V 的平均值。

5.8.4 考虑腹板屈曲后强度的组合梁加劲肋设计

考虑腹板屈曲后强度的组合梁，一般只在支座处和固定集中荷载处设置横向(支承)加劲肋，或增设经计算需要的中间横向加劲肋。加劲肋应在腹板两侧成对布置，其截面尺寸除应符合 $b_s \geqslant \frac{h_0}{30} + 40\ \text{mm}$、$t_s \geqslant \frac{b_s}{15}$ 的要求外，尚应按下列方法作受力计算。

(1) 中间横向加劲肋的计算　中间横向加劲肋在考虑腹板屈曲后强度的薄腹板梁中有着更大的作用。它不仅应在屈曲前提高屈曲荷载，而且还能在屈曲后起着如同桁架竖杆的作用，能承受按式(5.124)计算的张力场剪力引起的竖向分力 N_s。张力场引起的水平分力由于在其两侧区格均有分布，其中大部分可相互抵消和由翼缘承受，故影响不大，可采取将轴心压力 N_s 加大进行考虑，即取

$$N_s = V_u - h_w t_w \tau_{cr} \tag{5.124}$$

对比式(5.115)可见，上式实际上是取 N_s 为腹板屈曲后的极限剪力 V_u 减去腹板屈曲时的临界剪力 V_{cr}，即相当于将 N_s 加大为采用张力场剪力 V_t。

当中间横向加劲肋兼做承受固定集中荷载 F 的支承加劲肋时，N_s 中还应加上 F。

中间横向加劲肋的计算方法按5.5节所述，即取十字形截面按承受 N_s 的轴心压杆，计算其在腹板平面外的稳定性。

(2) 支座加劲肋的计算　支座加劲肋相当于位于梁端部的横向支承加劲肋，故仅在加劲肋一侧有张力场作用。因此，当支座端区格的 $\lambda_s > 0.8$，且按考虑腹板屈曲后强度设

计时，支座加劲肋除承受梁的支座反力 R 外，还应考虑在靠梁内一侧距上翼缘 $h_0/4$ 处承受斜向张力场引起的水平分力

$$H=(V_u-\tau_{cr}h_wt_w)\sqrt{1+(a/h_0)^2} \tag{5.125}$$

式中　a——对设中间横向加劲肋的腹板，为支座端区格的加劲肋间距；对不设中间加劲肋的腹板，为支座至跨内剪力为零点的距离。

另外，对中间横向加劲肋间距较大（$a>2.5h_0$）和不设中间横向加劲肋的腹板，当满足式 $\left(\dfrac{\sigma}{\sigma_{cr}}\right)^2+\left(\dfrac{\tau}{\tau_{cr}}\right)^2+\dfrac{\sigma_c}{\sigma_{c,cr}}\leqslant 1$ 时（即不丧失局部稳定），可取 $H=0$。

支座加劲肋处于压弯受力的状态，故应按第 6 章压弯构件所述，计算其强度和在腹板平面外的稳定。所取截面和计算长度同 5.5 节所述。

为了改善支座加劲肋的压弯受力状况，通常还可以用下面两种方法处理（图 5.45）：

1）在梁端头增焊封头板。经此处理，支座加劲肋的抗弯能力大为增加，故对其可仍按承受支座反力 R 的轴心压杆按 5.5 节所述方法计算。

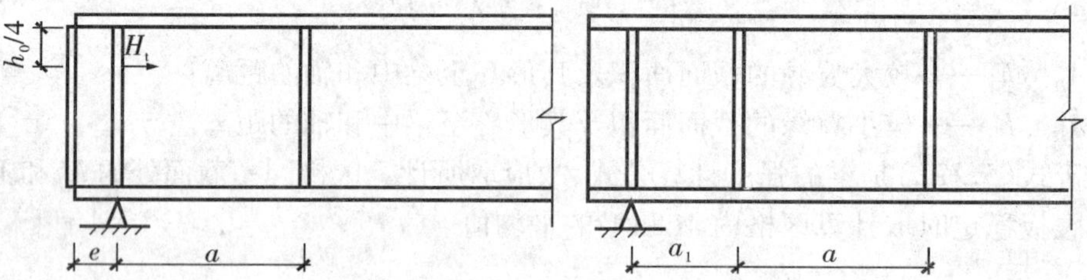

图 5.45　梁端构造

封头板的截面面积 A_c 应不小于按下式计算的数值：

$$A_c=\frac{3h_0H}{16ef} \tag{5.126}$$

式中　e——支座加劲肋至封头板的距离；

f——钢材强度设计值。

2）缩小端区格的宽度（图 5.43 中的 a_1）达到 $\lambda_s\leqslant 0.8$，即使该区格的 $\tau_{cr}\geqslant f_v$，因此不会产生屈曲，当然也不存在 H 力。

【例 5.6】　某焊接工字形截面简支梁，跨度 $l=12.0$ m，承受均布荷载设计值 $q=235$ kN/m（包括梁自重），Q235-B 钢。已知截面为翼缘板 2-20 × 400，腹板 1-10 × 2000。跨中有足够侧向支承点，保证其不会整体失稳，但梁的上翼缘扭转变形不受约束。截面的惯性矩和截面模量已算出，如图 5.46 所示。试考虑腹板屈曲后强度验算其抗剪和抗弯承载力。验算是否需要设置中间横向加劲肋，如需设置，则其间距及截面尺寸又为多大；其支承加劲肋又应如何设置。

$I_x=2.30\times10^6\ \text{cm}^4$

$W_x=22.54\times10^3\ \text{cm}^3$

【解】　1）截面尺寸几何特性及 M_x 和 V 值

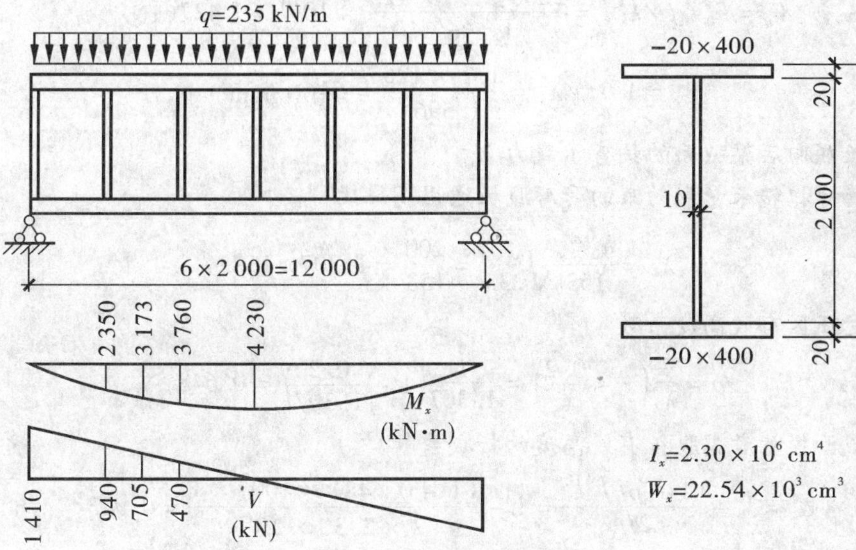

图5.46　例5.6图

此梁截面若照常规设计，腹板高度 $h_0=h_w=2\ 000$ mm，则其腹板厚度当取

$$t_w=\frac{\sqrt{h_w}}{3.5}=12.8(\text{mm})$$

今用 $t_w=10$ mm，显然减小了厚度。又 $h_0/t_w=200$，按常规就需设置加劲肋。考虑腹板屈曲后强度，可不设纵向加劲肋。算得弯矩和剪力，见图5.46。

2)假设不设置中间横向加劲肋，验算腹板抗剪承载力是否足够

梁端截面 $V=1\ 410$ kN，$M_x=0$

不设中间加劲肋时剪切通用高厚比

$$\lambda_s=\frac{h_0/t_w}{41\sqrt{5.34}}\sqrt{\frac{f_y}{235}}=\frac{200}{41\sqrt{5.34}}\times 1=2.11$$

$$V_u=h_0t_wf_v/\lambda_s^{1.2}=\frac{2\ 000\times 10\times 125}{2.11^{1.2}}\times 10^{-3}=1\ 020\text{ kN}$$

$$V=1\ 410>V_u,\text{不可。}$$

应设置中间横向加劲肋。经试算，取加劲肋间距 $a=2\ 000$ mm，如图5.46所示。

3）设中间横向加劲肋（$a=2$ m）后的截面抗剪和抗弯承载力验算

①梁翼缘能承受的弯矩 M_f

$$M_f=2A_{f1}h_1f=2\times 400\times 20\times 1\ 010\times 205\times 10^{-6}=3\ 313(\text{kN}\cdot\text{m})$$

②区格的抗剪承载力 V_u 和屈曲临界应力 τ_{cr}

剪切通用高厚比（$a/h_0=1.0$）

$$\lambda_s=\frac{h_0/t_w}{41\sqrt{5.34+4(h_0/a)^2}}=\frac{200}{41\sqrt{5.34+4}}=1.596$$

$$V_u = h_0\, t_w f_v / \lambda_s^{1.2} = \frac{2000 \times 10 \times 125}{1.596^{1.2}} \times 10^{-3} = 1\,427(\text{kN})$$

$$\tau_{cr} = 1.1 f_v / \lambda_s^2 = \frac{1.1 \times 125}{1.596^2} = 54(\text{N/mm}^2)$$

③腹板屈曲后梁截面的抗弯承载力 M_{eu}

受压翼缘扭转未受到约束的受弯腹板通用高厚比

$$\lambda_b = \frac{h_0/t_w}{153}\sqrt{\frac{f_y}{235}} = \frac{200}{153} = 1.307 > 1.25$$

腹板受压区有效高度系数

$$\rho = \frac{1}{\lambda_b}\left(1 - \frac{0.2}{\lambda_b}\right) = \frac{1}{1.307}\left(1 - \frac{0.2}{1.307}\right) = 0.648$$

梁的截面模量考虑腹板有效高度的折减系数

$$\alpha_e = 1 - \frac{(1-\rho)\, h_c^3 t_w}{2I_x} = 1 - \frac{(1 - 0.648) \times 100^3 \times 1}{2 \times 2.30 \times 10^6} = 0.923$$

腹板屈曲后梁截面的抗弯承载力

$$M_{eu} = \gamma_x \alpha_e W_x f = 1.05 \times 0.923 \times (22.54 \times 10^3) \times 10^3 \times 205 \times 10^{-6}$$
$$= 4\,478(\text{kN} \cdot \text{m})$$

④各截面处承载力的验算

验算条件为

$$\left(\frac{V}{0.5V_u} - 1\right)^2 + \frac{M_x - M_f}{M_{eu} - M_F} \leqslant 1.0$$

按规定，当截面上 $V < 0.5V_u$ 时，取 $V = 0.5V_u$，因而验算条件为 $M_x \leqslant M_{eu}$；当截面上 $M_x < M_f$ 时，取 $M_x = M_f$，因而验算条件为 $V \leqslant V_u$。

从图 5.46 的 M_x 和 V 图各截面的数值可见，从 $z = 3$ m 到 $z = 6$ m 处各截面的 V 均小于 $\frac{1}{2}V_u = \frac{1}{2} \times 1\,427 = 713.5$ kN，而 M_x 均小于 $M_{eu} = 4\,478$ kN·m，因而承载力满足：$M_x < M_{eu}$。

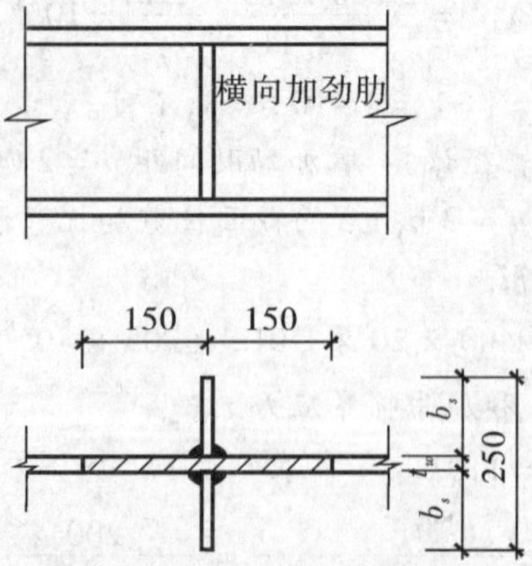

图 5.47　例 5.6 横向加劲肋

从 $z=0$ 到 $z=3$ m 处，各截面的 M_x 均小于 $M_f=3313$ kN·m，各截面的 V 均小于 $V_u=1\,427$ kN，因而承载力满足 $V\leqslant V_u$。

各截面均满足承载力条件。本梁剪力的控制截面在梁端（$z=0$ 处），弯矩的控制截面在跨度中点（$z=6$ m 处）。

4）中间横向加劲肋设计

①横向加劲肋中的轴压力

$$N_s=V_u-\tau_{cr}h_w t_w=1\,427-54\times 2\,000\times 10\times 10^{-3}=347(\text{kN})$$

②加劲肋的截面尺寸（图5.47）

$$b_s\geqslant\frac{h_0}{30}+40=\frac{2\,000}{30}+40=106.7(\text{mm})$$

采用 $b_s=120$ mm

$$t_s\geqslant\frac{b_s}{15}=\frac{120}{15}=8(\text{mm})\qquad 采用\ t_s=8\ \text{mm}$$

③验算加劲肋在梁腹板平面外的稳定性

验算加劲肋在梁腹板平面外稳定性时，按规定考虑加劲肋每侧 $15t_w\sqrt{235/f_y}$ 范围的腹板面积计入加劲肋的面积如图5.47示。

截面积　$A=2\times 120\times 8+2\times 15\times 10^2=4\,920(\text{mm}^2)$

惯性矩　$I_x=\dfrac{1}{12}\times 8\times(2\times 120+10)^3=10.42\times 10^6(\text{mm}^4)$

回转半径　$i_z=\sqrt{\dfrac{I_z}{A}}=\sqrt{\dfrac{10.42\times 10^6}{4\,920}}=46(\text{mm})$

长细比　$\lambda_z=\dfrac{h_0}{i_z}=\dfrac{2\,000}{46}=43.5$

按 b 类截面，查附表4.2，得 $\varphi=0.885$。稳定条件：

$\dfrac{N_s}{\varphi A}=\dfrac{347\times 10^3}{0.885\times 4920}=79.7(\text{N/mm}^2)<f=215\ \text{N/mm}^2$，可以满足；

④加劲肋与腹板的连接角焊缝

因 N_s 不大，焊缝尺寸按构造要求确定，采用 $h_f=5$ mm，大于 $1.5\sqrt{t}=1.5\sqrt{10}=4.74(\text{mm})$。

5）支座处支承加劲肋设计

经初步计算，采用单根支座加劲肋不能满足验算条件，因而采用上述图5.45(a)的构造型式。

①由张力场引起的水平力 H（或称为锚固力）

$$H=(V_u-\tau_{cr}h_w t_w)\sqrt{1+(a/h_0)^2}=(1\,427-54\times 2\,000\times 10\times 10^{-3})\sqrt{1+1}$$
$$=347\times 1.414=491(\text{kN})$$

②把加劲肋1和封头肋板2及两者间的大梁腹板看成竖向工字形简支梁，水平力 H 作用在此竖梁的1/4跨度处，因而得梁顶截面水平反力为：

$$V_h=0.75H=0.75\times 491=368(\text{kN})$$

按竖梁腹板的抗剪强度确定加劲肋 1 和封头 2 的间距 e：

$$e = \frac{V_h}{f_v t_w} = \frac{368 \times 10^3}{125 \times 10} = 294(\text{mm}), \quad 取 e = 300 \text{ mm}$$

③所需封头肋板截面积为

$$A_c = \frac{3h_0 H}{16ef} = \frac{3 \times 2\ 000 \times 491 \times 10^3}{16 \times 300 \times 215} = 2\ 855(\text{mm}^2)$$

采用封头肋板截面为 -14×400（宽度取与大梁翼缘板相同），取厚度为 $t \geqslant \frac{1}{15}\left(\frac{b_c}{2}\right) = \frac{1}{15} \times 200 = 13.3$ mm，采用 14 mm，满足 A_c 的要求。

④支承加劲肋 1 按承受大梁支座反力 $R = 1\ 410$ kN 计算，计算内容包括腹板平面外的稳定性和端部承压强度等，计算方法见本章 5.5 节。此处从略。

思考题

1. 影响梁整体稳定的因素有哪些？提高梁整体稳定的措施有哪些？
2. 试比较型钢梁和组合梁在截面设计方法上的不同。
3. 组合梁的截面高度由哪些条件确定？是否都必须满足？当 $h_c < h_{\min}$ 时，梁高如何确定？
4. 组合梁翼缘焊缝主要传递截面中哪种应力？这种应力是如何产生的？
5. 屋面钢檩条设计中，对檩条常需设置中间拉条，拉条起什么作用？

习 题

1. 如图所示钢梁，因整体稳定要求，需在跨中设侧向支承点，其位置以______为最佳。

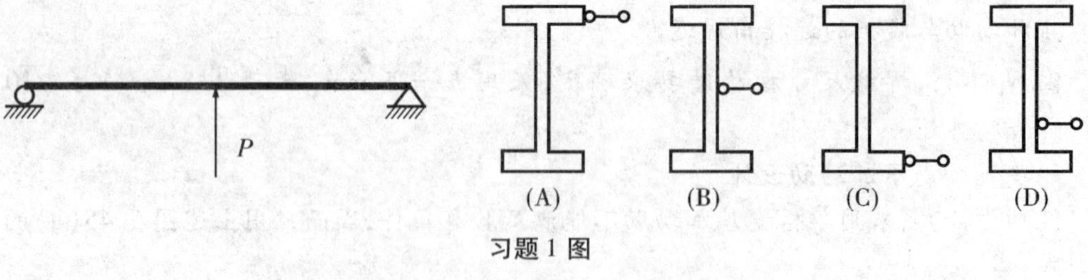

习题 1 图

2. 保证工字形截面梁受压翼缘局部稳定的方法是______。

(A)设置纵向加劲肋　　(B)设置横向加劲肋

(C)采用有效宽度　　(D)限制其宽厚比

3. 如图所示简支梁，除截面放置和荷载作用位置有所不同外，其他条件均相同，则其整体稳定性为______。

(A)a 最差,d 最好　(B)a 最好,d 最差　(C)b 最差,c 最好　(D)b 最好,c 最差

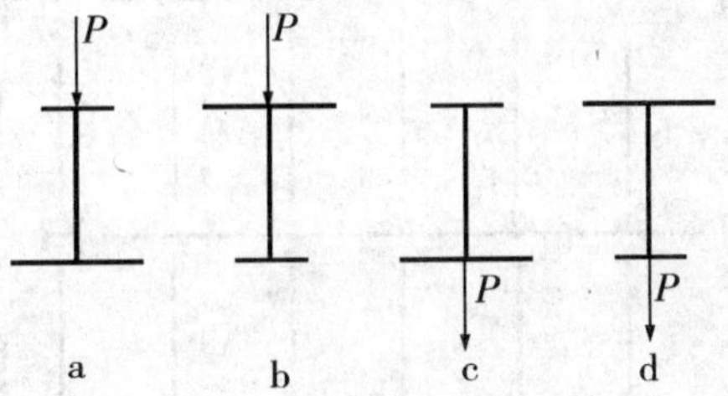

习题2图

4. 焊接简支工字形梁如图所示,跨度为12 m,跨中6 m处梁上翼缘有简支侧向支承,材料为Q235钢。集中荷载设计值 $P=300$ kN,间接动力荷载,验算该梁的整体稳定是否满足要求。

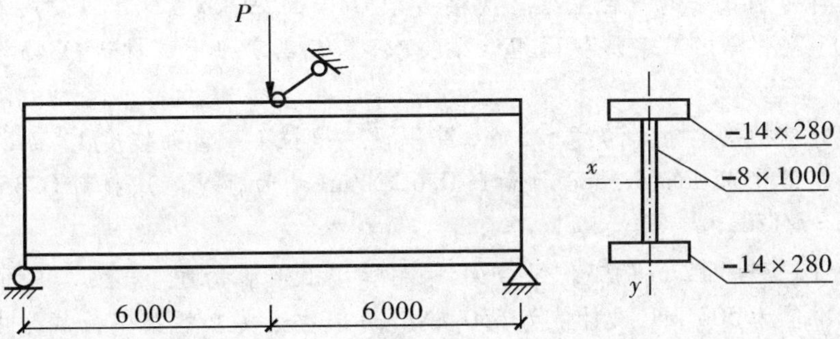

习题4图

5. 等截面简支梁跨度为12 m,跨中无侧向支承点,截面如图所示。上翼缘均布荷载设计值 $q=260$ kN/m,Q345钢。已知 $A=172\ \text{cm}^2$, $y_1=41$ cm, $y_2=62$ cm, $I_x=284\ 300\ \text{cm}^4$, $I_y=9\ 467\ \text{cm}^4$, $h=103$ cm,验算该梁的整体稳定性。

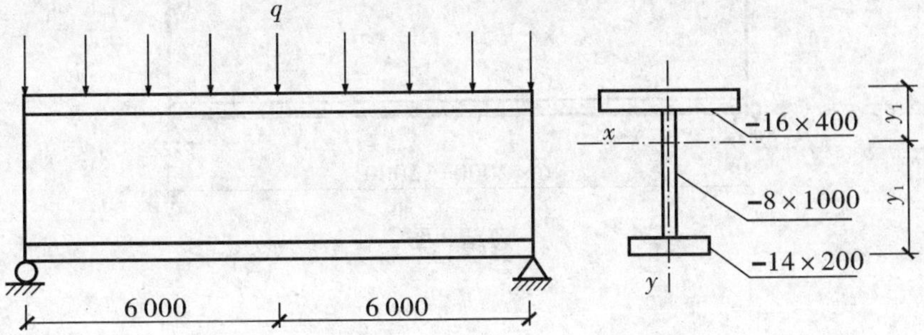

习题5图

6. 有一工作平台梁格布置如图所示。梁上密铺预制钢筋混凝土平台板和水泥砂浆面层,设其重量(标准值)为2 kN/m²,活荷载标准值为20 kN/m²(静力荷载)。试按下列两

种情况选择次梁截面:(a)平台板与次梁焊接;(b)平台板与次梁不焊接。钢材 Q235 钢。

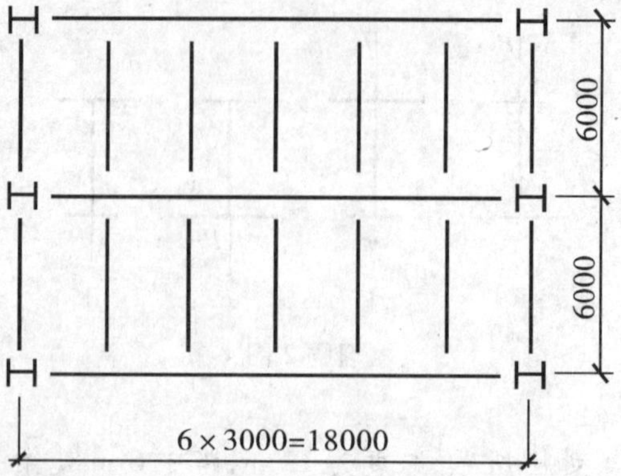

习题6、7图

7. 试设计习题6中的平台主梁。次梁传来 $G_k = 39.9$ kN ($\gamma_G = 1.2$), $Q_k = 360$ kN ($\gamma_Q = 1.3$);采用焊接工字形截面组合梁,改变翼缘宽度一次。材料 Q345 钢,E50 系列焊条。

8. 试设计一槽钢檩条。跨度 5.5 m, 跨中设一根拉条。屋面坡度 1∶2.5。檩条承受的屋面材料重量 0.35 kN/m,屋面活荷载 0.6 kN/m(均为标准值),材料 Q235-A 钢,挠度容许值 $[v] = l/150$。

9. 试设计一跨度 12 m 的工作平台梁,采用焊接工字形截面组合梁。中间次梁传来的集中荷载标准值为 500 kN,设计值为 650 kN。边部次梁传来的集中荷载为中间的一半。如图为该梁的计算简图,该梁采用 Q345 钢制作,焊条采用 E50 型,考虑利用腹板屈曲后承载力。

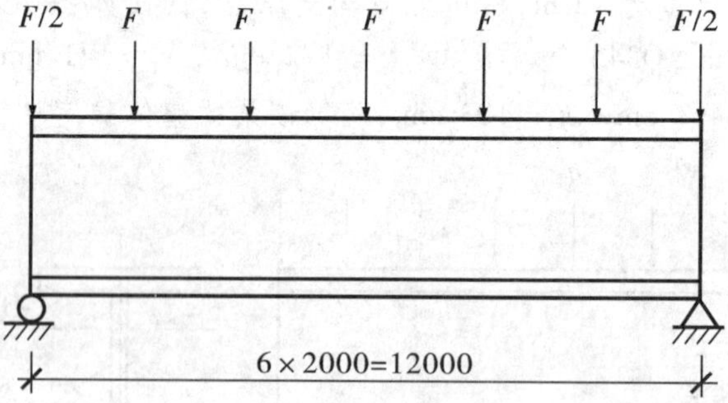

习题9图

第6章　拉弯和压弯构件设计

6.1　概述

拉弯构件和压弯构件是指同时承受轴心拉力或压力 N 以及弯矩 M 的构件，也常称为偏心受拉构件或偏心受压构件。拉弯和压弯构件中的弯矩可以由于纵向荷载不通过构件中截面形心的偏心所引起（图6.1a），也可由横向荷载所引起（图6.1b），或由构件端部转角约束（如固端、连续或框架梁、柱等）产生的端部弯矩所引起（图6.1c）。

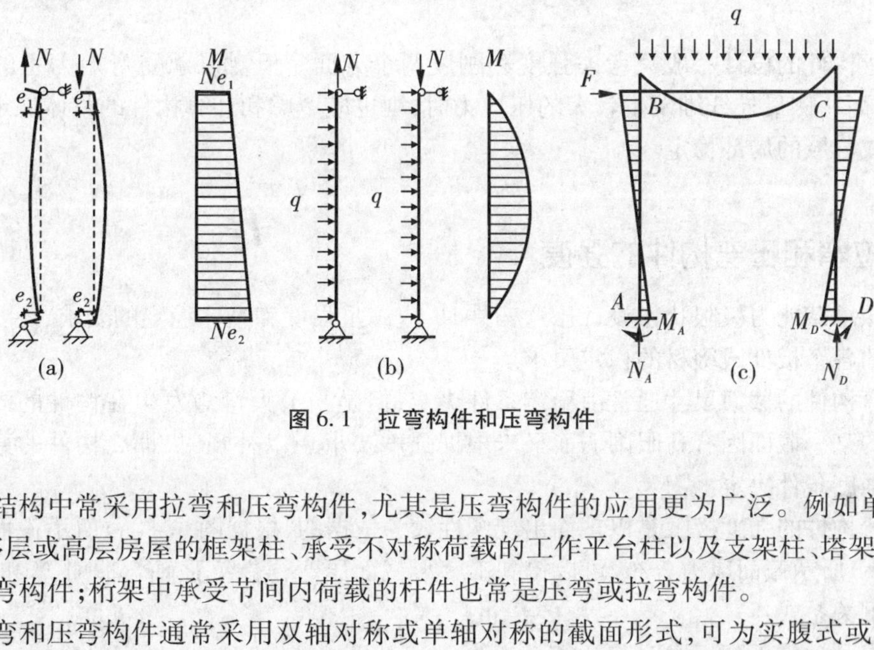

图6.1　拉弯构件和压弯构件

钢结构中常采用拉弯和压弯构件，尤其是压弯构件的应用更为广泛。例如单层厂房的柱、多层或高层房屋的框架柱、承受不对称荷载的工作平台柱以及支架柱、塔架、桅杆塔常是压弯构件；桁架中承受节间内荷载的杆件也常是压弯或拉弯构件。

拉弯和压弯构件通常采用双轴对称或单轴对称的截面形式，可为实腹式或格构式。双轴对称截面（图6.2a）常用于弯矩较小或正负弯矩绝对值大致相等以及构造或使用上宜于采用对称截面的构件或柱；单轴对称截面（图6.2b）常用于正负弯矩相差较大的构件或柱，即把截面的受力较大一侧适当加大，以节省钢材。普通构件中的拉弯或压弯构件常可采用如图6.3所示的单轴对称或双轴对称截面，以较好适应节点连接的需要。

拉弯和压弯构件的截面通常做成在弯矩作用方向具有较大的截面尺寸，使在该方向有较大的截面抵抗矩、回转半径和抗弯刚度，以便更好地承受弯矩。在格构式构件中，通常使虚轴垂直于弯矩作用平面，以便根据所承受弯矩的需要，更灵活地调整和适当加大两分肢的距离。

压弯构件的设计应考虑强度、刚度、整体稳定和局部稳定等四个方面。

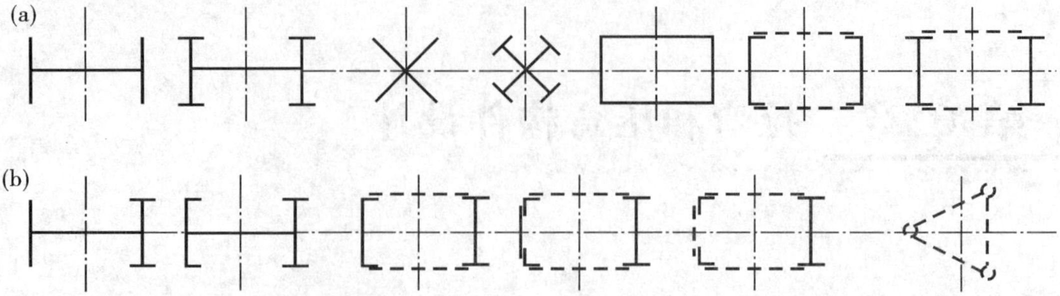

图 6.2　拉弯和压弯构件的截面形式

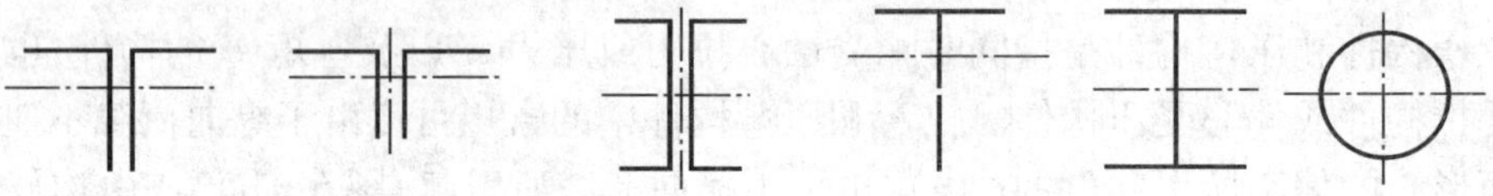

图 6.3　普通桁架拉弯和压弯构件的截面形式

拉弯构件的设计一般只考虑强度和刚度两个方面。但对以承受弯矩为主的拉弯构件,当截面一侧最外纤维发生较大的压应力时,则也应考虑和计算构件的整体稳定以及受压板件或分肢的局部稳定。

6.2　拉弯和压弯构件的强度

按照承载能力极限状态设计压弯构件时,应满足强度和整体稳定的要求,还要满足组成构件的各个板件或缀材的稳定要求。

压弯构件的截面尺寸通常由稳定条件决定,但是当最大弯矩发生在构件的端部或者在构件的某一截面因有孔眼削弱而又未根据强度要求予以补强时,那么构件的截面尺寸可能由强度条件决定。

压弯构件的强度极限是以截面出现塑性铰为依据的,根据图 6.4(a)所示截面尺寸和图 6.4(b)所示截面应力分布,可以得到工字形截面压弯构件绕强轴弯曲时 N 和 M_x 之间的无量纲关系式:

当中和轴位于腹板内时

$$N=\int A\sigma \mathrm{d}A \tag{6.1}$$

$$M_x=\int A\sigma y\mathrm{d}A \tag{6.2}$$

$$\frac{2bt+h_wt_w}{4bt+h_wt_w}\left(\frac{N}{N_p}\right)^2+\frac{M_x}{M_{px}}=1 \tag{6.3}$$

如果轴心压力很大,中性轴将位于受拉翼缘内,此时

$$\frac{N}{N_p}+\frac{4bt+h_wt_w}{2(2bt+h_wt_w)}\cdot\frac{M_x}{M_{px}}=1 \tag{6.4}$$

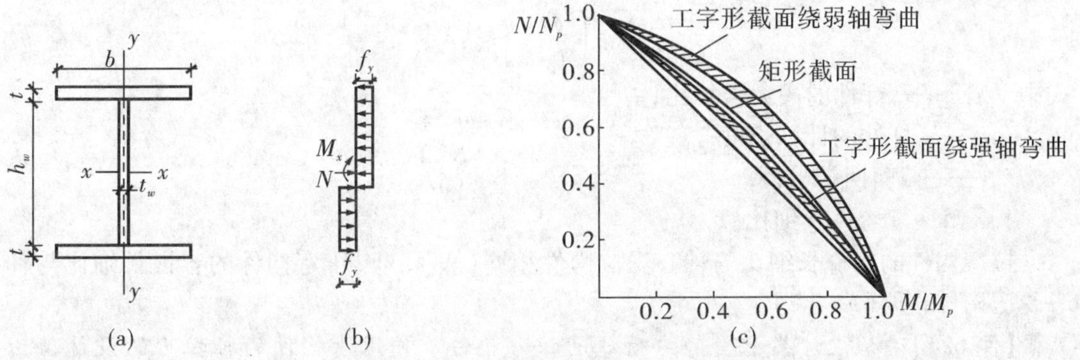

图 6.4　压弯构件强度计算相关曲线

在式(6.3)和式(6.4)中，符号 N_p 表示全截面受压屈服时的轴心压力，$N_p=(2bt+h_wt_w)f_y$，M_{px} 表示全截面受弯屈服时的塑性铰弯矩，$M_{px}=\frac{1}{4}(4bt+h_wt_w)h_wf_y$。

由式(6.3)和式(6.4)可知，压弯构件的强度极限承载能力与截面的尺寸和弯曲轴有关。图 6.4(c)表示了它们之间的关系曲线，图中阴影区说明了截面尺寸不同时曲线的变动范围，图中还画出了工字形截面压弯构件绕弱轴弯曲时和矩形截面压弯构件的 N 与 M 的关系曲线。考虑到截面出现塑性铰时构件可能产生过大的变形，需限制截面塑性发展的深度以不超过截面高度的 0.15 倍。《钢结构设计规范》(GB 50017—2003)采用的强度计算公式是以图 6.4(c)中所示直线为基准的。在公式中弯矩项的分母中采用弹性抵抗矩 W 但引进了大于 1.0 的塑性发展系数 γ，γ 值见表 5.1。因此，单向弯曲的强度计算公式为

$$\frac{N}{A_n}\pm\frac{M_x}{\gamma_xW_{nx}}\leqslant f \tag{6.5}$$

以式(6.5)为基础，可得到双向弯曲压弯构件的强度计算公式为

$$\frac{N}{A_n}\pm\frac{M_x}{\gamma_xW_{nx}}\pm\frac{M_y}{\gamma_yW_{ny}}\leqslant f \tag{6.6}$$

式中的 W_{nx} 和 W_{ny} 是绕 x 和 y 轴的净截面抵抗矩。公式(6.6)也适用于拉弯构件的强度计算，公式中的正负号是以使计算结构的绝对值为最大。

式(6.5)和式(6.6)只适用于承受静力荷载或间接承受动力荷载的实腹构件。对于直接承受动力荷载作用的构件，截面的塑性开展对构件的承载能力可能产生不利影响，因此强度计算时不考虑塑性开展而取 $\gamma_x=\gamma_y=1.0$。对于格构式构件，因截面的边缘屈服时就达到了强度极限，因此计算时绕虚轴的 γ 取为 1.0。

6.3　拉弯和压弯构件的刚度

按照结构的使用要求，钢结构的拉弯和压弯构件都不应过分柔弱而应该具有必要的刚度，保证构件不产生过度的变形。这种变形可能由其自重而产生，也可能在运输或安装构件的过程中产生。

拉弯和压弯构件的刚度用长细比控制。

$$\lambda_{\max}=\left(\frac{l_0}{i}\right)_{\max}\leqslant[\lambda] \tag{6.7}$$

式中 $\lambda_{\max}$——杆件的最大长细比；

l_0——杆件的计算长度；

i——截面回转半径；

$[\lambda]$——容许长细比。

拉弯构件的容许长细比与轴心受拉构件相同(表4.1)；压弯构件的容许长细比与轴心受压构件相同(表4.2)。

【例6.1】 试设计某承受静力荷载的拉弯构件。作用于构件的轴拉力的设计值为 $N=1\ 200$ kN，弯矩的设计值 $M=129$ kN·m，见图6.5，所用钢材为Q235AF，构件截面无削弱。

【解】 选用轧制普通工字钢I45a，查附表6.1知截面面积 $A=102$ cm²，抵抗矩 $W_x=1\ 433$ cm³。钢材的强度设计值 $f=205$ N/mm²。查表5.1得截面的塑性发展系数 $\gamma_x=1.05$。

验算强度：

$$\frac{N}{A_n}+\frac{M_x}{\gamma_x W_{nx}}=\frac{1\ 200\times10^3}{102\times10^2}+\frac{129\times10^6}{1.05\times1\ 433\times10^3}=117.65+85.91=203.56<f=205\ \text{N/mm}^2$$

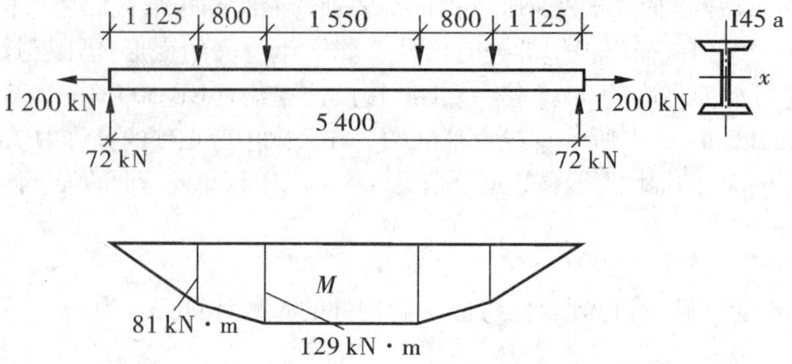

图6.5 例6.1图

所以，该拉弯构件满足强度要求。

验算刚度：

$$\lambda_{\max}=\frac{l_0}{i_{\min}}=\frac{5\ 400}{28.9}=186.85<[\lambda]=350$$

所以，该拉弯构件满足刚度要求。

6.4 实腹式压弯构件的整体稳定

压弯构件的截面尺寸通常由稳定承载力确定。对双轴对称截面，一般将弯矩绕强轴作用，而单轴对称截面则将弯矩作用在对称轴平面内。这些构件可能在弯矩作用平面内失稳，也可能在弯矩作用平面外弯扭失稳。所以，压弯构件要分别计算弯矩作用平面内和弯矩作用平面外的稳定性。

6.4.1　弯矩作用平面内的稳定计算

(1)单向压弯构件弯矩作用平面内整体失稳特点　对于抵抗弯扭变形能力很强的压弯构件,或者在构件的侧向有足够的支承以阻止其发生弯扭变形的压弯构件,极限状态可能以在弯矩平面内发生整体失稳而达到。图6.6(a)所示的两端铰接的双轴对称工字形截面压弯构件,具有矢高为v_0的初弯曲,在构件两端作用着相等的弯矩M_x和轴心压力N,它们使构件只产生单向弯曲变形,构件的弯矩图由图6.6(b)的两部分组成,图中的左侧为一阶弯矩,而右侧为附加弯矩,包括附加弯矩在内的弯矩为构件的二阶弯矩。如果$M_x = N \cdot e$,而e相当于一个常量偏心距,那么随着压力N的增加,构件中点的挠度$\boldsymbol{v}$也将增加,可以画出N和$\boldsymbol{v}$之间的关系曲线如图6.6(c)的OBC,在曲线中的OB段,挠度$\boldsymbol{v}$随着压力的增加而增加,曲线是上升的,说明构件处于稳定平衡状态,但是在曲线的BC段,曲线是下降的,为了维持构件的平衡状态,需要不断减小作用于构件端部的压力,尽管如此,挠度仍会继续增加,因此构件是不稳定的。曲线OBC中的最高点B标志着构件正好达到了其极限承载力N_u,这时构件抗弯能力的提高开始小于外力弯矩的增加。因构件截面形状尺寸、残余应力分布和其长度的不同,构件丧失整体稳定时存在不同的塑性区,如图6.6(d)中的阴影区部分,它存在于构件截面受压最大的一侧;也可能在两侧同时发展塑性区(图6.6e)。受弯作用较大的短粗的压弯构件容易产生后一种失稳现象。对于单轴对称截面的压弯构件,除了可能产生以上两种失稳现象外,甚至还可能产生只在受拉的一侧出现塑性区而失稳的现象,如图6.6(f)所示。

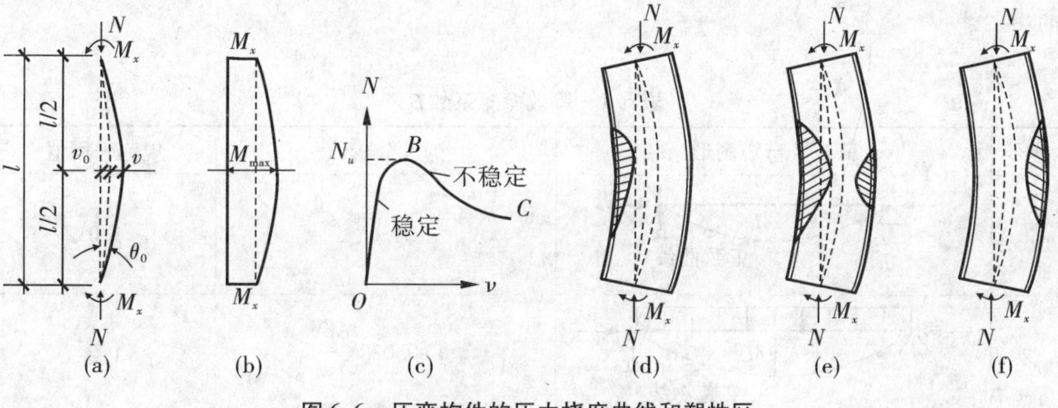

图6.6　压弯构件的压力挠度曲线和塑性区

(2)弯矩作用平面内的稳定计算方法　获得压弯构件的极限承载力N_u是一个比较复杂的计算问题。目前确定N_u的方法很多,可分为两大类:一类是边缘纤维屈服准则的计算方法;一类是精度较高的数值计算方法。

1)边缘纤维屈服准则

①等效弯矩系数和弯矩放大系数　图6.7为一两端铰支压弯构件,横向荷载产生的跨中挠度为$\boldsymbol{v}_m$。当荷载为对称作用时,可假定挠曲线为正弦曲线。铁木辛柯指出,当$N/N_E<0.6$时,此种假定的误差不大于2%。当轴心作用后,挠度会增加,根据对无残余应

力仅有初弯曲的轴心压杆截面开始屈服的条件 $\sigma\left(1+\varepsilon_0\times\dfrac{\sigma_E}{\sigma_E-\sigma}\right)=f_y$ 可知，在弹性范围，跨中挠度增加为：

$$v_{\max}=\frac{v_m}{1-\alpha} \tag{6.8}$$

式中 $\alpha=\dfrac{N}{N_E}$，而$\dfrac{1}{1-\alpha}$称为挠度放大系数。

由横向荷载产生的跨中弯矩为 M，由 N 产生的弯矩为 $Nv_{\max}$，因此跨中总弯矩为

$$M_{\max}=M+Nv_{\max}=M+\frac{Nv_m}{1-\alpha}=\frac{M}{1-\alpha}\left(1-\alpha+\frac{Nv_m}{M}\right)$$

$$=\frac{M}{1-\alpha}\left[1+\left(\frac{Nv_m}{1-\alpha}-1\right)\alpha\right]=\frac{\beta_m M}{1-\alpha}=\eta M \tag{6.9}$$

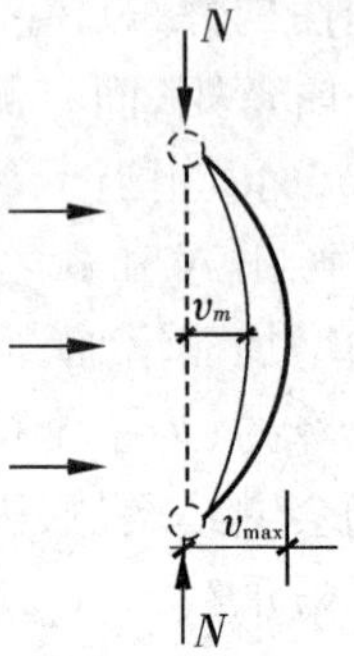

图 6.7　铰支压弯构件

式中 β_m——等效弯矩系数，$\beta_m=1+\left(\dfrac{N_E v_m}{M}-1\right)\dfrac{N}{N_E}$；

η——弯矩放大系数，$\eta=\dfrac{\beta_m}{1-\dfrac{N}{N_E}}$。

根据各种荷载和支承情况产生的跨中弯矩 M 和跨中挠度 v_m，可以计算出等效弯矩系数 β_m，结果示于表 6.1 中的 1～7 项。第 8 项属不对称荷载作用，可用另外方法推导而出。

表 6.1　等效弯矩系数 β_m

序号	荷载及弯矩图形	弹性分析值	规范采用值
1	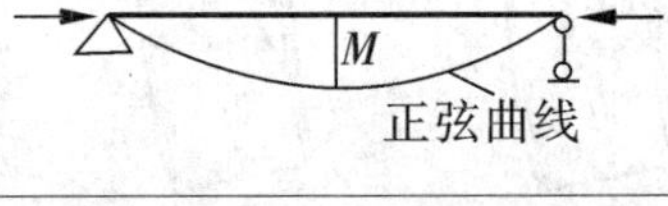	1.0	1.0
2	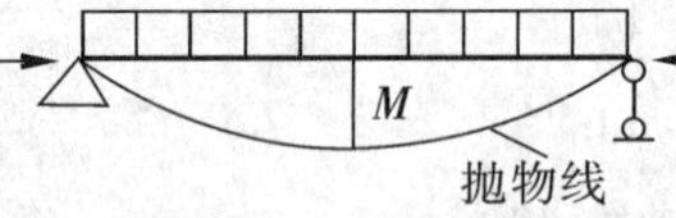	$1+0.028\dfrac{N}{N_E}$	1.0
3	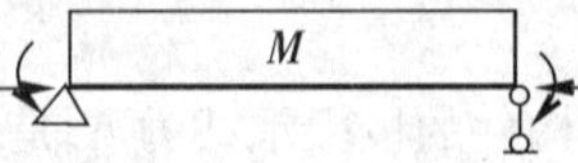	$1+0.234\dfrac{N}{N_E}$	1.0
4	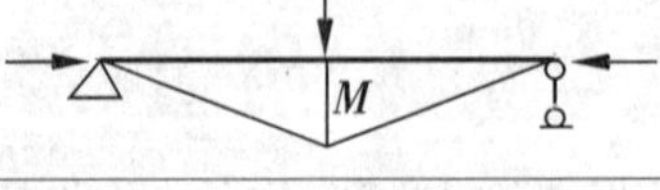	$1-0.178\dfrac{N}{N_E}$	1.0
5	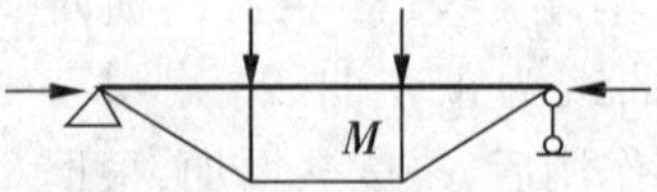	$1+0.051\dfrac{N}{N_E}$	1.0

续表 6.1

序号	荷载及弯矩图形	弹性分析值	规范采用值
6	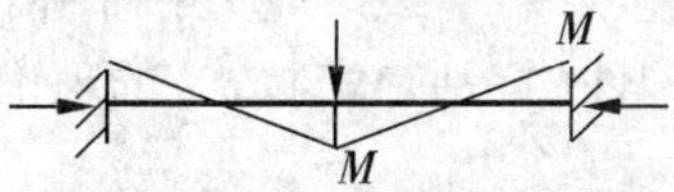	$1-0.589\dfrac{N}{N_E}$	0.85
7	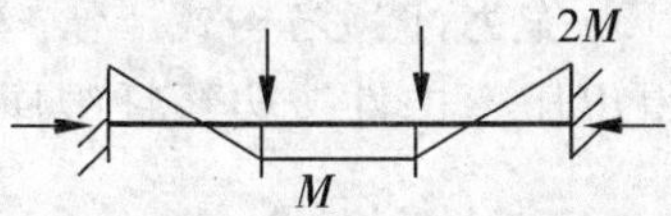	$1-0.315\dfrac{N}{N_E}$	0.85
8	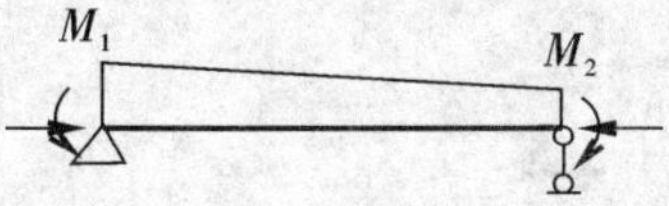	$\sqrt{0.3+0.4\dfrac{M_2}{M_1}+0.3\left(\dfrac{M_2}{M_1}\right)^2}$	$0.65+0.35\dfrac{M_2}{M_1}$

②压弯构件弯矩作用平面内稳定计算的边缘屈服准则　对于弹性压弯构件,可用截面边缘屈服作为稳定计算的准则。为了考虑初始缺陷的影响,假定各种缺陷的等效初弯曲呈跨中挠度 v_0的正弦曲线(图 6.8)。在任意横向荷载或端弯矩作用下的计算弯矩为 M,则跨中总弯矩应为

$$M_{\max}=\frac{\beta_m M+Nv}{1-\dfrac{N}{N_E}} \tag{6.10}$$

当构件中点截面边缘纤维达到屈服时,表达式为

$$\frac{N}{A}+\frac{\beta_m M+Nv_0}{\left(1-\dfrac{N}{N_E}\right)W}=f_y \tag{6.11}$$

令式(6.11)中的 $M=0$,即为有初始缺陷的轴心压杆边缘纤维屈服时的表达式

$$\frac{N_0}{A}+\frac{N_0 v_0}{\left(1-\dfrac{N_0}{N_E}\right)W}=f_y \tag{6.12}$$

截面边缘屈服时,轴心力作用下的临界力 N_0 和轴心力与弯矩共同作用下的临界力 N 不同,$N_0>N$ 。

在式(6.12)中,因 $N_0=\varphi Af_y$,解得

$$v_0=\left(\frac{1}{\varphi}-1\right)\left(1-\varphi\frac{Af_y}{N_E}\right)\frac{W}{A}$$

将此 v_0值代入式(6.11)中,整理得

$$\frac{N}{\varphi A}\left(1-\varphi\frac{N}{N_E}\right)+\frac{\beta_m M}{W}=f_y\left(1-\varphi\frac{N}{N_E}\right)$$

即

$$\frac{N}{\varphi A}+\frac{\beta_m M}{W\left(1-\varphi\dfrac{N}{N_E}\right)}=f_y \tag{6.13}$$

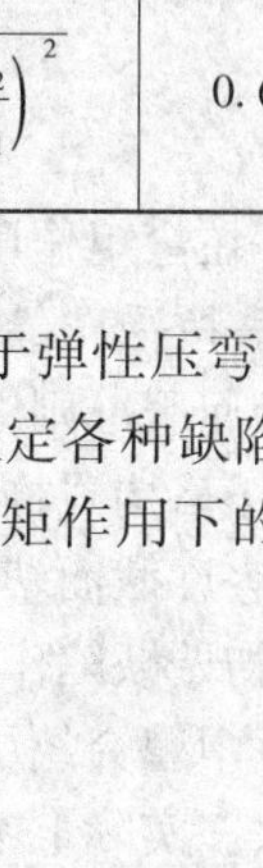

图 6.8　具有初弯曲的压弯构件

这就是由边缘屈服准则导出的相关公式。

由于式(6.13)利用了与轴心压杆相同的等效初弯曲 v_0，而轴心压杆的稳定已考虑弹塑性和残余应力等因素，因而不能认为式(6.13)完全忽略了残余应力和非弹性的影响。不过这种间接考虑的方式，必然使计算结果与压弯构件(特别是实腹式)的理论承载力之间产生误差。

《钢结构设计规范》(GB 50017—2003)将式(6.13)作为计算格构式压弯构件绕虚轴平面内稳定计算的相关公式。引入抗力分项系数，得出压弯构件按边缘纤维屈服准则导出的在 N 和 M_x 共同作用下的计算式：

$$\frac{N}{\varphi_x A}+\frac{\beta_{mx}M_x}{W_{1x}\left(1-\varphi_x \dfrac{N}{N_{Ex}}\right)}=f \tag{6.14}$$

式中 φ_x——在弯矩作用平面内的轴心受压构件整体稳定系数；

W_{1x}——按受压最大分肢轴线或腹板外边缘确定的毛截面抵抗矩。

边缘纤维屈服准则考虑当构件截面最大纤维刚一屈服时构件即失去承载能力而发生破坏，较适用于格构式构件。实腹式压弯构件当受压最大边缘刚开始屈服时尚有较大的强度储备，即容许截面塑性深入。因此若要反映构件的实际受力情况，宜采用最大强度准则，即以具有初始缺陷作为计算模型，求解其极限承载能力。

在第4章中曾介绍了具有初始缺陷(初弯曲、初偏心和残余应力)的轴心受压构件的稳定计算方法。实际上考虑初弯曲和初偏心的轴心受压构件就是压弯构件，只不过弯矩由偶然因素引起，主要内力是轴向压力。

2)数值积分法(逆算单位长度法) 用数值积分法确定构件的极限承载力时，通常假定材料为理想的弹塑性，其应力应变曲线由两条直线组成，当截面任意一点的应变 ε 小于材料的屈服应变 ε_y 时，则其应力为 $\sigma=\varepsilon E$，此处 E 为弹性模量；当应变 ε 等于或大于 ε_y 时，其应力为屈服强度 f_y。

数值积分法的基本思路是从力和变形两个方面考虑的。从力的方面说，截面任何一点的应变是轴向应变、弯曲应变和残余应变三项组成的，其中弯曲应变与截面的曲率 Φ 成正比，由应变而知应力，由力的平衡关系式(6.1)和式(6.2)可以得到截面的弯矩、轴力和曲率之间的关系，即 M_x-N-Φ 关系；从变形方面说，构件轴线上任意一点的挠度，与此处截面的曲率 Φ、轴线上前一点的挠度和倾角有简单的几何关系，所以有了前一点的挠度和倾角以及包括二阶效应在内的弯矩，即可由 M_x-N-Φ 关系得到相应曲率，这样通过曲率把力和变形两个方面联合起来了。具体做法是先把构件分为足够多数量的杆段，计算时取每段中点截面的弯矩和曲率，即平均弯矩和曲率代表该段的弯矩和曲率，以保证每段都符合内外力的平衡条件。如图6.6(a)的压弯构件，上下两端的偏心距为常量 e，在某一轴心压力 N_i 作用下，构件的端弯矩为 $M_x=N_ie$，端倾角为 θ_0，构件中点的挠度为 v_i，而此处的倾角为 $\theta_i=0$。计算步骤可以从构件的上端开始，先假定端倾角为某一数值 θ_0，然后利用已知 M-N-Φ 关系，以及曲率、挠度和倾角之间的几何关系，由构件的上端顺次向下推进，通过逐段数值积分推算出构件中点的倾角 θ_i，如果满足几何条件 $\theta_i=0$，说明前面假定的端倾角 θ_0 是正确的，否则需要修改 θ_0 值，重复前面的计算步骤，直到满足 $\theta_i=0$ 这一条件为止，从而得到与 N_i 对应的构件中点的挠度 v_i。改变另一轴心压力 N，用上面同样的方法又可以得到相应的挠度 $\boldsymbol{v}$，这样用数值积分法通过电算得到构件如图 6.6(c)所示的压力挠度曲线上 N_i 与 $\boldsymbol{v}_i$ 一一对应的许多点，其中包括曲线的极值点 B，它给出了此压弯构件的极限承载力 N_u。

数值积分法可以通过增加构件分段的数目来逼近精确值，而且便于考虑截面形状、尺寸、残余应力和初弯曲的影响。

《钢结构设计规范》(GB 50017—2003)修订时，采用数值计算方法，考虑构件存在 l/1 000的初弯曲和实测的残余应力分布，算出了近 200 条压弯构件极限承载力曲线。图 6.9 绘出了翼缘为火焰切割边的焊接工字形截面压弯构件在两端相等弯矩作用下的相关曲线，其中实线为理论计算的结果。

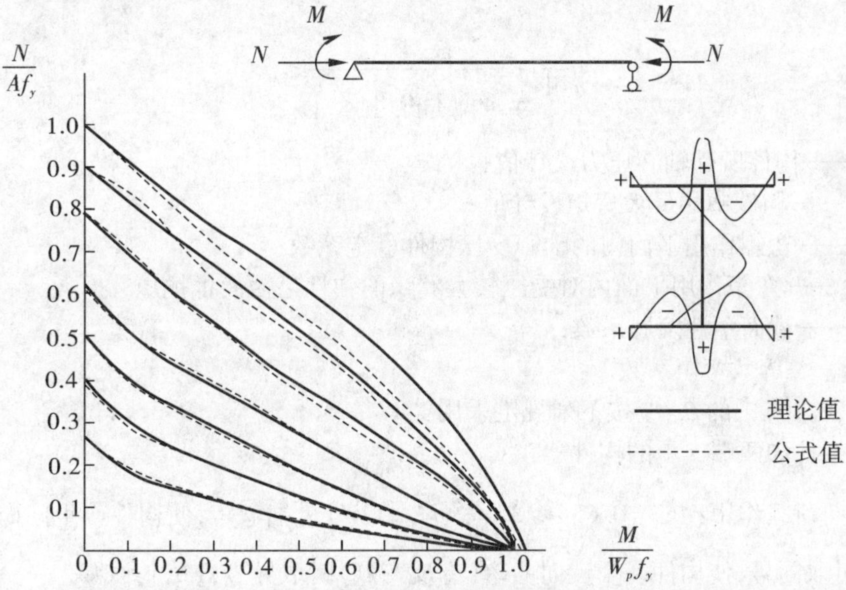

图 6.9　焊接工字钢压弯构件的相关曲线

对于不同的截面形式，或虽然截面形式相同但尺寸不同、残余应力的分布不同以及失稳的方向不同等，其计算曲线都将有很大的差异，要得到精确的、符合各种不同情况的理论相关公式是困难的。因此，只能根据理论分析的结果，经过数值运算，得到比较符合实际又能满足工程精度要求的实用相关公式。

将用数值方法得到的压弯构件的极限承载力 N_u 与用边缘纤维屈服准则导出的相关公式(6.14)中的轴心压力 N 进行比较，发现，对于短粗的实腹杆，该式偏于安全；而对细长的实腹杆，该式偏于不安全。因此，借用弹性压弯构件边缘纤维屈服时计算公式的形式，在计算弯曲应力时考虑截面的塑性发展和二阶弯矩，对于初弯曲和残余应力的影响则采用一个等效偏心距 v_0 综合考虑，最后得到近似相关公式为

$$\frac{N}{\varphi_x A}+\frac{M_x}{W_{px}\left(1-0.8\dfrac{N}{N_{Ex}}\right)}=f_y \tag{6.15}$$

式中　W_{px}——截面塑性抵抗矩。

上式的相关曲线即图 6.9 中的虚线，其计算结果与理论值的误差很小。

3)《钢结构设计规范》(GB 50017—2003)规定的实腹式单向压弯构件弯矩作用平面内的稳定计算公式　式(6.15)仅适用于弯矩沿杆长均匀分布的两端铰支压弯构件。当弯矩为非均匀分布时，构件的实际承载能力将比上式算得的值高。为了把式(6.15)推广应用于其他荷载作用时的压弯构件，可用等效弯矩 $\beta_{mx}M_x$（M_x 为最大弯矩，$\beta_{mx}\leqslant 1$）代替公式中的 M_x 来考虑这种有利因素。另外，考虑部分塑性深入截面，采用 $W_{px}=\gamma_x W_{1x}$，并引入抗力分项系数；同时将式中的 N_{Ex} 改为考虑 $\gamma_R=1.1$ 后的欧拉临界力 $N'_{Ex}=\dfrac{\pi^2 EA}{1.1\lambda_x^2}$，即得到《钢结构设计规范》(GB 50017—2003)规定的实腹式压弯构件弯矩作用平面内的稳定计算式为：

$$\frac{N}{\varphi_x A}+\frac{\beta_{mx}M_x}{\gamma_x W_{1x}\left(1-0.8\dfrac{N}{N'_{Ex}}\right)}\leqslant f \tag{6.16}$$

式中　N——构件所受轴心压力设计值；

M_x——构件中的最大弯矩设计值；

φ_x——弯矩作用平面内的轴心受压构件稳定系数；

W_{1x}——弯矩作用平面内对受压较大翼缘的弹性毛截面抵抗矩；

γ_x——截面塑性发展系数；

β_{mx}——等效弯矩系数。

公式(6.16)中的 β_{mx} 应按下列规定采用：

①框架柱和两端支承的构件。

无横向荷载作用：$\beta_{mx}=0.65+0.35\dfrac{M_2}{M_1}$，$M_1$ 和 M_2 为端弯矩，使构件产生同向曲率（无反弯点）时取同号，使构件产生反向曲率（有反弯点）时取异号，$|M_1|\geqslant|M_2|$；

有端弯矩和横向荷载同时作用：使构件产生同向曲率时，$\beta_{mx}=1.0$；使构件产生反向曲率时，$\beta_{mx}=0.85$；

无端弯矩但有横向荷载作用：$\beta_{mx}=1.0$。

②悬臂构件和分析内力未考虑二阶效应的无支承纯框架和弱支承框架柱，$\beta_{mx}=1.0$。

对于 T 形单轴对称截面压弯构件，当弯矩作用于对称轴平面且使较大翼缘受压时，构件失稳时出现的塑性区除存在前述受压区屈服和受压、受拉区同时屈服两种情况外，还可能在受拉区首先出现屈服而导致构件失去承载力，故除按式(6.16)计算外，还应按下式计算

$$\left|\frac{N}{A}-\frac{\beta_{mx}M_x}{\gamma_x W_{2x}\left(1-1.25\dfrac{N}{N'_{Ex}}\right)}\right|\leqslant f \tag{6.17}$$

式中　γ_x、W_{2x} 分别为受拉侧最外纤维的截面塑性发展系数和毛截面抵抗矩，式中第二项分母中的 1.25 是一个修正系数。

理论上式(6.17)是对所有单轴对称截面压弯构件都需应用的补充验算式，但经分

析，发现只对截面不对称较大的T形截面和槽形截面，式(6.17)才能控制计算结果。

6.4.2 弯矩作用平面外的稳定计算

如前所述，当实腹式单向压弯构件在侧向没有足够的支承时，构件中可能发生侧扭屈曲而破坏，其荷载—位移曲线如图6.6(c)所示。由于考虑初始缺陷的侧扭屈曲弹塑性分析过于复杂。目前《钢结构设计规范》(GB 50017—2003)采用的计算公式是以理想的屈曲理论为依据的。

根据稳定理论，如图6.6(a)所示承受均匀弯矩的压弯构件，当截面为双轴对称工字形截面，构件绕截面强轴弯曲，构件的弹性侧扭屈曲临界力 N_{cr} 可由下式解出

$$(N_y-N)(N_w-N)-\left(\frac{e}{i_0}\right)^2N^2=0 \tag{6.18}$$

式中 N_y——绕截面弱轴的欧拉临界力，$N_y=n^2\pi^2EI_y/l^2$；

N_w——扭转屈曲临界力， $N_w=\dfrac{1}{i_0^2}\left(\dfrac{n\pi^2EI_w}{l^2}+GI_t\right)$ (6.19)

e——偏心率，$e=M/N$；

i_0——极回转半径，$i_0=\sqrt{\dfrac{I_x+I_y}{A}}=\sqrt{i_x^2+i_y^2}$；

n——构件屈曲时半波数，常取 $n=1$；

EI_w 和 GI_t 分别为截面的翘曲刚度和扭转刚度。

当双轴对称截面的梁承受纯弯曲时，其临界弯矩在第5章已有叙述，今引进上述 N_y 和 N_w 的表达式，该临界弯矩公式 $M_{cr}=\dfrac{\pi^2EI_y}{l^2}\sqrt{\dfrac{I_w}{I_y}+\dfrac{l^2GI_t}{\pi^2EI_y}}$，又可写成

$$M_{cr}=i_0\sqrt{N_yN_w} \tag{6.20}$$

代入式(6.18)，并取 $M=Ne$，则得

$$\left(1-\frac{N}{N_y}\right)\left(1-\frac{N}{N_w}\right)-\left(\frac{M}{M_{cr}}\right)^2=0 \tag{6.21}$$

给出 N_w/N_y 的不同值，可绘出 $N/N_y\sim M/M_{cr}$ 的相关曲线，如图6.10所示。因一般情况下 N_w 常大于 N_y，因而该相关曲线为向上凸。

如采用直线式 $\dfrac{N}{N_y}+\dfrac{M}{M_{cr}}=1$ (6.22)

代替(6.21)式，显然是安全的。

今以 $N_y=\varphi_yAf_y$，$M_{cr}=\varphi_bW_{1x}f_y$。并考虑实际荷载情况不一定都是均匀弯曲，引入侧扭弯曲时的等效弯矩系数 β_{tx}，代入(6.22)，并把 f_y 改为 f。N 和 M 取设计值，即得弯矩作用平面外的稳定性计算公式

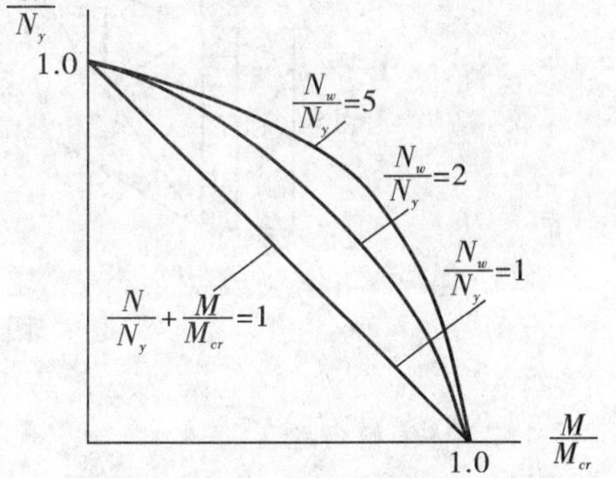

图6.10 侧扭弯曲时的相关曲线

$$\frac{N}{\varphi_y A}+\eta\frac{\beta_{tx}M_x}{\varphi_b W_{1x}}\leqslant f \tag{6.23}$$

式中 φ_y——弯矩作用平面外的轴心受压构件稳定系数；

φ_b——均匀弯曲时的受弯构件整体稳定系数。采用下述近似计算公式计算，对闭口截面 $\varphi_b=1.0$；

η——截面影响系数，闭口截面 $\eta=0.7$，其他截面 $\eta=1.0$。

M_{1x}——所计算构件范围内的最大弯矩设计值。

等效弯矩系数 β_{tx} 应按下列规定采用。

1）在弯矩作用平面外有支承的构件，应根据两相邻支承点间构件段内的荷载和内力情况确定。

①所考虑构件无横向荷载作用：$\beta_{tx}=0.65+0.35\frac{M_2}{M_1}$，$M_1$ 和 M_2 是弯矩作用平面内的端弯矩，使构件段产生同向曲率时取同号，产生反向曲率时取异号，$|M_1|\geqslant|M_2|$。

②所考虑构件段内有端弯矩和横向荷载同时作用：使构件产生同向曲率时，$\beta_{tx}=1.0$；使构件产生反向曲率时，$\beta_{tx}=0.85$。

③所考虑构件段内无端弯矩但有横向荷载作用：$\beta_{tx}=1.0$。

2）弯矩作用平面外为悬臂的构件，$\beta_{tx}=1.0$。

(6.23)式中的整体稳定系数 φ_b 可采用第5章5.4节针对纯弯曲受弯构件的近似公式计算。

【例6.2】 计算如图6.11(a)所示天窗架的双角钢端竖杆的整体稳定。双角钢为2L90×56×5长肢相连，角钢间节点板厚10 mm，见图6.11(b)。杆长3 m，承受轴心压力设计值 $N=38$ kN 和风荷载设计值 $q=\pm2$ kN/m（正号为压力，负号为吸力）。材料为Q235-A钢。

【解】 (1)截面几何特性查附表6.5，得 $A=14.42\ \text{cm}^2$，$I_x=120\ \text{cm}^4$，$i_x=2.9$ cm，$i_y=2.37$ cm，$Z_x=2.91$ cm

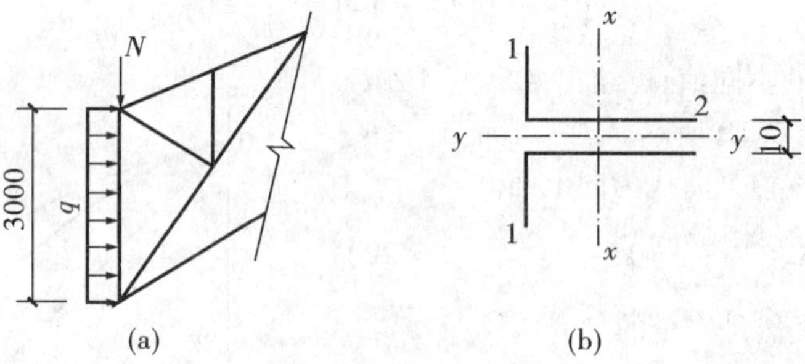

图6.11 例6.2图

(2)整体稳定验算

1）当风载荷为压力时

①弯矩作用平面内的整体稳定性

$$M_x=\frac{1}{8}ql^2=\frac{1}{8}\times2\times3^2=2.25\ \text{kN}\cdot\text{m}$$

$\lambda_x=\dfrac{l_{oy}}{i_x}=\dfrac{300}{2.9}=103$ 且截面对 x,y 轴均为 b 类曲线,查附表4.2,得 $\varphi_x=0.536$

$$N_{Ex}'=\frac{\pi^2EA}{1.1\lambda_x^{\ 2}}-\frac{3.14^2\times206\times14.42\times10^5}{1.1\times103^2}=250\ 971\ \text{N}=250.97\ \text{kN}$$

$$W_{1x}=\frac{I_x}{Z}=\frac{120.9}{2.91}=41.5\ \text{cm}^3$$

$$W_{2x}=\frac{I_x}{Z'}=\frac{120.9}{6.09}=19.9\ \text{cm}^3$$

$\beta_{mx}=1.0$,$\gamma_{x1}=1.05$,$\gamma_{x2}=1.2$

$$\frac{N}{\varphi_xA}+\frac{\beta_{mx}M_x}{\gamma_{x1}W_{1x}\left(1-0.8\dfrac{N}{N_{Ex}'}\right)}$$

$$=\frac{38\times10^3}{0.536\times14.42\times10^2}+\frac{1.0\times2.25\times10^6}{1.05\times41.5\times10^3\left(1-0.8\dfrac{38\times10^3}{250.97\times10^3}\right)}$$

$=49.16+58.74$

$=107\ \text{N/mm}^2<215\ \text{N/mm}^2$

$$\left|\frac{N}{A}-\frac{\beta_{mx}M_x}{\gamma_{x2}W_{2x}\left(1-1.25\dfrac{N}{N_{Ex}'}\right)}\right|$$

$$=\left|\frac{38\times10^3}{14.42\times10^2}-\frac{1.0\times2.25\times10^6}{1.2\times19.9\times10^3\left(1-1.25\times\dfrac{38\times10^3}{250.97\times10^3}\right)}\right|$$

$=|26.35-116.18|$

$=89.83\ \text{N/mm}^2<215\ \text{N/mm}^2$

该构件弯矩作用平面内整体稳定性满足要求。

②弯矩作用平面外的整体稳定性

$\lambda_y=\dfrac{l_{0y}}{i_y}=\dfrac{300}{2.37}=127$。查附表4.2得:$\varphi_y=0.402$

$$\varphi_b=1-0.0017\lambda_y\sqrt{\frac{f_y}{235}}=1-0.0017\times127\sqrt{\frac{235}{235}}=0.784$$

$$\frac{N}{\varphi_yA}+\eta\frac{\beta_{tx}\cdot M_x}{\varphi_bW_{1x}}=\frac{38\times10^3}{0.402\times14.42\times10^2}+1.0\times\frac{1.0\times2.25\times10^6}{0.784\times41.5\times10^3}$$

$=65.55+69.15$

$=134.7\ \text{N/mm}^2<215\ \text{N/mm}^2$

该构件弯矩作用平面外整体稳定满足要求。

2)当风载荷为吸力时

①弯矩作用平面内的整体稳定

$$\frac{N}{\varphi_x A}+\frac{\beta_{mx}M_x}{\gamma_{x2}W_{2x}(1-0.8\frac{N}{N_{Ex}'})}$$

$$=\frac{38\times10^3}{0.536\times14.42\times10^2}+\frac{1.0\times2.25\times10^6}{1.2\times19.9\times10^3(1-0.8\frac{38\times10^3}{250.97\times10^3})}$$

$=49.16+107.19$

$=156.35\ \text{N/mm}^2<215\ \text{N/mm}^2$

该构件弯矩作用平面内整体稳定满足要求。

②弯矩作用平面外的整体稳定

$$\varphi_b=1-0.0005\lambda_y\sqrt{\frac{f_y}{235}}=1-0.0005\times127\times\sqrt{\frac{235}{235}}=0.937$$

$$\frac{N}{\varphi_y A}+\eta\frac{\beta_{tx}M_x}{\varphi_b W_{2x}}$$

$$=\frac{38\times10^3}{0.402\times14.42\times10^2}+1.0\times\frac{1.0\times2.25\times10^6}{0.937\times19.9\times10^3}$$

$=65.55+120.67$

$=186.22\ \text{N/mm}^2<215\ \text{N/mm}^2$

该构件弯矩作用平面外整体稳定满足要求。

6.4.3 双向弯曲实腹式压弯构件的整体稳定

《钢结构设计规范》(GB 50017—2003)中对弯矩作用在两个主平面内的双轴对称实腹式工字形(含 H 形)和箱形(闭口)截面的压弯构件,规定其稳定性应按以下列公式计算

$$\frac{N}{\varphi_x A}+\frac{\beta_{mx}M_x}{\gamma_x W_{1x}\left(1-0.8\frac{N}{N'_{Ex}}\right)}+\eta\frac{\beta_{ty}M_y}{\varphi_{by}W_{1y}}\leqslant f \tag{6.24}$$

$$\frac{N}{\varphi_y A}+\eta\frac{\beta_{tx}M_x}{\varphi_{bx}W_{1x}}+\frac{\beta_{my}M_y}{\gamma_y W_{1y}\left(1-0.8\frac{N}{N'_{Ey}}\right)}\leqslant f \tag{6.25}$$

式中各符号意义只需注意其下角标 x 和 y,角标 x 为对截面强轴 x 的,角标 y 为对截面弱轴 y 的。

可以发现公式(6.24)和(6.25)实质上是单向压弯构件稳定计算公式的推广和组合,不是理论公式而是偏于实用的经验公式。理论计算和试验资料证明上述公式是可行的。

6.5 实腹式压弯构件的局部稳定

和受弯与轴心受压构件一样,在整体失稳之前不允许组成压弯构件的板件发生局部失稳。通常限制板件的宽厚比在规定的范围内来保证其稳定。

6.5.1　受压翼缘的宽厚比

工字形截面(含 H 形)和箱形截面压弯构件的受压翼缘板,受力情况与相应梁的受压翼缘相同,因此为保证其局部稳定性,所需的宽厚比限制可直接采用有关梁中的规定,即

(1)工字形截面翼缘板自由外伸宽度 b_1 与其厚度 t 之比应符合

$$\frac{b_1}{t} \leqslant 13\sqrt{\frac{235}{f_y}} \tag{6.26}$$

当强度和稳定性计算中取截面塑性发展系数 $\gamma_x = 1.0$ 时,上式中的限值 13 可改为 15。

(2)箱形截面受压翼缘板在两腹板间的无支承宽度 b_0 与其厚度 t 之比应符合

$$\frac{b_0}{t} \leqslant 40\sqrt{\frac{235}{f_y}} \tag{6.27}$$

(3)T 形截面

角钢截面和弯矩使翼缘受拉的 T 形截面

当 $\alpha_0 \leqslant 1.0$ 时
$$\frac{b}{t} \leqslant 15\sqrt{\frac{235}{f_y}} \tag{6.28}$$

当 $\alpha_0 > 1.0$ 时
$$\frac{b}{t} \leqslant 18\sqrt{\frac{235}{f_y}} \tag{6.29}$$

其中,$\alpha_0 = (\sigma_{max} - \sigma_{min})/\sigma_{max}$,$\sigma_{max}$ 和 σ_{min} 分别为腹板计算高度边缘的最大压应力和另一边缘的应力(压应力取正值,拉应力取负值),按构件的强度公式进行计算,且不考虑塑性发展系数。

6.5.2　腹板的高厚比

(1)工字形截面的腹板　工字形截面腹板的受力状态如图 6.12 所示。在平均剪应力 τ 和非均匀正应力 σ 的共同作用下,其临界条件为

$$\left[1-\left(\frac{\alpha_0}{2}\right)^5\right]\frac{\sigma_1}{\sigma_{cr1}} + \left(\frac{\alpha_0}{2}\right)^5\left(\frac{\sigma_1}{\sigma_{cr1}}\right)^2 + \left(\frac{\tau}{\tau_{cr1}}\right)^2 \leqslant 1 \tag{6.30}$$

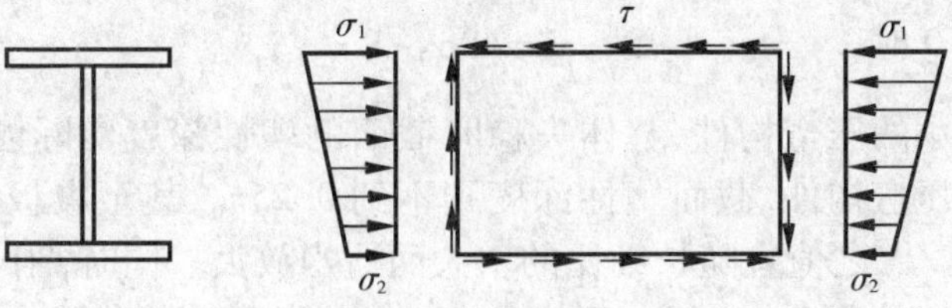

图 6.12　压弯构件的腹板

式中　σ_1,τ——压弯构件腹板边缘的最大压应力和腹板的平均剪应力;

α_0——腹板上、下边缘的最大压应力和最小压应力的应力梯度;

$$\alpha_0 = (\sigma_{max} - \sigma_{min})/\sigma_{max} \tag{6.31}$$

τ_{cr1}——腹板仅受剪力作用时的屈曲剪应力，$\tau_{\mathrm{cr1}}=\dfrac{K_s\pi^2E}{12(1-\upsilon^2)}\left(\dfrac{t_w}{h_0}\right)^2$；

σ_{cr1}——腹板仅受弯矩和轴线压力共同作用时的屈曲应力，$\sigma_{\mathrm{cr1}}=\dfrac{K_b\pi^2E}{12(1-\upsilon^2)}\left(\dfrac{t_w}{h_0}\right)^2$。

对于压弯构件，腹板的平均剪应力 τ 可取腹板弯曲应力 σ 的 0.3 倍，即 $\tau=0.3\sigma$，这样由式(6.30)可以得到腹板弹性屈曲临界应力

$$\sigma_{\mathrm{cr}}=K_e\frac{\pi^2E}{12(1-\upsilon^2)}\left(\frac{t_w}{h_0}\right)^2 \tag{6.32}$$

式中　K_e——弹性屈曲系数，其值与应力梯度 α_0 有关，见表 6.2。

表 6.2　压弯构件中腹板的屈曲系数和高厚比 h_0/t_w

α_0	0.0	0.2	0.4	0.6	0.8	1.0	1.2	1.4	1.6	1.8	2.0
K_e	4.000	4.443	4.992	5.689	6.595	7.812	9.503	11.868	15.183	19.524	23.922
K_p	4.000	3.914	3.874	4.242	4.681	5.214	5.886	6.678	7.576	9.738	11.301
h_0/t_w	56.24	55.64	55.35	57.92	60.84	64.21	68.23	72.67	77.40	87.76	94.54

由式(6.32)得到的临界应力只适用于弹性状态屈曲的板，压弯构件失稳时，截面的塑性变形将不同程度地发展。腹板的塑性发展深度与构件的长细比和板的应力梯度 α_0 有关，腹板的弹塑性临界应力为

$$\sigma_{\mathrm{cr}}=K_p\frac{\pi^2E}{12(1-\upsilon^2)}\cdot\left(\frac{t_w}{h_0}\right)^2 \tag{6.33}$$

式中　K_p——塑性屈曲系数，当 $\tau=0.3\sigma$，截面塑性深度为 $0.25h_0$ 时，其值如表 6.2。

式(6.33)中如取临界应力 $\sigma_{\mathrm{cr}}=235\ \mathrm{N/mm^2}$，泊松比 $\upsilon=0.3$ 和 $E=206\times10^3\ \mathrm{N/mm^2}$，可以得到腹板高厚比 h_0/t_w 与应力梯度 α_0 之间的关系(表 6.2)，此关系可近似用直线式表示：

当 $0\leqslant\alpha_0\leqslant1.6$ 时，　$\dfrac{h_0}{t_w}=16\alpha_0+50$

当 $1.6<\alpha_0\leqslant2.0$ 时，　$\dfrac{h_0}{t_w}=48\alpha_0-1$

对于长细比较小的压弯构件，整体失稳时截面的塑性深度实际已经超过了 $0.25h_0$，对于长细比较大的压弯构件，截面塑性深度则不到 $0.25h_0$，甚至腹板受压最大的边缘还没有屈服。因此，h_0/t_w 之值宜随长细比的增大而适当放大。同时，当 $\alpha_0=0$ 时，应与轴心受压构件腹板高厚比的要求相一致；而当 $\alpha_0=2$ 时，应与受弯构件中考虑了弯矩和剪力联合作用的腹板高厚比的要求相一致。《钢结构设计规范》(GB 50017—2003)规定工字形截面压弯构件腹板高厚比限值如下(图 6.13)：

当 $0\leqslant\alpha_0\leqslant1.6$ 时，

$$\frac{h_0}{t_w}\leqslant(16\alpha_0+0.5\lambda+25)\sqrt{\frac{235}{f_y}} \tag{6.34}$$

当 $1.6<\alpha_0\leqslant 2.0$ 时，

$$\frac{h_0}{t_w}\leqslant(48\alpha_0+0.5\lambda-26.2)\sqrt{\frac{235}{f_y}} \tag{6.35}$$

其中，λ 为构件在弯矩作用平面内的长细比。当 $\lambda<30$ 时，取 $\lambda=30$；当 $\lambda>100$ 时，取 $\lambda=100$。

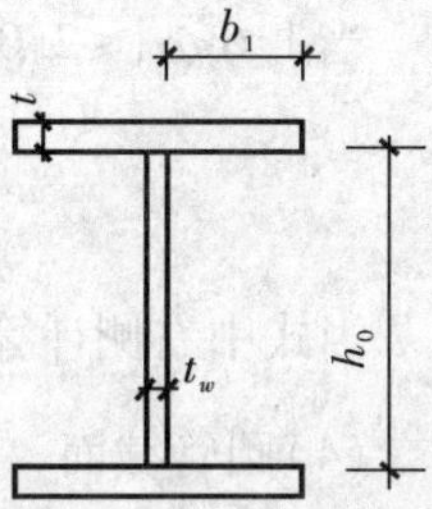

图6.13　工字形截面

(2)T形截面的腹板(图6.14)

1)角钢截面和弯矩使翼缘受拉的T形截面　当 $\alpha_0\leqslant 1.0$(弯矩较小)时，T形截面腹板中压应力分布不均的有利影响不大，其宽厚比限值与翼缘板相同。

$$\frac{b_1}{t_1}\leqslant 15\sqrt{\frac{235}{f_y}} \tag{6.36}$$

当 $\alpha_0>1.0$(弯矩较大)时，此有利影响较大，故提高20%。

$$\frac{b_1}{t_1}\leqslant 18\sqrt{\frac{235}{f_y}} \tag{6.37}$$

2)弯矩使翼缘受压的T形截面

T型钢
$$\frac{b_1}{t_1}\leqslant(15+0.2\lambda)\sqrt{\frac{235}{f_y}} \tag{6.38}$$

两板焊接的T形截面
$$\frac{b_1}{t_1}\leqslant(13+0.17\lambda)\sqrt{\frac{235}{f_y}} \tag{6.39}$$

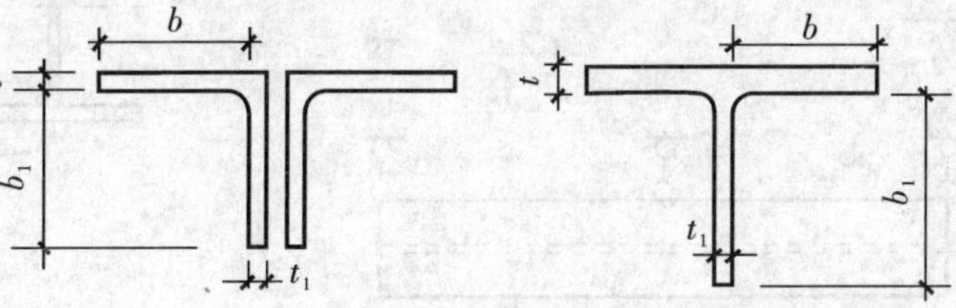

图6.14　T形截面

(3)箱形截面　考虑两腹板受力可能不一致，翼缘对腹板的约束因为常是单侧角焊缝也不如工字形截面，所以箱形截面的高厚比限值取为工字形截面腹板的0.8倍(图6.15)。即

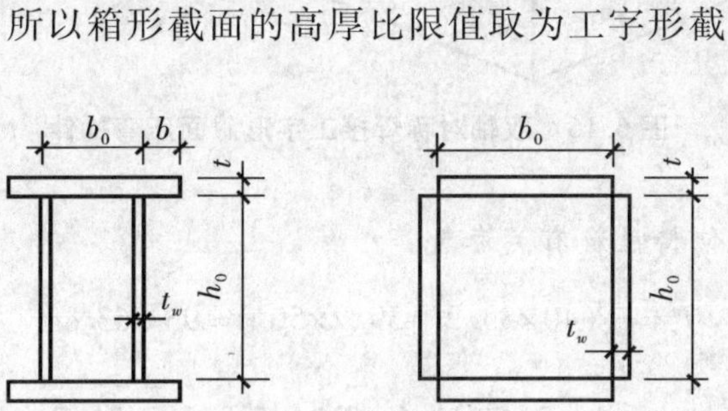

图6.15　箱形截面

当$0\leqslant\alpha_0\leqslant1.6$时，

$$\frac{h_0}{t_w}\leqslant0.8(16\alpha_0+0.5\lambda+25)\sqrt{\frac{235}{f_y}} \tag{6.40}$$

当$1.6<\alpha_0\leqslant2.0$时，

$$\frac{h_0}{t_w}\leqslant0.8(48\alpha_0+0.5\lambda-26.2)\sqrt{\frac{235}{f_y}} \tag{6.41}$$

当式中右侧计算值小于$40\sqrt{\frac{235}{f_y}}$时，取$40\sqrt{\frac{235}{f_y}}$。

(4)圆管截面　一般圆管截面构件的弯矩不大，故其直径与厚度之比的限值与轴心受压构件的规定相同。即

$$\frac{D}{t}\leqslant100\left(\frac{235}{f_y}\right)$$

【例6.3】　验算图6.16所示压弯构件的焊接工字形截面尺寸。翼缘板为焰切边，截面无削弱，钢材为Q235B。构件所承受轴心压力设计值N=1 000 kN，构件长度中点有一侧向支承点并有一个横向荷载，设计值为F=250 kN，均为静力荷载。

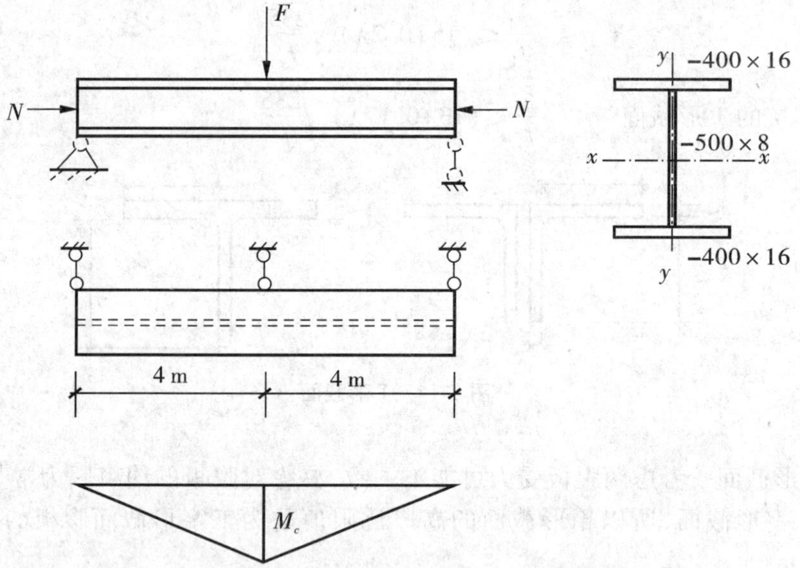

图6.16　双轴对称焊接工字形截面压弯构件

【解】　1)截面几何特性及有关参数

惯性矩　　$I_x=\frac{1}{12}(40\times53.2^3-39.2\times50^3)=93\ 563\ \text{cm}^4$

$$I_y=2\times\frac{1}{12}\times1.6\times40^3=17\ 067\ \text{cm}^4$$

截面抵抗矩　　$W_x=W_{1x}=\frac{I_x}{h/2}=\frac{93\ 563}{26.6}=3\ 517\ \text{cm}^3$

回转半径

$$i_x=\sqrt{\frac{I_x}{A}}=\sqrt{\frac{93\ 563}{168}}=23.6\ \text{cm}\quad i_y=\sqrt{\frac{I_y}{A}}=\sqrt{\frac{17\ 067}{168}}=10.08\ \text{cm}$$

长细比　$\lambda_x=\frac{l_{ox}}{i_x}=\frac{800}{23.6}=33.9\quad \lambda_y=\frac{l_{oy}}{i_y}=\frac{400}{10.08}=39.7<[\lambda]=150$

轴心受压构件稳定系数(查附表 4.2)：$\varphi_x=0.922,\varphi_y=0.900$

受弯构件整体稳定性系数

$$\varphi_b=1.07-\frac{\lambda_y^2}{44\ 000}=1.07-\frac{39.7^2}{44\ 000}=1.034>1.0,\text{取 }\varphi_b=1.0$$

欧拉临界力　$N'_{Ex}=\frac{\pi^2 EA}{1.1\lambda_x^2}=\frac{3.14^2\times206\times10^3\times168\times10^2}{1.1\times33.9^2}=27\ 020\ \text{kN}$

$$\frac{N}{N'_{Ex}}=\frac{1\ 000}{27\ 020}=0.037$$

2)强度及稳定验算

$$\beta_{tx}=0.65\quad \beta_{mx}=1.0$$

①截面验算　$\frac{N}{A_n}+\frac{M_x}{\gamma_x W_{nx}}\leqslant f$

$$\frac{N}{A_n}+\frac{M_x}{\gamma_x W_{nx}}=\frac{1\ 000\times10^3}{168\times10^2}+\frac{500\times10^6}{1.05\times3\ 517\times10^3}$$

$$=59.5+135.4=194.9\ \text{N/mm}^2<f=215\ \text{N/mm}^2$$

该构件满足强度要求。

②弯矩作用平面内整体稳定条件

$$\frac{N}{\varphi_x A}+\frac{\beta_{mx}M_x}{\gamma_x W_{1x}\left(1-0.8\frac{N}{N'_{Ex}}\right)}\leqslant f$$

$$\frac{N}{\varphi_x A}+\frac{\beta_{mx}M_x}{\gamma_x W_{1x}\left(1-0.8\frac{N}{N'_{Ex}}\right)}=\frac{1\ 000\times10^3}{0.922\times168\times10^2}+\frac{1.0\times500\times10^6}{1.05\times3\ 517\times10^3\times(1-0.8\times0.037)}$$

$$=64.6+139.5=204.1\ \text{N/mm}^2<f=215\ \text{N/mm}^2$$

该构件满足弯矩作用平面内整体稳定要求。

③弯矩作用平面外的整体稳定

$$\frac{N}{\varphi_y A}+\eta\frac{\beta_{tx}M_x}{\varphi_b W_{1x}}=\frac{1\ 000\times10^3}{0.900\times168\times10^2}+\frac{0.65\times500\times10^6}{1.0\times3\ 517\times10^3}$$

$$=66.1+92.4=158.5\ \text{kN/mm}^2<f=215\ \text{kN/mm}^2$$

满足要求。

④板件局部稳定

翼缘板

$$\frac{b_1}{t}=\frac{(400-8)/2}{16}=12.3<13\sqrt{\frac{235}{f_y}}=13(\text{满足要求})$$

腹板

$$\sigma_{\max}=\frac{N}{A}+\frac{M_x}{I_x}y=\frac{1\ 000\times10^3}{168\times10^2}+\frac{500\times10^6}{93\ 563\times10^4}\times250$$

$$=59.5+133.6=193.1\ \text{N/mm}^2$$

$$\sigma_{\min}=\frac{N}{A}-\frac{M_x}{I_x}y=59.5-133.6=-74.1\ \text{N/mm}^2$$

$$\alpha_0=\frac{\sigma_{\max}-\sigma_{\min}}{\sigma_{\max}}=\frac{193.1-(-74.1)}{193.1}=1.38<1.6$$

$$\frac{h_0}{t_w}=\frac{500}{8}=62.5<(16\alpha_0+0.5\lambda+25)\sqrt{\frac{235}{f_y}}$$

$$=(16\times1.38+0.5\times33.9+25)\times1=64.0$$

满足要求。

6.6 实腹式压弯构件的设计

6.6.1 截面形式

对于实腹式压弯构件，要按受力大小、使用要求和构造要求选择合适的截面形式。当承受的弯矩较小时其截面形式与一般的轴心受压构件相同，可采用对称截面；当弯矩较大时，宜采用在弯矩作用平面内截面高度较大的双轴对称截面，或采用截面一侧翼缘加大的单轴对称截面(图6.17)。在满足局部稳定、使用要求和构造要求时，截面应尽量符合肢宽壁薄以及弯矩作用平面内和平面外整体稳定性相等的原则，从而节省钢材。

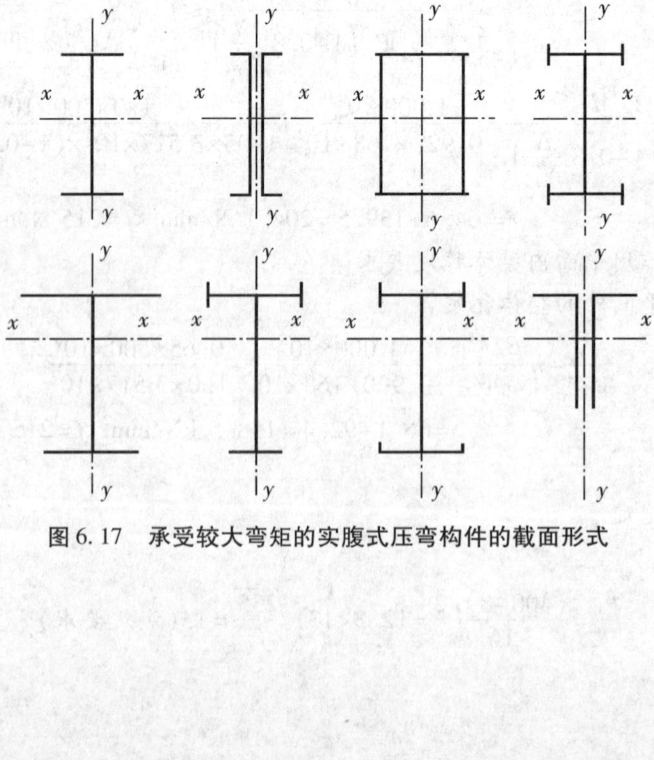

图6.17 承受较大弯矩的实腹式压弯构件的截面形式

6.6.2　截面选择与验算

由于压弯构件的受力情况与轴心受压构件相比较为复杂，计算中要求满足的条件也较多，通常需根据构造要求或设计经验假设适当的截面，然后进行各项验算，如果不满足要求，则作适当的调整后重新计算，直到全部满足要求为止。同时，设计的截面还应满足构造简单，便于施工，易于与其他构件连接，所采用的钢材和规格易于得到的原则。

(1)截面选择的具体步骤如下：

①选择截面形式。

②确定钢材及强度设计值。

③计算构件的内力设计值，即弯矩设计值 M 和轴心压力设计值 N。

④确定弯矩作用平面内和平面外的计算长度。

⑤根据经验或已有资料初选截面尺寸。

(2)对初选截面所作的验算如下。

①强度验算：按式(6.5)计算。

②刚度验算：压弯构件的长细比不应超过表4.2规定的容许长细比。

③整体稳定验算：弯矩作用平面内的稳定性按式(6.16)计算[对于单轴对称截面的压弯构件尚需按式(6.17)作补充计算]；弯矩作用平面外的稳定性按(6.23)计算。

④局部稳定验算：针对不同截面形式，选用相应公式进行计算。

6.6.3　构造要求

当腹板的高厚比不满足本章6.5节的相关要求时，可考虑腹板中间部分由于屈曲而退出工作，计算时腹板截面面积仅考虑两侧宽度各为 $20\,t_w\sqrt{235/f_y}$ 的部分(计算构件的稳定系数时仍采用全截面)，也可在腹板中部设置纵向加劲肋，此时受力较大翼缘与纵向加劲肋之间的高厚比应满足要求。

当腹板的 $\frac{h_0}{t_w}>80$ 时，为防止腹板在施工和运输中发生变形，应设置间距不大于 $3h_0$ 的横向加劲肋。另外，设有纵向加劲肋的同时也应设置横向加劲肋。加劲肋的截面选择同第5章的受弯构件。为保持截面形状不变，提高构件抗扭刚度，防止施工和运输过程中发生变形，实腹式柱在受有较大水平力处和运输单元的端部应设置横隔，构件较长时应设置中间横隔，横隔的设置方法同第4章的实腹式轴心受压构件。压弯构件设置侧向支撑，当截面高度较小时，可在腹板加横肋或横隔连接支撑；当截面高度较大时或受力较大时，则应在两个翼缘平面内同时设置支撑。

【例6.4】　图6.18所示为Q235钢焰切边双轴对称工字形截面柱，两端铰接，跨中集中横向荷载设计值 $F=150$ kN，轴心压力设计值 $N=1\ 000$ kN，该柱设有两个侧向支撑，截面无削弱。试对该构件截面进行验算。

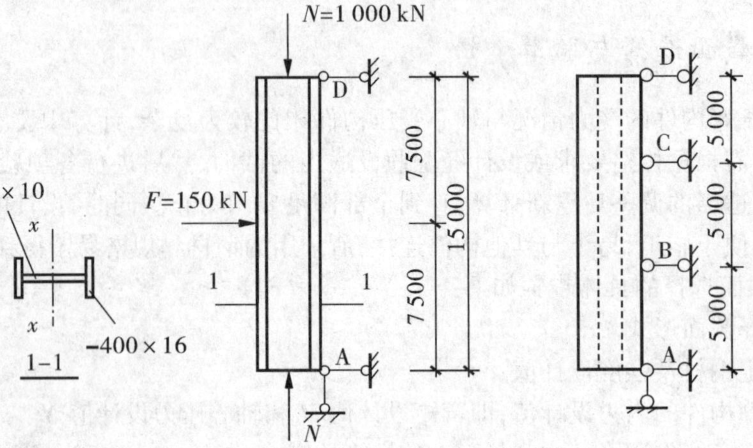

图 6.18　例 6.3 图

解　①截面的几何特性

截面面积　$A=2\times40\times1.6+60\times1.0=188\ \text{cm}^2$

惯性矩　$I_x=\dfrac{1}{12}\times(40\times63.2^3-39\times60^3)=139\ 453\ \text{cm}^4$

$$I_y=2\times\frac{1}{12}\times1.6\times40^3=17\ 067\ \text{cm}^4$$

截面抵抗矩　$W_{1x}=\dfrac{139\ 453}{31.6}=4\ 413\ \text{cm}^3$

回转半径　$i_x=\sqrt{\dfrac{139\ 453}{188}}=27.2\ \text{cm}$

$$i_y=\sqrt{\frac{17\ 067}{188}}=9.5\ \text{cm}$$

$\dfrac{b}{t}=\dfrac{400-10}{2\times16}=12.2<13\sqrt{\dfrac{235}{f_y}}=13$，取 $\gamma_x=1.05$

②强度验算

$$M_x=\frac{1}{4}\times150\times15=562.5\ \text{kN}\cdot\text{m}$$

$$\sigma=\frac{N}{A_n}+\frac{M_x}{\gamma_x W_{nx}}=\frac{1\ 000\times10^3}{188\times10^2}+\frac{562.5\times10^6}{1.05\times4\ 413\times10^3}=174.6\ \text{N/mm}^2<f=215\ \text{N/mm}^2$$

满足要求。

③刚度验算

$$\lambda_x=\frac{l_{ox}}{i_x}=\frac{1\ 500}{27.2}=55.1\quad \lambda_y=\frac{l_{oy}}{i_y}=\frac{500}{9.5}=52.6$$

$$\lambda_{\max}=\max\{\lambda_x,\lambda_y\}=55.1<[\lambda]=150$$

满足要求。

④弯矩作用平面内整体稳定验算

$$\lambda_x=\frac{1\ 500}{27.2}=55.1<[\lambda]=150$$

查附表4.2(b类截面)得　　　　　$\varphi_x=0.832$

$$N'_{Ex}=\frac{\pi^2 EA}{1.1\lambda_x^2}=\frac{3.14^2\times 2.06\times 10^5\times 188\times 10^2}{1.1\times 55.1^2}=11\ 434\times 10^3\ \text{N}=11\ 434\ \text{kN}$$

$$\beta_{mx}=1.0$$

$$\sigma=\frac{N}{\varphi_x A}+\frac{\beta_{mx}M_x}{\gamma_x W_{1x}\left(1-0.8\dfrac{N}{N'_{Ex}}\right)}$$

$$=\frac{1\ 000\times 10^3}{0.832\times 188\times 10^2}+\frac{1.0\times 562.5\times 10^6}{1.05\times 4\ 413\times 10^3\times\left(1-0.8\times\dfrac{1\ 000}{11\ 434}\right)}$$

$$=194.5\ \text{N/mm}^2<f=215\ \text{N/mm}^2$$

满足要求。

⑤弯矩作用平面外整体稳定验算

$$\lambda_y=\frac{l_{oy}}{i_y}=\frac{500}{9.5}=52.6<120\sqrt{\frac{235}{f_y}}=120<[\lambda]=150$$

查附表4.2(b类截面)得　　　　　$\varphi_y=0.844$

$$\varphi_b=1.07-\frac{\lambda_y^2}{44\ 000}\frac{f_y}{235}=1.07-\frac{52.6^2}{44\ 000}=1.007>1.0\text{，取}\ \varphi_b=1.0$$

$$\eta=1.0$$

侧向支撑将构件在弯矩作用平面外分为了三个等长段，其中 AB 和 CD 段受力情况相同，故取 AB 和 BC 段进行分析，找出最不利的受力段进行计算。

AB 段：仅有端弯矩作用，且其中 A 端弯矩为 0，B 端弯矩为 $\frac{2}{3}\times 562.5=375.0$ kN·m，则 $\beta_{tx}=0.65$，AB 段内最大弯矩为 B 点弯矩，则该段 $\beta_{tx}M_x=0.65\times 375.0=243.8$ kN·m；

BC 段：既有端弯矩作用，又有横向荷载作用，且二者使本段产生同向曲率，则 $\beta_{tx}=1.0$，BC 段内最大弯矩为跨中弯矩 562.5 kN·m，则该段 $\beta_{tx}M_x=1.0\times 562.5=562.5$ kN·m。

显然，BC 段为最不利的受力段，故对其进行计算。

$$\sigma=\frac{N}{\varphi_y A}+\eta\frac{\beta_{tx}M_x}{\varphi_b W_{1x}}=\frac{1\ 000\times 10^3}{0.844\times 188\times 10^2}+1.0\times\frac{562.5\times 10^6}{1.0\times 4\ 413\times 10^3}$$

$$=190.5\ \text{N/mm}^2<f=215\ \text{N/mm}^2$$

满足要求。

⑥局部稳定验算

翼缘：$\frac{b}{t}=\frac{400-10}{2\times16}=12.2<13\sqrt{\frac{235}{f_y}}=13$，满足要求。

腹板：

$$\sigma_{\max}=\frac{N}{A}+\frac{M_x}{I_x}\frac{h_0}{2}=\frac{1\ 000\times10^3}{188\times10^2}+\frac{562.5\times10^6}{139\ 453\times10^4}\times300=174.2\ \text{N/mm}^2$$

$$\sigma_{\min}=\frac{N}{A}-\frac{M_x}{I_x}\frac{h_0}{2}=\frac{1\ 000\times10^3}{188\times10^2}-\frac{562.5\times10^6}{139\ 453\times10^4}\times300=-67.8\ \text{N/mm}^2\text{（拉应力）}$$

$$\alpha_0=\frac{\sigma_{\max}-\sigma_{\min}}{\sigma_{\max}}=\frac{174.2+67.8}{174.2}=1.39<1.6$$

$$\frac{h_0}{t_w}=\frac{600}{10}=60<(16\alpha_0+0.5\lambda_x+25)\sqrt{\frac{235}{f_y}}=(16\times1.39+0.5\times55.1+25)\times1=74.8$$

满足要求。

6.7 格构式压弯构件的计算

截面高度较大的压弯构件，采用格构式可以节省材料。由于截面的高度较大且受有较大的剪力，同时构件肢件间距一般较大，故格构式压弯构件通常采用缀条连接。

常用的格构式压弯构件截面如图 6.19 所示，根据作用于构件的弯矩和压力以及使用要求，格构式压弯构件可以设计成具有双轴对称或单轴对称的截面。当柱中弯矩不大或正、负弯矩的绝对值相差不大时，可用对称的截面形式（图 6.19a、b、c）；如果正负弯矩的绝对值相差较大时，常采用不对称截面（图 6.19d），并将截面较大肢件放在受压较大的一侧。

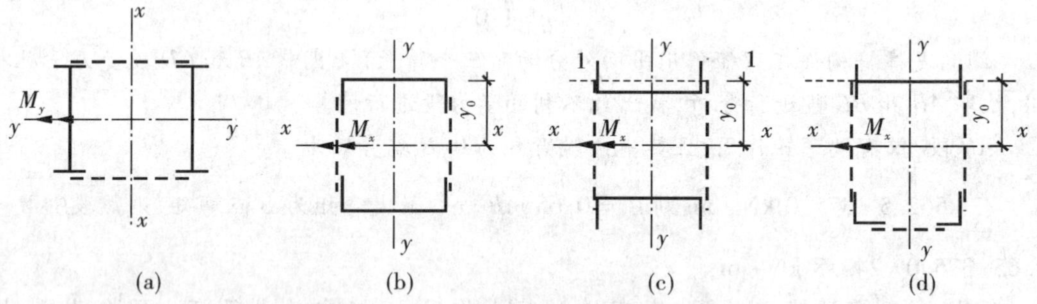

图 6.19 格构式压弯构件的截面形式

6.7.1 格构式压弯构件的强度计算

格构式压弯构件的强度按式（6.5）或式（6.6）计算，其中当弯矩绕虚轴作用时，不考虑塑性变形在截面上的发展，取 $\gamma_x=1.0$。

6.7.2 格构式压弯构件的稳定性计算

(1)弯矩绕虚轴作用的格构式压弯构件

1)弯矩作用平面内的整体稳定计算　对于图6.18(b)、(c)、(d)所示的弯矩绕虚轴作用的格构式压弯构件,由于截面中部空心,不能考虑塑性的深入发展,故采用以截面边缘纤维开始屈服作为设计准则。根据此准则导出的相关式(6.13),考虑抗力分项系数后,《钢结构设计规范》(GB 50017—2003)规定按下式计算

$$\frac{N}{\varphi_x A}+\frac{\beta_{mx}M_x}{W_{1x}\left(1-\varphi_x\frac{N}{N'_{Ex}}\right)}\leqslant f \tag{6.42}$$

式中　$W_{1x}=I_x/y_0$,I_x为x轴(虚轴)的毛截面惯性矩,y_0为由x轴到压力较大分肢轴线的距离或者到压力较大分肢腹板外边缘的距离,取二者中的较大值。

φ_x和N'_{Ex}均按对虚轴(x轴)的换算长细比λ_{ox}确定,β_{mx}的确定同实腹式压弯构件。

2)弯矩作用平面外的整体稳定计算　弯矩绕虚轴作用的格构式压弯构件,在弯矩作用平面外的整体稳定一般由分肢的稳定计算予以保证,不必再计算构件在平面外的整体稳定性。这是因为格构式压弯构件两个分肢之间只靠缀件联系,而缀件只在平面内对两个分肢起联系作用,即当一个分肢倾向于在缀件平面内发生弯曲位移时,另一个分肢将通过缀件对其起牵制和支承作用;但缀件在其平面外的刚度很弱,当一个分肢倾向于向缀件平面外弯曲或屈曲侧移时,另一个分肢只能通过缀件对其给予很弱的牵制(而实腹式构件则能通过通长整体联系并有一定侧向刚度的腹板给予较大牵制,从而构件侧向屈曲时表现为发生整体弯扭变形)。因此,当弯矩绕格构式压弯构件的虚轴作用时,要保证构件在弯矩作用平面外(即垂直于缀件平面)的整体稳定,主要是要求两个分肢在弯矩作用平面外的稳定都得到保证,亦即可用验算每个分肢的稳定来代替验算整个构件在弯矩作用平面外的整体稳定。

3)分肢的稳定计算　对于弯矩绕虚轴作用的双分肢格构式压弯构件,可以将整个构件视为一平行弦桁架,将构件的两个分肢看作桁架体系的弦杆,两分肢的轴心力应按下列公式来计算(图6.19,忽略附加弯矩):

分肢1

$$N_1=N\frac{y_2}{a}+\frac{M_x}{a} \tag{6.43}$$

分肢2

$$N_2=N-N_1 \tag{6.44}$$

缀条式压弯构件的分肢按轴心压杆计算。分肢的计算长度,在缀条平面内(分肢绕图6.20中的1-1轴)取缀条体系的节间长度;在缀条平面外,取整个构件两侧向支承点间的距离。

进行缀板式压弯构件的分肢计算时,除轴心力N_1(或N_2)外,还应考虑由剪力作用引起的局部弯矩,按实腹式压弯构件验算单肢的稳定性。

(2)弯矩绕实轴作用的格构式压弯构件

1)弯矩作用平面内的整体稳定计算　对于图6.19(a)所示的弯矩绕实轴作用的格构式压弯构件,其受力性能与实腹式压弯构件完全相同。因此,弯矩绕实轴作用的格构式压弯构件,弯矩作用平面内的整体稳定计算与实腹式构件相同,按式(6.16)计算。

2)弯矩作用平面外的整体稳定计算　弯矩绕实轴作用的格构式压弯构件在弯矩作用平面外的整体稳定性仍可采用式(6.23)计算,但式中φ_y应按虚轴换算长细比λ_{ox}确定,λ_{ox}的计算与格构式轴心受压构件相同。此外,系数φ_b应取1.0。

3)分肢的稳定计算　对于弯矩绕实轴作用的双分肢格构式压弯构件,分肢稳定按实腹式压弯构件计算,内力按以下原则分配(图6.21):轴心压力N在两分肢间的分配与分肢轴线至虚轴x轴的距离成反比;弯矩M_y在两分肢间的分配与分肢对实轴y轴的惯性矩成正比、与分肢轴线至虚轴x轴的距离成反比。即

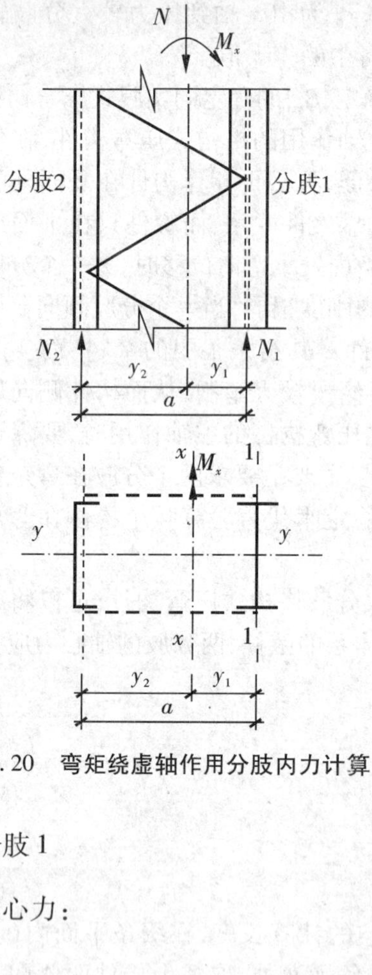

图6.20　弯矩绕虚轴作用分肢内力计算

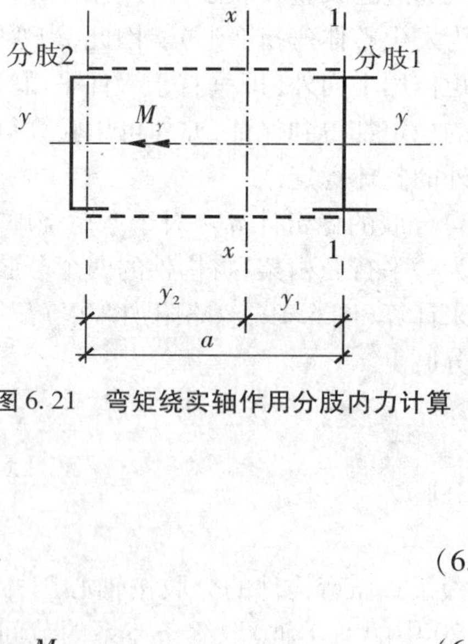

图6.21　弯矩绕实轴作用分肢内力计算

分肢1

轴心力:
$$N_1 = N\frac{y_2}{a} \tag{6.45}$$

弯矩:
$$M_{y1} = \frac{I_1/y_1}{I_1/y_1 + I_2/y_2}M_y \tag{6.46}$$

分肢2

轴心力:
$$N_2 = N - N_1 \tag{6.47}$$

弯矩:
$$M_{y2} = M_y - M_{y1} \tag{6.48}$$

式中　I_1, I_2——分肢 1 和分肢 2 对 y 轴的惯性矩。

上式适用于当 M_y 作用在构件的主平面时的情形，当 M_y 不是作用在构件的主轴平面而是作用在一个分肢的轴线平面（如图 6.20 中分肢 1 的 1-1 轴线平面），则 M_y 视为全部由该分肢承受。

(3) 双向受弯的格构式压弯构件　弯矩作用在两个主平面内的双肢格构式压弯构件（图 6.22），其稳定性按下列规定计算。

1) 整体稳定计算　《钢结构设计规范》(GB 50017—2003) 采用与边缘屈服准则导出的弯矩绕虚轴作用的格构式压弯构件平面内整体稳定计算式 (6.42) 相衔接的直线式进行计算，即

$$\frac{N}{\varphi_x A}+\frac{\beta_{mx}M_x}{W_{1x}\left(1-\varphi_x\dfrac{N}{N'_{Ex}}\right)}+\frac{\beta_{ty}M_y}{W_{1y}}\leqslant f \tag{6.49}$$

式中　W_{1y} 为在 M_y 作用下，对较大受压纤维的毛截面抵抗矩。其他系数与实腹式压弯构件相同，但 φ_x 和 N'_{Ex} 均按对虚轴（x 轴）的换算长细比 λ_{ox} 确定。

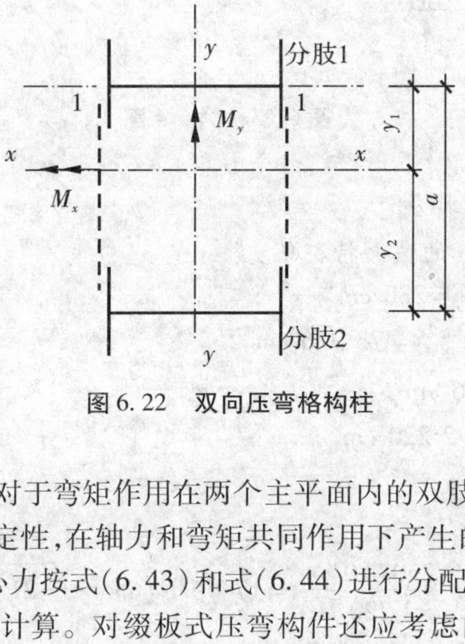

图 6.22　双向压弯格构柱

2) 单肢稳定性计算　对于弯矩作用在两个主平面内的双肢格构式压弯构件，分肢按实腹式压弯构件计算其稳定性，在轴力和弯矩共同作用下产生的内力按以下原则分配：N 和 M_x 在两分肢产生的轴心力按式 (6.43) 和式 (6.44) 进行分配，M_y 在两分肢间的分配按式 (6.46) 和式 (6.48) 进行计算。对缀板式压弯构件还应考虑由剪力作用引起的局部弯矩，其分肢的稳定性按双向压弯构件验算。

6.7.3　格构式压弯构件缀材的计算

计算压弯构件的缀材时，应取构件实际剪力和按式 (4.82) 计算所得剪力两者中的较大值。其计算方法与格构式轴心受压构件相同。

6.7.4　格构式柱的横隔及分肢的局部稳定

对格构式柱，不论截面大小，均应设置横隔，横隔的设置方法与格构式轴心受压构件相同。格构式柱分肢的局部稳定计算同实腹式柱。

【例6.5】 图6.23为一双肢缀条柱(有侧移的框架柱),柱截面及缀条布置如图所示,截面由两个I25a组成,缀条采用∟50×5。柱长12 m,两端铰接,并在x–x方向二分点处设置一侧向支撑点。最不利内力设计值为:轴心力N=600 kN,弯矩M_x=250 kN·m。钢材为Q235。试对该柱进行验算。

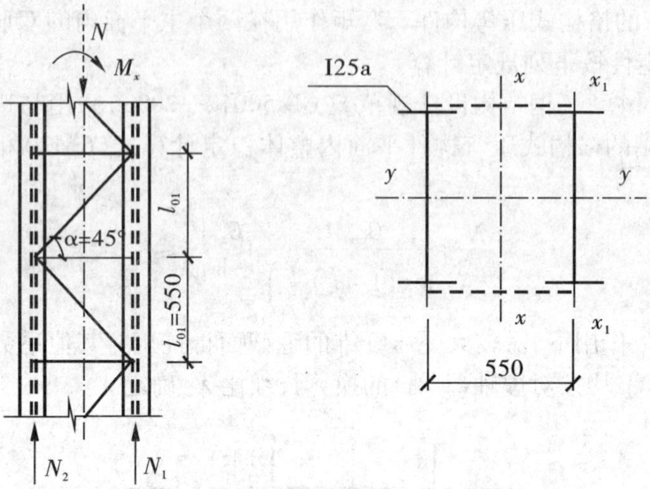

图6.23 例6.4图

【解】 ①截面的几何特征

由附表6.1,查得I25a的截面特征值:

$A=2\times48.5=97\ \text{cm}^2,I_1=280\ \text{cm}^4$

$I_x=2\times(280+48.5\times27.5^2)=73\ 916\ \text{cm}^4$

$i_x=\sqrt{73\ 916/97}=27.6\ \text{cm}$

$W_x=2I_x/(55+11.6)=2\ 220\ \text{cm}^3$

$W_{1x}=2I_x/55=2\ 688\ \text{cm}^3$

②强度验算

$$\frac{N}{A_n}+\frac{M_x}{\gamma W_{nx}}=\frac{600\times10^3}{97\times10^2}+\frac{250\times10^6}{1.0\times2\ 220\times10^3}=174.5\ \text{N/mm}^2<f=215\ \text{N/mm}^2$$

满足要求。

③平面内整体稳定性验算

$$\lambda_x=\frac{l_{0x}}{i_x}=\frac{1\ 200}{27.6}=43.5$$

缀条的面积 $A_1=2\times4.8=9.6\ \text{cm}^2$

换算长细比

$$\lambda_{ox}=\sqrt{\lambda_x^2+27A/A_1}=\sqrt{43.5^2+27\times97/9.6}=46.5<[\lambda]=150$$

按b类截面查附表4.2得:$\varphi_x=0.872$

$$N'_{Ex}=\frac{\pi^2EA}{1.1\lambda_{ox}^2}=\frac{\pi^2\times206\times10^3\times97\times10^2}{1.1\times46.5^2}=8\ 291\ 634\ \text{N}\approx8\ 292\ \text{kN}$$

有侧移框架柱：$\beta_{mx}=1.0$

$$\frac{N}{\varphi_x A}+\frac{\beta_{mx}M_x}{W_{1x}\left(1-\varphi_x\frac{N}{N'_{Ex}}\right)}=\frac{600\times10^3}{0.872\times97\times10^2}+\frac{1.0\times250\times10^6}{2\,688\times10^3\times\left(1-0.872\times\frac{600}{8\,292}\right)}$$

$$=170.2\ \text{N/mm}<f=215\ \text{N/mm}^2$$

满足要求。

④分肢稳定性验算

分肢1：$N_1=N\dfrac{y_2}{a}+\dfrac{M_x}{a}=600\times\dfrac{27.5}{55}+\dfrac{250\times10^2}{55}=754.5\ \text{kN}$

分肢2：$N_2=N-N_1=600-754.5=-154.5\ \text{kN}$（拉力）

对分肢1进行验算：

$l_{ox1}=l_{01}=55\ \text{cm},i_{x1}=2.4\ \text{cm},l_{oy1}=600\ \text{cm},i_{y1}=10.18\ \text{cm}$

$\lambda_{x1}=\dfrac{l_{ox1}}{i_x}=\dfrac{55}{2.4}=22.9,\lambda_{y1}=\dfrac{l_{oy1}}{i_y}=\dfrac{600}{10.2}=58.9$

由λ_{x1}查附表4.2，得：$\varphi_{x1}=0.960$

由λ_{y1}查附表4.1，得：$\varphi_{y1}=0.886$

$\varphi_{\min}=\min\{\varphi_{x1},\varphi_{y1}\}=0.886$

$$\frac{N_1}{\varphi_{\min}A}=\frac{754.5\times10^3}{0.886\times48.5\times10^2}=175.6\ \text{N/mm}^2<f=215\ \text{N/mm}^2$$

满足要求。

⑤缀条验算

缀条内力：

实际剪力：$V=M_x/l=250/12=20.8\ \text{kN}$

计算剪力：$V=\dfrac{Af}{85}\sqrt{\dfrac{f_y}{235}}=\dfrac{2\times48.5\times10^2\times215}{85}=24\,535\ \text{N}\approx24.54\ \text{kN}>20.8\ \text{kN}$

取$V=24.54\ \text{kN}$进行计算，具体计算步骤参看第4章的格构式轴心受压构件。

⑥分肢的局部稳定性

轧制普通工字钢可不验算局部稳定性。

思考题

1. 拉弯和压弯构件满足两种极限状态各自的计算内容包括什么？

2. 实腹式压弯构件的整体失稳形式在M作用平面内、外有何不同？

3. 格构式压弯构件验算内容包括哪些？

4. 对于弯矩作用在对称轴平面内且使较大翼缘受压的T形截面，在验算弯矩作用平面内整体稳定时，除了应按式(6.16)验算外，还需要用式(6.17)进行补充验算，为什么？

5. 格构式压弯构件在M作用平面内绕虚轴的整体稳定计算中的W_{1x}如何计算？

6. 说明公式(6.5)、式(6.16)、式(6.23)中的W_x的物理意义。

习题

1　如图所示T形截面拉弯构件强度计算的最不利点为________。

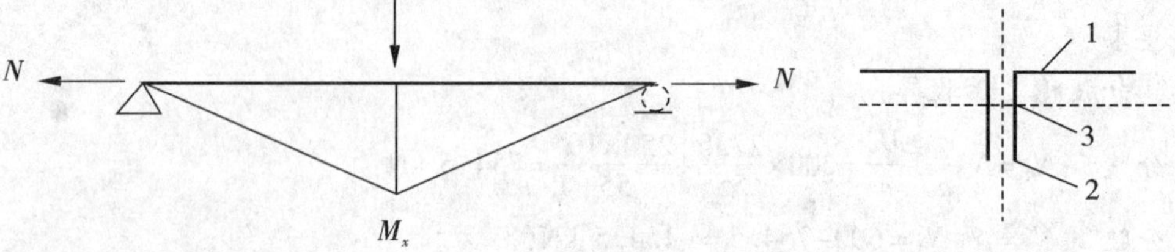

习题1图

(A)截面上边缘“1”点

(B)截面下边缘“2”点

(C)截面中和轴“3”点

(D)可能是“1”点,也可能是“2”点

2　两根几何尺寸完全相同的压弯构件,一根端弯矩使之产生反向曲率,一根产生同向曲率,则前者的稳定性比后者的________。

(A)好　　(B)差　　(C)无法确定　　(D)相同

3　两端铰接、单轴对称的T形截面压弯构件,弯矩作用平面在截面对称轴平面并使翼缘受压,用下列________公式进行整体稳定性计算。

Ⅰ. $\dfrac{N}{\varphi_x A}+\dfrac{\beta_{mx}M_x}{\gamma_x W_{1x}\left(1-0.8\dfrac{N}{N'_{Ex}}\right)}\leqslant f$

Ⅱ. $\dfrac{N}{\varphi_y A}+\dfrac{\beta_{tx}M_x}{\varphi_b W_{1x}}\leqslant f$

Ⅲ. $\left|\dfrac{N}{A}-\dfrac{\beta_{mx}M_x}{[\gamma_x W_{2x}(1-1.25N/N'_{Ex})]}\right|\leqslant f$

Ⅳ. $\dfrac{N}{\varphi_x A}+\dfrac{\beta_{mx}M_x}{[W_{1x}(1-0.8N/N_{Ex})]}\leqslant f$

(A)Ⅰ,Ⅱ,Ⅲ　　(B)Ⅱ,Ⅲ,Ⅳ　　(C)Ⅰ,Ⅱ,Ⅳ　　(D)Ⅰ,Ⅲ,Ⅳ

4　当最大应力σ_1相等,其他条件均相同的情况下,图中梁腹板局部稳定临界应力最低的是________。

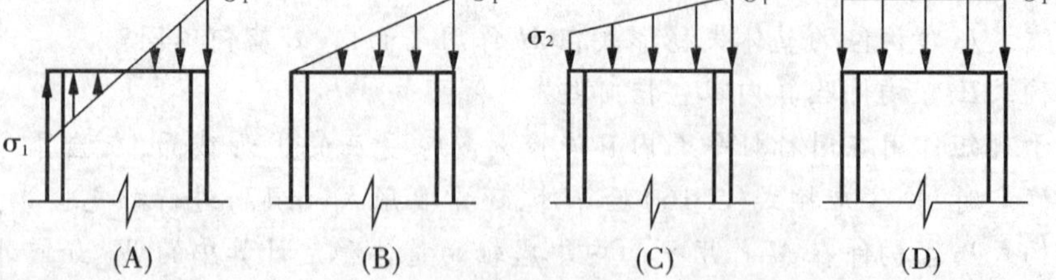

习题4图

5　如图所示为 Q235 钢焰切边工字形截面柱，两端铰接，截面无削弱，承受轴心压力的设计值 $N=750$ kN，跨中集中力设计值为 $F=105$ kN。①验算平面内稳定性。②根据平面外稳定性不低于平面内的原则确定此柱需要几道侧向支撑杆。

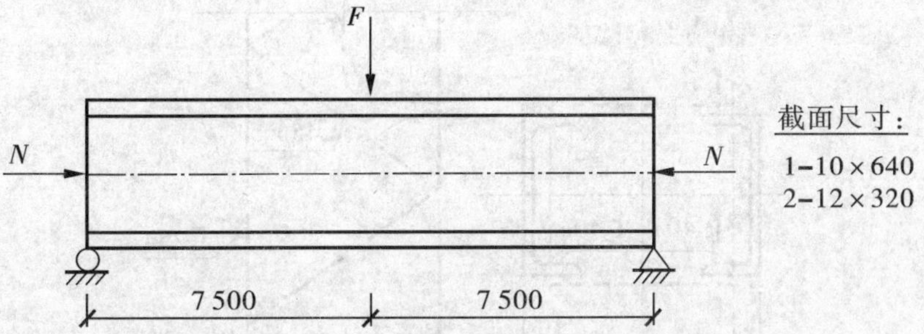

习题 5 图

6　如图所示为 Q235 钢焰切边工字形截面柱，两端铰接，柱中点处设置侧向支撑，截面无削弱，承受轴心压力的设计值为 800 kN，跨中集中力设计值为 100 kN。试验算此构件的承载力。若承载力不满足要求，在不改变柱子截面的条件下，可采取什么措施提高柱子的承载力？

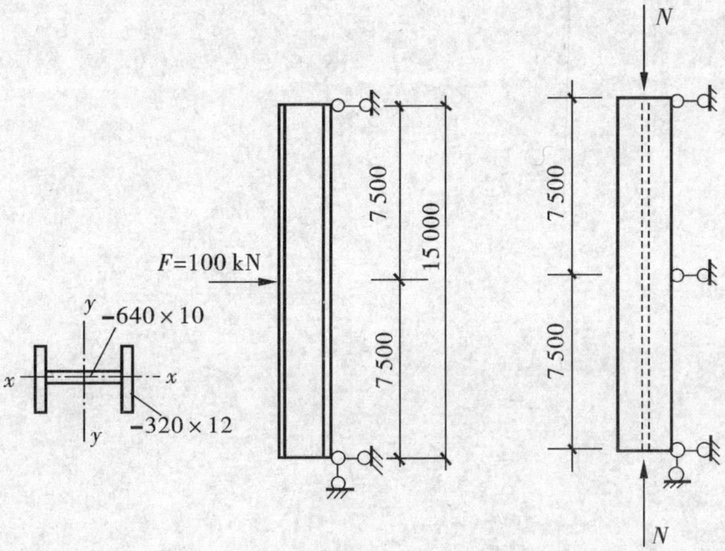

习题 6 图

7　设计一焊接工字形截面、翼缘为焰切边的偏心受压柱。柱长 5.0 m，两端铰接，轴心压力设计值 $N=220$ kN，柱一端作用的弯矩设计值为 $M_x=450$ kN·m，另一端弯矩为零，钢材为 Q235B。

8　一缀条式格构式压弯构件，钢材为 Q345，截面及缀条布置等如图所示，承受的荷载设计值为 $N=540$ kN，$M_x=150$ kN·m。在弯矩作用平面内构件上下端有相对侧移，其计算长度为 9.0 m。在垂直于弯矩作用平面内构件两端均有侧向支撑，其计算长度为构件的高度6.2 m。试验算此构件截面是否满足要求。

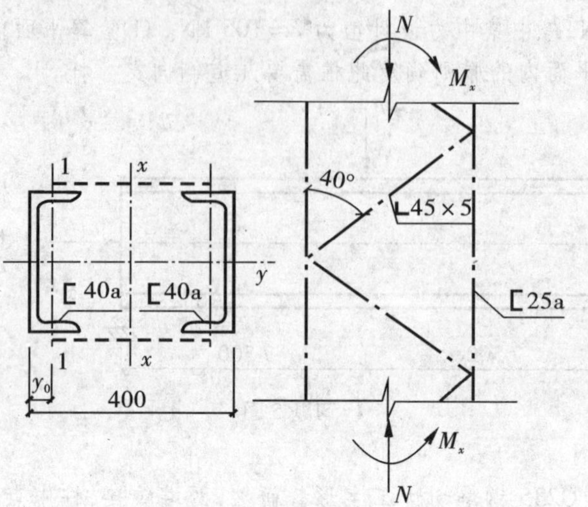

习题8图

第 7 章　结构节点设计

7.1　概述

钢结构节点是将各类钢板、型钢等连接成整体,以实现结构共同受力的重要枢纽,它设计的合理与否直接影响着结构的工作性能。大量钢结构建筑物的破坏就发生在节点连接处。因此,本着强节点弱构件的宗旨,来完成对节点的选型和分析验算,以确保结构的安全可靠与持久耐用,是尤为关键的。

节点按照转动刚度的不同,可分为柔性连接(铰接)、刚性连接和半刚性连接。按照连接方式的不同,又可分为焊接连接节点、普通螺栓和高强螺栓连接节点以及栓焊混合连接节点。在进行具体的结构分析前,就应当根据结构构件的类型,节点传力的特性等,初步构造出节点模型,明确其节点刚性和连接方式,并对其进行详细分析和验算,最终选定合适的连接方案和结构构造,以应用于工程实际。

设计节点的构造形式及其连接时,要遵循以下原则:

(1)节点处内力传递简捷明确,安全可靠;

(2)确保连接节点有足够的强度和刚度,当有抗震设防要求时,节点的承载力应按照相关规定大于杆件(梁、柱、斜杆等)的承载力;

(3)节点加工简单,施工安装方便;

(4)经济合理,综合造价低。

本章将就梁与梁、梁与柱的连接以及柱头、柱脚节点的计算方法与构造要求进行详细阐述。

7.2　梁的拼接和连接

7.2.1　梁的拼接

梁的拼接分为工厂拼接和工地拼接两种。

(1)工厂拼接　如果梁的长度、高度大于现有钢材的尺寸,常需要先将腹板和翼缘用几段钢材拼接起来,然后再焊接成梁。这些工作一般在工厂进行,因此称为工厂拼接(图 7.1)。

工厂拼接的位置由钢材尺寸并考虑梁的受力确定。腹板和翼缘的拼接位置最好错开,同时也要与加劲肋和次梁连接位置错开,错开距离不小于 $10t_w$,以便各种焊缝分散布置,减小焊接应力及变形。

翼缘、腹板拼接一般用对接直焊缝,施焊时使用引弧板。这样当采用一、二级焊缝时,拼接处与钢材截面可以达到同等强度,拼接点就可以设在梁的任何位置。但是当采用三级焊缝时,由于焊缝抗拉强度比钢材抗拉强度低,应将拼接布置在梁弯矩较小处,或者采用斜焊缝。

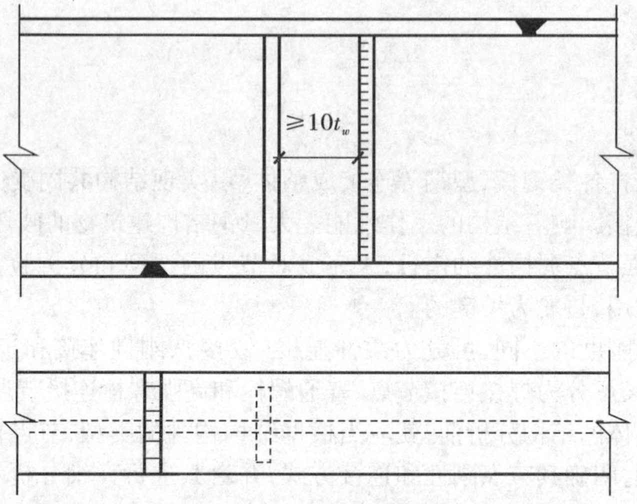

图 7.1 焊接梁的工厂拼接

(2)工地拼接 跨度大的梁,可能由于运输和吊装条件限制,需将梁分成几段运送至工地或吊至高空就位后再拼接起来。由于这种拼接是在工地进行的,因此称为工地拼接。

工地拼接一般布置在梁弯矩较小的地方,并且常常将腹板和翼缘在同一截面断开(图 7.2a),以便于运输和吊装。拼接处一般采用对接焊缝,上、下翼缘做成向上的 V 形坡口以便工地实施俯焊。同时为了减少焊接应力,应将工厂焊的翼缘焊缝端部留出 500 mm 左右不焊,留到工地拼接时按图中施焊顺序最后焊接。这样可以使焊接时有较多的自由收缩余地,从而减少焊接应力。

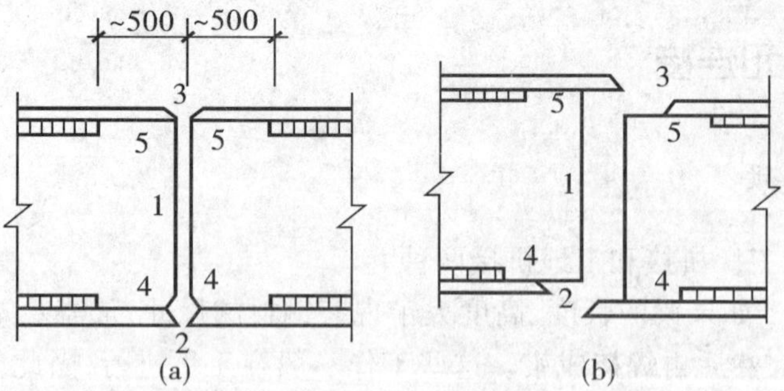

图 7.2 焊接梁的工地拼接

为了改善拼接处受力情况，工地拼接的梁也可以将翼缘和腹板拼接位置略微错开（图7.2b）。但是这种方式在运输、吊装时需要对端部凸出部分加以保护，以免碰损。

当梁拼接处的对接焊缝不能与主体金属等强时，例如采用三级对接焊缝，应对受拉区翼缘焊缝进行计算，使拼接处弯曲拉应力不超过焊缝抗拉强度设计值。

对于需要在高空拼接的梁，由于高空焊接操作困难，常采用摩擦型高强度螺栓连接。对于较重要的或承受动荷载的大型组合梁，考虑工地焊接条件差，焊接质量不易保证，也宜采用摩擦型高强度螺栓。这时梁的腹板和翼缘在同一截面断开，吊装就位后用拼接板和螺栓连接（图7.3）。

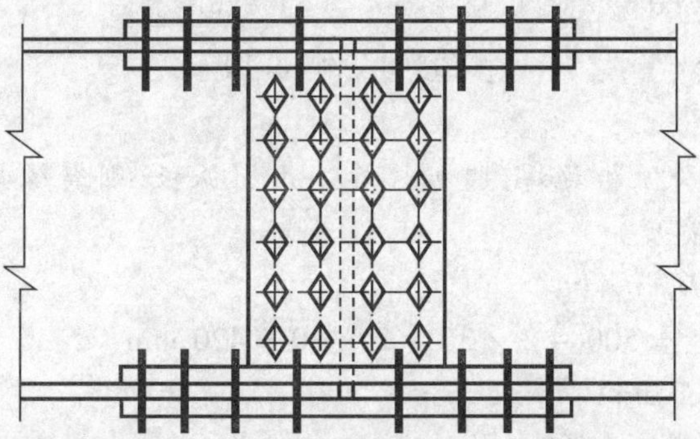

图7.3　采用高强度螺栓的工地拼接

对用拼接板的接头，应按等强原则进行设计。翼缘拼接板及其连接所承受的内力 N_1，为翼缘板的最大承载力

$$N_1 = A_n f \tag{7.1}$$

式中　A_n——被拼接的翼缘板净截面面积。

拼接处的剪力 V 全部由腹板承担，弯矩 M 则由腹板和翼缘共同承担，并按各自刚度比例分配

$$M_w = M\frac{I_w}{I} \tag{7.2}$$

式中　I_w——腹板毛截面惯性矩。

　　I——梁的毛截面惯性矩。

【例7.1】　图7.4所示为梁的焊接工地拼接。拼接所在截面的弯矩设计值 $M = 200\ \mathrm{kN \cdot m}$，剪力设计值 $V = 170\ \mathrm{kN}$。梁截面如图7.4(b)所示，钢材为Q235B，焊条为E43型，手工焊，焊缝质量为三级。试验算此拼接的强度。

【解】　为了便于翼缘焊缝的施焊，在拼接处截面的腹板上、下端各开一半圆孔，半径 $r = 30\ \mathrm{mm}$。上、下翼缘板拼接用V形坡口对接焊缝，使用引弧板施焊，并在焊根处设垫板。腹板采用I形焊缝，不使用引弧板。工地施焊程序：首先是腹板拼接焊缝，再依次为下翼缘板和上翼缘板的拼接焊缝，最后为留下未焊的翼缘与腹板的连接焊缝，如图7.4(a)中的1→2→3→4→5的次序。

(1)焊缝有效截面的几何特性

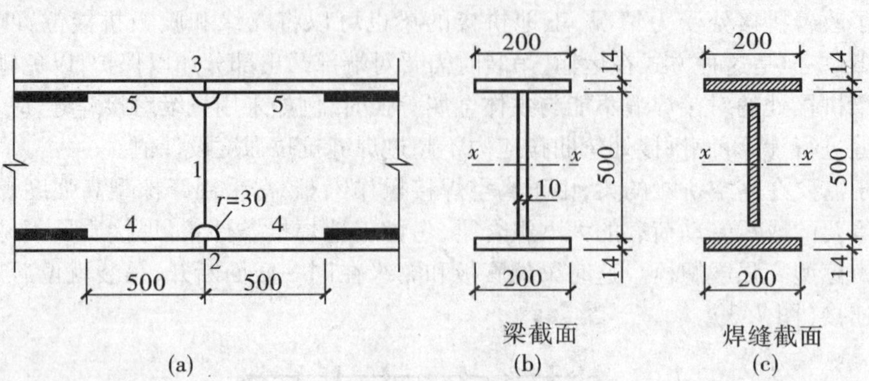

图 7.4 例 7.1 图

翼缘焊缝考虑用引弧板施焊，腹板焊缝不用引弧板，则翼缘拼接焊缝长度 $l_f = b = 200$ mm（b 为翼缘板宽度）

腹板拼接焊缝长度

$l_w = h_w - 2r - 2t_w = 500 - 2 \times 30 - 2 \times 10 = 420$ mm

翼缘焊缝有效截面面积

$A_{w1} = 14 \times 200 \times 2 = 5\ 600\ \text{mm}^2$

腹板焊缝有效截面面积

$A_{w2} = 10 \times 420 = 4\ 200\ \text{mm}^2$

焊缝总面积

$A_w = A_{w1} + A_{w2} = 9\ 800\ \text{mm}^2$

焊缝有效截面的惯性矩和模量

$$I_w = 2 \times 14 \times 200 \times 257^2 + \frac{1}{12} \times 10 \times 420^3 = 4.32 \times 10^8\ \text{mm}^4$$

$$W_w = \frac{4.32 \times 10^8}{264} = 1.64 \times 10^6\ \text{mm}^3$$

（2）拼接焊缝的强度验算

翼缘焊缝最大弯曲应力

$$\sigma = \frac{M}{W_W} = \frac{200 \times 10^6}{1.64 \times 10^6} = 122.0\ \text{N/mm}^2 < f_t^w = 185\ \text{N/mm}^2$$

腹板焊缝的最大弯曲应力

$$\sigma_1 = \frac{M}{I_W} y_1 = \frac{200 \times 10^6}{4.32 \times 10^8} \times \frac{420}{2} = 97.2\ \text{N/mm}^2$$

剪力假定全部由腹板焊缝平均承受，腹板平均剪应力

$$\tau = \frac{V}{A_{W2}} = \frac{170 \times 10^3}{4\ 200} = 40.5\ \text{N/mm}^2 < f_v^w = 125\ \text{N/mm}^2$$

腹板端部焊缝中的折算应力

$\sqrt{\sigma_1{}^2 + 3\tau^2} = \sqrt{97.2^2 + 3 \times 40.5^2} = 119.9\ \text{N/mm}^2 < 1.1 f_t^w = 1.1 \times 185 =$

203.5 N/mm^2　　拼接焊缝的强度满足设计要求。

【例7.2】　对例题7.1所示的板梁工地拼接，改用摩擦型高强度螺栓连接。螺栓性能等级为8.8级，直径为M20，板件接触面经喷砂处理后生赤锈。试设计此拼接。

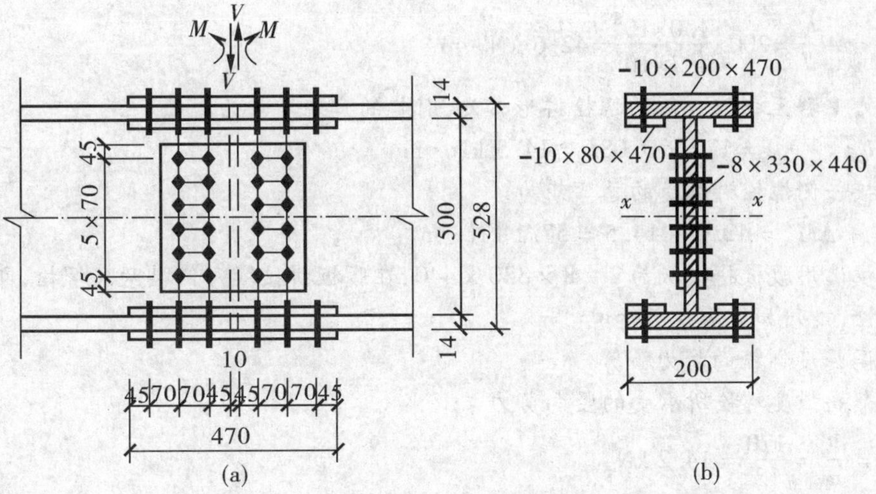

图7.5　例7.2图

【解】　(1)翼缘板连接

螺栓孔径取 $d_0 = 21.5$ mm，翼缘板的净截面面积

$A_{fn} = (200 - 2 \times 2.15) \times 14 = 2\ 198\ \text{mm}^2$

翼缘板所能承受的轴向力设计值

$N = A_n f = 2\ 198 \times 215 \times 10^{-3} = 472.6\ \text{kN}$

一个高强度螺栓的抗剪承载力设计值

$N_v{}^b = 0.9 n_f \mu P = 0.9 \times 2 \times 0.45 \times 125 = 101.3\ \text{kN}$

需要螺栓数目

$n = \dfrac{472.6}{101.3} = 4.67$(个)，取 $n = 6$ 个。

忽略摩擦型高强螺栓连接的孔前传力，拼接板所需要的净面积 $A_{fn} = A_{fsn} = 2\ 198\ \text{mm}^2$

翼缘拼接板的截面采用

$1 - 10 \times 200 \times 470 \qquad 10 \times (200 - 2 \times 21.5) = 1\ 570\ \text{mm}^2$

$2 - 10 \times 80 \times 470 \qquad 2 \times 10 \times (80 - 21.5) = 1\ 170\ \text{mm}^2$

$A_{fsn} = 2\ 740\ \text{mm}^2$

按构造要求排列螺栓如图7.5所示。

(2)腹板拼接

梁的毛截面惯性矩

$$I = \frac{10 \times 500^3}{12} + 2 \times 14 \times 200 \times 257^2 = 4.7 \times 10^8\ \text{mm}^4$$

腹板的毛截面惯性矩

$$I_w = \frac{10 \times 500^3}{12} = 1.0 \times 10^8\ \text{mm}^4$$

腹板所分担的弯矩

$$M_w = M\frac{I_w}{I} = 200 \times \frac{1.0 \times 10^8}{4.7 \times 10^8} = 42.6\ \text{kN} \cdot \text{m}$$

剪力 V 移至拼接一侧的螺栓群形心处,引起的弯矩增量为

$$\Delta M_w = V \cdot e = 170 \times 0.085 = 14.5\ \text{kN} \cdot \text{m}$$

拼接一侧螺栓群承受的总弯矩为

$$M_w + \Delta M_w = 42.6 + 14.5 = 57.1\ \text{kN} \cdot \text{m}$$

初步选用腹板拼接板为 $2 - 8 \times 330 \times 440$,在腹板拼接缝每侧排两列螺栓,即12个高强度螺栓,排列如图7.5所示。

1)高强度螺栓的受力验算

每个高强度螺栓所承受的竖向剪力

$$V_1 = \frac{V}{n} = \frac{170}{12} = 14.2\ \text{kN}$$

在弯矩作用下,受力最大螺栓所受的水平剪力

$$T_1 = \frac{(M_w + \Delta M_w)y_1}{\sum y_i^2} = \frac{57.1 \times 10^3 \times 175}{4 \times (35^2 + 105^2 + 175^2)} = 58.3\ \text{kN} < 101.3 \times \frac{175}{264} = 67.1\ \text{kN}$$

受力最大螺栓所受合力为

$$N_1 = \sqrt{T_1^2 + V_1^2} = \sqrt{58.3^2 + 14.2^2} = 60.0\ \text{kN} < N_v^b = 101.3\ \text{kN}$$

2)接板强度验算

两块拼接板的净截面惯性矩

$$I_{wsn} = 2 \times \frac{8 \times 440^3}{12} - 4 \times 8 \times 21.5 \times (35^2 + 105^2 + 175^2) = 8.4 \times 10^7\ \text{mm}^4$$

拼接板靠近拼接缝处第一列螺栓处截面弯矩为

$$M_w + V \cdot e' = 42.6 + 170 \times 0.050 = 51.1\ \text{kN}$$

拼接板受弯时的最大弯曲应力

$$\sigma = \frac{(M_w + V \cdot e')y}{I_{wsn}} = \frac{51.1 \times 10^6 \times 220}{8.4 \times 10^7} = 133.8\ \text{N/mm}^2 < f = 215\ \text{N/mm}^2,\text{可。}$$

两块拼接板的净截面面积为

$$A_{wsn} = 2 \times 8 \times 440 - 2 \times 6 \times 8 \times 21.5 = 4\,976\ \text{mm}^2$$

最大剪应力

$$\tau = 1.5\frac{V}{A_{wsn}} = 1.5 \times \frac{170 \times 10^3}{4\,976} = 51.2\ \text{N/mm}^2,\text{可。}$$

(3)梁净截面强度验算

近似地将受压与受拉翼缘孔眼面积同样扣除,则其净截面仍为双轴对称截面,可使计算更为简捷。

孔眼面积的惯性矩(计算中忽略各孔眼对本身形心轴的惯性矩)

$I_h = 4 \times 14 \times 21.5 \times 257^2 + 2 \times 10 \times 21.5(35^2 + 105^2 + 175^2)$

$= 79\ 522\ 996 + 18\ 436\ 250 = 9.8 \times 10^7\ \text{mm}^4$

梁的净截面惯性矩

$I_n = I - I_h = 4.7 \times 10^8 - 9.8 \times 10^7 = 3.7 \times 10^8\ \text{mm}^4$

$$W_{nx} = \frac{3.7 \times 10^8}{257} = 1.4 \times 10^6\ \text{mm}^3$$

$$\sigma = \frac{M}{W_{nx}} = \frac{200 \times 10^6}{1.4 \times 10^6} = 142.9\ \text{N/mm}^2 < f = 215\ \text{N/mm}^2\text{，可。}$$

在以上验算中，为简化计算且稍偏于安全，均未考虑孔前传力的影响。

7.2.2　次梁和主梁的连接

次梁和主梁的连接分铰接和刚接两种。铰接应用较多，刚接只是在次梁设计成连续梁时采用。

(1)铰接连接　铰接连接按构造可分为叠接和平接两种。叠接是将次梁直接搁在主梁上，并用焊缝或螺栓连接(图 7.6a)。叠接需要较大的结构高度，故应用常受到限制，但其构造简单，便于施工。

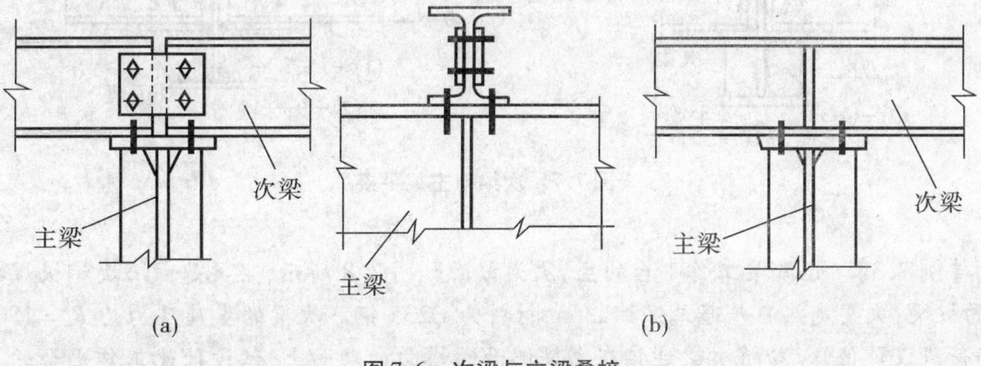

图 7.6　次梁与主梁叠接

平接是将次梁连接于主梁侧面，次梁顶面可略高于或低于主梁顶面，或两者等高，因此结构高度较小。次梁可连接于主梁的加劲肋上(图 7.7a)或与主梁腹板相连的角钢上(图 7.7b)，此时需将次梁下翼缘切去一肢，上翼缘端部切割一小段，故制造较费工。也可连接于主梁腹板上设置的支托上(图 7.7c)。

每一种连接都要将次梁支座反力，即梁端剪力传递给主梁。而梁腹板的主要作用是抗剪，故应将次梁腹板连于主梁腹板上，或连于与主梁腹板相连的铅垂方向抗剪刚度较大的加劲肋上或承托的竖直板上。在图 7.7(c)和(d)中，次梁支座压力 V 先由焊缝①传给承托竖直板，再由焊缝②传给主梁腹板。连接需要的焊缝或螺栓数量应按次梁的反力计算。考虑到连接并非理想铰接，会有一定的弯矩作用，故计算时宜将次梁反力增加20% ~ 30%。(2)刚性连接　刚性连接也可做成叠接和平接。叠接可使次梁在主梁上连续贯通

(图7.6b),施工较简单,缺点也是结构高度较大。平接的构造如图7.7(d)所示,次梁的支座反力 R 由承托传至主梁,端部的负弯矩则由上、下翼缘承受,用在上、下翼缘设置的连接盖板和承托的顶板,传递弯矩 M 分解的水平力 $H = M/h$(h 为次梁高度)。连接盖板的截面及其与次梁上翼缘的连接焊缝、次梁下翼缘与承托顶板的连接焊缝,以及承托顶板与主梁腹板的连接焊缝,均按承受此水平力进行计算。盖板与主梁上翼缘的连接焊缝采用构造焊缝。为了避免仰焊,连接盖板的宽度应比次梁上翼缘稍窄,承托顶板的宽度则应比下翼缘稍宽。

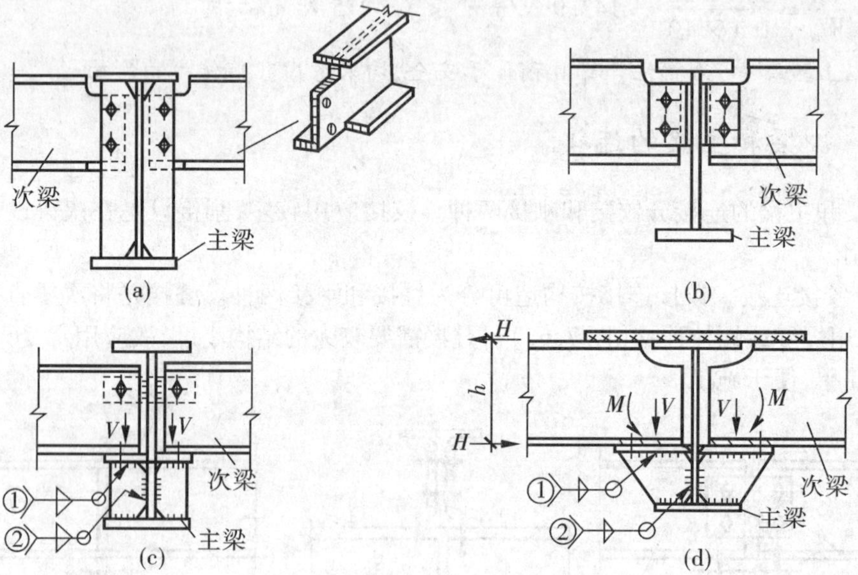

图7.7 次梁与主梁平接

【例7.3】 已知某工作平台的主、次梁截面如图7.8所示,主梁是由三块钢板焊接而成的板梁,次梁是热轧普通工字钢I36a,材料为Q235钢。次梁的支座反力为 $R = 180\ kN$(静荷载设计值)。拟将次梁连接在主梁侧面的横向加劲肋上,试设计此工作平台的主次梁简单连接。要求:(1)采用高强度螺栓摩擦型连接;(2)采用角焊缝连接。

【解】 由型钢表查得I36a的截面尺寸:翼缘宽度 $b = 136$ mm,翼缘厚度 $t = 15.8$ mm;腹板厚度 $t_w = 10$ mm,腹板上下端圆弧半径 $r = 12$ mm。

(1)主次梁采用高强度螺栓摩擦型连接

高强度螺栓采用10.9级M20,设计预拉力值 $P = 155$ kN,螺栓孔径 $d_0 = 21.5$ mm。主次梁连接处接触面采用喷砂后生赤锈,抗滑移系数 $\mu = 0.45$。

一个高强度螺栓在摩擦型抗剪连接中的受剪承载力设计值为

$$N_v^b = 0.9 n_f \mu P = 0.9 \times 1 \times 0.45 \times 155 = 62.8\ \text{kN}$$

连接所需螺栓数目

$$n \geqslant \frac{(1.2 \sim 1.3) \cdot R}{N_v^b} \approx \frac{(1.2 \sim 1.3) \times 180}{62.8} = 3.4 \sim 3.7,\text{采用 } n = 4$$

式中　(1.2 ~ 1.3) 为次梁反力 R 的增大系数,用于考虑连接并非完全简支的影响。

主次梁连接的构造及螺栓排列如图7.8(b)中主梁腹板左边所示:次梁截面上部切去高度40 mm > $(t+r)=15.8+12=27.8$ mm,可。螺栓的间距、端距与边距均满足最大和最小容许距离的要求,其中最下面的一个螺栓至次梁底面的距离为75 mm > $c_{\min}$ = 65 mm,满足最小线距的要求。

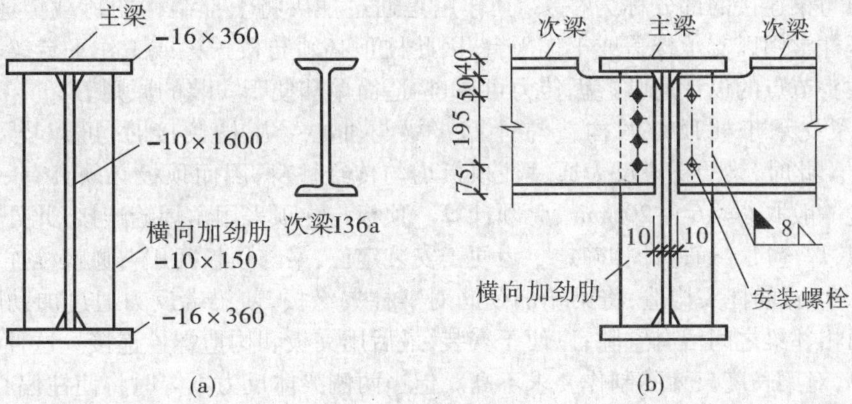

图7.8　例7.3图

由图7.8(b)可见,因连接构造需要,次梁端部截面由原来的工字形变成了L形,同时螺栓孔的存在进一步削弱了次梁端部截面。因此,需进行次梁端部截面的抗剪强度验算。

近似按矩形净截面的最大剪应力验算次梁端部的抗剪强度

$$\tau_{\max}=1.5\times\frac{180\times10^3}{(360-40-4\times21.5)\times10}=115.4\ \text{N/mm}^2<f_v=125\ \text{N/mm}^2,\text{可}$$

(2)主次梁采用角焊缝连接

主次梁连接的构造如图7.8(b)中主梁腹板右边所示。可用于传递次梁反力 R 的连接焊缝是一条竖向边缘角焊缝,按构造要求,可采用的最大焊脚尺寸为

$$h_{f,\max}=\min\{t_s-(1\sim2)\ \text{mm},1.2t_{\min}\}=\min\{10-(1\sim2),1.2\times10\}=8\sim9\ \text{mm}$$

式中　$t_s=10$ mm 为横向加劲肋厚度,$t_{\min}=t_w=10$ mm 为次梁腹板厚度。

采用边缘角焊缝的焊脚尺寸 $h_f=8$ mm,得计算长度为 $l_w=360-40-2h_f=304$ mm,焊缝有效截面上的应力

$$\tau_f=\frac{1.3R}{0.7h_fl_w}=\frac{1.3\times180\times10^3}{0.7\times8\times304}=137.5\ \text{N/mm}^2<0.9f_f^w=0.9\times160=144\ \text{N/mm}^2,\text{可。}$$

式中　1.3 为次梁反力 R 的增大系数,用于考虑连接并非完全简支的影响;0.9 是考虑高空立焊焊接条件较差而采用的角焊缝强度设计值折减系数。

对于次梁端部截面的抗剪强度,因前面采用螺栓连接时已能满足要求,故采用焊缝连接时必然满足,不必再算。

7.3* 轴心受压柱的柱头和柱脚

7.3.1 轴心受压柱的柱头

柱顶与梁连接的部分称为柱头，其作用是通过柱头将上部结构的荷载传递到柱身。轴心受压柱常用以支承楼盖或工作平台，因此柱顶必须与楼盖梁或工作平台梁相连形成柱头。柱头节点的设计通常遵循传力可靠、构造简单和便于安装的原则。

(1)梁支承于柱顶时的构造与计算　梁与轴心受压柱铰接时，可以支承于柱顶(图7.9)。此时，梁的支座反力通过柱顶板均匀传给柱身，因而顶板必须具有一定刚度，顶板厚度一般取 $t = 16 \sim 20$ mm，无须计算。顶板与柱顶采用角焊缝连接，此处焊缝传递全部荷载，焊缝尺寸通过计算确定。为便于安装定位，梁与顶板间用普通螺栓连接。

图7.9(a)的柱头构造，将梁端加劲肋对准柱翼缘板，使梁端反力通过加劲肋传至柱翼缘。两相邻梁之间留有空隙，以便于安装，最后用夹板和构造螺栓连接。这种连接方式构造简单，对梁长度尺寸的制作要求不高。但当两侧梁体反力不等时将使柱偏心受压，宜按压弯构件对柱体进行验算。

图7.9(b)的柱头构造，梁端焊接支承加劲肋，加劲肋伸出梁的下翼缘不超过肋板厚度的2倍。加劲肋突缘刨平顶紧于柱顶板。梁的反力传至柱体轴线附近，即使相邻梁体的反力不等，柱仍接近轴心受压。为了不使柱顶腹板受力过分集中，可在肋板下的腹板两侧设置加劲肋。此时，柱顶传递下来的大部分荷载将由加劲肋承受。加劲肋顶部若刨平顶紧于柱顶板底面，其与顶板间的焊缝按构造设置，否则角焊缝应按传力需要设置。加劲肋与柱腹板间的竖向角焊缝要按同时传递剪力和弯矩计算。其剪力为由加劲肋顶部传下之力，作用于加劲肋顶部中点，因其相对于加劲肋与柱腹板之间的竖向角焊缝有偏心而产生弯矩。两相邻梁体间可预留空隙，安装时嵌入合适尺寸的填板并用普通螺栓相连，以调整梁在加工制造过程中跨度方向的尺寸偏差。

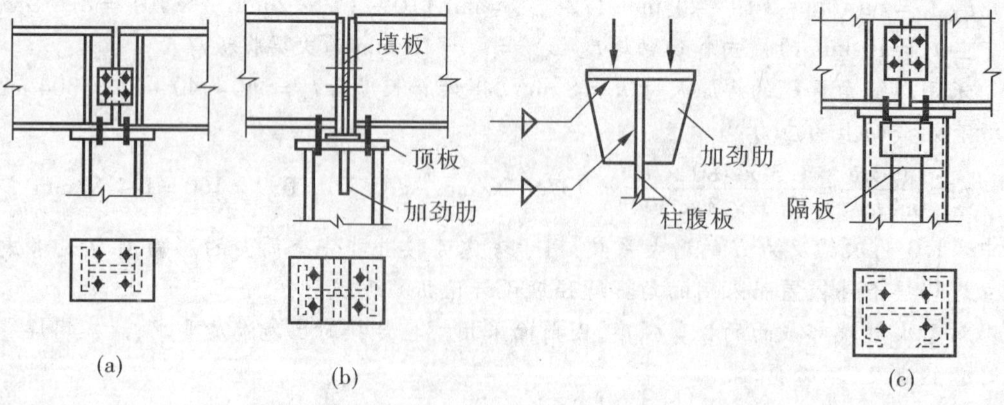

图7.9　梁支承于柱顶的柱头构造

图7.9(c)为格构式柱的柱头构造,为保证各柱肢受力均匀,不论是缀条柱还是缀板柱,在柱顶处应设置端缀板,并在两分肢的腹板处设竖向隔板。

(2)梁支承于柱顶两侧时的构造与计算　侧面连接时常用的柱头铰接构造如图7.10所示。梁端设置的端加劲肋底面刨平顶紧于焊接在柱身的承托上。承托可采用厚钢板或T形件。梁端压力通过加劲肋传递给承托,要按此压力验算端加劲肋的承压面积和承托与柱身的连接焊缝。考虑到荷载偏心的不利影响,对后者的计算中,还须将反力适当加大25%。为方便安装,梁端与柱间应留空隙添加填板并设置构造螺栓。这种连接传力明确,构造简单,但对梁的制作与安装的精度要求较高。梁的长度与两柱对应翼缘间的距离不能有较大的偏差。梁端加劲肋底面与承托板顶面要有良好的接触。此外,当两侧梁的支座反力相差较大时,应考虑偏心,对柱身按压弯构件进行验算。

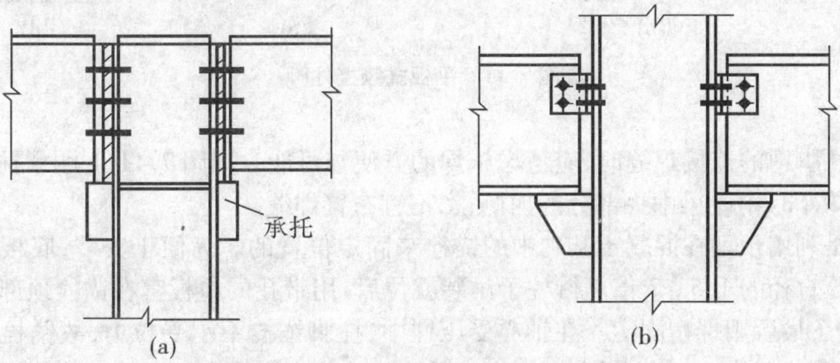

图7.10　梁支承于柱顶两侧的柱头构造

7.3.2　轴心受压柱的柱脚

柱脚的功能是将柱子的内力可靠地传递给基础,并和基础牢固连接。柱脚分为铰接和刚接两种类型。铰接柱脚只能承受轴力和剪力,刚接柱脚同时还能承受弯矩。轴心受压柱的柱脚一般做成铰接。

(1)柱脚的形式与构造　图7.11是几种常见的平板式铰接柱脚。图7.11(a)是一种最简单的柱脚构造方式,柱底端焊接了一块不太厚的底板,柱中压力经过焊缝后才由底板到达基础。如果压力太大焊缝势必很厚以致超过焊脚尺寸的构造要求,并且基础的压力也分布不均,将会直接影响基础的承载能力,所以这类柱脚只适用于压力较小的轻型柱。当荷载较大时,可将柱端刨平顶紧于底板上,依靠刨平顶紧传力,此时仍应设置角焊缝,焊缝可按传递部分轴力计算,其主要用以固定底板位置。这种构造方式虽然简单,但是柱端的加工需要在大型设备上完成,不易实现,并且所需的底板厚度也较大,因此目前使用较少。一般的铰接柱脚采用图7.11(b)、(c)、(d)的形式,在柱端与底板间增设一些中间传力零件,如靴梁、隔板和肋板等,以增加柱与底板的连接焊缝长度,并将底板分成若干区格,使板件弯矩降低,厚度减小。图7.11(b)中,靴梁焊接于柱的两侧,柱身压力通过与靴梁连接的竖向焊缝先传给靴梁,压力即可向两侧分布,然后再通过与底板连接的水平焊缝经底板到达基础。当底板的底面尺寸较大时,为提高板件的抗弯能力,可在靴梁之间设置隔板，以减小底板弯矩，并增加靴梁的侧向刚度。图7.11(c)为格构柱的柱脚构造。图7.11(d)中，在靴梁外侧又设置了肋板，底板多做成正方形或接近正方形。

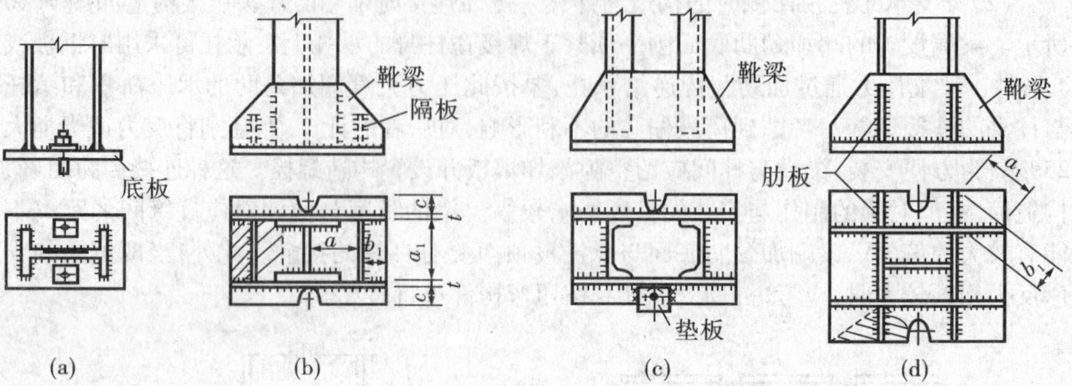

图7.11　平板式铰接柱脚

布置柱脚中的连接焊缝时，应考虑施焊的方便与可能。如图7.11(b)中隔板的内侧，图7.11(c)、(d)中靴梁中央部分的内侧，都不宜布置焊缝。

柱脚是利用预埋在混凝土基础中的锚栓来固定位置的。为便于安装，底板上的锚栓孔径取锚栓直径的1.5~2倍。待柱子吊装就位后，用带孔的垫板套在锚栓顶部并焊接于柱脚底板上，最后用螺帽固定。在轴心受压柱中，柱脚锚栓不承受拉力，故锚栓直径及数量无需计算，按照构造要求采用2~4个直径为20~24 mm的锚栓即可。

柱端的底板用以分布柱中压力至混凝土基础，底板面积由混凝土基础的抗压强度确定，厚度则由基础反力作用下底板的弯曲情况确定。为使底板具有一定刚度且传力均匀，最小板厚常取为20~30 mm。

铰接柱脚底部的剪力由底板与基础表面的摩擦力传递。当此摩擦力不足以承受水平剪力时，应在柱脚底板下设置抗剪键(图7.12)，抗剪键可用方钢、短T型钢或H型钢做成。

(2)柱脚的计算

1)底板的计算

①底板平面尺寸。底板的平面尺寸取决于基础材料的抗压能力。铰接柱脚的底板一般采用矩形，底板面形心与柱截面形心重合。计算时通常假定基础对底板的压应力是均匀分布的。这样，所需的底板面积A按下式确定

$$A \geqslant \frac{N}{\beta_c f_c} \tag{7.3}$$

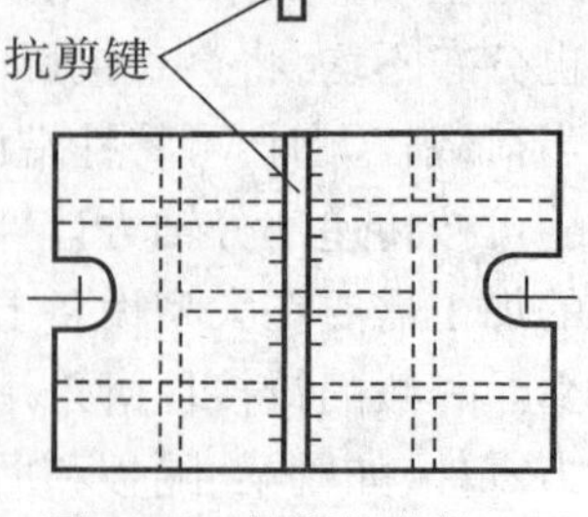

图7.12　柱脚抗剪键

式中　N——作用于柱脚的压力设计值；

f_c——基础混凝土的抗压强度设计值；

β_c——基础混凝土局部承压时的强度提高系数。

若底板上设置有锚栓，所需的底板面积中还应加入锚栓孔面积A_0。

底板宽度 b 可由柱截面宽度和相关部件尺寸确定。对于有靴梁的柱脚,如图 7.11(b),可取

$$b = a_1 + 2t + 2c \tag{7.4}$$

式中　a_1——柱子截面高度或宽度;

t——靴梁板厚度,常取 10 ~ 16 mm;

c——底板悬伸部分宽度,一般取 20 ~ 100 mm,并且要使尺寸 b 为 10 mm 的倍数。

底板长度 L 为

$$L = A/b \tag{7.5}$$

L 不应大于 $2b$。

这样,底板所承受的均布压应力为

$$q = N/(L \times b - A_0) \leqslant f_c \tag{7.6}$$

②底板厚度。底板厚度由板的抗弯强度决定。底板可视为一块支承在靴梁、隔板和柱端的平板,它承受基础传来的均匀反力。靴梁、隔板、肋板和柱的端面可视为底板的支承边,并将底板分隔成不同的区格,包括四边支承、三边支承、两相邻边支承和一边支承等区格。在均匀分布的基础反力作用下,各区格板单位宽度上的最大弯矩为:

a)四边支承板且 $\dfrac{b_1}{a_1} \leqslant 2$

$$M_1 = \beta_1 q a_1^2 \tag{7.7}$$

式中　q——所计算板段内底板下部平均应力,也可偏安全地取其中的最大应力;

β_1——与 $\dfrac{b_1}{a_1}$ 有关的参数,按表 7.1 采用;

a_1、b_1——计算区格的短边和长边尺寸。

表 7.1　参数 β_1

四边支承板 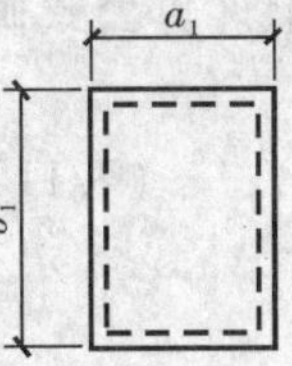	$\frac{b_1}{a_1}$	1.0	1.1	1.2	1.3	1.4	1.5	1.6	1.7	1.8	1.9	2.0	>2.0
	β_1	0.048	0.055	0.063	0.069	0.075	0.081	0.086	0.091	0.095	0.099	0.102	0.125

b)三边支承板或两相邻边支承板且 $\dfrac{b_2}{a_2} \leqslant 2$

$$M_2 = \beta_2 q a_2^2 \tag{7.8}$$

式中　β_2——与 $\dfrac{b_2}{a_2}$ 有关的参数,按表 7.2 采用;

a_2、b_2——对三边支承板,为板的自由边长度和相邻自由边的边长,对两相邻边支承的板,为两支承边对角线的长度和两支承边交点至对角线的距离。

表 7.2 参数 β_2

三边支承板 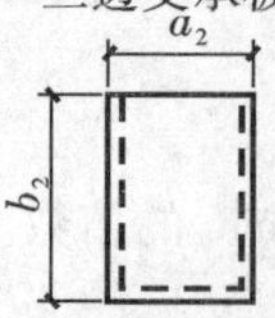	$\frac{b_2}{a_2}$	0.3	0.35	0.4	0.45	0.5	0.55	0.6	0.65	0.7	0.75	0.80
	β_2	0.027	0.036	0.044	0.052	0.060	0.068	0.075	0.081	0.087	0.092	0.097
两相邻边支承板 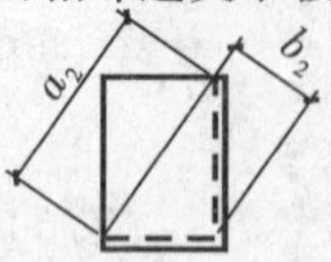	$\frac{b_2}{a_2}$	0.85	0.9	0.95	1.0	1.1	1.2	1.3	1.4	1.5	1.75	2.0
	β_2	0.101	0.105	0.109	0.112	0.117	0.121	0.124	0.126	0.128	0.130	0.132

注：当 $\frac{b_2}{a_2} < 0.3$ 时，按悬伸长度为 b_2 的悬臂板计算

c）对 $\frac{b_1}{a_1} > 2$ 或 $\frac{b_2}{a_2} > 2$ 的板及两对边支承的板，可按两边简支板计算

$$M_3 = \frac{1}{8}qa_3^2 \tag{7.9}$$

式中 a_3——简支板跨度（即 a_1 或 a_2）。

d）对只有一边支承的板按悬臂板计算

$$M_4 = \frac{1}{2}qa_4^2 \tag{7.10}$$

式中 a_4——悬臂板长度（或 $\frac{b_2}{a_2} < 0.3$ 中的 b_2）。

e）最大弯矩 $M_{\max}$。

以上各计算式中的 q 均为各板块底部的平均应力或最大应力。按照以上计算公式确定了各块底板所承受的弯矩之后，即可得到最大弯矩

$$M_{\max} = \max(M_1、M_2、M_3、M_4) \tag{7.11}$$

底板厚度可由底板压应力所产生的最大弯矩确定，即

$$t \geqslant \sqrt{\frac{6\ M_{\max}}{f}} \tag{7.12}$$

设计时要注意靴梁和隔板的布置应尽可能使各区格板中的弯矩相差不要太大，以免底板过厚。底板厚度通常取 20 ~ 40 mm，最薄不宜小于 14 mm，以确保板件有足够刚度。

2）靴梁计算

①尺寸计算及构造。靴梁厚度宜与被连接的柱子的翼缘厚度大致相同，但板件的厚度不宜小于 10 mm。靴梁高度由柱身与靴梁连接焊缝所需长度确定，不宜小于 400 mm。在柱身范围内，靴梁内侧不便焊接，一般仅在柱身外侧与柱有 4 条传力焊缝连接。按构造要求先假定焊脚尺寸为 h_f，则每条焊缝长度为

$$l_w \geqslant \frac{N}{4 \times 0.7h_f f_f^w} \tag{7.13}$$

靴梁高度为 $l_w + 10$ mm。

靴梁与底板间的所有连接焊缝按传递柱全部压力 N 计算，一般不计入柱与底板间、隔板与底板间的焊缝。此处水平焊缝焊脚尺寸 h_f 为

$$h_f \geqslant \frac{N}{0.7\beta_f f_f^w \sum l_w} \tag{7.14}$$

②强度计算。靴梁根据其所承担底板区域内（通常为底板的一半宽度范围）基础反力计算强度。靴梁可按支承于柱边的双悬臂梁计算。

两块靴梁板承受的最大弯矩为

$$M = qbl^2/2 \tag{7.15}$$

承受的最大剪力为

$$V = qbl \tag{7.16}$$

式中　l——靴梁悬臂长度。

根据M和V值验算靴梁的抗弯和抗剪强度。

3）隔板和肋板计算　为了支撑底板，隔板应具有一定刚度，故隔板的厚度不得小于其宽度的1/50，一般比靴梁略薄，高度略小。

隔板可视为支承于靴梁上的简支梁，荷载可按承受图7.11（b）中阴影面积的底板反力计算，按此荷载产生的内力验算隔板与靴梁的连接焊缝以及隔板本身的强度。注意隔板内侧焊缝不易施焊，计算时不能考虑受力。

肋板按悬臂梁计算，承受的荷载如图7.11（d）中阴影部分的底板反力。肋板与靴梁间的连接焊缝以及肋板本身的强度均应按其承受的弯矩和剪力计算。

【例7.4】　一轴心受压实腹柱，轴心压力设计值为 $N = 1\,480$ kN，柱截面尺寸如图7.13(b)所示，钢材为Q235。试设计此实腹柱的柱头和柱脚。

【解】　(1)柱头设计

柱端设置一顶板 $-14 \times 340 \times 480$，柱端加劲肋尺寸 $2-18 \times 145 \times 500$（图7.13a）。

荷载 $N = 1\,480$ kN 通过顶板端面承压传给两个加劲肋。需要的承压面积

$$A = \frac{N}{f_{ce}} = \frac{1\,480 \times 10^3}{325} = 4\,554\ \text{mm}^2$$

故选用加劲肋宽145 mm，厚18 mm，$A = 2 \times 145 \times 18 = 5\,200\ \text{mm}^2$。

加劲肋各采用两条 $h_f = 10$ mm，$l = 500$ mm 的角焊缝和柱腹板相连。每根加劲肋传力 $N/2 = 740$ kN，按悬臂梁计算。

计算此焊缝强度

$$A_w = 0.7h_f \sum l_w = 2 \times 0.7 \times 10 \times (500-20) = 6\,720\ \text{mm}^2$$

$$W_w = \frac{2 \times 0.7h_f l_w^2}{6} = \frac{2 \times 0.7 \times 10 \times 480^2}{6} = 5.4 \times 10^5\ \text{mm}^3$$

$$\sqrt{\left(\frac{\sigma_f}{\beta_f}\right)^2 + \tau_f^2} = \sqrt{\left(\frac{N/2 \times 73}{1.22W_w}\right)^2 + \left(\frac{N/2}{A_w}\right)^2} = \sqrt{\left(\frac{740 \times 73 \times 10^3}{1.22 \times 5.4 \times 10^5}\right)^2 + \left(\frac{740 \times 10^3}{6\,720}\right)^2}$$

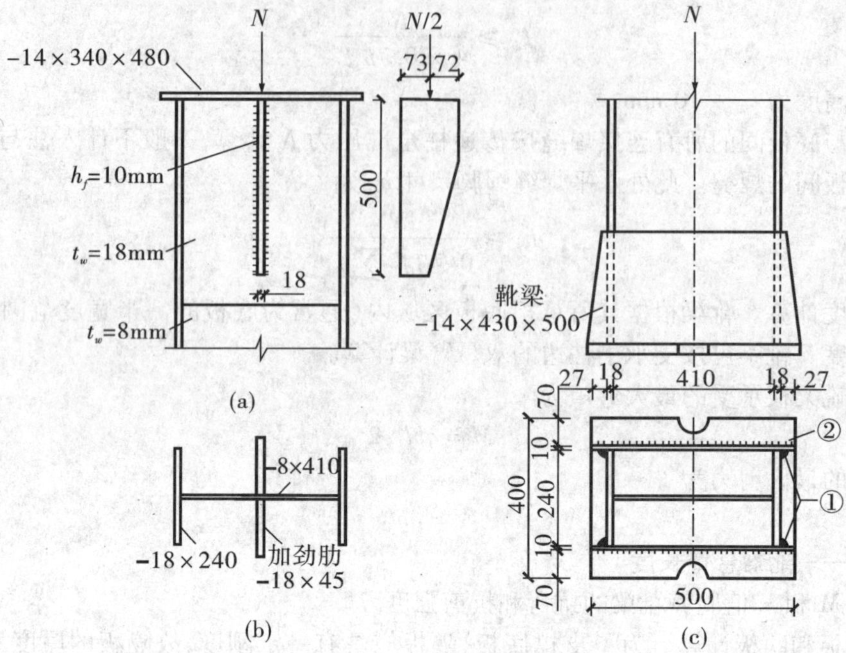

图 7.13 例 7.4 图

$$=\sqrt{82.5^2+110.1^2}=137.6\ \text{N/mm}^2<f_f^w=160\ \text{N/mm}^2$$

满足要求。

加劲肋厚度取决于端面承压要求，由于加劲肋厚度为 18 mm，故需将柱头部分的腹板换成 $t_w=18$ mm 的板。

验算加劲肋本身强度，按悬臂梁计算。在和腹板连接处的截面为 18 × 500 的矩形截面，受剪力 $N/2=740$ kN，弯矩 $M=740\times0.073=54.0$ kN · m，故

$\tau=1.5\times\dfrac{740\times10^3}{18\times500}=123.3\ \text{N/mm}^2>f_v=120\ \text{N/mm}^2$，但不超过强度设计值的 5%，可。

$$\sigma=\frac{M}{W}=\frac{54.0\times10^6}{\frac{1}{6}\times18\times500^2}=72.0\ \text{N/mm}^2<f=205\ \text{N/mm}^2\text{，可。}$$

计算表明，加劲肋高度 500 mm 取决于加劲肋的抗剪强度。

(2) 柱脚设计

底板宽度 $b=240+2\times(10+70)=400$ mm

假设基础混凝土标号为 C20，考虑基础混凝土局部受压强度提高系数的混凝土轴心抗压设计强度 $f_c=11\ \text{N/mm}^2$，则

$$L=\frac{N}{bf_c}=\frac{1\,480\times10^3}{400\times11}=336.4\ \text{mm}$$

考虑到锚栓处底板的槽口，取 $L=500$ mm。

轴心力 $N=1\ 480$ kN 经四根角焊缝①传给靴梁，取 $h_f=8$ mm，所需角焊缝的长度为

$$l_w=\frac{N}{4\times0.7h_f\times f_f^w}=\frac{1\ 480\times10^3}{4\times0.7\times8\times160}=413\ \text{mm}$$

取靴梁高430 mm。

靴梁内力经角焊缝②传给底板，设焊缝高度 $h_f=12$ mm，则

$$\sum l_w=2\times476=952\ \text{mm}$$

$$\sigma_f=\frac{N}{0.7h_f\sum l_w}=\frac{1\ 480\times10^3}{0.7\times12\times952}=185.1\ \text{N/mm}^2<\beta_f f_f^w=195.2\ \text{N/mm}^2\text{，可。}$$

基础对底板压应力

$$q=\frac{N}{bL}=\frac{1\ 480\times10^3}{400\times500}=7.4\ \text{N/mm}^2$$

悬臂板 $a_1=68$ mm 则

$$M_1=\frac{qa_1^2}{2}=\frac{7.4\times68^2}{2}=17\ 108.8\ \text{N}\cdot\text{mm}$$

三边支承板 $a_2=240$ mm，$b_2=27$ mm，$b_2/a_2=0.1125<0.3$，按悬臂长为 b_2 的悬臂板计算，则

$$M_2=\frac{qb_2^2}{2}=\frac{7.4\times27^2}{2}=2\ 697.3\ \text{N}\cdot\text{mm}$$

四边支承板 $a_3=116$ mm，$b_3=410$ mm，$b_3/a_3=3.534>2$，按跨度为116 mm的两边简支计算，则

$$M_3=\frac{1}{8}qa_3{}^2=0.125\times7.4\times116^2=12\ 446.8\ \text{N}\cdot\text{mm}$$

$$t=\sqrt{\frac{6M_{\max}}{f}}=\sqrt{\frac{6\times17\ 108.8}{205}}=22.4\ \text{mm}$$

取 $t=24$ mm。底板厚度为24 mm，$f=205$ N/mm^2。

按双悬伸梁验算靴梁强度，悬伸部分长27 mm，荷载 $\bar{q}=q\ \dfrac{b}{2}=7.4\times\dfrac{400}{2}=$ 1 480 N/mm^2 靴梁高430 mm，厚12 mm，受剪力 $V=\bar{q}\times27=4.0\times10^4$ N

弯矩 $M=\dfrac{1}{2}\bar{q}\times27^2=5.4\times10^5\ \text{N}\cdot\text{mm}$，则

$$\tau=\frac{1.5V}{430\times12}=\frac{1.5\times4.0\times10^4}{430\times12}=11.6\ \text{N/mm}^2<f_v=125\ \text{N/mm}^2\text{，可。}$$

$$\sigma=\frac{M}{W}=\frac{5.4\times10^5}{\frac{1}{6}\times12\times430^2}=1.5\ \text{N/mm}^2<f=215\ \text{N/mm}^2\text{，可。}$$

靴梁跨中正弯矩部分由于底板参加工作，因而不进行强度验算。

7.4 框架的梁柱连接节点设计

框架中梁与柱的连接按转动刚度的不同可分为柔性连接、刚性连接和半刚性连接三种。柔性连接又称铰接,它只承受梁端竖向剪力并传递给柱体,变形时梁与柱轴线间夹角可变。刚性连接承受梁端传来的弯矩和竖向剪力,变形时梁柱间夹角保持不变。半刚性连接介于铰接和刚接之间,能够承受梁端传来的竖向剪力和一定量弯矩,节点转动时梁与柱轴线间的夹角将有所改变,但受到一定程度约束。实际工程中,柔性连接和半刚性连接多用于一些比较次要的连接中,框架结构中的梁柱连接以刚性连接为主。

7.4.1 柔性连接

图 7.14 为常见的梁柱铰接节点示意图。它一般仅将梁的腹板与柱翼缘或腹板相连(图 7.14a、b、c),或将梁简支于设置在柱上的承托上(图 7.14d)。节点可采用焊接或高强度螺栓连接。当连接与梁端剪力存在偏心时,除了计算剪力,尚须考虑偏心弯矩的影响。

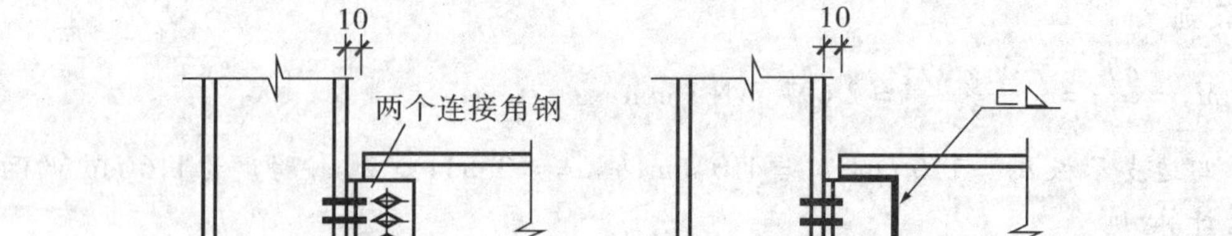

图 7.14 框架梁与柱铰接

7.4.2　半刚性连接

图 7.15 为常见的梁柱半刚接节点示意图。图 7.15(a)中,梁的腹板和下翼缘都用角钢作连接件,使用摩擦型高强度螺栓连接。图 7.15(b)中,梁的上、下翼缘分别通过盖板和支托与柱体相连,采用焊缝连接的方式。图 7.15(c)中,则为焊缝和螺栓混合连接的方式。这几类连接都简便易行,但因对梁端的约束常达不到刚性连接的要求,只能作为半刚性连接。

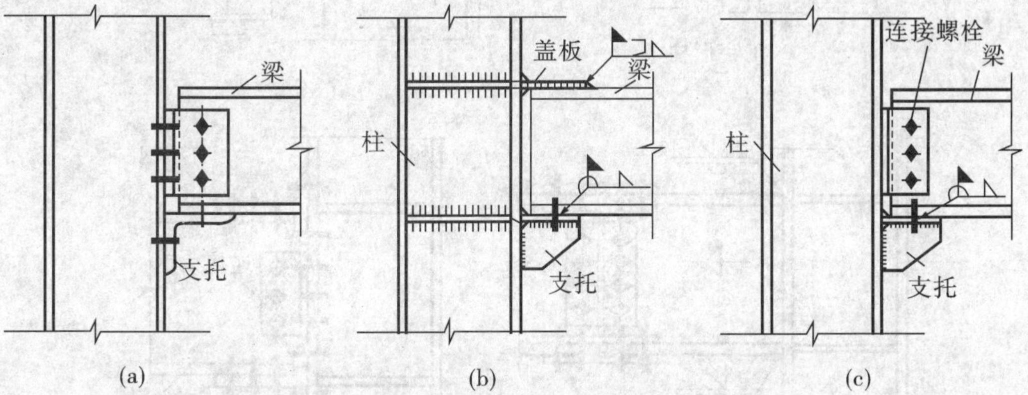

图 7.15　框架梁与柱半刚接

7.4.3　刚性连接

图 7.16 为常见的梁柱刚性连接节点示意图。图 7.16(a)为全焊接刚性节点。梁、柱翼缘间采用坡口焊缝连接,用来承受弯矩。为方便梁翼缘板处坡口焊缝的施焊和垫板的设置,梁腹板上、下端各预留一半圆槽口。梁腹板与柱翼缘采用两条角焊缝连接,以承受剪力。该类全焊接节点省工省料,但需要高空施焊,对焊接技术要求较高。梁腹板与柱翼缘也可用角钢和高强度螺栓连接,如图 7.16(b)示。这种栓焊混合的连接方式较为简便。图 7.16(c)为对图 7.16(a)节点的改进。柱体上焊接有悬臂短梁段,横梁采用高强度螺栓与柱体相连,避免了工地高空施焊,又便于梁的对中就位。梁端弯矩和剪力通过悬臂梁端的焊缝传递给柱子,而高强度螺栓则传递梁与悬臂段连接处的弯矩和剪力。因为螺栓拼接处的内力较梁端为小,所用螺栓数量也较梁端采用高强度螺栓连接时少。图 7.16(d)中,梁的上、下翼缘和腹板分别使用 T 型钢和角钢作连接件,全部采用高强度螺栓。

梁上翼缘的连接范围内,柱翼缘可能在水平拉力的作用下向外弯曲致使连接焊缝受力不均;梁下翼缘附近,柱腹板又可能因水平压力作用而局部失稳。故一般需在对应梁的上、下翼缘处设置柱的水平加劲肋或横隔。

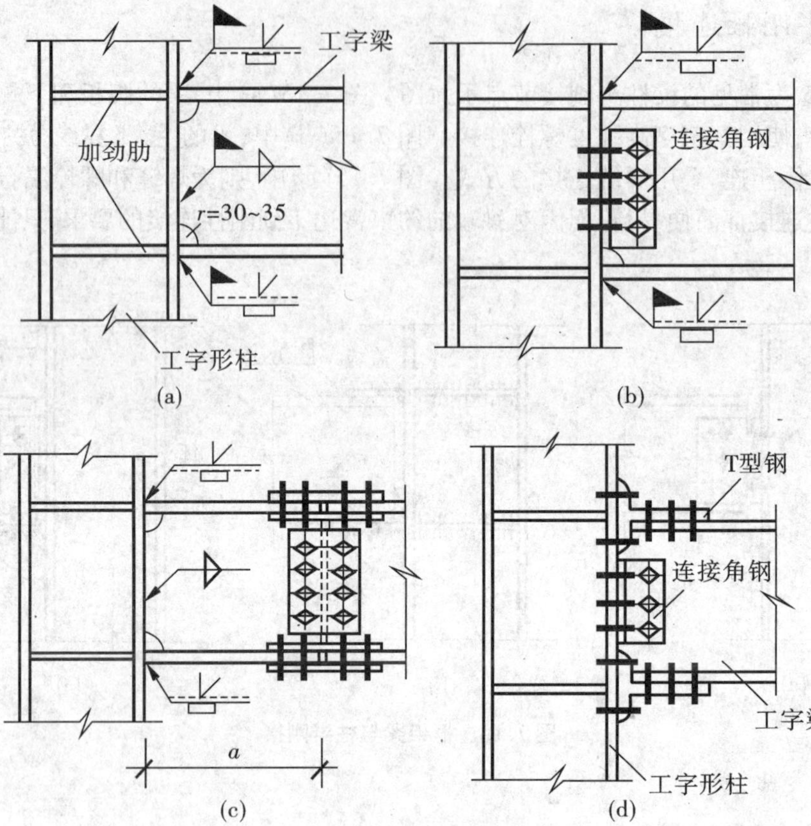

图 7.16 框架梁与柱刚接

7.5 偏心受压柱的柱脚设计

7.5.1 柱脚的类型与构造

偏心受压柱与基础的连接也有铰接柱脚和刚接柱脚两种类型。但框架柱大多需承受轴力、剪力和弯矩,因而多与基础刚接。刚接柱脚按构造形式可分为整体式柱脚、分离式柱脚和插入式柱脚(图 7.17)三种类型。实腹式柱或分肢间距小于 1.5 m 的格构柱,常采用整体式柱脚(图 7.17a)。分肢间距不小于 1.5 m 时,由于两分肢距离较大,采用整体式柱脚耗费的钢材较多,故可使用分离式柱脚(图 7.17b)。最近几年还出现了插入式柱脚(图 7.17c),它具有构造简单、施工方便、节省钢材、安全可靠等优点,在施工安装有保证时可以使用。

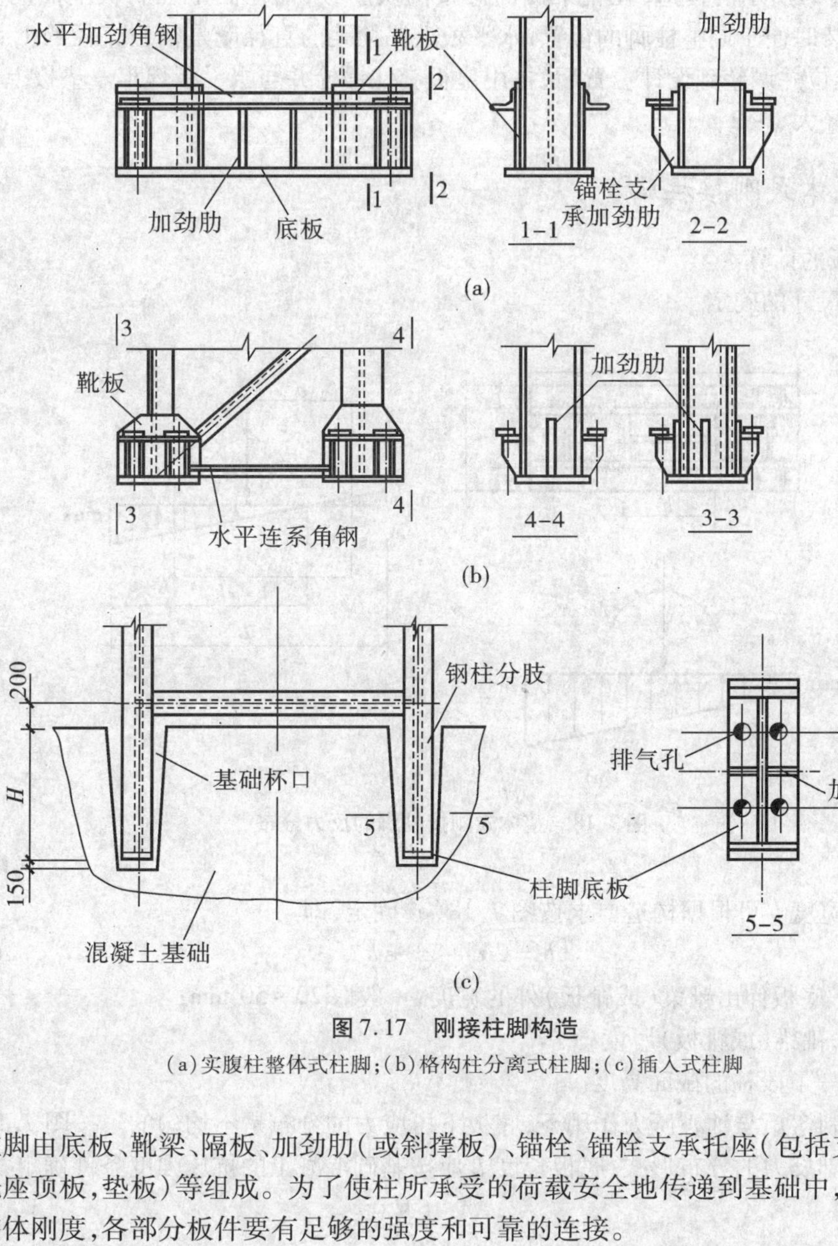

图7.17　刚接柱脚构造

(a)实腹柱整体式柱脚;(b)格构柱分离式柱脚;(c)插入式柱脚

柱脚由底板、靴梁、隔板、加劲肋(或斜撑板)、锚栓、锚栓支承托座(包括支承加劲肋、支承托座顶板,垫板)等组成。为了使柱所承受的荷载安全地传递到基础中,柱脚要有适当的整体刚度,各部分板件要有足够的强度和可靠的连接。

刚接柱脚的受力特点是在与基础连接处同时存在弯矩、轴力和剪力。剪力由底板与基础间的摩擦力或专门设置的抗剪键传递,柱脚按承受弯矩和轴力计算。一般假定柱子内力由柱身传至靴梁,再由靴梁传至基础(包括锚栓),基础反力呈线性变化。在基础反力及锚栓的拉力作用下,靴梁按两端悬臂梁验算其强度,靴梁的支点即为格构柱的柱肢或实腹柱的翼缘。

与轴心受压柱脚不同的是,刚接柱脚在弯矩作用下产生的拉力需由锚栓来承受,所以锚栓亦需计算。为了保证柱脚与基础能形成刚性连接,锚栓不宜直接固定在底板上而应采用图7.17(a)所示的构造，在靴梁侧面焊接两块肋板，锚栓固定在肋板上面的水平板上。为了安装时便于调整柱脚的位置，水平板上锚栓孔的直径应是锚栓直径的1.5～2.0倍，待柱子就位并调整到设计位置后，再用垫板套住锚栓并与水平板焊牢。垫板上的孔径只比锚栓直径大1～2 mm。

7.5.2 整体式刚接柱脚

(1)底板的计算

1)平面尺寸的确定

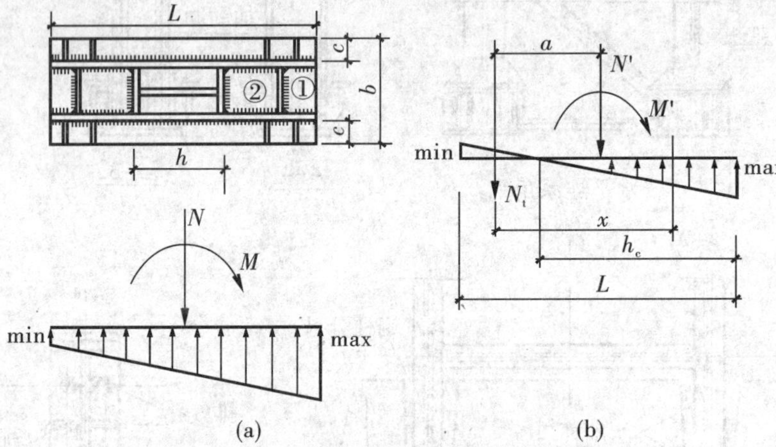

图7.18 整体式刚接柱脚的反力分布

底板的宽度 b 可根据构造要求按图7.18(a)确定，即

$$b = 2c + 2t + b_0 \tag{7.17}$$

式中 c ——底板伸出靴梁(或靴板)外的宽度，一般取20～50 mm；

t ——靴梁(或靴板)厚度；

b_0 ——下段柱的截面高度。

在最不利弯矩与轴心压力作用下，底板下压应力的分布是不均匀的。按图7.18所示柱脚底板基础反力的分布形式，底板长度 L 应按基础混凝土的抗压强度条件确定，即

$$\sigma_{\max} = \frac{N}{bL} + \frac{6M}{bL^2} \leqslant f_c \tag{7.18}$$

式中 M、N ——柱脚所承受的最不利弯矩和轴心压力，取使基础一侧产生最大压应力的内力组合；

f_c ——混凝土的承压强度设计值。

底板另一侧的最小应力为

$$\sigma_{\min} = \frac{N}{bL} - \frac{6M}{bL^2} \tag{7.19}$$

当 $\sigma_{\min}$ 为负值时，底板的应力分布如图7.18(b)所示。

2)底板厚度的确定　以上两式计算的应力值即决定了底板的应力分布,底板厚度可由底板压应力所产生的最大弯矩确定。具体计算方法同轴心受压柱柱脚。

按以上过程确定的底板厚度尚应满足构造要求,即不应小于 20 mm,亦不宜大于 40 mm。当底板面积较大时,为便于底板下二次浇灌层的施工,可在底板上开设直径为 100 mm 的排气孔,排气孔间的距离可采用 600 ~ 800 mm。

(2)柱脚锚栓的计算　图 7.18(b)中所示为柱脚底板产生拉应力时的应力分布,且由最大弯矩 M' 和相应较小轴力 N' 组合确定。一般情况下,可不考虑锚栓和混凝土基础的弹性性质,近似地按式(7.18)和式(7.19)求得底板两侧的应力。这时基础压应力的分布长度及最大压应力为已知,根据 $\sum M_c = 0$ 可求得锚栓拉力

$$N_t = \frac{M' - N'(x - a)}{x} \tag{7.20}$$

$$x = L - \left(\frac{h_c}{3} + \frac{L}{2} - a\right) = a + \frac{L}{2} - \frac{h_c}{3} \tag{7.21}$$

式中　a、x ——锚栓至轴力 N' 和至基础受压区合力作用点的距离。

按此锚栓拉力可计算出一侧锚栓的有效面积,进而确定锚栓的直径和数量。锚栓的有效面积为

$$A_e \geqslant \frac{N_t}{f_t^a} \tag{7.22}$$

按式(7.20)计算锚栓拉力比较方便,缺点是理论上不严密,并且算出的锚栓拉力往往偏大。因此,当所确定的锚栓直径大于 60 mm 时,则宜考虑锚栓和混凝土基础的弹性性质,按下述方法计算锚栓拉力,即

$$N_t = k\frac{M' + N'a}{h_0} - N' \tag{7.23}$$

其中

$$k = \frac{3}{3 - \alpha} \tag{7.24}$$

$$\alpha^2\left(\frac{3 - \alpha}{1 - \alpha}\right) = \beta \tag{7.25}$$

$$\beta = \frac{6(M' + N'a)}{bh_0^2} \cdot \frac{n_0}{\sigma_t} \tag{7.26}$$

式中　n_0——钢和混凝土弹性模量之比;

σ_t ——螺栓中心点所在位置的拉应力;

h_0——螺栓中心点至混凝土受压边缘的距离。

为方便计算,通常假定 σ_t 为螺栓的抗拉强度设计值 f_t^b ,确定 β ,并由表 7.3 查得系数 k ,按式(7.23)求出锚栓拉力。

还须指出,由于锚栓的直径一般较大,对粗大的螺栓,受拉时不能忽略螺纹处应力集中的不利影响;此外,锚栓是保证柱脚刚性连接的最主要部件,应使其弹性伸长不致过大,所以规范取了较低的抗拉强度设计值,分别相当于受拉构件强度设计值(第二组钢材)的 0.6 ~ 0.7 倍。

表 7.3 系数 β, k

β	0.068	0.098	0.134	0.176	0.225	0.279	0.340	0.407	0.482
k	1.05	1.06	1.07	1.08	1.09	1.10	1.11	1.12	1.13
β	0.565	0.656	0.755	0.864	0.981	1.110	1.250	1.403	1.567
k	1.14	1.15	1.16	1.17	1.18	1.19	1.20	1.21	1.22
β	1.748	1.944	2.160	2.394	2.653	2.935	3.248	3.592	3.977
k	1.23	1.24	1.25	1.26	1.27	1.28	1.29	1.30	1.31
β	4.407	4.888	5.431	6.047	6.756	7.576	8.532	9.663	10.02
k	1.32	1.33	1.34	1.35	1.36	1.37	1.38	1.39	1.40

(3)靴梁和隔板的计算　可采用与铰接柱脚类似的方法计算靴梁强度、靴梁与柱身及与隔板等的连接焊缝,并根据焊缝长度确定各自的高度。

在计算靴梁与柱身连接的竖直焊缝时,应按可能承受的最大内力 N_1 计算,即

$$N_1 = \frac{N}{2} + \frac{M}{h} \tag{7.27}$$

式中　h——柱截面高度。

7.5.3 分离式柱脚

分离式柱脚的整体可承受轴力和弯矩,通常用于格构式柱,其基本构造如图 7.17(b)所示。柱脚的两肢底板完全分开,并为轴心受力,故可取分肢可能产生的最大压力作为轴向力进行柱脚设计。柱脚锚栓应最不利内力换算成的最大拉力计算确定。

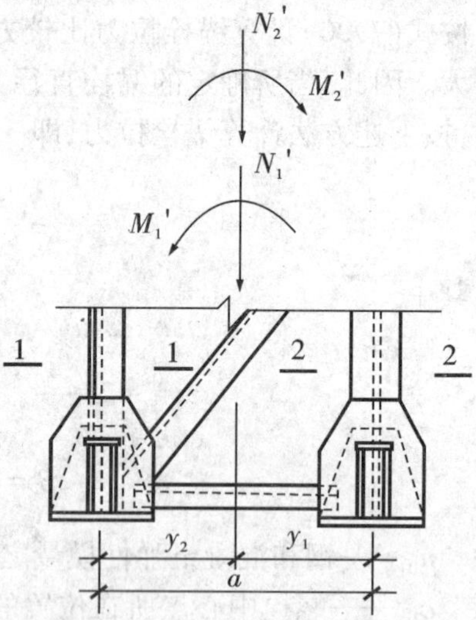

图 7.19　分离式柱脚柱肢的计算

(1)柱肢轴力计算　两独立柱脚所承受的最大压力为(见图 7.19):

左肢　$$N_l = \frac{N_2 y_1}{a} + \frac{M_2}{a} \tag{7.28}$$

右肢　$$N_r = \frac{N_1 y_2}{a} + \frac{M_1}{a} \tag{7.29}$$

式中　N_1、M_1——使右肢受压的柱脚的最不利内力组合;

N_2、M_2——使左肢受压的柱脚的最不利内力组合;

y_1、y_2——分别为右肢及左肢至柱轴线的距离;

a——两分肢轴线的距离。两独立柱脚可能承受的最大拉力为:

左肢　$$T_l = \frac{M_2'}{a} - \frac{N_2' y_1}{a} \tag{7.30}$$

右肢 $$T_r = \frac{M_1{}'}{a} - \frac{N_1{}'y_2}{a} \tag{7.31}$$

式中 $N_1{}'$、$M_1{}'$——使右肢受拉的柱脚的最不利内力组合（使右肢受拉的最大弯矩与相应的轴力）；

$N_2{}'$、$M_2{}'$——使左肢受拉的柱脚的最不利内力组合（使左肢受拉的最大弯矩与相应的轴力）。

（2）底板的计算

1）平面尺寸的确定　假定各肢底板对基础的压力在接触面上均匀分布，根据上述计算中每个柱脚的最大压力确定柱脚底板所需的净面积：

左肢 $$A_{nl} \geqslant \frac{N_l}{\beta_c f_{ce}} \tag{7.32}$$

右肢 $$A_{nr} \geqslant \frac{N_r}{\beta_c f_{ce}} \tag{7.33}$$

当两个底面积相差不大时，可取二者中的较大者。

式中 A_{ni}——底板净面积，除去锚栓面积；

β_c——基础混凝土局部承压强度提高系数；

f_{ce}——基础混凝土抗压强度设计值。

2）底板厚度的确定　可参照整体式柱脚设计。

（3）柱脚锚栓的计算　由式（7.30）和式（7.31）确定的最大拉力计算单个锚栓的净截面面积，并选定所需的锚栓规格：

$$A_e \geqslant \frac{T}{nf_t^b} \tag{7.34}$$

式中 T——两柱脚较大拉力；

n——单个柱脚所设螺栓数；

f_t^b——螺栓的抗拉强度设计值。

（4）靴梁和隔板的计算　靴梁、隔板等计算参照整体式柱脚。

7.5.4 插入式柱脚

单层厂房柱的刚接柱脚消耗钢材较多，即使采用分离式，柱脚重量为整个柱重的10%～15%。为了节约钢材，可以采用插入式柱脚，即将柱端直接插入钢筋混凝土杯形基础的杯口中。杯口构造和插入深度可参照钢筋混凝土结构的有关规定。插入式基础主要验算钢柱与二次浇灌层（细石混凝土）之间的黏结力以及杯口的抗冲切强度。

【例7.5】 试设计如图7.20所示的实腹式偏心受压柱的柱脚。柱截面为焊接工字形，柱翼缘和腹板截面尺寸为2－16×450 mm和1－8×480 mm。钢材为Q235，焊条为E43型，手工焊。锚栓抗拉强度设计值$f_t^a = 140\ \text{N/mm}^2$。基础混凝土为C15，轴心抗压强度设计值$f_c = 7.5\ \text{N/mm}^2$。柱脚承受下列两组内力设计值：

第一组（用于确定底板尺寸）：$N = 1200\ \text{kN}$，$M = 450\ \text{kN·m}$，$e = 0.375\ \text{m}$；

第二组（用于计算锚栓）：$N = 800\ \text{kN}$，$M = 420\ \text{kN·m}$，$e = 0.525\ \text{m}$。

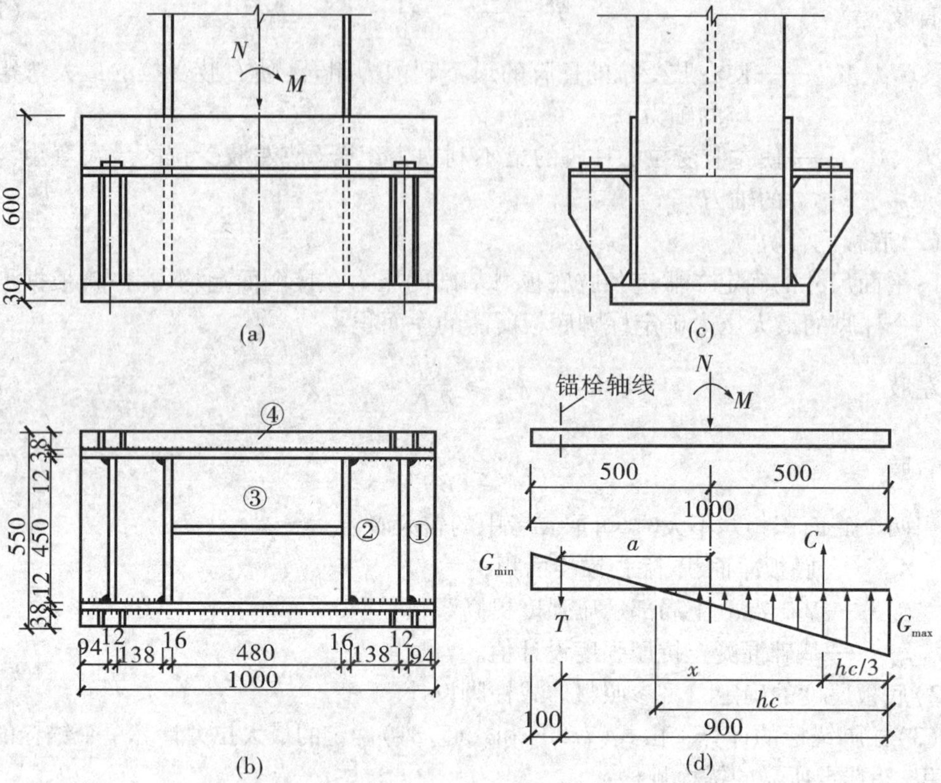

图7.20　例7.5图

解　(1)按第1组内力计算柱脚底板尺寸

根据图7.20所示柱脚构造,底板宽度

$b = 450 + 2 \times 50 = 550$ mm

假定柱脚为无限刚性,由下列公式求底板长度 L:

$$\sigma_{max} = \frac{N}{bL} + \frac{6M}{bL^2} \leqslant f_c$$

即 $\dfrac{1200 \times 10^3}{550L} + \dfrac{6 \times 450 \times 10^6}{550L^2} \leqslant 7.5$

$L^2 - 291L - 654545 = 0$

得 $L = 968$ mm,采用 $L = 1\,000$ mm $< 2b = 1100$ mm,可。

(2)按第2组内力计算柱脚锚栓

柱脚底板与混凝土基础顶面间的应力分布为线性变化,如图7.20(d)示。

$$\sigma_{max} = \frac{N}{bL} + \frac{6M}{bL^2} = \frac{800 \times 10^3}{550 \times 1\,000} + \frac{6 \times 420 \times 10^6}{550 \times 1\,000^2} = 1.5 + 4.6 = 6.1\ \text{N/mm}^2$$

$$\sigma_{min} = \frac{N}{bL} - \frac{6M}{bL^2} = 1.5 - 4.6 = -3.1\ \text{N/mm}^2$$

σ_{min} 为负值,说明柱脚需要用锚栓来承担拉力。

受压区长度

$$h_c = \frac{\sigma_{\max}}{\sigma_{\max} - \sigma_{\min}} \cdot L = \frac{6.1}{6.1 + 3.1} \times 1\ 000 = 663.0 \text{ mm}$$

$$x = L - c - \frac{h_c}{3} = 1\ 000 - 100 - \frac{663.0}{3} = 679.0 \text{ mm}$$

$$a = \frac{L}{2} - \text{c} = 500 - 100 = 400 \text{ mm}$$

由 $\sum M_c = 0$ 计算锚栓的拉力

$$N_t = \frac{M - N(x - a)}{x} = \frac{420 \times 10^6 - 800 \times 10^3 \times (679.0 - 400)}{679.0} = 289.8 \text{ kN}$$

所需锚栓的净面积　$A_c = \frac{N_t}{f_t^a} = \frac{289.8 \times 10^3}{140} = 2\ 070 \text{ mm}^2$

查附表7-2,采用两个直径为 $d = 42$ mm 的锚栓,其有效面积为

$2 \times 1121 = 2242 \text{ mm}^2 > 2\ 070 \text{ mm}^2$,满足要求。

(3)底板厚度

靴梁和隔板等布置如图7.20示。隔板除用于减小底板区格尺寸外,还用于连接柱身前后的两个锚栓支架以形成整体和增加刚性。

底板被柱身、靴梁和隔板分成4种区格。各区格承受的弯矩,偏安全地取区格底板下的最大压应力作为均布荷载进行计算。

先求各区格板中单位宽度上的最大弯矩,然后按抗弯强度要求确定底板厚度t。

1)三边支承板(区格①)

最大弯矩位于自由边中央 $M_1 = \beta_1 q_1 a_1^2$

取 $q_1 = 6.1 \text{ N/mm}^2$, $\text{b}_1 = 94$ mm, $\text{a}_1 = 450$ mm,

$\frac{b_1}{a_1} = \frac{94}{450} = 0.21 < 0.3$,可按臂长为94 mm的悬臂板计算:

$$M_1 = \frac{1}{2} q_1 a_1^2 = 0.5 \times 6.1 \times 94^2 = 26.9 \times 10^3 \text{ N} \cdot \text{mm}$$

2)四边支承边(区格②和③)

最大弯矩位于短边方向中央 $M_{2(3)} = \beta_{2(3)} \text{q}_{2(3)} a_{2(3)}^2$

区格②

$$q_2 = \frac{N}{bL} + \frac{6\text{M}}{\text{bL}^2} \times \frac{500 - 100 - 6}{500} = 1.5 + 4.6 \times \frac{394}{500} = 5.1 \text{ N/mm}^2$$

$\frac{b_2}{a_2} = \frac{450}{136} = 3.3 > 2$,则按两边简支板计算

$$M_2 = \frac{1}{8} q_2 a_2^2 = 0.125 \times 5.1 \times 136^2 = 11.8 \times 10^3 \text{ N} \cdot \text{mm}$$

区格③

$$q_3 = \frac{N}{bL} + \frac{6M}{bL^2} \times \frac{480}{1\ 000} = 1.5 + 4.6 \times \frac{480}{} = 3.7 \text{ N/mm}^2$$

$\frac{b_3}{a_3} = \frac{480}{(450 - 8)/2} = 2.17 > 2$，仍按两边简支板计算

$M_3 = \frac{1}{8} q_3 a_3^2 = 0.125 \times 3.7 \times 221^2 = 22.6 \times 10^3 \text{ N} \cdot \text{mm}$

3）悬臂板（区格④）

悬臂长度为 38 mm，小于区格①的悬臂长度 94 mm，故 $M_4 < M_1$，不起控制作用。

综上，底板中的最大弯矩为

$M_{\max} = \max\{M_1, M_2, M_3, M_4\} = M_1 = 26.9 \times 10^3 \text{ N} \cdot \text{mm}$

钢板的强度设计值取 $f = 205 \text{ N/mm}^2$，钢板厚度

$t = \sqrt{\frac{6M_{\max}}{f}} = \sqrt{\frac{6 \times 26900}{205}} = 28.1 \text{ mm}$，采用 30 mm。

（4）靴梁计算

1）靴梁尺寸

靴梁厚度取 $t_1 = 12$ mm，见图 7.20。根据靴梁与柱身间竖向角焊缝的连接长度来确定靴梁高度。

柱身每一块翼缘板用两条角焊缝与靴梁板连接，其最大受力

$N_1 = \frac{N}{2} + \frac{M}{480 + 2 \times 16} = \frac{1200}{2} + \frac{450 \times 10^3}{480 + 2 \times 16} = 1479 \text{ kN}$

取焊脚尺寸 $h_f = 12 \text{ mm} < 1.2 t_{\min} = 14.4 \text{ mm}$，

焊缝计算长度 $l_w \geqslant \frac{N_1}{2 \times 0.7 h_f f_f^w} = \frac{1479 \times 10^3}{2 \times 0.7 \times 12 \times 160} = 550 \text{ mm} < 60\ h_f = 720 \text{ mm}$

靴梁板高度 $h_1 \geqslant l_w + 2h_f = 550 + 2 \times 12 = 574$ mm，采用 $h_1 = 600$ mm。

2）靴梁截面强度

忽略底板的有利影响，靴梁板截面取 $t_1 \times h_1 = 12 \text{ mm} \times 600 \text{ mm}$。

靴梁内力按两端悬臂的简支梁计算，其控制截面在伸臂支点处，即柱身与靴梁间竖向角焊缝处外侧，伸臂臂长 $l_1 = 94 + 12 + 138 = 244$ mm，见图 7.20。

底板下反力沿底板长度方向为直线变化，近似取每块靴梁板的伸臂部分承受均匀分布荷载

$p = \sigma_{\max} \times \frac{b}{2} = 6.1 \times \frac{550}{2} = 1\,678 \text{ N/mm} = 1\,678 \text{ kN/m}$

由此得支点处弯矩和剪力分别为

$M_1 = \frac{1}{2} p l_1^2 = \frac{1}{2} \times 1678 \times 244^2 = 50.0 \text{ kN} \cdot \text{m}$

$V_1 = p l_1 = 1678 \times 244 = 409.4 \text{ kN}$

弯曲应力和剪应力分别为

$\sigma = \frac{6M_1}{t_1 h_1^2} = \frac{6 \times 50.0 \times 10^6}{12 \times 600^2} = 69.4 \text{ N/mm}^2 < f = 215 \text{ N/mm}^2$，可。

$\tau = 1.5 \frac{V_1}{t_1 h_1} = 1.5 \times \frac{409.4 \times 10^3}{12 \times 600} = 85.3 \text{ N/mm}^2 < f_v = 125 \text{ N/mm}^2$，可。

3）靴梁与底板连接角焊缝焊脚尺寸 h_f

构造要求

$h_{f,\max} = 1.5\sqrt{t_{\max}} = 1.5 \times \sqrt{30} = 8.2$ mm

$h_{f,\min} = 1.2t_{\min} = 1.2 \times 12 = 14.4$ mm

角焊缝沿靴梁板外侧全长布置，靴梁板内侧的角焊缝只布置在柱身以外部分，如图7.20（b）所示。焊脚尺寸 h_f 分别按柱身内、外底板下的最大反力计算确定，不计及隔板、柱身与底板的角焊缝。

①柱身以内

底板下的最大反力 $\sigma = 3.7\ \text{N/mm}^2$（见区格③）

每块靴梁板与底板间只布置一条水平角焊缝，按角焊缝强度条件

$$\sigma_f = \frac{\sigma \times \dfrac{b}{2}}{0.7h_f} \leqslant \beta_f f_f^w$$

需要 $h_f \geqslant \dfrac{\sigma \times b}{2 \times 0.7\beta_f f_f^w} = \dfrac{3.7 \times 550}{2 \times 0.7 \times 1.22 \times 160} = 7.4$ mm

②柱身以外

底板下最大反力 $\sigma_1 = 6.1\ \text{N/mm}^2$（见区格①）

每块靴梁板与底板间布置两条水平角焊缝，按角焊缝强度条件

$$h_f \geqslant \frac{\sigma \times b}{4 \times 0.7\beta_f f_f^w} = \frac{6.1 \times 550}{4 \times 0.7 \times 1.22 \times 160} = 6.1\ \text{mm}$$

综上，靴梁与底板间采用的角焊缝焊脚尺寸为 $h_f = 10$ mm。

（5）竖向隔板

按构造要求确定隔板的高度 h_2 和厚度 t_2，取

$$h_2 = 450\ \text{mm} > \frac{2}{3}h_1 = 400\ \text{mm}$$

$$t_2 = 10\ \text{mm} > \frac{l_2}{50} = \frac{450}{50} = 9\ \text{mm}，可。$$

式中　l_2 为隔板长度。

【例7.6】　试设计如图7.21所示的偏心受压阶形柱的分离式柱脚。下柱包括吊车肢和屋盖肢，柱肢具体尺寸见图7.21（a）。钢材为Q235，焊条为E43型，手工焊。锚栓抗拉强度设计值 $f_t^a = 140\ \text{N/mm}^2$。基础混凝土为C20，轴心抗压强度设计值 $f_c = 9.6\ \text{N/mm}^2$。柱脚承受下列两组内力设计值：

第一组（用于确定底板尺寸）：$N = 3\,870$ kN，$M = 51.2$ kN·m；

第二组（用于计算锚栓）：$N = 1\,349$ kN，$M = 2\,078$ kN·m。

【解】　首先分析吊车肢（右侧柱肢）柱脚。

（1）按第1组内力计算柱脚底板尺寸：$N = 3870$ kN，$M = 51.2$ kN·m

根据图7.21所示柱脚构造，底板宽度

$b = 594 + 2 \times 50 = 694$ mm

基础混凝土标号为C20，$f_c = 9.6\ \text{N/mm}^2$，则

$L = \dfrac{N}{bf_c} = \dfrac{3870 \times 10^3}{694 \times 9.6} = 580.9\ \text{mm}$，取 $L = 900\ \text{mm}$。

底板面积 $A = 900 \times 694 = 6.2 \times 10^5\ \text{mm}^2$

截面模量 $W = \dfrac{900 \times 694^2}{6} = 7.2 \times 10^7\ \text{mm}^3$

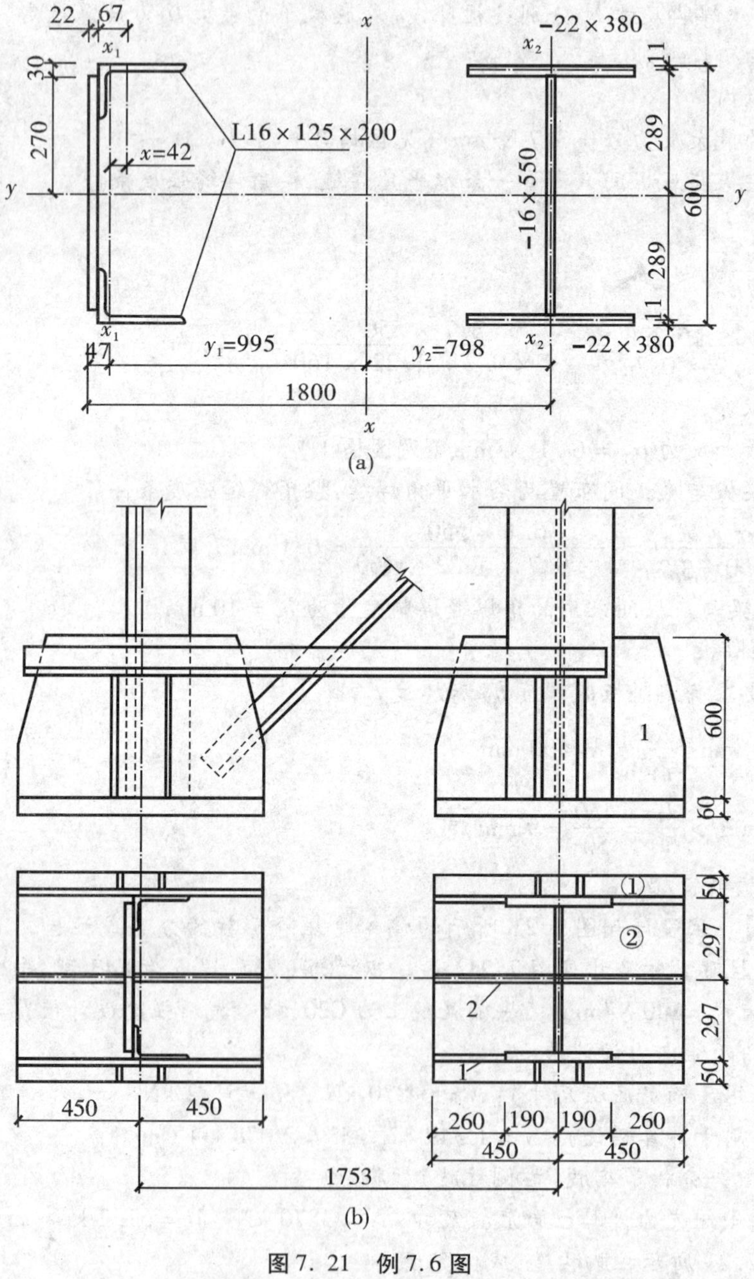

图7.21 例7.6图

底板对基础顶面的压应力为

$$q = \frac{N}{bL} + \frac{6M}{bL^2} = \frac{3870 \times 10^3}{6.2 \times 10^5} + \frac{51.2 \times 10^6}{7.2 \times 10^7} = 6.2 + 0.7 = 6.9\ \mathrm{N/mm^2}$$

底板计算弯矩按区格①和②中的较大者采用。

悬臂板①

$$M_1 = \frac{q{a_1}^2}{2} = \frac{6.9 \times 50^2}{2} = 8\ 362.5\ \mathrm{N \cdot mm}$$

三边支承板②

$a_2 = 442\ \mathrm{mm}, b_2 = 275\ \mathrm{mm}, \frac{b_2}{a_2} = 0.62$，查表得$\beta_2 = 0.077\ 4$。

$$M_2 = \beta_2 q {a_2}^2 = 0.0774 \times 6.9 \times 442^2 = 1.0 \times 10^5\ \mathrm{N \cdot mm}$$

底板厚度

$$t = \sqrt{\frac{6M_{\max}}{f}} = \sqrt{\frac{6 \times 1.0 \times 10^5}{200}} = 54.8\ \mathrm{mm}$$

底板厚度取$t = 60\ \mathrm{mm}, f = 200\ \mathrm{N/mm^2}$。

(2)加劲肋计算

1)加劲肋1

采用 $-14 \times 260 \times 600$

弯矩 $M = \frac{200 \times 6.9}{2} \times 260^2 = 4.7 \times 10^7\ \mathrm{N \cdot mm}$

剪力 $V = 260 \times 200 \times 6.9 = 3.6 \times 10^5\ \mathrm{N}$

弯曲应力 $\sigma = \frac{6M}{th^2} = \frac{6 \times 4.7 \times 10^7}{14 \times 600^2} = 56.0\ \mathrm{N/mm^2} < f = 215\ \mathrm{N/mm^2}$，可。

剪应力 $\tau = 1.5\frac{V}{th} = 1.5 \times \frac{3.6 \times 10^5}{14 \times 600} = 64.3\ \mathrm{N/mm^2} < f_v = 125\ \mathrm{N/mm^2}$，可。

加劲肋1与柱肢连接采用单面坡口焊，一般焊缝可不作验算。

与底板间焊缝采用 $h_f = 8\ \mathrm{mm}$

$$\sum l_w = 2 \times (260 - 2 \times 8) = 488\ \mathrm{mm}$$

$$\tau = \frac{V}{0.7\sum h_f l_w} = \frac{3.6 \times 10^5}{0.7 \times 8 \times 488} = 131.7\ \mathrm{N/mm^2} < f_f^w = 160\ \mathrm{N/mm^2}$$，可。

2)加劲肋2

采用 $-16 \times 450 \times 600$

弯矩 $M = \frac{300 \times 6.9}{2} \times 450^2 = 2.1 \times 10^8\ \mathrm{N \cdot mm}$

剪力 $V = 450 \times 300 \times 6.9 = 9.3 \times 10^5\ \mathrm{N}$

弯曲应力 $\sigma = \frac{6M}{th^2} = \frac{6 \times 2.1 \times 10^8}{16 \times 700^2} = 160.7\ \mathrm{N/mm^2} < f = 215\ \mathrm{N/mm^2}$，可。

剪应力 $\tau = 1.5\frac{V}{th} = 1.5 \times \frac{9.3 \times 10^5}{16 \times 700} = 124.6\ \mathrm{N/mm^2} < f_v = 125\ \mathrm{N/mm^2}$，可。

加劲肋2与柱肢腹板的连接焊缝采用 $h_f = 10$ mm，

$$\sum l_w = 2 \times (600 - 20) = 1\ 160 \text{ mm}$$

$$\tau = \frac{V}{0.7\sum h_f l_w} = \frac{9.3 \times 10^5}{0.7 \times 10 \times 1\ 160} = 114.5 \text{ N/mm}^2 < f_f^w = 160 \text{ N/mm}^2\text{，可。}$$

与底板间焊缝也采用 $h_f = 10$ mm

$$\sum l_w = 2 \times (450 - 20) = 860 \text{ mm}$$

$$\tau = \frac{V}{0.7\sum h_f l_w} = \frac{9.3 \times 10^5}{0.7 \times 10 \times 860} = 154.5 \text{ N/mm}^2 < f_f^w = 160 \text{ N/mm}^2\text{，可。}$$

(3)锚栓计算

按第二组内力计算锚栓：$N = 1\ 349$ kN，$M = 2\ 078$ kN·m。

作用于屋盖肢的内力

$$N_1 = \frac{Ny_2}{a} + \frac{M}{a} = \frac{1\ 349 \times 0.798}{1.753} + \frac{2\ 078}{1.753} = 614.1 + 1185.4 = 1\ 799.5 \text{ kN（压力）}$$

吊车肢内力

$$N_2 = \frac{Ny_1}{a} - \frac{M}{a} = \frac{1\ 349 \times 0.955}{1.753} - \frac{2\ 078}{1.753} = 734.9 - 1\ 185.4 = -450.5 \text{ kN（拉力）}$$

吊车肢布置两个锚栓，每个锚栓的有效面积为

$$A_e = \frac{N_2}{2f_t^a} = \frac{450.5 \times 10^3}{2 \times 140} = 1\ 608.9 \text{ mm}^2$$

选用 Φ56，$A_e = 2\ 030 \text{ mm}^2 > 1\ 608.9 \text{ mm}^2$，可。

屋盖肢计算略。

思考题

1. 梁的工厂拼接和工地拼接有何不同？应用时须注意哪些问题？

2. 次梁和主梁的连接方式有哪些？它们的传力机制有什么不同？需要采取哪些构造措施？

3. 试画出一次梁与主梁刚性连接的构造图，并说明其传力过程。

4. 试画出一梁与柱刚性连接的构造图，并说明其传力过程。

5. 轴心受压柱的柱头可采取什么构造形式？

6. 轴心受压柱的柱脚由哪些部件组成？试述该类柱脚的设计步骤。

7. 偏心受压柱常采用哪几类柱脚？它们各自的特点是什么？

8. 整体式刚接柱脚和分离式刚接柱脚底板下的应力分布有何差异？柱脚锚栓起什么作用？

习　题

1. 某梁柱拼接节点如图所示。梁与柱间连接承受的弯矩 $M = 930\ \text{kN}\cdot\text{m}$，剪力 $V = 100\ \text{kN}$。钢材 Q235B，采用高强度螺栓承压型连接，螺栓为 M20，8.8 级，构件接触面经喷砂处理。试验算此梁在 I－I 接头处高强度螺栓连接的强度。

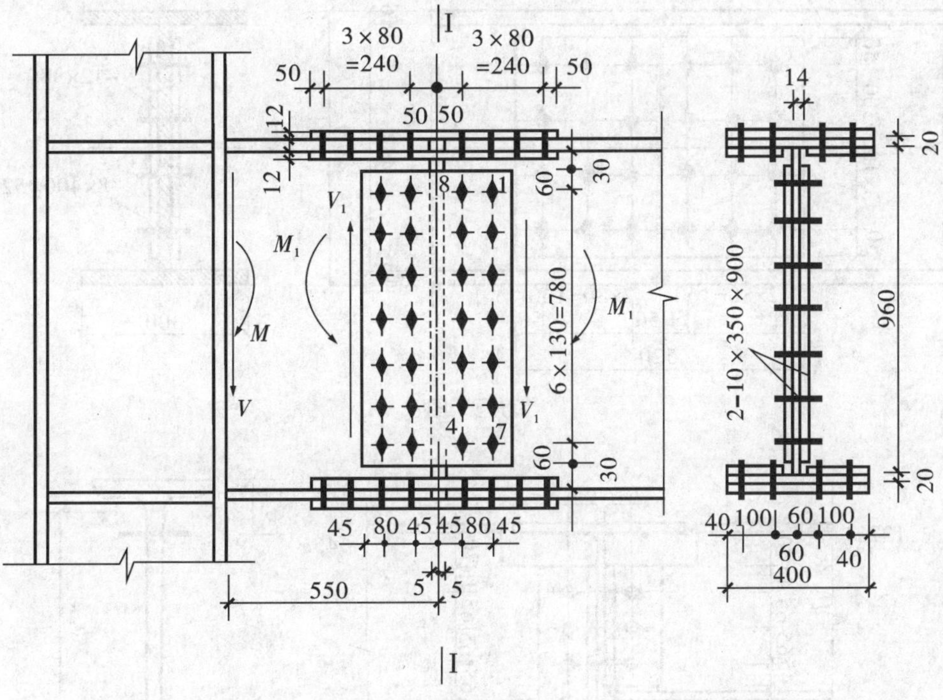

习题 1 图

2. 一工字形梁的拼接节点如图所示。该节点腹板用 8.8 级 M24 高强度螺栓摩擦型连接，上、下翼缘用手工对接焊缝连接，有引弧板，焊缝等级为二级。钢材为 Q235B，焊条为 E43 型。拼接点在焊缝处承受的弯矩和剪力分别为 $M = 450\ \text{kN}\cdot\text{m}$ 和 $V = 100\ \text{kN}$。连接处构件接触面喷砂处理后涂无机富锌漆。试验算该节点的焊缝和螺栓强度是否满足要求。

3. 某次梁与主梁的铰接连接如图所示。左侧次梁为 I32a 热轧普通工字钢，梁端反力设计值 $R_1 = 130\ \text{kN}$。右侧次梁为 I45a 热轧普通工字钢，梁端反力设计值 $R_2 = 250\ \text{kN}$。钢材为 Q235，采用 C 级普通螺栓 M20。热轧普通工字钢腹板上的螺栓最小线距和连接件最大高度分别为：I 32a，$c_{\min} = 65\ \text{mm}$，$h_{\max} = 260\ \text{mm}$；I 45a，$c_{\min} = 75\ \text{mm}$，$h_{\max} = 380\ \text{mm}$。试设计此螺栓连接。

4. 某轴心受压格构柱，柱截面尺寸如图所示。轴心压力设计值 $N = 2280\ \text{kN}$，钢材为 Q235 钢，焊条为 E43 型，基础混凝土为 C15。试设计此格构柱的柱脚。

5. 设计图中轴心受压实腹柱的柱脚。已知轴心压力设计值为 1 700 kN，钢材为 Q235，焊条为 E43 型。基础混凝土抗压强度设计值 $f_c = 7.5\ \text{N/mm}^2$。

6. 设计由两个 I25a 组成的缀条式格构柱的整体式柱脚，如图所示。两分肢中心距为 220 mm，作用于基础的压力设计值为 500 kN，弯矩为 130 kN · m，混凝土标号为 C20，锚栓钢材为 Q235 钢，焊条为 E43 型。

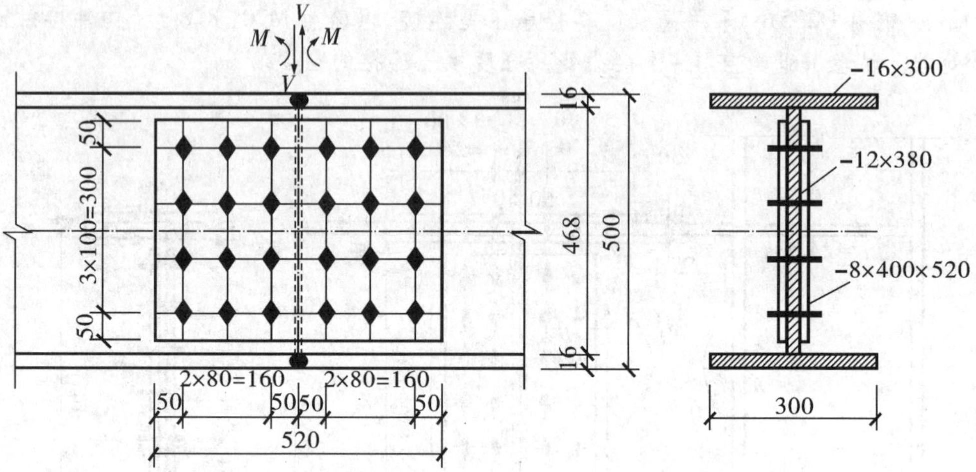

习题 2 图

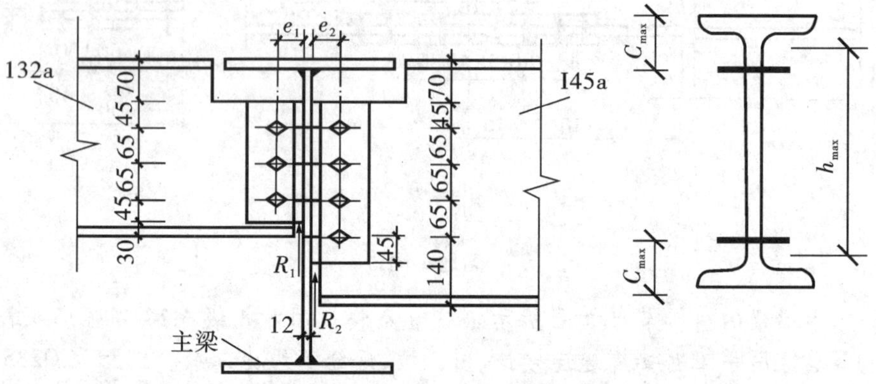

习题 3 图

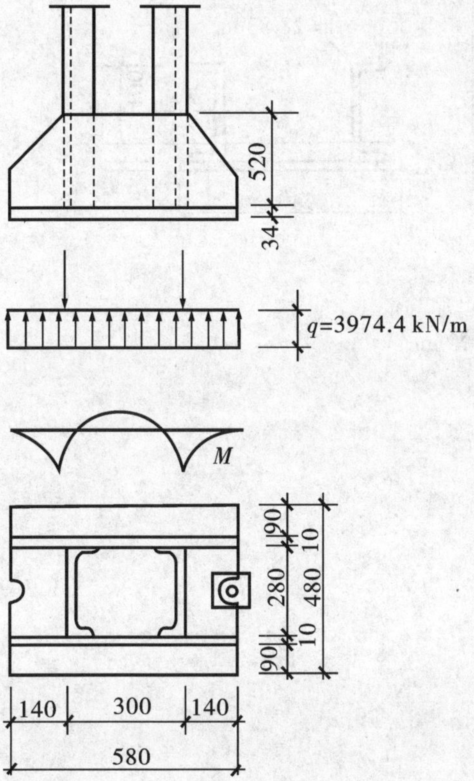
520
34
q=3974.4 kN/m
M
90
10
280
480
10
90
140
300
140
580

习题 4 图

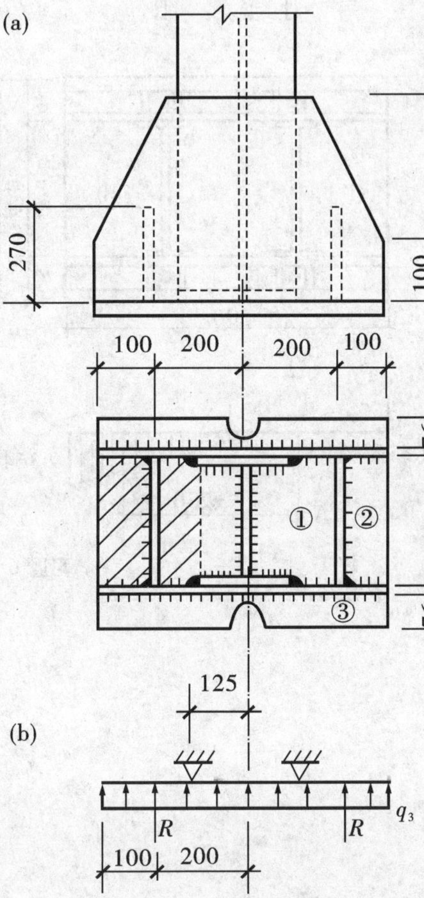
(a)
270
400
100
100
200
200
100
76
10
278
450
10
76
①
②
③
(b)
125
R
R
q3
100
200

习题 5 图

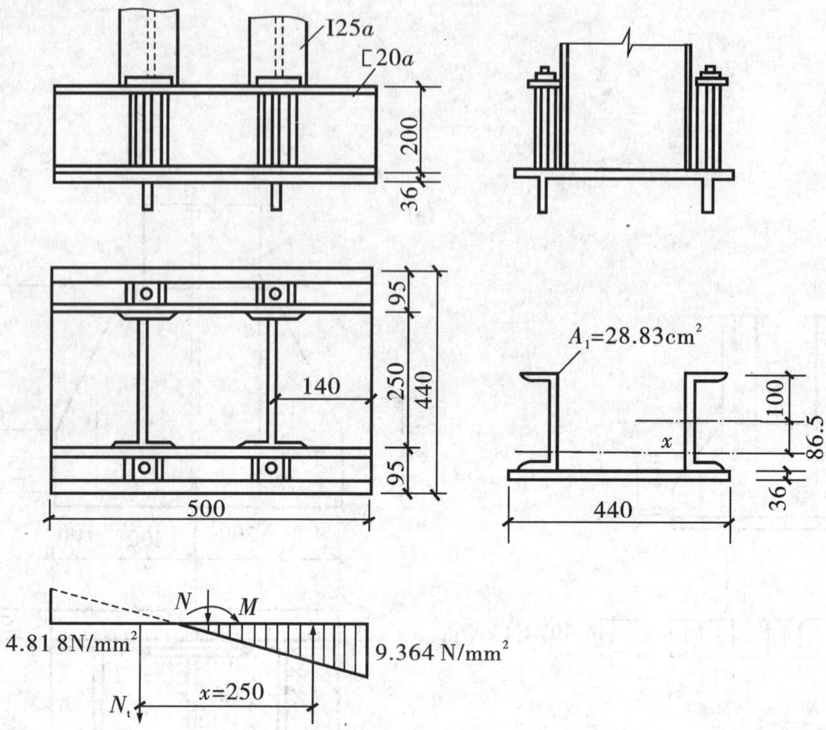
I25a
[20a
200
36
95
250
440
140
95
500
A1=28.83cm²
100
86.5
x
36
440
N
M
4.81 8N/mm²
9.364 N/mm²
x=250
Nt

习题 6 图

第 8 章　普通钢屋架结构设计

8.1　概述

单跨梁式桁架体系因其制作和安装简单，常作为屋架在工业与民用建筑中得到广泛应用。本章将着重介绍普通钢屋架的设计、计算及构造要点。

屋架外形常用的有三角形、梯形、平行弦等。屋架形式的选择首先要满足使用要求，需考虑屋面排水坡度、建筑净空、天窗形式、悬挂吊车以及与柱子的连接方式等。其二满足受力合理性要求，屋架的外形应与弯矩图相近，杆件受力均匀；应尽可能使短杆受压、长杆受拉；荷载应作用在节点上，以减少弦杆局部弯矩；屋架中部应有足够高度，以满足刚度要求。另外还要满足施工要求，屋架的杆件和节点数量宜减少，规格、构造宜简单，尺寸划一，杆件夹角在 30°～60°。

三角形屋架适用于陡坡屋面（坡度>1/3）的有檩屋盖体系，通常与柱子铰接连接，房屋的整体横向刚度较低。对简支屋架来说，荷载作用下的弯矩图是抛物线分布，与三角形的外形相差悬殊，致使这种屋架弦杆受力不均，支座处内力较大，跨中内力较小，弦杆的截面不能充分发挥作用。支座处上、下弦杆交角过小，内力又较大，支座节点构造复杂。

三角形屋架的杆件布置采用芬克式(8.1a、b)和人字式(图 8.1d)。芬克式屋架虽然腹杆较多，但其压杆短、拉杆长，受力相对合理，且可分为两个小桁架制作与运输，较为方便。人字式腹杆的节点较少，但受压腹杆较长，适用于跨度≤18 m 的情况（跨度一般以 3 m为模数）。但是，人字式屋架的抗震性能优于芬克式屋架，所以在强地震烈度地区，尽管跨度大于 18 m，也常用人字式腹杆的屋架。单斜式腹杆的屋架（图 8.1c），其腹杆和节点数目均较多，只适用于下弦需要设置天棚的屋架，一般情况较少采用。

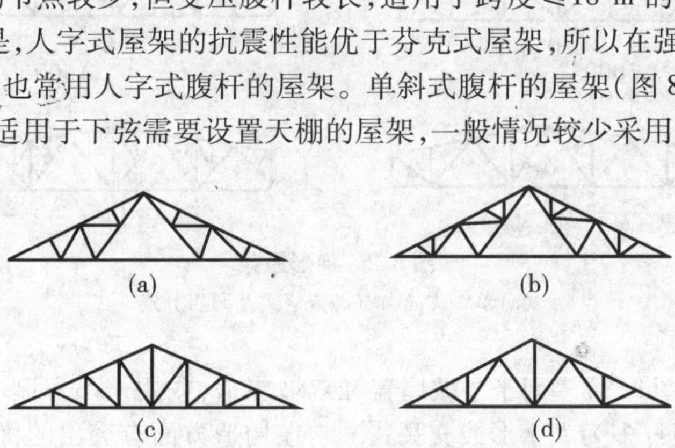

图 8.1　三角形屋架

(a)、(b)芬克式；(c)单斜式；(d)人字式

屋架的高度取决于建筑要求、屋面坡度、运输界限（铁路运输界限高度为 3.85 m）、刚

度条件(屋架挠度限值为 $L/500$)和经济高度等因素。三角形屋架屋面坡度为 1/3 ~ l/2 时,跨中高度一般取 $H = (1/6 \sim 1/4)L$ 。

梯形屋架适用于屋面坡度较为平缓(1/20 ~ 1/8)的无檩屋盖体系,梯形屋架与柱的连接可以做成铰接也可以做成刚接,刚性连接可提高建筑物的横向刚度。它与简支受弯构件的弯矩图形比较接近,弦杆受力较为均匀。

梯形屋架的腹杆体系可采用单斜式、人字式和再分式(图 8.2)。梯形屋架的斜腹杆一般采用人字式。当桁架下弦要做天棚时,须设置吊杆(图 8.2b 虚线示)或采用单斜式腹杆(图 8.2a)。当上弦节间长度为 3 m,而大型屋面板宽度为 1.5 m 时,常采用再分式腹杆(图 8.2d)将节间减小至 1.5 m,或者采用 3 m 节间使上弦承受局部弯矩,虽然构造较简单但耗钢量增多,一般很少采用。按支座斜杆与弦杆组成的支承点在上弦或在下弦分为上承式(图 8.2a)和下承式(图 8.2b)两种。一般情况下,与柱刚接的屋架宜采用下承式,与柱铰接时上承式或下承式均可。由于下承式使柱计算高度减小,又便于在下弦设置屋盖纵向水平支撑,故以往较多使用,但上承式使屋架重心降低,支座斜腹杆受拉,且给安装带来很大的方便,近年来逐渐推广使用。

梯形屋架的跨度一般取 15 ~ 36 m,其跨中经济高度取为 $(1/10 \sim 1/8)L$ 。与柱刚接的梯形屋架,为便于较好地传递支座弯矩而不使端部弦杆产生过大内力,端部应保证一定高度,一般为 $(1/16 \sim 1/12)L$,通常取为 2.0 ~ 2.5 m;与柱铰接的梯形屋架,端部高度可按跨中经济高度和上弦坡度来决定,取 $\geqslant (1/18)L$,一般为 1.5 ~ 2.0 m。平坡梯形屋架在等高的多跨房屋中,各跨屋架的端部高度应尽可能相等。

跨度≥24 m 的梯形屋架和跨度≥15 m 的三角形屋架,当下弦无曲折时,宜起拱,拱度 $v = l/500$。

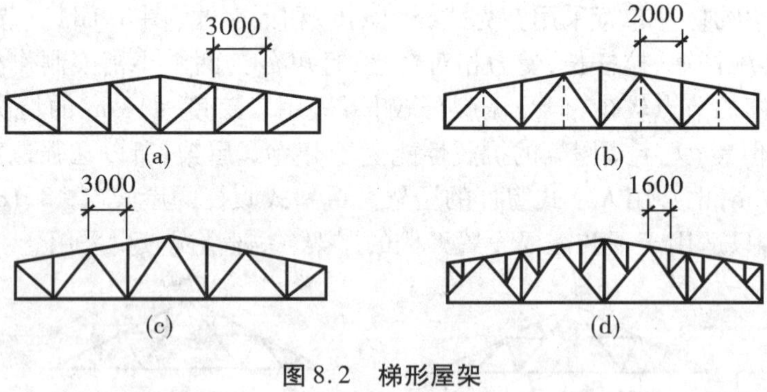

图 8.2 梯形屋架

(a)单斜式;(b)、(c)人字式;(d)再分式

平行弦屋架(图 8.3)多用于单坡屋盖和双坡屋盖,或用于吊车制动桁架、栈桥、托架和支撑体系等。腹杆多为人字形或交叉式。它在构造方面有突出的优点,同类杆件长度一致,节点构造形式相同,便于实现制作工业化。

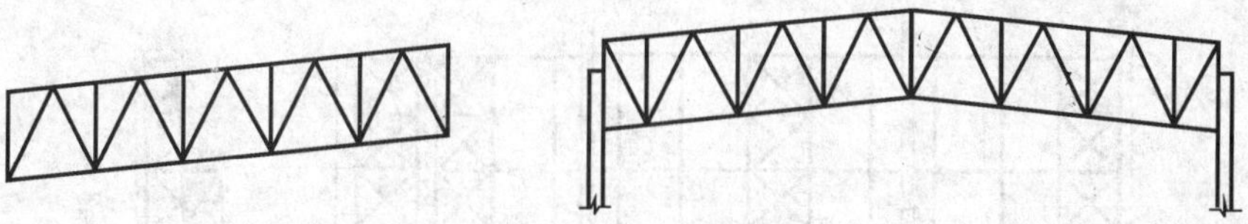

图8.3　平行弦屋架

(a)单坡平行弦屋架;(b)人字形平行弦屋架

此外,还有弦杆折曲的多边形屋架(图8.4)和两铰拱(图8.5a)或三铰拱屋架(图8.5b)等。

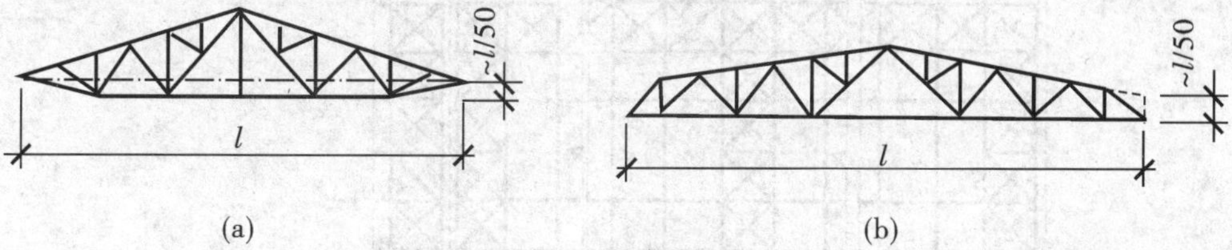

图8.4　多边形屋架

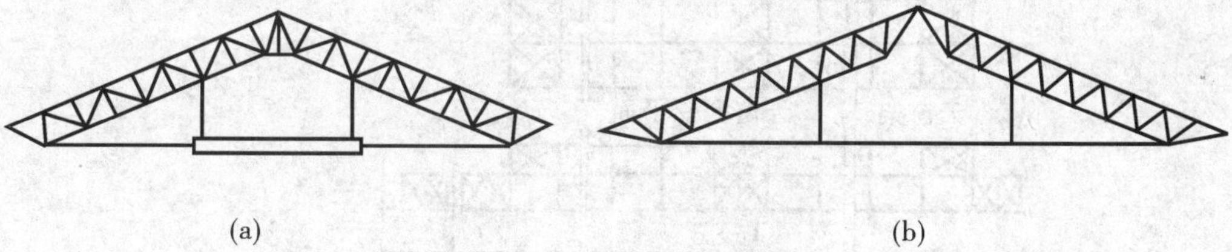

图8.5　两铰拱和三铰拱屋架

8.2　钢屋架支撑系统的布置

屋架在其自身平面内为几何形状不可变体系并具有较大的刚度,能承受平面内的各种荷载。但是,平面屋架本身在屋架平面外(垂直于屋架平面方向)的侧向刚度和稳定性则很差,受到水平荷载后极易产生较大的变形。为使屋架结构有足够的空间刚度和稳定性,必须在屋架间设置支撑系统。

屋架的支撑体系主要包括:横向支撑、纵向支撑、垂直支撑和系杆(图8.6)。该支撑系统的作用,总的来说就是保证屋盖结构的几何稳定性、避免压杆侧向失稳,防止拉杆产生过大的振动、承担并传递水平荷载及保证结构安装时的稳定与方便。

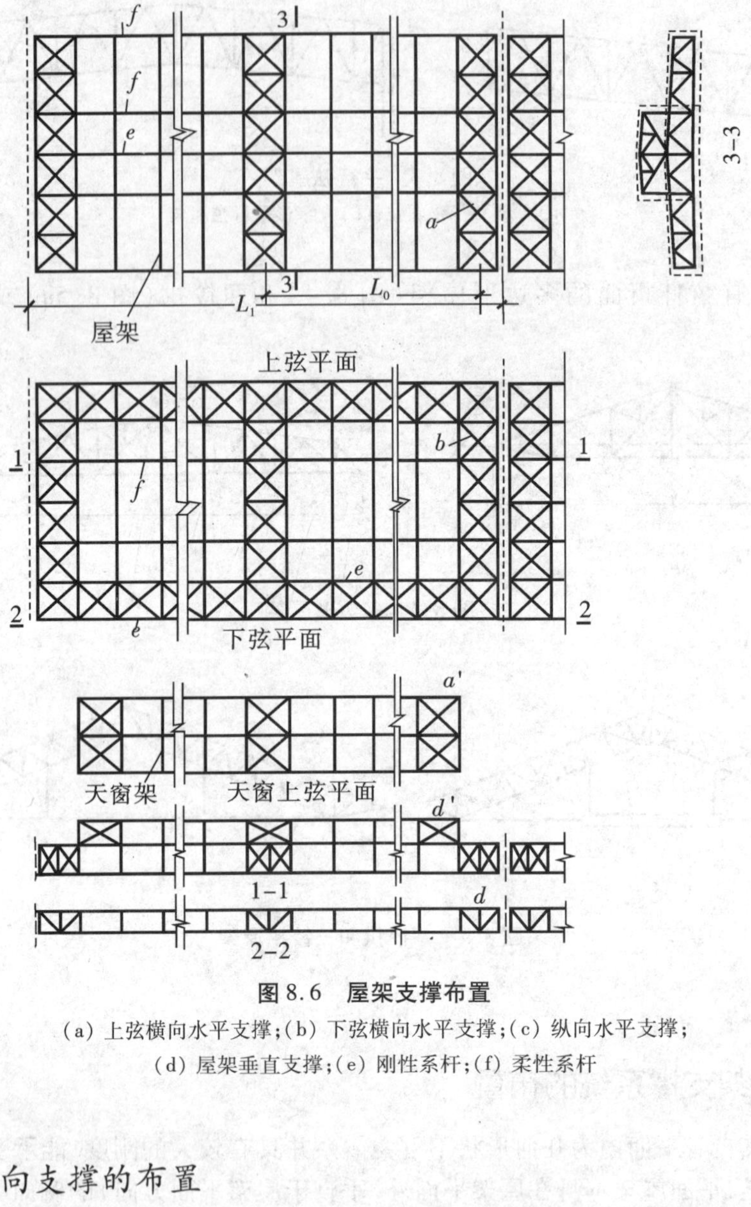

图 8.6 屋架支撑布置

(a) 上弦横向水平支撑;(b) 下弦横向水平支撑;(c) 纵向水平支撑;

(d) 屋架垂直支撑;(e) 刚性系杆;(f) 柔性系杆

8.2.1 横向支撑的布置

根据其位于屋架的上弦平面或下弦平面,分为上弦横向支撑和下弦横向支撑。屋架的横向支撑一般设在厂房每一个温度区段两端的第一个区间内。若厂房端部不设屋架,利用山墙承重时,支撑应设在端部第二个区间内。当端部区间屋架间距较小时可将横向支撑移至第二个屋架区间内,但此时支撑桁架与端屋架(或山墙卧梁)之间必须用刚性系杆相连。当温度区段的长度较大时,尚应在厂房中部增设一道横向支撑,横向支撑的间距不宜大于 60 m。一般情况下,屋架的上弦平面横向支撑都必须设置。屋架下弦杆为拉杆无稳定问题,因此当房屋的跨度和高度较小且室内无悬挂吊车时,可不设下弦平面横向支撑。下弦横向水平支撑和上弦横向水平支撑布置在同一柱间,以形成空间稳定体系。

8.2.2　纵向支撑的布置

当房屋较高、跨度较大、空间刚度要求较高时，设有重级或大吨位的中级工作制桥式吊车、壁行吊车或有锻锤等较大振动设备时，均应在屋架端节间平面内设置纵向水平支撑。纵向水平支撑和横向水平支撑形成闭合框，加强了屋盖结构的整体性能并能提高房屋的纵向刚度。

当屋架间距<12 m 时，纵向水平支撑通常布置在屋架下弦平面。但三角形屋架及端斜杆为下降式且主要支座设在上弦处的梯形屋架和人字形屋架，也可以布置在上弦平面内。当屋架间距≥12 m 时，纵向水平支撑宜布置在屋架的上弦平面内。

8.2.3　垂直支撑的布置

屋架的垂直支撑应与上、下弦横向水平支撑设置在同一柱间。

对梯形屋架等端部有一定高度的多边形屋架，必须在屋架端部设置垂直支撑，此外尚应按下列条件设置中部的垂直支撑：当屋架跨度≤30 m 时，可在屋架跨中布置一道垂直支撑(8.7a)；当跨度>30 m 时，则应在跨度 1/3 左右的竖杆平面内各设一道垂直支撑(图 8.7b)。

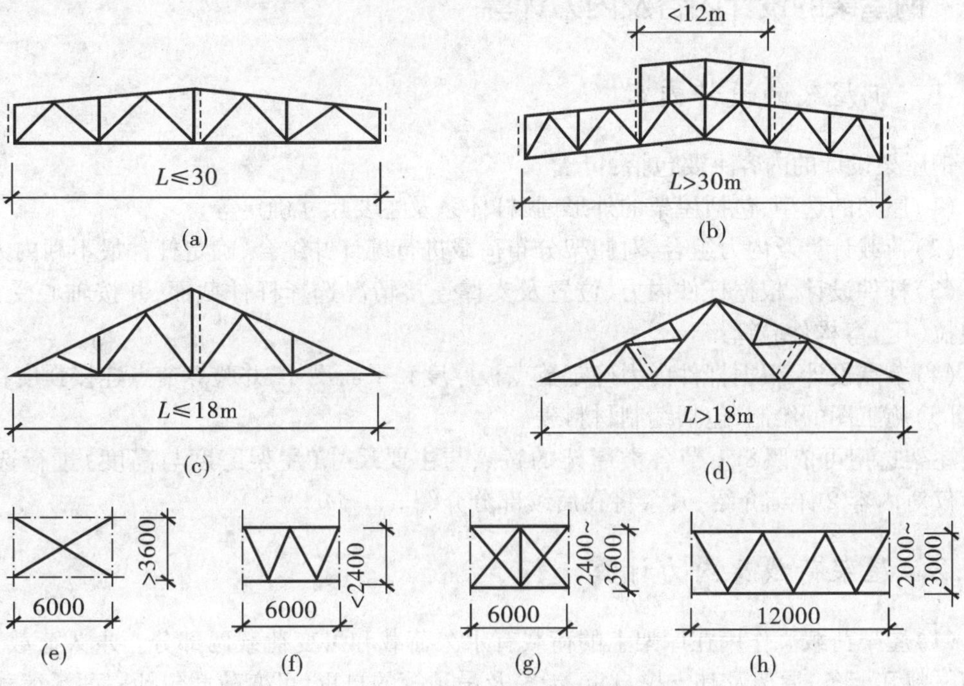

图 8.7　垂直支撑的布置形式

对三角形屋架的垂直支撑，当屋架跨度≤18 m 时，可仅在跨度中央设置一道(图 8.7c)；当跨度>18 m 时，宜在跨度 1/3 左右处各设置一道(图 8.7d)。

垂直支撑本身是平行弦桁架，根据尺寸可设计为图8.7(e)(f)(g)和(h)的形式。

8.2.4 系杆

为了保证未连支撑的平面屋架的稳定和水平力的传递，应在横向支撑或垂直支撑节点处沿房屋纵向通长设置系杆。

在屋架上弦平面内，对无檩体系，大型屋面板的板肋可起系杆作用，一般只在屋脊处和屋架端部处设置系杆；对有檩体系，檩条亦可代替系杆，只在有纵向天窗的屋脊处（天窗范围内无屋面板或檩条）设置系杆。

在屋架下弦平面内，在跨中或跨度内应设置一道或两道系杆，此外屋架两端也应设置系杆。设置中部系杆，可以增大下弦杆的平面外刚度，从而保证屋架受压腹杆的稳定性。

系杆分为刚性杆和柔性杆。既能受拉又能受压的系杆为刚性系杆，多采用由两个角钢组成的十字形截面或钢管，只能受拉的系杆为柔性系杆，一般采用单角钢或圆钢。屋架主要支承节点处的系杆，屋架上弦脊节点处的系杆均宜用刚性系杆，当屋架支座节点处设有钢筋混凝土圈梁时，此处可不再考虑刚性系杆；当横向水平支撑设置在房屋温度区段端部第二个柱间时，第一个柱间的所有系杆均为刚性系杆；其余可采用柔性系杆。

8.3 钢屋架的设计内容及内力计算

8.3.1 钢屋架的设计内容

钢屋架设计的内容主要包括：

(1)屋架的选型，包括屋架的外形、腹杆体系及主要尺寸确定等；

(2)荷载计算及内力组合，对屋架分布荷载进行统计并组合，确定杆件最不利内力；

(3)杆件设计，根据杆件内力、位置及支撑连接情况选择杆件截面，并按轴心受力构件或拉（压）弯构件验算；

(4)节点设计，根据杆件内力确定节点板厚度和平面尺寸，并验算节点连接强度；

(5)施工图的绘制，包括编制材料表。

屋架选型可依照8.1节各类屋架的特点与主要尺寸（屋架跨度与高度）进行选择。本节仅对内容②详细介绍，其余将在后续部分介绍。

8.3.2 屋架荷载及内力计算

(1)屋架荷载　作用在屋架上的荷载有永久荷载和可变荷载两部分。永久荷载包括屋面材料和檩条、屋架及其支撑自重、天窗及吊顶等的自重，可变荷载包括屋面活荷载、积灰荷载、雪荷载、风荷载及吊车使用荷载等。

其中屋面材料的自重按屋面的实际面积计算，并确定按屋面水平投影面积计算的自重值。

屋架及支撑自重则直接按屋面的水平投影面积计算，常用估算经验公式为

$$g = 0.12 + 0.011L\ (\text{kN/m}^2) \tag{8.1}$$

式中　L——屋架的跨度，以 m 计。

屋面活荷载按屋面水平投影面积计算，且不与雪荷载同时组合。

屋面积灰荷载应与雪荷载或不上人屋面均布活荷载二者中的较大值同时考虑。

雪荷载、风荷载及吊车荷载的计算可按《建筑结构荷载规范》[GB50009-2001(2006年版)]执行。

(2)内力计算的基本假定

1)屋架的节点为铰接点；

2)屋架所有杆件的轴线平直且相交于节点中心；

3)荷载都作用在节点上，且都在屋架平面内。

按上述假定所建立的理想体系求出的应力，是桁架的主要应力，由于节点实际具有的刚性所引起的次应力，以及因制作偏差或构造等原因而产生的附加应力，其值较小，设计时一般不考虑。

有节间荷载作用的屋架，除了把节间荷载分配到相邻节点并按节点荷载求解杆件内力外，还应计算节间荷载引起的局部弯矩。局部弯矩的计算，既要考虑杆件的连续性，又要考虑节点支承的弹性位移，一般采用简化计算。例如当屋架上弦杆有节间荷载作用时，上弦杆的局部弯矩可近似取为：端节点按铰接取为0，但当有悬挑时，取最大悬臂弯矩；端节间正弯矩取 $0.8M_0$，其他节间的正弯矩和节点负弯矩(包括屋脊节点)取 $0.6M_0$，M_0 为将相应弦杆节间作为单跨简支梁求得的最大弯矩(图8.8)。

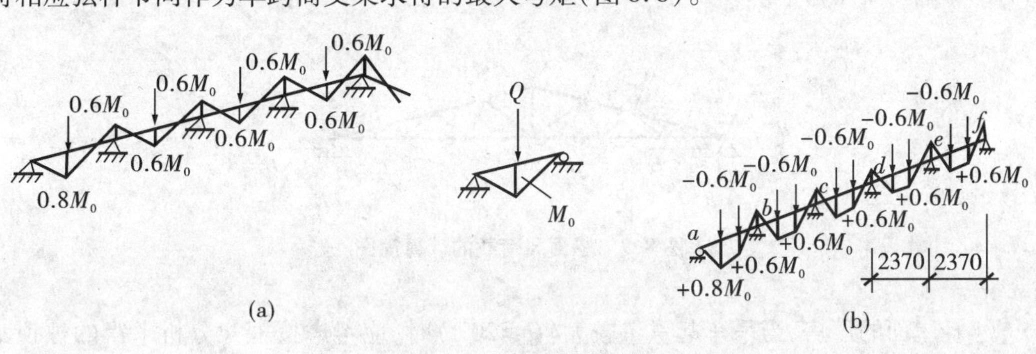

图8.8　上弦杆的局部荷载

(a)每节间一个集中荷载；(b)每节间两个集中荷载

(3)内力计算与组合　确定计算简图后，杆件的内力可由结构力学中所介绍的任意一种静力计算方法求出，通常采用图解法或数解法确定在节点荷载作用下的杆件内力，也可电算求解。为便于计算，一般先求出单位节点荷载作用下的内力(称作内力系数)，然后根据不同的内力组合方式，列表进行计算。

计算屋架杆件内力时，应注意到在半跨荷载作用下，屋架跨中部分腹杆的内力可能比全跨满载时的拉力大或变为压力，因此，屋架的荷载组合要按下列情况完成：

1)与柱铰接的屋架

①全跨荷载：所有屋架都应进行全跨满载时的内力计算。全跨荷载组合之一：全跨永

久荷载+全跨屋面活荷载或雪荷载(取两者的较大值)+全跨积灰荷载+悬挂吊车荷载。有纵向天窗时,应分别计算中间天窗架处和天窗端壁处的屋架杆件内力。

全跨荷载组合之二:全跨永久荷载+0.85[全跨屋面活荷载或雪荷载(取两者的较大值)+全跨积灰荷载+悬挂吊车荷载+天窗架传来的风荷载+由框架内力分析得到的由柱顶作用于屋架的水平力]。

②半跨荷载:梯形屋架、人字形屋架、平行弦屋架等的少数中部斜腹杆(一般为跨中每侧各两根斜腹杆)可能在半跨荷载作用下产生内力增大或变号。故该部分斜腹杆在截面选择时,不论在全跨荷载下是拉杆还是压杆,均宜按压杆控制,其长细比不大于150,此时可不考虑半跨荷载组合。

必要时,还应根据使用和施工过程的分布情况考虑半跨荷载的作用:全跨永久荷载+半跨屋面活荷载(或半跨雪荷载)+半跨积灰荷载+悬挂吊车荷载。

采用大型混凝土屋面板且跨度较大($l \geqslant 24$ m)的屋架,尚应考虑安装时可能的半跨荷载,即屋架及天窗架(包括支撑)自重+半跨屋面板重+半跨屋面活荷载。

③对坡度较大($i > 1/8$)的轻质屋面屋架,一般应考虑负风压的影响。即当屋面永久荷载(荷载分项系数γ_G取为1.0)小于负风压(荷载分项系数γ_Q取为1.4)时,屋架的受拉杆件在永久荷载与风荷载联合作用下可能受压。求其内力时,可假定屋架两端支座的水平反力相等(图8.9)。组合为:1.0×永久荷载标准值+1.4×全跨可变荷载标准值+0.6×1.4×屋面风荷载标准值。除上述情况外,作用于屋架、天窗架的风荷载,对铰接屋架杆件内力的影响可不予考虑。

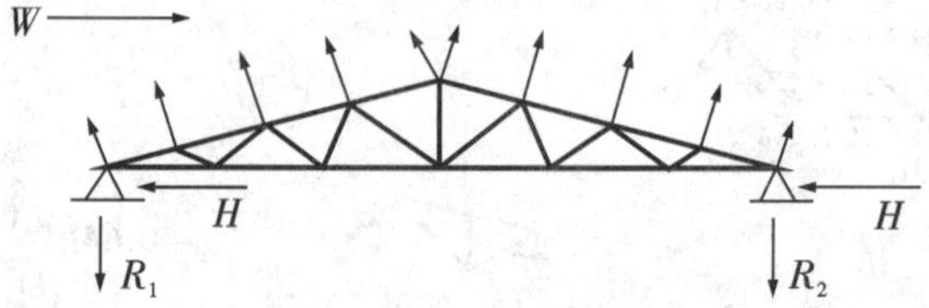

图8.9 屋面风荷载的计算简图

④轻屋面的厂房,当吊车起重量较大($Q \geqslant 20$ t)时,应考虑按框架分析求得的柱顶水平力是否会使下弦内力增加或引起下弦内力变号。

⑤对于地震区且跨度大于24 m的钢屋架,尚应按《建筑抗震设计规范》考虑竖向地震荷载作用的组合。

2)与柱刚接的屋架 柱与屋架刚接时,除应按铰接屋架计算杆件内力外,还应计入根据框架内力分析所得的屋架端弯矩和水平力,其最不利组合可分为以下四组,具体如图8.10所示:

①主要使下弦受压的组合,即左端为$-M_{1\max}$和$-H$,右端为$-M_2$和$-H$(图8.10a);

②主要使上、下弦内力增加的组合,即左端为$+M_{1\max}$和$+H$,右端为$+M_2$和$+H$(图8.10b);

③主要使斜腹杆内力最不利的组合。分两种情况:一是左端为$-M_{1\max}$,右端为$+M_2$;一是左端为$+M_{1\max}$,右端为$-M_2$(图8.10c、d)。

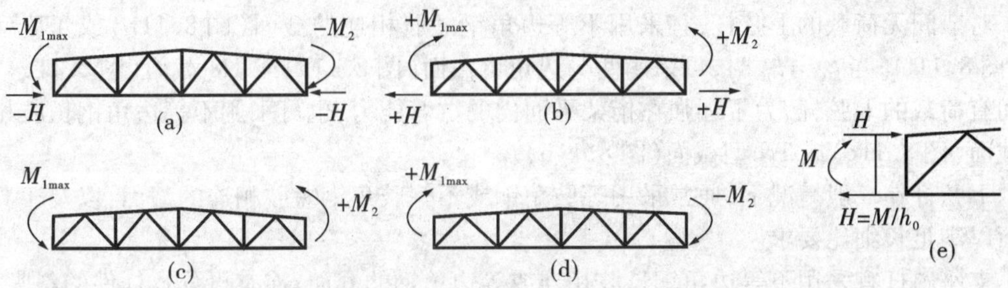

图 8.10　刚接屋架最不利端弯矩和水平力

组合时，应使左端的端弯矩为最大值，水平力和另一端的端弯矩相对应(同时产生)。分析屋架杆件内力时，将端弯矩 M 用一组力偶 $H = M/h_0$ 代替(图 8.10e)；水平力则认为直接由下弦杆传递。将端弯矩和水平力产生的内力与按铰接屋架的内力相组合后，即得刚接屋架各杆件的最不利内力(端弯矩和水平力使内力增加或使杆件由拉杆变为压杆)。

8.4　钢屋架的杆件设计

8.4.1　杆件的截面形式及选择

选择屋架杆件截面的形式时，应该保证杆件具有足够的承载力与较大的抗弯刚度，同时应该便于相互连接且用料经济。对轴心受力的杆件，宜使其在屋架平面内和平面外长细比接近相等。

(1)杆件的截面形式　桁架杆件的常用截面形式有单壁式和双壁式两种。

1)单壁式杆件的截面　普通钢屋架多采用由两个角钢组成的 T 形截面(图 8.11a、b、c)或十字形截面形式的杆件(图 8.11d)，受力较小的次要杆件可采用单角钢(图 8.11e)。随着 H 型钢应用的日趋广泛，亦可采用 H 型钢剖分而成的 T 型钢(图8.11f、g、h)代替双角钢截面。

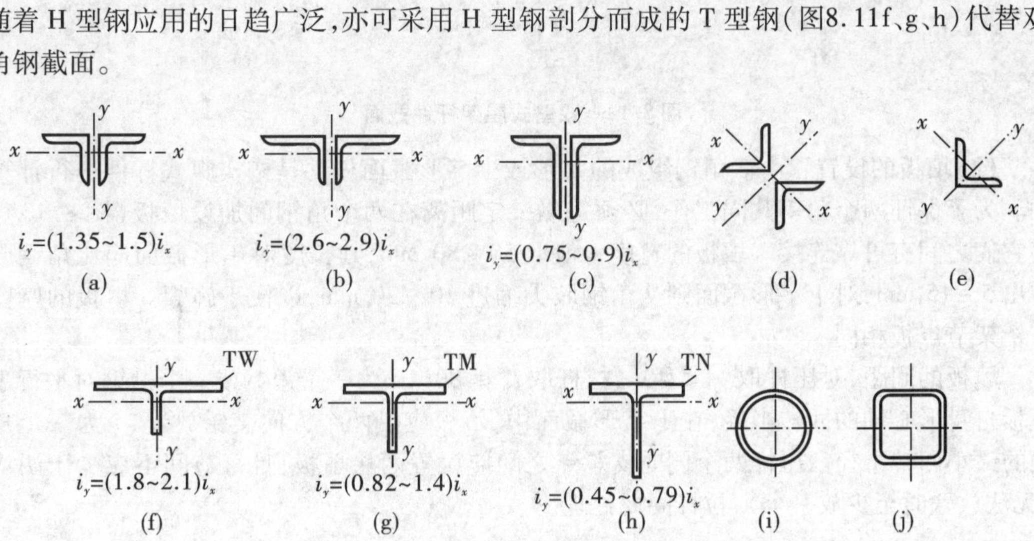

图 8.11　单壁式屋架杆件截面

对节间无荷载的上弦杆，宜采用不等边角钢短肢相连的截面（图 8.11b）或 TW 型截面（图 8.11f）；当 $l_{0y}=l_{0x}$ 时，可采用两等边角钢截面（图 8.11a）或 TM 截面（图 8.11g）；对节间有荷载的上弦杆，为了加强在桁架平面内的抗弯能力，也可采用不等边角钢长肢相连的截面（图 8.11c）或 TN 型截面（图 8.11h）。

下弦杆在一般情况下，通常采用等肢角钢或不等肢角钢短肢相连的截面，以及 TW 型截面以满足长细比要求。

支座斜杆宜采用不等边角钢长肢相连或等边角钢的截面，连有再分式杆件的斜腹杆，可采用不等肢角钢短肢相并的截面。

其他一般腹杆，宜采用等边角钢相并的截面。连接垂直支撑的竖腹杆，宜采用两个等边角钢组成的十字形截面（图 8.11d），因为垂直支撑如需传力时则竖杆不致偏心，并且吊装时屋架两端可以任意调动位置而竖杆伸出肢位置不变。受力很小的腹杆（如再分杆等次要杆件），可采用单角钢截面。

随着厂房结构的发展，屋架杆件已有用 T 型钢取代双角钢的趋势，特别是屋架的弦杆。这样可以省去节点板或减小节点板尺寸，零件数量少，用钢经济（约节约钢材 10%），用工量少（省工 15% ~20%）。易于涂油漆且能提高其抗腐蚀性能，延长其使用寿命，降低造价（16% ~20%）。目前，这类屋架在国外已广泛采用，我国在宝钢等工程中也已采用。圆管（8.11i）、方管（8.11j）、矩形管等截面因连接方便，刚度大，耗钢量小及防锈蚀性能好等优越性能，近年来也在各类工程中得到较多的应用。

2）双壁式杆件的截面　屋架跨度较大时，弦杆等杆件较长，单榀屋架的横向刚度比较低。为保证安装时屋架的侧向刚度，对跨度≥42 m 的屋架宜设计成双壁式截面（图 8.12）。其中由双角钢组成的双壁式截面可用于弦杆和腹杆，横放的 H 型钢可用于大跨度重型双壁式屋架的弦杆和腹杆。

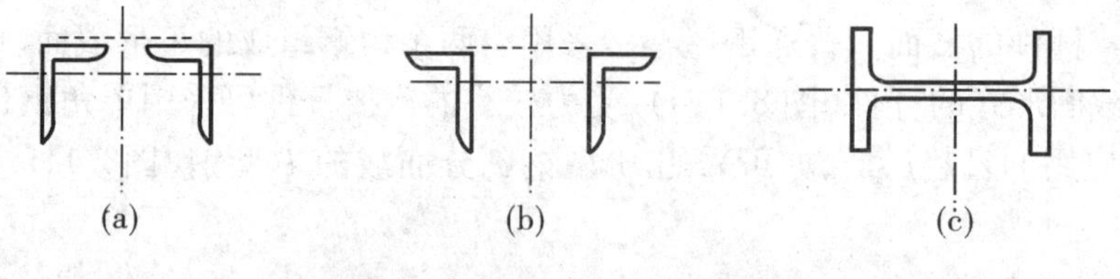

图 8.12　双壁式屋架杆件截面

（2）填板的设置　由双角钢组成的 T 形或十字形截面杆件是按实腹式杆件进行计算的。为了保证两个角钢共同工作，必须每隔一定距离在两个角钢间加设填板（图 8.13），使它们之间有可靠连接。填板的宽度一般取 50 ~80 mm，其长度对 T 形截面应比角钢肢伸出 5 ~15 mm，对十字形截面则从角钢肢尖缩进 10 ~20 mm，以便于施焊。填板的厚度与桁架节点板相同。

填板的间距，对压杆取 $l_1 \leqslant 40i$，拉杆取 $l_1 \leqslant 80i$，i 为一个角钢或一个槽钢对平行于填板自身形心轴的回转半径；在十字形截面中，填板应沿两个方向交错放置，i 为一个角钢的最小回转半径。压杆两个侧向支承点之间应设置两块填板，且每节间不应少于两块（无法放置时至少放一个）；拉杆同此处理。

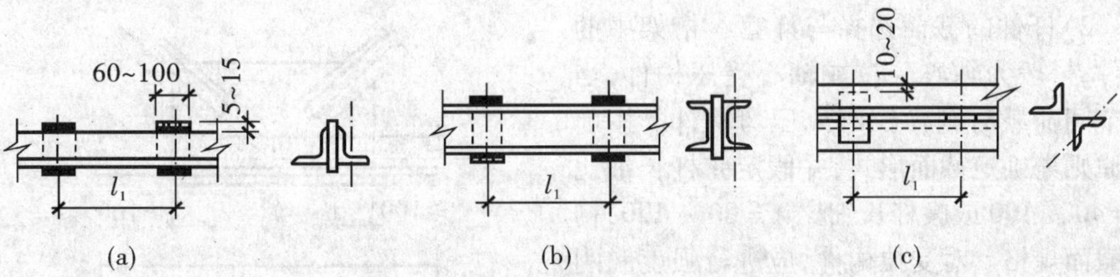

图 8.13　桁架杆件的填板

(3)节点板的厚度　屋架节点板的厚度(或 T 型钢弦杆的腹板厚),对单壁式屋架,可根据腹杆的最大内力(对梯形或平行弦屋架)或弦杆端节间内力(对三角形屋架),按表 8.1 选用;双壁式屋架的节点板,则可按上述内力的一半,按该表选用。一般中间节点板受力较小,板厚可比支座处节点板的厚度减小 2 mm。在一榀屋架中,除支座处节点板厚度可以大 2 mm 外,全屋架节点板取相同厚度。

表 8.1　Q235 钢单壁式屋架节点板厚度选用表

梯形、平行弦屋架腹杆最大内力或三角形屋架弦杆端节间内力/kN	≤160	161 ~ 300	301 ~ 500	501 ~ 700	701 ~ 950	951 ~ 1200	1201 ~ 1550	1551 ~ 2000
中间节点板厚度/mm	6	8	10	12	14	16	18	20
支座节点板厚度/mm	8	10	12	14	16	18	20	22

注:节点板钢材为 Q345、Q390 和 Q420 时,板厚可适当减小

(4)杆件的截面选择

1)一般原则

①应优先选用宽肢薄壁的板件或肢件组成的截面以增加截面的回转半径,但受压构件应满足局部稳定的要求。一般情况下,板件或肢件的最小厚度为 5 mm,对小跨度屋架可用到 4 mm。

②为了便于订货和下料,在同一榀屋架中,选用的型钢规格不应超过 6 ~ 7 种。角钢最小规格为 L45×4 或 L56×36×4。直接与支撑或系杆相连的最小肢宽,应根据连接螺栓的直径 d 而定:d=16 mm 时,为 63 mm;d=18 mm 时,为 70 mm;d=20 mm 时,为 75 mm。垂直支撑或系杆如连接在预先焊于桁架竖腹杆及弦杆的连接板上时,则悬伸肢宽不受此限。

③屋架杆件一般采用通长等截面杆件,当跨度≥24 m 与柱铰接的屋架,弦杆可根据内力变化而改变截面,但半跨内一般只改变一次,变截面位置宜在节点处或其附近。改变截面的做法通常是变肢宽而保持厚度不变,以便处理弦杆的拼接构造。变截面两侧角钢通常做成外表面平齐,也可做成两侧形心轴线(取整至 5 mm 倍数)重合,这时在拼接处需加放填板使角钢表面平齐。

④当连接支撑等的螺栓孔在节点板范围内且距节点板边缘距离≥100 mm 时,计算杆件强度可不考虑截面削弱(图 8.14)。

2)杆件的截面选择与计算　桁架中的杆件,一般为轴心受拉或轴心受压构件,当有节间荷载时则为拉弯或压弯构件。按前述原则先确定截面形式,并假定弦杆长细比 $\lambda = 40 \sim 100$ 或腹杆长细比 $\lambda = 80 \sim 120$,初选截面规格。对受拉构件,应进行强度和刚度验算。受压杆件和压弯构件应进行强度、刚度和稳定性能的验算。

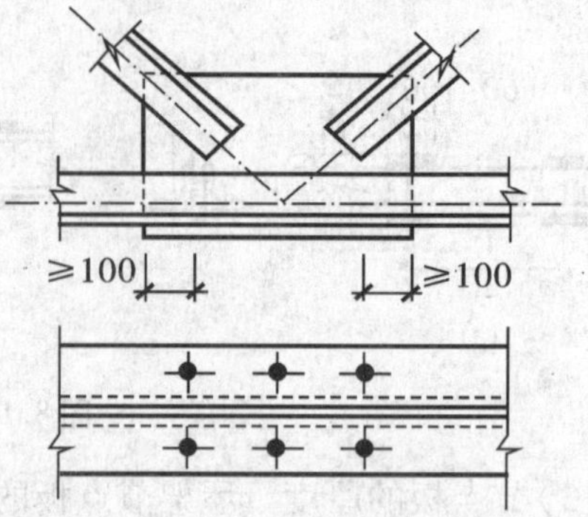

图 8.14　节点板范围内的螺栓孔

8.4.2　杆件设计

(1)杆件的计算长度

1)屋架平面内　在理想铰接的屋架中,杆件在屋架平面内的计算长度应等于节点中心间的距离,即杆件的几何长度 l。实际上汇交于节点处的各杆件是通过节点板焊接在一起的,并非真正的铰接,节点具有一定的刚性。此外,当某一压杆在屋架平面内失稳而屈曲,端部绕节点转动时,将受到和节点相连的其他杆件的约束,这种约束是弹性嵌固,对压杆的工作是有利的。约束节点转动的主要因素是拉杆。汇交于节点上的拉杆数量愈多,则产生的约束作用愈大,压杆在节点处的嵌固程度也愈大,其计算长度就愈小。据此,可视节点的嵌固程度确定各杆件的计算长度。钢屋架的弦杆、支座斜杆和支座竖杆其本身的刚度较大,且两端相连的拉杆少,因而对节点的嵌固程度很小,可不予考虑,计算长度不作折减而取几何长度(节点间距离),即 $l_{0x} = l$(图 8.15a)。其他腹杆,由于一端与上弦相连,嵌固作用不大,可视为铰接,另一端与下弦相连,拉杆数量多、拉力大,嵌固程度较大,取计算长度 $l_{0x} = 0.8l$。

2)屋架平面外　屋架杆件在平面外的计算长度应取屋架侧向支承点之间的距离。弦杆的侧向支承点应该是水平支撑、垂直支撑或相应系杆的连接节点。上弦一般取上弦横向水平支撑的节间长度,即 $l_{0y} = l_1$(图 8.15b)。在有檩屋盖中,如檩条与横向水平支撑的交叉点用节点板焊牢,则此檩条可视为屋架弦杆的支承点,即 $l_{0y} = l_1/2$。在无檩屋盖中,考虑大型屋面板能起一定的支撑作用,故一般取两块屋面板的宽度,但不大于 3.0 m。下弦视水平支撑和系杆情况而定。由于弦杆截面比腹杆相对刚度较大,且侧向被牢固支承,腹杆与弦杆的连接节点可认为是腹杆的侧向支承点,故所有腹杆均取 $l_{0y} = l$。

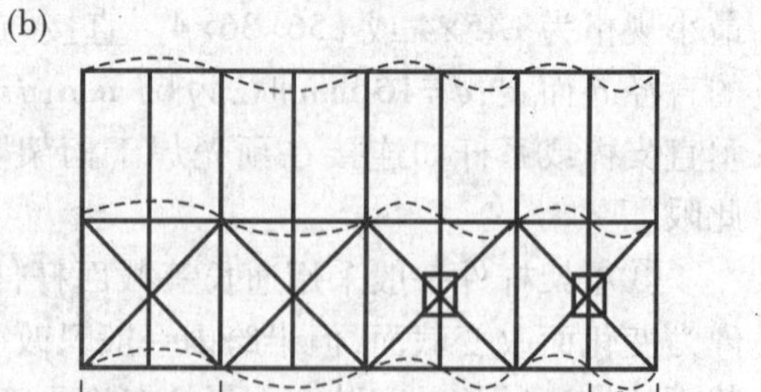

图 8.15　屋架杆件的计算长度

(a)杆件在屋架平面内的计算长度;

(b)杆件在屋架平面外的计算长度

3)斜平面　单面连接的单角钢杆件和双角钢组成的十字形杆件,因截面主轴不在桁架平面内，杆件受压有可能绕截面斜向主轴发生斜平面失稳，杆件两端的节点对其两个方向均有一定的嵌固作用。因此，斜平面计算长度略作折减，取 $l_0 = 0.9l$，但支座斜杆和支座竖杆仍取其计算长度为几何长度。

屋架弦杆及腹杆计算长度按表 8.2 采用。

表 8.2　桁架弦杆和单系腹杆的计算长度 l_0

弯曲方向	弦杆	腹杆	
		支座斜杆和支座竖杆	其他腹杆
屋架平面内	l	l	$0.8l$
屋架平面外	l_1	l	l
斜平面	—	l	$0.9l$

注：1. l 为构件的几何长度（节点中心间的距离），l_1 为屋架弦杆侧向支承点间的距离。

2. 斜平面系指与屋架平面斜交的平面，适用于构件截面两主轴均不在屋架平面内的单角钢腹杆和双角钢十字形截面腹杆。

3. 无节点板的腹杆，其计算长度在任何平面内均取等于几何长度（钢管结构除外）

4）变内力杆件　如屋架受压弦杆侧向支承点间的距离为 2 倍节间长度，且两节间弦杆内力不等时［图 8.16(a)］，该弦杆在屋架平面外的计算长度按下式计算

$$l_{0y} = l_1\left(0.75 + 0.25\frac{N_2}{N_1}\right)\text{，且不小于 }0.5l_1 \tag{8.2}$$

式中　N_1——较大的压力，计算时取正值；

N_2——较小的压力或拉力，计算时压力取正值，拉力取负值。

对屋架再分式腹杆体系的受压主斜杆（图 8.16b）及 K 形腹杆体系的竖杆（图 8.16c），在屋架平面外的计算长度也应按式(8.2)确定，受拉主斜杆仍取 l_1；在屋架平面内的计算长度则采用节点中心间距离。

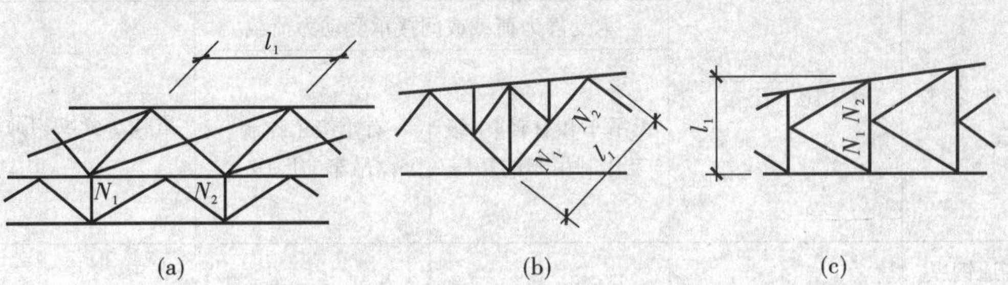

图 8.16　变内力杆件的平面内外计算长度

(a) 侧向支承点间杆件内力变化的弦杆；(b) 再分式腹杆体系的受压主斜杆；(c) K 形腹杆体系的竖杆

5）交叉腹杆　确定屋架交叉腹杆的长细比时，在屋架平面内的计算长度应取节点中心到交叉点间的距离；在屋架平面外的计算长度按表 8.3 选用。

表 8.3 屋架交叉腹杆在屋架平面外的计算长度

<table>
<tr><th>项次</th><th>杆件类别</th><th>杆件的交叉情况</th><th>屋架平面外的计算长度</th></tr>
<tr><td>1</td><td rowspan="4">压杆</td><td>相交的另一杆受压,两杆在交叉点均不中断</td><td>$l_0 = l\sqrt{\frac{1}{2}\left(1+\frac{N_0}{N}\right)}$</td></tr>
<tr><td>2</td><td>相交的另一杆受拉,两杆中有一杆在交叉点中断但以节点板搭接</td><td>$l_0 = l\sqrt{1+\frac{\pi^2}{12}\frac{N_0}{N}}$</td></tr>
<tr><td>3</td><td>相交的另一杆受拉,两杆在交叉点均不中断</td><td>$l_0 = l\sqrt{\frac{1}{2}\left(1-\frac{3}{4}\frac{N_0}{N}\right)} \geqslant 0.5l$</td></tr>
<tr><td>4</td><td>相交的另一杆受拉,此拉杆在交叉点中断但以节点板搭接</td><td>$l_0 = l\sqrt{1-\frac{3}{4}\frac{N_0}{N}} \geqslant 0.5l$</td></tr>
<tr><td>5</td><td>拉杆</td><td>—</td><td>$l_0 = l$</td></tr>
</table>

注:1. 表中 l 为节点中心间距离(交叉点不作节点考虑);N 为所计算杆的内力,N_0 为相交另一杆的内力,均为绝对值。

2. 两杆均受压时,$N_0 \leqslant N$,两杆截面应相同。

3. 当确定交叉腹杆中单角钢杆件斜平面的长细比时,计算长度应取节点中心至交叉点间的距离

(2)杆件的容许长细比 钢屋架的杆件截面较小,长细比较大,在自重作用下会产生挠度,在运输和安装过程中容易因刚度不足而产生弯曲,因此屋架及支撑的杆件都应满足刚度要求,即长细比的大小要符合规范规定的容许值。钢结构规范对容许长细比的规定如表 8.4 所示。

表 8.4 屋架杆件的容许长细比

<table>
<tr><th rowspan="3">杆 件 名 称</th><th rowspan="3">压 杆</th><th colspan="3">拉 杆</th></tr>
<tr><th colspan="2">承受静力荷载或间接承受动力荷载</th><th rowspan="2">直接承受动力荷载</th></tr>
<tr><th>无吊车和有轻、中级工作制吊车的厂房</th><th>有重级工作制吊车的厂房</th></tr>
<tr><td>普通钢屋架的杆件</td><td rowspan="3">150</td><td rowspan="3">350</td><td>250</td><td>250</td></tr>
<tr><td>轻钢屋架的主要杆件</td><td rowspan="2">—</td><td>—</td></tr>
<tr><td>天窗构件</td><td>—</td></tr>
</table>

续表 8.4

屋盖支撑杆件	200	400	350	—
轻钢屋架的其他杆件		350		

注:1. 承受静力荷载的结构,可只计算受拉杆件在竖向平面内的长细比;

2. 在直接或间接承受动力荷载的结构中,计算单角钢受拉杆件的长细比时,应采用角钢的最小回转半径,但在计算单角钢交叉受拉杆件平面外的长细比时,应采用与角钢肢边平行轴的回转半径;

3. 受拉构件在永久荷载和风荷载组合作用下受压时,长细比不宜超过 250;

4. 张紧的圆钢拉杆和张紧的圆钢支撑,长细比不受限制;

5. 在桁架(包括中间桁架)结构中,单角钢的受压腹杆,当其内力小于或等于承载能力的 50% 时,容许长细比可取为 200

8.5　钢屋架的节点设计

钢屋架一般在节点处设置节点板,把交汇于节点的各杆件与其相连接,形成屋架的节点,各杆件把力传给节点板并相互平衡。节点设计的具体任务是确定节点的构造,连接焊缝及节点承载力的计算。使用节点板时,尚须确定节点板的形状和尺寸。节点的构造应传力路线明确、简捷,制作安装方便。节点板应该只在弦杆与腹杆之间传力,以免任务过重和厚度过大。弦杆如果在节点处断开,应设置拼接材料在两段弦杆间直接传力。

本节主要介绍双角钢杆件组成的普通钢屋架的节点设计。

(1)一般原则

1)屋架杆件在节点处与节点板相连,各杆轴线汇交于节点中心,以避免杆件偏心受力。理论上各杆轴线应是型钢的形心轴线,但采用双角钢时,因角钢截面的形心与肢背的距离常不是整数,为了制作方便,焊接屋架中通常取角钢背至轴线的距离为 5 mm 的倍数,螺栓连接时应用角钢的最小线距来汇交。这种汇交引起的偏心很小,计算时可忽略不计。

2)当弦杆截面沿长度有改变时,为便于拼接和放置屋面材料,一般将拼接处两侧弦杆表面对齐,此时形心线必然错开,宜采用两杆件形心线的中线为轴线(图 8.17)。当两侧形心线偏移的距离 e 不超过较大弦杆截面高度的 5% 时,可不考虑此偏心影响。

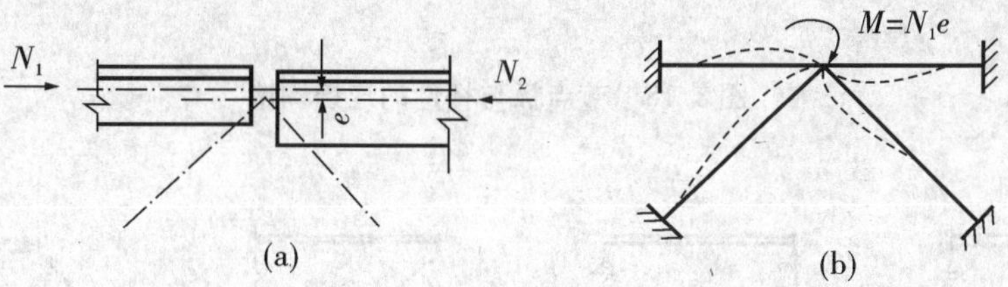

图 8.17　弦杆轴线的偏心

当偏心距离 e 超过 5% 时,或者由于其他原因使节点处有较大偏心弯矩时,应根据交汇处各杆的线刚度,将此弯矩分配于各杆件,并按偏心受力构件计算各杆的强度和稳定性。

图 8.17(b)中各杆件承担的弯矩为：

$$M_i = M \cdot \frac{K_i}{\sum K_i} \tag{8.3}$$

式中 M——节点偏心弯矩，对图 8.17 中 $M = N_1 \cdot e$；

K_i——所计算杆件的线刚度；

$\sum K_i$——汇交于节点的各杆件线刚度之和。

3)在屋架节点处，腹杆与弦杆或腹杆与腹杆之间焊缝焊趾间净距不宜小于 5 mm，或者杆件之间的空隙不小于 20 mm(图 8.18)，以便制作，且可避免焊缝过分密集，致使钢材局部变脆。对寒冷地区处于低温(冬季计算温度小于或等于-30 ℃)工作状态的屋架或直接受动力荷载的屋架，此距离应不小于 50 mm，并不宜大于 $6t$（t 为节点板厚度）或 80 mm。用螺栓(或铆栓)连接的节点，此距离可采用 5～10 mm。屋架弦杆节点板一般伸出弦杆 10～15 mm(图 8.18b)；有时为了支撑屋面结构，屋架上弦节点板(厚度为 t)一般从弦杆缩进 5～10 mm，且不宜小于$\left(\frac{t}{2}+2\right)$ mm。

4)角钢端部的切割一般垂直于其轴线(图 8.19a)。有时为减小节点板尺寸，允许切去一肢的部分(图 8.19b、c)，但不允许将一个肢完全切去而另一肢伸出部分斜切，如图 8.19(d)所示。

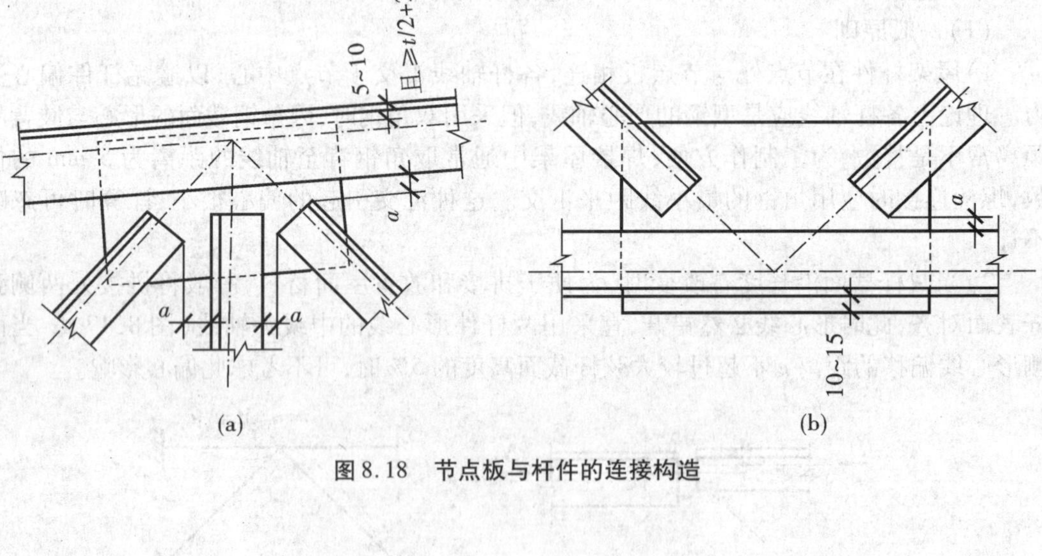

图 8.18 节点板与杆件的连接构造

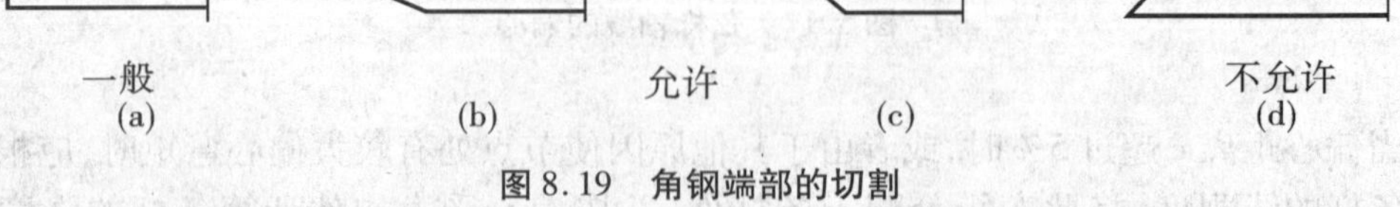

图 8.19 角钢端部的切割

5)节点板的外形应尽可能简单而规则,宜至少有两边平行,一般采用矩形、平行四边形和直角梯形等。节点板边缘与杆件轴线的夹角不应小于 15°(图 8.20a);直接承受动力荷载的结构不小于 30°。单斜杆与弦杆的连接应使之不出现连接的偏心弯矩(图 8.20b)。节点板的平面尺寸,一般应根据杆件截面尺寸和腹杆端部焊缝长度画出大样图来确定。但考虑施工误差,宜将此平面尺寸适当放大。

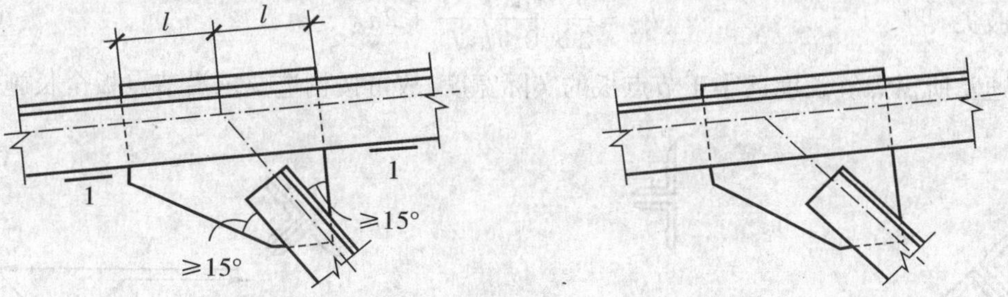

图 8.20　单斜杆与弦杆的连接

6)支承大型混凝土屋面板的上弦杆,当支承处的总集中荷载(设计值)超过表 8.5 的数值时,弦杆的伸出肢容易弯曲,应对其采用图 8.21 的做法之一予以加强。

表 8.5　弦杆不加强的最大节点荷载

角钢厚度/mm,当钢材为	Q235	5	6	7	8	10	12	14	16	18	—
	Q345	—	5	6	7	8	10	12	14	16	18
支撑处总集中荷载设计值(kN),当两板肋支承宽度为	65 mm	6.3	8.4	11.0	14.0	20.5	28.8	38.9	—	—	—
	130 mm	—	10.5	13.6	17.0	24.0	33.3	46.2	61.6	78.6	116.6

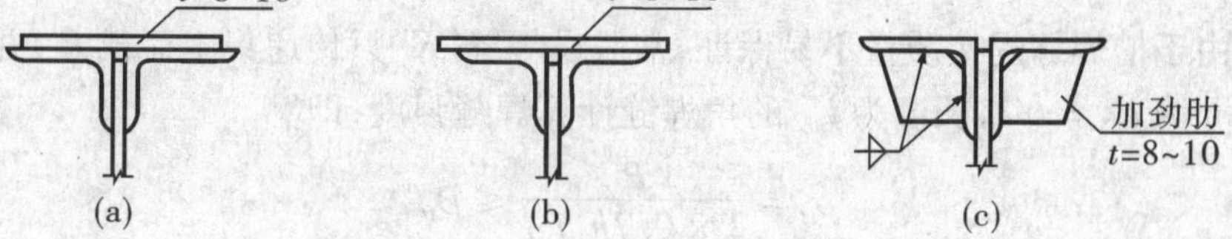

图 8.21　上弦角钢的加强

(2)屋架节点设计

1)一般节点　一般节点指无集中荷载和无弦杆拼接的节点。图 8.22 为一般下弦节点。通常,节点板应伸出弦杆 10 ~ 15 mm 以便焊接。各腹杆与节点板之间的传力,一般用两侧面角焊缝实现,也可用 L 形围焊缝或三面围焊缝实现。腹杆与节点板的焊缝按本书第3章的方法计算。由于弦杆是连续的,故弦杆与节点板的焊缝,应按承受相邻节间弦杆的内力差 $\Delta N = N_1 - N_2(N_1 > N_2)$ 计算。

则肢背和肢尖的焊缝长度为:

肢背 $$l_{w1} = \frac{k_1 \Delta N}{2 \times 0.7 h_{f1} f_f^w} + 2h_{f1} \tag{8.4}$$

肢尖 $$l_{w2} = \frac{k_2 \Delta N}{2 \times 0.7 h_{f2} f_f^w} + 2h_{f2} \tag{8.5}$$

通常所需焊缝长度远小于节点板的实际宽度,故可按构造要求沿节点板全长施焊。

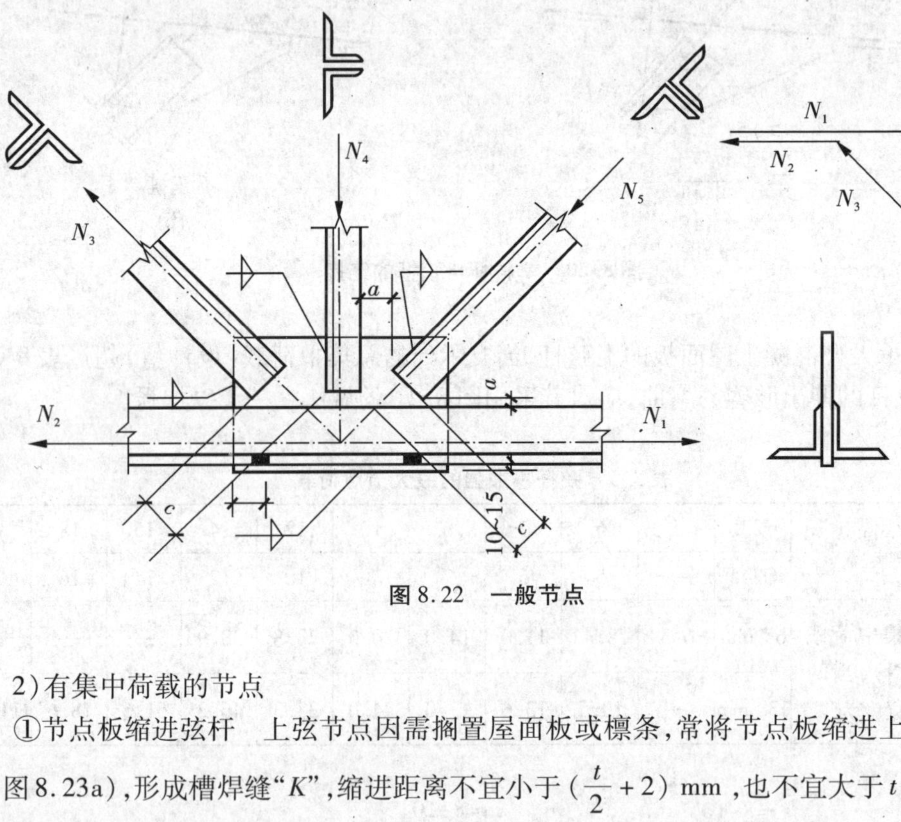

图 8.22　一般节点

2)有集中荷载的节点

①节点板缩进弦杆　上弦节点因需搁置屋面板或檩条,常将节点板缩进上弦角钢肢背(图8.23a),形成槽焊缝"K",缩进距离不宜小于 $(\frac{t}{2}+2)$ mm ,也不宜大于 t , t 为节点板厚度。由于槽焊缝焊接质量不易保证,常假设焊缝"K"只传递集中荷载 P ,并近似按两条焊脚尺寸为 $h_{f1} = t/2$,长度为 l_{w1} 的角焊缝计算焊缝强度,即

$$\sigma_f = \frac{P}{2 \times 0.7 h_{f1} l_{w1}} \leqslant \beta_f f_f^w \tag{8.6}$$

肢尖角焊缝"A"传递弦杆两端内力差 $\Delta N = N_1 - N_2$。但因"A"焊缝与弦杆轴线相距为 e,故"A"焊缝同时还需传递偏心力矩 $M = \Delta N \cdot e$ 。即

对 ΔN : $$\tau_f = \frac{\Delta N}{2 \times 0.7 h_{f2} l_{w2}} \tag{8.7}$$

对 M : $$\sigma_f = \frac{6M}{2 \times 0.7 h_{f2} l_{w2}^2} \tag{8.8}$$

"A"焊缝最大应力的验算式为

$$\sqrt{\left(\frac{\sigma_f}{\beta_f}\right)^2+(\tau_f)^2}\leqslant f_f^w \tag{8.9}$$

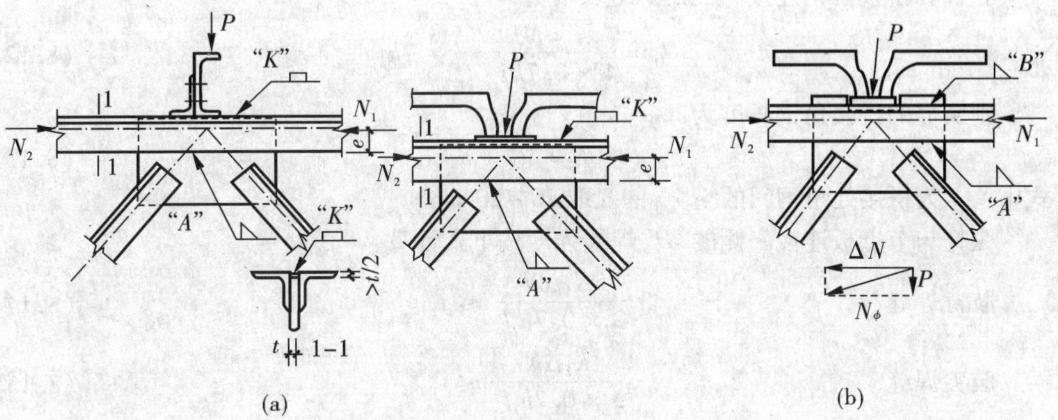

图 8.23　屋架上弦节点

②节点板伸出弦杆　当"A"焊缝强度不足或节点板向上伸出不妨碍屋面构件的放置时,可采用节点板伸出方案(图 8.23b),肢尖"A"与肢背"B"两条焊缝传递弦杆与节点板间内力,即 $\overline{N_\varphi}=\bar{P}+\Delta\bar{N}$　。此时弦杆与节点板的连接焊缝可按下列公式计算:

肢背焊缝
$$\frac{\sqrt{(k_1\Delta N)^2+(0.5P/\beta_f)^2}}{2\times0.7h_{f1}l_{w1}}\leqslant f_f^w \tag{8.10}$$

肢尖焊缝
$$\frac{\sqrt{(k_2\Delta N)^2+(0.5P/\beta_f)^2}}{2\times0.7h_{f2}l_{w2}}\leqslant f_f^w \tag{8.11}$$

③屋架弦杆的拼接及拼接节点　弦杆的拼接分为工厂拼接和工地拼接两种。工厂拼接为型钢长度不够或弦杆截面有改变时在制造厂进行的拼接,拼接位置在节点范围以外,通常设在内力较小的节间内。工地拼接用于屋架分为几个运送单元时在工地进行的拼接,拼接位置一般在节点处。为减轻节点板负担和保证整个屋架平面外的刚度,通常不利用节点板作为拼接材料,而以拼接角钢传递弦杆内力。拼接角钢宜采用与弦杆相同的截面,使弦杆在拼接处保持原有的强度和刚度。

图 8.24 为下弦中央工地拼接节点。弦杆内力较大,单靠节点板传力不适宜,故常用拼接角钢连接,为了使拼接角钢与弦杆紧密相贴,应将其棱角铲去,同时为便于施焊,还应将其竖肢切去 $\Delta=(t+h_f+5)$ mm,其中 t 为角钢厚度。拼接角钢截面的削弱,可以由节点板或角钢之间的填板来补偿。当为工地拼接时,为便于现场拼装,拼接节点要设置安装螺栓,同时拼接角钢与节点板应各焊于不同的运输单元,以避免拼装中双插的困难。也有的将拼接角钢单个运输,拼装时用安装焊缝焊于两侧。

下弦杆拼接节点的计算包括两部分,即弦杆自身拼接的传力焊缝(图 8.24 中的"C"焊缝)和各杆与节点板间的传力焊缝(图 8.24 中的"D"焊缝)。

拼接焊缝"C"应能传递两侧弦杆内力中的较小值 N,或者偏于安全地取截面承载能力 $N = f \cdot A_n$(式中 A_n 为弦杆净截面面积,f 为其强度设计值)。考虑到截面形心处的力与拼接角钢两侧的焊缝近于等距,故 N 力由两根拼接角钢的四条焊缝平均传递。

弦杆和拼接角钢连接一侧的焊缝长度为

$$l_1 = \frac{N}{4 \times 0.7h_f \cdot f_f^w} + 2h_f \tag{8.12}$$

则所需的拼接角钢长度为

$$L = 2l_1 + b \tag{8.13}$$

式中　b 为拼接处角钢间的空隙,一般取 10 ~ 20 mm。

弦杆与节点板连接一侧的"D"焊缝强度按下式计算:

肢背焊缝
$$\frac{K_1 \Delta N}{2 \times 0.7h_f l_w} \leqslant f_f^w \tag{8.14}$$

肢尖焊缝
$$\frac{K_2 \Delta N}{2 \times 0.7h_f l_w} \leqslant f_f^w \tag{8.15}$$

式中的 ΔN 取为相邻节间弦杆内力之差或弦杆最大内力的 15%,二者取较大值。当节点处有集中荷载时,则应采用上述 ΔN 值和集中荷载 P 值按式(8.10)和式(8.11)验算。

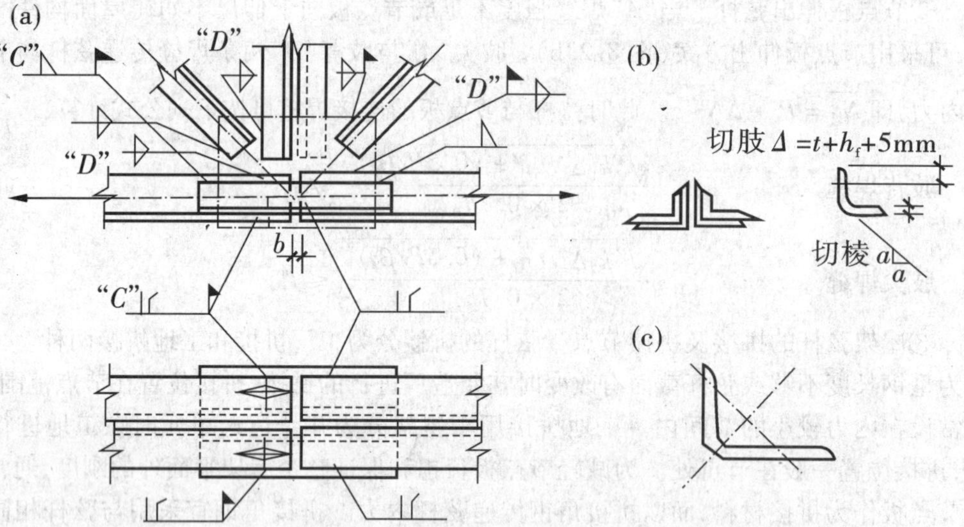

图 8.24　屋架下弦拼接节点

图 8.25 为上弦跨中拼接节点。屋脊节点处的拼接角钢,一般采用热弯成型。当屋面坡度较大且拼接角钢肢较宽时,可将角钢竖肢切斜口弯折后对焊。当为工地拼接时,为便于现场安装,拼接节点要设置安装螺栓。拼接角钢与弦杆间焊缝算法与下弦跨中拼接节点相同。计算拼接角钢长度时,屋脊节点所需间隙较大,常取 $b = 50$ mm 左右。对节点板不伸出和部分伸出两种作法,弦杆与节点板间焊缝计算略有不同。弦杆与节点板间的焊缝所承受的竖向力为 $P - (N_1 + N_2)\sin\alpha$。

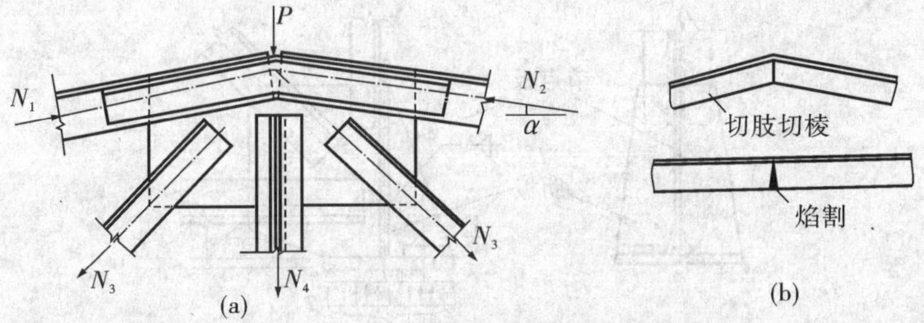

图 8.25　上弦拼接节点

④屋架的支座节点　屋架与柱子的连接可以做成铰接或刚接。支撑于混凝土柱或砌体柱的屋架一般都是按铰接设计。而屋架与钢柱的连接则可为铰接或刚接。图 8.26 为三角形屋架的铰接支座节点，图 8.27 为梯形屋架的铰接支座节点。

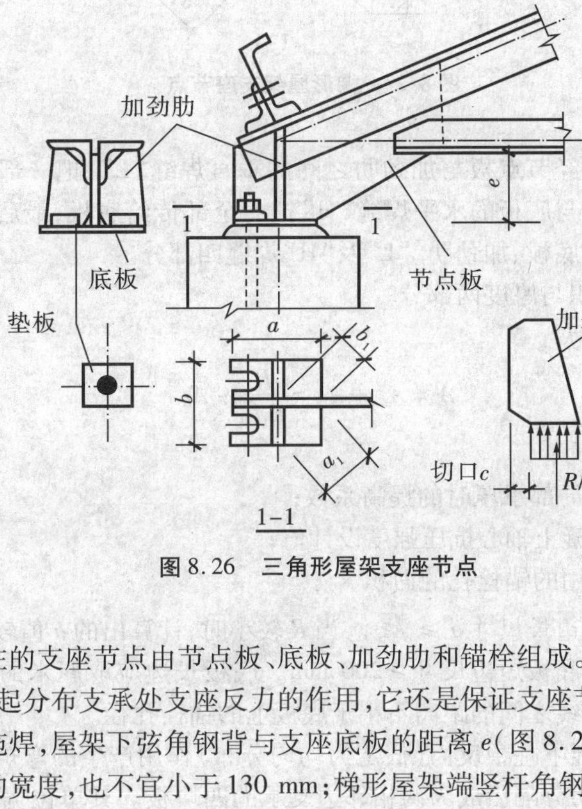

图 8.26　三角形屋架支座节点

支于混凝土柱的支座节点由节点板、底板、加劲肋和锚栓组成。支座节点的中心应在加劲助上，加劲肋起分布支承处支座反力的作用，它还是保证支座节点板平面外刚度的必要零件。为便于施焊，屋架下弦角钢背与支座底板的距离 e（图 8.26 和图 8.27）不宜小于下弦角钢伸出肢的宽度，也不宜小于 130 mm；梯形屋架端竖杆角钢朝外时，角钢边缘与加劲板中线距离不宜小于 50 mm。屋架支座底板与柱顶用锚栓相连，锚栓预埋于柱顶，并设在底板靠柱轴线的外侧区格，直径通常为 18 ~ 24 mm。为便于安装时调整位置，底板上的锚栓孔常用 U 形孔，直径宜为锚栓直径的 2 ~ 2.5 倍，屋架就位后再加小垫板套住锚栓并用工地焊缝与底板焊牢，小垫板上的孔径只比锚栓直径大（1 ~ 2）mm。

简支支座节点的传力路线是：桁架各杆件的合力（其值与支座反力 R 相等）通过杆端

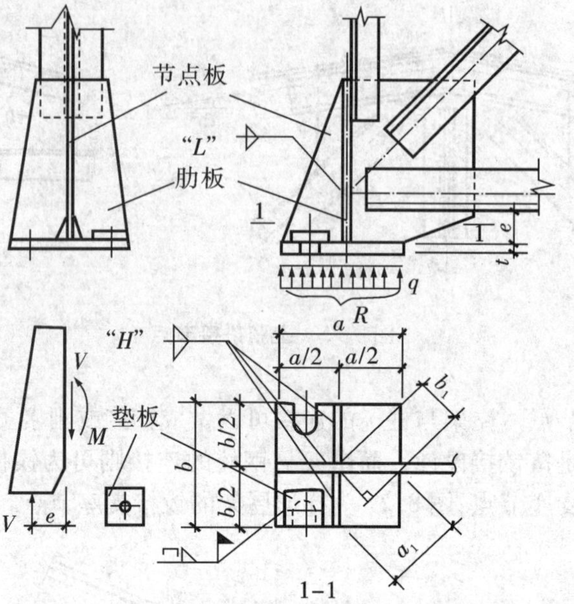

图 8.27　梯形屋架支座节点

焊缝传给节点板,然后经节点板与加劲肋之间的垂直焊缝"L",把一部分力传给加劲肋,再通过节点板、加劲肋与底板的水平焊缝"H"把力全部传给底板,最后传到支座。因此,支座节点的计算,包括底板、加劲肋、"L"及"H"焊缝四部分。

底板计算包括面积与厚度两部分。

底板的毛面积应为

$$A = A_n + A_0 = \frac{R}{\beta_l f_c} + A_0 \tag{8.16}$$

式中　R——支座反力;

β_l——混凝土局部承压时的提高系数;

f_c——支座混凝土轴心抗压强度设计值;

A_0——实际采用的锚栓孔的面积。

采用方形底板时,边长尺寸 $a \geqslant \sqrt{A}$。当 R 较小时,计算出的 a 值较小,考虑到开栓孔的构造需要,通常要求底板短边尺寸≥200 mm。底板长边应取厘米的整倍数,还应使锚栓与节点板、肋板的中线之间的距离不小于底板上的锚栓孔径。

底板的厚度按底板下柱顶反力(假定为均匀分布)作用产生的弯矩决定。图 8.27 的底板经节点板及加劲肋分隔后成为两相邻边支承的四块板。其单位宽度的弯矩参见第 7 章第 7.3 节求解,并由该弯矩确定底板厚度。

底板的主要平面尺寸可根据构造要求,参考表 8.6 确定。

表 8.6　屋架支座底板和锚栓尺寸选用表　mm

支座反力/kN		130	260	390	520	650	780	810
底板平面尺寸	C20及以上	250×(220~250)	300×(220~300)	300×(220~300)	350×(220~350)	350×(250~350)	350×(250~350)	350×(300~350)
底板厚度	Q235	16	20	20	20	24	24	26
	Q345	16	16	20	20	20	20	22
焊缝焊脚尺寸		6	6	7	8	8	10	10
锚栓直径		20	20	20	24	24	24	24
底板上锚栓孔径		50	50	50	60	60	60	60

加劲肋的高度由节点板的尺寸决定,其厚度取等于或略小于节点板的厚度。加劲肋可视为支承于节点板上的悬臂梁,一个加劲肋通常假定传递支座反力的 1/4,它与节点板的连接焊缝承受剪力 $V = R/4$ 和弯矩 $M = V \cdot b/4$,并应按下式验算

$$\sqrt{\left(\frac{V}{2 \times 0.7h_f l_w}\right)^2 + \left(\frac{6M}{2 \times 0.7\beta_f h_f l_w^2}\right)^2} \leqslant f_f^w \tag{8.17}$$

底板与节点板、加劲肋的连接焊缝按承受全部支座反力 R 计算。验算式为

$$\frac{R}{0.7h_f \sum l_w} \leqslant \beta_f f_f^w \tag{8.18}$$

其中焊缝计算长度之和 $\sum l_w = [2a + 2(b - t - 2c) - 12h_f]$ cm,t 和 c 分别为节点板厚度和加劲肋切口宽度。

(3)节点板计算

1)连接节点处的板件在拉、剪作用下的强度,必要时(例如节点板厚度不满足表 8.1 的要求时)应按下列公式计算(图 8.28)

$$\frac{N}{\sum(\eta_i A_i)} \leqslant f \tag{8.19}$$

$$\eta_i = \frac{1}{\sqrt{1 + 2\cos^2\alpha_i}} \tag{8.20}$$

式中　N——作用于板件的拉力;

A_i——第 i 段破坏面的截面积;$A_i = tl_i$,其中 t 为板件的厚度,l_i 为第 i 段破坏段的长度,应取板件中最危险破坏线的长度;当为螺栓(或铆钉)连接时取净截面面积;

η_i——第 i 段的拉剪折算系数;

α_i——第 i 段破坏线与拉力轴线的夹角。

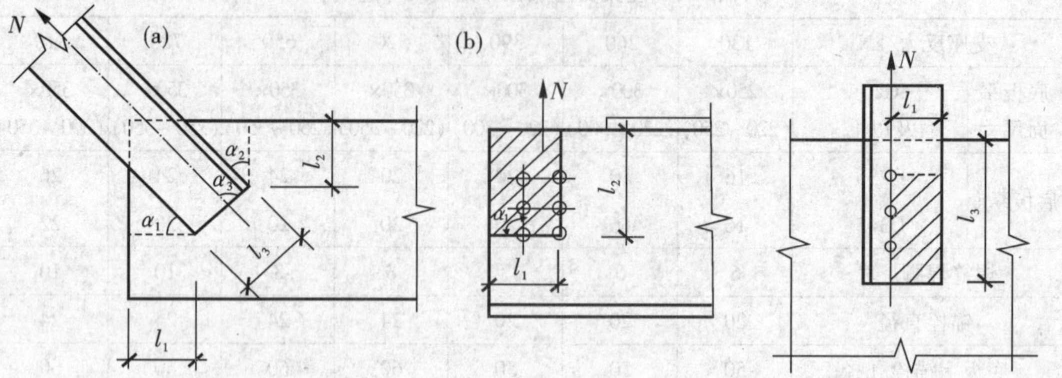

图 8.28　板件的拉、剪撕裂

(a)焊缝连接；(b)螺栓(铆钉)连接

2）节点板的强度除按式(8.19)验算外，也可用有效宽度法计算

$$\sigma=\frac{N}{b_e t}\leqslant f \tag{8.21}$$

式中　b_e——板件的有效宽度(图 8.29)，当用螺栓(或铆钉)连接时，应取净宽度(图 8.29b)，图中 θ 为应力扩散角，可取 30°。

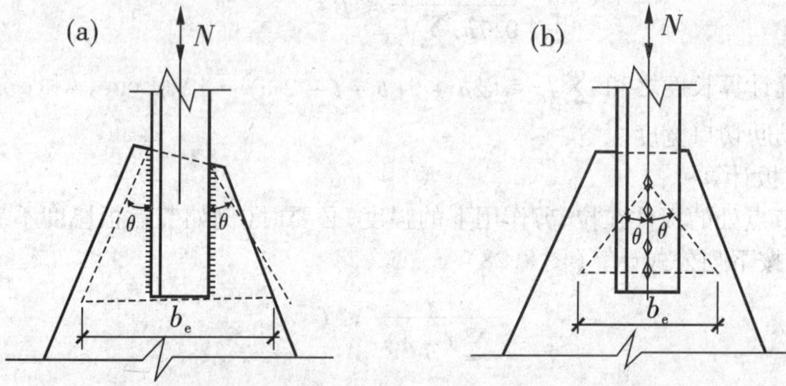

图 8.29　板件的有效宽度

3）为保证桁架节点板在斜腹杆压力作用下的稳定性，受压腹杆连接肢端面中点沿腹杆轴线方向至弦杆边缘的净距离 c，应满足下列条件：

①有竖腹杆的节点板，当 $c/t\leqslant 15\sqrt{235/f_y}$ 时，可不计算稳定。否则应进行稳定计算。但在任何情况下，不得大于 $22\sqrt{235/f_y}$。

②无竖腹杆的节点板，当 $c/t\leqslant 10\sqrt{235/f_y}$ 时，节点板的稳定承载力可取为 $0.8b_e tf$；当 $c/t>10\sqrt{235/f_y}$ 时，应进行稳定计算。但在任何情况下，不得大于 $17.5\sqrt{235/f_y}$。

4）采用上述方法计算节点板的强度和稳定时，尚应满足下列要求：

①节点板边缘与腹杆轴线之间的夹角应不小于 15°；

②斜腹杆与弦杆夹角应在 30°~60°；

③节点板的自由边长度 l_f 与厚度 t 之比不得大于 $60\sqrt{235/f_y}$，否则应沿自由边设加劲肋予以加强。

8.6　钢屋架施工图

施工图是在钢结构制造厂加工制造的主要依据，必须清楚详尽。当屋架对称时，可仅绘半榀屋架的施工图，大型屋架则须按运输单元绘制。施工图上应包括屋架正面详图，上弦和下弦的平面图，必要的侧面图和零件图，整榀屋架的几何尺寸图及材料表和文字说明。绘制特点和要求说明如下：

(1)通常在图纸左上角绘一屋架简图。简图比例视图纸空隙大小而定，图中一半注上几何长度(mm)，另一半注上杆件的计算内力(kN)。当梯形屋架跨度 $L \geqslant 24$ m 或三角形屋架跨度 $L \geqslant 15$ m 时，由于挠度较大，影响使用与外观，制造时应考虑起拱(图 8.30)，拱度约为 $L/500$，起拱值可注在简图中，也可以注在说明中。

图 8.30　屋架的起拱

(2)施工图图面正中用以绘制屋架的正面详图，上、下弦的平面图，必要的侧面图和剖面图，以及某些安装节点或特殊零件的大样图。屋架施工图通常采用两种比例尺：杆件轴线一般为 1∶20~1∶30，以免图幅太大；杆件截面、节点板和小零件一般为 1∶10~1∶15，可清楚地表达节点的细部构造要求。

在施工图中应全部注明各零件(杆件和板件)的定位尺寸、孔洞的位置，以及对工厂加工和工地施工的所有要求。定位尺寸主要有：杆件轴线至角钢肢背的距离，节点中心至所连腹杆的近端端部距离，节点中心至节点板上、下和左、右边缘的距离等。杆件的实际下料长度为杆件几何轴线长度减去两端的节点中心到腹杆顶端的距离。杆件位置确定完毕，即可根据连接焊缝的长度，确定节点板的合理形状和具体尺寸，然后绘出节点板的定位尺寸，即节点中心到节点板边缘的距离。螺孔位置要符合型钢线距表和螺栓排列规定距离的要求。对加工及工地施工的其他要求包括零件切斜角，孔洞直径和焊缝尺寸都应注明。拼接焊缝要注意区分工厂焊缝和安装焊缝，以适应运输单元的划分和拼装。

(3)在施工图中应注明各零件的型号和尺寸，对所有零件也必须进行详细编号，并附材料表。材料表的用处主要是配料和计算用钢指标，其次是为吊装时配备起重运输设备，还可使一切零件毫无遗漏地表示清楚。材料表一般包括各零件的截面、长度、数量(正、反)和重量(单重、合重)。表中角钢要注明型号和长度，节点板等板件要注明长、宽和厚度。零件编号按主次、上下、左右一定顺序逐一进行。完全相同的零件用同一编号，两个零件的形状和尺寸完全一样,因开孔位置或切斜角等不同但系镜面对称的,亦用同一编号,不过应在材料表中注明正、反字样以示区别。

(4)施工图的说明应包括所用钢材的钢号、焊条型号、焊接方法和质量要求;图中未注明的焊缝和螺孔尺寸;以及油漆、运输和加工要求等图中未表现的其他内容。

8.7 钢屋架设计例题

8.7.1 设计任务

(1)材料选择;
(2)屋架形式及屋架几何尺寸的确定;
(3)屋架及屋盖支撑的布置;
(4)屋架荷载、内力计算和内力组合;
(5)杆件截面选择;
(6)节点设计;
(7)屋架施工图。

8.7.2 设计资料

某厂车间跨度 24 m,房屋长度 78 m,柱距 6 m。不考虑地震设防。屋面坡度 $i=1/10$,具体做法为:屋面采用 1.5 × 6 m 大型预应力钢筋混凝土屋面板, 80 mm 厚泡沫混凝土保温层, 20 mm 厚水泥砂浆找平层和二毡三油防水层,上铺小石子。屋面活荷载标准值 0.50 kN/m^2,雪荷载标准值 0.40 kN/m^2,积灰荷载标准值 0.50 kN/m^2(屋面无挡风板)。钢屋架铰支于钢筋混凝土柱上,柱截面尺寸 400 mm × 400 mm,混凝土强度等级 C25。依据该地区环境及荷载性质,屋架采用钢材 Q235 – B,焊条选用 E43 型。

8.7.3 屋架选型及几何尺寸

屋面材料采用 1.5 × 6 m 预应力混凝土大型屋面板,屋面坡度 $i=1/10$,故采用梯形屋架。

屋架计算跨度 $l_0 = l - 2\times 150 = 24\,000 - 300 = 23\,700$ mm。屋架端部高度 $h_0 = 2\,000$ mm,中部高度 $h = 2\,000 + \frac{1}{10}\times 12\,000 = 3\,200$ mm。桁架跨中起拱 50 mm($\approx l/500$)。

屋架形式及几何尺寸如图 8.31 所示。

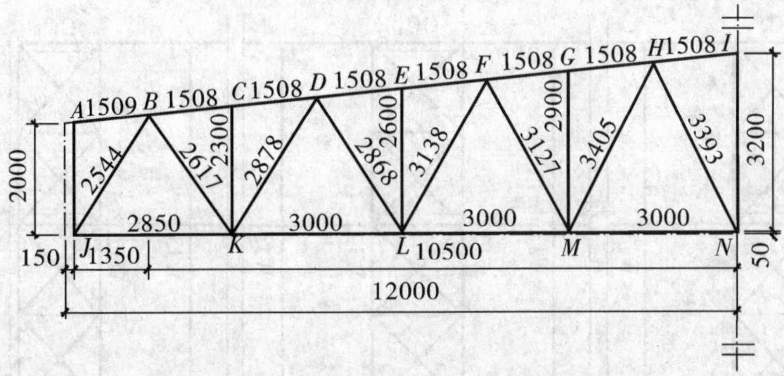

图 8.31　钢屋架形式及几何尺寸图(mm)

8.7.4　支撑布置

车间长度 78 m（ > 60 m），屋架跨度 24 m，故在厂房两端及中部开间共布置三道上、下弦横向水平支撑；相应开间的屋架端部及跨中设置垂直支撑；其余各屋架用系杆相连，其中屋脊节点和屋架支座处为刚性系杆。所有屋架采用同一规格，但因支撑孔和支撑连接板的不同，分为三个编号：WJ1、WJ2 和 WJ3，见图 8.32。

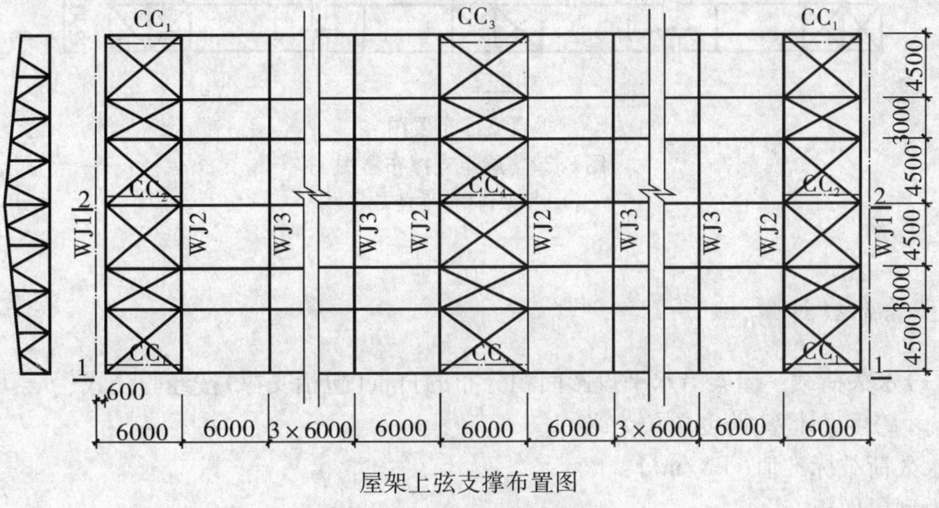

屋架上弦支撑布置图

图 8.32　屋架支撑布置图

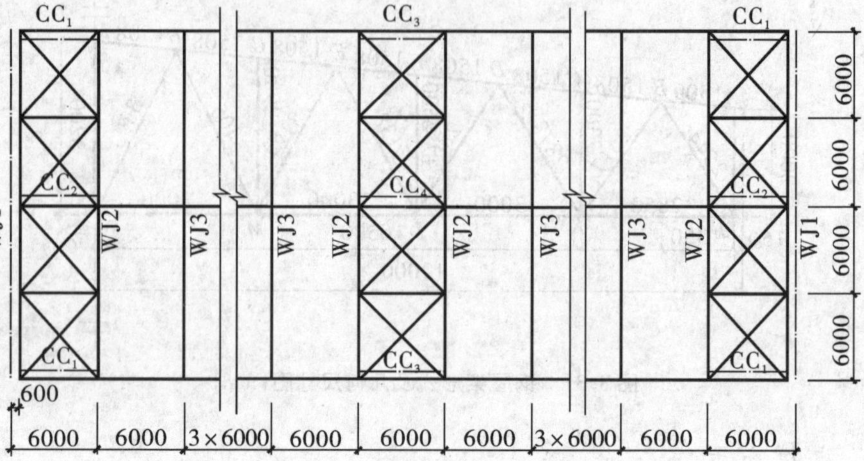

屋架下弦支撑布置图

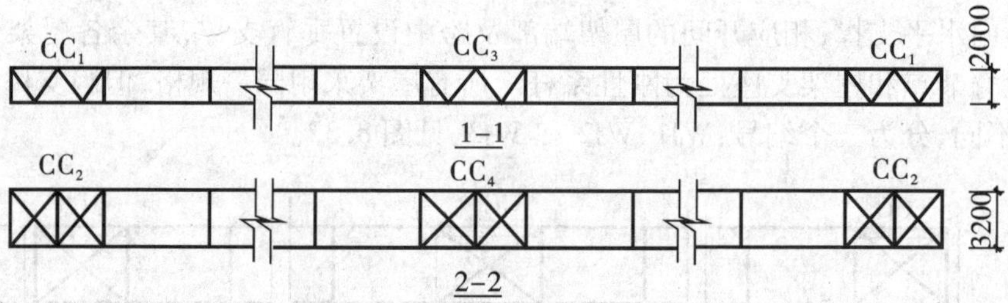

垂直支撑布置图

图 8.32 屋架支撑布置图

WJ—屋架;CC—垂直支撑

8.7.5 荷载计算

(1)永久荷载 屋架沿水平投影面积分布的自重(包括支撑)按经验公式($p=0.12+0.011\times$跨度)计算,跨度单位为米。

永久荷载标准值(kN/m^2):

大型屋面板	1.40
二毡三油防水层,上铺小石子	0.30
20 mm 厚水泥砂浆找平层(20 kN/m^2)	$0.02\times20=0.40$
80 厚泡沫混凝土保温层	$0.08\times6=0.48$
屋架和支撑自重	$0.12+0.011\times24=0.38$
悬挂管道自重	0.10
总计	3.06
永久荷载设计值:	$1.2\times3.06=3.67\ kN/m^2$

(2)可变荷载 屋面活荷载与雪荷载不会同时出现,从资料知屋面活荷载大雪荷载,

故取屋面活荷载计算。

可变荷载标准值(kN/m^2):

屋面活荷载	0.50
积灰荷载	0.50
总计	1.00
可变荷载设计值:	$1.4 \times 1.0 = 1.4\ kN/m^2$

(3)荷载组合　设计屋架时,应考虑以下几种荷载组合:

1)全跨永久荷载+全跨可变荷载

全跨节点永久荷载及可变荷载:$F = (3.67 + 1.4) \times 1.5 \times 6 = 45.63\ kN$

2)全跨永久荷载+半跨可变荷载

全跨节点永久荷载:$F_1 = 3.67 \times 1.5 \times 6 = 33.03\ kN$

半跨节点可变荷载:$F_2 = 1.4 \times 1.5 \times 6 = 12.60\ kN$

3)全跨屋架与支撑自重+半跨屋面板自重+半跨屋面活载

全跨节点屋架与支撑自重:$F_3 = 0.46 \times 1.5 \times 6 = 4.10\ kN$

半跨节点屋面板自重及屋面活载:$F_4 = (1.68 + 0.7) \times 1.5 \times 6 = 21.42\ kN$

1)、2)为使用阶段荷载情况,3)为施工阶段荷载情况,F、$F_1 \sim \omega_2$ 为各种荷载组合下作用在屋架节点上的荷载。

8.7.6　内力计算

由电算算得在节点单位荷载 F 作用于屋架全跨、左半跨和右半跨时各杆件的内力系数,并按照上述前三种荷载组合的情况进行内力组合,取其中最不利内力(拉、压最大值)作为设计屋架的依据。计算结果见表 8.8。

8.7.7　杆件设计

(1) 上弦　整个上弦采用等截面,按 FH 杆件的最大设计内力设计,即 $N = -694.26\ kN$。

上弦杆计算长度:屋架平面内取节间轴线长度 $l_{ox} = 1\ 508\ mm$,屋架平面外根据支撑布置和内力情况取 $l_{oy} = 2 \times 1\ 508 = 3\ 016\ mm$。

因 $l_{oy} = 2l_{ox}$,故截面选用两不等肢角钢,短肢相并。

腹杆最大内力 $N = -404.65\ kN$,查表知,中间节点板厚度选用 10 mm,支座节点板厚度选用 12 mm。

设 $\lambda = 65$,属 b 类截面,查 Q235 钢轴心受压构件稳定系数表,可得 $\varphi = 0.780$。

则需要的截面面积:

$$A = \frac{N}{\varphi \cdot f} = \frac{694.26 \times 10^3}{0.780 \times 215} = 4\ 140\ mm^2$$

需要的回转半径:

表 8.8 屋架杆件内力组合表

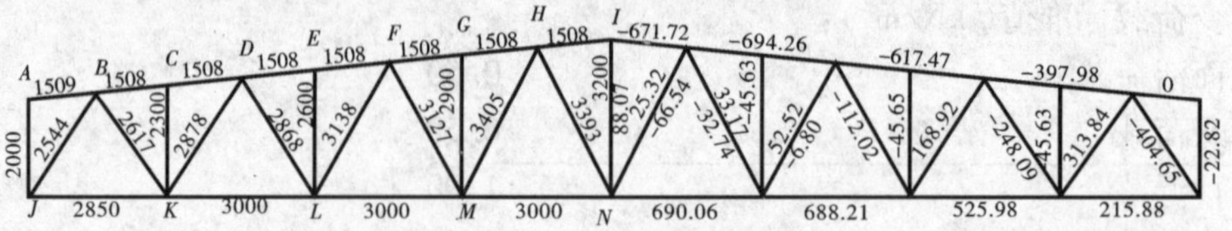

(mm)　　(kN，以拉力为正，压力为负)

杆件名称		杆件内力系数 $F=1$			组合1	组合2		组合3		最不利内力(kN)
		全跨①	左半跨②	右半跨③	$F\times$①	$F_1\times$① $+F_2\times$②	$F_1\times$① $+F_2\times$③	$F_3\times$① $+F_4\times$②	$F_3\times$① $+F_4\times$③	
上弦杆	AB	0	0	0	0	0	0	0	0	0
	BD	-8.722	-6.249	-2.474	-397.98	-366.83	-318.26	-168.61	-88.75	-397.98
	DF	-13.532	-8.043	-4.490	-617.47	-560.90	-503.54	-248.18	-151.66	-617.47
	FH	-15.215	-8.145	-6.070	-694.26	-617.78	-578.03	-258.27	-192.40	-694.26
	HI	-14.721	-7.361	-7.361	-671.72	-578.98	-578.98	-218.03	-218.03	-671.72
下弦杆	JK	4.731	3.484	1.248	215.88	200.16	171.99	94.02	46.13	215.88
	KL	11.527	8.011	3.526	525.98	481.68	425.16	218.86	122.79	525.98
	LM	14.644	8.339	5.306	668.21	601.36	550.55	260.08	173.69	668.21
	MN	15.123	8.411	6.712	690.06	605.49	584.08	242.17	205.78	690.06
斜腹杆	JB	-8.868	-6.529	-2.339	-404.65	-375.18	-322.38	-176.21	-86.46	-404.65
	BK	6.878	4.763	2.115	313.84	287.19	253.83	130.22	73.50	313.84
	KD	-5.437	-3.405	-2.033	-248.09	-222.49	-205.20	-95.23	-65.84	-248.09
	DL	3.702	1.904	1.797	168.92	146.27	144.92	55.96	53.67	168.92
	LF	-2.455	-0.71	-1.746	-112.02	-90.03	-103.09	-25.27	-47.46	-112.02
	FM	1.010	-0.511	1.521	46.09	26.92	52.52	-6.80	36.72	52.52/-6.80
	MH	0.014	1.546	-1.531	0.64	18.94	-18.83	33.17	-32.74	33.17/-32.74
	HN	-1.075	-2.463	1.388	-48.05	-66.54	-18.02	-57.16	25.32	25.32/-66.54
竖杆	AJ	-0.500	-0.500	0	-22.82	-22.82	-16.52	-12.76	-2.05	-22.82
	CK	-1.000	-1.000	0	-45.63	-45.63	-33.03	-25.52	-4.10	-45.63
	EL	-1.000	-1.000	0	-45.63	-45.63	-33.03	-25.52	-4.10	-45.63
	GM	-1.000	-1.000	0	-45.63	-45.63	-33.03	-25.52	-4.10	-45.63
	IN	1.930	0.965	0.965	88.07	75.91	75.91	28.50	28.58	88.07

$$i_x = \frac{l_{ox}}{\lambda} = \frac{1\ 508}{65} = 23.2\ \text{mm}$$

$$i_y = \frac{l_{oy}}{\lambda} = \frac{3\ 016}{65} = 46.4\ \text{mm}$$

根据 A 、i_x 和 i_y ,查角钢规格表,选用 2L140 × 90 × 10,肢背间距 $a = 10$ mm , $A = 4\ 452.2\ \text{mm}^2$, $i_x = 25.6$ mm , $i_y = 67.7$ mm ,如图 8.33 所示。

按所选角钢进行截面验算:

$$\lambda_x = \frac{l_{ox}}{i_x} = \frac{1\ 508}{25.6} = 58.9 < [\lambda] = 150,$$

$$\lambda_y = \frac{l_{oy}}{i_y} = \frac{3\ 016}{67.7} = 44.5 < [\lambda] = 150$$,满足要求。

因 $\lambda_x > \lambda_y$,仅求 σ_x ,查表 $\varphi_x = 0.814$,

$$\sigma_x = \frac{N}{\varphi_x A} = \frac{694.26 \times 10^3}{0.814 \times 4\ 452.2} = 191.57\ \text{N/mm}^2 < 215\ \text{N/mm}^2$$

故所选截面合适。

(2)下弦　整个下弦也采用等截面,按 MN 杆件的最大设计内力设计,即 $N = 690.06$ kN 。

下弦杆计算长度:屋架平面内取节间轴线长度 $l_{ox} = 3\ 000$ mm ,屋架平面外取支撑节点间距离(因跨中有通长系杆) $l_{oy} = \frac{24\ 000}{2} - 150 = 11\ 850$ mm 。

选用两个不等肢角钢,短肢相并。

所需截面积为:

$$A_n = \frac{N}{f} = \frac{690.06 \times 10^3}{215} = 3\ 209\ \text{mm}^2$$

选用 2L125 × 80 × 10, $A = 3942..4\ \text{mm}^2$, $i_x = 22.6$ mm , $i_y = 61.1$ mm ,如图 8.34 所示。

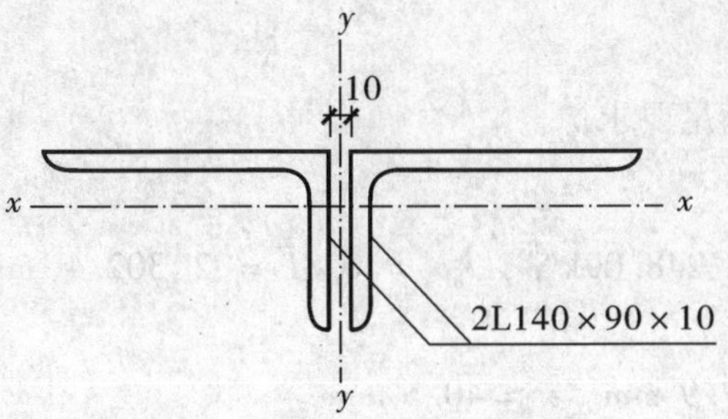

图 8.33　2L140×90×10 角钢

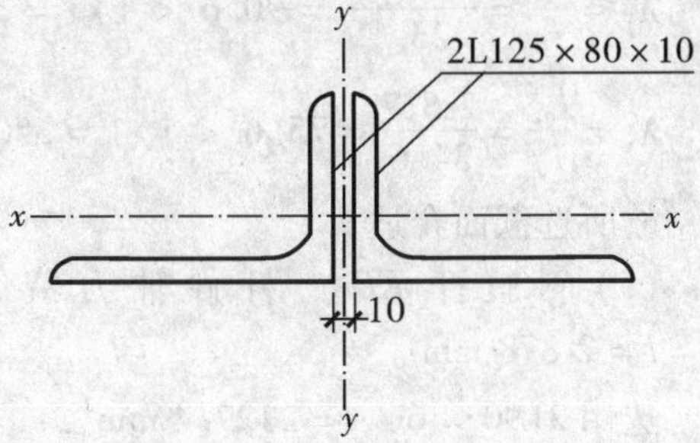

图 8.34　2L125×80×10 角钢

按所选角钢进行截面验算:

$$\sigma = \frac{N}{A_n} = \frac{690.06 \times 10^3}{3\ 942.4} = 175.0\ \text{N/mm}^2 < 215\ \text{N/mm}^2$$

$$\lambda_x = \frac{l_{ox}}{i_x} = \frac{3\ 000}{22.6} = 132.7 < [\lambda] = 350,$$

$$\lambda_y = \frac{l_{oy}}{i_y} = \frac{11\ 850}{61.1} = 193.9 < [\lambda] = 350,满足要求。$$

故不考虑截面削弱,所选截面合适。

(3)端斜杆 JB 杆件轴力 $N = -404.65$ kN,计算长度 $l_{ox} = l_{oy} = 2\ 544$ mm。因 $l_{ox} = l_{0y}$,故选用两不等肢角钢长肢相并,使 $i_x \approx i_y$。选用2L125×80×8,$A = 3197.8\ mm^2$,$i_x = 40.1$ mm,$i_y = 32.7$ mm,如图8.35所示。

按所选角钢进行截面验算:

$$\lambda_x = \frac{l_{ox}}{i_x} = \frac{2\ 544}{40.1} = 63.4 < [\lambda] = 150,$$

$$\lambda_y = \frac{l_{oy}}{i_y} = \frac{2\ 544}{32.7} = 77.8 < [\lambda] = 150,满足要求。$$

因 $\lambda_x < \lambda_y$,仅求 σ_y,查表 $\varphi_y = 0.702$,

$$\sigma_y = \frac{N}{\varphi_y A} = \frac{404.65 \times 10^3}{0.702 \times 3\ 197.8} = 180.26\ N/mm^2 < 215\ N/mm^2$$

故所选截面合适。

(4)斜腹杆 BK 杆件轴力 $N = 313.84$ kN,几何长度为 $l = 2\ 617$ mm,计算长度 $l_{ox} = 0.8l = 2\ 093.6$ mm,$l_{oy} = l = 2\ 617$ mm。

所需截面积为:

$$A_n = \frac{N}{f} = \frac{313.84 \times 10^3}{215} = 1\ 459.7\ mm^2$$

选用等肢角钢2L75×6,$A = 1\ 759.4\ mm^2$,$i_x = 23.1$ mm,$i_y = 34.6$ mm。

按所选角钢进行截面验算:

$$\sigma = \frac{N}{A_n} = \frac{313.84 \times 10^3}{1759.4} = 178.4\ N/mm^2 < 215\ N/mm^2$$

$$\lambda_x = \frac{l_{ox}}{i_x} = \frac{2\ 093.6}{23.1} = 90.6 < [\lambda] = 350,$$

$$\lambda_y = \frac{l_{oy}}{i_y} = \frac{2\ 617}{34.6} = 75.6 < [\lambda] = 350,满足要求。$$

故所选截面合适。

(5)斜腹杆 KD 杆件轴力 $N = -248.09$kN,$l_{ox} = 0.8l = 2\ 302.4$ mm,$l_{oy} = l = 2\ 878$ mm。

选用2L90×6,$A = 2127.4\ mm^2$,$i_x = 27.9$ mm,$i_y = 40.5$ mm。

按所选角钢进行截面验算:

$$\lambda_x = \frac{l_{ox}}{i_x} = \frac{2\ 302.4}{27.9} = 82.5 < [\lambda] = 150,$$

$$\lambda_y = \frac{l_{oy}}{i_y} = \frac{2\ 878}{40.5} = 71.1 < [\lambda] = 150,满足要求。$$

因 $\lambda_x > \lambda_y$，仅求 σ_x，查表 $\varphi_x = 0.672$，

$$\sigma_x = \frac{N}{\varphi_x A} = \frac{248.09 \times 10^3}{0.672 \times 2127.4} = 173.5\ \text{N/mm}^2 < 215\ \text{N/mm}^2$$

故所选截面合适。

（6）斜腹杆 DL　杆件轴力 $N = 168.92$ kN，$l_{ox} = 0.8l = 2\ 294.4$ mm，$l_{oy} = l = 2\ 868$ mm。

所需截面积为：

$$A_n = \frac{N}{f} = \frac{168.92 \times 10^3}{215} = 785.7\ \text{mm}^2$$

选用等肢角钢 2L63 × 5，$A = 1\ 228.6\ \text{mm}^2$，$i_x = 19.4$ mm，$i_y = 29.6$ mm。

按所选角钢进行截面验算：

$$\sigma = \frac{N}{A_n} = \frac{168.92 \times 10^3}{1\ 228.6} = 137.5\ \text{N/mm}^2 < 215\ \text{N/mm}^2$$

$$\lambda_x = \frac{l_{ox}}{i_x} = \frac{2294.4}{19.4} = 118.3 < [\lambda] = 350,$$

$$\lambda_y = \frac{l_{oy}}{i_y} = \frac{2868}{29.6} = 96.9 < [\lambda] = 350，满足要求。$$

故所选截面合适。

（7）斜腹杆 LF　杆件轴力 $N = -112.02$kN，$l_{ox} = 0.8l = 2\ 510.4$ mm，$l_{oy} = l = 3\ 138$ mm。

选用 2L75 × 6，$A = 1\ 759.4\ \text{mm}^2$，$i_x = 23.1$ mm，$i_y = 34.6$ mm。

按所选角钢进行截面验算：

$$\lambda_x = \frac{l_{ox}}{i_x} = \frac{2\ 510.4}{23.1} = 108.7 < [\lambda] = 150,$$

$$\lambda_y = \frac{l_{oy}}{i_y} = \frac{3\ 138}{34.6} = 90.7 < [\lambda] = 150，满足要求。$$

因 $\lambda_x > \lambda_y$，仅求 σ_x，查表 $\varphi_x = 0.501$，

$$\sigma_x = \frac{N}{\varphi_x A} = \frac{112.02 \times 10^3}{0.501 \times 1\ 759.4} = 127.1\ \text{N/mm}^2 < 215\ \text{N/mm}^2$$

故所选截面合适。

（8）斜腹杆 FM、MH、HN　FM 杆件轴力 $N = \begin{matrix}52.52\\-6.80\end{matrix}$ kN，MH 杆件轴力 $N = \begin{matrix}33.17\\-32.74\end{matrix}$ kN，HN 杆件轴力 $N = \begin{matrix}25.32\\-66.54\end{matrix}$ kN。

FM 杆 $l_{ox} = 0.8l = 2\ 501$ mm，$l_{oy} = l = 3\ 127$ mm。

按最大拉力设计，所需截面积为：

$$A_n = \frac{N}{f} = \frac{52.52 \times 10^3}{215} = 244.3\ \text{mm}^2$$

选用等肢角钢 2L56 × 5，$A = 1\ 083\ \text{mm}^2$，$i_x = 17.2$ mm，$i_y = 26.9$ mm。

按所选角钢进行截面验算：

$$\sigma = \frac{N}{A_n} = \frac{52.52 \times 10^3}{1083} = 48.5\ \text{N/mm}^2 < 215\ \text{N/mm}^2$$

$$\lambda_x = \frac{l_{ox}}{i_x} = \frac{2\,501}{17.2} = 145.4 < [\lambda] = 350,$$

$$\lambda_y = \frac{l_{oy}}{i_y} = \frac{3\,127}{26.9} = 116.2 < [\lambda] = 350, \text{满足要求。}$$

故所选截面合适。

MH 杆 $l_{ox} = 0.8l = 2\,724\ \text{mm}$，$l_{oy} = l = 3\,405\ \text{mm}$。

选用 2L63 × 5，$A = 1\,228.6\ \text{mm}^2$，$i_x = 19.4\ \text{mm}$，$i_y = 29.6\ \text{mm}$。

按所选角钢进行截面验算：

$$\lambda_x = \frac{l_{ox}}{i_x} = \frac{2\,724}{19.4} = 140.4 < [\lambda] = 150,$$

$$\lambda_y = \frac{l_{oy}}{i_y} = \frac{3405}{29.6} = 115.0 < [\lambda] = 150, \text{满足要求。}$$

因 $\lambda_x > \lambda_y$，仅求 σ_x，查表 $\varphi_x = 0.343$，

$$\sigma_x = \frac{N}{\varphi_x A} = \frac{32.74 \times 10^3}{0.343 \times 1\,228.6} = 77.7\ \text{N/mm}^2 < 215\ \text{N/mm}^2$$

$$\sigma = \frac{N}{A_n} = \frac{33.17 \times 10^3}{1\,228.6} = 27.0\ \text{N/mm}^2 < 215\ \text{N/mm}^2$$

故所选截面合适。

HN 杆 $l_{ox} = 0.8l = 2\,714.4\ \text{mm}$，$l_{oy} = l = 3\,393\ \text{mm}$。

按最大压力设计，选用 2L63 × 5，$A = 1\,228.6\ \text{mm}^2$，$i_x = 19.4\ \text{mm}$，$i_y = 29.6\ \text{mm}$。

按所选角钢进行截面验算：

$$\lambda_x = \frac{l_{ox}}{i_x} = \frac{2714.4}{19.4} = 139.9 < [\lambda] = 150,$$

$$\lambda_y = \frac{l_{oy}}{i_y} = \frac{3\,393}{29.6} = 114.6 < [\lambda] = 150, \text{满足要求。}$$

因 $\lambda_x > \lambda_y$，仅求 σ_x，查表 $\varphi_x = 0.345$，

$$\sigma_x = \frac{N}{\varphi_x A} = \frac{66.54 \times 10^3}{0.345 \times 1\,228.6} = 157.0\ \text{N/mm}^2 < 215\ \text{N/mm}^2$$

故所选截面合适。

(9)端竖杆 *AJ*　杆件轴力 $N = -22.82\ \text{kN}$，$l_{ox} = l_{oy} = l = 2\,000\ \text{mm}$。

选用 2L56 × 5，$A = 1\,083\ \text{mm}^2$，$i_x = 17.2\ \text{mm}$，$i_y = 26.9\ \text{mm}$。

按所选角钢进行截面验算：

$$\lambda_x = \frac{l_{ox}}{i_x} = \frac{2\,000}{17.2} = 116.3 < [\lambda] = 150,$$

$$\lambda_y = \frac{l_{oy}}{i_y} = \frac{2\,000}{26.9} = 74.3 < [\lambda] = 150, \text{满足要求。}$$

因 $\lambda_x > \lambda_y$，仅求 σ_x，查表 $\varphi_x = 0.457$，

$$\sigma_x = \frac{N}{\varphi_x A} = \frac{22.82 \times 10^3}{0.457 \times 1\,083} = 46.1\ \text{N/mm}^2 < 215\ \text{N/mm}^2$$

故所选截面合适。

(10) 中间竖杆 IN　杆件轴力 $N = 88.07$ kN，采用十字形截面，$l_{ox} = l_{oy} = 0.9l = 2\,880$ mm。

所需截面积为：

$$A_n = \frac{N}{f} = \frac{88.07 \times 10^3}{215} = 409.6\ \text{mm}^2$$

选用等肢角钢 2L63 × 5，$A = 1\,228.6\ \text{mm}^2$，$i_{xo} = 24.5$ mm，如图 8.36。

按所选角钢进行截面验算：

$$\sigma = \frac{N}{A_n} = \frac{88.07 \times 10^3}{1\,228.6} = 71.7\ \text{N/mm}^2 < 215\ \text{N/mm}^2$$

$$\lambda_x = \frac{l_{ox}}{i_{xo}} = \frac{2\,880}{24.5} = 117.6 < [\lambda] = 350\text{，满足要求。}$$

故所选截面合适。

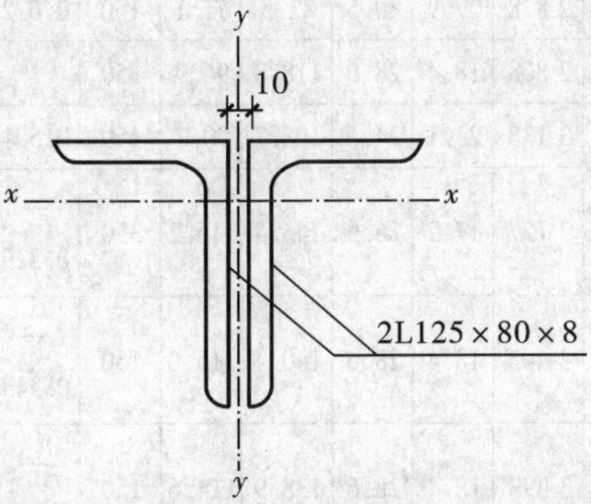

图 8.35

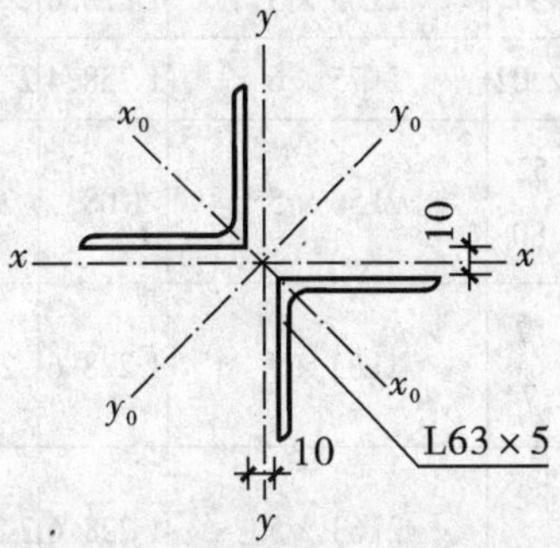

图 8.36

(11) 竖杆 CK、EL、GM　三竖杆轴力均为 $N = -45.63$ kN，选用长细比较大的 GM 杆进行计算，$l_{ox} = 0.8l = 2\,320$ mm，$l_{oy} = l = 2\,900$ mm。

选用 2L56 × 5，$A = 1\,083\ \text{mm}^2$，$i_x = 17.2$ mm，$i_y = 26.9$ mm。

按所选角钢进行截面验算：

$$\lambda_x = \frac{l_{ox}}{i_x} = \frac{2\,320}{17.2} = 134.9 < [\lambda] = 150,$$

$$\lambda_y = \frac{l_{oy}}{i_y} = \frac{2\,900}{26.9} = 107.8 < [\lambda] = 150\text{，满足要求。}$$

因 $\lambda_x > \lambda_y$，仅求 σ_x，查表 $\varphi_x = 0.365$，

$$\sigma_x = \frac{N}{\varphi_x A} = \frac{45.63 \times 10^3}{0.365 \times 1083} = 115.4\ \text{N/mm}^2 < 215\ \text{N/mm}^2$$

故所选截面合适。

各杆件截面选用情况详见表 8.9。

表 8.9　屋架杆件截面选择表

杆件		内力/kN	截面规格	截面积/mm²	计算长度/mm		回转半径/mm		长细比		容许长细比	稳定系数	应力σ/(N/mm²)
名称	编号				l_{ox}	l_{oy}	i_x	i_y	λ_x	λ_y	[λ]	φ	
上弦	FH	-694.26	2L140 × 90 × 10 短肢相并	4 452.2	1 508	3 016	25.6	67.7	58.9	44.5	150	0.814	-191.57
下弦	MN	690.06	2L125 × 80 × 10 短肢相并	3 942.4	3 000	11 850	22.6	61.1	132.7	193.9	350	—	175.0
斜腹杆	JB	-404.65	2L125 × 80 × 8 长肢相并	3197.8	2 544	2 544	40.1	32.7	63.4	77.8	150	0.702	-180.26
	BK	313.84	2L75 × 6	1 758.4	2 093.6	2 617	23.1	34.6	90.6	75.6	350	—	178.4
	KD	-248.09	2L90 × 6	2 127.4	2 302.4	2 878	27.9	40.5	82.5	71.1	150	0.672	-173.5
	DL	168.92	2L63 × 5	1 228.6	2 294.4	2 868	18.4	28.6	118.3	96.9	350	—	137.5
	LF	-112.02	2L75 × 6	1 758.4	2 510.4	3 138	23.1	34.6	108.7	90.7	150	0.501	-127.1
	FM	52.52 -6.80	2L56 × 5	1 083	2 501	3 127	17.2	26.9	145.4	116.2	350	— 0.329	48.5 -18.4
	MH	33.17 -32.74	2L63 × 5	1 228.6	2 724	3 405	18.4	28.6	140.4	115.0	150	— 0.343	27.0 -77.7
	HN	25.32 -66.54	2L63 × 5	1 228.6	2 714.4	3 393	18.4	28.6	138.9	114.6	150	— 0.345	20.6 -157.0
竖杆	AJ	-22.82	2L56 × 5	1 083	2 000	2 000	17.2	26.9	116.3	73.3	150	0.457	-46.1
	CK	-45.63	2L56 × 5	1 083	1 840	2 300	17.2	26.9	107.0	85.5	150	0.511	-82.5
	EL	-45.63	2L56 × 5	1 083	2 080	2 600	17.2	26.9	120.9	96.7	150	0.432	-97.5
	GM	-45.63	2L56 × 5	1 083	2 320	2 900	17.2	26.9	134.9	107.8	150	0.365	-115.4
	IN	88.07	2L63 × 5	1 228.6	斜平面 2880		24.5		117.6		350	—	71.7

8.7.8　节点设计

(1)下弦节点 K　各杆件内力见表 8.8。

这类节点的设计步骤是:先根据腹杆的内力计算腹杆与节点板连接焊缝的尺寸 h_f 和 l_w,后根据 l_w 的大小按比例绘出节点板的形状和尺寸,最后验算下弦杆与节点板的连接焊缝。

用 E43 型焊条,角焊缝的抗拉、抗压和抗剪强度设计值 $f_f^w = 160\ \text{N/mm}^2$。设 *KB* 杆的肢背和肢尖焊缝 $h_f = 6$ mm 和 5 mm,所需焊缝长度为:

肢背　$l_w = \dfrac{0.7 \times 313.84 \times 10^3}{2 \times 0.7 \times 6 \times 160} + 2 \times 6 = 175.5$ mm,取 200 mm。

肢尖　$l'_w = \dfrac{0.3 \times 313.84 \times 10^3}{2 \times 0.7 \times 5 \times 160} + 2 \times 5 = 94.1$ mm,取 120 mm。

设 *KD* 杆的肢背和肢尖焊缝亦为 $h_f = 6$ mm 和 5 mm,所需焊缝长度为:

肢背　$l_w = \dfrac{0.7 \times 248.09 \times 10^3}{2 \times 0.7 \times 6 \times 160} + 2 \times 6 = 141.2$ mm,取 160 mm。

肢尖　$l'_w = \dfrac{0.3 \times 248.09 \times 10^3}{2 \times 0.7 \times 5 \times 160} + 2 \times 5 = 76.5$ mm,取 90 mm。

KC 杆的内力很小,焊缝尺寸可按构造要求取 $h_f = 5$ mm。

根据腹杆焊缝长度,并考虑杆件之间应保留的间隙以及制作、装配等误差,按比例作出节点详图,见图 8.37,并确定节点板尺寸为 340 mm × 400 mm。

下弦与节点板的连接焊缝长度为 400 mm,$h_f = 5$ mm,焊缝所受力为左右下弦杆的内力差 $\Delta N = 525.98 - 215.88 = 310.1$ kN,受力较大的肢背处焊缝应力为 $\tau_f = \dfrac{0.75 \times 310.1 \times 10^3}{2 \times 0.7 \times 6 \times (400 - 10)} = 71.0\ \text{N/mm}^2 < 160\ \text{N/mm}^2$,焊缝强度满足要求。

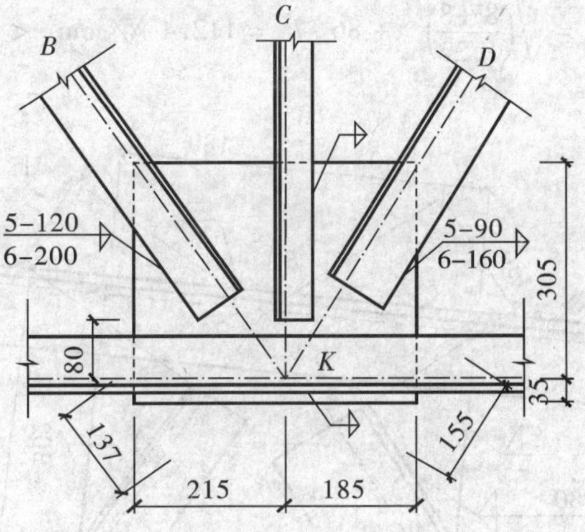

图 8.37　*K* 节点

(2)上弦节点 *B*　*BK* 杆与节点板的焊缝尺寸和节点 *K* 相同,*BJ* 杆与节点板的焊缝尺寸按上述方法计算。

$N_{BJ} = 404.65$ kN,*BJ* 杆肢背和肢尖的焊缝尺寸分别为 $h_f = 8$ mm 和 6 mm,所需焊缝长度为:

肢背 $l_w = \dfrac{0.65 \times 404.65 \times 10^3}{2 \times 0.7 \times 8 \times 160} + 2 \times 8 = 162.8$ mm，取 180 mm。

肢尖 $l'_w = \dfrac{0.35 \times 404.65 \times 10^3}{2 \times 0.7 \times 6 \times 160} + 2 \times 6 = 117.4$ mm，取 140 mm。

为了便于搁置屋面板，上弦节点板的上边缘缩进上弦肢背 8 mm，上弦角钢与节点板间用槽焊缝连接，槽焊缝作为两条焊缝计算，其焊缝强度设计值应乘以 0.8 的折减系数。计算时可略去屋架上弦坡度的影响，认为集中力 F 与上弦垂直。集中力 $F = 45.63$ kN，槽焊缝焊脚尺寸 $h_f = \dfrac{t}{2} = 5$ mm，肢尖焊脚尺寸为 $h_f = 8$ mm。集中力由槽焊缝承受，上弦两相邻节间内力差由角钢肢尖焊缝承受。

根据斜杆焊缝长度确定节点板尺寸，则得节点板长度为 420 mm，见图 8.38，焊缝计算长度取 410 mm。肢背槽焊缝应力为：

$$\sigma_f = \frac{F}{2h_e l_w} = \frac{45.63 \times 10^3}{2 \times 0.7 \times 5 \times 410} = 15.9\ \text{N/mm}^2 < 0.8f_f^w = 0.8 \times 160 = 128\ \text{N/mm}^2$$

肢尖焊缝承受弦杆内力差 $\Delta N = N_{BC} - N_{BA} = 397.98$ kN，偏心距 $e = 90 - 21.2 = 68.8$ mm，偏心力矩 $M = \Delta N \cdot e = 397.98 \times 10^3 \times 68.8 = 2.74 \times 10^7$ N · mm，采用 $h_f = 8$ mm，则

$$\sigma_f^M = \frac{6M}{2h_e l_w^2} = \frac{6 \times 2.74 \times 10^7}{2 \times 0.7 \times 8 \times 410^2} = 87.3\ \text{N/mm}^2$$

$$\tau_f^N = \frac{\Delta N}{2h_e l_w} = \frac{397.98 \times 10^3}{2 \times 0.7 \times 8 \times 410} = 86.7\ \text{N/mm}^2$$

$$\sqrt{\left(\frac{\sigma_f^M}{\beta_f}\right)^2 + (\tau_f^N)^2} = \sqrt{\left(\frac{87.3}{1.22}\right)^2 + 86.7^2} = 112.4\ \text{N/mm}^2 < f_f^w = 160\ \text{N/mm}^2$$

满足要求。

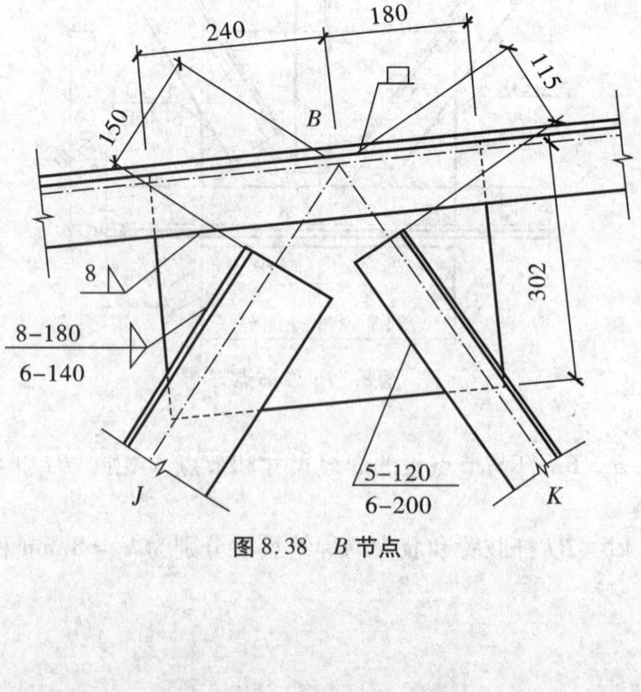

图 8.38 B 节点

(3)屋脊节点 I　弦杆一般采用同号角钢进行拼接，为使拼接的角钢与弦杆之间能够密合，并便于施焊，需将拼接角钢的棱角消除，且截去垂直肢的一部分宽度（一般为 $t + h_f + 5$ mm）。拼接角钢的这部分削弱，可靠节点板来补偿。接头一侧的焊缝长度按弦杆内力计算。

设焊缝 $h_f = 8$ mm，则拼接角钢一侧所需焊缝计算长度为：

$$l_w = \frac{671.72 \times 10^3}{4 \times 0.7 \times 8 \times 160} + 2 \times 8 = 203.4 \text{ mm}，取 220 \text{ mm}。$$

拼接角钢的长度取 500 mm > 2 × 220 + 10 = 450 mm

上弦与节点板之间的槽焊缝，假定承受节点荷载，计算略。上弦肢尖与节点板间焊缝，应按上弦内力的 15% 计算。设肢尖焊缝 $h_f = 8$ mm，节点板长度为 400 mm，见图 8.39。节点一侧弦杆焊缝的计算长度为 $l_w = \frac{400}{2} - 5 - 2 \times 8 = 179$ mm，焊缝应力为：

$$\sigma_f^M = \frac{6M}{2h_e l_w^2} = \frac{6 \times 0.15 \times 671.72 \times 10^3 \times 68.8}{2 \times 0.7 \times 8 \times 179^2} = 115.9 \text{ N/mm}^2 \quad \tau_f^N = \frac{\Delta N}{2h_e l_w}$$

$$= \frac{0.15 \times 671.72 \times 10^3}{2 \times 0.7 \times 8 \times 179} = 50.3 \text{ N/mm}^2$$

$$\sqrt{\left(\frac{\sigma_f^M}{\beta_f}\right)^2 + (\tau_f^N)^2} = \sqrt{\left(\frac{115.9}{1.22}\right)^2 + 50.3^2} = 107.5 \text{ N/mm}^2 < f_f^w = 160 \text{ N/mm}^2$$

满足要求。

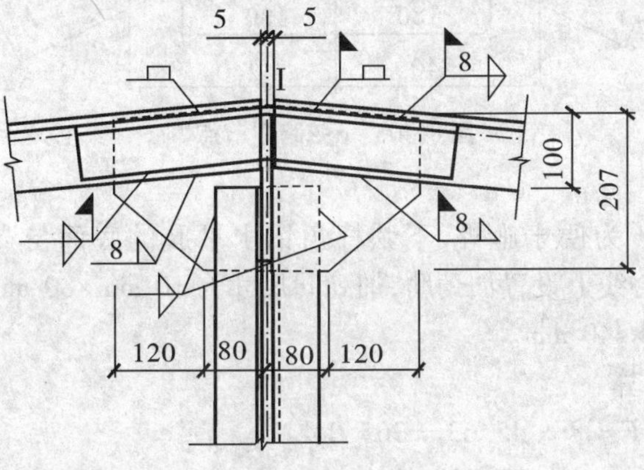

图 8.39　屋脊节点 I

(4)下弦跨中节点 N　下弦跨中节点采用工地拼接。下弦杆为 2L125 × 80 × 10，拼接角钢使用相同截面，焊缝 $h_f = 8$ mm。为使拼接角钢与弦杆之间密合，并便于施焊，将拼接角钢垂直肢切去肢尖，则 $t + h_f + 5 = 23$ mm。

拼接角钢一侧所需焊缝计算长度为：

$$l_w = \frac{690.06 \times 10^3}{4 \times 0.7 \times 8 \times 160} + 2 \times 8 = 208.5 \text{ mm}，取 220 \text{ mm}。$$

拼接角钢的长度取 480 mm > 2 × 220 + 10 = 450 mm。

下弦杆与节点板的连接焊缝按杆件内力的15%计算。设肢背和肢尖焊脚均为 h_f = 6 mm，则节点一侧所需焊缝长度为：

肢背 $l_w = \dfrac{0.15 \times 0.75 \times 690.06 \times 10^3}{2 \times 0.7 \times 6 \times 160} + 2 \times 6 = 69.8$ mm

肢尖 $l'_w = \dfrac{0.15 \times 0.25 \times 690.06 \times 10^3}{2 \times 0.7 \times 6 \times 160} + 2 \times 6 = 31.3$ mm

腹杆内力较小，与节点板之间的连接焊缝均可按构造设计。故选用节点板 320 × 360 mm，见图 8.40，所有焊缝均满焊，构造焊缝长度均大于所需计算焊缝长度。

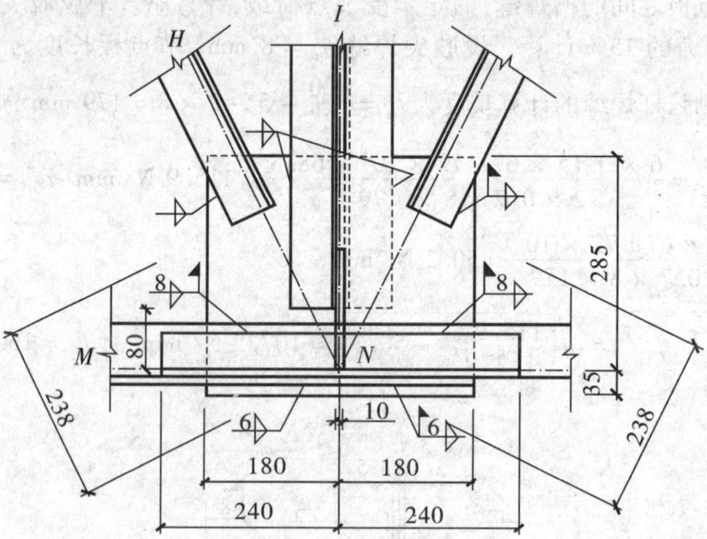

图 8.40 下弦跨中节点 N

(5) 支座节点 J 为便于施焊，下弦杆角钢水平肢的底面与支座底板的净距离取 130 mm。在节点中心线上设置加劲肋，加劲肋尺寸为 10 mm×80 mm×440 mm，节点板尺寸为 12 mm×380 mm×440 mm。

1) 支座底板的计算

支座反力：$R = 8F = 8 \times 45.63 = 365.04$kN

按构造要求采用支座底板平面尺寸为280 mm×360 mm，见图 8.41。如仅考虑有加劲肋的底板部分承受支座反力，则承压面积为 $280 \times 172 = 48\ 160\ \text{mm}^2$。

验算柱顶混凝土的抗压强度：

$$\sigma = \frac{R}{A} = \frac{365.04 \times 10^3}{48160} = 7.58\ \text{N/mm}^2 < 12.5\ \text{N/mm}^2$$，满足要求。

支座底板的厚度按屋架反力作用下的弯矩计算。节点板和加劲肋将板分为四块，每块均为两相邻边支承而另两相邻边自由。

每块板的单位宽度的最大弯矩：$M = \beta \sigma a_1^2$

其中：$\sigma = 7.58\ \text{N/mm}^2$，$a_1 = \sqrt{(140 - 5)^2 + 80^2} = 156.9$ mm，

$b_1 = \frac{135 \times 80}{156.9} = 68.8$ mm

由 $b_1/a_1 = 68.8/156.9 = 0.439$,查表得 $\beta = 0.048$

则单位宽度的最大弯矩:

$M = \beta\sigma a_1^2 = 0.048 \times 7.58 \times 156.9^2 = 8\ 956.9$ N · mm

底板厚度: $t = \sqrt{\frac{6M}{f}} = \sqrt{\frac{6 \times 8\ 956.9}{215}} = 15.8$ mm ,取 $t = 20$ mm 。

2)加劲肋与节点板的连接焊缝计算　加劲肋与节点板的连接焊缝计算与牛腿焊缝计算相似。

偏于安全地取加劲肋的受力为屋架支座反力的 1/4,即 $\frac{365.04}{4} = 91.26$ kN

则焊缝所受剪力为 $V = 91.26$ kN

$e = 15 + 65/2 = 47.5$ mm , $M = Ve = 91.26 \times 10^3 \times 47.5 = 4.33 \times 10^6$ N · mm

设焊缝 $h_f = 6$ mm ,焊缝计算长度 $l_w = 440 - 15 - 12 = 413$ mm

则焊缝应力为:

$\sigma_f^M = \frac{6M}{2h_e l_w^2} = \frac{6 \times 4.33 \times 10^6}{2 \times 0.7 \times 6 \times 413^2} = 18.13$ N/ mm^2 $\tau_f^V = \frac{V}{2h_e l_w} = \frac{91.26 \times 10^3}{2 \times 0.7 \times 6 \times 413} =$ 26.31 N/ mm^2

$\sqrt{\left(\frac{\sigma_f^M}{\beta_f}\right)^2 + (\tau_f^V)^2} = \sqrt{\left(\frac{18.13}{1.22}\right)^2 + 26.31^2} = 30.22$ N/ mm^2 $< f_f^w = 160$ N/ mm^2

3)节点板、加劲肋与底板连接焊缝的计算　设焊缝传递全部支座反力 $R =$ 365.04 kN ,其中每块加劲肋各传递 $\frac{R}{4} = \frac{365.04}{4} = 91.26$ kN ,节点板传递 $\frac{R}{2} = \frac{365.04}{2} =$ 182.52 kN 。

节点板与底板的连接焊缝长度为 $\sum l_w = 2(280 - 16) = 528$ mm

所需焊脚尺寸为 $h_f = \frac{R/2}{0.7 \sum l_w \cdot f_f^w \cdot 1.22} = \frac{182.52 \times 10^3}{0.7 \times 528 \times 160 \times 1.22} = 2.53$ mm ,取 $h_f = 8$ mm

每块加劲肋与底板的连接焊缝长度为 $\sum l_w = 2(80 - 15 - 16) = 98$ mm

所需焊脚尺寸为 $h_f = \frac{R/4}{0.7 \sum l_w \cdot f_f^w \cdot 1.22} = \frac{91.26 \times 10^3}{0.7 \times 98 \times 160 \times 1.22} = 6.82$ mm ,取 $h_f = 8$ mm

下弦杆与支座竖杆焊缝计算方法同前,此处从略。

表 8.10、表 8.11 和表 8.12 为各杆件与节点焊缝设计情况。钢屋架施工图图见书后附页。

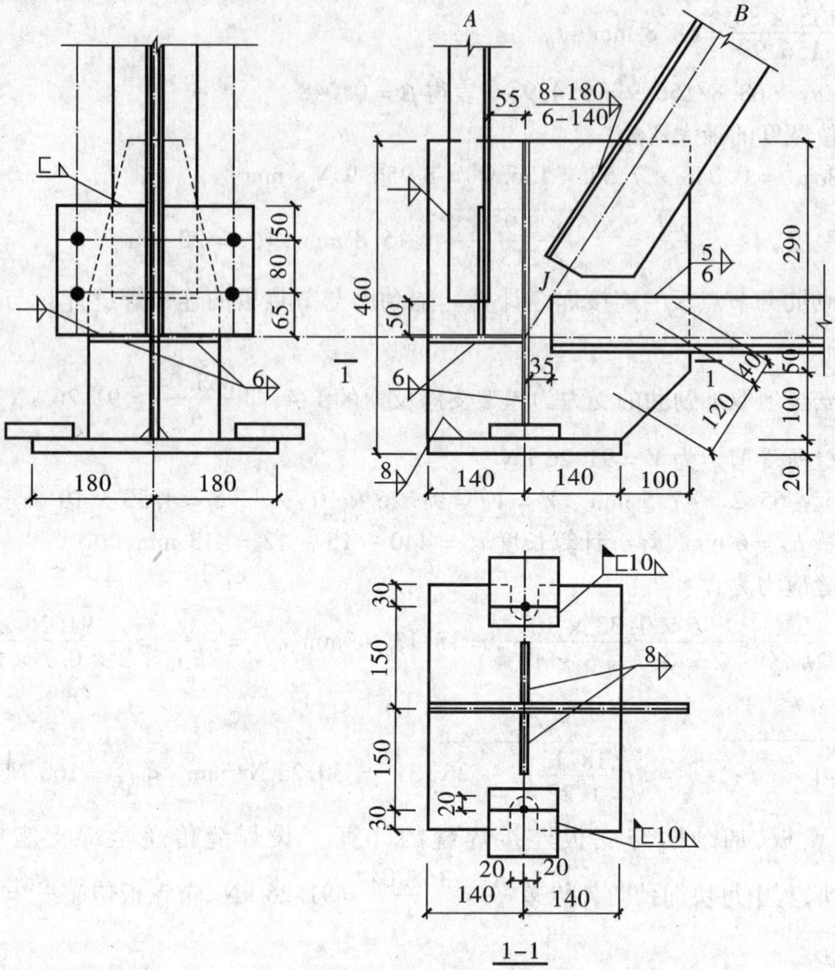
A
B
J
55
8-180
6-140
50
80
65
460
50
290
5
6
6
6
35
1
1
40
50
120
100
20
8
180
180
140
140
100
⊏10
8
30
150
150
20
30
⊏10
20
20
140
140
1-1

图 8.41 支座节点 J

表 8.10　腹杆焊缝计算表

杆件		内力/kN	位置	分配系数	焊脚尺寸/mm	所需长度/mm	所取长度/mm
斜杆	*JB*	-404.65	肢背	0.65	8	162.8	180
			肢尖	0.35	6	117.4	140
	BK	313.84	肢背	0.7	6	175.5	200
			肢尖	0.3	5	94.1	120
	KD	-248.09	肢背	0.7	6	141.2	160
			肢尖	0.3	5	76.5	90
	DL	168.92	肢背	0.7	6	100.0	120
			肢尖	0.3	5	55.2	70
	LF	-112.02	肢背	0.7	6	70.3	90
			肢尖	0.3	5	40.0	60
	FM	52.52 -6.80	肢背	0.7	5	—	满焊
			肢尖	0.3			
	MH	33.17 -32.74	肢背	0.7	5	—	满焊
			肢尖	0.3			
	HN	25.32 -66.54	肢背	0.7	5	—	满焊
			肢尖	0.3			
杆	*IN* 及其他	≤88.07	肢背	0.7	5	—	满焊
			肢尖	0.3			

表 8.11　下弦杆焊缝计算表

节点	N_1/kN	N_2/kN	ΔN/kN	位置	分配系数	焊脚尺寸/mm	所需长度/mm	所取长度/mm
J	—	215.88	215.88	肢背	0.75	6	132.5	200
				肢尖	0.25	5	58.2	200
K	215.88	525.98	310.1	肢背	0.75	5	217.7	400
				肢尖	0.25	5	78.2	400
L	525.98	668.21	142.23	肢背	0.75	5	—	满焊
				肢尖	0.25			
M	668.21	696.06	27.85	肢背	0.75	5	—	满焊
				肢尖	0.25			
N	696.06	696.06	104.41（每侧焊缝按 0.15 N_{max}）	肢背	0.75	6	70.3	360
				肢尖	0.25	6	31.4	360

表 8.12 上弦杆焊缝计算表

节点	N_1/kN	N_2/kN	ΔN/kN	肢尖焊脚尺寸/mm	所取长度/mm
B	0	-397.98	397.98	8	420
D	-397.98	-617.47	218.49	5	满焊
F	-617.47	-694.26	76.79	5	满焊
G	-694.26	-671.72	22.54	5	满焊
I	-671.72	-671.72	100.76(每侧焊缝按 0.15Nmax)	8	200

注:上弦杆肢背与节点板连接焊缝全部为沿节点板满焊的槽焊缝

思考题

1. 三角形、梯形、平行弦钢屋架各适用于哪些屋盖体系?
2. 屋盖支撑体系起什么作用?它通常由哪些部分构成?
3. 如何选择屋架杆件截面?杆件的计算长度怎么确定?
4. 简述进行屋架节点设计的基本步骤。
5. 屋架跨中拼接节点如何进行连接?
6. 试画出梯形屋架的支座节点构造。

习 题

郑州地区某单跨厂房,跨度 18 m,长 72 m,柱距 6 m。屋架支承在钢筋混凝土柱上,上柱截面 400 mm×400 mm,混凝土强度等级 C20。屋面材料采用波形石棉瓦,木丝板保温层。试根据上述资料设计 18 m 跨度的三角形屋架。

附 录

附录1 钢材和连接强度设计值

附表1.1 钢材的强度设计值 N/mm²

钢材		抗拉、抗压和抗弯 f	抗剪 f_v	端面承压（刨平顶紧）f_{ce}
牌号	厚度或直径/mm			
Q235钢	≤16	215	125	325
	>16~40	205	120	
	>40~60	200	115	
	>60~100	190	110	
Q345钢	≤16	310	180	400
	>16~35	295	170	
	>35~50	265	155	
	>50~100	250	145	
Q390钢	≤16	350	205	400
	>16~35	335	190	
	>35~50	315	180	
	>50~100	295	170	
Q420钢	≤16	380	220	440
	>16~35	360	210	
	>35~50	340	195	
	>50~100	325	185	

注：表中厚度系计算点的钢材厚度，对轴心受拉和轴心受压构件系指截面中较厚板件的厚度

附表 1.2 焊缝的强度设计值 N/mm²

焊接方法和焊条型号	构件钢材 牌号	构件钢材 厚度或直径/mm	对接焊缝 抗压 f_c^w	对接焊缝 焊缝质量为下列等级时，抗拉 f_t^w 一级、二级	对接焊缝 焊缝质量为下列等级时，抗拉 f_t^w 三级	对接焊缝 抗剪 f_v^w	角焊缝 抗拉、抗压和抗剪 f_f^w
自动焊、半自动焊和 E43 型焊条的手工焊	Q235 钢	≤16	215	215	185	125	160
		> 16 ~ 40	205	205	175	120	
		> 40 ~ 60	200	200	170	115	
		> 60 ~ 100	190	190	160	110	
自动焊、半自动焊和 E50 型焊条的手工焊	Q345 钢	≤16	310	310	265	180	200
		> 16 ~ 35	295	295	250	170	
		> 35 ~ 50	265	265	225	155	
		> 50 ~ 100	250	250	210	145	
自动焊、半自动焊和 E55 型焊条的手工焊	Q390 钢	≤16	350	350	300	205	220
		> 16 ~ 35	335	335	285	190	
		> 35 ~ 50	315	315	270	180	
		> 50 ~ 100	295	295	250	170	
	Q420 钢	≤16	380	380	320	220	220
		> 16 ~ 35	360	360	305	210	
		> 35 ~ 50	340	340	290	195	
		> 50 ~ 100	325	325	275	185	

注：(1) 自动焊和半自动焊所采用的焊丝和焊剂，应保证其熔敷金属的力学性能不低于现行的国家标准《埋弧焊用碳钢焊丝和焊剂》(GB/T 5293—1999)和《低合金钢埋弧焊用焊剂》(GB/T 12470—2003)中相关的规定。

(2) 焊缝质量等级应符合现行国家标准《钢结构工程施工质量验收规范》(GB 50205—2001)的规定。其中厚度小于 8 mm 钢材的对接焊缝，不应采用超声波探伤确定焊缝质量等级。

(3) 对接焊缝在受压区的抗弯强度设计值取 f_c^w，在受拉区的抗弯强度设计值取 f_t^w。

(4) 表中厚度系指计算点的钢材厚度，对轴心受拉和轴心受压构件系指截面中较厚板件的厚度

附表 1.3　螺栓连接的强度设计值　　　　　　　　　　　　　　　　　　　　　　　(N/mm^2)

螺栓的性能等级、锚栓和构件钢材的牌号		普通螺栓						锚栓	承压型连接高强度螺栓		
		C 级螺栓			A 级、B 级螺栓						
		抗拉 f_t^b	抗剪 f_v^b	承压 f_c^b	抗拉 f_t^b	抗剪 f_v^b	承压 f_c^b	抗拉 f_t^b	抗拉 f_t^b	抗剪 f_v^b	承压 f_c^b
普通螺栓	4.6 级、4.8 级	170	140	—	—	—	—	—	—	—	—
	5.6 级	—	—	—	210	190	—	—	—	—	—
	8.8 级	—	—	—	400	320	—	—	—	—	—
锚栓	Q235 钢	—	—	—	—	—	—	140	—	—	—
	Q345 钢	—	—	—	—	—	—	180	—	—	—
承压型连接高强度螺栓	8.8 级	—	—	—	—	—	—	—	400	250	—
	10.9 级	—	—	—	—	—	—	—	500	310	—
构件	Q235 钢	—	—	305	—	—	405	—	—	—	470
	Q345 钢	—	—	385	—	—	510	—	—	—	590
	Q390 钢	—	—	400	—	—	530	—	—	—	615
	Q420 钢	—	—	425	—	—	560	—	—	—	655

注：(1) *A* 级螺栓用于 $d \leqslant 24$ mm 和 $l \leqslant 10d$ 或 $l \leqslant 150$ mm（按较小值）的螺栓；*B* 级螺栓用于 $d > 24$ mm 或 $l > 10$ d 或 $l > 150$ mm（按较小值）的螺栓。*d* 为公称直径，*l* 为螺杆公称长度。

(2) *A*、*B* 级螺栓孔的精度和孔壁表面粗糙度，*C* 级螺栓孔的允许偏差和孔壁表面粗糙度，均应符合现行国家标准《钢结构工程施工质量验收规范》（GB 50205—2001）的要求

附表 1.4　结构构件或连接设计强度的折减系数

项次	情况	折减系数
1	单面连接的单角钢 (1) 按轴心受力计算强度和连接 (2) 按轴心受压计算稳定性 等边角钢 短边相连的不等边角钢 长边相连的不等边角钢	 0.85 $0.6+0.0015\lambda$，但不大于 1.0 $0.5+0.0025\lambda$，但不大于 1.0 0.70
2	跨度 $\geqslant 60$ *m* 桁架的受压弦杆和端部受压腹杆	0.95
3	无垫板的单面施焊对接焊缝	0.85
4	施工条件较差的高空安装焊缝和铆钉连接	0.90
5	沉头和半沉头铆钉连接	0.80

注：(1) λ——长细比，对中间无联系的单角钢压杆，应按最小回转半径计算；当 $\lambda < 20$ 时，取 $\lambda = 20$。

(2) 当几种情况同时存在时，其折减系数应连乘

附录2 受弯构件的挠度容许值

附表2 受弯构件挠度容许值

项次	构件类别	挠度容许值	
		$[v_T]$	$[v_Q]$
1	吊车梁和吊车桁架(按自重和起重量最大的一台吊车计算挠度)		
	(1)手动吊车和单梁吊车(含悬挂吊车)	$l/500$	—
	(2)轻级工作制桥式吊车	$l/800$	
	(3)中级工作制桥式吊车	$l/1\ 000$	
	(4)重级工作制桥式吊车	$l/1\ 200$	
2	手动或电动葫芦的轨道梁	$l/400$	—
3	有重轨(重量等于或大于 38 kg/m)轨道的工作平台梁	$l/600$	—
	有轻轨(重量等于或小于 24 kg/m)轨道的工作平台梁	$l/400$	
4	楼(屋)盖梁或桁架、工作平台梁(第3项除外)和平台板		
	(1)主梁或桁架(包括设有悬挂起重设备的梁和桁架)	$l/400$	$l/500$
	(2)抹灰顶棚的次梁	$l/250$	$l/350$
	(3)除(1)、(2)款外的其他梁(包括楼梯梁)	$l/250$	$l/300$
	(4)屋盖檩条		
	支承无积灰的瓦楞铁和石棉瓦屋面者	$l/150$	—
	支承压型金属板、有积灰的瓦楞铁和石棉瓦等屋面者	$l/200$	—
	支承其他屋面材料者	$l/200$	—
	(5)平台板	$l/150$	—
5	墙架构件(风荷载不考虑阵风系数)		
	(1)支柱	—	$l/400$
	(2)抗风桁架(作为连续支柱的支承时)	—	$l/1\ 000$
	(3)砌体墙的横梁(水平方向)	—	$l/300$
	(4)支承压型金属板、瓦楞铁和石棉瓦墙面的横梁(水平方向)	—	$l/200$
	(5)带有玻璃墙的横梁(竖直和水平方向)	$l/200$	$l/200$

注:(1)l 为受弯构件的跨度(对悬臂梁和伸臂梁为悬伸长度的2倍)。

(2)$[v_T]$为永久和可变荷载标准值产生的挠度(如有起拱应减去拱度)的容许值;$[v_Q]$为可变荷载标准值产生的挠度的容许值

附录3　梁的整体稳定系数

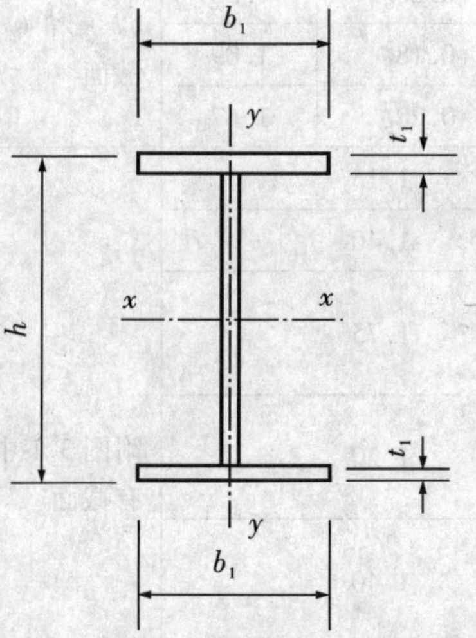

(a)双轴对称焊接
工字形截面

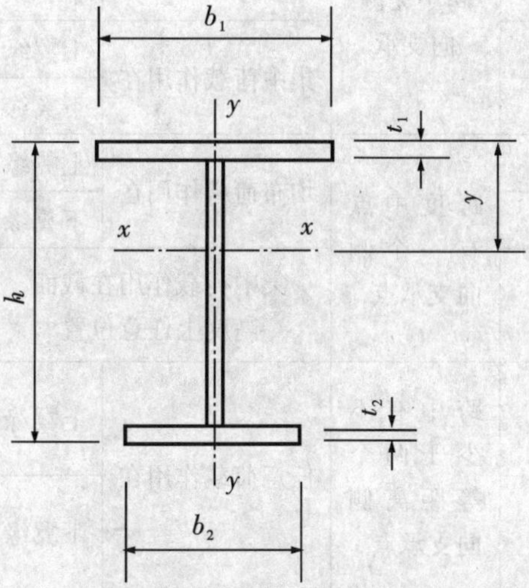

(b)加强受压翼缘的单轴
对称焊接工字形截面

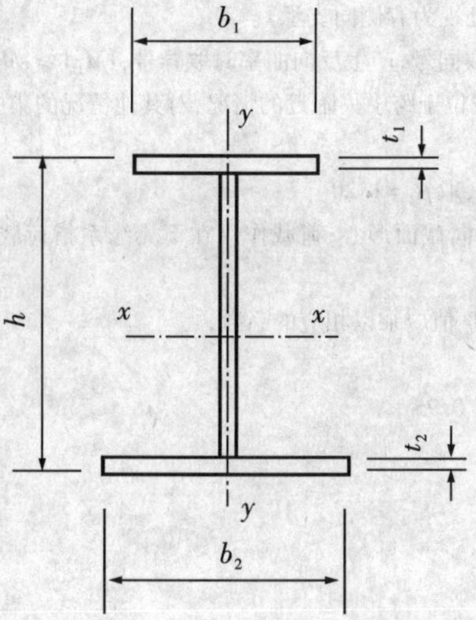

(c)加强受拉翼缘的单轴
对称焊接工字形截面

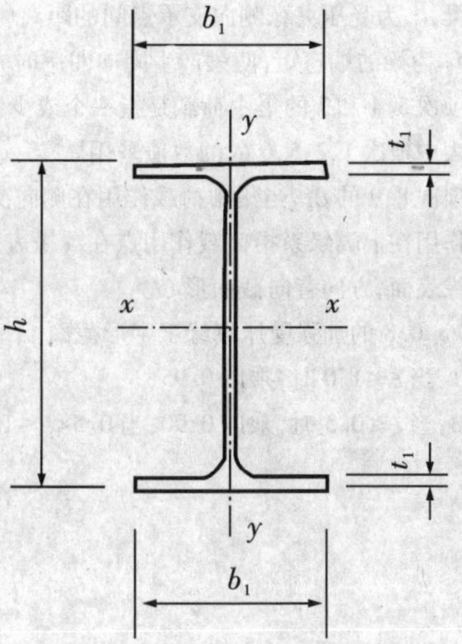

(d)轧制H型
钢截面

附图 3.1　焊接工字和轧制 H 型钢截面

附表 3.1 H 型钢和等截面工字形简支梁的系数 β_b

项次	侧向支承	荷载		$\xi \leqslant 2.0$	$\xi > 2.0$	适用范围
1	跨中无侧向支承	均布荷载作用在	上翼缘	$0.69+0.13\xi$	0.95	附图 3.1(*a*)(*b*)和(*d*)的截面
2			下翼缘	$1.73-0.20\xi$	1.33	
3		集中荷载作用在	上翼缘	$0.73+0.18\xi$	1.09	
4			下翼缘	$2.23-0.28\xi$	1.67	
5	跨度中点有一个侧向支承点	均布荷载作用在	上翼缘	1.15		附图 3.1 中的所有截面
6			下翼缘	1.40		
7		集中荷载作用在截面高度上任意位置		1.75		
8	跨中有不少于两个等距离侧向支承点	任意荷载作用在	上翼缘	1.20		
9			下翼缘	1.40		
10	梁端有弯矩,但跨中无荷载作用			$1.75-1.05\left(\frac{M_2}{M_1}\right)+0.3\left(\frac{M_2}{M_1}\right)^2$ 但≤2.3		

注:(1)ξ 为参数,$\xi=\frac{l_1 t_1}{b_1 h}$,其中 b_1 为受压翼缘的宽度;对跨中无侧向支承点的梁,l_1 为其跨度;对跨中有侧向支承点的梁,l_1 为受压翼缘侧向支承点间的距离(梁的支座处视为有侧向支承)。

(2)M_1,M_2 为梁的端弯矩,使梁产生同向曲率时 M_1 和 M_2 取同号,产生反向曲率时取异号,$|M_1| \geqslant |M_2|$ 。

(3)表中项次 3,4 和 7 的集中荷载是指一个或少数几个荷载位于跨中央附近的情况,对其他情况的集中荷载,应按表中项次 1,2,5,6 内的数值采用。

(4)表中项次 8,9 的 β_b,当集中荷载作用在侧向支承点处时,取 $\beta_b=1.20$。

(5)荷载作用在上翼缘系指荷载作用点在翼缘表面,方向指向截面形心;荷载作用在下翼缘系指荷载作用点在翼缘表面,方向背向截面形心。

(6)对 $\alpha_b > 0.8$ 的加强受压翼缘工字形截面,下列情况的 β_b 值应乘以相应的系数:

项次 1:当 $\xi \leqslant 1.0$ 时,乘以 0.95;

项次 3:当 $\xi \leqslant 0.5$ 时,乘以 0.90;当 $0.5<\xi \leqslant 1.0$ 时,乘以 0.95

附表 3.2　轧制普通工字钢简支梁的 φ_b

项次	荷载情况			工字钢型号	自由长度 l_1/m								
					2	3	4	5	6	7	8	9	10
1	跨中无侧向支承点的梁	集中荷载作用于	上翼缘	10～20	2.00	1.30	0.99	0.80	0.68	0.58	0.53	0.48	0.43
				22～32	2.40	1.48	1.09	0.86	0.72	0.62	0.54	0.49	0.45
				36～63	2.80	1.60	1.07	0.83	0.68	0.56	0.50	0.45	0.40
2			下翼缘	10～20	3.10	1.95	1.34	1.01	0.82	0.69	0.63	0.57	0.52
				22～40	5.50	2.80	1.84	1.37	1.07	0.86	0.73	0.64	0.56
				45～63	7.30	3.60	3.20	1.62	1.20	0.96	0.80	0.69	0.60
3		均布荷载作用于	上翼缘	10～20	1.70	1.12	0.84	0.68	0.57	0.50	0.45	0.41	0.37
				22～40	2.10	1.30	0.93	0.73	0.60	0.51	0.45	0.40	0.36
				45～63	2.60	1.45	0.97	0.73	0.59	0.50	0.44	0.38	0.35
4			下翼缘	10～20	2.50	1.55	1.08	0.83	0.68	0.56	0.52	0.47	0.42
				22～40	4.00	2.20	1.45	1.10	0.85	0.70	0.60	0.52	0.46
				45～63	5.60	2.80	1.80	1.25	0.95	0.78	0.65	0.55	0.49
5	跨中有侧向支承点的梁(不论荷载作用点在截面高度上的位置)			10～20	2.20	1.39	1.01	0.79	0.66	0.57	0.52	0.47	0.42
				22～40	3.00	1.80	1.24	0.96	0.76	0.65	0.56	0.49	0.43
				45～63	4.00	2.20	1.38	1.01	0.80	0.66	0.56	0.49	0.43

注:(1)同附表 3.1 的注(3)、(5)。

(2)表中 φ_b 的适用于 Q235 钢,对其他型号,表中的数值乘以 $235/f_y$

附表 3.3　双轴对称工字形等截面(含 H 型钢)悬臂梁的系数 β_b

项次	荷载形式		$0.60\leq\xi\leq1.24$	$1.24<\xi\leq1.96$	$1.96<\xi\leq3.10$
1	自由端一个集中荷载作用在	上翼缘	$0.21+0.67\xi$	$0.72+0.26\xi$	$1.17+0.03\xi$
2		下翼缘	$2.94-0.65\xi$	$2.64-0.40\xi$	$2.15-0.15\xi$
3	均布荷载作用在上翼缘		$0.62+0.82\xi$	$1.25+0.31\xi$	$1.66+1.10\xi$

注:(1)本表是按支承端为固定的情况确定的,当用于由邻跨延伸出来的伸臂梁时,应在构造上采取措施加强支撑处的抗扭能力。

(2)表中的 ξ 见附表 3.1 注(1)

附录4 轴心受压构件的稳定系数

附录4.1 a 类截面轴心受压构件的稳定系数 φ

$\lambda\sqrt{\frac{f_y}{235}}$	0	1	2	3	4	5	6	7	8	9
0	1.000	1.000	1.000	1.000	0.999	0.999	0.998	0.998	0.997	0.996
10	0.995	0.994	0.993	0.992	0.991	0.989	0.988	0.986	0.985	0.983
20	0.981	0.979	0.977	0.976	0.974	0.972	0.970	0.968	0.966	0.964
30	0.963	0.961	0.959	0.957	0.955	0.952	0.950	0.948	0.946	0.944
40	0.941	0.939	0.937	0.934	0.932	0.929	0.927	0.924	0.921	0.919
50	0.916	0.913	0.910	0.907	0.904	0.900	0.897	0.894	0.890	0.886
60	0.883	0.879	0.875	0.871	0.867	0.863	0.858	0.854	0.849	0.844
70	0.839	0.834	0.829	0.824	0.818	0.813	0.807	0.801	0.795	0.789
80	0.783	0.776	0.770	0.763	0.757	0.750	0.743	0.736	0.728	0.721
90	0.714	0.706	0.699	0.691	0.684	0.676	0.668	0.661	0.653	0.645
100	0.638	0.630	0.622	0.615	0.607	0.600	0.592	0.585	0.577	0.570
110	0.563	0.555	0.548	0.541	0.534	0.527	0.520	0.514	0.507	0.500
120	0.494	0.488	0.481	0.475	0.469	0.463	0.457	0.451	0.445	0.440
130	0.434	0.429	0.423	0.418	0.412	0.407	0.402	0.397	0.392	0.387
140	0.383	0.378	0.373	0.369	0.364	0.360	0.356	0.351	0.347	0.343
150	0.339	0.335	0.331	0.327	0.323	0.320	0.316	0.312	0.309	0.305
160	0.302	0.298	0.295	0.292	0.289	0.285	0.282	0.279	0.276	0.273
170	0.270	0.267	0.264	0.262	0.259	0.256	0.253	0.251	0.248	0.246
180	0.243	0.241	0.238	0.236	0.233	0.231	0.229	0.226	0.224	0.222
190	0.220	0.218	0.215	0.213	0.211	0.209	0.207	0.205	0.203	0.201
200	0.199	0.198	0.196	0.194	0.192	0.190	0.189	0.187	0.185	0.183
210	0.182	0.180	0.179	0.177	0.175	0.174	0.172	0.171	0.169	0.168
220	0.166	0.165	0.164	0.162	0.161	0.159	0.158	0.157	0.155	0.154
230	0.153	0.152	0.150	0.149	0.148	0.147	0.146	0.144	0.143	0.142
240	0.141	0.140	0.139	0.138	0.136	0.135	0.134	0.133	0.132	0.131
250	0.130	—	—	—	—	—	—	—	—	—

附表 4.2　b 类截面轴心受压构件的稳定系数 φ

$\lambda\sqrt{\frac{f_y}{235}}$	0	1	2	3	4	5	6	7	8	9
0	1.000	1.000	1.000	0.999	0.999	0.998	0.997	0.996	0.995	0.994
10	0.992	0.991	0.989	0.987	0.985	0.983	0.981	0.978	0.976	0.973
20	0.970	0.967	0.963	0.960	0.957	0.953	0.950	0.946	0.943	0.939
30	0.936	0.932	0.929	0.925	0.922	0.918	0.914	0.910	0.906	0.903
40	0.899	0.895	0.891	0.887	0.882	0.878	0.874	0.870	0.865	0.861
50	0.856	0.852	0.847	0.842	0.838	0.833	0.828	0.823	0.818	0.813
60	0.807	0.802	0.797	0.791	0.786	0.780	0.774	0.769	0.763	0.757
70	0.751	0.745	0.739	0.732	0.726	0.720	0.714	0.707	0.701	0.694
80	0.688	0.681	0.675	0.668	0.661	0.655	0.648	0.641	0.635	0.628
90	0.621	0.614	0.608	0.601	0.594	0.588	0.581	0.575	0.568	0.561
100	0.555	0.549	0.542	0.536	0.529	0.523	0.517	0.511	0.505	0.499
110	0.493	0.487	0.481	0.475	0.470	0.464	0.458	0.453	0.447	0.442
120	0.437	0.432	0.426	0.421	0.416	0.411	0.406	0.402	0.397	0.392
130	0.387	0.383	0.378	0.374	0.370	0.365	0.361	0.357	0.353	0.349
140	0.345	0.341	0.337	0.333	0.329	0.326	0.322	0.318	0.315	0.311
150	0.308	0.304	0.301	0.298	0.295	0.291	0.288	0.285	0.282	0.279
160	0.276	0.273	0.270	0.267	0.265	0.262	0.259	0.256	0.254	0.251
170	0.249	0.246	0.244	0.241	0.239	0.236	0.234	0.232	0.229	0.227
180	0.225	0.223	0.220	0.218	0.216	0.214	0.212	0.210	0.208	0.206
190	0.204	0.202	0.200	0.198	0.197	0.195	0.193	0.191	0.190	0.188
200	0.186	0.184	0.183	0.181	0.180	0.178	0.176	0.175	0.173	0.172
210	0.170	0.169	0.167	0.166	0.165	0.163	0.162	0.160	0.159	0.158
220	0.156	0.155	0.154	0.153	0.151	0.150	0.149	0.148	0.146	0.145
230	0.144	0.143	0.142	.141	0.140	0.138	0.137	0.136	0.135	0.134
240	0.133	0.132	0.131	0.130	0.129	0.128	0.127	0.126	0.125	0.124
250	0.123	—	—	—	—	—	—	—	—	—

附表4.3　c类截面轴心受压构件的稳定系数φ

$\lambda\sqrt{\frac{f_y}{235}}$	0	1	2	3	4	5	6	7	8	9
0	1.000	1.000	1.000	0.999	0.999	0.998	0.997	0.996	0.995	0.993
10	0.992	0.990	0.988	0.986	0.983	0.981	0.978	0.976	0.973	0.970
20	0.966	0.959	0.953	0.947	0.940	0.934	0.928	0.921	0.915	0.909
30	0.902	0.896	0.890	0.884	0.877	0.871	0.865	0.858	0.852	0.846
40	0.839	0.833	0.826	0.820	0.814	0.807	0.801	0.794	0.788	0.781
50	0.775	0.768	0.762	0.755	0.748	0.742	0.735	0.729	0.722	0.715
60	0.709	0.702	0.695	0.689	0.682	0.676	0.669	0.662	0.656	0.649
70	0.643	0.636	0.629	0.623	0.616	0.610	0.604	0.597	0.591	0.584
80	0.578	0.572	0.566	0.559	0.553	0.547	0.541	0.535	0.529	0.523
90	0.517	0.511	0.505	0.500	0.494	0.488	0.483	0.477	0.472	0.467
100	0.463	0.458	0.454	0.449	0.445	0.441	0.436	0.432	0.428	0.423
110	0.419	0.415	0.411	0.407	0.403	0.399	0.395	0.391	0.387	0.383
120	0.379	0.375	0.371	0.367	0.364	0.360	0.356	0.353	0.349	0.346
130	0.342	0.339	0.335	0.332	0.328	0.325	0.322	0.319	0.315	0.312
140	0.309	0.306	0.303	0.300	0.297	0.294	0.291	0.288	0.285	0.282
150	0.280	0.277	0.274	0.271	0.269	0.266	0.264	0.261	0.258	0.256
160	0.254	0.251	0.249	0.246	0.244	0.242	0.239	0.237	0.235	0.233
170	0.230	0.228	0.226	0.224	0.222	0.220	0.218	0.216	0.214	0.212
180	0.210	0.208	0.206	0.205	0.203	0.201	0.199	0.197	0.196	0.194
190	0.192	0.190	0.189	0.187	0.186	0.184	0.182	0.181	0.179	0.178
200	0.176	0.175	0.173	0.172	0.170	0.169	0.168	0.166	0.165	0.163
210	0.162	0.161	0.159	0.158	0.157	0.156	0.154	0.153	0.152	0.151
220	0.150	0.148	0.147	0.146	0.145	0.144	0.143	0.142	0.140	0.139
230	0.138	0.137	0.136	0.135	0.134	0.133	0.132	0.131	0.130	0.129
240	0.128	0.127	0.126	0.125	0.124	0.124	0.123	0.122	0.121	0.120
250	0.119	—	—	—	—	—	—	—	—	—

附表 4.4　d 类截面轴心受压构件的稳定系数 φ

$\lambda\sqrt{\frac{f_y}{235}}$	0	1	2	3	4	5	6	7	8	9
0	1.000	1.000	0.999	0.999	0.998	0.996	0.994	0.992	0.990	0.987
10	0.984	0.981	0.978	0.974	0.969	0.965	0.960	0.955	0.949	0.944
20	0.937	0.927	0.918	0.909	0.900	0.891	0.883	0.874	0.865	0.857
30	0.848	0.840	0.831	0.823	0.815	0.807	0.799	0.790	0.782	0.774
40	0.766	0.759	0.751	0.743	0.735	0.728	0.720	0.712	0.705	0.697
50	0.690	0.683	0.675	0.668	0.661	0.654	0.646	0.639	0.632	0.625
60	0.618	0.612	0.605	0.598	0.591	0.585	0.578	0.572	0.565	0.559
70	0.552	0.546	0.540	0.534	0.528	0.522	0.516	0.510	0.504	0.498
80	0.493	0.487	0.481	0.476	0.470	0.465	0.460	0.454	0.449	0.444
90	0.439	0.434	0.429	0.424	0.419	0.414	0.410	0.405	0.401	0.397
100	0.394	0.390	0.387	0.383	0.380	0.376	0.373	0.370	0.366	0.363
110	0.359	0.356	0.353	0.350	0.346	0.343	0.340	0.337	0.334	0.331
120	0.328	0.325	0.322	0.319	0.316	0.313	0.310	0.307	0.304	0.301
130	0.299	0.296	0.293	0.290	0.288	0.285	0.282	0.280	0.277	0.275
140	0.272	0.270	0.267	0.265	0.2620	0.260	0.258	0.255	0.253	0.251
150	0.248	0.246	0.244	0.242	0.240	0.237	0.235	0.233	0.231	0.229
160	0.227	0.225	0.223	0.221	0.219	0.217	0.215	0.213	0.212	0.210
170	0.208	0.206	0.204	0.203	0.201	0.199	0.197	0.196	0.194	0.192
180	0.191	.189	0.188	0.186	0.184	0.183	0.181	0.180	0.178	0.177
190	0.176	0.174	0.173	0.171	0.170	0.168	0.167	0.166	0.164	0.163
200	0.162	—	—	—	—	—	—	—	—	—

附录5　各种截面回转半径的近似值

附表5.1　各种截面回转半径的近似值

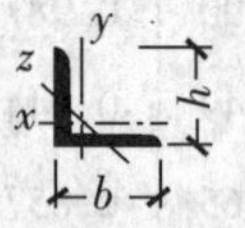 $i_x=0.30h$ $i_y=0.30b$ $i_z=0.195h$	 $i_x=0.40h$ $i_y=0.21b$	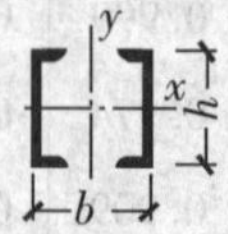 $i_x=0.38h$ $i_y=0.44b$	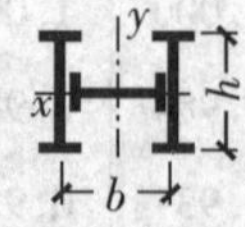 $i_x=0.32h$ $i_y=0.49b$
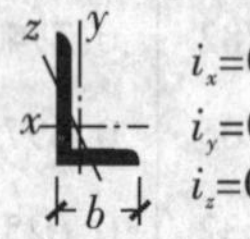 $i_x=0.32h$ $i_y=0.28b$ $i_z=0.09(b+h)$	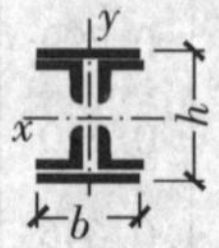 $i_x=0.45h$ $i_y=0.235b$	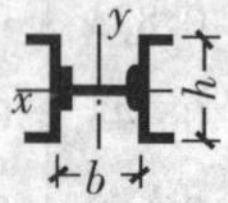 $i_x=0.32h$ $i_y=0.58b$	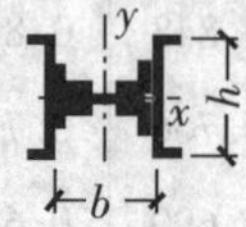 $i_x=0.29h$ $i_y=0.50b$
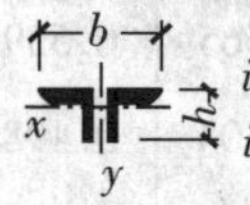 $i_x=0.30h$ $i_y=0.215b$	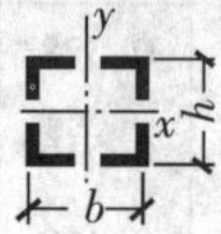 $i_x=0.43h$ $i_y=0.43b$	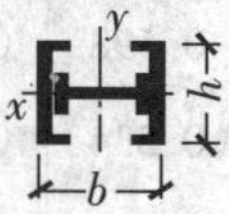 $i_x=0.32h$ $i_y=0.40b$	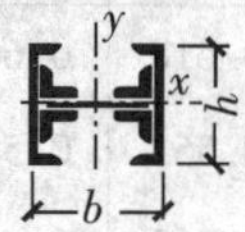 $i_x=0.29h$ $i_y=0.45b$
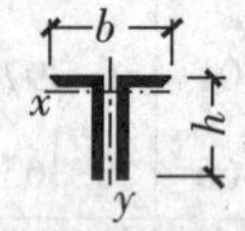 $i_x=0.32h$ $i_y=0.20b$	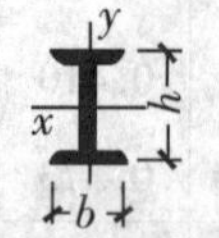 $i_x=0.39h$ $i_y=0.20b$	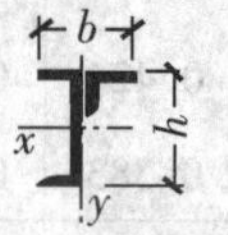 $i_x=0.38h$ $i_y=0.21b$	 $i_x=0.39h$ $i_y=0.53b$
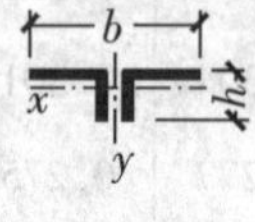 $i_x=0.28h$ $i_y=0.24b$	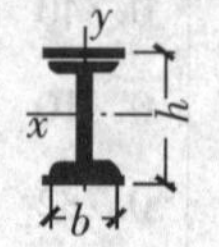 $i_x=0.42h$ $i_y=0.22b$	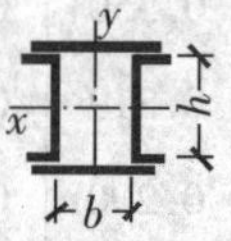 $i_x=0.44h$ $i_y=0.32b$	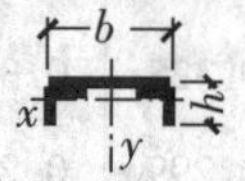 $i_x=0.28h$ $i_y=0.37b$
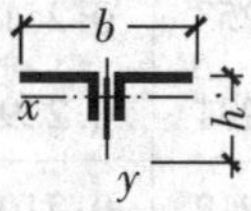 $i_x=0.30h$ $i_y=0.17b$	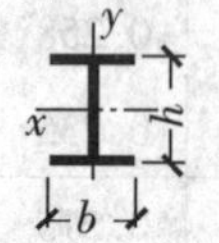 $i_x=0.43h$ $i_y=0.24b$	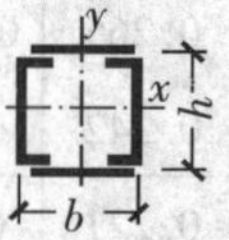 $i_x=0.44h$ $i_y=0.38b$	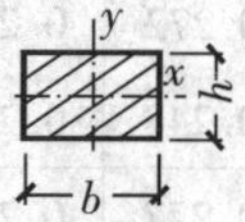 $i_x=0.29h$ $i_y=0.29b$
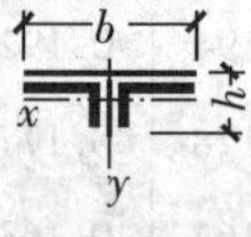 $i_x=0.28h$ $i_y=0.21b$	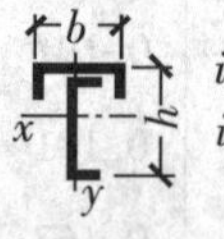 $i_x=0.365h$ $i_y=0.275b$	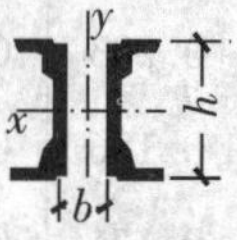 $i_x=0.37h$ $i_y=0.54b$	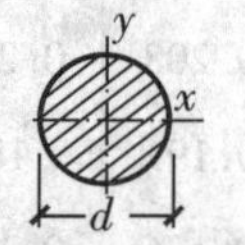 $i_x=0.25d$ $i_y=0.25d$
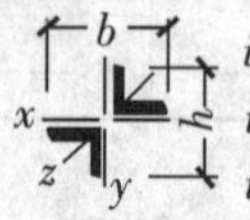 $i_x=0.21h$ $i_y=0.21b$ $i_z=0.185h$	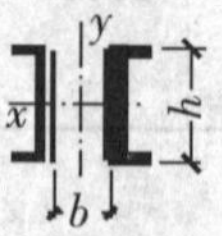 $i_x=0.35h$ $i_y=0.56b$	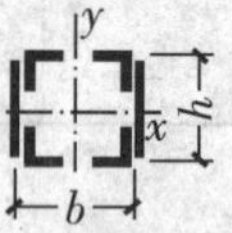 $i_x=0.37h$ $i_y=0.45b$	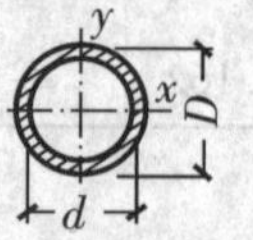 $i_x=i_y=$ $0.175(D+d)$
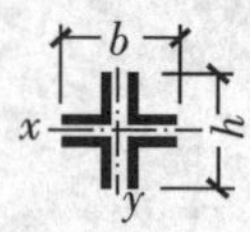 $i_x=0.21h$ $i_y=0.21b$	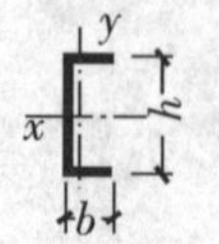 $i_x=0.39h$ $i_y=0.29b$	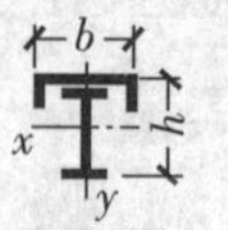 $i_x=0.40h$ $i_y=0.24b$	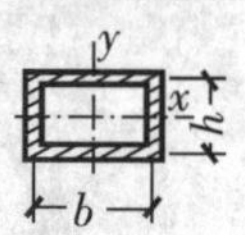 $i_x=0.40h$ $i_y=0.40b$
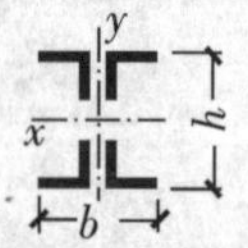 $i_x=0.45h$ $i_y=0.24b$	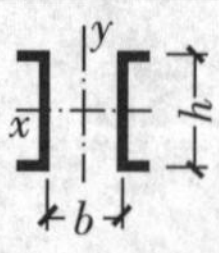 $i_x=0.38h$ $i_y=0.60b$	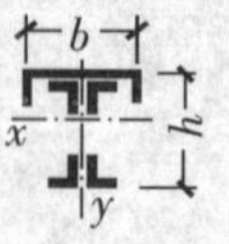 $i_x=0.41h$ $i_y=0.29b$	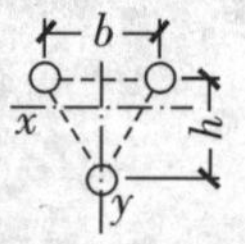 $i_x=0.47h$ $i_y=0.40b$

附录6　型钢表

附表 6.1　普通工字钢

符号　h—高度
b—翼缘宽度
t_w—腹板厚度
t—翼缘平均厚度
I—惯性矩
W—截面抵抗矩

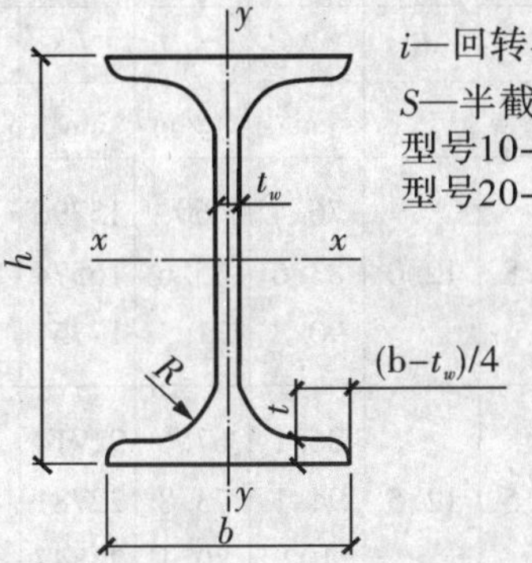

i—回转半径
S—半截面的面积矩
型号10–18；长度5～19 m；
型号20–63；长度6～19 m。

型号	尺寸					截面积	质量	x-x 轴				y-y 轴		
	h	b	t_w	t	R	A	q	I_x	W_x	i_x	I_x/S_x	I_y	W_y	i_y
	mm					cm^2	kg/m	cm^4	cm^3	cm		cm^4	cm^3	cm
10	100	68	4.5	7.6	6.5	14.3	11.2	245	49	4.14	8.69	33	9.6	1.51
12.6	126	74	5.0	8.4	7	18.1	14.2	488	77	5.19	11	47	12.7	1.61
14	140	80	5.5	9.1	7.5	21.5	16.9	712	102	5.75	12.2	64	16.1	1.73
16	160	88	6.0	9.9	8	26.1	20.5	1127	141	6.57	13.9	93	21.1	1.89
18	180	94	6.5	10.7	8.5	30.7	24.1	1699	185	7.37	15.4	123	26.2	2.00
20 a	200	100	7.0	11.4	9.0	35.5	27.9	2369	237	8.16	17.4	158	31.6	2.11
20 b		102	9.0			39.5	31.1	2502	250	7.95	17.1	169	33.1	2.07
22 a	220	110	7.5	12.3	9.5	42.1	33	3406	310	8.99	19.2	226	41.1	2.32
22 b		112	9.5			46.5	36.5	3583	326	8.78	18.9	240	42.9	2.27
25 a	250	116	8.0	13.0	10.0	48.5	38.1	5017	401	10.2	21.7	280	48.4	2.4
25 b		118	10.0			53.5	42	5278	422	9.93	21.4	297	50.4	2.36
28 a	280	122	8.5	13.7	10.5	55.4	43.5	7115	508	11.3	24.3	344	56.4	2.49
28 b		124	10.5			61	47.9	7481	534	11.1	24	364	58.7	2.44
32 a	320	130	9.5	15.0	11.5	67.1	52.7	11080	692	12.8	27.7	459	70.6	2.62
32 b		132	11.5			73.5	57.7	11626	727	12.6	27.3	484	73.3	2.57
32 c		134	13.5			79.9	62.7	12173	761	12.3	26.9	510	76	2.53

续附表 6.1

型号		尺寸					截面积	质量	x–x 轴				y–y 轴		
		h	b	t_w	t	R	A	q	I_x	W_x	i_x	I_x/S_x	I_y	W_y	i_y
		mm					cm^2	kg/m	cm^4	cm^3	cm		cm^4	cm^3	cm
	a		136	10			76.4	60	15796	878	14.4	31	555	81.6	2.69
36	b	360	138	12	15.8	12.0	83.6	65.6	16574	921	14.1	30.6	584	84.6	2.64
	c		140	14			90.8	71.3	17351	964	13.8	30.2	614	87.7	2.6
	a		142	10.5			86.1	67.6	21714	1086	15.9	34.4	660	92.9	2.77
40	b	400	144	12.5	16.5	12.5	94.1	73.8	22781	1139	15.6	33.9	693	96.2	2.71
	c		146	14.5			102	80.1	23847	1192	15.3	33.5	727	99.7	2.67
	a		150	11.5			102	80.4	32241	1433	17.7	38.5	855	114	2.89
45	b	450	152	13.5	18.0	13.5	111	87.4	33759	1500	17.4	38.1	895	118	2.84
	c		154	15.5			120	94.5	35278	1568	17.1	37.6	938	122	2.79
	a		158	12			119	93.6	46472	1859	19.7	42.9	1122	142	3.07
50	b	500	160	14	20.0	14.0	129	101	48556	1942	19.4	42.3	1171	146	3.01
	c		162	16			139	109	50639	2026	19.1	41.9	1224	151	2.96
	a		166	12.5			135	106	65576	2342	22	47.9	1366	165	3.18
56	b	560	168	14.5	21.0	14.5	147	115	68503	2447	21.6	47.3	1424	170	3.12
	c		170	16.5			158	124	71430	2551	21.3	46.8	1485	175	3.07
	a		176	13			155	122	94004	2984	24.7	53.8	1702	194	3.32
63	b	630	178	15	22.0	15.0	167	131	98171	3117	24.2	53.2	1771	199	3.25
	c		180	17			180	141	102339	3249	23.9	52.6	1842	205	3.2

附表 6.2 H 型钢和 T 型钢

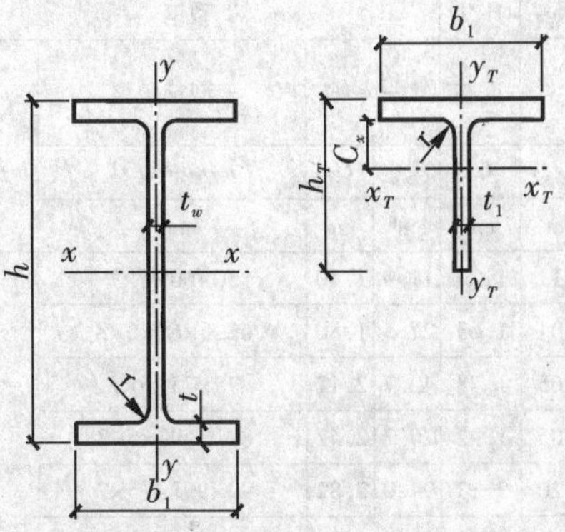

符号

H型钢 h—截面高度 b_1—翼缘宽度 t_w—腹板厚度 t—翼缘厚度 W—截面抵抗矩 i—回转半径 S—半截面的面积矩 I—惯性矩

T型钢 h_T—截面高度 A_T—截面面积 q_T—质量 I_{yT}—惯性矩，等于相应H型钢的1/2；HW、HM、HN分别代表宽翼缘、中翼缘、窄翼缘H型钢；TW、TM、TN分别代表各自H型钢剖分的T型钢。

类别	H 型钢									H、T	T 型钢			类别
	H 型钢规格	截面积	质量	x-x 轴			y-y 轴			重心	x_T-x_T 轴		T 型钢规格	
	$h \times b_1 \times t_w \times t$	A	q	I_x	W_x	i_x	I_y	W_y	i_y, i_{yT}	C_x	I_{xT}	i_{xT}	$h_T \times b_1 \times t_w \times t$	
	mm	cm^2	kg/m	cm^4	cm^3	cm	cm^4	cm^3	cm	cm	cm^4	cm	mm	
	100×100×6×8	21.90	17.2	383	76.5	4.18	134	26.7	2.47	1.00	16.1	1.21	50×100×6×8	
	125×125×6.5×9	30.31	23.8	847	136	5.29	294	47.0	3.11	1.19	35.0	1.52	62.5×125×6.5×9	
	150×150×7×10	40.55	31.9	1660	221	6.39	564	75.1	3.73	1.37	66.4	1.81	75×150×7×10	
	175×175×7.5×11	51.43	40.3	2900	331	7.50	984	112	4.37	1.55	115	2.11	87.5×175×7.5×11	
	200×200×8×12	64.28	50.5	4770	477	8.61	1600	160	4.99	1.73	185	2.40	100×200×8×12	
	#200×204×12×12	72.28	56.7	5030	503	8.35	1700	167	4.85	2.09	256	2.66	#100×204×12×12	
	250×250×9×14	92.18	72.4	10800	867	10.8	3650	292	6.29	2.08	412	2.99	125×250×9×14	
	#250×255×14×14	104.7	82.2	11500	919	10.5	3880	304	6.09	2.58	589	3.36	#125×255×14×14	
	#294×302×12×12	108.3	85.0	17000	1160	12.5	5520	365	7.14	2.83	858	3.98	#147×302×12×12	
HW	300×300×10×15	120.4	94.5	20500	1370	13.1	6760	450	7.49	2.47	798	3.64	150×300×10×15	TW
	300×305×15×15	135.4	106	21600	1440	12.6	7100	466	7.24	3.02	1110	4.05	150×305×15×15	
	#344×348×10×16	146.0	115	33300	1940	15.1	11200	646	8.78	2.67	1230	4.11	#172×348×10×16	
	350×350×12×9	173.9	137	40300	2300	15.2	13600	776	8.84	2.86	1520	4.18	175×350×12×19	
	#388×402×15×15	179.2	141	49200	2540	16.6	16300	809	9.52	3.69	2480	5.26	#197×402×15×15	
	#394×398×11×18	187.6	147	56400	2860	17.3	18900	951	10.0	3.01	2050	4.67	#197×398×11×18	
	400×400×13×21	219.5	172	66900	3340	17.5	22400	1120	10.1	3.21	2480	4.75	200×400×13×21	
	#400×408×21×21	251.5	197	71100	3560	16.8	23800	1170	9.73	4.07	3650	5.39	#200×408×21×21	
	#414×405×18×28	296.2	233	93000	4490	17.7	31000	1530	10.2	3.68	3620	4.95	#207×405×18×28	
	#428×407×20×35	361.4	284	119000	5580	18.2	39400	1930	10.4	3.90	4380	4.92	#214×407×20×35	
	148×100×6×9	27.25	21.4	1040	140	6.17	151	30.2	2.35	1.55	51.7	1.95	74×100×6×9	
	194×150×6×9	39.76	31.2	2740	283	8.30	508	67.7	3.57	1.78	125	2.50	97×150×6×9	
	244×175×7×11	56.24	44.1	6120	502	10.4	985	113	4.18	2.27	289	3.20	122×175×7×11	
	294×200×8×12	73.03	57.3	11400	779	12.5	1600	160	4.69	2.82	572	3.96	147×200×8×12	
	340×250×9×14	101.5	79.7	21700	1280	14.6	3650	292	6.00	3.09	1020	4.48	170×250×9×14	
HM	390×300×10×16	136.7	107	38900	2000	16.9	7210	481	7.26	3.40	1730	5.03	150×300×10×16	TM
	440×300×11×18	157.4	124	56100	2550	18.9	8110	541	7.18	4.05	2680	5.84	220×300×11×18	
	482×300×11×15	146.4	115	60800	2520	20.4	6770	451	6.80	4.90	3420	6.83	241×300×11×15	
	488×300×11×18	164.4	129	71400	2930	20.8	8120	541	7.03	4.65	3620	6.64	244×300×11×18	
	582×300×12×17	174.5	137	103000	3530	24.3	7670	511	6.63	6.39	6360	8.54	291×300×12×17	
	588×300×12×20	192.5	151	118000	4020	24.8	9020	601	6.85	6.08	6710	8.35	294×300×12×20	
	#594×302×14×23	222.4	175	137000	4620	24.9	10600	701	6.90	6.33	7920	8.44	#297×302×14×23	

续附表 6.2

类别	H 型钢									H、T	T 型钢			类别
	H 型钢规格	截面积	质量	x-x 轴			y-y 轴			重心	x_T-x_T 轴		T 型钢规格	
	$h\times b_1\times t_w\times t$	A	q	I_x	W_x	i_x	I_y	W_y	i_y,i_{yT}	C_x	I_{xT}	i_{xT}	$h_T\times b_1\times t_w\times t$	
	mm	cm^2	kg/m	cm^4	cm^3	cm	cm^4	cm^3	cm	cm	cm^4	cm	mm	
HN	100×50×5×7	12.16	9.54	192	38.5	3.98	14.9	5.96	1.11	1.27	11.9	1.40	50×50×5×7	TN
	125×60×6×8	17.01	13.3	417	66.8	4.95	29.3	9.75	1.31	1.63	27.5	1.80	62.5×60×6×8	
	150×75×5×7	18.16	14.3	679	90.6	6.12	49.6	13.2	1.65	1.78	42.7	2.17	75×75×5×7	
	175×90×5×8	23.21	18.2	1220	140	7.26	97.6	21.7	2.05	1.92	70.7	2.47	87.5×90×5×8	
	198×99×4.5×7	23.59	18.5	1610	163	8.27	114	23.0	2.20	2.13	94.0	2.82	99×99×4.5×7	
	200×100×5.5×8	27.57	21.7	1880	188	8.25	134	26.8	2.21	2.27	115	2.88	100×100×5.5×8	
	248×124×5×8	32.89	25.8	3560	287	10.4	255	41.1	2.78	2.62	208	3.56	124×124×5×8	
	250×125×6×9	37.87	29.7	4080	326	10.4	294	47.0	2.79	2.78	249	3.62	125×125×6×9	
	298×149×5.5×8	41.55	32.6	6460	433	12.4	443	59.4	3.26	3.22	395	4.36	149×149×5.5×8	
	300×150×6.5×9	47.53	37.3	7350	490	12.4	508	67.7	3.27	3.38	465	4.42	150×150×6.5×9	
	346×174×6×9	53.19	41.8	11200	649	14.5	792	91.0	3.86	3.68	681	5.06	173×174×6×9	
	350×175×7×11	63.66	50.0	13700	782	14.7	985	113	3.93	3.74	816	5.06	175×175×7×11	
	#400×150×8×13	71.12	55.8	18800	942	16.3	734	97.9	3.21	–	–	–	–	
	396×199×7×11	72.16	56.7	20000	1010	16.7	1450	145	4.48	4.17	1190	5.76	198×199×7×11	
	400×200×8×13	84.12	66.0	23700	1190	16.8	1740	174	4.54	4.23	1400	5.76	200×200×8×13	
	#450×150×9×14	83.41	65.5	27100	1200	18.0	793	106	3.08	–	–	–	–	
	446×199×8×12	84.95	66.7	29000	1300	18.5	1580	159	4.31	5.07	1880	6.65	223×199×8×12	
	450×200×9×14	97.41	76.5	33700	1500	18.6	1870	187	4.38	5.13	2160	6.66	225×200×9×14	
	#500×150×10×16	98.23	77.1	38500	1540	19.8	907	121	3.04	–	–	–	–	
	496×199×9×4	101.3	79.5	41900	1690	20.3	1840	185	4.27	5.90	2840	7.49	248×199×8×14	
	500×200×10×16	114.2	89.6	47800	1910	20.5	2140	214	4.33	5.96	3210	7.50	250×200×10×16	
	#506×201×11×19	131.3	103	56500	2230	20.8	2580	257	4.43	5.95	3670	7.48	#253×201×11×19	
	596×199×10×15	121.2	95.1	69300	2330	23.9	1980	199	4.04	7.76	5200	9.27	298×199×10×15	
	600×200×11×17	135.2	106	78200	2610	24.1	2280	228	4.11	7.81	5820	9.28	300×200×11×17	
	#606×201×12×20	153.3	120	91000	3000	24.4	2720	271	4.21	7.76	6580	9.26	#303×201×12×20	
	#692×300×13×20	211.5	166	172000	4980	28.6	9020	602	6.53	–	–	–	–	
	700×300×13×24	235.5	185	201000	5760	29.3	10800	722	6.78	–	–	–	–	

注："#"表示的规格为非常用规格

附表 6.3　普通槽钢

符号：同普通工字型钢，但W_y为对应于翼缘肢尖的截面模量

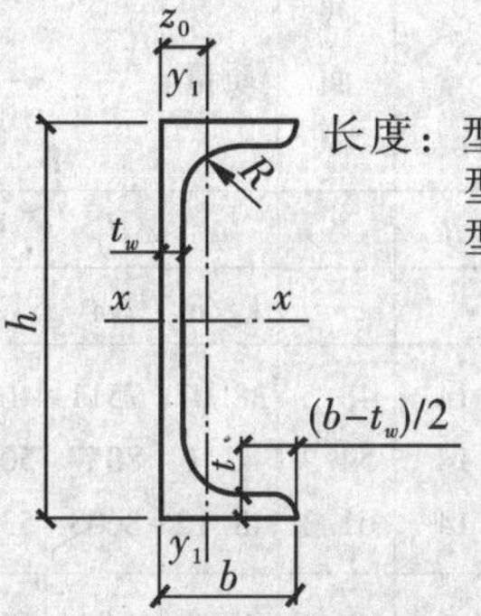

长度：型号5-8，长5~12 m；
型号10-18，长5~19 m；
型号20-40，长6~19 m。

型号		尺寸					截面积	质量	$x-x$ 轴			$y-y$ 轴			y_1-y_1 轴	z_0
		h	b	t_w	t	R	A	q	I_x	W_x	i_x	I_y	W_y	i_y	I_{y1}	
		mm					cm^2	kg/m	cm^4	cm^3	cm	cm^4	cm^3	cm	cm^4	cm
5		50	37	4.5	7	7	6.92	5.44	26	10.4	1.94	8.3	3.5	1.1	20.9	1.35
6.3		63	40	4.8	7.5	7.5	8.45	6.63	51	16.3	2.46	11.9	4.6	1.19	28.3	1.39
8		80	43	5	8	8	10.24	8.04	101	25.3	3.14	16.6	5.8	1.27	37.4	1.42
10		100	48	5.3	8.5	8.5	12.74	10	198	39.7	3.94	25.6	7.8	1.42	54.9	1.52
12.6		126	53	5.5	9	9	15.69	12.31	389	61.7	4.98	38	10.3	1.56	77.8	1.59
14	a	140	58	6	9.5	9.5	18.51	14.53	564	80.5	5.52	53.2	13	1.7	107.2	1.71
	b		60	8	9.5	9.5	21.31	16.73	609	87.1	5.35	61.2	14.1	1.69	120.6	1.67
16	a	160	63	6.5	10	10	21.95	17.23	866	108.3	6.28	73.4	16.3	1.83	144.1	1.79
	b		65	8.5	10	10	25.15	19.75	935	116.8	6.1	83.4	17.6	1.82	160.8	1.75
18	a	180	68	7	10.5	11	25.69	20.17	1273	141.4	7.04	98.6	20	1.96	189.7	1.88
	b		70	9	10.5	11	29.29	22.99	1370	152.2	6.84	111	21.5	1.95	210.1	1.84
20	a	200	73	7	11	11	28.83	22.63	1780	178	7.86	128	24.2	2.11	244	2.01
	b		75	9	11	11	32.83	25.77	1914	191.4	7.64	143.6	25.9	2.09	268.4	1.95
22	a	220	77	7	11.5	12	31.84	24.99	2394	217.6	8.67	157.8	28.2	2.23	298.2	2.1
	b		79	9	11.5	12	36.24	28.45	2571	233.8	8.42	176.5	30.1	2.21	326.3	2.03
25	a	250	78	7	12	12	34.91	27.4	3359	268.7	9.81	175.9	30.7	2.24	324.8	2.07
	b		80	9	12	12	39.91	31.33	3619	289.6	9.52	196.4	32.7	2.22	355.1	1.99
	c		82	11	12	12	44.91	35.25	3880	310.4	9.3	215.9	34.6	2.19	388.6	1.96
28	a	280	82	7.5	12.5	13	40.02	31.42	4753	339.5	10.9	217.9	35.7	2.33	393.3	2.09
	b		84	9.5	12.5	13	45.62	35.81	5118	365.6	10.59	241.5	37.9	2.3	428.5	2.02
	c		86	12	12.5	13	51.22	40.21	5484	391.7	10.35	264.1	40	2.27	467.3	1.99

续附表 6.3

型号		尺寸					截面积	质量	x-x 轴			y-y 轴			y_1-y_1 轴	z_0
		h	b	t_w	t	R	A	q	I_x	W_x	i_x	I_y	W_y	i_y	I_{y1}	
		mm					cm^2	kg/m	cm^4	cm^3	cm	cm^4	cm^3	cm	cm^4	cm
32	a	320	88	8	14	14	48.5	38.07	7511	469.4	12.44	304.7	46.4	2.51	547.5	2.24
	b		90	10	14	14	54.9	43.1	8057	503.5	12.11	335.6	49.1	2.47	592.9	2.16
	c		92	12	14	14	61.3	48.12	8603	537.7	11.85	365	51.6	2.44	642.7	2.13
36	a	360	96	9	16	16	60.89	47.8	11874	659.7	13.96	455	63.6	2.73	818.5	2.44
	b		98	11	16	16	68.09	53.45	12652	702.9	13.63	496.7	66.9	2.7	880.5	2.37
	c		100	13	16	16	75.29	59.1	13429	746.1	13.36	536.6	70	2.67	948	2.34
40	a	400	100	11	18	18	75.04	58.91	17578	878.9	15.3	592	78.8	2.81	1058	2.49
	b		102	13	18	18	83.04	65.19	18644	932.2	14.98	640.6	82.6	2.78	1136	2.44
	c		104	15	18	18	91.04	71.47	19711	985.6	14.71	687.8	86.2	2.75	1220	2.42

附表 6.4 等边角钢

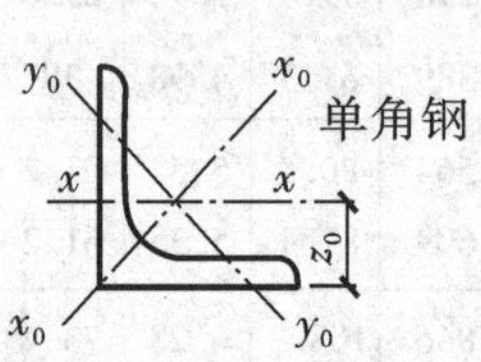

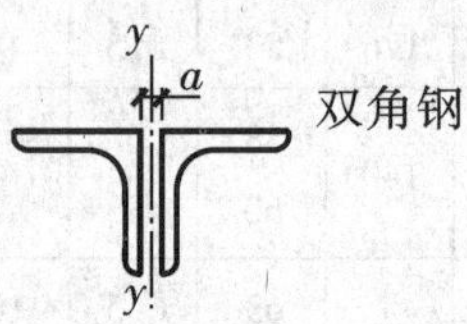

角钢型号		圆角	重心距	截面积	质量	惯性矩	截面抵抗矩		回转半径			i_y,当 a 为下列数值				
		R	Z_0	A	q	I_x	W_x^{max}	W_x^{min}	i_x	i_{x0}	i_{y0}	6 mm	8 mm	10 mm	12 mm	14 mm
		mm		cm^2	kg/m	cm^4	cm^3	cm^3	cm			cm				
∟20×	3	3.5	6.0	1.13	0.89	0.40	0.66	0.29	0.59	0.75	0.39	1.08	1.17	1.25	1.34	1.43
	4		6.4	1.46	1.15	0.50	0.78	0.36	0.58	0.73	0.38	1.11	1.19	1.28	1.37	1.46
∟25×	3	3.5	7.3	1.43	1.12	0.82	1.12	0.46	0.76	0.95	0.49	1.27	1.36	1.44	1.53	1.61
	4		7.6	1.86	1.46	1.03	1.34	0.59	0.74	0.93	0.48	1.30	1.38	1.47	1.55	1.64
∟30×	3	4.5	8.5	1.75	1.37	1.46	1.72	0.68	0.91	1.15	0.59	1.47	1.55	1.63	1.71	1.80
	4		8.9	2.28	1.79	1.84	2.08	0.87	0.90	1.13	0.58	1.49	1.57	1.65	1.74	1.82

续附表 6.4

角钢型号		圆角	重心距	截面积	质量	惯性矩	截面抵抗矩		回转半径			i_y,当 a 为下列数值				
		R	Z_0	A	q	I_x	W_x^{max}	W_x^{min}	i_x	i_{x0}	i_{y0}	6 mm	8 mm	10 mm	12 mm	14 mm
		mm		cm^2	kg/m	cm^4	cm^3	cm^3	cm			cm				
∟36×	3	4.5	10.0	2.11	1.66	2.58	2.59	0.99	1.11	1.39	0.71	1.70	1.78	1.86	1.94	2.03
	4		10.4	2.76	2.16	3.29	3.18	1.28	1.09	1.38	0.70	1.73	1.80	1.89	1.97	2.05
	5		10.7	3.38	2.65	3.95	3.68	1.56	1.08	1.36	0.70	1.75	1.83	1.91	1.99	2.08
∟40×	3	5	10.9	2.36	1.85	3.59	3.28	1.23	1.23	1.55	0.79	1.86	1.94	2.01	2.09	2.18
	4		11.3	3.09	2.42	4.60	4.05	1.60	1.22	1.54	0.79	1.88	1.96	2.04	2.12	2.20
	5		11.7	3.79	2.98	5.53	4.72	1.96	1.21	1.52	0.78	1.90	1.98	2.06	2.14	2.23
∟45×	3	5	12.2	2.66	2.09	5.17	4.25	1.58	1.39	1.76	0.90	2.06	2.14	2.21	2.29	2.37
	4		12.6	3.49	2.74	6.65	5.29	2.05	1.38	1.74	0.89	2.08	2.16	2.24	2.32	2.40
	5		13.0	4.29	3.37	8.04	6.20	2.51	1.37	1.72	0.88	2.10	2.18	2.26	2.34	2.42
	6		13.3	5.08	3.99	9.33	6.99	2.95	1.36	1.71	0.88	2.12	2.20	2.28	2.36	2.44
∟50×	3	5.5	13.4	2.97	2.33	7.18	5.36	1.96	1.55	1.96	1.00	2.26	2.33	2.41	2.48	2.56
	4		13.8	3.90	3.06	9.26	6.70	2.56	1.54	1.94	0.99	2.28	2.36	2.43	2.51	2.59
	5		14.2	4.80	3.77	11.21	7.90	3.13	1.53	1.92	0.98	2.30	2.38	2.45	2.53	2.61
	6		14.6	5.69	4.46	13.05	8.95	3.68	1.51	1.91	0.98	2.32	2.40	2.48	2.56	2.64
∟56×	3	6	14.8	3.34	2.62	10.19	6.86	2.48	1.75	2.20	1.13	2.50	2.57	2.64	2.72	2.80
	4		15.3	4.39	3.45	13.18	8.63	3.24	1.73	2.18	1.11	2.52	2.59	2.67	2.74	2.82
	5		15.7	5.42	4.25	16.02	10.22	3.97	1.72	2.17	1.10	2.54	2.61	2.69	2.77	2.85
	8		16.8	8.37	6.57	23.63	14.06	6.03	1.68	2.11	1.09	2.60	2.67	2.75	2.83	2.91
∟63×	4	7	17.0	4.98	3.91	19.03	11.22	4.13	1.96	2.46	1.26	2.79	2.87	2.94	3.02	3.09
	5		17.4	6.14	4.82	23.17	13.33	5.08	1.94	2.45	1.25	2.82	2.89	2.96	3.04	3.12
	6		17.8	7.29	5.72	27.12	15.26	6.00	1.93	2.43	1.24	2.83	2.91	2.98	3.06	3.14
	8		18.5	9.51	7.47	34.45	18.59	7.75	1.90	2.39	1.23	2.87	2.95	3.03	3.10	3.18
	10		19.3	11.66	9.15	41.09	21.34	9.39	1.88	2.36	1.22	2.91	2.99	3.07	3.15	3.23
∟70×	4	8	18.6	5.57	4.37	26.39	14.16	5.14	2.18	2.74	1.40	3.07	3.14	3.21	3.29	3.36
	5		19.1	6.88	5.40	32.21	16.89	6.32	2.16	2.73	1.39	3.09	3.16	3.24	3.31	3.39
	6		19.5	8.16	6.41	37.77	19.39	7.48	2.15	2.71	1.38	3.11	3.18	3.26	3.33	3.41
	7		19.9	9.42	7.40	43.09	21.68	8.59	2.14	2.69	1.38	3.13	3.20	3.28	3.36	3.43
	8		20.3	10.67	8.37	48.17	23.79	9.68	2.13	2.68	1.37	3.15	3.22	3.30	3.38	3.46

续附表 6.4

角钢型号		圆角	重心距	截面积	质量	惯性矩	截面抵抗矩		回转半径			i_y,当 a 为下列数值				
		R	Z_0	A	q	I_x	W_x^{max}	W_x^{min}	i_x	i_{x0}	i_{y0}	6 mm	8 mm	10 mm	12 mm	14 mm
		mm		cm^2	kg/m	cm^4	cm^3	cm^3	cm			cm				
∟75×	5	9	20.3	7.41	5.82	39.96	19.73	7.30	2.32	2.92	1.50	3.29	3.36	3.43	3.50	3.58
	6		20.7	8.80	6.91	46.91	22.69	8.63	2.31	2.91	1.49	3.31	3.38	3.45	3.53	3.60
	7		21.1	10.16	7.98	53.57	25.42	9.93	2.30	2.89	1.48	3.33	3.40	3.47	3.55	3.63
	8		21.5	11.50	9.03	59.96	27.93	11.20	2.28	2.87	1.47	3.35	3.42	3.50	3.57	3.65
	10		22.2	14.13	11.09	71.98	32.40	13.64	2.26	2.84	1.46	3.38	3.46	3.54	3.61	3.69
∟80×	5	9	21.5	7.91	6.21	48.79	22.70	8.34	2.48	3.13	1.60	3.49	3.56	3.63	3.71	3.78
	6		21.9	9.40	7.38	57.35	26.16	9.87	2.47	3.11	1.59	3.51	3.58	3.65	3.73	3.80
	7		22.3	10.86	8.53	65.58	29.38	11.37	2.46	3.10	1.58	3.53	3.60	3.67	3.75	3.83
	8		22.7	12.30	9.66	73.50	32.36	12.83	2.44	3.08	1.57	3.55	3.62	3.70	3.77	3.85
	10		23.5	15.13	11.87	88.43	37.68	15.64	2.42	3.04	1.56	3.58	3.66	3.74	3.81	3.89
∟90×	6	10	24.4	10.64	8.35	82.77	33.99	12.61	2.79	3.51	1.80	3.91	3.98	4.05	4.12	4.20
	7		24.8	12.30	9.66	94.83	38.28	14.54	2.78	3.50	1.78	3.93	4.00	4.07	4.14	4.22
	8		25.2	13.94	10.95	106.5	42.30	16.42	2.76	3.48	1.78	3.95	4.02	4.09	4.17	4.24
	10		25.9	17.17	13.48	128.6	49.57	20.07	2.74	3.45	1.76	3.98	4.06	4.13	4.21	4.28
	12		26.7	20.31	15.94	149.2	55.93	23.57	2.71	3.41	1.75	4.02	4.09	4.17	4.25	4.32
∟100×	6	12	26.7	11.93	9.37	115.0	143.04	15.68	3.10	3.91	2.00	4.30	4.37	4.44	4.51	4.58
	7		27.1	13.80	10.83	31.9	48.57	18.10	3.09	3.89	1.99	4.32	4.39	4.46	4.53	4.61
	8		27.6	15.64	12.28	148.2	53.78	20.47	3.08	3.88	1.98	4.34	4.41	4.48	4.55	4.63
	10		28.4	19.26	15.12	179.5	63.29	25.06	3.05	3.84	1.96	4.38	4.45	4.52	4.60	4.67
	12		29.1	22.80	17.90	208.9	71.72	29.47	3.03	3.81	1.95	4.41	4.49	4.56	4.64	4.71
	14		29.9	26.26	20.61	236.5	79.19	33.73	3.00	3.77	1.94	4.45	4.53	4.60	4.68	4.75
	16		30.6	29.63	23.26	262.5	85.81	37.82	2.98	3.74	1.93	4.49	4.56	4.64	4.72	4.80
∟110×	7	12	29.6	15.20	11.93	177.2	59.78	22.05	3.41	4.30	2.20	4.72	4.79	4.86	4.94	5.01
	8		30.1	17.24	13.53	199.5	66.36	24.95	3.40	4.28	2.19	4.74	4.81	4.88	4.96	5.03
	10		30.9	21.26	16.69	242.2	78.48	30.60	3.38	4.25	2.17	4.78	4.85	4.92	5.00	5.07
	12		31.6	25.20	19.78	282.6	89.34	36.05	3.35	4.22	2.15	4.82	4.89	4.96	5.04	5.11
	14		32.4	29.06	22.81	320.7	99.07	41.31	3.32	4.18	2.14	4.85	4.93	5.00	5.08	5.15

续附表 6.4

角钢型号		圆角	重心距	截面积	质量	惯性矩	截面抵抗矩		回转半径			i_y，当 a 为下列数值				
		R	Z_0	A	q	I_x	W_x^{max}	W_x^{min}	i_x	i_{x0}	i_{y0}	6 mm	8 mm	10 mm	12 mm	14 mm
		mm		cm^2	kg/m	cm^4	cm^3	cm^3	cm			cm				
∟125×	8	14	33.7	19.75	15.50	297.0	88.20	32.52	3.88	4.88	2.50	5.34	5.41	5.48	5.55	5.62
	10		34.5	24.37	19.13	361.7	104.8	39.97	3.85	4.85	2.48	5.38	5.45	5.52	5.59	5.66
	12		35.3	28.91	22.70	423.2	119.9	47.17	3.83	4.82	2.46	5.41	5.48	5.56	5.63	5.70
	14		36.1	33.37	26.19	481.7	133.6	54.16	3.80	4.78	2.45	5.45	5.52	5.59	5.67	5.74
∟140×	10	14	38.2	27.37	21.49	514.7	134.6	50.58	4.34	5.46	2.78	5.98	6.05	6.12	6.20	6.27
	12		39.0	32.51	25.52	603.7	154.6	59.80	4.31	5.43	2.77	6.02	6.09	6.16	6.23	6.31
	14		39.8	37.57	29.49	688.8	173.0	68.75	4.28	5.40	2.75	6.06	6.13	6.20	6.27	6.34
	16		40.6	42.54	33.39	770.2	189.9	77.46	4.26	5.36	2.74	6.09	6.16	6.23	6.31	6.38
∟160×	10	16	43.1	31.50	24.73	779.5	180.8	66.70	4.97	6.27	3.20	6.78	6.85	6.92	6.99	7.06
	12		43.9	37.44	29.39	916.6	208.6	78.98	4.95	6.24	3.18	6.82	6.89	6.96	7.03	7.10
	14		44.7	43.30	33.99	1048	234.4	90.95	4.92	6.20	3.16	6.86	6.93	7.00	7.07	7.14
	16		45.5	49.07	38.52	1175	258.3	102.6	4.89	6.17	3.14	6.89	6.96	7.03	7.10	7.18
∟180×	12	16	48.9	42.24	33.16	1321	270.0	100.8	5.59	7.05	3.58	7.63	7.70	7.77	7.84	7.91
	14		49.7	48.90	38.38	1514	304.6	116.3	5.57	7.02	3.57	7.67	7.74	7.81	7.88	7.95
	16		50.5	55.47	43.54	1701	336.9	131.4	5.54	6.98	3.55	7.70	7.77	7.84	7.91	7.98
	18		51.3	61.95	48.63	1881	367.1	146.1	5.51	6.94	3.53	7.73	7.80	7.87	7.95	8.02
∟200×	14	18	54.6	54.64	42.89	2104	385.1	144.7	6.20	7.82	3.98	8.47	8.54	8.61	8.67	8.75
	16		55.4	62.01	48.68	2366	427.0	163.7	6.18	7.79	3.96	8.50	8.57	8.64	8.71	8.78
	18		56.2	69.30	54.40	2621	466.5	182.2	6.15	7.75	3.94	8.53	8.60	8.67	8.75	8.82
	20		56.9	76.50	60.06	2867	503.6	200.4	6.12	7.72	3.93	8.57	8.64	8.71	8.78	8.85
	24		58.4	90.66	71.17	3338	571.5	235.8	6.07	7.64	3.90	8.63	8.71	8.78	8.85	8.92

附表 6.5 不等边角钢

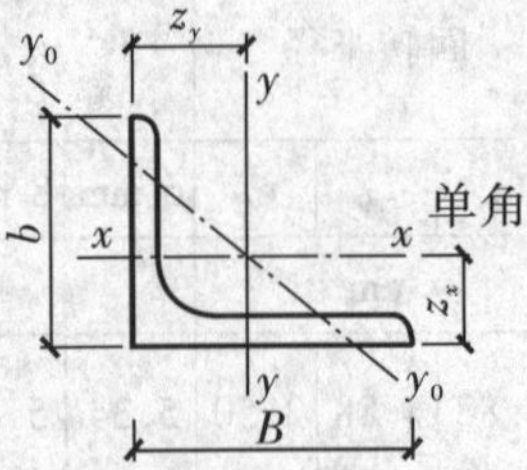

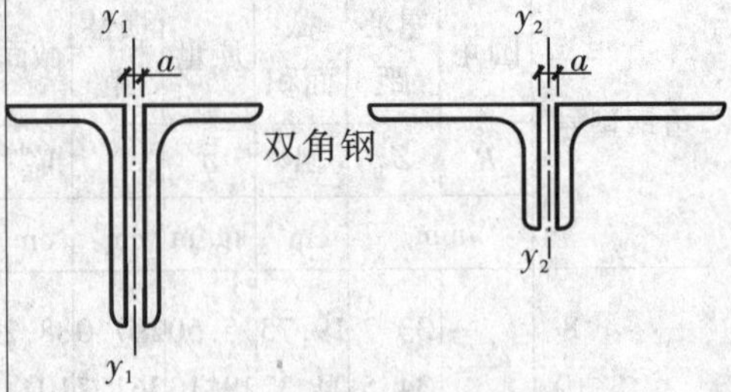

角钢型号		圆角	重心矩		截面积	质量	回转半径			i_{y1}，当 a 为下列数值时				i_{y2}，当 a 为下列数值时			
		R	Z_x	Z_y	A	q	i_x	i_y	i_{y0}	6 mm	8 mm	10 mm	12 mm	6 mm	8 mm	10 mm	12 mm
		mm			cm^2	kg/m	cm			cm				cm			
∟25×16×	3	3.5	4.2	8.6	1.16	0.91	0.44	0.78	0.34	0.84	0.93	1.02	1.11	1.40	1.48	1.57	1.66
	4		4.6	9.0	1.50	1.18	0.43	0.77	0.34	0.87	0.96	1.05	1.14	1.42	1.51	1.60	1.68
∟32×20×	3	3.5	4.9	10.8	1.49	1.17	0.55	1.01	0.43	0.97	1.05	1.14	1.23	1.71	1.79	1.88	1.96
	4		5.3	11.2	1.94	1.52	0.54	1.00	0.43	0.99	1.08	1.16	1.25	1.74	1.82	1.90	1.99
∟40×25×	3	4	5.9	13.2	1.89	1.48	0.70	1.28	0.54	1.13	1.21	1.30	1.38	2.07	2.14	2.23	2.31
	4		6.3	13.7	2.47	1.94	0.69	1.26	0.54	1.16	1.24	1.32	1.41	2.09	2.17	2.25	2.34
∟45×28×	3	5	6.4	14.7	2.15	1.69	0.79	1.44	0.61	1.23	1.31	1.39	1.47	2.28	2.36	2.44	2.52
	4		6.8	15.1	2.81	2.20	0.78	1.43	0.60	1.25	1.33	1.41	1.50	2.31	2.39	2.47	2.55
∟50×32×	3	5.5	7.3	16.0	2.43	1.91	0.91	1.60	0.70	1.38	1.45	1.53	1.61	2.49	2.56	2.64	2.75
	4		7.7	16.5	3.18	2.49	0.90	1.59	0.69	1.40	1.47	1.55	1.64	2.51	2.59	2.67	2.75
∟56×36×	3	6	8.0	17.8	2.74	2.15	1.03	1.80	0.79	1.51	1.59	1.66	1.74	2.75	2.82	2.90	2.98
	4		8.5	18.2	3.59	2.82	1.02	1.79	0.78	1.53	1.61	1.69	1.77	2.77	2.85	2.93	3.01
	5		8.8	18.7	4.42	3.47	1.01	1.77	0.78	1.56	1.63	1.71	1.79	2.80	2.88	2.96	3.04
∟63×40×	4	7	9.2	20.4	4.06	3.19	1.14	2.02	0.88	1.66	1.74	1.81	1.89	3.09	3.16	3.24	3.32
	5		9.5	20.8	4.99	3.92	1.12	2.00	0.87	1.68	1.76	1.84	1.92	3.11	3.19	3.27	3.35
	6		9.9	21.2	5.91	4.64	1.11	1.99	0.86	1.71	1.78	1.86	1.94	3.13	3.21	3.29	3.37
	7		10.3	21.6	6.80	5.34	1.10	1.97	0.86	1.73	1.81	1.89	1.97	3.16	3.24	3.32	3.40
∟70×45×	4	7.5	10.2	22.3	4.55	3.57	1.29	2.25	0.99	1.84	1.91	1.99	2.07	3.39	3.46	3.54	3.62
	5		10.6	22.8	5.61	4.40	1.28	2.23	0.98	1.86	1.94	2.01	2.09	3.41	3.49	3.57	3.64
	6		11.0	23.2	6.64	5.22	1.26	2.22	0.97	1.88	1.96	2.04	2.11	3.44	3.51	3.59	3.67
	7		11.3	23.6	7.66	6.01	1.25	2.20	0.97	1.90	1.98	2.06	2.14	3.46	3.54	3.61	3.69

续附表6.5

角钢型号	圆角	重心矩		截面积	质量	回转半径			i_{y1}，当 a 为下列数值时				i_{y2}，当 a 为下列数值时			
	R	Z_x	Z_y	A	q	i_x	i_y	i_{y0}	6 mm	8 mm	10 mm	12 mm	6 mm	8 mm	10 mm	12 mm
	mm			cm^2	kg/m	cm			cm				cm			
∟75×50×5	8	11.7	24.0	6.13	4.81	1.43	2.39	1.09	2.06	2.13	2.20	2.28	3.60	3.68	3.76	3.83
∟75×50×6	8	12.1	24.4	7.26	5.70	1.42	2.38	1.08	2.08	2.15	2.23	2.30	3.63	3.70	3.78	3.86
∟75×50×8	8	12.9	25.2	9.47	7.43	1.40	2.35	1.07	2.12	2.19	2.27	2.35	3.67	3.75	3.83	3.91
∟75×50×10	8	13.6	26.0	11.6	9.10	1.38	2.33	1.06	2.16	2.24	2.31	2.40	3.71	3.79	3.87	3.95
∟80×50×5	8	11.4	26.0	6.38	5.00	1.42	2.57	1.10	2.02	2.09	2.17	2.24	3.88	3.95	4.03	4.10
∟80×50×6	8	11.8	26.5	7.56	5.93	1.41	2.55	1.09	2.04	2.11	2.19	2.27	3.90	3.98	4.05	4.13
∟80×50×7	8	12.1	26.9	8.72	6.85	1.39	2.54	1.08	2.06	2.13	2.21	2.29	3.92	4.00	4.08	4.16
∟80×50×8	8	12.5	27.3	9.87	7.75	1.38	2.52	1.07	2.08	2.15	2.23	2.31	3.94	4.02	4.10	4.18
∟90×56×5	9	12.5	29.1	7.21	5.66	1.59	2.90	1.23	2.22	2.29	2.36	2.44	4.32	4.39	4.47	4.55
∟90×56×6	9	12.9	29.5	8.56	6.72	1.58	2.88	1.22	2.24	2.31	2.39	2.46	4.34	4.42	4.50	4.57
∟90×56×7	9	13.3	30.0	9.88	7.76	1.57	2.87	1.22	2.26	2.33	2.41	2.49	4.37	4.44	4.52	4.60
∟90×56×8	9	13.6	30.4	11.2	8.78	1.56	2.85	1.21	2.28	2.35	2.43	2.51	4.39	4.47	4.54	4.62
∟100×63×6	10	14.3	32.4	9.62	7.55	1.79	3.21	1.38	2.49	2.56	2.63	2.71	4.77	4.85	4.92	5.00
∟100×63×7	10	14.7	32.8	11.1	8.72	1.78	3.20	1.37	2.51	2.58	2.65	2.73	4.80	4.87	4.95	5.03
∟100×63×8	10	15.0	33.2	12.6	9.88	1.77	3.18	1.37	2.53	2.60	2.67	2.75	4.82	4.90	4.97	5.05
∟100×63×10	10	15.8	34.0	15.5	12.1	1.75	3.15	1.35	2.57	2.64	2.72	2.79	4.86	4.94	5.02	5.10
∟100×80×6	10	19.7	29.5	10.6	8.35	2.40	3.17	1.73	3.31	3.38	3.45	3.52	4.54	4.62	4.69	4.76
∟100×80×7	10	20.1	30.0	12.3	9.66	2.39	3.16	1.71	3.32	3.39	3.47	3.54	4.57	4.64	4.71	4.79
∟100×80×8	10	20.5	30.4	13.9	10.9	2.37	3.15	1.71	3.34	3.41	3.49	3.56	4.59	4.66	4.73	4.81
∟100×80×10	10	21.3	31.2	17.2	13.5	2.35	3.12	1.69	3.38	3.45	3.53	3.60	4.63	4.70	4.78	4.85
∟110×70×6	10	15.7	35.3	10.6	8.35	2.01	3.54	1.54	2.74	2.81	2.88	2.96	5.21	5.29	5.36	5.44
∟110×70×7	10	16.1	35.7	12.3	9.66	2.00	3.53	1.53	2.76	2.83	2.90	2.98	5.24	5.31	5.39	5.46
∟110×70×8	10	16.5	36.2	13.9	10.9	1.98	3.51	1.53	2.78	2.85	2.92	3.00	5.26	5.34	5.41	5.49
∟110×70×10	10	17.2	37.0	17.2	13.5	1.96	3.48	1.51	2.82	2.89	2.96	3.04	5.30	5.38	5.46	5.53

续附表 6.5

角钢型号		圆角	重心矩		截面积	质量	回转半径			i_{y1}，当 a 为下列数值时				i_{y2}，当 a 为下列数值时			
		R	Z_x	Z_y	A	q	i_x	i_y	i_{y0}	6 mm	8 mm	10 mm	12 mm	6 mm	8 mm	10 mm	12 mm
		mm			cm²	kg/m	cm			cm				cm			
∟125×80×	7	11	18.0	40.1	14.1	11.1	2.30	4.02	1.76	3.13	3.18	3.25	3.33	5.90	5.97	6.04	6.12
	8		18.4	40.6	16.0	12.6	2.29	4.01	1.75	3.13	3.20	3.27	3.35	5.92	5.99	6.07	6.14
	10		19.2	41.4	19.7	15.5	2.26	3.98	1.74	3.17	3.24	3.31	3.39	5.96	6.04	6.11	6.19
	12		20.0	42.2	23.4	18.3	2.24	3.95	1.72	3.20	3.28	3.35	3.43	6.00	6.08	6.16	6.23
∟140×90×	8	12	20.4	45.0	18.0	14.2	2.59	4.50	1.98	3.49	3.56	3.63	3.70	6.58	6.65	6.73	6.80
	10		21.2	45.8	22.3	17.5	2.56	4.47	1.96	3.52	3.59	3.66	3.73	6.62	6.70	6.77	6.85
	12		21.9	46.6	26.4	20.7	2.54	4.44	1.95	3.56	3.63	3.70	3.77	6.66	6.74	6.81	6.89
	14		22.7	47.4	30.5	23.9	2.51	4.42	1.94	3.59	3.66	3.74	3.81	6.70	6.78	6.86	6.93
∟160×100×	10	13	22.8	52.4	25.3	19.9	2.85	5.14	2.19	3.84	3.91	3.98	4.05	7.55	7.63	7.70	7.78
	12		23.6	53.2	30.1	23.6	2.82	5.11	2.18	3.87	3.94	4.01	4.09	7.60	7.67	7.75	7.82
	14		24.3	54.0	34.7	27.2	2.80	5.08	2.16	3.91	3.98	4.05	4.12	7.64	7.71	7.79	7.86
	16		25.1	54.8	39.3	30.8	2.77	5.05	2.15	3.94	4.02	4.09	4.16	7.68	7.75	7.83	7.90
∟180×110×	10	14	24.4	58.9	28.4	22.3	3.13	5.81	2.42	4.16	4.23	4.30	4.36	8.49	8.56	8.63	8.71
	12		25.2	59.8	33.7	26.5	3.10	5.78	2.40	4.19	4.26	4.33	4.40	8.53	8.60	8.68	8.75
	14		25.9	60.6	39.0	30.6	3.08	5.75	2.39	4.23	4.30	4.37	4.44	8.57	8.64	8.72	8.79
	16		26.7	61.4	44.1	34.6	3.05	5.72	2.37	4.26	4.33	4.40	4.47	8.61	8.68	8.76	8.84
∟200×125×	12	14	28.3	65.4	37.9	29.8	3.57	6.44	2.75	4.75	4.82	4.88	4.95	9.39	9.47	9.54	9.62
	14		29.1	66.2	43.9	34.4	3.54	6.41	2.73	4.78	4.85	4.92	4.99	9.43	9.51	9.58	9.66
	16		29.9	67.0	49.7	39.0	3.52	6.38	2.71	4.81	4.88	4.95	5.02	9.47	9.55	9.62	9.70
	18		30.6	67.8	55.5	43.6	3.49	6.35	2.70	4.85	4.92	4.99	5.06	9.51	9.59	9.66	9.74

注：一个角钢的惯性矩 $I_x = Ai_x^2$，$I_y = Ai_y^2$，一个角钢的截面抵抗矩 $W_x^{\max} = I_x/Z_x$ $W_x^{\min} = I_x/(b - Z_x)$；$W_y^{\max} = I_y/Z_y$，$W_y^{\min} = I_y/(B - Z_y)$

附表 6.6　热轧无缝钢管

符号　I——截面惯性矩

W——截面模量

i——截面回转半径

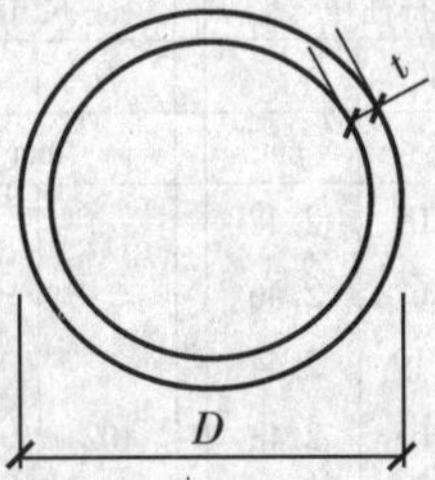

尺寸		截面积	质量	截面特性		
D	t	A	q	I	W	i
mm		cm^2	kg/m	cm^4	cm^3	cm
32	2.5	2.32	1.82	2.54	1.59	1.05
	3.0	2.73	2.15	2.90	1.82	1.03
	3.5	3.13	2.46	3.23	2.02	1.02
	4.0	3.52	2.76	3.52	2.20	1.00
38	2.5	2.79	2.19	4.41	2.32	1.26
	3.0	3.30	2.59	5.09	2.68	1.24
	3.5	3.79	2.98	5.70	3.00	1.23
	4.0	4.27	3.35	6.26	3.29	1.21
42	2.5	3.10	2.44	6.07	2.89	1.40
	3.0	3.68	2.89	7.03	3.35	1.38
	3.5	4.23	3.32	7.91	3.77	1.37
	4.0	4.78	3.75	8.71	4.15	1.35
45	2.5	3.34	2.62	7.56	3.36	1.51
	3.0	3.96	3.11	8.77	3.90	1.49
	3.5	4.56	3.58	9.89	4.40	1.47
	4.0	5.15	4.04	10.93	4.86	1.46
50	2.5	3.73	2.93	10.55	4.22	1.68
	3.0	4.43	3.48	12.28	4.91	1.67
	3.5	5.11	4.01	13.90	5.56	1.65
	4.0	5.78	4.54	15.41	6.16	1.63
	4.5	6.43	5.05	16.81	6.72	1.62
	5.0	7.07	5.55	18.11	7.25	1.60
54	3.0	4.81	3.77	15.68	5.81	1.81
	3.5	5.55	4.36	17.79	6.59	1.79
	4.0	6.28	4.93	19.76	7.32	1.77
	4.5	7.00	5.49	21.61	8.00	1.76
	5.0	7.70	6.04	23.34	8.64	1.74
	5.5	8.38	6.58	24.96	9.24	1.73
	6.0	9.05	7.10	26.46	9.80	1.71
57	3.0	5.09	4.00	18.61	6.53	1.91
	3.5	5.88	4.62	21.14	7.42	1.90
	4.0	6.66	5.23	23.52	8.25	1.88

尺寸		截面积	质量	截面特性		
D	t	A	q	I	W	i
mm		cm^2	kg/m	cm^4	cm^3	cm
57	4.5	7.42	5.83	25.76	9.04	1.86
	5.0	8.17	6.41	27.86	9.78	1.85
	5.5	8.90	6.99	29.84	10.47	1.83
	6.0	9.61	7.55	31.69	11.12	1.82
60	3.0	5.37	4.22	21.88	7.29	2.02
	3.5	6.21	4.88	24.88	8.29	2.00
	4.0	7.04	5.52	27.73	9.24	1.98
	4.5	7.85	6.16	30.41	10.14	1.97
	5.0	8.64	6.78	32.94	10.98	1.95
	5.5	9.42	7.39	25.32	11.77	1.94
	6.0	10.18	7.99	37.56	12.52	1.92
63.5	3.0	5.70	4.48	26.15	8.24	2.14
	3.5	6.60	5.18	29.79	9.38	2.12
	4.0	7.48	5.87	33.24	10.47	2.11
	4.5	8.34	6.55	36.50	11.50	2.09
	5.0	9.19	7.21	39.60	12.47	2.08
	5.5	10.02	7.87	42.52	13.39	2.06
	6.0	10.84	8.51	45.28	14.26	2.04
68	3.0	6.13	4.81	32.42	9.54	2.30
	3.5	7.09	5.57	36.99	10.88	2.28
	4.0	8.04	6.31	41.34	12.16	2.27
	4.5	8.98	7.05	45.47	13.37	2.25
	5.0	9.90	7.77	49.41	14.53	2.23
	5.5	10.80	8.48	53.14	15.63	2.22
	6.0	11.69	9.17	56.68	16.67	2.20
70	3.0	6.31	4.96	35.50	10.14	2.37
	3.5	7.31	5.74	40.53	11.58	2.35
	4.0	8.29	6.51	45.33	12.95	2.34
	4.5	9.26	7.27	49.89	14.26	2.32
	5.0	10.21	8.01	54.24	15.50	2.33
	5.5	11.14	8.75	58.38	16.68	2.29
	6.0	12.06	9.47	62.31	17.80	2.27

续附表 6.6

尺寸		截面积	质量	截面特性		
D	t	A	q	I	W	i
mm		cm^2	kg/m	cm^4	cm^3	cm
73	3.0	6.60	5.18	40.48	11.09	2.48
	3.5	7.64	6.00	46.26	12.67	2.46
	4.0	8.67	6.81	51.78	14.19	2.44
	4.5	9.68	7.60	57.04	15.63	2.43
	5.0	10.68	8.38	62.07	17.01	2.41
	5.5	11.66	9.16	66.87	18.32	2.39
	6.0	12.63	9.91	71.43	19.57	2.38
76	3.0	6.88	5.40	45.91	12.08	2.58
	3.5	7.97	6.26	52.50	13.82	2.57
	4.0	9.05	7.10	58.81	15.48	2.55
	4.5	10.11	7.93	64.85	17.07	2.53
	5.0	11.15	8.75	70.62	18.59	2.52
	5.5	12.18	9.56	76.14	20.04	2.50
	6.0	13.19	10.36	81.41	21.42	2.48
83	3.5	8.74	6.86	69.19	16.67	2.81
	4.0	9.93	7.79	77.64	18.71	2.80
	4.5	11.10	8.71	85.76	20.67	2.78
	5.0	12.25	9.62	93.56	22.54	2.76
	5.5	13.39	10.51	101.04	24.35	2.75
	6.0	14.51	11.39	108.22	26.08	2.73
	6.5	15.62	12.26	115.10	27.74	2.71
	7.0	16.71	13.12	121.69	29.32	2.70
89	3.5	9.40	7.38	86.05	19.34	3.03
	4.0	10.68	8.38	96.68	21.73	3.01
	4.5	11.95	9.38	106.92	24.03	2.99
	5.0	13.19	10.36	116.79	26.24	2.98
	5.5	14.43	11.33	126.29	28.38	2.96
	6.0	15.65	12.28	135.43	30.43	2.94
	6.5	16.85	13.22	144.22	32.41	2.93
	7.0	18.03	14.16	152.67	34.31	2.91
95	3.5	10.06	7.90	105.45	22.20	3.24
	4.0	11.44	8.98	118.60	24.97	3.22
	4.5	12.79	10.04	131.31	27.64	3.20
	5.0	14.14	11.10	143.58	30.23	3.19
	5.5	15.46	12.14	155.43	32.72	3.17
	6.0	16.78	13.17	166.86	35.13	3.15
	6.5	18.07	14.19	177.89	37.45	3.14
	7.0	19.35	15.19	188.51	39.69	3.12
102	3.5	10.83	8.50	131.52	25.79	3.48
	4.0	12.32	9.67	148.09	29.04	3.47
	4.5	13.78	10.82	164.14	32.18	3.45
	5.0	15.24	11.96	179.68	35.23	3.43
	5.5	16.67	13.09	194.72	38.18	3.42
	6.0	18.10	14.21	209.28	41.03	3.40
	6.5	19.50	15.31	223.35	43.79	3.38
	7.0	20.89	16.40	236.96	46.46	3.37
114	4.0	13.82	10.85	209.35	36.73	3.89
	4.5	15.48	12.15	232.41	40.77	3.87
	5.0	17.12	13.44	254.81	44.70	3.86
	5.5	18.75	14.72	276.58	48.52	3.84
	6.0	20.36	15.98	297.73	52.23	3.82
	6.5	21.95	17.23	318.26	55.84	3.81
	7.0	23.53	18.47	338.19	59.33	3.79
	7.5	25.09	19.70	357.58	62.73	3.77
	8.0	26.64	20.91	376.30	66.02	3.76
121	4.0	14.70	11.54	251.87	41.63	4.14
	4.5	16.47	12.93	279.83	46.25	4.12
	5.0	18.22	14.30	307.05	50.75	4.11
	5.5	19.96	15.67	333.54	55.13	4.09
	6.0	21.68	17.02	359.32	59.39	4.07
	6.5	23.38	18.35	384.40	63.54	4.05
	7.0	25.07	19.68	408.80	67.57	4.04
	7.5	26.74	20.99	432.51	71.49	4.02
	8.0	28.40	22.29	455.57	75.30	4.01
127	4.0	15.46	12.13	292.61	46.08	4.35
	4.5	17.32	13.59	325.29	51.23	4.33
	5.0	19.16	15.04	357.14	56.24	4.32
	5.5	20.99	16.48	388.19	61.13	4.30
	6.0	22.81	17.90	418.44	65.90	4.28
	6.5	24.61	19.32	447.92	70.54	4.27
	7.0	26.39	20.72	476.63	75.06	4.25
	7.5	28.16	22.10	504.58	79.46	4.23
	8.0	29.91	23.48	531.80	83.75	4.22
133	4.0	16.21	12.73	337.53	50.76	4.56
	4.5	18.17	14.26	375.42	56.45	4.55
	5.0	20.11	15.78	412.40	62.02	4.53
	5.5	22.03	17.29	448.50	67.44	4.51
	6.0	23.94	18.79	483.72	72.74	4.50

续附表 6.6

尺寸		截面积	质量	截面特性		
D	t	A	q	I	W	i
mm		cm^2	kg/m	cm^4	cm^3	cm
133	6.5	25.83	20.28	518.07	77.91	4.48
	7.0	27.71	21.75	551.58	82.94	4.46
	7.5	29.57	23.21	584.25	87.86	4.45
	8.0	31.42	24.66	616.11	92.65	4.43
140	4.5	19.16	15.04	440.12	62.87	4.79
	5.0	21.21	16.65	483.76	69.11	4.78
	5.5	23.24	18.24	526.40	75.20	4.76
	6.0	25.26	19.83	568.06	81.15	4.74
	6.5	27.26	21.40	608.76	86.97	4.73
	7.0	29.25	22.96	648.51	92.64	4.71
	7.5	31.22	24.51	687.32	98.19	4.69
	8.0	33.18	26.04	725.21	103.60	4.68
	9.0	37.04	29.08	798.29	114.04	4.64
	10	40.84	32.06	867.86	123.98	4.61
146	4.5	20.00	15.70	501.16	68.65	5.01
	5.0	22.15	17.39	551.10	75.49	4.99
	5.5	24.28	19.06	599.95	82.19	4.97
	6.0	26.39	20.72	647.73	88.73	4.95
	6.5	28.49	22.36	694.44	95.13	4.94
	7.0	30.57	24.00	740.12	101.39	4.92
	7.5	32.63	25.62	784.77	107.50	4.90
	8.0	34.68	27.23	828.41	113.48	4.89
	9.0	38.74	30.41	912.71	125.03	4.85
	10	42.73	33.54	993.16	136.05	4.82
152	4.5	20.85	16.37	567.61	74.69	5.22
	5.0	23.09	18.13	624.43	82.16	5.20
	5.5	25.31	19.87	680.06	89.48	5.18
	6.0	27.52	21.60	734.52	96.65	5.17
	6.5	29.71	23.32	787.82	103.66	5.15
	7.0	31.89	25.03	839.99	110.52	5.13
	7.5	34.05	26.73	891.03	117.24	5.12
	8.0	36.19	28.41	940.97	123.81	5.10
	9.0	40.43	31.74	1037.59	136.53	5.07
	10	44.61	35.02	1129.99	148.68	5.03
159	4.5	21.84	17.15	652.27	82.05	5.46
	5.0	24.19	18.99	717.88	90.33	5.45
	5.5	26.52	20.82	782.18	98.39	5.43
	6.0	28.84	22.64	845.19	106.31	5.41

尺寸		截面积	质量	截面特性		
D	t	A	q	I	W	i
mm		cm^2	kg/m	cm^4	cm^3	cm
159	6.5	31.14	24.45	906.92	114.08	5.40
	7.0	33.43	26.24	967.41	121.69	5.38
	7.5	35.70	28.02	1026.65	129.14	5.36
	8.0	37.95	29.79	1084.67	136.44	5.35
	9.0	42.41	33.29	1197.12	150.58	5.31
	10	46.81	36.75	1304.88	164.14	5.28
168	4.5	23.11	18.14	772.96	92.02	5.78
	5.0	25.60	20.10	851.14	101.33	5.77
	5.5	28.08	22.04	927.85	110.46	5.75
	6.0	30.54	23.97	1003.12	119.42	5.73
	6.5	32.98	25.89	1076.95	128.21	5.71
	7.0	35.41	27.79	1149.36	136.83	5.70
	7.5	37.82	29.69	1220.38	145.28	5.68
	8.0	40.21	31.57	1290.01	153.57	5.66
	9.0	44.96	35.29	1425.22	169.67	5.63
	10	49.64	38.97	1555.13	185.13	5.60
180	5.0	27.49	21.58	1053.17	117.02	6.19
	5.5	30.15	23.67	1148.79	127.64	6.17
	6.0	32.80	25.75	1242.72	138.08	6.16
	6.5	35.43	27.81	1335.00	148.33	6.14
	7.0	38.04	29.87	1425.63	158.40	6.12
	7.5	40.64	31.91	1514.64	168.29	6.10
	8.0	43.23	33.93	1602.04	178.00	6.09
	9.0	48.35	37.95	1772.12	196.90	6.05
	10	53.41	41.92	1936.01	215.11	6.02
	12	63.33	49.72	2245.84	249.54	5.95
194	5.0	29.69	23.31	1326.54	136.76	6.68
	5.5	32.57	25.57	1447.86	149.26	6.67
	6.0	35.44	27.82	1567.21	161.57	6.65
	6.5	38.29	30.06	1684.61	173.67	6.63
	7.0	41.12	32.28	1800.08	185.57	6.62
	7.5	43.94	34.50	1913.64	197.28	6.60
	8.0	46.75	36.70	2025.31	208.79	6.58
	9.0	52.31	41.06	2243.08	231.25	6.55
	10	57.81	45.38	2453.55	252.94	6.51
	12	68.61	53.86	2853.25	294.15	6.45
203	6.0	37.13	29.15	1803.07	177.64	6.97
	6.5	40.13	31.50	1938.81	191.02	6.95

续附表 6.6

尺寸		截面积	质量	截面特性		
D	t	A	q	I	W	i
mm		cm^2	kg/m	cm^4	cm^3	cm
203	7.0	43.10	33.84	2072.43	204.18	6.93
	7.5	46.06	36.16	2203.94	217.14	6.92
	8.0	49.01	38.47	2333.37	229.89	6.90
	9.0	54.85	43.06	2586.08	254.79	6.87
	10	60.63	47.60	2830.72	278.89	6.83
	12	72.01	56.52	3296.49	324.78	6.77
	14	83.13	65.25	3732.07	367.69	6.70
	16	94.00	73.79	4138.78	407.76	6.64
219	6.0	40.15	31.52	2278.74	208.10	7.53
	6.5	43.39	34.06	2451.64	223.89	7.52
	7.0	46.63	36.60	2622.04	239.46	7.50
	7.5	49.83	39.12	2789.96	254.79	7.48
	8.0	53.03	41.63	2955.43	269.90	7.47
	9.0	59.38	46.61	3279.12	299.46	7.43
	10	65.66	51.54	3593.29	328.15	7.40
	12	78.04	61.26	4193.81	383.00	7.33
	14	90.16	70.78	4758.50	434.57	7.26
	16	102.04	80.10	5288.81	483.00	7.20
245	6.5	48.70	38.23	3465.46	282.89	8.44
	7.0	52.34	41.08	3709.06	302.78	8.42
	7.5	55.96	43.93	3949.52	322.41	8.40
	8.0	59.56	46.76	4186.87	341.79	8.38
	9.0	66.73	52.38	4652.32	379.78	8.35
	10	73.83	57.95	5105.63	416.79	8.32
	12	87.84	68.95	5976.67	487.89	8.25
	14	101.60	79.76	6801.68	555.24	8.18
	16	115.11	90.36	7582.30	618.96	8.12
273	6.5	54.42	42.72	4834.18	354.15	9.42
273	7.0	58.50	45.92	5177.30	379.29	9.41
	7.5	62.56	49.11	5516.47	404.14	9.39
	8.0	66.60	52.28	5851.71	428.70	9.37
	9.0	74.64	58.60	6510.56	476.96	9.34
	10	82.62	64.86	7154.09	524.11	9.31
	12	98.39	77.24	8396.14	615.10	9.24
	14	113.91	89.42	9579.75	701.81	9.17
	16	129.81	101.41	10706.79	784.38	9.10
299	7.5	68.68	53.92	7300.02	488.30	10.31
	8.0	73.14	57.41	7747.42	518.22	10.29
	9.0	82.00	64.37	8628.09	577.13	10.26
	10	90.79	71.27	9490.15	634.79	10.22
	12	108.20	84.93	11159.52	746.46	10.16
	14	125.35	98.40	12757.61	853.35	10.09
	16	142.25	111.67	14286.48	955.62	10.02
325	7.5	74.81	58.73	9431.80	580.42	11.23
	8.0	79.67	62.54	10013.92	616.24	11.21
	9.0	89.35	70.14	11161.33	686.85	11.18
	10	98.96	77.68	12286.52	756.09	11.14
	12	118.00	92.63	14471.45	890.55	11.07
	14	136.78	107.38	16570.98	1019.75	11.01
	16	155.32	121.93	18587.38	1143.84	10.94
351	8.0	86.21	67.67	12684.36	722.76	12.13
	9.0	96.70	75.91	14147.55	806.13	12.10
	10	107.13	84.10	15584.62	888.01	12.06
	12	127.80	100.32	18381.63	1047.39	11.99
	14	148.22	116.35	21077.86	1201.02	11.93
	16	168.39	132.19	23675.75	1349.05	11.86

附表 6.7 焊接钢管

符号 I——截面惯性矩

W——截面模量

i——截面回转半径

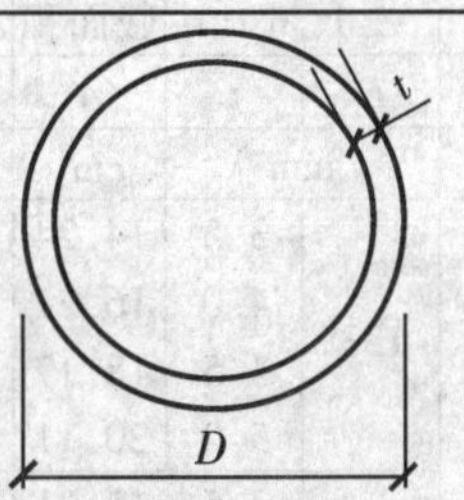

尺寸		截面积	质量	截面特性		
D	t	A	q	I	W	i
mm		cm^2	kg/m	cm^4	cm^3	cm
32	2.0	1.88	1.48	2.13	1.33	1.06
	2.5	2.32	1.82	2.54	1.59	1.05
38	2.0	2.26	1.78	3.68	1.93	1.27
	2.5	2.79	2.19	4.41	2.32	1.26
40	2.0	2.39	1.87	4.32	2.16	1.35
	2.5	2.95	2.31	5.20	2.60	1.33
42	2.0	2.51	1.97	5.04	2.40	1.42
	2.5	3.10	2.44	6.07	2.89	1.40
45	2.0	2.70	2.12	6.26	2.78	1.52
	2.5	3.34	2.62	7.56	3.36	1.51
	3.0	3.96	3.11	8.77	3.90	1.49
51	2.0	3.08	2.42	9.26	3.63	1.73
	2.5	3.81	2.99	11.23	4.40	1.72
	3.0	4.52	3.55	13.08	5.13	1.70
	3.5	5.22	4.10	14.81	5.81	1.68
53	2.0	3.20	2.52	10.43	3.94	1.80
	2.5	3.97	3.11	12.67	4.78	1.79
	3.0	4.71	3.70	14.78	5.58	1.77
	3.5	5.44	4.27	16.75	6.32	1.75
57	2.0	3.46	2.71	13.08	4.59	1.95
	2.5	4.28	3.36	15.93	5.59	1.93
	3.0	5.09	4.00	18.61	6.53	1.91
	3.5	5.88	4.62	21.14	7.42	1.90
60	2.0	3.64	2.86	15.34	5.11	2.05
	2.5	4.52	3.55	18.70	6.23	2.03
	3.0	5.37	4.22	21.88	7.29	2.02
	3.5	6.21	4.88	24.88	8.29	2.00
63.5	2.0	3.86	3.03	18.29	5.76	2.18
	2.5	4.79	3.76	22.32	7.03	2.16
	3.0	5.70	4.48	26.15	8.24	2.14
	3.5	6.60	5.18	29.79	9.38	2.12
70	2.0	4.27	3.35	24.72	7.06	2.41
	2.5	5.30	4.16	30.23	8.64	2.39
	3.0	6.31	4.96	35.50	10.14	2.37
70	3.5	7.31	5.74	40.53	11.58	2.35
	4.5	9.26	7.27	49.89	14.26	2.32
76	2.0	4.65	3.65	31.95	8.38	2.62
	2.5	5.77	4.53	39.03	10.27	2.60
	3.0	6.88	5.40	45.91	12.08	2.58
	3.5	7.97	6.26	52.50	13.82	2.57
	4.0	9.05	7.10	58.81	15.48	2.55
	4.5	10.11	7.93	64.85	17.07	2.53
83	2.0	5.09	4.00	41.76	10.06	2.86
	2.5	6.32	4.96	51.26	12.35	2.85
	3.0	7.54	5.92	60.40	14.56	2.83
	3.5	8.74	6.86	69.19	16.67	2.81
	4.0	9.93	7.79	77.64	18.71	2.80
	4.5	11.10	8.71	85.76	20.67	2.78
89	2.0	5.47	4.29	51.75	11.63	3.08
	2.5	6.79	5.33	63.59	14.29	3.06
	3.0	8.11	6.36	75.02	16.86	3.04
	3.5	9.40	7.38	86.05	19.34	3.03
	4.0	10.68	8.38	96.68	21.73	3.01
	4.5	11.95	9.38	106.92	24.03	2.99
95	2.0	5.84	4.59	63.20	13.31	3.29
	2.5	7.26	5.70	77.76	16.37	3.27
	3.0	8.67	6.81	91.83	19.33	3.25
	3.5	10.06	7.90	105.45	22.20	3.24
102	2.0	6.28	4.93	78.57	15.41	3.54
	2.5	7.81	6.13	96.77	18.97	3.52
	3.0	9.33	7.32	114.42	22.43	3.50
	3.5	10.83	8.50	131.52	25.79	3.48
	4.0	12.32	9.67	148.09	29.04	3.47
	4.5	13.78	10.82	164.14	32.18	3.45
	5.0	15.24	11.96	179.68	35.23	3.43
108	3.0	9.90	7.77	136.49	25.28	3.71
	3.5	11.49	9.02	157.02	29.08	3.70
	4.0	13.07	10.26	176.95	32.77	3.68

续附表 6.7

尺寸		截面积	质量	截面特性		
D	t	A	q	I	W	i
mm		cm^2	kg/m	cm^4	cm^3	cm
114	3.0	10.46	8.21	161.24	28.29	3.93
	3.5	12.15	9.54	185.63	32.57	3.91
	4.0	13.82	10.85	209.35	36.73	3.89
	4.5	15.48	12.15	232.41	40.77	3.87
	5.0	17.12	13.44	254.81	44.70	3.86
121	3.0	11.12	8.73	193.69	32.01	4.17
	3.5	12.92	10.14	223.17	36.89	4.16
	4.0	14.70	11.54	251.87	41.63	4.14
127	3.0	11.69	9.17	224.75	35.39	4.39
	3.5	13.58	10.66	259.11	40.80	4.37
	4.0	15.46	12.13	292.61	46.08	4.35
	4.5	17.32	13.59	325.29	51.23	4.33
	5.0	19.16	15.04	357.14	56.24	4.32

尺寸		截面积	质量	截面特性		
D	t	A	q	I	W	i
mm		cm^2	kg/m	cm^4	cm^3	cm
133	3.5	14.24	11.18	298.71	44.92	4.58
	4.0	16.21	12.73	337.53	50.76	4.56
	4.5	18.17	14.26	375.42	56.45	4.55
	5.0	20.11	15.78	412.40	62.02	4.53
140	3.5	15.01	11.78	349.79	49.97	4.83
	4.0	17.09	13.42	395.47	56.50	4.81
	4.5	19.16	15.04	440.12	62.87	4.79
	5.0	21.21	16.65	483.76	69.11	4.78
	5.5	23.24	18.24	526.40	75.20	4.76
152	3.5	16.33	12.82	450.35	59.26	5.25
	4.0	18.60	14.60	509.59	67.05	5.23
	4.5	20.85	16.37	567.61	74.69	5.22
	5.0	23.09	18.13	624.43	82.16	5.20
	5.5	25.31	19.87	680.06	89.48	5.18

附表 6.8 方形空心型钢

符号 I——截面惯性矩

W——截面模量

i——回转半径

I_t、W_t——扭转常数

r——圆弧半径

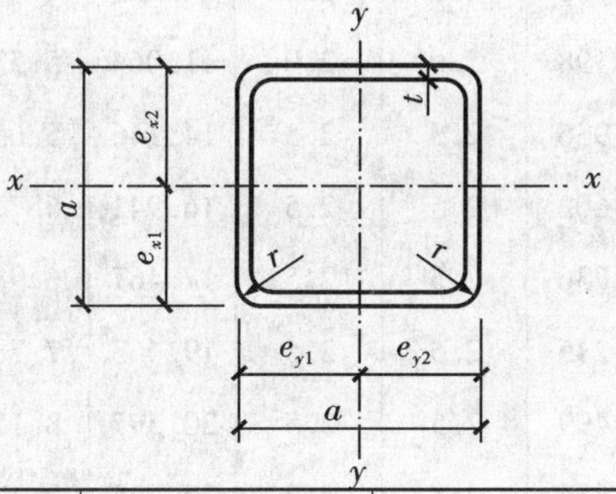

尺寸		截面积	质量	型钢重心		截面特性				
						$x-x=y-y$			扭转常数	
a	t	A	q	$e_{x1}=e_{x2}$	$e_{y1}=e_{y2}$	I_{xy}	W_{xy}	i_{xy}	I_t	W_t
mm		cm^2	kg/m	cm		cm^4	cm^3	cm	cm^4	cm^3
20	1.6	1.111	0.873	1.0	1.0	0.607	0.607	0.739	1.025	1.067
20	2.0	1.336	1.050	1.0	1.0	0.691	0.691	0.719	1.197	1.265
25	1.2	1.105	0.868	1.25	1.25	1.025	0.820	0.963	1.655	1.352
25	1.5	1.325	1.062	1.25	1.25	1.216	0.973	0.948	1.998	1.643
25	2.0	1.736	1.363	1.25	1.25	1.482	1.186	0.923	2.502	2.085
30	1.2	1.345	1.057	1.5	1.5	1.833	1.222	1.167	2.925	1.983
30	1.6	1.751	1.376	1.5	1.5	2.308	1.538	1.147	3.756	2.565
30	2.0	2.136	1.678	1.5	1.5	2.721	1.814	1.128	4.511	3.105
30	2.5	2.589	2.032	1.5	1.5	3.154	2.102	1.103	5.347	3.720
30	2.6	2.675	2.102	1.5	1.5	3.230	2.153	1.098	5.499	3.836
30	3.25	3.205	2.518	1.5	1.5	3.643	2.428	1.066	6.369	4.518
40	1.2	1.825	1.434	2.0	2.0	4.532	2.266	1.575	7.125	3.606
40	1.6	2.391	1.879	2.0	2.0	5.794	2.897	1.556	9.247	4.702
40	2.0	2.936	2.307	2.0	2.0	6.939	3.469	1.537	11.238	5.745
40	2.5	3.589	2.817	2.0	2.0	8.213	4.106	1.512	13.539	6.970
40	2.6	3.715	2.919	2.0	2.0	8.447	4.223	1.507	13.974	7.205

续附表 6.8

尺寸		截面积	质量	型钢重心		截面特性				
						$x-x=y-y$			扭转常数	
a	t	A	q	$e_{x1}=e_{x2}$	$e_{y1}=e_{y2}$	I_{xy}	W_{xy}	i_{xy}	I_t	W_t
mm		cm^2	kg/m	cm		cm^4	cm^3	cm	cm^4	cm^3
40	3.0	4.208	3.303	2.0	2.0	9.320	4.660	1.488	15.628	8.109
40	4.0	5.347	4.198	2.0	2.0	11.064	5.532	1.438	19.152	10.120
50	2.0	3.736	2.936	2.5	2.5	14.146	5.658	1.945	22.575	9.185
50	2.5	4.589	3.602	2.5	2.5	16.941	6.776	1.921	27.436	11.220
50	2.6	4.755	3.736	2.5	2.5	17.467	6.987	1.916	28.369	11.615
50	3.0	5.408	4.245	2.5	2.5	19.463	7.785	1.897	31.972	13.149
50	3.2	5.726	4.499	2.5	2.5	20.397	8.159	1.887	33.694	13.890
50	4.0	6.947	5.454	2.5	2.5	23.725	9.490	1.847	40.047	16.680
50	5.0	8.356	6.567	2.5	2.5	27.012	10.804	1.797	46.760	19.767
60	2.0	4.536	3.564	3.0	3.0	25.141	8.380	2.354	39.725	13.425
60	2.5	5.589	4.387	3.0	3.0	30.340	10.113	2.329	48.539	16.470
60	2.6	5.795	4.554	3.0	3.0	31.330	10.443	2.325	50.247	17.064
60	3.0	6.608	5.187	3.0	3.0	35.130	11.710	2.505	56.892	19.389
60	4.0	8.547	6.710	3.0	3.0	43.539	14.513	2.256	72.188	24.840
60	5.0	10.356	8.129	3.0	3.0	50.486	16.822	2.207	85.560	29.767
70	2.0	5.336	4.193	3.5	3.5	40.724	11.635	2.762	63.886	18.465
70	2.6	6.835	5.371	3.5	3.5	51.075	14.593	2.733	81.165	23.554
70	3.2	8.286	6.511	3.5	3.5	60.612	17.317	2.704	97.549	28.431
70	4.0	10.147	7.966	3.5	3.5	72.108	20.602	2.665	117.975	34.690
70	5.0	12.356	9.699	3.5	3.5	84.602	24.172	2.616	141.183	41.767
80	2.0	6.132	4.819	4.0	4.0	61.697	15.424	3.170	86.258	24.305
80	2.6	7.875	6.188	4.0	4.0	77.743	19.435	3.141	122.686	31.084
80	3.2	9.566	7.517	4.0	4.0	92.708	23.177	3.113	147.953	37.622
80	4.0	11.747	9.222	4.0	4.0	111.031	27.757	3.074	179.808	45.960
80	5.0	14.356	11.269	4.0	4.0	131.414	32.853	3.025	216.628	55.767
80	6.0	16.832	13.227	4.0	4.0	149.121	37.280	2.976	250.050	64.877
90	2.0	6.936	5.450	4.5	4.5	88.857	19.746	3.579	138.042	30.945
90	2.6	8.915	7.005	4.5	4.5	112.373	24.971	3.550	176.367	39.653

续附表 6.8

尺寸		截面积	质量	型钢重心		截面特性				
						$x-x=y-y$			扭转常数	
a	t	A	q	$e_{x1}=e_{x2}$	$e_{y1}=e_{y2}$	I_{xy}	W_{xy}	i_{xy}	I_t	W_t
mm		cm^2	kg/m	cm		cm^4	cm^3	cm	cm^4	cm^3
90	3.2	10.846	8.523	4.5	4.5	134.501	29.889	3.521	213.234	48.092
90	4.0	13.347	10.478	4.5	4.5	161.907	35.979	3.482	260.088	58.920
90	5.0	16.356	12.839	4.5	4.5	192.903	42.867	3.434	314.896	71.767
100	2.6	9.955	7.823	5.0	5.0	156.006	31.201	3.958	243.770	49.263
100	3.2	12.126	9.529	5.0	5.0	187.274	37.454	3.929	295.313	59.842
100	4.0	14.947	11.734	5.0	5.0	226.337	45.267	3.891	361.213	73.480
100	5.0	18.356	14.409	5.0	5.0	271.071	54.214	3.842	438.986	89.767
100	8.0	27.791	21.838	5.0	5.0	379.601	75.920	3.695	640.756	133.446
115	2.6	11.515	9.048	5.75	5.75	240.609	41.845	4.571	374.015	65.627
115	3.2	14.406	11.037	5.75	5.75	289.817	50.403	4.542	454.126	79.868
115	4.0	17.347	13.630	5.75	5.75	351.897	61.199	4.503	557.238	98.320
110	5.0	21.356	16.782	5.75	5.75	423.969	73.733	4.455	680.099	120.517
120	3.2	14.686	11.540	6.0	6.0	330.874	55.145	4.746	517.542	87.183
120	4.0	18.147	14.246	6.0	6.0	402.260	67.043	4.708	635.603	107.400
120	5.0	22.356	17.549	6.0	6.0	485.441	80.906	4.659	776.632	131.767
130	4.0	20.547	16.146	6.75	6.75	581.681	86.175	5.320	913.966	137.040

附表 6.9 矩形空心型钢

符号 I——截面惯性矩

W——截面模量

i——回转半径

r——圆弧半径

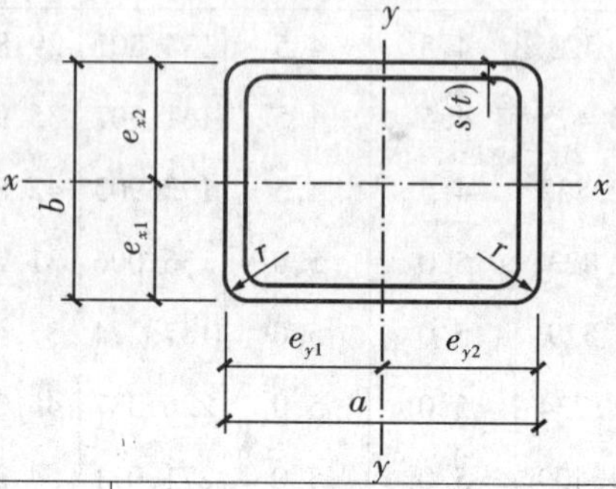

尺寸			截面积	质量	截面特性						扭转常数	
					x-x			y-y				
a	b	$s=r$	A	q	I_x	W_x	i_x	I_y	W_y	W_y	I_t	W_t
mm			cm^2	kg/m	cm^4	cm^3	cm	cm^4	cm^3	cm	cm^4	cm^3
30	15	1.5	1.202	0.945	0.424	0.566	0.594	1.281	0.845	1.023	1.083	1.141
30	20	2.5	2.089	1.642	1.150	1.150	0.741	2.206	1.470	1.022	2.634	2.345
40	20	1.2	1.345	1.057	0.992	0.992	0.828	2.725	1.362	1.423	2.260	1.743
40	20	1.6	1.751	1.376	1.150	1.150	0.810	3.433	1.716	1.400	2.877	2.245
40	20	2.0	2.136	1.678	1.342	1.342	0.792	4.048	2.024	1.376	3.424	2.705
50	25	1.5	2.102	1.650	6.653	2.661	1.779	2.253	1.802	1.035	5.519	3.406
50	30	1.6	2.391	1.879	3.600	2.400	1.226	7.955	3.182	1.823	8.031	4.382
50	30	2.0	2.936	2.307	4.291	2.861	1.208	9.535	3.814	1.801	9.727	5.345
50	30	2.5	3.589	2.817	11.296	4.518	1.774	5.050	3.366	1.186	11.666	6.470
50	30	3.0	4.208	3.303	12.827	5.130	1.745	5.696	3.797	1.163	15.401	7.950
50	30	3.2	4.446	3.494	5.925	3.950	1.154	13.377	5.351	1.734	14.307	7.900
50	30	4.0	5.347	4.198	15.239	6.095	1.688	6.682	4.455	1.117	16.244	9.320
50	32	2.0	3.016	2.370	4.986	3.116	1.285	9.996	3.998	1.820	10.879	5.729
50	35	2.5	3.839	3.017	7.272	4.155	1.376	12.707	5.083	1.819	15.277	7.658
60	30	2.5	4.089	3.209	17.933	5.799	2.094	5.998	3.998	1.211	16.054	7.845
60	30	3.0	4.808	3.774	20.496	6.832	2.064	6.794	4.529	1.188	17.335	9.129
60	40	1.6	3.031	2.382	8.154	4.077	1.640	15.221	5.073	2.240	16.911	7.160

续附表 6.9

尺寸			截面积	质量	截面特性						扭转常数	
					x−x			y−y				
a	b	$s=r$	A	q	I_x	W_x	i_x	I_y	W_y	W_y	I_t	W_t
mm			cm^2	kg/m	cm^4	cm^3	cm	cm^4	cm^3	cm	cm^4	cm^3
60	40	2.0	3.736	2.936	9.830	4.915	1.621	18.410	6.136	2.219	20.652	8.785
60	40	2.5	4.589	3.602	22.069	7.356	2.192	11.734	5.867	1.599	25.045	10.720
60	40	3.0	5.408	4.245	25.374	8.458	2.166	13.436	6.718	1.576	19.121	12.549
60	40	3.2	5.726	4.499	14.062	7.031	1.567	26.601	8.867	2.155	30.661	13.250
60	40	4.0	6.947	5.454	30.974	10.324	2.111	16.269	8.134	1.530	36.298	15.880
70	50	2.5	5.589	4.195	22.587	9.035	2.010	38.011	10.860	2.607	45.637	15.970
70	50	3.0	6.608	5.187	44.046	12.584	2.581	26.099	10.439	1.987	53.426	18.789
70	50	4.0	8.547	6.710	54.663	15.618	2.528	32.210	12.884	1.941	67.613	24.040
70	50	5.0	10.356	8.129	63.435	18.124	2.474	37.179	14.871	1.894	79.908	28.767
80	40	2.0	4.536	3.564	12.720	6.360	1.674	37.355	9.338	2.869	30.820	11.825
80	40	2.5	5.589	4.387	45.103	11.275	2.840	15.255	7.627	1.652	37.467	14.470
80	40	2.6	5.795	4.554	15.733	7.866	1.647	46.579	11.644	2.835	38.744	14.984
80	40	3.0	6.608	5.187	52.246	13.061	2.811	17.552	8.776	1.629	43.680	16.989
80	40	4.0	8.547	6.111	64.780	16.195	2.752	21.474	10.737	1.585	54.787	21.640
80	40	5.0	10.356	8.129	75.080	18.770	2.692	24.567	12.283	1.540	64.110	25.767
80	60	3.0	7.808	6.129	70.042	17.510	2.995	44.886	14.962	2.397	88.111	26.229
80	60	4.0	10.147	7.966	87.905	21.976	2.943	56.105	18.701	2.351	112.53	33.800
80	60	5.0	12.356	9.699	103.925	25.811	2.890	65.634	21.878	2.304	134.53	40.767
90	40	2.5	6.089	4.785	17.015	8.507	1.671	60.686	13.485	3.156	43.880	16.345
90	50	2.0	5.336	4.193	23.367	9.346	2.092	57.876	12.861	3.293	53.294	16.865
90	50	2.6	6.835	5.371	29.162	11.665	2.065	72.640	16.142	3.259	67.464	21.474
90	50	3.0	7.808	6.129	81.845	18.187	2.237	32.735	13.094	2.047	76.433	24.429
90	50	4.0	10.147	7.966	102.696	22.821	3.181	40.695	16.278	2.002	97.162	31.400
90	50	5.0	12.356	9.699	120.570	26.793	3.123	47.345	18.938	1.957	115.436	37.767
100	50	3.0	8.408	6.600	106.451	21.290	3.558	36.053	14.121	2.070	88.311	27.249
100	60	2.0	7.126	4.822	38.602	12.867	2.508	84.585	16.917	3.712	84.002	22.705
100	60	2.0	7.875	6.188	48.474	16.158	2.480	106.663	21.332	3.680	106.816	29.004
120	50	2.0	6.536	5.136	30.283	12.113	2.152	117.992	19.665	4.248	78.307	22.625

续附表 6.9

尺寸			截面积	质量	截面特性						扭转常数	
					x-x			y-y				
a	b	$s=r$	A	q	I_x	W_x	i_x	I_y	W_y	W_y	I_t	W_t
mm			cm^2	kg/m	cm^4	cm^3	cm	cm^4	cm^3	cm	cm^4	cm^3
120	60	2.0	6.936	5.450	45.333	15.111	2.556	131.918	21.986	4.360	107.792	27.345
120	60	3.2	10.846	8.523	67.940	22.646	2.502	199.876	33.312	4.292	165.215	42.332
120	60	4.0	13.347	10.478	240.724	40.120	4.246	81.235	27.078	2.466	200.407	51.720
120	60	5.0	16.356	12.839	286.941	47.823	4.188	95.968	31.989	2.422	240.869	62.767
120	80	2.6	9.955	7.823	108.906	27.226	3.307	202.757	33.792	4.512	223.620	47.183
120	80	3.2	12.126	9.529	130.478	32.619	3.280	243.542	40.590	4.481	270.587	57.282
120	80	4.0	14.947	11.734	294.569	49.094	4.439	157.281	39.320	3.243	330.438	70.280
120	80	5.0	18.356	14.409	353.108	58.851	4.385	187.747	46.936	3.198	400.735	95.767
120	80	6.0	21.632	16.981	405.998	67.666	4.332	214.977	53.744	3.152	465.940	100.397
120	80	8.0	27.791	21.838	260.314	65.078	3.060	495.591	82.598	4.222	580.769	127.046
120	100	8.0	30.991	24.353	447.484	89.496	3.799	596.114	99.352	4.385	856.089	162.886
140	90	3.2	14.046	11.037	194.803	43.289	3.724	384.007	54.858	5.228	409.778	75.868
140	90	4.0	17.347	13.631	235.920	52.426	3.687	466.585	66.655	5.186	502.004	93.320
140	90	5.0	21.356	16.782	283.320	62.960	3.642	562.606	80.372	5.132	611.389	114.267
150	100	3.2	15.326	12.043	262.263	52.452	4.136	488.184	65.091	5.643	538.150	90.818

附录 7　螺栓和锚栓规格

附表 7.1　螺栓螺纹处的有效截面面积

公称直径	12	14	16	18	20	22	24	27	30
螺栓有效截面积 A_e/cm²	0.84	1.15	1.57	1.92	2.45	3.03	3.53	4.59	5.61
公称直径	33	36	39	42	45	48	52	56	60
螺栓有效截面积 A_e/cm²	6.94	8.17	9.76	11.2	13.1	14.7	17.6	20.3	23.6
公称直径	64	68	72	76	80	85	90	95	100
螺栓有效截面积 A_e/cm²	26.8	30.6	34.6	38.9	43.4	49.5	55.9	62.7	70.0

附表 7.2　锚栓规格

型式

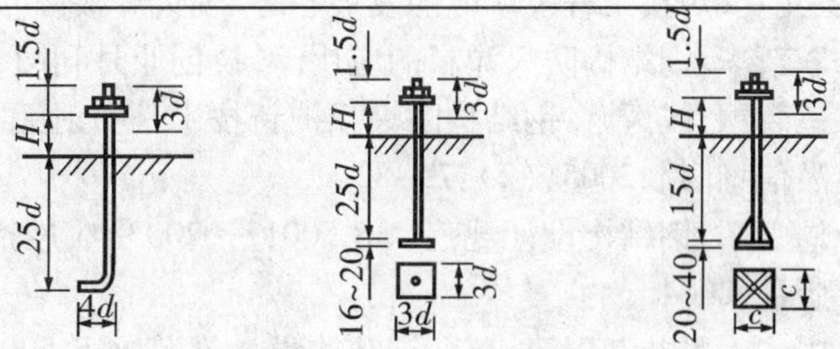

锚栓直径 d/mm		20	24	30	36	42	48	56	64	72	80	90
锚栓有效截面积/cm²		2.45	3.53	5.61	8.17	11.21	14.73	20.30	26.80	34.60	43.44	55.91
锚栓设计拉力/kN(Q235 钢)		34.3	49.4	78.5	114.1	156.9	206.2	284.2	375.2	484.4	608.2	782.7
Ⅲ型锚栓	锚板宽度 c/mm					140	200	200	240	280	350	400
	锚板厚度 t/mm					20	20	20	25	30	40	40

参考书目

[1] 董石麟. 我国大跨度空间钢结构的发展与展望. 空间结构[J],2000,6(2):3-14.

[2] 蓝天. 空间钢结构的应用与发展. 建筑结构学报[J],2001,22(4):9.

[3] 陆赐麟. 预应力钢结构发展 50 年(1)、(2). 钢结构[J],2002,17(4)、(5):32-36;45-47.

[4] 侯文葳. 拓宽钢材应用领域,研究发展高性能钢. 钢结构[J],2002,17(2):31-33.

[5] 李志明. 钢结构发展对高性能钢材的需求. 新材料产业[J],2004,(10):38.

[6] 杨宗放. 预应力技术在钢结构与空间结构中的应用与发展. 建筑技术[J],2001,32(12):858-859.

[7] 黄旭芒. 建筑钢结构发展应用及其用材概述. 江苏冶金[J],2003,31(2):1.

[8] 钱健清. 耐火钢的发展状况. 新型建筑材料[J],2003,(2):41-43.

[9] 王元良. 焊接工程及产业的发展趋势. 现代焊接[J],2006,(1).

[10] 李新华. 钢结构防火涂料的应用. 科技创业月刊[J],2005,(4):158.

[11] 王新钢,戚天游. 钢结构防火保护新技术—喷射无机纤维防火护层. 消防技术与产品信息[J],2005,(2):79-82.

[12] 周学军. 钢结构设计规范(GB 50017—2003)应用指导[M]. 济南:山东科学技术出版社,2004.

[13] 中华人民共和国建设部. 钢结构设计规范(GB 50017—2003)[S]. 北京:中国计划出版社,2003.

[14] 中国建筑科学研究院. 建筑结构荷载规范(GB 50009—2001)(2006 年版)[S]. 北京:中国建筑工业出版社,2006.

[15] 中华人民共和国建设部. 钢结构工程施工质量验收规范(GB 50205—2001)[S]. 北京:中国计划出版社,2002.

[16] 中国冶金工业集团建筑研究总院. 建筑钢结构焊接技术规程(JGJ 81—2002)[S]. 北京:中国建筑工业出版社,2003.

[17] 湖北省建筑工程总公司. 钢结构高强度螺栓连接的设计、施工及验收规程(JGJ 82—91)[S]. 北京:中国建筑工业出版社,1993.

[18] 中华人民共和国建设部. 冷弯薄壁型钢结构技术规范(GB 50018—2002)[S]. 北京:中国计划出版社,2002.

[19] 夏志武,姚谏. 钢结构——原理与设计[M]. 北京:中国建筑工业出版社,2004.

[20] 沈祖炎,陈扬骥,陈以一. 钢结构基本原理[M]. 北京:中国建筑工业出版社,2000.

[21] 陈绍蕃,顾强. 钢结构(上册)[M]. 北京:中国建筑工业出版社,2003.

[22] 刘声扬. 钢结构疑难释义(附解题指导)[M]. 北京:中国建筑工业出版社,2004.

[23] 丁阳. 钢结构设计原理[M]. 天津:天津大学出版社,2004.

[24] 魏明钟. 钢结构[M]. 武汉:武汉理工大学出版社,2002.

[25] 李星荣,魏才昂. 钢结构连接节点设计手册[M]. 北京:中国建筑工业出版

社,2005.
[26] 夏志斌,姚谏. 钢结构设计方法与例题[M]. 北京:中国建筑工业出版社,2005.
[27] 姚谏,赵滇生. 钢结构设计及工程应用[M]. 北京:中国建筑工业出版社,2008.
[28] 柴昶, 宋曼华等. 钢结构设计与计算[M]. 北京:机械工业出版社,2006.
[29] 戴国欣. 钢结构[M]. 武汉:武汉理工大学出版社,2000.
[30] 《钢结构设计手册》编辑委员会. 钢结构设计手册(3 版)[M]. 北京:中国建筑工业出版社,2004.
[31] 赵熙元. 建筑钢结构设计手册[M]. 北京:冶金工业出版社,1995.
[32] 陈绍蕃. 房屋建筑钢结构设计[M]. 北京:中国建筑工业出版社,2007.
[33] 王新堂. 钢结构设计[M]. 上海:同济大学出版社,2005.
[34] 宋曼华. 钢结构设计与计算[M]. 北京:机械工业出版社,2004.
[35] 王肇民. 建筑钢结构设计[M]. 上海:同济大学出版社,2002.

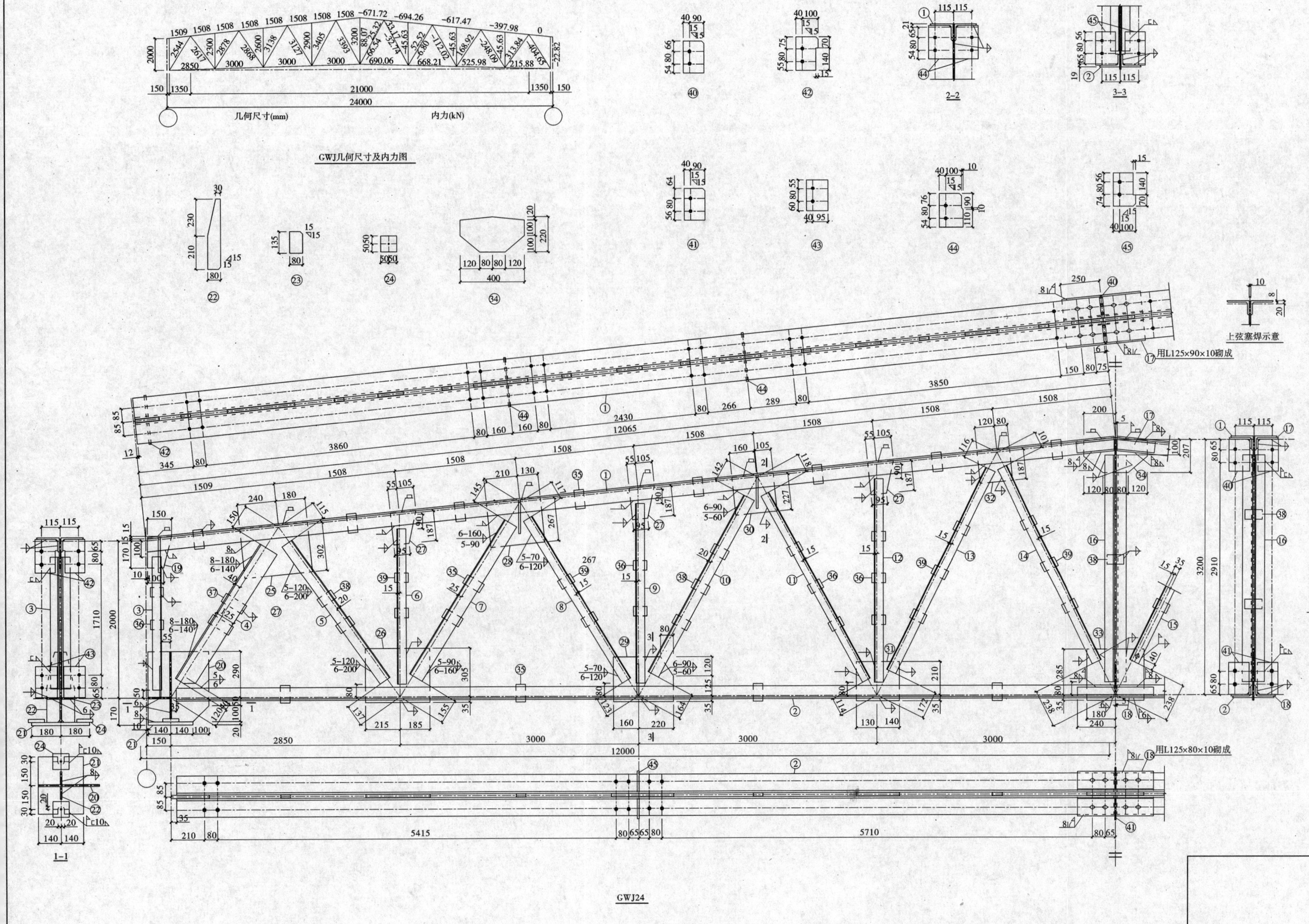

GWJ材料表

构件编号	零件号	截面	长度(mm)	数量		重量(kg)		
				正	反	每个	共计	合计
GWJ24	1	L140×90×10	12050	2	2	210.6	842	265
	2	L125×80×10	11810	2	2	182.7	731	
	3	L56×5	1850	4		7.9	31	
	4	L125×80×8	2275	2	2	28.6	114	
	5	L75×6	2365	4		16.3	65	
	6	L63×5	2130	4		10.3	41	
	7	L90×6	2580	4		21.5	86	
	8	L63×5	2630	4		12.7	51	
	9	L56×5	2430	4		10.3	41	
	10	L75×6	2835	4		19.6	78	
	11	L56×5	2895	4		12.3	49	
	12	L56×5	2730	4		11.6	46	
	13	L63×5	3120	4		15.0	60	
	14	L63×5	3055	2		14.7	29	
	15	L63×5	3055	1	1	14.7	29	
	16	L63×5	3020	2		14.6	29	
	17	L140×90×10	500	2		8.7	17	
	18	L125×80×10	480	2		7.4	15	
	19	150×10	200	2		2.4	5	
	20	380×12	400	2		15.8	32	
	21	280×20	360	2		15.8	32	
	22	80×10	440	4		2.8	11	
	23	80×10	135	4		0.8	3	
	24	100×10	100	4		0.8	3	
	25	315×10	420	2		10.4	21	
	26	340×10	400	2		10.7	21	
	27	160×10	200	6		2.5	15	
	28	280×10	340	2		7.5	15	
	29	280×10	380	2		8.4	17	
	30	240×10	260	2		4.9	10	
	31	245×10	270	2		5.2	10	
	32	200×10	200	2		3.1	6	
	33	320×10	360	1		9.0	9	
	34	220×10	400	1		6.9	7	
	35	60×10	110	28		0.5	15	
	36	60×10	80	20		0.4	8	
	37	60×10	150	40		0.4	3	
	38	60×10	100	13		0.7	6	
	39	60×10	90	20		0.5	8	
	40	130×8	200	2		1.6	3	
	41	130×8	200	2		1.6	3	
	42	140×8	210	4		1.8	7	
	43	135×8	195	4		1.7	7	
	44	150×8	210	8		2.0	16	
	45	140×8	210	4		1.8	7	

说明：

1.钢材采用Q235-B，焊条采用E43型。
2.未注明的角焊缝脚尺寸为5 mm。
3.未注明长度的焊缝一律满焊。
4.未注明的螺栓为M20，孔径为21.5 mm。

图 标（略）